C. G. Jung

Herinneringen dromen gedachten

Jung – Verzameld Werk in 10 delen

1 Psychologie en praktijk
2 Archetype en onbewuste
3 Persoonlijkheid en overdracht
4 Mensbeeld en godsbeeld
5 Droom en individuatie
6 Verlossing in de alchemie
7 Libido in transformatie
8 De held en het moederarchetype
9 Mens en cultuur
10 Aantekeningen en registers

Een representatieve keuze uit Jungs werk.

Meer informatie over boeken van en over Jung is te vinden in de uitgebreide catalogus De Wereld van Jung, aan te vragen bij uw boekhandel of bij Postbus 4066, 3006 AB Rotterdam, tel. 010-41 41 744.

C. G. Jung

Herinneringen dromen gedachten

Redactie Aniela Jaffé

Rotterdam ∞ Lemniscaat

De hoofdtekst van HERINNERINGEN DROMEN GEDACHTEN en een deel der bijlagen verscheen reeds in 1963 in het Nederlands.

De tegenwoordige uitgave geeft het volledige werk in een nieuwe vertaling en is voorzien van een register.

De teksten zijn uit het Duits vertaald door Pety de Vries-Ek; alleen de Septem Sermones ad Mortuos werden opgenomen in de herziene vertaling van Dr. J. K. van den Brink.

Zesde druk, 1994

Omslagontwerp: Gerolf T'Hooft
Nederlandse rechten Lemniscaat b.v. Rotterdam 1976
ISBN 90 6069 806 1

Oorspronkelijke titel: Erinnerungen Träume Gedanken
Engelse titel: Memories, Dreams, Reflections
This translation was published by arrangement with Pantheon Books, a Division of Random House, Inc.

Druk: C. Haasbeek b.v., Alphen aan den Rijn

Inhoud

Inleiding

> He looked at his own Soul with a Telescope. What seemed all irregular he saw and shewed to be beautiful Constellations and he added to the Consciousness hidden worlds within worlds.*
> Coleridge, *Note books*

In de zomer van 1956 – tijdens de Eranos-conferentie te Ascona – sprak uitgever Kurt Wolff met vrienden uit Zürich voor het eerst over zijn wens een biografie van Carl Gustav Jung uit te geven bij Pantheon Books, New York. Dr. Jolanda Jacobi, één der medewerksters van C. G. Jung, stelde voor dat ik de taak van biograaf op me zou nemen

We waren het erover eens dat het geen gemakkelijke opgave zou zijn, want het was bekend, dat Jung er afkerig van was zichzelf en zijn leven prijs te geven aan het oog der wereld. Jung stemde dan ook pas na lang aarzelen toe, maar reserveerde toen toch een middag per week voor mij. Dat was heel veel, gezien zijn overladen werkprogramma en gezien het feit, dat hij door zijn hoge ouderdom snel vermoeid was.

We begonnen in het voorjaar van 1957. Kurt Wolff had me voorgesteld het boek niet als 'biografie', maar in de vorm van een 'autobiografie' te laten verschijnen. Jung zelf moest aan het woord zijn. Dat bepaalde de vorm van het boek, en mijn eerste taak bestond alleen maar in het stellen van vragen en het opschrijven van Jungs antwoorden. In het begin was hij wat terughoudend en aarzelend, maar al gauw vertelde hij met groeiende belangstelling over zichzelf en zijn levensloop, over zijn dromen en gedachten.

Jungs positieve instelling ten opzichte van het gemeenschappelijke werk leidde eind '57 tot een beslissende stap. Na een tijd van innerlijke onrust kwamen sinds lang verdwenen beelden uit zijn jeugd boven. Jung vermoedde dat deze beelden samenhingen met gedachten uit zijn laatste boeken, maar hij zag nog geen duidelijk verband. Op een morgen ontving hij me met de mededeling dat hij zelf over zijn jeugd wilde schrijven, waar hij me al veel, maar nog niet alles over verteld had.

Dit besluit was even verheugend als onverwacht, want ik wist immers hoe inspannend het schrijven voor Jung was. Hij zou zoiets alleen maar onder-

* Hij observeerde zijn eigen ziel met een telescoop. Alles wat onregelmatig had geleken liet zich nu aanzien als schitterende sterrenbeelden, en werelden verborgen in werelden voegde hij toe aan het bewustzijn.

nemen als hij het als een 'opdracht' van binnenuit voelde. Het leek me dus dat zijn besluit de innerlijke rechtvaardiging van de 'autobiografie' bevestigde.

Enige tijd na deze ommekeer noteerde ik deze uitspraak van Jung: 'Een boek van mij draagt altijd iets van het noodlot in zich. Het brengt iets onvoorspelbaars met zich mee, en ik kan mezelf niets voornemen of voorschrijven. Ook met de autobiografie gaat het nu al anders dan ik me in het begin had voorgesteld. Het is noodzakelijk dat ik mijn eerste herinneringen opschrijf. Als ik er ook maar één dag mee ophoud treden onmiddellijk onaangename lichamelijke verschijnselen op. Zodra ik weer ga werken verdwijnen ze, en worden mijn gedachten weer helder.'

In april 1958 voltooide Jung de drie hoofdstukken over zijn kinderjaren, schooltijd en studietijd. Hij noemde ze: 'Over de vroege gebeurtenissen van mijn leven'. Ze worden afgesloten met de beëindiging van zijn medische studie in 1900.

Maar dat was niet de enige bijdrage die Jung aan dit boek leverde. In januari 1959 – hij verbleef toen in zijn buitenhuis te Bollingen – las hij elke ochtend de inmiddels gereedgekomen hoofdstukken van ons boek. Toen hij me het hoofdstuk 'Over het leven na de dood' teruggaf, zei hij: 'Er is iets in me losgemaakt. Ik voel een innerlijke drang, en ik moet schrijven.' Zo ontstond het hoofdstuk 'Late gedachten', waarin hij zijn diepste, maar wellicht ook moeilijkst toegankelijke gedachten uitspreekt.

In de zomer van datzelfde jaar schreef Jung – ook in Bollingen – het hoofdstuk over 'Kenia en Oeganda'. Het gedeelte over de Pueblo-Indianen is afkomstig uit een ongepubliceerd, onvoltooid gebleven manuscript uit 1926, waarin Jung zich bezighoudt met algemene problemen van de psychologie der primitieven.

Om de hoofdstukken 'Sigmund Freud' en 'De confrontatie met het onbewuste' te voltooien gebruikte ik enkele passages uit een reeks colleges die in 1925 gegeven werden. Jung vertelde destijds voor het eerst iets over zijn innerlijke ontwikkeling.

Het hoofdstuk 'Psychiatrische activiteiten' is ontstaan uit Jungs gesprekken in 1956 met jonge arts-assistenten van het ziekenhuis en sanatorium Burghölzli te Zürich. In die periode werkte één van zijn kleinzoons daar als psychiater. Deze gesprekken vonden plaats in Jungs huis te Küsnacht.

Jung heeft het manuscript doorgelezen en goedgekeurd. Hier en daar heeft hij wat gecorrigeerd en aanvullingen voorgesteld, of hij bracht deze zelf aan. En omgekeerd heb ik hoofdstukken die door hem geschreven zijn aangevuld met behulp van notities van onze gesprekken. Ik heb zijn vaak slechts summier aangegeven bedoelingen verder uitgewerkt; herhalingen heb ik geschrapt. Hoe meer het boek vorderde, des te meer raakte zijn werk met het mijne vervlochten.

De manier waarop het boek is ontstaan heeft in zekere zin ook de inhoud gevormd. Het gesprek of het spontane verhaal heeft een geïmproviseerd karakter, en dit is ook kenmerkend voor de 'autobiografie'. De hoofdstukken zijn als zoeklichten, die het werk van Jung en het leven dat hij naar buiten toe leidde, slechts vluchtig belichten. Maar daar staat tegenover dat dit boek inzicht geeft in de atmosfeer van zijn geestelijke wereld. Het laat zien wat de innerlijke belevingen zijn van een mens, voor wie de ziel de meest waarachtige werkelijkheid betekent. Ik heb Jung vaak tevergeefs gevraagd naar uiterlijke gebeurtenissen; alleen de geestelijke essentie van het doorleefde was voor hem onvergetelijk en de moeite van het vertellen waard.

Belangrijker dan de vraag over de vormgeving van het boek waren problemen van meer persoonlijke aard. Jung schrijft daarover in een brief aan een vriend uit zijn studententijd. Deze had hem gevraagd zijn jeugdherinneringen op te schrijven. De briefwisseling dateert van eind 1957.

'. . . Je hebt helemaal gelijk! Wanneer je oud bent brengen innerlijke en uiterlijke gebeurtenissen je in herinnering weer terug naar je jeugd. Al dertig jaar geleden drongen mijn leerlingen erop aan, dat ik zou vertellen hoe ik tot mijn opvatting van het onbewuste ben gekomen. Ik heb dat toen gedaan in de vorm van een reeks colleges. De laatste tijd vraagt men mij van verschillende kanten om een soort "autobiografie". Zoiets zou ik me zelfs niet eens kunnen voorstellen. Ik ken te veel autobiografieën met al hun zelfbedrog en hun leugentjes om bestwil, dan dat ik het zou wagen zelf een poging in die richting te ondernemen.

Nu heeft men mij onlangs om autobiografische gegevens gevraagd, en bij die gelegenheid ontdekte ik dat mijn herinneringsmateriaal bepaalde objectieve problemen bevat die een nauwkeuriger beschouwing wel waard zouden zijn. Daarom heb ik een en ander overwogen, en ik heb nu besloten me inzoverre aan andere verplichtingen te onttrekken, dat ik tenminste in staat zal zijn het allereerste begin van mijn leven aan een objectieve beschouwing te onderwerpen. Deze taak is zo moeilijk en ongewoon, dat ik me eerst moest voornemen de resultaten niet tijdens mijn leven te publiceren. Deze maatregel leek me noodzakelijk om afstand te kunnen bewaren, en om me van de nodige rust te verzekeren. Ik heb namelijk gemerkt, dat alle nu nog levendige herinneringen emotionele belevenissen betreffen die onrust en hartstocht met zich brengen; een heel ongunstige omstandigheid voor een objectieve weergave! Je brief kwam "natuurlijk" op het moment dat ik zogezegd besloten had de zaak ter hand te nemen.

Het lot wil nu – zoals altijd – dat in mijn leven al het uiterlijke toevallig is, en dat slechts het innerlijke beslissend en substantieel is. Daardoor zijn ook alle herinneringen aan uiterlijke gebeurtenissen verbleekt. Wellicht waren

de 'uiterlijke' belevenissen ook nooit het essentiële, of waren ze dat slechts voorzover ze met mijn innerlijke ontwikkeling samenhingen. Er is me oneindig veel ontschoten van deze "uiterlijke" manifestaties van mijn bestaan; ik denk juist omdat ik er volop aan heb deelgenomen. Een behoorlijke biografie echter bestaat uit deze uiterlijkheden: mensen, die men heeft ontmoet, reizen, avonturen, verwikkelingen, noodlottige gebeurtenissen en dergelijke. Maar op een paar uitzonderingen na zijn juist deze gebeurtenissen schematisch geworden, nog maar nauwelijks te herkennen, en niet in staat mijn fantasie vleugels te geven.
Des te levendiger en kleurrijker is mijn herinnering aan de "innerlijke" belevingen. Maar hier komt nu het probleem van de vormgeving bij kijken, waartegen ik me nauwelijks opgewassen voel, tenminste voorlopig nog niet. Helaas kan ik om deze redenen je wens dan ook niet vervullen, wat me erg spijt . . .'

Deze brief tekent de instelling van Jung; hoewel hij al 'had besloten de zaak ter hand te nemen', eindigt de brief met een weigering! Het conflict tussen aanvaarding en afwijzing is tot aan zijn dood nooit geheel tot rust gekomen. Altijd bleef hij wat sceptisch, en er bleef een zekere schroom tegenover zijn toekomstige lezers. Hij beschouwde zijn memoires niet als een wetenschappelijk werk en ook niet als een boek van hemzelf, maar hij sprak en schreef over 'het project van Aniela Jaffé' waar hij enkele bijdragen voor geleverd had. Op zijn wens wordt het niet in de 'Gesammelte Werke' opgenomen.
Jung was zeer terughoudend als het ging om mededelingen over ontmoetingen met bekende persoonlijkheden, of met mensen waarmee hij vertrouwelijk omging: zijn vrienden. 'Ik heb met veel beroemde tijdgenoten gesproken: met de groten uit wetenschap en politiek, met ontdekkingsreizigers, kunstenaars en schrijvers, met vorstelijke personen en financiële kopstukken, maar als ik eerlijk mag zijn, moet ik zeggen dat slechts enkele van deze ontmoetingen een belevenis voor me waren. We waren als schepen in volle zee die wederzijds de vlaggen streken. Meestal kwamen deze mensen ook met vertrouwelijke kwesties bij me, waarover ik niets kan en mag zeggen. Daarom heb ik geen herinnering aan hen bewaard, onverschillig wat ze als persoonlijkheden voor het oog van de wereld betekenden. Deze ontmoetingen hadden verder geen invloed, ze hadden geen diepere gevolgen, en de herinnering eraan vervaagde snel. Over de mensen die iets voor me betekenden en die me herinnerden aan ontmoetingen in lang vervlogen tijden, kan ik niets zeggen, want het ging daar niet alleen om mìjn diepste innerlijk leven, maar ook om dat van hen. Het is me niet toegestaan deze voor altijd gesloten deuren te openen voor de blikken der wereld.'

Het tekort aan uiterlijke feiten en de onvolledigheid worden echter ruimschoots vergoed door iets anders: door het verhaal over de innerlijke belevingen van Jung en door een overvloed van gedachten die – zoals hij zei – een biografische waarde hebben. Ze zijn in hoge mate typerend voor hem en vormen de grondslag van zijn leven. In de eerste plaats geldt dat voor zijn religieuze gedachten. Dit boek bevat de religieuze belijdenis van Jung.

Jung werd op verschillende manieren tot een uiteenzetting met religieuze problemen gebracht. Daar waren zijn eigen ervaringen die hem al als kind in de werkelijkheid van het religieuze beleven plaatsten en die hem tot het eind van zijn leven vergezelden. Verder bezat hij een ontoombare drang tot weten, waardoor hij zich met alles bezighield wat met de ziel, haar inhoud en manifestaties samenhing. Dat maakte hem tot man van de wetenschap. Bovendien – en zeker niet in de laatste plaats – was daar nog zijn verantwoordelijkheid als medicus. Jung voelde zich vóór alles arts. Het was hem niet ontgaan dat bij de geneeswijze van het psychische lijden de religieuze houding van een mens een beslissende rol speelt. Dat kwam overeen met zijn inzicht dat de ziel spontaan beelden met een religieuze inhoud voortbrengt; dat ze dus 'van nature' religieus is. Een afwijking van deze oorspronkelijke natuur was volgens Jung de oorzaak van talrijke neurosen, vooral van die in de tweede levenshelft.

Jungs opvatting van het religieuze wijkt in veel opzichten af van het traditionele christendom, vooral in zijn antwoord op de vraag naar het goed en kwaad, en ook in zijn opvatting van een niet alleen goede of 'lieve' God. Vanuit het standpunt van het dogmatische christendom was Jung een buitenstaander. Dat werd hem in de reacties op zijn werk, bij al zijn beroemdheid, steeds weer duidelijk gemaakt. Hij leed daaronder, en ook in dit boek merkt men hier en daar tussen de regels door de teleurstelling van de geleerde, die zich – wat zijn religieuze gedachten betreft – niet volledig begrepen voelde. Meer dan eens liet hij zich met grimmige nadruk ontvallen: 'In de middeleeuwen zouden ze me hebben verbrand!' Pas na zijn dood wordt door steeds meer theologen vastgesteld dat Jung niet meer weg te denken is uit de kerkgeschiedenis van onze eeuw.

Jung beschouwde zich uitdrukkelijk als christen. Zijn belangrijkste werken gaan over christelijke religieuze problemen, die hij vanuit een psychologisch standpunt beschouwde – bewust gescheiden van de theologische vraagstelling. Daardoor plaatste hij de noodzaak van begrijpen en nadenken tegenover de christelijke eis tot geloven. Dat eerste was voor hem vanzelfsprekend; het was een levensvoorwaarde. In 1952 schreef hij aan een jonge geestelijke: 'Ik merk dat al mijn gedachten om God cirkelen zoals de planeten om de zon. Zoals deze door de zon worden aangetrokken, zo gaan mijn gedachten onweerstaanbaar naar God uit. Ik zou het als de grootste zonde voelen wanneer ik me tegen deze geweldige kracht zou verzetten.'

In dit boek schrijft Jung voor de eerste en enige keer over God en over zijn persoonlijke ervaring met God. In de dagen, dat hij over zijn jeugdig verzet tegen de kerk schreef, zei hij: 'In die tijd werd het me duidelijk, dat God – tenminste voor mij – één van de meest zekere, meest directe ervaringen was.' In zijn wetenschappelijk werk spreekt Jung niet over God, maar over 'het godsbeeld in de menselijke ziel'. Dat is niet met elkaar in tegenspraak: de ene keer gaat het om een persoonlijke, op ondervinding berustende uitspraak; de andere keer om een objectief-wetenschappelijke constatering. De ene keer spreekt de mens, die bij zijn denken hartstochtelijk gevoel en intuïtie betrekt, en die de innerlijke en uiterlijke ervaring heeft van een lang en rijk leven. De andere keer hoort men de geleerde, die met zijn uitspraken de kennistheoretische begrenzingen niet overschrijdt, maar die zich bewust beperkt tot de feiten en tot het bewijsbare. Als man van de wetenschap was Jung empiricus. Toen hij voor deze memoires vertelde over zijn persoonlijke religieuze gevoelens en ervaringen, veronderstelde hij bij zijn lezers de bereidwilligheid hem te volgen bij zijn persoonlijke belevingen. Jungs persoonlijke uitspraken zijn echter slechts geldig voor hen, die gelijksoortige ervaringen hebben opgedaan. Of anders gezegd: bij wie het 'beeld van God in zijn ziel' gelijksoortige of gelijke trekken draagt.

Jung werkte zeer positief en actief mee aan het tot stand komen van de 'autobiografie'. Maar tegenover de publikatie stond hij lange tijd – begrijpelijkerwijs – negatief en kritisch. Hij wilde niet meer met de reacties uit het publiek geconfronteerd worden, vooral ook omdat hij nu zo openlijk zijn religieuze gedachten en belevingen had prijsgegeven. De vijandige reacties die hij had gekregen op zijn boek *Antwoord op Job* lagen nog te vers in het geheugen, en het niet of verkeerd begrepen worden door de wereld was voor hem te pijnlijk geweest. 'Ik heb dit materiaal mijn leven lang beschermd, en het nooit aan de openbaarheid willen prijsgeven. Want als hier iets mee gebeurt, zal me dat nog pijnlijker treffen dan bij mijn andere boeken. Ik weet niet, of ik al zoveel afstand van deze wereld heb genomen dat de pijlen geen doel meer treffen, en dat ik de negatieve reacties zal kunnen verdragen. Ik heb genoeg geleden door het onbegrip, en door het isolement waarin men komt als men over dingen spreekt die de mensen niet begrijpen. Wanneer het boek over Job al zoveel onbegrip heeft ondervonden, dan zullen mijn herinneringen een nog veel negatievere uitwerking hebben. De 'autobiografie' geeft mijn leven weer, gezien in het licht van mijn werk. Het ene betekent het andere, en daardoor is het lezen van dit boek moeilijk voor mensen die mijn gedachten niet kennen of niet begrijpen. Mijn leven is in zekere zin de kwintessens van wat ik geschreven heb – en niet omgekeerd. Hoe ik ben en hoe ik schrijf, is één en hetzelfde. Al mijn gedachten en heel mijn streven, dat ben ik. De "autobiografie" is dus alleen nog maar het puntje op de "i".'

Gedurende de jaren dat dit boek gestalte kreeg, voltrok zich in Jung een verandering, een objectivering. Met elk hoofdstuk nam hij als het ware meer afstand van zichzelf; uiteindelijk zag hij zichzelf en de betekenis van zijn leven als van verre. 'Wanneer ik naar de waarde van mijn leven kijk, dan kan ik die alleen afmeten aan de gedachten van eeuwen, en dan moet ik zeggen: Ja, het heeft iets te betekenen. Maar gemeten naar de huidige opvattingen betekent het niets.' Het onpersoonlijke van deze uitspraak en het gevoel voor historische continuïteit dat uit deze woorden spreekt, zijn karakteristiek voor Jung. Beide aspecten komen in de volgende hoofdstukken steeds duidelijker naar voren.
Inderdaad zijn deze memoires van Jung nauw vervlochten met zijn wetenschappelijke gedachten. Er bestaat nauwelijks een betere inleiding tot de gedachtenwereld van een geleerde dan het verhaal, hoe hij tot zijn gedachten gekomen is, welke persoonlijke belevingen er achter zijn kennis staan. Jungs 'autobiografie' vervult in hoge mate de taak van een gevoelsmatige inleiding. Het hoofdstuk 'Over het ontstaan van het werk' is eveneens fragmentarisch. Hoe zou het ook anders kunnen bij een verzameld werk van meer dan twintig delen? Bovendien: Jung was ook nooit bereid een samenvatting van zijn gedachten te geven – niet in een gesprek, en ook niet schriftelijk. Eens, toen hem iets dergelijks werd gevraagd, schreef hij op zijn karakteristieke, drastische manier: '... ik moet wel zeggen, dat zoiets totaal buiten mijn bereik ligt. Ik zou het eenvoudig niet klaarspelen, om datgene wat ik met zoveel moeite uitvoerig heb beschreven in verkorte vorm weer te geven. Ik zou al het bewijsmateriaal buiten beschouwing moeten laten, en ik zou een apodictische stijl moeten gebruiken. Dat zou het begrijpen van mijn toch al moeilijk toegankelijke resultaten zeker niet vereenvoudigen. Voor de familie der tweehoevigen is het herkauwen van het al eerder genuttigde voedsel karakteristiek; mij beneemt zoiets de eetlust.'
De lezer moet dan ook het hoofdstuk 'Over het ontstaan van het werk' alleen maar zien als een door het moment ingegeven terugblik van de oude meester, en als zodanig de werking ervan ondergaan.
De verklarende woordenlijst heb ik op wens van de uitgever aan dit boek toegevoegd.* Deze geeft enig inzicht in de terminologie van Jung voor hen die niet vertrouwd zijn met zijn werk. Waar dat mogelijk was, heb ik de begrippen uit de psychologie van Jung met citaten uit zijn werk omschreven. Deze citaten moeten echter slechts als vluchtige verwijzingen worden beschouwd. Jung heeft de door hem gehanteerde begrippen telkens weer op een nieuwe en andere manier omschreven. Hij heeft het onverklaarbare dat deel uitmaakt van de werkelijkheid van het psychische, als raadsel of geheim laten bestaan.

* Enkele aanvullingen daarop, die uitsluitend in de Nederlandse editie voorkomen, zijn gemerkt met een asterisk (Vert.).

Velen hebben mij bij mijn even mooie als moeilijke taak terzijde gestaan. Ze hielpen me met hun belangstelling terwijl het werk langzaam vorderde; of met hun aanmoediging en kritiek. Hen allen wil ik danken. Met name noem ik hier alleen Helene en Kurt Wolff te Locarno, die het idee van dit boek hielpen verwezenlijken; Marianne en Walter Niehus-Jung, Küsnacht ZH, die me tijdens de jarenlange arbeid met raad en daad terzijde stonden; en bovendien nog Richard F. C. Hull, Palma de Mallorca, die me met nooit aflatend geduld geadviseerd heeft.

december 1961 *Aniela Jaffé*

Proloog

Mijn leven is de geschiedenis van een zelfverwerkelijking van het onbewuste. Alles wat in het onbewuste ligt wil verwezenlijkt worden, en ook de persoonlijkheid wil zich ontplooien vanuit haar onbewuste toestand, en zichzelf als totaliteit beleven. Om deze ontwikkeling bij mezelf weer te geven kan ik geen gebruik maken van de wetenschappelijke terminologie; ik kan mezelf immers niet ervaren als wetenschappelijk probleem.

Wat men volgens zijn innerlijke zienswijze is, en wat de mens sub specie aeternitatis (met het oog op de eeuwigheid) lijkt te zijn, kan men slechts in een mythe uitdrukken. Een mythe is individueler en geeft het leven nauwkeuriger weer dan de wetenschap, die met doorsnee-begrippen werkt. Deze zijn te algemeen om de subjectieve veelvormigheid van een individueel leven recht te doen.

Zo ben ik er nu dan, nu ik drieëntachtig ben, toe gekomen de mythe van mijn leven te vertellen. Ik kan echter alleen vertellen wat ik rechtstreeks constateer, ik 'vertel verhalen'. Of ze waar zijn, dát is niet het probleem. De vraag is alleen: is het *mijn* verhaal, *mijn* waarheid?

Het probleem bij het schrijven van een autobiografie, is het ontbreken van een maatstaf; je hebt geen objectieve basis van waaruit je kunt oordelen. Er zijn geen goede vergelijkingsmogelijkheden. Ik weet dat ik in veel opzichten verschil van anderen, maar ik weet niet wie ik werkelijk ben. De mens kan zich nergens mee vergelijken: hij is geen aap, geen koe, geen boom. Ik ben een mens. Maar wat is dat? Zoals elk wezen, ben ook ik een afsplitsing van de oneindige Godheid, maar ik kan mezelf niet tegenover een dier plaatsen, tegenover een plant of een steen. Alleen een mythisch wezen reikt boven de mens uit. Hoe kan men dan over zichzelf een definitief oordeel vormen?

De mens is een psychisch proces, dat hij niet, of maar ten dele beheerst. Daarom kun je geen vaststaand oordeel hebben over jezelf of over je leven. Anders zou je daarover alles al weten, maar zoiets kun je je hoogstens inbeelden. Eigenlijk weet je nooit hoe alles in zijn werk is gegaan. Het verhaal van een leven begint ergens, op een of ander punt dat je je toevallig herinnert – en ook toen was alles al uiterst gecompliceerd. Hoe het leven verder gaat weet je niet. Daarom heeft de geschiedenis geen beginpunt, en is haar doel alleen maar bij benadering aan te geven.

Het leven van de mens is een twijfelachtige poging. Het is alleen kwantitatief een enorme verschijning. Het is zo vluchtig, zo ontoereikend, dat het gewoon een wonder is, dat iets zich ontplooien kan, dat iets kan bestaan. Dat heeft al indruk op me gemaakt toen ik nog een jong medisch student was, en het leek me een wonder, wanneer ik niet voortijdig vernietigd zou worden.

Het leven deed me altijd wat denken aan een plant, die leeft vanuit haar wortelstelsel. Haar eigenlijke leven is niet zichtbaar, dat is verborgen in haar wortels. Dat wat boven de grond zichtbaar wordt leeft slechts één zomer. Dan verwelkt het – een kortstondige verschijning. Wanneer je denkt aan het eindeloze ontstaan en vergaan van leven en van beschavingen, krijg je de indruk van volstrekte nietigheid. Maar ik hield altijd het gevoel, dat er onder de eeuwige veranderingen iets is dat leeft en dat standhoudt. Wat je ziet is de bloesem, en deze vergaat. De wortels houden stand.

Eigenlijk vind ik alleen díe gebeurtenissen uit mijn leven de moeite van het vertellen waard, waarbij de onvergankelijke wereld binnendrong in de vergankelijke. Daarom vertel ik hoofdzakelijk over innerlijke belevingen. Tot hen behoren mijn dromen en fantasieën. Ze vormen tegelijk de oerstof voor mijn wetenschappelijke werk. Ze waren als gloeiende lava, waaruit zich de te bewerken steen uitkristalliseert.

Naast de innerlijke belevingen verbleken andere herinneringen – mensen, reizen, mijn omgeving. Velen hebben de geschiedenis van onze tijd beleefd, velen hebben erover geschreven; men kan beter hun boeken erop naslaan, of van hen erover horen. De herinneringen aan de uiterlijke feiten van mijn leven zijn voor het grootste deel verbleekt of verdwenen. Maar de ontmoetingen met de andere werkelijkheid, de hevige ontmoeting met het onbewuste, hebben zich voor altijd in mijn geheugen vastgezet. Daar was altijd overvloed en rijkdom, en al het andere verzonk daarbij in het niet.

Zo behield ik ook alleen aan díe mensen onvervreemdbare herinneringen, wier namen al van oudsher geschreven stonden in mijn 'levensboek'. Onze ontmoetingen waren dan ook tegelijk een soort herkenning.

Ook de echt belangrijke gebeurtenissen die in mijn jeugd of later van buitenaf tot me kwamen, stonden in het teken van de innerlijke beleving. Al heel jong heb ik gemerkt dat de verwikkelingen van het leven uiteindelijk weinig te betekenen hebben wanneer er geen antwoord of oplossing van binnenuit komt. De uiterlijke omstandigheden kunnen de innerlijke niet vervangen. Daarom is mijn leven arm aan uiterlijke gebeurtenissen. Ik kan er niet veel over vertellen; het zou me leeg of onwezenlijk toeschijnen. Ik kan mezelf alleen begrijpen vanuit de innerlijke belevingen. Zij zijn het bijzondere in mijn leven, en over hen gaat mijn 'autobiografie'.'

Kinderjaren

Een half jaar na mijn geboorte (1875) verhuisden mijn ouders van Kesswil (kanton Thurgau) aan de Bodensee, naar de pastorie van het slot Laufen bij de waterval van Schaffhausen.
Mijn herinneringen gaan ongeveer tot mijn tweede of derde jaar terug. Ik herinner me de pastorie, de tuin, het washok, de kerk, het slot, de waterval, het kasteeltje Wörth en de boerderij van de koster. Het zijn alleen maar herinneringseilandjes die in een onbestemde zee drijven; ogenschijnlijk zonder enig verband met elkaar.
Daar duikt een herinnering op, wellicht mijn allereerste; daarom is het maar een tamelijk vage indruk. Ik lig in een kinderwagen, in de schaduw van een boom. Het is een mooie, warme zomerdag, de hemel is blauw. Gouden zonlicht speelt door groene bladeren. De kap van de wagen is open. Ik ben zojuist ontwaakt temidden van deze heerlijke schoonheid, en ik voel een onbeschrijfelijk welbehagen. Ik zie de zon door de bladeren en de lichtende bloesems van de bomen. Alles is heel wonderlijk, kleurig en heerlijk.
Een andere herinnering: ik zit in een hoge kinderstoel in onze eetkamer, die op het westen ligt, en ik lepel warme melk met brokjes brood op. De melk smaakt lekker en heeft een karakteristieke geur. Het was de eerste keer dat ik de geur bewust waarnam. Dat was het moment dat ik me zogezegd bewust werd van het ruiken. Ook deze herinnering gaat heel ver terug.
Of deze: een mooie zomeravond. Eén van mijn tantes zegt: 'Nu zal ik je eens iets laten zien.' Ze liep met me het huis uit, de weg naar Dachsen op. Ver weg aan de horizon lagen de Alpen in gloeiend avondrood. Je kon ze die avond heel duidelijk zien. 'Kijk dáár nu eens, de bergen zijn allemaal rood.' En daar zag ik voor het eerst de Alpen! Even later hoorde ik dat de kinderen uit Dachsen de volgende morgen een schoolreisje zouden maken naar de Uetliberg bij Zürich. Ik moest en ik zou mee. Maar tot mijn verdriet werd me duidelijk gemaakt, dat zulke kleine kinderen niet mee mochten, daar was nu eenmaal niets aan te doen. Sinds die tijd waren Zürich en de Uetliberg het onbereikbare land van verlangen, vlak bij de roodgloeiende sneeuwbergen.
Een herinnering uit een wat latere tijd: mijn moeder reisde met me naar Thurgau om vrienden te bezoeken. Deze bezaten een kasteel aan de Bodensee. Ik was er niet weg te krijgen bij het water. Het meer glinsterde in de

zon. De golven van een stoomboot sloegen tegen de oever en maakten ribbels in het zand op de bodem. Het meer strekte zich uit tot in onafzienbare verten, en deze weidsheid was een onvoorstelbaar genot, een niet te overtreffen heerlijkheid. Destijds kwam het denkbeeld bij me op dat ik aan een meer zou moeten wonen. Zonder water – zo dacht ik – kon je eenvoudig niet bestaan.
Nog een andere herinnering: vreemde mensen, bedrijvigheid, opwinding. Het dienstmeisje kwam aanhollen: 'De vissers hebben een lijk opgehaald beneden bij de waterval – ze willen het in het washok leggen.' Mijn vader zei: 'Ja – ja.' Ik wilde meteen het lijk zien. Mijn moeder hield me tegen en verbood me ten strengste de tuin in te gaan. Maar toen de mannen verdwenen waren liep ik gauw door de tuin naar het washok. De deur was echter op slot. Ik liep achterom, waar een open goot uitkwam op de helling beneden. Er druppelde bloed en water uit. Dat interesseerde me enorm. Ik was toen nog geen vier jaar.
Een ander beeld komt boven: Ik ben onrustig, koortsig, ik kan niet slapen. Mijn vader draagt me in zijn armen, loopt de kamer op en neer en zingt daarbij zijn oude studentenliedjes.
Hij zong het zogenaamde 'Lied van de Landvoogd': 'Alles zwijge, ieder nijge . . .', zo begon het ongeveer. Nog hoor ik de stem van mijn vader, die voor me zong in de stille nacht.
Ik leed, zoals mijn moeder me later vertelde, aan een algemeen eczeem. Duistere toespelingen op moeilijkheden in het huwelijk van mijn ouders zweefden om me heen. Mijn ziekte moet wel in verband hebben gestaan met een tijdelijke scheiding van mijn ouders (1878). Mijn moeder lag toen enkele maanden in het ziekenhuis te Bazel; vermoedelijk was haar kwaal het gevolg van haar teleurstelling in het huwelijk. In die tijd zorgde een tante voor me, die bijna twintig jaar ouder was dan mijn moeder. De lange afwezigheid van mijn moeder heb ik erg moeilijk kunnen verwerken. Sinds die tijd was ik altijd wantrouwend zodra het over 'liefde' ging. Gedurende lange tijd verbond ik aan het begrip 'vrouwelijk': natuurlijke onbetrouwbaarheid. 'Vader' betekende voor mij: betrouwbaarheid en – machteloosheid. Dat was de handicap waarmee ik moest leren leven. Later heb ik deze eerste indrukken herzien. Ik meende vrienden te hebben, maar werd door hen teleurgesteld; ik was wantrouwend ten opzichte van vrouwen, en door hen werd ik niet teleurgesteld.
Tijdens de afwezigheid van mijn moeder ontfermde ons dienstmeisje zich over mij. Ik weet nog hoe ze me optilde en hoe ik mijn hoofd op haar schouder legde. Ze had zwart haar en een olijfkleurige huid; ze was heel anders dan mijn moeder. Ik herinner me de inplanting van het haar, haar hals met de donkere huid en haar oor. Dat kwam me zo ongewoon voor, en toch zo merkwaardig bekend. Het was of ze niet bij mijn familie hoorde, maar uitsluitend bij mij. Het leek alsof ze op een voor mij onbegrijpelijke

wijze samenhing met andere geheimzinnigheden die ik niet vatten kon. Dit meisjestype werd later een aspect van mijn anima. Ze gaf me het besef van iets vreemds, dat toch oer-bekend was. Dat was ook het karakteristieke van de anima-figuur, die later voor mij de belichaming van het vrouwelijke voorstelde.

Er is nog een ander herinneringsbeeld uit de maanden van tijdelijke scheiding van mijn ouders. Een jong, heel mooi en lief meisje met blond haar en blauwe ogen neemt me op een mooie herfstdag mee uit wandelen onder goudgele esdoorns en kastanjebomen. We liepen langs de Rijn aan de voet van de waterval bij het kasteeltje Wörth. De zon scheen door het lover, er lagen goudgele bladeren op de grond. Het jonge meisje is later mijn schoonmoeder geworden. Ze had een grote bewondering voor mijn vader. Pas toen ik eenentwintig was heb ik haar weer teruggezien.

Dat zijn mijn 'uiterlijke' herinneringen. Wat nu volgt zijn heviger, ja overweldigende gebeurtenissen, die ik me voor een deel slechts onduidelijk herinner: een val van de trap, een verwonding door een val tegen een hoekige kachelpoot. Ik herinner me pijn en bloed; een dokter hecht een wond aan mijn hoofd. Het litteken daarvan bleef te zien tot het eind van mijn gymnasiumtijd. Mijn moeder vertelde, dat ik eens met ons dienstmeisje over de brug van Schaffhausen naar Neuhausen liep, daar plotseling viel, en met één been onder het hek doorgleed. Het meisje kon me nog maar net grijpen en terugtrekken. Dit soort voorvallen wijzen op een onbewuste drang tot zelfmoord, respectievelijk op een fataal verzet tegen het leven in deze wereld.

In die tijd leed ik aan onbestemde nachtelijke angsten. Er waarden dingen rond. Je hoorde altijd het doffe geraas van de waterval; daaromheen lag een zone van gevaar. Mensen verdronken, er viel een lijk op de rotsen. Op het nabijgelegen kerkhof graaft de koster een kuil, ernaast ligt een berg bruine aarde. Zwarte, plechtige mannen, met geklede jassen, ongewoon hoge hoeden en glimmend gepoetste zwarte schoenen, brengen een zwarte kist. Mijn vader, in toga, is er ook bij, en spreekt met galmende stem. Vrouwen snikken. Ik hoor dat er iemand in die kuil begraven wordt. Plotseling zie je sommige mensen niet meer die er eerst wel waren. Ik hoor dan later dat ze begraven zijn, of dat de 'Here Jezus' hen tot zich genomen heeft.

Mijn moeder had me een gebed geleerd, dat ik elke avond moest opzeggen. Dat deed ik ook graag, omdat het me een zeker geruststellend gevoel gaf met het oog op de onbestemde onveiligheid van de nacht:

> Breidt beide vleugels uit
> O Jezus, mijn vreugde,
> En neem uw 'koekje' in.
> Als Satan het wil verslinden
> Laat dan de engelen zingen:
> Dit kind zal ongedeerd zijn.

De 'Here Jezus' was geruststellend; een aardige, welwillende 'Heer', net als de 'heer' Wegenstein van het slot – rijk, machtig, aanzienlijk en 's nachts zorgzaam voor kinderen. Waarom hij vleugels moest hebben als een vogel, was een klein wonder, dat me echter verder niet hinderde. Veel belangrijker, en aanleiding tot allerlei overpeinzingen, was het feit dat kleine kinderen met 'koekjes' werden vergeleken, die door de 'Here Jezus' kennelijk slechts met tegenzin als een soort bittere medicijn 'ingenomen' werden. Dat was moeilijk te begrijpen. Wel begreep ik zonder meer dat Satan de 'koekjes' wilde hebben, en dat daarom verhinderd moest worden dat hij ze zou verslinden. En dus, hoewel de 'Here Jezus' de koekjes niet lekker vindt, pakt hij ze toch weg vóór Satan ze te pakken krijgt. Tot zover was mijn argumentatie 'comfortabel'. Maar nu werd er ook gezegd dat de 'Here Jezus' ook in het algemeen mensen 'tot zich nam', wat dan hetzelfde betekende als: begraven in de aarde.

Deze onheilspellende vergelijking had fatale gevolgen. Ik begon de 'Here Jezus' te wantrouwen. Ik zag hem niet meer als een grote, geruststellende en welwillende vogel, en ik associeerde hem nu met de sombere, zwarte mannen in geklede jassen, met hoge hoeden en zwarte glimmend gepoetste schoenen – die te maken hadden met de zwarte kist.

Deze overpeinzingen hadden mijn eerste bewuste trauma tot gevolg. Op een warme zomerdag zat ik zoals gewoonlijk op de weg voor het huis alleen in het zand te spelen. De weg liep langs het huis naar een heuvel, en verdween daar boven in het bos. Daardoor kon je vanuit het huis een groot gedeelte van de weg overzien. Over deze weg zag ik nu een gedaante vanuit het bos naar beneden komen. Hij droeg een lang zwart gewaad en had een breedgerande hoed op. Het leek wel een man die vrouwenkleren droeg. De gestalte kwam langzaam dichterbij, en ik zag dat het inderdaad een man was, met een soort zwarte rok aan die hem tot op de voeten reikte. Bij deze aanblik werd ik door schrik overvallen, die snel uitgroeide tot een dodelijke angst, want ik kwam tot het ontzettende besef: 'Dat is een jezuïet!' Kort daarvoor had ik namelijk een gesprek opgevangen tussen mijn vader en een collega van hem over het geïntrigeer van de 'jezuïeten'. Mijn vader sprak op geërgerde en ook angstige toon, waaruit ik opmaakte dat 'jezuïeten' iets heel gevaarlijks betekenden, zelfs voor mijn vader. In feite wist ik niet wat 'jezuïeten' waren. Maar het woord *Jezus* kende ik uit mijn gebedje.

De man die daar kwam aanlopen was kennelijk verkleed, zo dacht ik. Daarom droeg hij vrouwenkleren. Waarschijnlijk had hij boze plannen. In doodsangst vloog ik het huis in, rende de trap op naar zolder, waar ik wegkroop in een donker hoekje onder een balk. Ik weet niet hoelang ik daar wel bleef. Het moet tamelijk lang geweest zijn, want toen ik weer voorzichtig naar beneden liep, naar de eerste verdieping, en uiterst behoedzaam mijn hoofd uit het raam stak, was de zwarte gestalte in de verste verte niet meer te zien. De doodsschrik zat me echter nog dagenlang in de benen, en ik durfde de eerstvolgende dagen niet het huis uit. En toen ik later weer buiten speelde hield ik ongerust de rand van het bos in de gaten. Later werd het me natuurlijk duidelijk dat de zwarte gedaante een heel onschuldig katholiek priester was geweest.

Ongeveer in die zelfde tijd – ik ben er niet eens absoluut zeker van of het niet vóór bovengenoemde gebeurtenis was – had ik de eerste droom die ik me herinneren kan, en die me zogezegd mijn leven lang zou bezighouden. Ik was toen drie of vier jaar.

De pastorie staat alleen, bij het slot Laufen, en achter de boerderij van de koster ligt een grote weide. In mijn droom stond ik op deze weide. Plotseling ontdekte ik een donkere, rechthoekig gemetselde opening in de aarde, die ik daar nog nooit eerder had gezien. Nieuwsgierig liep ik er naar toe, keek naar beneden en zag een stenen trap die in de diepte voerde. Aarzelend en bevreesd liep ik naar beneden. Daar was een ingang, een ronde boog, afgesloten door een groen gordijn. Het gordijn was groot, van zware, bewerkte stof of van brokaat, en het viel me op dat het er heel kostbaar uitzag. Benieuwd naar wat er achter zou liggen, schoof ik het opzij en zag in een schemerig licht een ongeveer tien meter lange rechthoekige ruimte. Het vertrek had een stenen gewelf, en ook de vloer was bedekt met tegels. In het midden liep een rode loper van de ingang tot aan een laag podium. Daarop stond een heel kostbare gouden troon. Ik ben er niet zeker van, maar het kan zijn dat er een rood kussen op lag. Deze troon was prachtig, zoals in een sprookje, het was een echte koningstroon! En daar stond nu wat op. Het was een reusachtig gewrocht, dat bijna tot aan de zoldering reikte. Eerst dacht ik dat het een hoge boomstam was. De doorsnede was ongeveer vijftig tot zestig centimeter, de hoogte vier tot vijf meter. Maar er was iets merkwaardigs mee: het ding bestond uit huid en levend vlees; aan de bovenkant zat een soort kegelvormig hoofd, zonder gezicht en zonder haar. Alleen helemaal bovenin de schedel zat één enkel oog, dat onafgebroken naar boven staarde.

Het was tamelijk licht in deze ruimte, hoewel je geen verlichting of vensters kon ontdekken. Boven het hoofd hing echter een zekere lichtglans. Het ding bewoog zich niet, maar toch had ik het gevoel alsof het elk ogenblik slangachtig van de troon kon komen om naar me toe te kruipen. Ik stond verlamd van schrik. Op dat ondraaglijke moment hoorde ik plotseling boven me mijn moeders stem, het leek alsof het geluid van buiten kwam. Ze riep: 'Ja, kijk maar eens goed naar hem. Dat is de mensenèter!' Ik werd doodsbang en schrok wakker, klam van angst. Na die nacht was ik nog lang bang om te gaan slapen, want ik vreesde nog eens zo te dromen.

Deze droom heeft me jarenlang beziggehouden. Pas veel later ontdekte ik, dat het merkwaardige gewrocht een fallus was, en pas tientallen jaren later, dat het hier om een rituele fallus ging. Ik ben er echter nooit achtergekomen of mijn moeder bedoelde: '*Dat* is de menseneter', of 'Dat is de *menseneter.*' In het eerste geval zou ze bedoeld hebben dat niet 'Jezus' of de 'jezuïet' kinderen verslond, maar dat de fallus dat deed. Bedoelde ze het laatste, dan zou de menseneter in het algemeen door de fallus voorgesteld worden; dan zouden dus de duistere 'Here Jezus', de jezuïet en de fallus aan elkaar identiek zijn.

De abstracte betekenis van de fallus wordt gekenmerkt door het feit dat het lid ithyfallisch (ithus = rechtop) op de troon is verheven. De opening in de weide zou een graf kunnen voorstellen. Het graf zelf is een onderaardse tempel, waarbij het groene gordijn aan de weide herinnert; hier vertegenwoordigt het dus het geheim van de met groene plantengroei bedekte aarde. De loper was rood als bloed. Wat betekende het gewelf? Ben ik toen al op de Munot, het belfort van Schaffhausen, geweest? Dat is niet waarschijnlijk; men gaat daar niet heen met een driejarig kind. Het kan dus niet om een herinneringsrest gaan. De bron van de anatomisch juiste ithyfallus is eveneens onbekend. Duiden we de orificium urethrae (opening van de urineleider) als oog, met daarboven klaarblijkelijk een lichtbron, dan verwijst dat naar de herkomst van het woord fallus (falós = lichtend, glanzend).*

De fallus in deze droom lijkt in ieder geval een onderaardse god te zijn waarover men niet spreekt. En als zodanig is hij me mijn hele jeugd bijgebleven, en ik werd altijd aan hem herinnerd als er wat al te nadrukkelijk van de Here Jezus Christus sprake was. De 'Here Jezus' is nooit helemaal werkelijkheid voor me geworden, ook nooit helemaal acceptabel of sympathiek, want altijd weer dacht ik aan zijn onderaardse tegenspeler als aan een door mij niet gezochte, verschrikkelijke openbaring.

Het 'verkleed-zijn' van de jezuïet wierp een schaduw over de christelijke leer waarin ik onderwezen werd. Ze scheen me vaak een plechtige maskerade toe, of een soort begrafenisplechtigheid. Want de mensen konden daarbij wel een ernstig of treurig gezicht trekken, maar even later leken ze verstolen te lachen en waren ze helemaal niet bedroefd. De 'Here Jezus' deed me op de een of andere manier denken aan een soort god des doods – weliswaar behulpzaam als het ging om het verjagen van nachtelijk gespook, maar zelf was hij ook griezelig: hij was immers gekruisigd en was een bloederig lijk. Zijn liefde en goedheid, die me steeds werden aangeprezen vond ik heimelijk twijfelachtig, vooral ook omdat hoofdzakelijk mensen met zwarte geklede jassen en glimmend gepoetste schoenen over de 'lieve Here Jezus' spraken. Die mensen deden me altijd aan begrafenissen denken. Het waren de ambtsbroeders van mijn vader en mijn acht ooms – allemaal dominees. Ze boezemden me jarenlang angst in – om dan nog maar te zwijgen van de katholieke priesters die ik af en toe zag, en die me herinnerden aan de gevreesde

* Zie C. G. Jung 'Symbole der Wandlung', 1952, p. 370 e.v.

‘jezuïet’. Jezuïeten hadden zelfs bij mijn vader angst en ergernis veroorzaakt! Later, tot aan mijn belijdenis toe, heb ik me de grootste moeite gegeven me te dwingen tot de vereiste positieve houding tegenover Christus. Maar ik ben er nooit in geslaagd mijn heimelijk wantrouwen te overwinnen.

De angst voor de ‘zwarte man’ kent uiteindelijk elk kind; dat was ook geenszins het essentiële van deze beleving. Het wezenlijke was de formulering, waar mijn kinderlijk brein zich zo pijnlijk bewust van werd: ‘Dat is een jezuïet.’ Zo is ook in de droom de merkwaardige symbolische aankleding, en de verwonderlijke interpretatie van ‘menseneter’, het wezenlijke. Niet het kinderlijke spook van de ‘menseneter’ is belangrijk, maar het feit dat hij op een onderaardse troon zit. Voor mijn toenmalig kinderlijk besef zat in de eerste plaats de koning op een gouden troon. Maar op een veel mooiere en veel hogere troon, met nog meer goud, zetelden hoog in de blauwe hemel de goede God en de Here Jezus, met gouden kronen en witte gewaden. Van deze Here Jezus was echter de jezuïet afkomstig die, gekleed in een zwarte vrouwenrok en met een brede zwarte hoed op, uit het bos de berg afkwam. Ik moest nog vaak daar naar boven kijken of er niet weer gevaar dreigde.

In de droom daalde ik af in de onderaardse grot, en ik vond daar een ander wezen op de gouden troon, onmenselijk, onderwerelds. Het staarde strak naar boven en voedde zich met mensenvlees. Pas vijftig volle jaren later werd plotseling mijn aandacht getrokken door een passage in een commentaar over religieuze riten. Daarin was sprake van het antropofagische basisthema in de Avondmaalssymboliek (antropofagie = kannibalisme, vert.). Toen pas werd me duidelijk hoe volstrekt onkinderlijk, hoe rijp, ja zelfs overrijp de gedachte is, die in deze beide belevenissen tot bewustwording wilde komen. Wie sprak destijds in mij? Wiens geest heeft deze belevenissen verzonnen? Welk superieur inzicht was hier aan het werk? Ik weet dat elk oppervlakkig mens zich verzocht zal voelen wat te leuteren over de ‘zwarte man’, over de ‘menseneter’; of over ‘toeval’ en ‘achteraf interpreteren’. Daarmee schuift hij iets verschrikkelijk onbehaaglijks snel van zich af, opdat de vertrouwde, onschuldige toestand maar niet verstoord zal worden. Ach, al die brave, ijverige, gezonde mensen; ze doen me altijd weer denken aan die optimistische kikkervisjes in een plas regenwater. Daar liggen ze in de zon, dicht tegen elkaar, terwijl hun staartjes vrolijk bewegen in het ondiepste water dat je maar denken kunt. En ze weten niet, dat morgen al de plas opgedroogd zal zijn.

Wat sprak destijds in mij? Wie sprak woorden vol superieure problematiek? Wie voegde Boven en Beneden samen, en legde daarmee de basis voor al datgene, wat in mijn gehele tweede levenshelft stormen van de meest hartstochtelijke aard veroorzaakte? Wie verstoorde een onbewolkte, alleronschuldigste kindertijd met duistere vermoedens van diepste levenswijsheid? Wie anders dan de vreemdeling, die van Boven en Beneden kwam?

Door deze kinderdroom werd ik ingewijd in de geheimen van de aarde. Ik werd als het ware begraven in de aarde, en het duurde jarenlang voordat ik weer te voorschijn kwam. Ik weet nu dat dit gebeurde om de grootst mogelijke mate van licht in de duisternis te brengen. Het was een soort inwijding in het rijk van de duisternis. Destijds heeft mijn geestelijk leven zijn onbewuste aanvang genomen.

Van onze verhuizing in 1879 naar Klein-Hüningen bij Bazel herinner ik me niets meer. Wel weet ik nog een voorval van jaren later: op een avond haalde mijn vader me uit bed, en droeg me op de arm naar de galerij aan de westkant van ons huis. Hij wees naar de hemel, die schitterend groen gekleurd was. Dat was na de uitbarsting van de Krakatau in 1883.
Een andere keer nam mijn vader me mee naar buiten en liet me een grote komeet zien die in het oosten aan de horizon stond.
Op een keer was er een grote overstroming. Het riviertje de Wiese, dat door het dorp loopt, was buiten zijn oevers getreden. Op de plaats waar de rivier uit de bergen komt was een brug ingestort. Veertien mensen waren verdronken, en werden door het gelige water meegesleurd tot in de Rijn. Toen het water weer zakte werd er gezegd dat er lijken in het zand lagen. Er was voor mij geen houden meer aan. Ik vond het lijk van een man van middelbare leeftijd, in een zwarte geklede jas – kennelijk was hij net uit de kerk gekomen! Hij lag half onder het zand, een arm voor de ogen. Tot mijn moeders ontzetting keek ik ook gefascineerd toe bij het slachten van een varken. Voor al die dingen had ik de grootste belangstelling.

Uit deze jaren in Klein-Hüningen dateert ook mijn eerste herinnering aan de beeldende kunst. In het ouderlijk huis, een achttiende-eeuwse pastorie, bevond zich een plechtige, sombere kamer. Daar stonden onze mooie meubels, en aan de wanden hingen oude schilderijen. Ik herinner me vooral een Italiaans schilderij, dat David en Goliath voorstelde. Het was een kopie uit het atelier van Guido Reni; het origineel hangt in het Louvre. Ik weet niet, hoe het in onze familie is gekomen. Er hing nog een ander oud schilderij, dat zich thans in het huis van mijn zoon bevindt: een Bazels landschap uit het begin van de negentiende eeuw. Dikwijls sloop ik stilletjes naar de afgelegen, donkere kamer, en zat urenlang vol bewondering naar de schilderijen te kijken. Het was immers het enige mooie dat ik kende.
Op een keer – ik was nog erg klein, ongeveer zes jaar – nam een tante me mee naar Bazel om in het museum naar de opgezette dieren te gaan kijken. We bleven daar een hele tijd, omdat ik alles erg goed wilde bekijken. Om vier uur klonk een belsignaal, ten teken dat het museum zou gaan sluiten. Mijn tante probeerde me mee te krijgen, maar ik kon me niet losmaken van de vitrines. De zaal werd inmiddels aan één kant afgesloten, en we moesten

een andere weg naar de uitgang nemen, namelijk door de galerij met antieke kunst. En daar stond ik opeens voor allemaal prachtige gedaantes! Totaal overweldigd sperde ik mijn ogen wijd open, want zoiets moois had ik nog nooit gezien. Ik kon er niet genoeg van krijgen. Mijn tante rukte me achter haar aan, mee naar de uitgang, – en riep: 'Nare jongen, doe je ogen dicht, nare jongen, doe je ogen dicht!' Pas op dat moment zag ik dat de gestaltes naakt waren en vijgebladeren droegen! Dat had ik eerst helemaal niet gezien. Zo verliep mijn eerste conflict met de schone kunsten. Mijn tante was hevig verontwaardigd, alsof ze door een pornografisch instituut was gesleept.

Toen ik zes jaar was maakten mijn ouders een uitstapje met me naar Arlesheim. Bij deze gelegenheid droeg mijn moeder een japon, die ik nooit heb kunnen vergeten, en die ook de enige is, die ik me van haar herinner: hij was gemaakt van zwarte stof, bedrukt met kleine, groene halve maantjes. In deze herinnering aan mijn moeder verschijnt ze als een slanke, jonge vrouw. In mijn andere herinneringen is ze altijd ouder en gezet.

We kwamen bij een kerk en mijn moeder zei: 'Dat is een katholieke kerk.' – Nieuwsgierig, en ook angstig, liep ik weg van moeder om door de open deur naar binnen te kijken. Ik zag nog juist even de grote kaarsen op een rijk versierd altaar (het was omstreeks Pasen), toen ik plotseling over een stoepje struikelde en met mijn kin tegen een ijzeren rooster sloeg. Ik weet alleen nog dat ik hevig bloedend door mijn ouders werd opgetild. Ik verkeerde in een merkwaardige gemoedstoestand. Aan de ene kant schaamde ik me, dat ik door mijn geschreeuw de aandacht van de kerkgangers getrokken had; aan de andere kant had ik het gevoel, iets uitgehaald te hebben dat verboden was: jezuïeten – het groene gordijn – het geheim van de mensen-eter . . . Dat is dus de katholieke kerk, waar de jezuïeten iets mee te maken hebben. Het is hun schuld, dat ik gestruikeld ben en geschreeuwd heb!

Jarenlang kon ik geen katholieke kerk meer binnengaan zonder geheime angst voor bloed, struikelen en jezuïeten. Dat was de sfeer waarmee ze voor mij omgeven was. Ze heeft me echter altijd gefascineerd. De nabijheid van een katholiek priester was zo mogelijk nog onbehaaglijker. Pas toen ik na mijn dertigste in de Stefansdom in Wenen geweest was kon ik de Mater Ecclesia (moederkerk, vert.) zonder problemen verdragen.

Toen ik zes jaar was kreeg ik Latijnse les, die door mijn vader gegeven werd. Ik vond het niet onplezierig om naar school te gaan. Het ging me gemakkelijk af, want ik was de anderen steeds voor. Ik kon ook al lezen voordat ik naar school ging. Uit de tijd dat ik nog niet lezen kon, herinner ik me nog dat ik tegen mijn moeder zeurde me voor te lezen uit de 'Orbis Pictus',* een oud kinderboek met voorstellingen over exotische godsdiensten, in het bijzonder over de Indische. Er stonden afbeeldingen in van Brahma, Vishnu en Shiva, die me met onuitputtelijke belangstelling vervulden. Mijn moeder

* Niet te verwarren met de 'Orbis Pictus' van J. A. Comenius.

vertelde later, dat ik ze steeds weer opnieuw wou zien. Ik had daarbij een duister gevoel van verwantschap met mijn 'oer-openbaring', waarover ik nog nooit met iemand gesproken had. Dat was voor mij een geheim dat niet verraden mocht worden. Ik werd indirect in dat denkbeeld gesterkt door mijn moeder; het was me niet ontgaan dat ze over de 'heidenen' op licht verachtelijke toon sprak. Ik wist, dat ze mijn 'openbaring' met ontzetting zou hebben afgewezen. Aan zo'n krenking wilde ik me niet blootstellen.
Dit weinig kinderlijke gedrag hing samen met een grote gevoeligheid en kwetsbaarheid, maar vooral ook met de grote eenzaamheid van mijn vroegste jeugd. (Mijn zuster was negen jaar jonger dan ik.) Ik speelde alleen, op mijn eigen manier. Jammer genoeg kan ik me niet meer herinneren wát ik speelde; maar wel weet ik nog, dat ik niet gestoord wilde worden. Ik was vol aandacht verdiept in mijn spel, en ik kon het niet hebben dat iemand toekeek of zich ermee bemoeide. Wel herinner ik me, dat ik van mijn zevende tot achtste jaar hartstochtelijk graag met blokken speelde en torens bouwde, die ik dan met wellust door 'aardbevingen' liet instorten. Tussen mijn achtste en elfde jaar tekende ik eindeloos veldslagen, belegeringen, beschietingen, en ook zeeslagen. Verder vulde ik een heel schrift met inktvlekformaties en ik vermaakte me met de fantastische betekenissen die ik eraan gaf.
Ik ging graag naar school, omdat ik daar eindelijk de zo lang ontbeerde speelkameraadjes vond.
Ik merkte echter nog iets anders, dat bij mij een merkwaardige reactie tot gevolg had. Maar voor ik daar iets over vertel, moet ik eerst zeggen dat de nachtelijke atmosfeer beklemmender werd. Er gebeurden onbegrijpelijke, angstaanjagende dingen. Mijn ouders sliepen apart. Ik sliep bij mijn vader op de kamer. De invloed die van mijn moeders kamer uitging was beangstigend. 's Nachts was mijn moeder geheimzinnig en onheilspellend. Op een nacht zag ik dat uit haar deur een enigszins lichtgevende, onbestemde gestalte kwam. Het hoofd van deze gedaante maakte zich van de hals los, en zweefde door de lucht vooruit, als een soort kleine maan. Onmiddellijk vormde zich een nieuw hoofd, dat zich ook weer losmaakte. Dit proces herhaalde zich zes tot zeven keer. Ik had angstdromen over dingen die eerst groot, en dan weer klein waren. Ik zag bijvoorbeeld een kleine kogel, ver weg, die langzaam dichterbij kwam en daarbij opzwol tot iets monsterlijks en verstikkends. Of ik zag telegraafdraden, waar vogels op zaten. De draden werden steeds dikker, en mijn angst werd steeds groter, tot ik er wakker van werd.
Hoewel deze dromen samenhingen met de fysiologische voorbereiding op de adolescentie, hadden ze ook een andere oorsprong. Toen ik zeven jaar oud was leed ik aan pseudo-kroep met verstikkingsaanvallen. Tijdens deze aanvallen stond ik achterovergebogen op het voeteinde van mijn bed en mijn vader hield me onder de armen vast. Boven me zag ik een lichtende blauwe cirkel ter grootte van de volle maan, en daarin bewogen zich gouden ge-

staltes, die ik voor engelen aanzag. Dit visioen kalmeerde telkens mijn angst te zullen stikken. De angst duikt echter toch weer op in mijn dromen. Een psychogene factor schijnt daarbij een beslissende rol te hebben gespeeld: de geestelijke atmosfeer begon me ondraaglijk te benauwen.

Ik ging met de uiterste tegenzin naar de kerk. Kerstdag vormde de enige uitzondering. Het Kerstkoraal: 'Dit is de dag, aan God gewijd' vond ik prachtig. 's Avonds kwam de kerstboom. Dat was het enige christelijke feest dat ik intens meevierde, alle andere lieten me koud. Op de tweede plaats kwam oudejaarsavond. De adventstijd had iets, dat niet goed wilde overeenstemmen met het komende kerstfeest. Het had te maken met wind en ontij, met de nacht, ook wel met de duisternis in huis. Je hoorde geheimzinnig geritsel – er waarde iets rond.

In die prille kindertijd ontdekte ik iets door de omgang met mijn dorpsvriendjes van school: zij vervreemdden me van mezelf. Met hen werd ik anders dan wanneer ik alleen thuis was. Met hen haalde ik streken uit, of verzon zelf dingen, die me thuis nooit ingevallen zouden zijn, naar het me toeleek. Ik wist weliswaar maar al te goed dat ik ook wel van alles uit kon halen als ik alleen thuis was. Maar het leek erop dat mijn verandering veroorzaakt werd door de invloed van mijn vriendjes, die me op de een of andere manier meesleepten, of die me dwongen anders te zijn dan ik meende te zijn. De invloed van de wijde wereld waarin ik andere mensen dan mijn ouders leerde kennen, leek me maar twijfelachtig, eigenlijk zelfs verdacht, en op een duistere wijze vijandig. Steeds beter zag ik de schoonheid van de lichte wereld overdag, waar 'gouden zonlicht door groene bladeren speelt'. Maar onmiddellijk daarnaast vermoedde ik een onvermijdelijke schaduwwereld, vol beangstigende, niet te beantwoorden vragen, waaraan ik me uitgeleverd voelde. Mijn avondgebed gaf me weliswaar een rituele bescherming doordat het de dag op de juiste wijze afsloot, en even juist de nacht en de slaap inleidde. Maar het nieuwe gevaar lag nu overdag op de loer. Het was of ik een innerlijke verdeeldheid in mezelf voelde en vreesde. Mijn innerlijke zekerheid was in gevaar.

Ik herinner me dat ik in die tijd (van mijn zevende tot negende jaar) graag met vuur speelde. In onze tuin stond een oude stenen muur. Tussen de grote steenblokken zaten interessante holle ruimten. Daarin hield ik een klein vuur brandende, waarbij andere kinderen me hielpen. Het was een vuur, dat 'altijd' branden moest; daarom moest het voortdurend onderhouden worden. Dat vereiste onze gezamenlijke inspanning, die bestond in het verzamelen van het benodigde hout. Niemand anders dan ik mocht het vuur verzorgen. De anderen konden vuurtjes aanleggen in andere holten, maar die waren dan profaan, en gingen mij niets aan. Alleen mìjn vuur was levend, en had een onmiskenbare ondertoon van heiligheid. Dit was toen lange tijd mijn meest geliefde spel.

Langs deze muur strekte zich een helling uit waarin een steen was ingebed. De steen stak wat boven de grond uit – het was mijn steen. Vaak ging ik erop zitten als ik alleen was, en dan ontspon zich een gedachtenspel, dat ongeveer zó ging: 'Ik zit op deze steen. Ik ben boven en hij is beneden.' – De steen kon echter ook zeggen: 'Ik', en denken: 'Ik lig hier, op deze helling, en hij zit op mij.' – En dan kwam de vraag op: 'Ben ik degene, die op de steen zit; of ben ik de steen, waar *hij* op zit?' – Deze vraag bracht me telkens weer in verwarring, en ik stond op, twijfelend aan mezelf, en piekerend, wie nu wàt was. Dat bleef onduidelijk; en naast mijn onzekerheid had ik het gevoel van iets onbegrijpelijks – merkwaardig en fascinerend. Onmiskenbaar was echter het feit, dat ik met deze steen in een geheimzinnig verband stond. Ik kon er urenlang op zitten en ik was in de ban van het raadsel, dat hij me opgaf.

Dertig jaar later stond ik weer op die heuvel, ik was getrouwd, had kinderen, een huis, ik had een positie in de wereld en een hoofd vol ideeën en plannen – en plotseling was ik weer het kind, dat een vuur vol geheime betekenis aansteekt, en dat op de steen zit, waarvan je niet weet of hij ik is, of ik hij. – Mijn leven in Zürich schoot me ineens weer te binnen, en dat kwam me vreemd voor, als een boodschap uit een andere tijd en een andere wereld. Het was verlokkend, en tegelijk ontstellend. De wereld van mijn kindertijd, waarin ik zojuist verzonken was, was eeuwig – en ik was er aan ontrukt, en was terechtgekomen in een tijd die steeds maar voortging, die zich steeds verder verwijderde. Met geweld moest ik me van deze plek losmaken om mijn toekomst niet op het spel te zetten.

Dit moment zal ik nooit vergeten, want het belichtte als in een flits het eeuwigheidskarakter van mijn kindertijd. Wat bedoeld wordt met deze 'eeuwigheid', werd duidelijk gemaakt toen ik tien jaar was. Mijn innerlijke verdeeldheid, en mijn onzekerheid in de grote wereld leidden tot een maatregel, die ik toen zelf niet begreep. Ik had in die tijd een geel geverfd pennedoosje, met een klein slotje; het soort dat schoolkinderen gebruiken. Er zat ook een liniaal in. Aan het eind daarvan sneed ik nu een klein, ongeveer zes centimeter lang mannetje, met 'geklede jas, hoge hoed en glimmend gepoetste schoenen'. Met inkt kleurde ik het zwart, ik zaagde het van de liniaal af en legde het in het pennedoosje, waarin ik een bedje voor hem maakte. Ik maakte van een stuk wollen stof zelfs een manteltje voor hem. Naast hem legde ik een gladde, langwerpige, zwartige Rijn-kiezel, die ik met kleurige waterverf zó beschilderd had, dat hij verdeeld was in een boven- en onderhelft. Ik had die steen al lang bij me gedragen in mijn broekzak. Dat was nu zijn steen. Dat alles was voor mij een groot geheim, waar ik echter niets van begreep. Ik bracht het doosje met het mannetje heimelijk naar het bovenste, verboden gedeelte van de zolder (verboden, omdat de planken vloer wormstekig, vermolmd en dus gevaarlijk was), en ik verstopte het bovenop een steunbalk van het dak. Dat gaf me een heel bevredigend gevoel; want daar zou niemand ooit bij komen. Ik wist dat geen mens het daar zou kunnen vinden. Niemand kon mijn geheim ontdekken en te niet doen. Ik voelde me veilig, en het kwellende gevoel van verdeeldheid was voorbij.

In alle moeilijke situaties, als ik iets had uitgehaald, of als ik me gekwetst voelde, of wanneer ik terneergeslagen was door de prikkelbaarheid van mijn vader of door de ziekelijkheid van mijn moeder – dan dacht ik aan mijn zorgzaam aangekleed en neergevlijd mannetje in zijn bedje, met zijn mooie, gekleurde gladde steen. Af en toe, vaak met wekenlange tussenpozen, ging ik naar de bovenste zolder, in het geheim en alleen wanneer ik er zeker van was dat niemand me zou zien. Daar klom ik op de balken, maakte het doosje open en keek naar het mannetje en zijn steen. Dan legde ik er ook altijd een klein rolletje papier bij, waarop ik van te voren iets geschreven had. Dat deed ik dan tijdens schooltijd in een zelf bedacht geheimschrift. Het waren opgerolde, dicht beschreven stroken papier, die het mannetje in bewaring kreeg. Ik herinner me dat het toevoegen van een nieuw rolletje altijd het karakter van een plechtige handeling droeg. Helaas kan ik er niet meer op komen wat ik het mannetje wou meedelen. Ik weet alleen, dat mijn 'brieven' een soort bibliotheek voor hem betekenden. Ik heb het vage vermoeden, dat het bepaalde spreuken waren, die me bijzonder bevielen.

De zin van deze handeling, of de manier waarop ik daar achter had kunnen komen, was in die tijd geen probleem. Ik stelde me tevreden met het gevoel van nieuwverworven zekerheid, en met de voldoening iets te bezitten, waar niemand aan zou kunnen komen, en waar niemand iets van af wist. Voor mij was het een onverbrekelijk geheim dat nooit mocht worden verraden, want de zekerheid van mijn bestaan was ervan afhankelijk. Waarom, dat vroeg ik me niet af. Het wàs eenvoudig zo.

Dit bezit van een geheim heeft me destijds sterk beïnvloed. Ik beschouw het als het wezenlijke van mijn eerste jeugd, als iets, dat voor mij van het hoogste belang was. Zo heb ik in mijn jeugd ook de droom van de fallus nooit aan iemand verteld, en ook de jezuïet hoorde tot het duistere rijk waarover men niet mocht spreken. Het houten figuurtje met de steen was een eerste, nog onbewust-kinderlijke poging het geheim vorm te geven. Ik was er altijd mee bezig, en ik had het gevoel dat het doorgrond moest worden. Toch wist ik niet wat het was dat ik tot uitdrukking wilde brengen. Altijd hoopte ik dat er iets te vinden zou zijn, wellicht in de natuur, dat opheldering zou geven, of dat liet zien waar of wat het geheim zou zijn. In die tijd kreeg ik steeds meer belangstelling voor planten, dieren en stenen. Ik was voortdurend op zoek naar iets geheimzinnigs. Voor mijn bewustzijn was ik wel een vroom christen – hoewel altijd met het voorbehoud: 'Maar het is niet zo zeker!', of met de vraag: 'En hoe moet het dan met datgene, wat onder de grond is?' En wanneer mij religieuze leerstellingen werden ingeprent, en wanneer men tegen me zei: 'Dat is mooi en dat is goed', dan dacht ik bij mezelf: 'Ja, maar er is nog iets anders, een groot geheim, en dat weten de mensen niet.'

De episode met het uitgesneden mannetje duurde ongeveer een jaar. Zij vormde het hoogtepunt en de afsluiting van mijn kindertijd. Daarna vergat ik deze gebeurtenissen volkomen, tot ik ze me op mijn vijfendertigste weer herinnerde. Uit de nevels van mijn kinderjaren steeg dit herinneringsbeeld weer volkomen helder op, toen ik bezig was met de voorbereidingen voor mijn boek *Wandlungen und Symbole der Libido*. Ik las toen over de 'cache'* van 'zielestenen' bij Arlesheim, en over de churinga's van de Australiërs. Ik ontdekte plotseling dat ik me een heel bepaalde voorstelling van een dergelijke steen maakte, hoewel ik er nog nooit een afbeelding van had gezien. In mijn verbeelding zag ik een gladde steen, zó geverfd, dat hij in een onder- en bovenkant verdeeld was. Dit beeld kwam me op de een of andere manier bekend voor, en daarbij kwam de herinnering aan een geel pennedoosje en aan een klein mannetje. Het mannetje was een kleine, omhulde god uit de oudheid, een telesforos, die op sommige afbeeldingen naast Aesculaap staat, en deze voorleest uit een boekrol.

Met dit opnieuw herinneren kwam ik voor het eerst tot de overtuiging, dat er archaïsche psychische bestanddelen bestaan in de individuele ziel, die uit geen enkele overlevering afkomstig kunnen zijn. In de bibliotheek van mijn vader, die ik – notabene pas veel later – heb doorzocht, was namelijk geen enkel boek dat dergelijke informaties zou kunnen bevatten. Het was aantoonbaar dat ook mijn vader niets van zulke dingen geweten heeft.

Toen ik in 1920 in Engeland was, heb ik uit een dunne tak twee gelijksoortige figuren gesneden, zonder me ook maar iets van de belevenis uit mijn jeugd te herinneren. Eén ervan heb ik vergroot in steen laten uitvoeren, en dit beeld staat in mijn tuin te Küsnacht. Pas toen gaf het onbewuste me de naam van de figuur in: 'Atmavictu' – 'breath of life'. Het is een verdere ontwikkeling van dat quasi-seksuele voorwerp uit mijn kindertijd, dat echter de 'breath of life', de 'levensadem' bleek te zijn; het was de scheppende impuls. In feite stelt het geheel een kabier** voor, gehuld in zijn manteltje, gehuld in de 'kista' (kist), en voorzien van een voorraad levenskracht: de langwerpige, zwartige steen. Dat zijn echter samenhangen die me pas veel later duidelijk geworden zijn. Toen ik kind was deed ik hetzelfde, wat ik later bij Afrikaanse inboorlingen gezien heb: eerst handelen ze, en ze weten totaal niet, wàt ze doen. Pas heel veel later denkt men erover na.

* Een soort geheime bergplaats.

** De kabieren, ook 'de grote goden' genoemd, die nu eens als dwergen en dan weer als reuzen zijn uitgebeeld, waren natuurgoden. Hun eredienst hing meestal met die van Demeter samen. Ze werden in verbinding gebracht met het scheppende en met het ontstaan van het leven.

Schooljaren

1

Het jaar dat ik elf werd, was belangrijk voor me omdat ik toen naar het gymnasium in Bazel ging. Ik werd daardoor plotseling gescheiden van mijn boerse speelkameraden, en ik kwam nu werkelijk in de 'grote wereld', waar machtige lieden, veel machtiger dan mijn vader, in grote, prachtige huizen woonden. Ze reden in kostbare calèches, bespannen met schitterende paarden, en ze spraken een gedistingeerd Duits of Frans. Hun zonen, goed gekleed, voorzien van goede manieren en overvloedig zakgeld, waren mijn klasgenoten. Met verbazing, en met een heimelijke afgunst waar ik zelf van schrok, hoorde ik van hen dat ze in de vakantie naar de Alpen waren geweest, naar de 'gloeiende sneeuwbergen' bij Zürich. Ja, ze waren zelfs naar zee geweest, wat voor mij de deur helemaal dicht deed. Ik bekeek hen vol verwondering, alsof ze wezens uit een andere wereld waren, uit dat heerlijke, onbereikbare gebied van de roodgloeiende sneeuwbergen, en uit die onmetelijke verte van de onvoorstelbare zee. Ik begreep toen, dat we arm waren, dat mijn vader een arme dorpsdominee was, en ik een nog veel armer domineeszoontje, dat gaten in zijn schoenen had, en dat met natte sokken de zes uren school moest uitzitten. Ik ging mijn ouders met andere ogen bekijken, en begon wat te begrijpen van hun zorgen en beslommeringen. Vooral met mijn vader had ik medelijden, merkwaardig genoeg meer dan met mijn moeder. Zij leek me de sterkste van de twee. Toch koos ik voor haar partij als vader zijn humeurige prikkelbaarheid niet kon beheersen. Dat was niet bepaald gunstig voor de vorming van mijn karakter. Om aan deze conflicten te ontkomen kwam ik in de rol terecht van superieure scheidsrechter, die tegen wil en dank zijn ouders moest beoordelen. Dat veroorzaakte bij mij een zekere inflatie, die mijn toch al onzeker gevoel van eigenwaarde vergrootte, maar tegelijk verminderde.

Toen ik negen jaar was, schonk mijn moeder het leven aan een meisje. Mijn vader was opgewonden en verheugd. 'Vannacht heb je een zusje gekregen', zei hij, en ik was volkomen verrast, want ik had van te voren niets gemerkt. Het was me niet opgevallen dat mijn moeder wat vaker in bed lag. Dat zag ik toch al als een onvergeeflijke zwakheid. Mijn vader bracht me naar moeders bed. Ze hield een wezentje in de armen dat er uiterst teleurstellend uitzag: een rood, verschrompeld gezichtje, zoals dat van een oud mens; de oogjes gesloten – waarschijnlijk was het blind zoals jonge honden. Ze wezen me op een paar lange, roodblonde haren, dat het ding in de nek had hangen – had het eigenlijk een aap moeten worden? Ik was geschokt, en het was me vreemd te moede. Zagen pasgeboren kinderen er zo uit? Ze prevelden wat over de ooievaar, die het kind gebracht zou hebben. Maar hoe ging dat dan bij een worp katten, of honden? Hoe vaak moest de ooievaar heen en weer vliegen voor de worp voltallig was? En hoe moest het dan bij koeien? Ik kon me niet voorstellen dat de ooievaar een heel kalf in zijn snavel kon dragen. Bovendien zeiden de boeren dat de koe gekalfd had, en niet, dat de ooievaar het kalf had gebracht. Dit verhaal was zeker weer één van die verzinsels, die ze mij wilden wijsmaken. Ik was er zeker van dat mijn moeder weer eens wat op touw had gezet wat ik niet weten mocht.

Dit plotselinge te voorschijn komen van mijn zusje liet een vaag gevoel van wantrouwen bij me achter, waardoor mijn nieuwsgierigheid en oplettendheid zich toespitsten. Latere verdachte reacties van mijn moeder bevestigden mijn vermoeden: er was iets betreurenswaardigs met deze geboorte verbonden. Deze gebeurtenis heeft me overigens niet verder verontrust; wel droeg ze bij tot verscherping van een ervaring die ik op mijn twaalfde jaar had.

Mijn moeder had de onaangename gewoonte me allerlei raadgevingen na te roepen wanneer ik op bezoek ging, of ergens was uitgenodigd. Ik had dan niet alleen mijn beste kleren en gepoetste schoenen aan, maar ik besefte ook de gewichtigheid van de situatie en van mijn officiële optreden. Ik onderging het dan ook als een vernedering, dat mensen op straat konden horen welke onterende dingen mijn moeder me nariep: 'Vergeet ook niet de groeten van papa en mama over te brengen, en veeg je neus af – heb je een zakdoek? Heb je je handen gewassen?' enzovoorts. Ik vond het volstrekt misplaatst mijn minderwaardigheidsgevoelens – die bij de inflatie hoorden – op een dergelijke manier te doen uitkomen. Zelf had ik er, alleen al uit eigenliefde en ijdelheid, allang voor gezorgd zo onberispelijk mogelijk voor de dag te komen. Deze uitstapjes betekenden namelijk heel veel voor mij. Op weg naar het huis waar ik was uitgenodigd, voelde ik me belangrijk en waardig; zoals steeds wanneer ik op een doordeweeksedag mijn zondagse kleren droeg. Deze toestand wijzigde zich echter aanmerkelijk, zodra ik in het zicht van het vreemde huis kwam. Dan overviel me het denkbeeld van de grootheid en macht van deze mensen. Ik was bang voor hen, en als ik aanbelde was ik het liefst tien meter diep in de grond gezonken, nietig als ik was. Het bellen dat je binnen hoorde, klonk me als een doodvonnis in de oren. Ik voelde me zo kleintjes en zo bang als een zwerfhond die is komen aanlopen. Dit alles was altijd het ergste, wanneer mijn moeder me van te voren 'goed' had voorbereid. 'Mijn schoenen zijn smerig, en mijn handen ook. Ik heb geen zakdoek bij me, en mijn nek is zwart', klonk het in mijn oren. Uit koppigheid bracht ik dan niet de groeten over, of ik gedroeg me onnodig bokkig en verlegen. Als het me echt te veel werd, dacht ik aan mijn geheime schat op zolder, en dat hielp me mijn menselijke waardigheid te herstellen. Ik herinnerde me dan, in deze ellendige toestand, dat ik immers ook de ander was – de ander met het onkwetsbare geheim, de steen, en met de kleine man met geklede jas en hoge hoed.

Ik weet niet meer of ik in mijn jeugd ooit gedacht heb aan een mogelijke samenhang van het mannetje in het pennedoosje en de 'Here Jezus', respectievelijk de jezuïet met de zwarte rok; de mannen met geklede jas en hoge hoed bij een graf; het gat, dat op een graf leek, in de wei; en de onderaardse fallustempel. De droom van de ithyfallische god was mijn eerste grote geheim, het mannetje was het tweede. Het lijkt me nu echter wel dat ik een vage verwantschap voelde tussen de 'zielesteen' en de steen die ook 'ik' was. Het is me tot op vandaag, nu ik op mijn drieëntachtigste mijn herinneringen opschrijf, nooit helemaal duidelijk geworden welke samenhang mijn vroegste herinneringen hebben: ze zijn als de afzonderlijke vertakkingen van een onderaards, samenhangend wortelstelsel. Ze zijn als mijlpalen op een onbewuste ontwikkelingsweg. Terwijl het voor mij steeds moeilijker werd een positieve houding ten opzichte van de 'Here Jezus' te vinden, weet ik nog wel dat van ongeveer mijn elfde jaar af het denkbeeld van God mijn aandacht ging trekken. Ik ging bidden tot God – wat me op de een of andere manier bevredigde omdat hier geen tegenstelling leek te zijn. God was niet gecompliceerd door mijn wantrouwen. Bovendien was hij niet een mens met een zwarte rok, en ook geen 'Here Jezus', die op afbeeldingen met bonte kleren was behangen, en waar de mensen zo familiair mee omgingen. Hij (God) was veeleer een uniek wezen, over wie men zich geen juiste voorstelling kon maken, naar ik hoorde. Hij had dan wel iets van een zeer machtige, oude man, maar er stond – tot mijn grote tevredenheid – geschreven: 'Gij zult u geen beeld of gelijkenis maken.' Men kon met Hem dus niet zo familiaar zijn als met de 'Here Jezus', die geen 'geheim' was. Er begon een zekere overeenkomst met mijn geheim op zolder te dagen . . .

De school stond me tegen. Ze kostte te veel tijd die ik liever gebruikt had om slagvelden te tekenen of om met vuur te spelen. De godsdienstlessen waren onuitsprekelijk saai, en voor wiskunde was ik beslist bang. De leraar deed net alsof algebra iets heel vanzelfsprekends was, terwijl ik nog niet eens wist wat getallen op zich betekenden. Het waren geen bloemen, geen dieren, geen gesteenten, niets wat men zich zou kunnen voorstellen. Het waren uitsluitend aantallen die je door tellen verkreeg. Deze aantallen werden tot mijn verwarring vervangen door letters, wat toch klanken waren. Op die manier kon je ze, om het zo te zeggen, horen. Merkwaardig genoeg hadden mijn klasgenoten er geen moeite mee; ze vonden het vanzelfsprekend. Niemand kon me vertellen, wat getallen eigenlijk zijn, en ik kon mijn probleem niet formuleren. Tot mijn schrik merkte ik dat ook niemand mijn moeilijkheden begreep. De leraar, dat moet ik toegeven, deed weliswaar alle moeite me uit te leggen wat het doel was van deze merkwaardige operatie, die inhield dat begrijpelijke aantallen omgezet werden in klanken. Ik begreep uiteindelijk dat men hiermee een soort systeem van afkortingen op het oog had, waarmee allerlei aantallen in een verkorte formule weergegeven konden worden.

Maar dat interesseerde me helemaal niet. Ik vond het maar erg willekeurig om getallen door geluiden uit te drukken; men zou evengoed voor a appelboom kunnen zetten, voor b bessestruik, en x als vraagteken kunnen zien. a, b, c, x en y waren niet aanschouwelijk, en maakten me niets duidelijk van het wezen van het getal; evenmin als een appelboom dat deed. Het meest verontwaardigd was ik over de stelling: als a = b en b = c, dan a = c; terwijl het toch per definitie vaststond dat a iets anders betekende dan b, en daarom niet gelijkgesteld kon worden met b, om over c maar helemaal te zwijgen. Als het om een gelijkstelling gaat, dan moet deze zijn a = a, b = b enz., terwijl a = b mij als een rechtstreekse leugen of als bedrog voorkwam. Dezelfde verontwaardiging voelde ik wanneer de leraar, tegen zijn eigen definitie in, over twee evenwijdige lijnen beweerde dat ze zich in het oneindige zouden snijden. Dat leek me een onzinnig boerenbedrog waaraan ik niet wilde en kon meedoen. Mijn intellectuele ethiek verzette zich tegen dit soort speelse inconsequenties, die voor mij de wiskunde ontoegankelijk maakten. Ik heb tot in mijn hoge ouderdom het onverbeterlijke gevoel dat, wanneer ik destijds zoals mijn schoolkameraden zonder problemen had kunnen aannemen dat a = b mogelijk zou zijn – ofwel zon = maan, kat = hond enz. – dat de wiskunde me dan oneindig geboeid zou hebben. En ik heb eerst op mijn drieëntachtigste enig vermoeden gekregen, in welke mate dat geweest zou zijn. Het is me echter mijn hele leven een raadsel gebleven, waarom ik er nooit in zou slagen een goede relatie met de wiskunde te krijgen, terwijl het voor mij toch buiten twijfel stond, dat gewoon rekenen wèl geldigheid bezat. Maar het meest onbegrijpelijk vond ik mijn *morele* twijfel aan de wiskunde.

Algebraïsche vergelijkingen kon ik alleen maar begrijpen als ik telkens voor de letters bepaalde getallen invulde; door concreet narekenen kon ik me dan overtuigen van de zin van de bewerking. Naarmate de wiskundelessen vorderden kon ik alleen enigszins bijblijven door de algebraïsche formules die ik qua inhoud onbegrijpelijk vond, over te schrijven van het bord en me goed in te prenten welke lettercombinaties op welke plaats hadden gestaan. Met narekenen kwam ik er niet meer uit, want af en toe kwam het voor dat de leraar zei: 'hiervoor zetten we nu deze "uitdrukking",' en dan schreef hij een paar letters op het bord. Ik begreep niet waarom en waartoe hij dat deed – klaarblijkelijk om de procedure tot een voor hem bevredigend einde te brengen. Ik was, doordat ik niets kon begrijpen, zó geïntimideerd, dat ik

niet eens iets durfde te vragen.
De wiskundelessen waren een vreselijke kwelling voor mij. Toch had ik meestal goede rapporten; de andere vakken vond ik gemakkelijk, en met wiskunde kon ik lange tijd doen alsof ik het wel wist, dankzij mijn goede visuele geheugen. Maar de angst om te falen, en het besef van de nietigheid van mijn bestaan tegenover de overmacht van de mij omringende wereld, bezorgden me niet alleen een gevoel van onbehagen, maar in stilte raakte ik zelfs vertwijfeld, waardoor de school me verschrikkelijk ging tegenstaan. Daarbij kwam nog dat ik wegens volledige ongeschiktheid werd uitgesloten van de tekenlessen. Dat was me weliswaar welkom omdat het me extra vrije tijd opleverde, maar het was ook een nieuwe nederlaag, want ik had een zekere vaardigheid in tekenen. Ik wist echter niet, dat deze in feite afhankelijk was van mijn gevoel; ik kon namelijk alleen tekenen wat mijn fantasie bezighield. Ik moest echter afbeeldingen van Griekse goden met blinde ogen natekenen, en toen dat niet erg wou lukken, dacht mijn leraar kennelijk dat ik iets naturalistisch moest hebben, en legde een afbeelding van een geitekop voor me neer. Deze opdracht mislukte volledig; en dat was het einde van mijn tekenlessen.

Mijn twaalfde jaar was beslissend voor mijn lot. In de voorzomer van 1887 stond ik eens na school, om twaalf uur, op de Münsterplatz te wachten op een schoolvriend die dezelfde kant op moest. Plotseling gaf een jongen me een duw, ik viel met mijn hoofd op de stoeprand, en door de schok viel ik flauw. Een half uur lang was ik nog wat versuft. Op het moment dat ik op de stoep terechtkwam ging in een flits de gedachte door me heen: Nu hoef je niet meer naar school! – Ik was slechts gedeeltelijk buiten bewustzijn, en bleef ook wat langer liggen dan nodig was – hoofdzakelijk uit een gevoel van wraak tegenover mijn gemene aanvaller. Toen tilden mensen me op en brachten me naar het nabijgelegen huis van twee ongetrouwde oude tantes.
Vanaf die tijd viel ik flauw zodra ik weer naar school moest, en ook wanneer mijn ouders me huiswerk wilden laten maken. Meer dan een half jaar bleef ik weg van school, en dat was precies wat ik gewild had. Ik was nu vrij, ik kon urenlang dromen, langs het water of door de bossen zwerven, of ik kon tekenen. Ik schilderde woeste krijgstaferelen, of oude burchten die werden aangevallen of in vlammen opgingen, en ik maakte bladzijden vol karikaturen. (Ook nu nog zie ik wel eens dergelijke karikaturen vlak voor het inslapen – grijnzende, vertrokken gezichten die steeds veranderen. Soms waren dat gezichten van mensen die ik kende, en die dan kort daarop stierven.) Maar ik kon me nu vooral volledig verdiepen in de wereld van het geheimzinnige. Daartoe behoorden bomen, water, moeras, stenen, dieren en de bibliotheek van mijn vader. Dat alles was prachtig en wonderlijk. Maar ik verwijderde me steeds meer van de gewone wereld, en op de achtergrond

protesteerde mijn geweten. Ik verdroomde mijn tijd met rondzwerven, lezen, spelen, en van alles verzamelen. Toch voelde ik me daarbij niet gelukkig; ik was me vaag bewust dat ik op de vlucht was voor mezelf.

Ik vergat volledig hoe ik in deze situatie terecht was gekomen, maar zat wel in over de bezorgdheid van mijn ouders, die verschillende artsen consulteerden. Die krabden zich achter het oor, en stuurden me om op te knappen naar familie in Winterthur. Daar was een station dat me in oneindige verrukking bracht. Maar toen ik weer thuis kwam was alles nog als vanouds. Een arts meende epilepsie te constateren. Ik wist toen al wat epileptische aanvallen waren, en moest inwendig lachen om dergelijke onzin. Mijn ouders waren daarentegen nog bezorgder dan eerst. Toen kwam op zekere dag een vriend van mijn vader op bezoek. Ze zaten samen te praten in de tuin, en ik zat in de dichte struiken achter hen, want ik was onverzadigbaar nieuwsgierig. Ik hoorde dat de bezoeker tegen mijn vader zei: 'En hoe gaat het nu met je zoon?' Waarop vader antwoordde: 'Ach, dat is een ellendige geschiedenis. De dokters weten niet wat er met hem aan de hand is. Ze denken, dat het misschien epilepsie is. Het zou verschrikkelijk zijn als hij ongeneeslijk ziek was. Het beetje vermogen dat ik had, ben ik kwijt en wat moet er dan van hem terechtkomen, als hij zijn brood niet kan verdienen?'

Ik was als door de bliksem getroffen. Dit was de botsing met de werkelijkheid – 'Aha, nu moet je werken', schoot het door me heen. Vanaf toen werd ik een ernstig kind. Ik sloop zachtjes weg, naar de studeerkamer van mijn vader, pakte mijn Latijnse grammatica en begon geconcentreerd te blokken. Na tien minuten dreigde ik flauw te vallen. Ik viel bijna van mijn stoel, voelde me echter na een paar minuten weer beter en werkte verder. 'Verduiveld nog aan toe, je vàlt niet flauw!' zei ik tegen mezelf, en zette door. Het duurde een kwartier tot de tweede aanval kwam. Die ging over, net als de eerste keer. 'En nu ga je echt goed aan het werk!' – Ik hield vol, en na weer een half uur kwam de derde aanval. Maar ik gaf er niet aan toe, en werkte nog een uur tot ik het gevoel had, dat de aanvallen overwonnen waren. Ik voelde me ineens veel beter dan ik me in maanden had gevoeld. De aanvallen herhaalden zich inderdaad niet meer, en voortaan werkte ik elke dag aan grammatica en aan andere vakken. Na een paar weken ging ik weer naar school, en ook daar had ik geen aanvallen meer. De betovering was verbroken. – Hieruit heb ik geleerd wat een neurose is.

Langzamerhand werd me duidelijk hoe alles in zijn werk was gegaan, en ik zag duidelijk dat ik zelf deze hele smadelijke geschiedenis had veroorzaakt. Daarom heb ik de jongen die me op de grond had gegooid, dat ook nooit echt kwalijk genomen. Ik wist: hij was zogezegd 'gebruikt', en van mijn kant was er duivelse opzet in het spel geweest. Zoiets mocht me niet nog eens overkomen! Ik was woedend op mezelf, en tegelijk schaamde ik me. Want ik wist, dat ik tegenover mezelf ongelijk had, dat ik me tegenover

mezelf geblameerd had. Niemand anders had schuld. Ik zelf was de vervloekte deserteur! – Vanaf die tijd kon ik het niet meer verdragen dat mijn ouders zich bezorgd toonden, of op medelijdende toon tegen me praatten.
De neurose was ook weer mijn geheim, maar het was een smadelijk geheim, en een nederlaag. Ze heeft er echter toe geleid dat ik erg nauwkeurig werd, en heel ijverig. Destijds ben ik gewetensvol gaan werken, niet omdat ik voor het oog van de wereld iets wilde betekenen, nee, het was een verantwoordelijkheid tegenover mezelf. Regelmatig stond ik om vijf uur op om te werken, en soms werkte ik al van drie uur 's morgens tot zeven uur, voordat ik naar school ging.
Wat me op een dwaalspoor had gebracht, was mijn passie voor het alleenzijn, de verrukkingen van de eenzaamheid. De natuur scheen vol wonderen, waarin ik me wilde verdiepen. Iedere steen, elke plant, alles leefde en was onbeschrijfelijk. Destijds was ik verzonken in de natuur; ik heb me als het ware verscholen in het wezen van de natuur, ver weg van alle mensen.

Er gebeurde nog iets belangrijks in die tijd. Eens, op de lange schoolweg van Klein-Hüningen, waar we woonden, naar Bazel, kreeg ik plotseling het overweldigende gevoel dat ik zojuist uit een dichte nevel te voorschijn was gekomen met het bewustzijn: nu ben *ik*. Achter me hing een dicht nevelgordijn, daarachter had ik nog niet bestaan. Maar op het moment dat ik uit de nevel kwam, ervoer *ik mezelf*. Tot dan toe had ik ook wel bestaan, maar alles gebeurde buiten mij om. Nù wist ik: nu ben *ik*, nu besta *ik*. Eerst werd ik geleefd, maar nu wilde *ik* zelf. Deze beleving leek me geweldig belangrijk en nieuw. Ik bezat nu 'autoriteit'. Merkwaardig genoeg was ik in deze tijd, en ook gedurende de maanden van mijn neurose, de schat op zolder volledig vergeten; anders was me toen al de overeenkomst opgevallen tussen mijn gevoel van autoriteit en het gevoel van waardigheid dat de schat me gaf. Maar ik wist het niet meer; elke herinnering aan het pennedoosje was verdwenen.
In die tijd mocht ik eens in de vakantie logeren bij een bevriende familie. Ze hadden een huis aan het Vierwoudstedenmeer. Tot mijn verrukking lag het huis aan het meer, en er was een botenhuis waar een roeiboot lag. De heer des huizes vond het goed dat zijn zoon en ik de boot gebruikten; wel gaf hij ons de ernstige waarschuwing voorzichtig te zijn. Maar ongelukkig genoeg wist ik al hoe je een punter moest bomen en roeien; namelijk staande. We hadden thuis een wrakkig exemplaar dat in de oude vestinggracht lag van de Hüninger Abatucci-schans, aan de Badense oever. Daar hadden we alle mogelijke waagstukken mee uitgehaald. Ik sprong dus meteen op de achtersteven van de boot en duwde hem met een roeispaan het meer op. Dat ging mijn gastheer te ver. Hij riep ons onmiddellijk terug en hield tegen mij een strafpreek die er wezen mocht. Ik hield me maar heel stil, en ik

moest toegeven, dat ik precies gedaan had wat hij verboden had – zijn strafpreek was dus volkomen terecht. Maar tegelijk werd ik woedend, dat deze dikke, onbeschaafde pummel *mij* durfde te beledigen. Deze *ik* was niet alleen volwassen, maar ook belangrijk; een autoriteit, een waardig man met een belangrijke positie, een oude man voor wie men respect en eerbied had. – De tegenstelling met de werkelijkheid was zó grotesk, dat plotseling mijn woede zakte. Ik vroeg me af: 'Ja, wie ben je dan? Je reageert of je ik-weet-niet-wat bent! En bovendien weet je toch dat die ander groot gelijk heeft! Jij bent nauwelijks twaalf jaar, een schooljongen, en hij is immers vader van een gezin, en bovendien een machtig en rijk man, die twee huizen en een aantal prachtige paarden bezit.'

Toen viel me iets in dat me in grote verwarring bracht: ik was eigenlijk twee verschillende personen. De ene was een schooljongen, die niets van wiskunde kon begrijpen, en niet eens zeker was van zichzelf; en de ander was belangrijk, een autoriteit, een man die niet met zich liet spotten, machtiger en invloedrijker dan deze fabrikant. Hij was een oude man die in de achttiende eeuw leeft, een witte pruik draagt en die in een calèche rijdt met hoge, holronde achterwielen waartussen het koetsje aan veren en riemen is opgehangen.

Er was me namelijk iets merkwaardigs overkomen: toen we in Klein-Hüningen bij Bazel woonden kwam op een dag een oeroude groene koets uit het Zwarte Woud langs ons huis. Het was een prehistorische calèche, zo een uit de achttiende eeuw. Toen ik dat zag had ik het opwindende gevoel: 'Daar heb je het! Dat is immers uit *mijn* tijd!' – Het was alsof ik het rijtuig herkende, want in zó een had ik zelf gereden! En toen kreeg ik een hartverscheurend gevoel, alsof iemand me iets had ontstolen, alsof ik bedrogen werd, bedrogen met mijn geliefd verleden. De koets was een overblijfsel uit die tijd! Ik kan niet beschrijven wat er toen in me omging, of wat me zo sterk aangreep: was het verlangen, heimwee, of een gevoel van herkenning? 'Ja, zó was het toch! Dat was het toch!'

Er was nog een andere gebeurtenis die naar de achttiende eeuw verwees: ik had bij één van mijn tantes een beeldje uit de achttiende eeuw gezien, een beschilderde terracotta die uit twee figuren bestond. Het stelde de oude Dr. Stückelberger voor, een zeer bekende persoonlijkheid in Bazel aan het eind van de achttiende eeuw. Het andere figuurtje was één van zijn vrouwelijke patiënten. Ze steekt haar tong uit en houdt haar ogen dicht. Er hoorde een verhaal bij. Er werd verteld dat de oude Stückelberger op een keer over de Rijnbrug liep en daar kwam zijn patiënte aan, die hem al zo vaak had geërgerd. Ze klaagde weer ergens over, en de oude heer zei: 'Ja, ja, er moet toch iets met u aan de hand zijn. Steek uw tong eens uit, en doe uw ogen dicht!' Dat deed ze ook, en hij maakte zich uit de voeten. Zij bleef staan, met uitgestoken tong – tot vermaak van de voorbijgangers.

Nu had het figuurtje dat de oude dokter Stückelberger voorstelde, schoenen met gespen aan, die ik merkwaardig genoeg voor mijn schoenen, of voor schoenen die op de mijne leken, aanzag. Ik was ervan overtuigd: 'Dat zijn schoenen die ik gedragen heb.' Deze overtuiging bracht me destijds totaal in verwarring. 'Ja, dat waren toch mijn schoenen!' Ik voelde nog deze schoenen aan mijn voeten, maar ik kan niet verklaren hoe ik aan dit merkwaardige gevoel kwam. Op welke manier hoorde ik in de achttiende eeuw thuis? Het gebeurde ook meer dan eens dat ik 1786 schreef, in plaats van 1886, en ik had dan een gevoel van onverklaarbare heimwee.

Toen ik al deze gedachten eens naging, na mijn escapade met de boot op het Vierwoudstedenmeer en de welverdiende straf daarna, toen smolten al deze tot dan afzonderlijke indrukken samen tot een vastomlijnd beeld: ik leef in twee tijdperken, en ik ben twee verschillende personen. Ik was verward door deze conclusie, en verzonk in diep gepeins. Maar uiteindelijk kwam ik tot het teleurstellende inzicht, dat ik althans op dit moment alleen maar een schooljongetje was, dat straf heeft verdiend, en dat zich overeenkomstig zijn leeftijd hoort te gedragen. Dat andere moest onzin zijn. Vermoedelijk hing het samen met allerlei verhalen over mijn grootvader, die ik van mijn ouders en familieleden gehoord had. Maar ook dat klopte eigenlijk niet, want hij was geboren in 1795, en leefde dus eigenlijk in de negentiende eeuw. Bovendien was hij lang voor mijn geboorte overleden. Het kon dus niet zo zijn, dat ik met hem identiek was. In ieder geval waren deze overwegingen destijds slechts vage vermoedens en droombeelden. Ik kan me niet meer herinneren of ik toen al wist van de legendarische verwantschap met Goethe. Ik denk van niet, want ik weet dat ik dit verhaal voor het eerst van vreemden heb gehoord. Er bestaat namelijk een ergerlijke overlevering dat mijn grootvader een natuurlijke zoon van Goethe geweest zou zijn.*

Bij mijn nederlagen in de wiskunde en met tekenen voegde zich nog een derde: van het begin af had ik een geweldige hekel aan gymnastiek. Niemand hoefde me voor te schrijven hoe ik me moest bewegen. Ik ging naar school om iets te leren, en ik wilde geen zinloze en nutteloze acrobatische toeren uithalen. Daarbij kwam dan nog een zekere fysieke angst, als een laat gevolg van mijn eerdere ongevallen. Pas later ben ik daar enigszins overheen gekomen. Deze angst hing ook samen met een wantrouwen tegenover de wereld en haar mogelijkheden. Weliswaar leek de wereld mooi en begerenswaardig, maar ze was ook vol zinloosheid en onbestemde gevaren. Daarom wilde ik altijd van te voren weten wat me te gebeuren stond, en aan wie ik me toevertrouwde. Of dat soms weer met mijn moeder samenhing, die me enkele maanden alleen had gelaten? Zeer tot mijn tevredenheid verbood de dokter me wegens mijn trauma mee te doen aan gymnastiek. Ik was verlost van deze last, en had alweer een nederlaag geleden.

* Zie aanhangsel 'Iets over de familie Jung'.

Op een mooie zomerdag van datzelfde jaar (1887) liep ik 's middags uit school naar de Münsterplatz. De hemel was schitterend blauw, de zon scheen stralend. Het dak van de Dom glinsterde in het licht, en de zon weerspiegelde in de nieuwe kleurig geglazuurde tegels. Ik was overweldigd door alle schoonheid die ik zag, en ik dacht: 'De wereld is mooi en de kerk is mooi, en God heeft dit alles geschapen, en zit daarboven, ver weg in de blauwe hemel, op een gouden troon en –' Hier kwam een hiaat en ik kreeg het gevoel te stikken. Ik stond als verlamd, en wist alleen nog maar: Nu niet verder denken! Er komt nu iets verschrikkelijks, dat ik niet denken wil, waar ik helemaal niet aan mag komen. Waarom niet? Omdat ik de grootste zonde zou begaan. Wat is de grootste zonde? Moord? Nee, dat kan het niet zijn. De grootste zonde is die tegen de Heilige Geest; die wordt niet vergeven. Wie deze begaat is voor eeuwig in de hel verdoemd. Dat zou toch te erg zijn voor mijn ouders, wanneer hun enige zoon, waar ze zo erg aan gehecht zijn, ten prooi zou vallen aan de eeuwige verdoemenis. Dat kan ik mijn ouders niet aandoen. Ik mag hierover beslist niet verder denken!
Dat was nu gemakkelijker gezegd dan gedaan. Tijdens de lange wandeling naar huis probeerde ik aan alle mogelijke andere dingen te denken. Maar ik merkte dat mijn gedachten steeds weer naar de lieve God, die op zijn troon zat, en naar de mooie Dom, waar ik zo veel van hield, teruggingen – om dan, alsof ze door een elektrische schok werden getroffen, weer daarvandaan te vluchten. Ik herhaalde steeds bij mezelf: 'Niet daaraan denken, vooral niet daaraan denken!' – Nogal verward kwam ik thuis. Mijn moeder merkte dat er iets met me aan de hand was, en vroeg: 'Wat heb je? Is er wat op school gebeurd?' Zonder te liegen kon ik haar verzekeren dat er op school niets aan de hand was. Ik dacht weliswaar dat het misschien zou helpen wanneer ik mijn moeder de ware oorzaak van mijn verwarde toestand kon opbiechten; maar dan moest ik precies doen wat onmogelijk leek: namelijk mijn gedachten tot het einde toe doordenken. De brave vrouw had immers geen enkele argwaan; ze kon onmogelijk weten dat ik het grootste gevaar liep de onvergeeflijke zonde te begaan, en me in de hel te storten. Ik zette het idee van een bekentenis van me af, en probeerde me zo onopvallend mogelijk te gedragen.
Die nacht sliep ik slecht, steeds weer probeerde de verboden, onbekende gedachte naar boven te komen, en ik worstelde vertwijfeld om haar weer te verdringen. De volgende twee dagen waren een kwelling, en mijn moeder was ervan overtuigd dat ik ziek was. Ik weerstond de verleiding alles op te biechten, daarbij geholpen door de gedachte, dat ik door toe te geven mijn ouders veel verdriet zou bezorgen.
De derde nacht echter werd de kwelling zo groot, dat ik niet meer wist wat ik doen moest. Ik was uit een onrustige slaap ontwaakt, en betrapte me er nog net op dat ik weer aan de Dom en aan de lieve God dacht. Bijna

had ik dóórgedacht! Ik voelde, dat mijn weerstand het begaf. Ik was nat van angst, en ging rechtop in bed zitten om goed wakker te worden. 'Nu komt het, nu wordt het ernst! *Ik moet denken.* Daar moet ik eerst even over nadenken. Waarom moet ik iets denken wat ik niet weet? Ik wil het bij God niet, dat staat vast. Maar wíe wil het? Wie wil me dwingen iets te denken dat ik niet weet, en dat ik niet wil? Waar komt die verschrikkelijke wil vandaan? En waarom moet ìk nu net daaraan onderworpen zijn? Ik heb met loven en prijzen aan de Schepper van deze mooie wereld gedacht, ik was Hem dankbaar voor dit onmetelijke geschenk, en waarom moet uitgerekend ik iets onvoorstelbaar slechts denken? Ik weet het werkelijk niet, want ik kan en mag niet in de buurt van deze gedachte komen; ik riskeer dan dat ik onmiddellijk verder moet denken. Dat heb ik niet veroorzaakt en gewild. Het is over me gekomen als een boze droom. Waar komt dit soort dingen vandaan? Het is gebeurd zonder mijn toedoen. Maar hoe dan? Ik heb toch niet mezelf geschapen, maar ik ben op de wereld gekomen zoals God me gemaakt heeft, d.w.z. zoals ik uit mijn ouders ben ontstaan. Of hebben wellicht mijn ouders zoiets gewild? Mijn beste ouders hebben aan zoiets zelfs nooit gedacht. Zoiets godslasterlijks zou nooit bij hen opkomen.'

Ik vond dit denkbeeld ronduit belachelijk. Toen dacht ik aan mijn grootouders, die ik alleen van hun portretten kende. Ze zagen er waardig en welwillend genoeg uit om het denkbeeld van hun mogelijke schuld te verwerpen. Ik ging snel de lange rij van onbekende voorouders na, en kwam uiteindelijk bij Adam en Eva uit. En daarmee kwam ik tot de beslissende gedachte: Adam en Eva zijn de eerste mensen; zij hadden geen ouders maar zijn rechtstreeks door God met opzet zó geschapen zoals ze waren. Ze hadden geen keus, ze moesten zo zijn zoals God hen geschapen had. Ze wìsten zelfs toch niet hoe ze anders hadden kunnen zijn. Ze waren volmaakte schepsels van God, want alles wat Hij maakt is volmaakt, en toch hebben zij de eerste zonde begaan, omdat ze deden wat God niet wilde. Hoe was dat mogelijk? Ze hàdden het niet eens kunnen doen als God de mogelijkheid niet in hen gelegd had. Dat blijkt ook al uit de slang, die God al vóór hen geschapen had, kennelijk met het doel Adam en Eva te verleiden. God in Zijn Alwetendheid had alles zo beschikt, dat het eerste ouderpaar de zonde moest begaan. *Het was dus de bedoeling van God dat ze moesten zondigen.*

Deze gedachte bevrijdde me meteen van mijn grootste zorg, want ik wist nu dat God Zelf me in deze toestand had gebracht. Ik wist voorlopig niet, of Hij daarmee bedoelde dat ik de zonde moest begaan, of nu juist niet. Ik dacht niet meer aan bidden om verlichting, want God had me tegen mijn wil in deze toestand gebracht, en me daarin zonder bijstand achtergelaten. Ik wist zeker dat ik naar Zijn wil zelf en alleen een uitweg moest zoeken. Dat was het begin van een volgende redenering:

'Wat wil God? Moet ik het doen, of het niet doen? Ik moet er achter komen wat God nù met mij wil.' Ik wist weliswaar, dat het volgens de traditionele moraal heel vanzelfsprekend was de zonde te vermijden. Dat had ik precies tot nu toe gedaan, en ik wist dat het zo niet verder kon gaan. Mijn slapeloosheid en mijn zielenood hadden me zó gebroken, dat het niet willen denken onverdraaglijk krampachtig werd. Zo kon het niet langer. Ik kon echter onmogelijk toegeven voordat ik begreep wat Gods wil was, en welke bedoeling Hij had. Ik was er namelijk zeker van dat Hij deze wanhopig moeilijke situatie veroorzaakt had. Merkwaardig genoeg dacht ik geen moment dat dit een streek van de duivel zou zijn. Hij speelde toen in mijn denkwereld geen rol van betekenis, en was trouwens tegenover God toch machteloos. Ongeveer vanaf het moment dat ik 'uit de nevel te voorschijn kwam', dat ik *ik* werd, was ik me gaan bezighouden met denkbeelden over de eenheid, de grootheid en de bovenmenselijkheid van God. Zo twijfelde ik er niet aan dat het God was, die me nu beslissend op de proef stelde, en dat alles er nu op aankwam Hem goed te begrijpen. Ik wist weliswaar, dat ik gedwongen werd uiteindelijk toe te geven; maar dat moest niet gebeuren zonder te begrijpen waarom, want het ging om mijn eeuwige zieleheil. 'God weet, dat ik niet lang meer weerstand kan bieden, en Hij helpt me niet, hoewel ik op het punt sta gedwongen te worden de zonde te begaan waarvoor geen vergeving is. Gezien Zijn almacht zou Hij deze dwang makkelijk van me kunnen wegnemen. Hij doet dat echter niet. Zou Hij soms mijn gehoorzaamheid op de proef willen stellen door me iets ongebruikelijks te laten doen, iets waartegen ik me uit alle macht verzet, juist uit vrees voor de eeuwige verdoemenis?! Dat zou ingaan tegen mijn eigen morele oordeel, tegen de leer van mijn geloof, zelfs tegen Zijn eigen gebod. Zou het soms zó zijn, dat God wilde weten of ik aan Zijn wil zou gehoorzamen, hoewel mijn geloof en mijn eigen inzicht me daarvan afhouden met de angst voor hel en verdoemenis? Dat zou het waarachtig kunnen zijn! Maar dat zijn alleen maar mìjn gedachten. Ik kan me vergissen. Ik kan het niet wagen zó op mijn eigen overwegingen te vertrouwen. Ik moet er nog eens over denken!'

Ik kwam echter weer tot dezelfde conclusie: 'God eist kennelijk ook moed van mij', dacht ik. 'Als dat zo is, dan zal Hij mij Zijn genade en verlichting schenken, als ik het doe.'

Ik verzamelde al mijn moed alsof ik in het hellevuur moest springen, en liet de gedachte komen: voor me zag ik de mooie Dom, daarboven was de blauwe hemel, God zit op de gouden troon, hoog boven de wereld, en van onder de troon valt een reusachtig uitwerpsel op het nieuwe, kleurige dak van de kerk; dat wordt erdoor verwoest en ook de muren van de kerk storten in.

Dat was het dus. Ik was geweldig opgelucht, en had een gevoel van onbeschrijflijke verlossing. In plaats van de verwachte verdoemenis was er genade over me gekomen, en daarmee een onuitsprekelijke zaligheid zoals ik nooit gekend had. Ik huilde van geluk en dankbaarheid dat Gods wijsheid en goedheid zich aan mij geopenbaard hadden, nadat ik Zijn onverbiddelijke strengheid had ondergaan. Dat gaf me een gevoel of ik een mystieke verlichting had beleefd. Veel werd me duidelijk wat ik eerst niet had kunnen begrijpen. Ik had ervaren, wat mijn vader niet begrepen had: de wil van God, die hij met de beste bedoelingen en vanuit het diepste geloof weerstreefde. Daarom had hij ook nooit het wonder van de genade beleefd, dat alles heelt en alles begrijpelijk maakt. Hij had de geboden uit de bijbel tot richtsnoer genomen, hij geloofde aan God, zoals het in de bijbel staat, en zoals zijn voorvaderen over Hem onderwezen hadden. Maar hij had Hem nooit direct ervaren, hij kende niet de levende God, die almachtig en vrij boven de kerk staat. Hij roept de mens op tot vrijheid, kan hem dwingen af te zien van eigen meningen en overtuigingen, om Zijn eisen onvoorwaardelijk te vervullen. God laat zich bij Zijn op proef stellen van de moed der mensen niet beïnvloeden door tradities, al zijn deze nog zo heilig. Hij zal in Zijn almachtigheid er wel voor zorgen dat uit zulke beproevingen niets werkelijk kwaads voortkomt. Als men Gods wil vervult kan men er zeker van zijn dat men het juiste pad kiest.

God had Adam en Eva zó geschapen dat ze moesten denken wat ze niet wilden denken. Hij deed dat om er achter te komen of ze gehoorzaam zijn. Zo kan Hij ook van mij iets verlangen wat ik vanuit de religieuze traditie zou willen afwijzen. Maar door te gehoorzamen heb ik de genade ontvangen, en sindsdien weet ik wat goddelijke genade is. Ik had ervaren dat ik aan God ben uitgeleverd, en dat het erop aankomt Zijn wil te vervullen. Anders ben ik aan de verdwazing overgeleverd. – In die tijd heb ik mijn werkelijke verantwoordelijkheid leren kennen. De gedachte die ik moest denken, vond ik verschrikkelijk, en ik kreeg het vermoeden dat God wellicht iets ontzettends was. Wat ik had meegemaakt was een vreselijk geheim, het was een angstaanjagende, duistere gebeurtenis voor mij. Ze wierp een schaduw over mijn leven, en ik werd ernstig en nadenkend.

Ik heb deze beleving ook gevoeld als teken van mijn minderwaardigheid. Ik ben een duivel, een zwijn, iets heel verachtelijks, dacht ik. Maar toen begon ik in het geheim de bijbel van mijn vader te bestuderen. Met een zekere voldoening las ik in het Evangelie over de Farizeeërs en de tollenaars; ik merkte dat juist de verworpenen de uitverkorenen zijn. Dat de ontrouwe rentmeester geprezen werd, en dat de wankelmoedige Petrus tot rots benoemd werd – dat maakte op mij een diepe indruk.

Hoe sterker mijn minderwaardigheidsgevoelens waren, des te onbegrijpelijker leek me de genade van God. Ik was immers nooit zeker van mezelf. Toen mijn moeder eens zei: 'Je was altijd een goed kind', kon ik dat helemaal niet begrijpen. – Ik een goed kind? Dat was wat nieuws. Ik dacht altijd, dat ik verdorven of minderwaardig was.

Met deze beleving met de Dom was er eindelijk iets tastbaars gebeurd dat

bij het grote geheim hoorde; net alsof ik altijd over stenen had gepraat die uit de hemel kwamen vallen – en nu hield ik er één in de hand. Maar het was ook een beschamende ervaring. Ik was met iets slechts in aanraking gekomen, met iets kwaads of duisters; en toch was dat tegelijk een soort onderscheiding. Soms voelde ik een merkwaardige drang om te praten, zonder eigenlijk te weten waarover. Ik wilde nagaan of andere mensen ook dergelijke ervaringen kenden, of ik wilde erop zinspelen dat er merkwaardige dingen bestaan, waar men niets van afweet. Het is me nooit gelukt ook maar de geringste aanwijzing daarvan bij anderen te vinden. Zo kreeg ik het gevoel dat ik uitgestoten of uitverkoren was – vervloekt of gezegend.
Maar het is nooit bij me opgekomen rechtstreeks over mijn beleving te praten, of over de droom van de fallus in de onderaardse tempel; of over het uitgesneden mannetje, zolang ik me dat nog herinnerde. Ik wist dat dat me niet mogelijk was. Over de fallus-droom heb ik pas gesproken toen ik vijfenzestig was. De andere belevingen heb ik wellicht aan mijn vrouw verteld, maar ook pas toen we al lang getrouwd waren. Vanaf mijn kindertijd lag er een streng taboe op, tientallen jaren lang.
Mijn hele jeugd kan men vanuit het sleutelbegrip 'het geheim' begrijpen. Door de geheimen werd ik bijna ondraaglijk eenzaam en ik beschouw het nu als een grote prestatie dat ik de verleiding heb weerstaan er met iemand over te praten. Zo was toen al mijn verhouding tot de wereld in aanleg wat ze nu nog is: ook nu ben ik eenzaam, omdat ik dingen weet en moet suggereren die anderen niet weten – en meestal ook helemaal niet willen weten.

In mijn moeders familie waren zes dominees; en niet alleen mijn vader was dominee, maar ook twee van zijn broers. Zo hoorde ik veel religeuze gesprekken, preken en theologische discussies. Daarbij had ik altijd het gevoel: 'Ja, ja, dat is allemaal prachtig. Maar wat heeft het te maken met het geheim? Dat is toch óók het geheim van de genade. Jullie weten daar niets van. Jullie weten niet, dat God wil dat ik zelfs het verkeerde doe en het vervloekte denk, om Zijn genade te beleven.' Alles wat de anderen zeiden miste de kern van de zaak. Ik dacht: 'Om Gods wil, ìemand moet er toch iets van afweten. Ergens moet toch de waarheid staan.' Ik snuffelde in de bibliotheek van mijn vader, en las alles wat ik maar vinden kon over God, Drieëenheid, geest, bewustzijn. Ik verslond wat ik las, en werd er niet wijzer van. Steeds weer dacht ik: 'Die weten het ook al niet!' Ik las ook in de Luther-bijbel van mijn vader. De gebruikelijke 'stichtende' verklaring van het boek Job had me ongelukkig genoeg elke diepere interesse daarvoor onmogelijk gemaakt. Anders zou ik een troost hebben gevonden, namelijk Job IX : 30: 'Al zou ik me gelijk daarna met sneeuw wassen . . . zoudt Gij me toch weer in de drek dompelen.'
Mijn moeder vertelde me later dat ik in die tijd vaak gedeprimeerd was. Dat

was eigenlijk niet zo; ik was bezig met het geheim. Dan vond mijn ziel een merkwaardige rust wanneer ik op mijn steen zat. Die heeft me van alle twijfel bevrijd. Als ik dacht dat ik de steen was, verdwenen alle conflicten. 'De steen kent geen onzekerheid, voelt geen drang zich te uiten, en is eeuwig, telt de tijd met duizenden jaren', dacht ik. 'Maar ik ben zelf alleen maar een voorbijgaand verschijnsel, dat opgaat in allerlei emoties; zoals een vlam, die snel oplaait en dan uitdooft.' Ik was de som van mijn emoties; en iets anders in mij was de tijdloze steen.

2

In die tijd begon ik ook ernstig te twijfelen aan alles wat mijn vader zei. Als ik hem hoorde preken over de genade, moest ik altijd denken aan wat ik beleefd had. Wat hij zei klonk saai en hol, alsof iemand een verhaal vertelt, waar hij zelf eigenlijk niet in gelooft, of dat hij alleen maar van horen zeggen kent. Ik wilde hem helpen, maar ik wist niet hoe. Ik voelde een zekere schroom, die me ervan weerhield hem mijn beleving te vertellen, of me te mengen in zijn persoonlijke beslommeringen. Ik voelde me daarvoor te klein; bovendien was ik bang dat het autoriteitsgevoel, dat mijn 'tweede persoonlijkheid' me gaf, naar voren zou komen.

Later, toen ik achttien jaar was, heb ik veel met mijn vader gediscussieerd, en altijd hoopte ik heimelijk hem iets te laten weten van de genade die wonderen verricht. Op die manier hoopte ik hem in zijn gewetensnood te helpen. Ik was ervan overtuigd dat alles ten goede zou keren als hij de wil van God zou vervullen. Onze discussies hadden echter altijd een onbevredigende afloop. Ze irriteerden hem, en maakten hem bedroefd. 'Ach, wat', placht hij te zeggen, 'jij wilt altijd denken. Je moet niet denken, maar geloven.' – Ik dacht: 'Nee, je moet ervaren, en weten' – maar ik zei: 'Geef me dan dat geloof', waarop hij zich telkens schouderophalend en gelaten van me afwendde.

Ik begon vrienden te krijgen, meestal wat stille jongens van eenvoudige afkomst. Mijn schoolrapporten werden beter. Het volgende jaar bracht ik het zelfs tot eerste van de klas. Maar ik merkte dat vlak onder me op de ranglijst jongens waren die me benijdden, en die me bij elke gelegenheid probeerden in te halen. Dat bedierf heel mijn plezier. Ik had een hekel aan alle wedstrijden; en als iemand van een spel een concurrentiestrijd maakte, had ik er genoeg van. Vanaf die tijd bleef ik tweede, wat me aanzienlijk aangenamer was. Het werk voor school kostte me al moeite genoeg en dat wilde ik niet nog erger maken door een eerzuchtige strijd om de eerste plaats. Slechts een paar leraren – waar ik een dankbare herinnering aan heb – hadden werkelijk belangstelling voor mij. Allereerst was daar de leraar Latijn,

aan wie ik graag terugdenk. Hij was hoogleraar en een heel verstandig man. Nu kende ik sinds mijn zesde jaar al Latijn, omdat mijn vader me daarin had onderwezen. Dus stuurde deze leraar me vaak tijdens de Latijnse les naar de universiteitsbibliotheek om boeken voor hem te halen. Die bladerde ik dan verrukt door op de terugweg, waar ik zo lang mogelijk over deed.
De meeste leraren dachten dat ik dom en sluw was. Als er iets mis was op school, werd ik er het eerst van verdacht. Was er ergens een vechtpartij, dan vermoedde men dat ik er de aanstichter van was. In werkelijkheid ben ik slechts één keer bij een vechtpartij betrokken geweest, waarbij ik ontdekte dat ik een stel vriendjes had die me vijandig gezind waren. Ze lokten me in een hinderlaag – ze waren met z'n zevenen – en vielen me onverwachts aan. Ik was destijds op mijn vijftiende al groot en sterk, en ik kon driftig worden. Het werd me rood voor de ogen; ik greep er één bij zijn armen beet, slingerde hem om me heen, en sloeg met zijn benen een paar anderen tegen de grond. Deze geschiedenis kwam mijn leraren ter ore, maar ik herinner me slechts vaag een straf, die me onrechtvaardig leek. Maar vanaf die tijd had ik rust. Niemand waagde het me nog iets te doen.
Dat ik vijanden had en dat ik meestal ten onrechte werd verdacht, was wel iets onverwachts, maar toch ook niet helemaal onbegrijpelijk. Alles wat men mij verweet, ergerde me; maar toch kon ik het voor mezelf niet ontkennen. Ik wist zo weinig over mezelf, en dat weinige was zo vol tegenstrijdigheden, dat ik met goed geweten geen enkele blaam kon afwijzen. Ik had eigenlijk altijd een slecht geweten, en was me zowel van een actuele als van een potentiële schuld bewust. Daarom was ik uiterst gevoelig voor verwijten, want ze waren alle min of meer gerechtvaardigd. Al had ik het dan niet werkelijk gedaan, ik had het toch wel kùnnen doen. Soms bedacht ik zelfs al een alibi voor het geval dat men me zou beschuldigen. Ik voelde me onmiddellijk opgelucht als ik werkelijk iets uitgehaald had. Dan wist ik tenminste waarom ik een slecht geweten had.
Natuurlijk compenseerde ik mijn innerlijke onzekerheid door vertoon van uiterlijke zekerheid of, liever gezegd: het tekort compenseerde zichzelf, buiten mijn wil om. Ik kwam mezelf voor als iemand, die schuldig is, maar tegelijk onschuldig wil zijn. Diep in mezelf wist ik dat ik altijd 'twee' was. De één was de zoon van zijn ouders; en die ging naar school en was minder intelligent, oplettend, ijverig, fatsoenlijk en netjes dan veel anderen; de ander daarentegen was volwassen, zelfs oud, sceptisch, wantrouwend, ver weg van de gewone wereld. Daartegenover vertegenwoordigde hij de natuur de aarde, de zon, de maan, de seizoenen, het levende schepsel, en vooral ook de nacht, de dromen, en alles wat 'God' rechtstreeks in mij teweeg bracht. Ik plaats hier 'God' tussen aanhalingstekens. Het leek me namelijk dat de natuur, evenals ikzelf, afgescheiden was van God als niet-God; hoewel ze door hem geschapen was als uitdrukking van Zijn 'Zelf'. Het wilde er bij

mij niet in dat alleen maar de mens naar Zijn beeld geschapen zou zijn. Ja, het leek me dat de hoge bergen, de riviertjes en de meren, de mooie bomen, de bloemen en de dieren veel meer het wezen van God duidelijk maakten dan de mensen met hun belachelijke kleren, met hun gemeenheid, domheid, ijdelheid, onoprechtheid en hun afschuwelijke eigenliefde. Al deze eigenschappen kende ik maar al te goed van mezelf, d.w.z. van mijn persoonlijkheid nr. 1, de schooljongen uit 1890. Daarnaast was er echter een gebied gelijk een tempel, waar iedereen die binnentreedt veranderd wordt. Daar kon de mens, overweldigd door het aanschouwen van het heelal, alleen nog maar bewonderen, verwonderd zijn, en zichzelf vergeten. Hier leefde 'de ander', die God kende als een verborgen, persoonlijk en tegelijk bovenpersoonlijk geheim. Hier scheidde niets de mens van God. Ja, het was alsof de menselijke geest tegelijk met God de schepping aanschouwde.
Wat ik nu tot uitdrukking breng, ontleed in afzonderlijke zinnen, was ik me toen zeker niet in een gearticuleerde vorm bewust, maar ik kende het als een overweldigend vermoeden, en als mijn diepste gevoel. Zodra ik alleen was kon ik naar dit gebied overgaan. Hier wist ik mezelf waardig, voelde ik me zoals ik eigenlijk was. Daarom zocht ik de stilte en het alleenzijn van de ander, van nr. 2.
De wisselwerking tussen de persoonlijkheden nr. 1 en nr. 2 heeft zich gedurende heel mijn leven voortgezet. Ze heeft echter niets te maken met een 'gespletenheid' in de gebruikelijke medische betekenis. Integendeel, iets dergelijks speelt zich in ieder mens af. Vóór alles zijn het de religies die sinds mensenheugenis tot nr. 2 van de mens, tot de 'innerlijke mens', gesproken hebben. In mijn leven heeft nr. 2 de belangrijkste rol gespeeld. Ik heb altijd geprobeerd om dat, wat van binnenuit tot me kwam, zich vrij te laten uiten. Nr. 2 is een typerende gestalte; maar meestal is het bewuste begrijpen niet toereikend om in te zien dat men deze gestalte óók is.

De kerk werd langzamerhand een kwelling voor me, want daar werd hardop – ik zou bijna zeggen: schaamteloos – over God gepreekt, over wat Hij van plan is, wat Hij doet. De mensen werden vermaand juist dié gevoelens te hebben, en in juist dát geheim te geloven, waarvan ik wist dat het de meest innerlijke, meest innige, door geen woord te verraden zekerheid was. Ik kon daaruit alleen maar opmaken dat kennelijk niemand iets van dit geheim afwist, zelfs niet eens de dominee. Anders hadden ze het nooit durven wagen in alle openlijkheid het godsgeheim prijs te geven, en de onzegbare gevoelens met afgezaagde sentimentaliteiten te ontwijden. Bovendien wist ik zeker, dat dit de verkeerde manier was om nader tot God te komen, want ik wist toch uit ervaring dat deze genade alleen hem deelachtig wordt, die de wil van God onvoorwaardelijk vervult. Dat werd weliswaar ook gepreekt, maar altijd met de veronderstelling dat de wil van God door de

Openbaring bekend was. Mij daarentegen kwam deze wil als het Alleronbekendste voor. Het leek me alsof men eigenlijk elke dag opnieuw de wil van God moest doorgronden. Dat deed ik weliswaar niet, maar ik wist zeker dat ik dat zou doen zodra er een dringende aanleiding toe was. Nr. 1 nam me te veel en te vaak in beslag. Het kwam me vaak voor alsof men de religieuze voorschriften zelfs in de plaats stelde van de wil van God, die immers zo onverwacht en zo verschrikkelijk kon zijn. Dat gebeurde dan opdat men de wil van God niet zou hoeven te begrijpen. Ik stond er steeds sceptischer tegenover, en de preken van mijn vader en van andere dominees begon ik pijnlijk te vinden. Alle mensen uit mijn omgeving schenen dit jargon, en de dichte duisternis die het verbreidde, vanzelfsprekend te vinden. Gedachteloos slikten ze alle tegenstrijdigheden; zoals bijvoorbeeld dat God alwetend is, en dat Hij natuurlijk de geschiedenis der mensheid heeft vooruitgezien. Hij heeft de mensen zó geschapen, dat ze moesten zondigen – en toch verbiedt Hij de zonde, en bestraft deze zelfs met eeuwige verdoemenis in de hel van vuur.

De duivel speelde lange tijd geen rol in mijn gedachten. Hij leek me zoiets als de boze waakhond van een machtig man. Niemand anders dan God was verantwoordelijk voor de wereld, en Hij was – zoals ik maar al te goed wist – ook verschrikkelijk. Ik begon het steeds twijfelachtiger en onheilspellender te vinden wanneer de 'lieve God', de liefde van God tot de mensen, en die van de mensen tot God, geprezen en aanbevolen werden in de gevoelvolle preken van mijn vader. Er ontwaakte een twijfel in mij: weet hij eigenlijk, waarover hij spreekt? Zou hij mij, zijn zoon, als mensenoffer laten doodsteken, zoals Izaäk; of zou hij zijn zoon aan een onrechtvaardige rechtbank uitleveren, die hem zou laten kruisigen, zoals met Jezus gebeurd is? Nee, dat zou hij niet kunnen. Dus zou hij indien noodzakelijk de wil van God – die, zoals de Bijbel zelf toont, zonder meer verschrikkelijk kan zijn – niet kunnen vervullen. Het werd me duidelijk dat wanneer men onder andere vermaand werd God méér te gehoorzamen dan een mens, dat dat alleen maar oppervlakkig en gedachteloos gezegd werd. Blijkbaar kende men de wil van God helemaal niet, want anders zou men dit centrale probleem met heilige schroom behandelen; alleen al uit louter vrees voor de God, die overweldigend Zijn ontzettende wil kan doorzetten bij de hulpeloze mens, zoals dat ook bij mij was gebeurd. Had iemand, die zegt de wil van God te kennen, kunnen voorspellen waar Hij mij toe gebracht had? In het Nieuwe Testament staat in ieder geval niets dergelijks. Ik was toen nog te onbekend met het Oude Testament, waarvan vooral het boek Job me in dit opzicht veel had kunnen verduidelijken. Ook bij de catechisatie, die ik toen ontving, leerde ik niets dergelijks. De 'vreze Gods', die natuurlijk wel genoemd werd, beschouwde men als verouderd, als 'joods' – en was al lang achterhaald door de christelijke boodschap van de liefde en de goedheid van God.

De symboliek in de belevenissen in mijn kindertijd, de gewelddadigheid van wat er werd uitgebeeld, hebben me tot het uiterste uit mijn evenwicht gebracht. Ik vroeg me af: 'Wie spreekt er eigenlijk zo? Wie heeft de onbeschaamdheid een fallus zo naakt uit te beelden, en dan ook nog in een tempel? Wie maakt dat ik denk, dat God op een zo afschuwelijke manier Zijn kerk verwoest? Was het de duivel, die dat had gearrangeerd?' Ik heb er nooit aan getwijfeld dat het God of de duivel was, die zo sprak, en zoiets deed; want ik voelde heel goed dat ik niet zelf deze gedachten en beelden verzonnen had.

Dat waren de beslissende gebeurtenissen in mijn leven. Toen heb ik begrepen: ìk ben verantwoordelijk, het ligt aan mezelf hoe mijn noodlot er uit zal zien. Ik ben voor een probleem gesteld waarop ìk een antwoord moet vinden. En wie stelt het probleem? Dat heeft niemand me kunnen vertellen. Ik wist, dat ik zelf vanuit mijn diepste innerlijk een antwoord moest vinden: ik stond alleen voor God, en God alleen vroeg me deze verschrikkelijke dingen. Van het begin af aan had ik het besef van een lotsbeschikking die met niets te vergelijken was, alsof ik geplaatst was in een leven dat verwezenlijkt moest worden. Dat gaf me een innerlijke zekerheid, die ik nooit kon aantonen. Maar het was mij aangetoond. Ikzelf had deze zekerheid nooit, maar zij had mìj, vaak tegen alle bewijzen van het tegendeel in. Niemand heeft me de zekerheid kunnen ontnemen dat ik ertoe voorbestemd was niet mijn eigen wil te doen, maar de wil van God. Altijd als ik 'daar' was waar ik niet meer alleen was, verbleef ik buiten de tijd. Ik was in het eeuwige, en Hij die dan antwoord gaf, was Degene die altijd was en altijd zal zijn. De gesprekken met die 'Ander' waren mijn diepste belevingen: voor een deel bloedige strijd, maar ook hoogste verrukking.

Over deze dingen kon ik natuurlijk met niemand praten. Ik kende niemand in mijn omgeving tegenover wie ik me had kunnen uiten; behalve dan eventueel mijn moeder. Zij scheen te denken zoals ik. Maar al gauw merkte ik dat ik in een gesprek niet genoeg aan haar had. Vóór alles bewonderde ze me, en dat was niet goed voor mij. Zo bleef ik dus alleen met mijn gedachten. Dat was me ook het liefst. Ik heb alleen gespeeld, ik heb alleen gezworven, gedroomd; en een geheimzinnige wereld was er alleen voor mij.

Mijn moeder was een erg goede moeder voor mij. Ze bezat een grote animale warmte, was ongelooflijk gezellig en erg dik. Ze had tijd voor iedereen, ook praatte ze graag, en dat klonk als een vrolijk geklater. Ze was uitgesproken literair begaafd, bezat smaak en diepgang. Maar dat kwam eigenlijk nergens goed tot z'n recht; het bleef verborgen achter een werkelijk lieve, dikke, oude vrouw, die erg gastvrij was, voortreffelijk kon koken, en die veel gevoel voor humor had. Ze koesterde alle overgeleverde traditionele meningen die men maar hebben kan; maar plotseling kon haar onbewuste persoonlijkheid naar voren komen die onvermoed machtig was: een duistere,

grote gestalte, die een onaantastbare autoriteit bezat – daarover bestond geen twijfel. Ik wist zeker dat zij ook uit twee personen bestond: de ene was onschuldig en menselijk, de andere leek me daarentegen onheilspellend. Deze kwam slechts een enkele keer naar voren, maar altijd onverwacht en angstaanjagend. Het leek dan of ze in zichzelf sprak, maar wat ze zei betrof mij; het raakte me gewoonlijk in mijn diepste innerlijk, zodat ik meestal sprakeloos was van verbazing.
Het eerste voorval dat ik me kan herinneren, vond plaats toen ik ongeveer zes jaar was, nog voordat ik naar school ging. We hadden in die tijd buren, die tamelijk welgesteld waren. Ze hadden drie kinderen. De oudste was een jongen van ongeveer mijn leeftijd, de twee jongsten waren meisjes. Het waren eigenlijk stadsmensen, die hun kinderen vooral op zondag op een voor mij belachelijke manier uitdosten: lakschoentjes, broekjes met kant, witte handschoentjes. Ze waren ook doordeweeks schoongewassen en netjes gekamd. Deze kindertjes met hun keurige manieren hielden zich angstvallig op een afstand van die grote kwajongen met zijn gescheurde broek, schoenen met gaten en vuile handen. Mijn moeder ergerde me grenzeloos door steeds te vergelijken en te vermanen: 'Kijk toch eens naar die aardige kinderen, die zijn beleefd en netjes opgevoed, en jij bent een vlegel waar niets mee te beginnen valt.' Deze vermaningen waren de druppel die de emmer deed overlopen, en ik besloot die jongen eens een flinke aframmeling te geven. Dat gebeurde dan ook. Woedend over dit ongelukkige voorval liep zijn moeder ogenblikkelijk naar de mijne en protesteerde in heftige bewoordingen tegen mijn agressieve daad. Mijn moeder reageerde hierop met ontzetting, en hield tegen mij een lange, met tranen doordrenkte strafpreek, zoals ik nog nooit eerder van haar gehoord had. Ik was me van geen schuld bewust; ik was namelijk tevreden over wat ik gedaan had. Het leek me, alsof ik het niet thuis horen in ons dorp van deze vreemdelingen op de een of andere manier betaald had gezet. Dat mijn moeder hierover zo van streek was, maakte diepe indruk op me, en ik voelde berouw. Ik ging stilletjes achter ons oude spinet aan mijn tafeltje met blokken zitten spelen. Het was een tijdlang stil. Mijn moeder had zich teruggetrokken op haar gewone plaats bij het raam, en zat te breien. Toen hoorde ik haar wat mompelen, en ik kon uit de paar woorden die ik opving opmaken dat ze zich bezighield met wat er gebeurd was; maar nu op tegenovergestelde wijze. Het klonk net alsof ze mijn gedrag rechtvaardigde. Plotseling zei ze hardop: 'Ze hadden zo'n worp natuurlijk ook helemaal niet moeten houden!' Ik wist onmiddellijk, dat ze het over de opgetutte 'apejongen' had. Haar lievelingsbroer was jager; hij had veel honden en praatte altijd over honden fokken, bastaarden, rassen en worpen. Tot mijn opluchting stelde ik vast dat ze deze belachelijke kinderen als minderwaardige bastaarden beschouwde, en dat ik haar strafpreek dus niet helemaal ernstig moest nemen. Ik wist echter toen al dat ik me muisstil

moest houden, en nu niet een beetje triomfantelijk moest zeggen: 'Zie je nu wel, jij denkt er hetzelfde over', want zoiets zou ze met verontwaardiging van de hand hebben gewezen: 'Lelijke jongen, hoe kun je je moeder van dergelijke grofheden beschuldigen!' Hieruit maak ik op dat er dus al een aantal soortgelijke ervaringen aan voorafgegaan moeten zijn – die ik nu echter vergeten ben.

Ik vertel dit verhaal omdat in de tijd dat mijn instelling sceptischer werd, er weer iets gebeurde dat een licht wierp op de dualiteit van mijn moeder. Aan tafel was er weer eens sprake van hoe saai de melodieën van bepaalde kerkliederen zijn. Men sprak over de mogelijkheid van een herziening van het gezangboek. Toen prevelde mijn moeder: 'O, gij liefde van mijn liefde, gij verwenste zaligheid.' Zoals vroeger deed ik weer of ik niets gehoord had, en vermeed er drukte over te maken ondanks mijn gevoel van triomf.

Er was een aanzienlijk verschil tussen de beide persoonlijkheden van mijn moeder. Daardoor had ik als kind vaak angstdromen over haar. Overdag was ze een liefdevolle moeder, maar 's nachts leek ze me onheilspellend. Ze was dan als een zieneres die tegelijk een vreemdsoortig dier is; zoals een priesteres in een berehol. Archaïsch en niets ontziend. Niets ontziend als de waarheid en de natuur. Dan was ze de belichaming van datgene dat ik later de 'natural mind' heb genoemd.*

Iets van deze archaïsche natuur herken ik ook in mezelf. Ze heeft me de niet altijd aangename gave geschonken de mensen en dingen te zien zoals ze zijn. Ik kan me weliswaar laten misleiden als ik voor mezelf iets wil verbergen wat ik liever niet wil weten. Maar in feite weet ik precies hoe een zaak in elkaar zit. Het 'werkelijke inzicht' berust op een instinct, of op een 'participation mystique' (mystiek deelgenootschap)** met anderen. Men zou kunnen zeggen dat het de 'ogen op de achtergrond' zijn, die op een onpersoonlijke wijze zien.

Ik heb dit pas later begrepen, toen ik merkwaardige dingen meemaakte; bijvoorbeeld toen ik eens de lotgevallen vertelde van een man die ik niet kende. Het was tijdens de bruiloft van een vriendin van mijn vrouw. De bruid en haar familie waren me geheel onbekend. Tijdens de maaltijd zat tegenover me een wat oudere heer met een mooie, volle baard, die me was voorgesteld als advocaat. We onderhielden ons geanimeerd over criminele psychologie. Om hem antwoord te geven op een bepaalde vraag, bedacht ik een verhaal over een of ander geval, verlevendigd met veel details. Terwijl ik nog sprak merkte ik dat de ander een merkwaardige uitdrukking kreeg, terwijl het aan tafel vreemd stil werd. Onthutst zweeg ik. Godzijdank

* 'Natural mind' is geest, die aan de natuur ontspruit, en die niets met boekenwijsheid heeft te maken. Zoals een bron aan de aarde ontspringt, zo ontspringt hij aan de menselijke natuur en spreekt de karakteristieke wijsheid der natuur uit. Hij zegt dingen onbekommerd en roekeloos. (uit een ongepubliceerd verslag van een seminar, 1940)

** Term van Lévy-Brühl.

waren we al bij het dessert, dus verliet ik zo gauw mogelijk de tafel. In een hoekje van de hal van het hotel stak ik een sigaar op, en probeerde de situatie te analyseren. Op dat moment kwam één van de heren die bij me aan tafel had gezeten, naar me toe en verweet me: 'Hoe kwam het bij u op zo'n indiscretie te begaan?' – 'Indiscretie?' – 'Ja, dat verhaal dat u vertelde!' – 'Dat heb ik toch verzonnen!'

Tot mijn grote schrik bleek dat ik een voorval uit het leven van mijn tafelgenoot tot in de details nauwkeurig verteld had. Bovendien ontdekte ik op dat moment ook nog dat ik me van het hele verhaal geen woord meer herinnerde – tot op de dag van vandaag is het spoorloos uit mijn geheugen verdwenen. In zijn 'Selbstschau' beschrijft Heinrich Zschokke* een soortgelijke belevenis: hoe hij in een café een jonge man als dief ontmaskert, omdat hij voor zijn innerlijk oog ziet hoe de diefstal zich afspeelt.

Het is me in mijn leven meermalen overkomen dat ik plotseling iets wist, dat ik toch helemaal niet weten kòn. Dit weten maakte de indruk alsof het een eigen inval was geweest. Bij mijn moeder was dat ook zo. Ze heeft niet geweten wat ze zei, maar het was een stem die een absoluut gezag had, en die precies datgene zei wat toepasselijk was.

Mijn moeder behandelde me meestal alsof ik veel ouder was; ze praatte met mij als met een volwassene. Kennelijk vertelde ze me alles, wat ze niet tegen mijn vader heeft kunnen zeggen; ze maakte me eigenlijk te vroeg deelgenoot van al haar zorgen. Toen ik ongeveer elf jaar was vertelde ze me iets alarmerends over mijn vader. Ik brak me het hoofd erover wat ik eraan zou moeten doen, en ik kwam tot de conclusie dat ik een bepaalde vriend van mijn vader om raad moest vragen. Deze vriend was me van horen zeggen bekend als een invloedrijke persoonlijkheid. Zonder er iets van tegen mijn moeder te zeggen ging ik op een vrije middag naar de stad en belde bij het huis van de bovengenoemde vriend aan. Het dienstmeisje dat opendeed vertelde dat mijnheer was uitgegaan. Teleurgesteld en verdrietig ging ik weer naar huis terug. Maar ik kan wel zeggen dat het een providentia specialis (voorzienigheid van de hemel) was, dat hij niet thuis was. In een gesprek kort daarop kwam mijn moeder weer op deze aangelegenheid terug, en nu gaf ze me een totaal ander, en veel onschuldiger verhaal ten beste, zodat alle moeilijkheden in rook opgingen. Dat heeft me diep geraakt, en ik dacht: 'En jij was zo'n ezel om dat te geloven. Doordat jij alles dwaas genoeg voor ernst aanzag had je bijna een ramp veroorzaakt!' – Van toen af aan besloot ik alles wat mijn moeder vertelde maar half serieus te nemen. Ik had alleen nog maar onder voorbehoud vertrouwen in haar, en telkens weer verhinderde me dat met haar te praten over dingen die me ernstig bezighielden.

* Heinrich Zschokke, Zwitsers schrijver en politicus (1771-1848).

Maar soms kwam haar tweede persoonlijkheid naar voren, en wat ze dan zei was altijd zo 'to the point', en zo wáár, dat me de rillingen over de rug liepen. Als het daarbij gebleven was, dan zou ik in mijn moeder een gesprekspartner hebben gevonden.
Bij mijn vader lag de kwestie heel anders. Ik had hem graag mijn religieuze moeilijkheden voorgelegd en hem om raad gevraagd; maar dat deed ik niet omdat ik dacht dat ik wel wist wat hij me om respectabele redenen – namelijk omwille van zijn ambt – zou moeten antwoorden. Hoe juist deze opvatting was werd me kort daarop bevestigd. Mijn vader zelf gaf me catechisatie-onderricht, dat me mateloos verveelde. Op een keer bladerde ik wat in de catechismus, om eens iets anders te vinden dan de uitweidingen over de 'Here Jezus', die ik sentimenteel vond, en die me verder onbegrijpelijk en oninteressant leken. Maar toen stuitte ik op de paragraaf over de Drieëenheid van God. Dàt was nu iets wat mijn belangstelling wekte: een Eenheid, die tegelijk Drie is. Dat was een probleem, waarvan de innerlijke tegenspraak me boeide. Ik keek verlangend uit naar het moment dat we bij deze vraag zouden komen. Toen het zover was, zei mijn vader: 'Nu zouden we het over de Drieëenheid moeten hebben; maar dat slaan we over, want ik begrijp er eigenlijk niets van.' Aan de ene kant bewonderde ik de waarheidsliefde van mijn vader, maar aan de andere kant was ik heel erg teleurgesteld, en ik dacht: 'Daar heb je het. Ze weten er niets van, en ze denken ook niets. Hoe kan ik er dan over praten?'
Ik deed vergeefse pogingen om mijn vragen aan te duiden tegenover vrienden, waarvan ik dacht dat ze over de dingen wel eens wat dieper nadachten. Ik vond bij hen geen gehoor, ze reageerden integendeel enigszins bevreemd – wat een waarschuwing was.
Ondanks de verveling deed ik alle moeite me te dwingen tot geloven zonder iets te begrijpen – een houding die overeen leek te komen met die van mijn vader – en bereidde me voor op het Avondmaal, waarop ik mijn laatste hoop had gevestigd. Het was weliswaar alleen maar een herdenkingsmaaltijd, een soort herdenkingsplechtigheid voor de 1890—30 = 1860 jaar tevoren overleden 'Here Jezus'. Maar Hij had toch bepaalde toespelingen gemaakt, zoals: 'Neemt, eet, dit is Mijn lichaam', en Hij had daarmee het avondmaalsbrood bedoeld dat wij moesten eten als Zijn lichaam, dat toch oorspronkelijk vlees was. Eveneens moesten we wijn drinken die oorspronkelijk bloed was. Ik had begrepen dat wij Hem op deze manier in ons lichaam zouden opnemen. Dat leek me echter zo duidelijk onmogelijk, dat daarachter wel een groot geheim verborgen moest zijn. Tijdens de communie, waar mijn vader zo'n grote waarde aan leek te hechten, zou ik dat ervaren. Deze verwachting was voor mij het wezenlijke bij de voorbereiding op het Avondmaal.
Zoals gebruikelijk had ik als peet een lid van de kerkvoogdij: een oude,

zwijgzame man, die ik sympathiek vond. Hij was wagenmaker, en in zijn werkplaats had ik vaak toegekeken terwijl hij handig bezig was aan de draaibank of met zijn timmermansbijl. Hij kwam me afhalen, zag er nu door zijn geklede jas en hoge hoed, anders, plechtig uit, en we gingen samen naar de kerk. Mijn vader, in welbekend ornaat, stond achter het altaar en las gebeden voor uit de liturgie. Op de altaartafel stonden grote, platte schalen, waarop kleine stukjes brood lagen. Ik zag dat dit brood van een bakker kwam die flauwsmakend brood van slechte kwaliteit leverde. Uit een tinnen kan werd wijn in een tinnen beker geschonken. Mijn vader at een stukje brood, nam een slok wijn – waarvan ik wist uit welk café die kwam –, en gaf de beker door aan één van de oude mannen. Allen zaten er stijf, plechtig, en ongeïnteresseerd bij, naar het me toeleek. Ik keek gespannen toe, maar ik kon nergens aan zien of er iets bijzonders in hen omging. Het ging zoals bij alle kerkelijke handelingen, zoals bij de doop, bij begrafenissen en dergelijke. Ik had de indruk dat men zich iets had voorgenomen, en dat dat op de traditioneel juiste wijze werd uitgevoerd. Ook mijn vader scheen zich moeite te geven de plechtigheid vooral volgens de regels te doen verlopen; en daar hoorde dan ook bij dat met nadruk de passende woorden gesproken, resp. voorgelezen werden. Er werd niet over gesproken dat het nu 1860 jaar geleden was dat Christus was gestorven; iets, wat anders toch bij alle herdenkingsplechtigheden benadrukt werd. Ik zag geen droefheid en geen vreugde, en voor mijn gevoel scheen de plechtigheid – gezien het buitengewone belang van de herdachte persoon – in elk opzicht verbazingwekkend schraal. Ze kon in geen enkel opzicht de vergelijking met wereldse jubilea doorstaan.

Plotseling was ik aan de beurt. Ik at het brood; het smaakte flauw, zoals verwacht. De wijn, waar ik maar een druppel van nam, was dun en zuur, blijkbaar niet van de beste kwaliteit. Toen volgde het slotgebed, en allen gingen naar buiten, niet neerslachtig, niet met vreugde, maar met een uitdrukking van: 'Zo, dat was dat'.

Ik ging met mijn vader naar huis, intens bewust van het feit dat ik een nieuwe zwarte vilthoed en een nieuw zwart kostuum droeg. Dat kostuum leek al een beetje op een geklede jas; het had een soort verlengd jasje, dat van achter naar onder toe in twee pandjes uitliep, en daartussen zat een split met een zakje, waarin je je zakdoek kon stoppen – een gebaar dat me mannelijk en volwassen voorkwam. Ik voelde me sociaal in rang verhoogd, en als terloops opgenomen in de mannengemeenschap. Bovendien zouden we vanmiddag extra lekker eten. Ik zou de hele middag in mijn nieuwe kleren rondlopen. Voor het overige voelde ik me leeg; ik wist eigenlijk helemaal niet hoe ik me voelde.

Pas langzamerhand, in de loop van de volgende dagen, begon het me duidelijk te worden: er was niets gebeurd; ik had weliswaar het hoogtepunt van de religieuze inwijding meegemaakt, waar ik iets – ik wist niet wat – van verwacht had. Maar er was niets gebeurd. Ik wist dat God me ongehoorde dingen kon aandoen, dingen die te maken hadden met vuur en bovenaards licht; maar in deze plechtigheid was niets te bespeuren van God – voor mij althans. Er was weliswaar sprake van Hem, maar dat waren slechts woorden. Ook bij de anderen had ik niets gemerkt van de onmetelijke vertwijfeling, van het overweldigend gegrepen-zijn, en van de uitstromende genade – wat voor mij het wezen van God betekende. Ik had niets van 'communio' gemerkt, niets van een vereniging, of van éénworden. Eénworden met wie? Met Jezus? Hij was toch een mens die 1860 jaar geleden gestorven was? Waarom moet men met hem éénworden? Hij werd de 'Zoon Gods' genoemd, was dus kennelijk een halfgod, zoals de Griekse helden – hoe kan een gewoon mens dan met hem éénworden? Men noemt dat alles 'chıistelijke religie', maar dat heeft immers niets te maken met God, zoals ik Hem ervaren had. Het is daarentegen duidelijk dat Jezus, de mens, met God had te maken; hij was vertwijfeld – in Gethsemane en aan het kruis, nadat hij de liefde en goedheid van God gelijk die van een goede vader, had verkondigd. Maar daarna heeft hij ook het verschrikkelijke van God gezien. Dat kon ik begrijpen. Maar waartoe diende dan deze armzalige herdenkingsplechtigheid, met dit brood en deze wijn? Het begon me langzaam duidelijk te worden dat het Avondmaal een fatale belevenis voor mij was geweest. Er was niets van uitgegaan; erger nog: het betekende een verlies. Ik wist dat ik nooit meer aan deze ceremonie zou kunnen deelnemen. Voor mij was ze géén religie en het betekende de afwezigheid van God. De kerk was een plaats waar ik niet meer naar toe mocht gaan. Daar was voor mij geen leven, maar dood.

Ik werd bevangen door een diep medelijden met mijn vader. Opeens begreep ik de tragiek van zijn beroep en van zijn leven. Hij worstelde immers met een dode, wiens bestaan hij niet mocht toegeven. Een afgrond had zich tussen hem en mij geopend, en ik zag geen mogelijkheid deze onmetelijke kloof te overbruggen. Mijn lieve, grootmoedige vader, die me zoveel toestond, en die me nog nooit had getiranniseerd, kon ik toch niet in die vertwijfeling storten en ik kon hem toch niet die misdaad laten begaan, die noodzakelijk is voor het beleven van de goddelijke genade. Dat kan alleen een God. Ik mag dat niet doen. Het zou onmenselijk zijn. God is niet menselijk, dacht ik. Dat is Zijn grootheid, dat niets menselijks zich met Hem kan meten. Hij is goed èn verschrikkelijk, beide, en daarom een groot gevaar, waaraan men natuurlijk tracht te ontkomen. Men klampt zich eenzijdig vast aan Zijn liefde en goedheid, opdat men niet ten prooi valt aan de Verzoeker en Vernietiger. Dat heeft Jezus ook gemerkt, en daarom heeft Hij gepredikt: 'Leidt ons niet in verzoeking.'

Het gevoel van eenheid met mijn kerk en met mijn menselijke omgeving

zoals ik die kende, lag aan stukken. Het leek me dat ik de grootste nederlaag van mijn leven had geleden. De religieuze zienswijze die mij de enig zinvolle leek in samenhang met het geheel, was vernietigd. D.w.z., ik kon niet meer deelhebben aan het algemene geloof, maar ik merkte dat ik verwikkeld was in iets onuitsprekelijks, in 'mijn geheim', dat ik met niemand kon delen. Het was verschrikkelijk, en – dat was het ergste – het was vulgair en belachelijk; een duivelse bespotting.
Ik begon te piekeren: Wat moet men van God denken? Die inval over God en de Dom was niet van mijzelf afkomstig; en die droom die me had overvallen toen ik drie was, nog veel minder. Het was een sterkere wil dan de mijne, die me dat alles had opgedrongen. Had de natuur in mij dat gedaan? Maar de natuur is immers niets anders dan de wil van de Schepper. Het hielp ook niet de duivel hiervoor aan te klagen, want hij was ook een schepsel Gods. Alleen God was werkelijk – een verwoestend vuur, en een onbeschrijflijke genade.
De mislukking van het Avondmaal? Was dat mijn mislukking? Ik had me in alle ernst erop voorbereid, en hoopte op een beleving van genade en verlichting, maar er was niets gebeurd. God bleef afwezig. Omwille van God was ik nu afgescheiden van de kerk, en van het geloof van mijn vader, en van alle anderen voorzover zij de christelijke godsdienst vertegenwoordigden. Ik was buiten de kerk terecht gekomen. Dat vervulde me met een verdriet dat een schaduw zou werpen over de volgende jaren, tot aan het begin van mijn studietijd.

3

Ik begon in de betrekkelijk bescheiden bibliotheek van mijn vader – die ik toen echter omvangrijk vond – te zoeken naar boeken, die me konden zeggen wat men over God wist. Ik vond eerst alleen maar traditionele opvattingen, maar niet wat ik zocht; namelijk een auteur die zelfstandig dacht. Toen stuitte ik op Biedermanns 'Christliche Dogmatik' uit 1869. Hier was kennelijk een man die zelf nadacht, en die over een en ander eigen opvattingen had. Ik las dat religie 'een geestelijke daad was van de mens om een relatie te leggen tussen zichzelf en God'. Dat riep weerstanden bij me op, want voor mij was religie iets dat God met mij doet; het is een daad van Zijn kant, waar ik aan overgeleverd ben, want Hij is de sterkste. Mijn 'religie' kende zelfs geen menselijke relatie tot God, want hoe kon men een relatie met iets hebben, waar men zo weinig van wist als God? Daarom moest ik meer over God weten, wilde ik een relatie tot Hem krijgen.
In het hoofdstuk 'Het wezen van God' las ik dat God zich Zelf als 'Persoonlijkheid' openbaarde, wat men zich diende 'voor te stellen naar analogie

met het menselijke ik; en wel als het unieke, zuiver bovenaards Ik, Wie de hele wereld toebehoort'.
Voor zover ik de Bijbel kende, leek deze definitie te kloppen. God heeft persoonlijkheid, en is het Ik van het universum; zoals ik zelf het 'ik' van mijn psychische en lichamelijke verschijningsvorm ben. Maar hier stuitte ik op een enorme hindernis. Persoonlijkheid is toch zeker: karakter. Karakter is het één òf het ander; d.w.z. het heeft bepaalde eigenschappen. Als God echter alles is, hoe is Zijn karakter dan nog te onderscheiden? Bezit Hij echter een karakter, dan kan Hij slechts het Ik van een subjectieve, beperkte wereld zijn. En welk karakter, of welke persoonlijkheid heeft Hij? Daar komt toch alles op aan, want anders kan men geen relatie tot Hem hebben.
De voorstelling van God naar analogie met het 'ik' stuitte bij mij op de grootste weerstand. Het leek me, zoal niet regelrecht blasfemisch, dan toch grenzeloos aanmatigend. 'Ik' leek me toch al een moeilijk te begrijpen feit. Deze factor had ten eerste voor mij twee tegenstrijdige aspecten: ik nr. 1, en nr. 2. Verder was dit 'ik' in beide vormen iets zeer beperkts: het was ten prooi aan alle mogelijke soorten zelfbedrog en vergissingen, aan stemmingen, emoties, hartstochten en zonden; het kende meer nederlagen dan overwinningen; het was kinderachtig, ijdel, zelfzuchtig, koppig, het haakte naar liefde, het was begerig, onrechtvaardig, lichtgeraakt, lui, onverantwoordelijk enz. Tot mijn spijt bezat het weinig deugden en talenten, die ik bij anderen afgunstig bewonderde. En we zouden ons het wezen van God moeten voorstellen naar analogie met zoiets dergelijks?
Ik zocht ijverig naar andere eigenschappen van God, en vond dezelfde die ik ook al van de catechisatie kende. Ik vond, dat volgens § 172: 'de meest onmiddellijke uitdrukking van het bovenaardse wezen van God is: 1) *negatief*: 'Zijn onzichtbaarheid voor de mens' enz. 2) *positief* 'Zijn wonen in de Hemel' enz. Dat was catastrofaal: onmiddellijk zag ik namelijk weer het blasfemische beeld dat God me direct of indirect (via de duivel) tegen mijn wil had opgedrongen.
§ 183 beleerde me dat 'Gods bovenaardse Wezen tegenover de zedelijke wereld' in Zijn 'gerechtigheid' bestaat; en dat Zijn gerechtigheid niet alleen maar 'rechterlijk' is, maar 'een uitdrukking van Zijn heilige Wezen'. Ik had gehoopt in deze paragrafen iets te weten te komen over de duistere kanten van God die mij zo bezighielden: over Zijn wraakzucht, Zijn gevaarlijke toorn, Zijn onbegrijpelijke gedrag tegenover de schepsels van Zijn almacht. Uit hoofde van Zijn almacht zou Hij moeten weten hoe weinig er van deze schepsels deugde. Maar het behaagde Hem óók nog ze te verleiden; of Hij stelde ze op proef, hoewel Hij het resultaat van Zijn experimenten al van te voren wist. – Ja, wat is het karakter van God? Wat is een menselijke persoonlijkheid die zó te werk gaat? Ik durfde er niet nog verder over te denken; en toen las ik bovendien dat God: 'hoewel Zichzelf voldoende en

voor Zich aan niets behoefte hebbend dan Zichzelf', de wereld 'vanuit Zijn welbehagen' geschapen had en dat Hij 'het natuurlijke [van de wereld] met Zijn goedheid gevuld' had, en 'het zedelijke [van de wereld] met Zijn liefde wil vervullen'.

Eerst piekerde ik over het bevreemdende woord 'welbehagen'. Welbehagen in wie, of in wat? Klaarblijkelijk in de wereld, want de dag van haar schepping loofde Hij als 'goed'. Juist dat had ik echter nooit begrepen. Zeker, de wereld is onbeschrijflijk mooi, maar ook evenzo verschrikkelijk. In een klein boerendorp, waar maar weinig mensen wonen, en waar weinig gebeurt, beleeft men 'ouderdom, ziekte, dood' intensiever, uitvoeriger en minder verborgen dan elders. Hoewel ik nog geen zestien was had ik al veel van de werkelijkheid van het leven van mens en dier gezien, en in de kerk en op school had ik genoeg gehoord over de verdorvenheid en het lijden van de wereld. God kan hoogstens welbehagen geschept hebben in het paradijs, maar ook daar had Hij er immers zelf voor gezorgd dat die heerlijkheid niet te lang kon duren, want Hij had toch de gevaarlijke gifslang, de duivel zelf, daar naar binnen gebracht. Schepte Hij ook daarin welbehagen? Ik was er weliswaar van overtuigd dat Biedermann dat niet bedoelde, maar dat hij vanuit de algemene gedachteloosheid die (zoals me steeds meer opviel) samenging met het godsdienstonderwijs – dat hij vanuit die houding er gewoon maar wat stichtelijk op los praatte, en zelfs niet eens merkte wat voor onzin hij zei. Ik nam zelf weliswaar niet aan dat God een wreed welbehagen schepte in het schuldeloos lijden van mens en dier, maar het leek me helemaal niet onzinnig te denken dat Hij met opzet een wereld vol tegenstellingen geschapen had, waarin het ene schepsel het ander verslindt, en waar leven een geboorte tot de dood betekent. De 'wonderbaarlijke harmonieën' der natuurwetten leken me meer een moeizaam getemde chaos, en de 'eeuwige' sterrenhemel waarin de sterren hun voorgeschreven loop voltrokken, leek me een duidelijke opeenhoping van toevalligheden zonder ordening, zonder zin. De sterrenbeelden waarover men sprak, kon men immers in werkelijkheid helemaal niet zien. Het waren zuiver willekeurige combinaties.

In hoeverre God de natuurlijke wereld met Zijn goedheid vervulde bleef me onduidelijk, respectievelijk uiterst twijfelachtig. Dat was kennelijk weer één van die punten waarover men niet mocht denken, maar die men moest geloven. Als God het 'hoogste Goed' is, waarom is Zijn wereld, Zijn schepsel dan zo onvolmaakt, zo verdorven, zo erbarmelijk? – Kennelijk aangestoken door de duivel, en over hoop gehaald, dacht ik. Maar de duivel is toch ook een schepsel Gods. Ik moest dus wat over de duivel te weten komen. Hij scheen toch erg belangrijk te zijn. Weer sloeg ik mijn dogmatiek op, en zocht naar het antwoord op de brandende vraag naar de oorsprong van het lijden, naar de gebrekkigheid, en het kwaad – en ik kon niets vinden. Nu was de maat vol. Deze dogmatiek was kennelijk niets dan mooipraterij, ja, erger nog, het was buitengewoon dom; Biedermann kon niets anders dan de waarheid verdoezelen. Ik was teleurgesteld, meer nog: ik was verontwaardigd.

Maar er moesten toch ooit en ergens mensen bestaan hebben, die de waarheid zochten zoals ik, die verstandig dachten, die zichzelf en anderen niet bedrogen en de treurige werkelijkheid van de wereld niet ontkenden. Juist in die tijd gebeurde het dat mijn moeder, namelijk haar persoonlijkheid nr. 2, zonder verdere omhaal plotseling tegen me zei: 'Je moet eens Goethes "Faust" lezen.' We hadden een mooie Goethe-editie, pas nieuw, en daar zocht ik de Faust in op. Het was als balsem voor mijn ziel. Eindelijk een mens, dacht ik, die de duivel ernstig neemt, en die zelfs een bloedpact sluit met de Tegenstander, met hem, die de macht heeft Gods plan om een volmaakte wereld te scheppen, te doorkruisen. – Ik betreurde de handelwijze van Faust, want volgens mij had hij niet zo eenzijdig en verblind mogen zijn. Hij had toch verstandiger en ethischer moeten handelen! Het leek me kinderachtig om je ziel zo lichtzinnig te verspelen. Faust was kennelijk een losbol! Ook kreeg ik de indruk dat het zwaartepunt hoofdzakelijk bij Mefisto lag, dat dat het belangrijkste was. Ik zou het niet hebben betreurd als de ziel van Faust in de hel terechtgekomen was. Daar was niets aan verloren gegaan. De 'bedrogen duivel' aan het slot beviel me niet helemaal; want Mefisto mocht dan alles zijn, maar géén domme duivel die bij de neus genomen kon worden door dwaze engeltjes. Mefisto leek me op een heel andere manier bedrogen te zijn: hij is niet aan zijn contractueel recht gekomen, terwijl Faust daarentegen, deze wat onbetrouwbare en karakterloze kerel, zijn oplichterij tot in de hemel heeft voortgezet. Daar is weliswaar zijn kinderlijkheid aan het licht gekomen, maar de inwijding in de grote mysteriën lijkt hij volgens mij niet verdiend te hebben. Ik zou hem nog wel wat vagevuur hebben gegund! Het eigenlijke probleem zag ik bij Mefisto; zijn gestalte bleef me bij – ik vermoedde hier vaag een relatie met het 'moedermysterie'. In elk geval waren Mefisto en de grote inwijding aan het slot wonderlijke en geheimzinnige belevingen voor me, die ik nauwelijks kon vatten.

Eindelijk had ik de bevestiging gevonden dat er nog meer mensen bestonden, of hadden bestaan, die het kwaad en zijn wereldomspannende macht zagen, en die nog meer zagen: namelijk de geheimzinnige rol die het kwaad speelt bij de verlossing van de mens uit de duisternis en het lijden. Wat dat betreft werd Goethe voor mij een profeet. Maar ik kon hem niet vergeven dat hij Mefisto in een handomdraai afdeed met een speels gebaar, met een goocheltruc. Dat was mij te theologisch, te lichtzinnig en onverantwoordelijk. Dat ook Goethe niet had kunnen ontkomen aan de o zo verraderlijke gewoonte, het kwaad onschuldiger voor te stellen dan het is – dat betreurde ik diep.

Tijdens het lezen had ik ontdekt dat Faust een soort filosoof was geweest; en, hoewel hij zich van de filosofie had afgekeerd, had hij kennelijk toch van haar geleerd open te staan voor de waarheid. Ik had tot dan zo goed als niets over filosofie gehoord, en ik kreeg weer nieuwe hoop. – Wellicht, dacht ik, waren er filosofen die nagedacht hadden over mijn vragen, wellicht zou me door hen een licht opgaan. Omdat in de bibliotheek van mijn vader geen boeken van filosofen voorkwamen – ze waren verdacht, omdat ze dachten – moest ik met Krugs 'Allgemeines Handwörterbuch der philosophischen Wissenschaften' 2e druk 1832, genoegen nemen. Ik verdiepte me onmiddellijk in het artikel over God. Tot mijn misnoegen begon hij met de taalkundige afleiding van het woord 'God' dat 'onweerlegbaar' afkomstig was van het woord 'goed', en dat het *ens summum* (hoogste zijnde) of *perfectissimum* (volmaaktste zijnde) betekende. Men kan, zo ging hij verder, het bestaan van God niet bewijzen; en ook niet het aangeboren-zijn van het godsidee. Het laatste zou, zo al niet actueel, dan toch potentieel al van te voren in de mens aanwezig zijn. In ieder geval zou ons 'geestelijk vermogen' al 'tot op een zekere graad ontwikkeld [moeten] zijn, voor het in staat is een zo verheven idee voort te brengen'.
Deze uitleg verbaasde me enorm. Wat is er met deze 'filosofen' aan de hand? vroeg ik me af. Ze kennen God blijkbaar alleen van horen zeggen. Dan is het met de theologen toch anders gesteld: die zijn er tenminste zeker van dat God bestaat, ook al doen ze tegenstrijdige uitspraken over Hem. Deze Krug drukt zich erg omslachtig uit, maar je ziet duidelijk dat hij eigenlijk liever zou beweren dat hij voldoende overtuigd is van het bestaan van God. Waarom zegt hij dat niet meteen? Waarom doet hij alsof hij werkelijk meent, dat men het idee van God 'voortbrengt', en dat men daartoe pas in staat is, als men een zekere graad van ontwikkeling heeft bereikt? Voor zover ik weet, hadden immers de wilden die naakt door hun bossen rondzwierven, óók dergelijke ideeën. Dat waren toch geen 'filosofen', die er voor gingen zitten om 'een idee van God voort te brengen'. Ook ik heb toch nooit een 'godsidee voortgebracht'. Natuurlijk kan men God niet bewijzen, want hoe zou bijvoorbeeld een mot, die Australische wol eet, de andere motten kunnen bewijzen dat Australië bestaat? Het bestaan van God hangt niet van onze bewijzen af. Hoe ben ik dan aan mijn zekerheid van God gekomen? Men heeft me toch in dit opzicht al het mogelijke verteld, en toch kon ik daar eigenlijk niets van geloven. Niets had me overtuigd. Daar komt mijn idee absoluut niet vandaan. En het wàs eigenlijk helemaal geen idee, of iets dat bedacht was. Het was niet zo gegaan, dat men zich van iets een voorstelling had gemaakt, of iets bedacht had, en daar achteraf in was gaan geloven. De geschiedenis met de 'Here Jezus' bijvoorbeeld had ik altijd verdacht gevonden, en ik heb er nooit werkelijk in geloofd. En toch werd deze 'Here Jezus' me meer opgedrongen dan 'God', die meestal op de achter-

grond bleef, en wat vaag werd aangeduid. Waarom was God iets vanzelfsprekends voor mij? Waarom doen deze filosofen alsof God een idee is, een willekeurige veronderstelling die men kan 'voortbrengen' of niet; terwijl Hij even duidelijk bestaat als de dakpan die op je hoofd valt?

Toen werd me plotseling duidelijk dat God – tenminste voor mij – één van de meest zekere, meest directe ervaringen was. Dat ontzettende verhaal van de Dom had ik toch niet verzonnen. Integendeel, het werd me opgedrongen; met de allergrootste wreedheid werd ik ertoe gedwongen het te denken. Maar daarna was me de onuitsprekelijke genade ten deel gevallen.

Ik kwam tot de conclusie dat er bij de filosofen kennelijk iets niet klopte, want ze hadden het merkwaardige denkbeeld dat God in zekere zin een veronderstelling is waarover je kan discussiëren. Ook vond ik het hoogst onbevredigend dat ik geen mening en geen verklaring vond over de duistere daden van God. Deze waren toch, naar me leek, een nadere beschouwing en de speciale aandacht van de filosofen waard. Ze betekenden werkelijk een probleem dat, zoals ik wel begreep, moeilijk moest zijn voor de theologen. Des te groter was mijn teleurstelling dat de filosofen kennelijk niet eens van hun bestaan wisten.

Daarom ging ik maar verder met het volgende artikel, en dat handelde over de duivel. Als men zich deze voorstelde als een oorspronkelijk kwaad – zo stond er –, dan zou men zich verwarren in voor de hand liggende tegenstrijdigheden, d.w.z. men zou bij een dualisme uitkomen. Daarom zou men er beter aan doen aan te nemen dat de duivel oorspronkelijk als een goed wezen was geschapen, dat pas door zijn hoogmoed verdorven was. Tot mijn grote voldoening wees de auteur er daarna echter op, dat deze bewering het kwade – dat ermee verklaard moest worden – al van te voren veronderstelde: namelijk de hoogmoed. Voor het overige was de oorsprong van het kwaad 'niet verklaard en onverklaarbaar', wat voor mij betekende: hij wil, zoals de theologen, er niet over nadenken. Het artikel over het kwaad, en de oorsprong daarvan, bleek al even weinig te verduidelijken.

Wat ik nu als een samenhangend verhaal vertel, gaat over ontwikkelingen die, onderbroken door vaak lange periodes, zich uitstrekten over een aantal jaren. Deze ontwikkelingen speelden zich uitsluitend af in mijn persoonlijkheid nr. 2, en waren diep geheim. Ik gebruikte ongevraagd, en alleen als niemand het merkte, de bibliotheek van mijn vader voor dit soort studies. In de tussentijd las nr. 1 echter openlijk de verzamelde romans van Gerstäcker, en Duitse vertalingen van klassieke Engelse romans. Ook begon ik Duitse literatuur te lezen, voorzover me dat nog niet tegen was gaan staan door de school met haar onnodig ingewikkelde verklaringen van dingen die vanzelfsprekend waren. Ik las in grote hoeveelheden en zonder enig systeem toneelstukken, poëzie, geschiedenis en later natuurwetenschappelijk werk.

Het lezen was niet alleen boeiend, het gaf me ook een weldadige afleiding. Mijn bezigheden als nr. 2 veroorzaakten namelijk in toenemende mate depressies omdat ik op het gebied van religieuze vraagstukken alleen gesloten deuren vond. En als deze soms toevallig toch opengingen, stuitte ik op teleurstellingen. De andere mensen leken werkelijk allemaal anders te zijn. Ik voelde me volledig alleen met mijn zekerheden. Ik zou er graag met iemand over hebben gesproken, maar ik vond nergens een aanknopingspunt – integendeel, ik voelde bij anderen een bevreemding, een wantrouwen, een vrees om me tegemoet te komen, wat me het zwijgen oplegde. Dat deprimeerde me. Ik wist niet wat ik ervan moest denken; waarom beleeft niemand zoiets als ik? Waarom staat er ook niets over in geleerde boeken? Ben ik de enige, die dit soort ervaringen heeft? Waarom moet ik de enige zijn? Ik dacht nooit dat ik misschien gek zou zijn, want Gods licht en duisternis leken me feiten die me – hoewel ze mijn gemoed bezwaarden – begrijpelijk voorkwamen.
De 'uitzonderlijkheid' waartoe ik gedwongen werd, voelde ik als een bedreiging. Het betekende immers een isolement, dat me nog onaangenamer werd toen men mij – vaker dan me lief was – ten onrechte als zondebok ging gebruiken. Bovendien was er iets gebeurd dat een grote indruk op me heeft gemaakt. Bij de Duitse les was ik een tamelijk middelmatige leerling. Wat daar werd onderwezen, en dan in het bijzonder de Duitse grammatica en syntaxis, interesseerde me namelijk totaal niet. Ik was lui en ik verveelde me. De opstel-onderwerpen vond ik meestal oppervlakkig of zelfs kinderachtig, en mijn opstellen hadden hetzelfde karakter; òf vluchtig, òf moeizaam geschreven. Ik kwam er met middelmatige cijfers doorheen, wat ik overigens prima vond. Het paste namelijk bij mijn algemene streven om niet op te vallen, want ik wilde tot elke prijs verlost worden uit dit 'vervloekte isolement door uitzonderlijkheid', waarin ik van verschillende kanten gedrongen werd. Mijn sympathie ging uit naar jongens van heel eenvoudige afkomst die, zoals ik, uit een 'niets' kwamen; en vaak ook naar zwakbegaafden – hoewel ik me vaak ergerde aan hun domheid en hun geringe ontwikkeling. Ze boden me echter anderzijds het vurig begeerde voordeel onschuldig te lijken, en zij merkten tenminste niets eigenaardigs aan me. Mijn 'eigenaardigheid' gaf me langzamerhand het ongewenste, ja zelfs wat griezelige gevoel dat ik weerzinwekkende eigenschappen moest bezitten, die ik me niet bewust was, en waardoor ik leraren en vrienden afstootte.
In deze situatie sloeg de volgende gebeurtenis in als een bom. We hadden voor een opstel een thema opgekregen dat me bij uitzondering interesseerde. Dientengevolge ging ik vol ijver aan het werk, en vervaardigde een zorgvuldig en naar ik dacht goed geslaagd werkstuk. Ik hoopte dat het tenminste één van de beste zou zijn; wel niet het allerbeste, dat zou opvallen, maar zo'n beetje daaronder. Onze leraar besprak namelijk de opstellen altijd in

volgorde van hun kwaliteit. Als eerste kwam het opstel van nummer één van de klas. Dat was in orde. Toen volgden de opstellen van de anderen, en elke keer wachtte ik tevergeefs op mijn naam; ik kwam niet aan de beurt. – Dat is toch onmogelijk, dacht ik. Is mijn opstel zó slecht dat het nog ná de allerslechtste komt? Wat zou er aan de hand zijn? Of ben ik uiteindelijk 'hors concours', dus op de onaangenaamste manier opvallend en geïsoleerd?
Toen alle opstellen besproken waren pauzeerde de leraar even, en zei toen: 'Nu heb ik nog een opstel, – dat van Jung. Het is veruit het beste, en ik zou hem het beste cijfer hebben gegeven. Maar het is jammer genoeg bedrog. Waar heb je het uit overgeschreven? Beken de waarheid!'
Ik sprong verontwaardigd en woedend op, en riep: 'Ik hèb het niet overgeschreven! Ik heb juist erg mijn best gedaan een goed opstel te schrijven!' Maar hij schreeuwde me toe: 'Je liegt! Zo'n opstel kàn je helemaal niet schrijven. Dat gelooft geen mens. Vooruit dus – waar heb je het uit overgeschreven?'
Tevergeefs bepleitte ik dat ik onschuldig was. De leraar was niet te vermurwen en antwoordde: 'Ik kan je dit wel zeggen: als ik zou weten waar je het vandaan hebt, dan zou je van school gestuurd worden.' En hij ging verder met de les. Mijn klasgenoten bekeken me met twijfel, en geschrokken merkte ik dat ze dachten 'Aha, dat is het!' Mijn ontkenningen vonden geen gehoor.
Ik voelde dat ik van nu af aan gebrandmerkt was, en alle wegen die me uit het isolement konden leiden waren afgesloten. Uiterst teleurgesteld en beledigd zwoer ik me op de leraar te wreken, en als ik de kans had gekregen dan was er iets gebeurd zoals in de tijd van het vuistrecht. Hoe ter wereld kon ik bewijzen dat ik het opstel niet had overgeschreven?
Dagenlang piekerde ik over deze gebeurtenis, en steeds weer kwam ik tot de conclusie dat ik machteloos was uitgeleverd aan een dom en blind noodlot dat me tot leugenaar en bedrieger stempelde. Veel werd me nu duidelijk wat ik eerst niet begrepen had. Toen bijvoorbeeld mijn vader kwam informeren hoe het met me op school ging, had een leraar gezegd: 'Ach, hij is nu eenmaal middelmatig, maar hij doet heel behoorlijk zijn best.' Men dacht dat ik tamelijk dom en oppervlakkig was. In feite was ik daardoor niet geërgerd. Maar het maakte me woedend dat men mij van bedrog beschuldigde, en zo mijn integriteit aantastte.
Mijn woede en verdriet dreigden alle grenzen te buiten te gaan. Maar toen gebeurde er iets wat ik al een paar keer eerder had meegemaakt: het werd plotseling stil, net of een rumoerige kamer werd afgesloten met een geluiddichte deur. Het was alsof een koele nieuwsgierigheid me met de vraag vervulde: Wat is hier aan de hand? Wat ben jìj opgewonden! Die leraar is natuurlijk een domkop die niets van jou begrijpt, d.w.z. die net zo weinig begrijpt als jijzelf. Daarom is hij, net als jij, wantrouwend. Je wantrouwt jezelf en anderen, en daarom zoek je het gezelschap van de eenvoudigen, de

naïeven, van hen die gemakkelijk te doorzien zijn. Men raakt dan over z'n toeren als men iets niet begrijpt.

Met deze onpartijdige beoordeling voor ogen zag ik plotseling de overeenkomst met die andere redenering die zich zo nadrukkelijk aan me had opgedrongen, toen ik het verbodene niet wilde denken. Indertijd heb ik ongetwijfeld nog geen onderscheid gemaakt tussen de persoonlijkheden nr. 1 en nr. 2, maar ik beschouwde ook de wereld van nr. 2 als mijn persoonlijke wereld. Toch bleef er altijd het gevoel op de achtergrond, dat er nog iets anders dan ikzelf aanwezig was – zo ongeveer alsof een ademtocht uit de wijde wereld der sterren en de oneindige ruimten mij beroerd had; of: alsof een geest onzichtbaar de kamer was binnengetreden, iemand die allang niet meer bestond, en die er toch altijd zou zijn, tot in de verre toekomst van het tijdloze. Deze plotselinge wendingen waren omgeven met de glans van een numen.

In die tijd zou ik dit natuurlijk nooit op deze manier gezegd kunnen hebben, maar toch voeg ik nu niets toe aan mijn bewustzijnstoestand van toen; ik probeer alleen maar met mijn tegenwoordige middelen licht te brengen in die schemerige wereld.

Enkele maanden na de hierboven beschreven gebeurtenis kreeg ik van mijn schoolkameraden de bijnaam 'Aartsvader Abraham'. Nr. 1 begreep dat niet, en vond het dom en belachelijk. Maar op de achtergrond voelde ik dat het me op de een of andere manier had geraakt. Alle toespelingen op mijn milieu waren pijnlijk voor me, want hoe meer ik las, en hoe beter ik bekend raakte met het stadsleven, des te sterker werd de indruk dat de werkelijkheid die ik nu leerde kennen tot een andere orde behoorde dan het wereldbeeld dat ik van thuis had meegekregen. Daar was ik opgegroeid tussen riviertjes en wouden, tussen dieren en mensen, in een klein dorp waarover zonlicht lag, waar de wind en de wolken overheen trokken, en dat omgeven was door de donkere nacht, vervuld van onbestemde dingen. Het was niet zomaar een plek op de landkaart, nee, het was het godsrijk, aldus verordend, en vervuld van een geheime zin. Zo te zien wisten de mensen dat niet, en ook de dieren hadden op de een of andere manier hun zintuig daarvoor verloren. Dat kon je zien aan de treurig-verloren blik van de koeien, en aan de berustende ogen van de paarden; je zag het aan de onderdanigheid van de hond, die zich aan de mens vastklampte; en zelfs aan het zelfverzekerde optreden van de kat, die tòch huis en schuur als woon- en jachtgebied had verkozen. De mensen leken me even onbewust te zijn als de dieren; ze keken naar de grond of omhoog naar de bomen om te zien wat ze konden gebruiken; zoals de dieren hokten ze bij elkaar, ze paarden en streden met elkaar – en zagen niet dat ze in de kosmos woonden, in het godsrijk, in de eeuwigheid waar alles wordt geboren en waar alles al gestorven is.

Ik hield van alle warmbloedige dieren, omdat ze nauw aan ons verwant zijn, en delen in onze onwetendheid. Ik hield van hen, omdat ze een ziel hebben zoals wij, en omdat we, zoals ik geloofde, hen instinctief begrijpen. Ze beleven toch, zo dacht ik, net als wij vreugde en verdriet, liefde en haat, honger en dorst, angst en vertrouwen – allemaal wezenlijke inhouden van ons bestaan. Wat ze alleen niet kennen is de spraak, het toegespitste bewustzijn, de wetenschap. Voor deze laatste voelde ik weliswaar de gebruikelijke bewondering, maar ik zag in haar de mogelijkheid tot een verwijdering en een afdwaling van het godsrijk, en tot een degeneratie waartoe een dier niet in staat was. De dieren waren lief en trouw, onveranderlijk en betrouwbaar. De mensen echter wantrouwde ik meer dan ooit.

De insecten waren geen 'echte' dieren, en de koudbloedige gewervelden vormden een weinig gewaardeerde tussenfase op weg naar de insecten. Deze categorie van wezens waren objecten om te observeren en te verzamelen; curiosa, omdat ze vreemd waren en niets menselijks meer hadden; manifestaties van onpersoonlijke wezens die meer verwantschap met planten hadden dan met mensen.

Met het plantenrijk begon de aardse verschijning van het godsrijk, als een soort rechtstreekse mededeling. Het was alsof men over de schouder van de Schepper, die zich onbespied waande, had meegekeken hoe Hij speelgoed en versieringen vervaardigde. De mens en de 'echte' dieren waren daarentegen zelfstandig geworden delen van God. Daarom konden ze zich vrijuit bewegen en hun eigen woonplaats kiezen. De plantenwereld was echter in voor- en tegenspoed gebonden aan haar standplaats. Ze was de uitdrukking van schoonheid en de gedachten van het godsrijk, onopzettelijk en niet vervormd. Vooral de bomen waren geheimzinnig; mij leken ze de onmiddellijke uitbeelding van de onbegrijpelijke zin van het leven. Daarom was het bos de plaats waar men zich de diepste zin en de huiveringwekkendste activiteit het meest nabij voelde.

Deze indruk werd versterkt toen ik de gotische kathedralen leerde kennen. Hier was echter de oneindigheid van kosmos en chaos, van zin en zinloosheid, van subject-loze opzettelijkheid en mechanische wetmatigheid, in steen verhuld. Deze steen bevatte en wàs tegelijk het bodemloze geheim van het zijn, het was de belichaming van de geest. Dàt was wat ik vaag als mijn verwantschap met de steen voelde: het dode en het levende, die beide het goddelijke bevatten.

Zoals gezegd was het me destijds niet mogelijk geweest mijn gevoelens en vermoedens op aanschouwelijke manier te formuleren, want ze speelden zich af in nr. 2, wanneer mijn actief en begrijpend 'ik' zich passief gedroeg en opgenomen was in de sfeer van de 'oude man', die in het eeuwige thuishoorde. Hem en zijn invloed onderging ik merkwaardig genoeg zonder er over na te denken: als hij aanwezig was loste nr. 1 op in het niets. En wanneer het 'ik' dat zich in toenemende mate identificeerde met nr. 1, het ter-

rein beheerste, dan was de oude man – voorzover ik hem al niet helemaal vergat – een verre en onwezenlijke droom.
Van mijn zestiende tot negentiende jaar werd langzamerhand de druk van het dilemma minder. Daarmee trad verbetering op in mijn depressieve gemoedstoestand, en nr. 1 kwam steeds duidelijker naar voren. De school en het leven in de stad namen me in beslag; bovendien werd mijn wereld van ingevingen en voorgevoelens langzamerhand doordrongen of verdrongen door mijn steeds grotere kennis. Ik begon bewuste probleemstellingen systematisch uit te werken. Zo las ik een inleiding tot de geschiedenis van de filosofie, en dat gaf me een zeker overzicht van datgene wat tot dusver gedacht was. Tot mijn voldoening merkte ik dat veel van mijn ingevingen historische verwanten hadden. Ik hield vooral van de gedachten van Pythagoras, Heraclites, Empedocles en Plato, ondanks de langdradigheid van de socratische bewijsvoering. Deze gedachten waren mooi en academisch, zoals schilderijen in een museum, maar stonden wel wat ver van ons af. Pas bij Meester Eckhart kreeg ik de indruk van iets levends – zonder dat ik hem toen helemaal begreep. De christelijke scholastiek liet me koud, en het aristotelische intellectualisme van de H. Thomas leek me doodser dan een zandwoestijn. Ik dacht: ze willen allen met logische kunststukjes iets afdwingen dat ze niet bezitten, en waar ze niets werkelijks van afweten. Ze willen zichzelf een geloof bewijzen, terwijl het toch om de ervaring gaat! – Ze kwamen me voor als mensen die van horen zeggen wisten dat er olifanten bestaan, maar die er zelf nog nooit één gezien hadden. Ze probeerden dan met argumenten te bewijzen dat er op logische gronden dergelijke dieren moesten bestaan, en dat ze er zo moesten uitzien als ze deden. De kritische filosofie van de 18e eeuw wilde er bij mij eerst niet in, om begrijpelijke redenen. Hegel schrikte me af door zijn even moeizaam als aanmatigend taalgebruik, dat ik met onverholen wantrouwen bekeek. Hij leek me iemand die in zijn eigen woordbouwsels gevangen zat, en dan ook nog met trotse gebaren uitweidde over zijn gevangenis.
Maar de grote vondst bij mijn naspeuringen was Schopenhauer. Hij was de eerste die over het lijden van de wereld sprak, dat zich zichtbaar aan ons opdringt; hij sprak over verwarring, hartstocht, het kwaad, dat alle anderen nauwelijks schenen op te merken, en dat ze altijd in harmonie en begrijpelijkheid wilden oplossen. Hier was eindelijk iemand die de moed had in te zien dat het met de grondslagen der wereld hoe dan ook niet al te best gesteld was. Hij sprak niet over een uitsluitend goede en alwetende Voorzienigheid der schepping, en ook niet over de harmonie van wat was ontstaan, maar hij zei duidelijk dat aan het smartelijk verloop van de geschiedenis der mensheid en aan de wreedheid der natuur een fout ten grondslag lag: namelijk de blindheid van de wil, die de wereld schept. Ik vond dit bevestigd door mijn vroegere observaties van zieke en stervende vissen, van

schurftige vossen, bevroren of verhongerde vogels, van de onverbiddelijke tragedie die verborgen is door een weide vol bloemen: regenwormen die door mieren worden doodgemarteld; insecten die elkaar in stukken rijten, enzovoort. Maar ook mijn ervaringen met mensen hadden me wel wat anders geleerd dan het geloof aan de oorspronkelijke menselijke goedheid en zedelijkheid. Ik kende mezelf goed genoeg om te weten dat ik me om het zo te zeggen slechts gradueel van een dier onderscheidde.
Schopenhauers sombere schildering van de wereld kreeg mijn onverdeelde bijval; zijn oplossing van het probleem echter niet. Ik was er zeker van dat hij met zijn 'wil' eigenlijk God, de Schepper bedoelde, en deze als 'blind' omschreef. Ik wist echter uit ervaring dat God niet gekrenkt kan worden door blasfemie. Hij kan deze integendeel zelfs eisen, opdat Hij niet alleen de lichte en positieve kant van de mens zal bezitten, maar ook zijn duistere zijden en zijn weerstreven van God. Daarom veroorzaakte Schopenhauers opvatting mij geen moeilijkheden. Ik beschouwde haar als een door de feiten gerechtvaardigd oordeel. Des te meer werd ik teleurgesteld door zijn denkbeeld, dat het intellect de blinde wil slechts zijn eigen spiegelbeeld hoefde voor te houden, om hem tot inkeer te brengen. Hoe kon de wil dat spiegelbeeld trouwens zien, want hij was toch blind! En waarom zou hij, gesteld dat hij het zou kunnen zien, tot inkeer gebracht worden; het spiegelbeeld toonde toch precies wat hij zien wilde? En wat was het intellect? Dat is een functie van de menselijke ziel; geen spiegel, maar een oneindig klein spiegeltje, dat een kind de zon voorhoudt in de verwachting dat deze daardoor verblind zal zijn! Dat leek me totaal ontoereikend. Het was me een raadsel hoe Schopenhauer op een dergelijk idee kon komen.
Dat bracht me ertoe hem nog grondiger te bestuderen, waarbij zijn relatie tot Kant steeds meer indruk op me maakte. Daarom begon ik het werk van deze filosoof, in het bijzonder de 'Kritik der reinen Vernunft' te lezen – wat me veel hoofdbrekens kostte. Mijn moeite werd beloond, want ik dacht de fundamentele fout in het stelsel van Schopenhauer gevonden te hebben: hij had de doodzonde begaan een metafysische uitspraak te doen. Hij had namelijk een zuiver nooumenon, een 'Ding an sich', als aanwezig verondersteld en er eigenschappen aan toegekend. Dit bleek uit Kants kennistheorie, die voor mij een zo mogelijk nòg grotere openbaring was dan Schopenhauers 'pessimistische' wereldbeeld.

Deze filosofische ontwikkeling strekte zich uit van mijn zeventiende jaar tot ver in mijn studietijd. Ze veroorzaakte een omwenteling in mijn houding ten opzichte van het leven en de wereld. Vroeger was ik verlegen, gauw bang, wantrouwend, bleek en mager geweest, en ik had naar het scheen een wankele gezondheid; maar nu kreeg ik een geweldige eetlust in elk opzicht. Ik wist wat ik wilde, en greep daar met beide handen naar. Ik werd ook duidelijk toegankelijker en mededeelzamer. Ik ontdekte dat armoede geen nadeel was, en het was ook bij lange na niet de voornaamste oorzaak van het lijden. Ik merkte dat kinderen van rijke ouders volstrekt niet bevoorrecht waren boven arme en slechtgeklede jongens. Er bestonden veel diepere oorzaken voor geluk en ongeluk dan de hoeveelheid van het zakgeld. Ik kreeg meer vrienden, en betere vrienden, dan voorheen. Ik voelde me sterker staan, en vond zelfs de moed openlijk mijn gedachten te uiten. Maar dat was een misverstand dat me zou berouwen, zoals ik maar al te vlug merkte. Ik stuitte niet alleen op bevreemding of spot, maar ook op vijandige afwijzing. Zeer tot mijn verbazing en misnoegen merkte ik dat bepaalde mensen mij als opschepper en 'blagueur' beschouwden. Ook werd ik weer – net als vroeger – verdacht van bedrog, hoewel nu in een iets andere vorm. Weer ging het om een opstelthema dat mijn belangstelling had gewekt. Daarom besteedde ik bijzonder veel aandacht aan het opstel en schaafde pijnlijk precies mijn stijl bij. Het resultaat was verpletterend. 'Hier is een opstel van Jung', zei de leraar, 'het is gewoonweg briljant, maar Jung heeft het zo gemakkelijk uit zijn mouw geschud dat je kunt zien hoe weinig ernst en moeite hij eraan heeft besteed. Laat ik je dit zeggen Jung, met deze lichtzinnigheid kom je niet ver. Het leven vraagt ernst en nauwkeurigheid, je moet werken en je moeite getroosten. Kijk maar eens naar het opstel van D. Hij is niet briljant zoals jij, maar hij is eerlijk, consciëntieus en ijverig. Dat is de manier om te slagen in het leven.'

Ik was niet zo terneergeslagen als de eerste keer, want de leraar was toch – tegen wil en dank – onder de indruk van mijn opstel en hij beweerde tenminste niet dat ik het onderwerp gestolen had. Ik protesteerde weliswaar tegen zijn verwijten, maar dat werd afgedaan met de opmerking: 'Volgens de Ars Poetica is weliswaar dát gedicht het beste waaraan men niet kan zien met hoeveel moeite het is ontstaan. Maar dat gaat niet op voor jouw opstel. Je kunt me wat dat betreft niets wijsmaken. Het is gewoon lichtvaardig en zonder moeite neergeklad.' Ik wist dat ik in het opstel een paar goede ideeën verwerkt had, waar de leraar echter in het geheel niet op inging.

Dit voorval verbitterde me weliswaar, maar de verdachtmakingen van mijn kameraden wogen zwaarder, want ze dreigden me weer terug te dringen in mijn vroegere isolement en neerslachtigheid. Ik pijnigde mijn hersens af wat dit soort verdachtmakingen veroorzaakte. Door voorzichtige navraag kwam ik erachter dat ik gewantrouwd werd, omdat ik me vaak opmerkingen liet ontvallen of op dingen zinspeelde die ik toch helemaal niet kon weten. Zo deed ik bij voorbeeld net alsof ik iets van Kant en Schopenhauer begreep, of van paleontologie, terwijl we dat toch op school helemaal niet 'hadden'. Deze verbazingwekkende constateringen toonden me dat in feite alle brandende vragen niet bij het leven van alledag hoorden, maar – zoals mijn oergeheim – bij het godsrijk, waarover men maar beter kon zwijgen.

Vanaf die tijd vermeed ik tegenover mijn kameraden ook maar iets te zeggen over deze 'esoteriek'. Ook kende ik geen enkele volwassene met wie ik zou kunnen praten zonder te moeten vrezen voor een bedrieger of opschepper te worden aangezien. Het pijnlijkste van deze situatie was dat mijn pogingen de scheiding tussen mijn twee werelden op te heffen, verhinderd en verlamd werden. Steeds weer gebeurden er dingen die me uit mijn gewone bestaan van alledag terugdrongen naar het onbegrensde 'godsrijk'.
De uitdrukking 'godsrijk' zal sommigen sentimenteel in de oren klinken, maar voor mij was dat geenszins het geval. Tot het 'godsrijk' hoorde al het 'bovenmenselijke', verblindend licht, de duisternis van de afgrond, de koude apathie van de onbegrensde tijd en ruimte en het griezelig groteske van de irrationele wereld van het toeval. 'God' was voor mij alles – alleen niet stichtelijk.

4

Naarmate ik ouder werd, vroegen mijn ouders en andere mensen steeds vaker wat ik wilde worden. Dat was mezelf nog helemaal niet duidelijk. Mijn belangstelling ging verschillende kanten uit. Aan de ene kant had de natuurwetenschap met haar op feiten gebaseerde waarheid grote aantrekkingskracht; aan de andere kant was ik gefascineerd door alles wat met vergelijkende godsdienstgeschiedenis te maken had. Op het eerste gebied ging mijn interesse hoofdzakelijk uit naar zoölogie, paleontologie en geologie; op het andere naar Grieks-Romeinse, Egyptische en prehistorische archeologie. Destijds wist ik overigens niet hoezeer deze keuze van de meest uiteenlopende studievakken overeenkwam met mijn tweezijdige aard: wat me beviel bij de natuurwetenschap was het concrete feit en de historische ontwikkeling daarvan; bij de godsdienstwetenschap was dat de geestelijke problematiek, waar ook de filosofie zich mee bezighield. Bij de eerste miste ik de factor 'zin'; bij de laatste de empirie. De natuurwetenschap kwam in hoge mate tegemoet aan de geestelijke behoeften van nr. 1; de geesteswetenschappelijke, respectievelijk historische disciplines vormden een heilzaam aanschouwelijk onderricht voor nr. 2.
Gedurende geruime tijd kon ik in deze tegenstrijdige situatie niet de juiste weg vinden. Ik merkte dat één van mijn ooms me zachtjes in de richting van de theologie duwde. Deze oom was de nestor van mijn moeders familie; hij was dominee van de St. Albankerk te Bazel. In onze familie had hij de bijnaam van 'Isemännli' (het ijzeren mannetje). Het was hem niet ontgaan hoe ongewoon aandachtig ik het gesprek aan tafel volgde wanneer hij met één van zijn zoons – die allen theoloog waren – discussieerde over een vakprobleem. Ik was er namelijk helemaal niet zeker van of er wellicht toch geen

theologen bestonden die in nauwe relatie stonden met de duizelingwekkende hoogten van de universiteit en die daarom meer wisten dan mijn vader. Ik kreeg bij deze gesprekken echter nooit de indruk dat men zich bezighield met werkelijke ervaringen, om maar niet te spreken van ervaringen zoals de mijne. Men discussieerde daarentegen uitsluitend over meningen met betrekking tot bijbelse leerstellingen, waarbij ik me uitgesproken onbehaaglijk voelde wegens de talrijke en weinig geloofwaardige wonderverhalen die daarbij te pas kwamen.

Tijdens mijn gymnasiumtijd mocht ik elke donderdagmiddag bij deze oom eten. Ik was hem niet alleen dankbaar voor de maaltijden, maar ook voor de unieke kans dat ik aan zijn tafel af en toe een volwassen, intelligent en intellectueel gesprek mocht volgen. Dat er zo iets dergelijks ook maar bestond, was voor mij een hele belevenis, want in mijn omgeving had ik nooit meegemaakt dat men met elkaar sprak over geleerde aangelegenheden. Ik probeerde weliswaar met mijn vader over dit soort zaken te praten, maar ik stuitte bij hem op een – voor mij onbegrijpelijke – ongeduldige en angstig afwerende houding. Pas een paar jaar later begreep ik dat mijn arme vader niet mòcht denken, omdat hij door innerlijke twijfel verscheurd werd. Hij probeerde zichzelf te ontvluchten en legde daarom de nadruk op het blinde geloof, waarvoor hij moest vechten en dat hij met krampachtige inspanning wilde afdwingen. Daarom kon hij het geloof niet als genade ontvangen.

Mijn oom en mijn neven konden in alle gemoedsrust over van alles discussiëren – van de dogmatische leerstellingen van de kerkvaders tot en met de nieuwste theologie. Ze leken stevig geworteld in de zekerheid van een vanzelfsprekende wereldorde. De naam Nietzsche kwam daarbij echter geheel niet ter sprake en de naam van Jakob Burckhardt werd slechts met onwillige waardering genoemd. Burckhardt werd 'liberaal', 'iets te vrijzinnig' genoemd, – en daarmee bedoelde men dat hij in een wat scheve verhouding stond tot de eeuwige orde der dingen. Ik wist dat mijn oom er geen idee van had hoever ik van de theologie af stond en het speet me erg dat ik hem moest teleurstellen. Maar ik zou het in die tijd nooit hebben gewaagd mijn problemen naar voren te brengen, want ik wist maar al te goed welke onafzienbare catastrofale gevolgen dat voor mij zou hebben. Ik had immers geen bewijzen in handen waarmee ik me zou kunnen verdedigen. Integendeel, mijn persoonlijkheid nr. 1 kwam steeds vastberadener naar voren en zo ook mijn – weliswaar nog geringe – natuurwetenschappelijke kennis, die geheel doortrokken was van het wetenschappelijk materialisme uit die dagen. Slechts met moeite werd nr. 1 in toom gehouden door de getuigenis van de geschiedenis en door de 'Kritik der reinen Vernunft', die blijkbaar niemand in mijn omgeving begreep. Weliswaar werd Kant door mijn theologen in lovende termen genoemd, maar zijn axioma's werden alleen toegepast op het standpunt van de tegenstander, niet op het eigen. Ook daarvan zei ik niets.

Daarom voelde ik me steeds onbehaaglijker als ik aan tafel zat met mijn oom en zijn familie. Voor mijn habitueel slecht geweten werden de donderdagen zwarte dagen. In deze kalme wereld vol sociale en spirituele zekerheid voelde ik me steeds minder thuis, hoewel ik snakte naar de druppels geestelijke aansporing die ik er af en toe opving. Ik vond mezelf oneerlijk, verworpen. Ik moest erkennen: Ja, je bent een bedrieger, je beliegt en bedriegt mensen die toch het beste met je voorhebben. Ze kunnen het immers ook niet helpen dat ze leven in een wereld vol sociale en geestelijke zekerheid, dat ze niets weten van armoede, dat hun geloof ook tegelijk hun betaald beroep is; en ook niet dat ze er blijkbaar nooit over denken hoe God zèlf een mens kan wegrukken uit zijn geestelijke wereldorde en hem tot blasfemie kan verdoemen. Ik kan hun dat onmogelijk uitleggen. Ik moet dus dit odium op me laden en het leren dragen. Dat was me overigens tot nu toe nog niet erg goed gelukt.
Deze toespitsing van mijn innerlijke morele conflict bracht met zich mee dat ik nr. 2 steeds onaangenamer en twijfelachtiger ging vinden; een feit dat ik niet langer voor mezelf kon verbergen. Ik probeerde mijn persoonlijkheid nr. 2 uit te wissen, maar dat lukte me niet. Ik kon nr. 2 weliswaar vergeten als ik op school was, of in het gezelschap van mijn kameraden; ze verdween ook tijdens mijn natuurwetenschappelijke studies. Maar zodra ik alleen thuis was, of buiten in de vrije natuur, namen Schopenhauer en Kant weer oppermachtig hun plaats in en samen met hen kwam ook het grootse 'godsrijk' terug. Mijn natuurwetenschappelijke kennis paste daar ook in; deze bevolkte het grote schilderij met gestalten, vulde kleuren in. Nr. 1 echter, met zijn zorgen over de keus van een beroep, verdween achter de horizon als een nietige episode in de jaren negentig van de negentiende eeuw. Mijn terugkeer van deze uitstapjes naar het 'eeuwige' ging altijd vergezeld van een soort kater. Ik, dat wil zeggen nr. 1, leefde hier en nu en moest binnen afzienbare tijd definitief besluiten welk beroep hij wilde kiezen.
Mijn vader had een paar keer een ernstig gesprek met mij: ik zou elke studie kunnen kiezen, maar, als hij me raad mocht geven, dan liever geen theologie. 'Je kunt alles worden, als je maar geen theoloog wordt!' Toen al bestond er tussen ons een soort stilzwijgende overeenkomst dat bepaalde dingen zonder commentaar gezegd en gedaan konden worden. Hij had me bij voorbeeld nooit ter verantwoording geroepen waarom ik de kerk zoveel mogelijk ontliep en nooit meer aan het Avondmaal deelnam. Ik kreeg het gemakkelijker naarmate ik verder van de kerk kwam af te staan. De 'kerkelijke gemeenschap' miste ik in het geheel niet, alleen het orgel en het koor. Onder deze 'gemeenschap' kon ik me trouwens niets voorstellen; de mensen die uit gewoonte regelmatig naar de kerk gingen, leken me onderling nog minder 'gemeenschap' te hebben dan de 'wereldlijken'. Deze laatsten waren weliswaar minder deugdzaam, maar daar stond tegenover dat het veel aardiger

mensen waren, met natuurlijke gevoelens, prettiger in de omgang, vrolijker, met meer warmte en hartelijkheid.
Ik kon mijn vader geruststellen dat de theologie absoluut geen aantrekkingskracht op me had. Ik weifelde besluiteloos tussen de natuur- en geesteswetenschappen. Beide trokken me sterk aan. Het begon me echter duidelijk te worden dat er hier op deze wereld voor nr. 2 geen plaats was. In hem was ik ontheven aan het hier en nu; in hem voelde ik me als een oog in het duizendogige heelal – maar ik was dan niet in staat op aarde ook maar een kiezelsteen te bewegen. Daartegen kwam nr. 1 in opstand: hij wilde dingen doen, iets tot stand brengen, maar hij bevond zich in een voorlopig onoplosbare tweestrijd. Ik moest blijkbaar afwachten en kijken wat er zou gebeuren. Wanneer iemand me vroeg wat ik wilde worden, dan zei ik altijd: filoloog – waaronder ik me heimelijk Assyrische en Egyptische archeologie voorstelde. In werkelijkheid besteedde ik echter mijn vrije tijd aan mijn natuurwetenschappelijke en filosofische studies; vooral in de vakanties, die ik met mijn moeder en zusje thuis doorbracht. – De tijd dat ik bij mijn moeder kwam klagen: „Ik verveel me zo, ik weet niet wat ik moet doen!" was al lang voorbij. De vakanties waren nu steeds weer een geweldige tijd waarin ik mezelf alleen kon bezighouden. In de zomer was dan bovendien mijn vader afwezig; hij bracht zijn vakantie bijna steeds in Sachseln door.

Slechts een enkele keer kwam het voor dat ook ik een vakantiereis maakte. Ik was veertien jaar toen onze dokter me een verblijf voorschreef in Entlebuch, om mijn toenmalige wankele gezondheid en matige eetlust te verbeteren. Voor het eerst bevond ik me alleen in gezelschap van mij onbekende volwassenen en ik was ingekwartierd in het huis van de pastoor. Dat betekende voor mij een griezelig en tegelijk fascinerend avontuur. De pastoor zelf kreeg ik nauwelijks te zien en zijn huishoudster was weliswaar een wat kort aangebonden, maar overigens geenszins verontrustende persoonlijkheid. Er gebeurden geen bedreigende dingen. Ik was onder de hoede van een oude dorpsdokter die een soort hotel-sanatorium voor herstellenden van uiteenlopende aard beheerde. Het was een in alle opzichten gemengd gezelschap: mensen van boerenafkomst, lagere ambtenaren en kleine zakenlieden en een paar intellectuelen uit Bazel, waaronder een 'dr. phil.', een chemicus. Mijn vader was ook een 'dr. phil.', maar hij was filoloog en linguïst. De chemicus was voor mij echter een zeer interessant novum, een natuurwetenschappelijk man; iemand die wellicht zelfs het geheim van de steen begreep! Het was een nog jonge man, die me croquet leerde spelen, maar die niets liet merken van zijn (vermoedelijk enorme) kennis. Ik was te verlegen, te onbeholpen en veel te onwetend om hem daarnaar te vragen. Hij werd echter door mij vereerd als de eerste kenner van de geheimen der natuur (of tenminste van een deel daarvan) die ik in levende lijve kon aanschouwen.

Tijdens de maaltijden zat hij aan dezelfde tafel, hij at dezelfde spijzen als ik en wisselde zelfs af en toe een paar woorden met mij. Ik voelde me opgenomen in de hogere sferen van de volwassenen. Dat ik ook aan de uitstapjes van de pensiongasten mocht deelnemen, bevestigde mijn sociale rangverhoging. Bij één van deze gelegenheden bezochten we een distilleerderij, waar we uitgenodigd werden een en ander te proeven. In letterlijke vervulling van de klassieke uitspraak:

Nu voltrekt zich het malheur
Want dit drankje is likeur

brachten de diverse glaasjes me zó in vervoering, dat ik me verplaatst voelde in een voor mij geheel nieuwe en onverwachte bewustzijnstoestand: er bestond geen binnen en buiten meer, geen ik en anderen, geen nr. 1 en nr. 2, geen voorzichtigheid en angst. Hemel en aarde, de wereld en alles wat kruipt en vliegt, ronddraait, opstijgt of naar beneden valt, dat alles was één geworden. Ik was beschaamd en zegevierend dronken. Ik was ondergedompeld in een zee van gelukzalige overpeinzingen. De golven van de zee waren in hevige beroering en ik hield me met ogen, handen en voeten aan alle stevige voorwerpen vast, om mijn evenwicht te bewaren op de deinende straat en tussen de zwaaiende bomen en huizen. Geweldig, dacht ik, alleen jammer genoeg nèt iets te veel. – Deze belevenis had weliswaar een enigszins jammerlijk einde, maar het bleef een ontdekking; ik vermoedde een schoonheid en zin, die ik uitsluitend door mijn domheid helaas bedorven had.
Aan het eind van mijn vakantie kwam mijn vader me afhalen en reisde met me naar Luzern, waar we – o heerlijkheid – aan boord van een stoomboot gingen. Ik had nog nooit zo iets gezien. Ik keek mijn ogen uit hoe de stoommachine werkte, ik kon er maar niet genoeg van krijgen; en plotseling hoorde ik dat we in Vitznau waren. Dat lag aan de voet van een hoge berg en mijn vader vertelde dat dat nu de Rigi was. Er ging een spoorlijntje naar boven, een tandradbaan. We gingen naar een klein station en daar stond de merkwaardigste trein ter wereld, met een rechtopstaande stoomketel, die echter schuin bevestigd was. In de wagon stonden zelfs de stoeltjes schuin. Mijn vader drukte me een kaartje in de hand en zei: 'Je kunt nu alleen naar boven rijden naar de Rigi-Kulm. Ik blijf hier wachten, want voor ons tweeën is het te duur. Pas op en val nergens naar beneden.'
Ik was sprakeloos van geluk. Deze geweldige berg, hoger dan ik ooit gezien had en dan vlak in de buurt van de vuurbergen uit mijn lang vervlogen kindertijd! Ik was inderdaad al bijna een man. Ik had voor deze reis een rotan wandelstok gekocht en een Engelse jockey-pet, zoals dat een wereldreiziger betaamt en nu – ìk op deze enorme berg! Ik wist niet wie groter was, de berg of ik. Geweldig stomend en schuddend ratelde de wonderlocomotief me naar duizelingwekkende hoogten, waar steeds nieuwe diepten en verge-

zichten zich voor mijn ogen ontvouwden en eindelijk stond ik op de top van de berg, in een nieuwe, onbekende, ijle lucht. Ik stond in een onvoorstelbaar weids landschap: ja, dacht ik, dat is ze, de wereld, mijn wereld, de eigenlijke wereld, het geheim waar geen leraar, geen school, geen onbeantwoorde vragen bestaan, waar men ìs, zonder te vragen. – Ik bleef zorgvuldig op het pad, want er waren enorme afgronden. Het was plechtig, je moest eerbiedig en stil zijn, want hier was je in het godsrijk. Hier was het tastbaar aanwezig. Dit was een geschenk, het kostbaarste en beste dat mijn vader me ooit gegeven heeft.

Ik was zó onder de indruk, dat de herinnering aan wat daarna gebeurde volledig is uitgewist. Maar ook nr. 1 was bij deze reis aan zijn trekken gekomen en zijn impressies zijn me het grootste deel van mijn leven bijgebleven. Ik zag mezelf al op een terras zitten, volwassen en onafhankelijk, met een zwarte bolhoed op, en met een kostbare wandelstok. Dat terras hoorde bij één van de overweldigende, verschrikkelijk voorname hotelpaleizen aan de boulevard van Luzern of in het schitterende park van Vitznau. Ik zag me al zitten aan een witgedekt tafeltje onder een markies waar de ochtendzon glanzend op scheen; ik zou koffie drinken en croissants met goudgele boter en verschillende soorten confitures eten; en ondertussen maakte ik plannen voor uitstapjes voor heel de lange zomerdag. Na de koffie wandelde ik dan rustig, zonder enige opwinding, met kalme pas naar een stoomboot die richting Gotthard vaart, langs de voet van reusachtige bergen waarvan de toppen met glanzende gletsjers bedekt zijn.

Tientallen jaren lang kreeg ik deze fantasie wanneer ik vermoeid van het vele werken een rustpunt zocht. In werkelijkheid heb ik mezelf weliswaar steeds weer al dit heerlijks beloofd, maar deze belofte heb ik nooit ingelost.

Deze reis, de eerste die ik bewust beleefde, werd één of twee jaar later gevolgd door een tweede. Ik mocht mijn vader tijdens zijn vakantie in Sachseln bezoeken. Hij vertelde me een nieuwtje dat indruk op me maakte; hij was namelijk bevriend geraakt met de katholieke geestelijke aldaar. Dat leek me een buitengewoon gewaagde onderneming en in stilte bewonderde ik mijn vaders moed. Tijdens deze vakantie bezocht ik de Flüeli en de kluizenaarshut met relikwieën van de destijds zaligverklaarde broeder Klaus. Ik vroeg me af hoe de katholieken wisten dat broeder Klaus zalig was. Zou hij soms nog rondwaren en heeft hij het de mensen gezegd? Ik was sterk onder de indruk van de plaatselijke beschermheilige. Ik kon me de mogelijkheid van een dergelijk, aan God gewijd leven niet alleen voorstellen, maar ook begrijpen – met een innerlijke huiver en met een vraag waarop ik geen antwoord wist: hoe konden zijn vrouw en kinderen het verdragen dat hun man en vader een heilige was? Het waren toch juist bepaalde fouten en tekortkomingen waardoor ik zoveel van mijn vader hield. Ik dacht: ja, hoe zou je met een heilige

kunnen samenleven? Blijkbaar was dat ook voor broeder Klaus niet mogelijk en daarom moest hij kluizenaar worden. In ieder geval lag zijn kluizenaarshut niet al te ver van zijn huis. Ik vond het idee ook lang niet kwaad: mijn gezin zou in het ene huis wonen en ik zou in een ander, wat afgelegen tuinhuisje massa's boeken, een bureau en een open haardvuur hebben. In het vuur zou ik kastanjes roosteren en op een driepoot stond mijn soeppan. Als heilige kluizenaar hoefde ik ook niet meer naar de kerk te gaan, maar ik zou mijn privé-kapel hebben.
Van de Flüeli liep ik nog een eind naar boven, in gedachten verzonken als in een droom. Ik wilde juist weer de weg naar beneden gaan, toen links naast me plotseling de slanke gestalte van een jong meisje opdook. Ze was in klederdracht en had een lief gezichtje. Ze groette me terwijl ze me aankeek met vriendelijke, blauwe ogen. Als vanzelfsprekend liepen we samen naar het dal. Ze was ongeveer even oud als ik. Omdat ik behalve mijn nichtjes geen andere meisjes kende, wist ik niet goed wat ik tegen haar moest zeggen. Daarom begon ik maar wat aarzelend te vertellen dat ik hier een paar dagen met vakantie was en dat ik in Bazel op het gymnasium ging en later wilde gaan studeren. Terwijl ik sprak bekroop me een merkwaardig gevoel van 'lotsbestemming'. – Ze is precies op dit moment verschenen, dacht ik; ze wandelt zo vanzelfsprekend naast me alsof we bij elkaar horen. – Ik keek haar van terzijde aan en in de uitdrukking van haar gezicht lag iets van schroom en bewondering, iets dat me verlegen maakte en me op de een of andere manier trof. – Zou het mogelijk zijn dat hier een beschikking van het lot dreigt? Is het zuiver toeval dat ik haar ontmoet? Een boerenmeisje – zou dat mogelijk zijn? Ze is katholiek, maar wellicht is haar pastoor dezelfde met wie mijn vader bevriend is? Ze weet immers helemaal niet wie ik ben. Ik zou toch niet met haar over Schopenhauer en de negatie van de wil kunnen praten? Ze schijnt toch niets onheilspellends te hebben. Wellicht hoort haar pastoor niet tot de jezuïeten, deze gevaarlijke zwartrokken. Ik kan haar ook niet zeggen dat mijn vader hervormd predikant is. Dat zou haar kunnen afschrikken of beledigen. En dat geldt nog meer voor de filosofie en voor de duivel, die belangrijker is dan Faust en die Goethe zo schandelijk simpel heeft voorgesteld – dát is hier helemaal uitgesloten. Zij leeft in het verre land van de onschuld; en ik ben terechtgekomen in de werkelijkheid, in de pracht en de wreedheid van de schepping. Hoe zou ze dat kunnen verdragen? Er staat een ondoordringbare muur tussen ons. Er is en mag geen verwantschap tussen ons zijn.
Met droefheid in het hart kwam ik weer tot mezelf en gaf het gesprek een andere wending. Of ze ook naar Sachseln ging? Het weer is mooi, het uitzicht ook, enzovoorts.
Deze ontmoeting was van buitenaf beschouwd geheel zonder betekenis. Maar innerlijk was ze zó belangrijk dat het me nog lang heeft beziggehouden;

en ze bleef als een gedenkteken voor altijd onuitwisbaar in mijn geheugen gegrift. Ik was toen nog in die kinderlijke gemoedstoestand waarin het leven bestaat uit afzonderlijke, onsamenhangende gebeurtenissen. Want wie was in staat de verbinding te ontdekken, die het noodlot legde tussen de H. Klaus en het lieve meisje?

In deze tijd zat ik vol tegenstrijdige gedachten. Enerzijds kon ik Schopenhauer en het christendom niet met elkaar in overeenstemming brengen; anderzijds wilde nr. 1 zich bevrijden van de melancholie, de druk van nr. 2. Niet nr. 2 zelf was gedeprimeerd, maar nr. 1 zodra hij herinnerd werd aan nr. 2. En omstreeks deze tijd ontstond er uit de botsing van de tegenstellingen voor het eerst van mijn leven een systematische fantasie. Bij gedeelten kwam ze te voorschijn en haar oorsprong lag waarschijnlijk – als ik me goed herinner – in een belevenis die diepe indruk op me gemaakt had.
Het gebeurde op een dag dat een noordwesterstorm het water van de Rijn opjoeg in schuimende golven. De weg van huis naar school voerde langs de rivier. Toen zag ik plotseling hoe vanuit het noorden een schip met volle zeilen voor de wind de Rijn kwam opvaren. Het was voor mij een geheel nieuwe belevenis: een zeilschip op de Rijn! Dat gaf mijn fantasie vleugels. Als er in plaats van de snel stromende rivier eens een meer zou zijn dat de hele Elzas bedekte! Dan zouden we zeilschepen hebben en grote stoomboten. Dan zou Bazel een havenstad zijn. Dan zouden we zo goed als aan zee wonen! Dan zou alles anders zijn en we zouden als in een andere tijd en in een andere wereld leven. Dan bestond er ook geen gymnasium en geen lange weg naar school; en ik zou volwassen zijn en zelf op mijn eigen manier mijn leven leiden. Er zou een rotsige heuvel in het meer staan, door een smalle landtong met het vasteland verbonden. Deze landtong werd doorsneden door een breed kanaal, waarover je via een houten brug bij een door torens geflankeerde poort komt. Het is de poort van een klein middeleeuws stadje, tegen een heuvel opgebouwd. Op de rotsen staat een zwaar versterkte burcht met een hoge donjon, een wachttoren. Dat was mijn woning. Binnen waren geen zalen, geen pracht en praal. De vertrekken waren eenvoudig betimmerd en tamelijk klein. Er was een buitengewoon attractieve bibliotheek, waar je alles kon vinden wat het weten waard is. Er was ook een wapenverzameling en de bastions waren uitgerust met indrukwekkende kanonnen. Ook was er een garnizoen van vijftig weerbare mannen in de burcht gelegerd. Het stadje had een paar honderd inwoners en werd bestuurd door een burgemeester en door een raad van oude mannen. Ik was de slechts zelden verschijnende scheidsrechter, vrederechter en raadsman. Het stadje had aan de landzijde een haven, waar mijn tweemaster lag, uitgerust met een paar kleine kanonnen.
Het centrale zenuwstelsel, en tegelijk de bestaansreden van dit hele fantasie-

bouwsel was het geheim van de donjon dat ik alleen kende. Deze gedachte had me als een schok getroffen. In de toren bevond zich namelijk een koperen zuil, reikend van de tinnen tot in het keldergewelf. Het leek op een metalen koord, ter dikte van een arm, dat bovenaan uitgeplozen was in uiterst fijne vertakkingen, die in de lucht staken, zoals de kroon van een boom, of liever nog: zoals een wortelstok met al zijn fijne wortelharen. Deze vertakkingen onttrokken aan de lucht een bepaald onvoorstelbaar iets dat door de koperen zuil naar de kelder geleid werd. Daar stond een onvoorstelbare apparatuur, een soort laboratorium, waar ik goud fabriceerde – en dat deed ik uit de geheime substantie die de 'wortels' aan de lucht onttrokken. Het was werkelijk een arcanum, maar van welke aard dat was, wist ik niet, ik kon me er geen voorstelling van maken. Mijn verbeelding vertelde me ook niets over de aard van het veranderingsproces. Datgene wat er in het laboratorium gebeurde werd in mijn fantasie tactvol – of beter – met zekere schroom ontweken. Er heerste een soort innerlijk verbod: je moest niet te nauwkeurig kijken, ook niet naar dat wat aan de lucht werd onttrokken. Daarom was er een stilzwijgend verlegenzijn met de situatie, zoals Goethe over de 'Moeders' zegt: 'Over hen spreken is verlegen-zijn.'

'Geest' was voor mij natuurlijk iets onuitsprekelijks, maar in de grond was hij niet wezenlijk te onderscheiden van zeer ijle lucht. Wat de wortels opzogen en overgaven aan de stam was een soort geestelijke essentie, die beneden in de kelder zichtbaar werd als kant en klare gouden munten. Dat was absoluut niet zo maar een toverkunstje; het was een eerbiedwaardig en levensbelangrijk geheim van de natuur, dat mij – ik weet niet hoe – deelachtig was geworden en dat ik niet alleen voor de Raad der Ouden geheim moest houden, maar ook nog tot op zekere hoogte voor mezelf moest verbergen.

Mijn lange en saaie weg van en naar school werd zo op welkome wijze verkort. Nauwelijks was ik buiten het schoolgebouw, of ik was al in de burcht, waar beslist werd over veranderingen en waar raadszittingen werden gehouden, waar misdadigers werden veroordeeld en twisten werden beslecht en waar kanonnen werden afgevuurd. Het zeilschip werd in gereedheid gebracht, de zeilen werden gehesen en bij een zachte bries werd het schip zorgvuldig uit de haven geloodst, om dan, als het voorbij de rotsen was, tegen een stevige noorderbries in te laveren. En dan was ik al thuis, alsof er maar een paar minuten waren verstreken. Ik stapte dan uit mijn fantasie, als uit een rijtuig dat me moeiteloos naar huis had gereden. Deze hoogst aangename bezigheid duurde een paar maanden, tot ik er genoeg van had. Toen vond ik de fantasie dom en belachelijk. In plaats van te dromen, bouwde ik nu van steentjes en met leem als cement, burchten en kunstig versterkte vestingen. De vesting Hüningen, die destijds nog tot in de kleinste details bewaard was gebleven, diende me daarbij als model. In aansluiting hierop bestudeerde ik alle fortificatie-ontwerpen van Vauban die ik te pakken kon krijgen, en al spoedig was ik op de hoogte van alle technische uitdrukkingen. Na Vauban verdiepte ik me in allerlei moderne versterkingsmethoden en probeerde deze met mijn beperkte middelen kunstig na te bouwen. Deze bezigheden vulden meer dan twee jaar mijn vrije tijd. In deze tijd werd mijn voorkeur voor studie van de natuur en voor concrete zaken versterkt, ten koste van nr. 2.

Zolang ik zo weinig wist over werkelijke dingen had het, naar het me leek, ook totaal geen zin erover na te denken. Fantaseren kan iedereen, maar werkelijk weten is een heel andere kwestie. Ik mocht me abonneren op een natuurwetenschappelijk tijdschrift, dat ik met hartstochtelijke interesse las. Ik zocht en verzamelde Jura-fossielen, die je bij ons kon vinden; alle mineralen die ik te pakken kon krijgen en ook insekten, beenderen van mammoets en van mensen – de eerste kwamen uit de grindgroeven in de Rijnvlakte, de laatste uit een massagraf uit 1812 bij Hüningen. Planten interesseerden me weliswaar, maar ik had er geen wetenschappelijke belangstelling voor. Om een voor mezelf onbegrijpelijke reden moesten ze niet geplukt en gedroogd worden. Het waren levende wezens, die alleen groeiend en bloeiend een betekenis hadden, een verborgen geheimzinnige betekenis, een gedachte van God. Ze moesten met schroom bekeken worden, je moest je filosofisch over hen verwonderen. Wat de biologie erover te zeggen had, was weliswaar interessant, maar het was niet het wezenlijke. Wàt dit wezenlijke was, kon ik mezelf niet duidelijk maken. Hoe verhielden ze zich bij voorbeeld tot het christelijk geloof, of tot de negatie van de wil? Daar kon ik niet achter komen. Ze hoorden blijkbaar tot de toestand van goddelijke onschuld, die men maar beter niet moest verstoren. In tegenstelling daarmee waren insekten gedenatureerde planten, bloemen, vruchten, die zich hadden aangematigd op een eigenaardig soort poten of stelten rond te kruipen; die rondvlogen met vleugels als bloem- of kelkbladeren en die als schadelijk ongedierte planten vernielden. Om deze onwettige bezigheid werden ze veroordeeld tot massale executies, en bij deze strafexpedities waren in het bijzonder meikevers en rupsen betrokken. Het 'medelijden met alle wezens' was bij mij uitsluitend tot de warmbloedigen beperkt. Alleen voor kikkers en padden maakte ik een uitzondering, wegens hun gelijkenis met mensen.

Studietijd

Ondanks mijn groeiende belangstelling voor de natuurwetenschappen keerde ik met tussenpozen altijd weer terug tot mijn filosofieboeken. Het moment van de beroepskeuze kwam beangstigend nabij. Niettemin keek ik uiterst verlangend uit naar het einde van mijn schooltijd. Dan zou ik gaan studeren, waarschijnlijk natuurwetenschappen. Dan zou ik werkelijk iets weten. Nauwelijks had ik dat mezelf dan min of meer hardop beloofd, of ik twijfelde weer: zou het niet geschiedenis en filosofie moeten zijn? – En dan interesseerde ik me weer intensief voor Egyptische en Babylonische archeologie en wilde dàt het liefst gaan studeren. Maar ik had geen geld om ergens anders dan in Bazel te studeren – en daar waren geen docenten voor deze vakken. Zo kwam er al heel gauw een eind aan dit plan. Lange tijd kon ik geen keus maken, steeds weer stelde ik mijn beslissing uit. Mijn vader maakte er zich grote zorgen over. Op een keer zei hij: 'Mijn zoon interesseert zich overal voor. Maar hij weet niet wat hij wil.' Ik moest hem wel gelijk geven. Toen het eindexamen naderde en wij moesten beslissen bij welke faculteit we ons wilden laten inschrijven, zei ik zonder aarzelen: stud. phil. II – dus natuurwetenschappen; maar ik liet mijn kameraden in twijfel of ik werkelijk stud. phil. I of II bedoelde.

Aan dit ogenschijnlijk snelle besluit was echter een en ander voorafgegaan. Enkele weken tevoren, in de tijd dat nr. 1 en nr. 2 nog om een beslissing streden, had ik twee dromen. In de eerste droom liep ik in een donker bos dat zich langs de oevers van de Rijn uitstrekte. Ik kwam bij een kleine heuvel, een aarden grafheuvel en ik begon te graven. Even later stuitte ik tot mijn verbazing op beenderen van prehistorische dieren. Dat interesseerde me enorm; en op dat moment wist ik: ik moet de natuur, de wereld waarin we leven en de dingen die ons omringen, leren kennen.

Toen kwam een tweede droom. Ik was weer in een bos, dat doorsneden werd door een groot aantal stroompjes. Op de donkerste plek was een cirkelvormige vijver, omgeven door dicht struikgewas. Hierin lag half onder water een uiterst wonderbaarlijk schepsel. Het was een rond dier, dat in allerlei kleuren glansde en dat uit een massa kleine cellen bestond, of uit organen die gevormd waren als tentakels. Het was een reuzen-radiolarie met een doorsnee van circa één meter. Dat dit prachtige schepsel ongestoord op een verborgen plaats in het heldere, diepe water lag, leek me een onbeschrijf lijk wonder. Het wekte zo'n grote weetgierigheid in mij dat ik met kloppend hart ontwaakte. – Deze beide dromen maakten op overweldigende wijze duidelijk dat ik voor de natuurwetenschap was voorbestemd; ze schoven elke twijfel in dit opzicht terzijde.

Het werd me toen duidelijk dat ik leefde in de tijd en op een bepaalde plaats, waar je je brood moest verdienen. Daarom moest je een beroep hebben en ik was er diep van onder de indruk dat al mijn kameraden doordrongen waren van deze noodzaak en er eigenlijk verder geen probleem van maakten. Ik verwonderde me over mezelf. Waarom kon ik geen besluit nemen en me definitief vastleggen? Zelfs de wat trage D., die mijn leraar Duits me als toonbeeld van ijver en nauwgezetheid had voorgehouden, was er zeker van dat hij theologie zou studeren. Ik zag in dat ik me ertoe zou moeten dwingen ook eens ernstig over deze kwestie na te denken. Als zoöloog kon ik bij voorbeeld alleen leraar worden, of in het gunstigste geval bij een dierentuin gaan werken. Dat was niet zo'n best vooruitzicht, zelfs niet voor iemand met bescheiden eisen. Aan de dierentuin had ik trouwens de voorkeur gegeven boven het leraarschap.

In deze uitzichtloze situatie kwam ik plotseling op het heldere idee dat ik medicijnen zou kunnen studeren. Merkwaardig genoeg was ik daar nooit eerder op gekomen, hoewel mijn grootvader van vaderskant, over wie ik zoveel gehoord had, óók arts was geweest. Juist daarom voelde ik zelfs een zekere tegenzin voor dit beroep. 'Nooit iemand nadoen', was mijn devies. Ik hield me nu echter voor dat de studie medicijnen tenminste met natuurwetenschappelijke vakken begint. Tot op zekere hoogte kwam ik dus aan mijn trekken. Bovendien was het gebied van de medische studie zó uitgebreid, dat je altijd nog de mogelijkheid had in de een of andere wetenschappelijke richting verder te gaan. 'Wetenschap', dat stond voor me vast. De vraag was alleen hóé? Ik moest mijn brood verdienen en omdat ik geen geld had, kon ik niet aan andere universiteiten gaan studeren om me voor te bereiden op een wetenschappelijke loopbaan. In het beste geval zou ik een wetenschappelijk dilettant worden. Omdat ik bovendien volgens veel van mijn kameraden en ook de mensen die het voor het zeggen hadden (lees: leraren), een onsympathieke aard had, die wantrouwen en afkeuring opriep, had ik dus ook geen enkele hoop een weldoener te vinden die mij in mijn wens zou kunnen ondersteunen. Daarom koos ik uiteindelijk voor de studie medicijnen, met het nu niet direct prettige gevoel dat het niet goed was je leven met een dergelijk compromis te beginnen. In ieder geval voelde ik me door dit onherroepelijk besluit aanzienlijk opgelucht.

Nu kwam echter de pijnlijke vraag aan de orde: waar komt het benodigde geld vandaan? Mijn vader kon mijn studie slechts gedeeltelijk bekostigen. Maar hij probeerde een studiebeurs van de universiteit voor me te krijgen, die me dan tot mijn beschaming ook werd toegewezen. Ik schaamde me niet zozeer om het feit dat onze armoede daarmee voor iedereen werd bevestigd, dan wel wegens mijn heimelijke overtuiging dat zogezegd alle mensen 'boven' me, dat wil zeggen zij die het voor het zeggen hadden, me slecht waren gezind. Ik had deze welwillendheid van 'boven' nooit verwacht. Blijkbaar had ik geprofiteerd van het prestige van mijn vader, die een goed en ongecompliceerd mens was. Ik voelde me totaal verschillend van hem. Ik had in feite twee uiteenlopende opvattingen over mezelf. Nr. 1 zag mijn persoonlijkheid als een weinig sympathieke en matig begaafde jongeman, met eerzuchtige pretenties, een onbeheerst temperament en twijfelachtige manieren – nu eens naïef enthousiast en dan weer kinderlijk teleurgesteld; hij was in het diepst van zijn ziel een van de wereld afgekeerde pessimist. Nr. 2 beschouwde nr. 1 als een moeilijke en ondankbare morele taak, als een soort huiswerk dat nu eenmaal gedaan moet worden – een taak die verzwaard werd door een reeks gebreken zoals: (af en toe) luiheid, moedeloosheid, neerslachtigheid, ongerijmde geestdrift voor ideeën en dingen die niemand waardeert; ingebeelde vriendschappen, beperktheid, vooroordelen, domheid (wiskunde!), gebrek aan begrip voor anderen, onduidelijkheid en verwarring ten aanzien van levensbeschouwelijke aangelegenheden, noch christen, noch iets anders. Nr. 2 was eigenlijk geen bepaald karakter, maar een vita peracta; geboren, levend, gestorven – alles tegelijk, een totaaloverzicht van de menselijke natuur zelf. Nr. 2 zag zichzelf weliswaar meedogenloos duidelijk, maar hij was niet in staat, wilde en verlangde ook niet, zich kenbaar te maken door het dichte en duistere medium van nr. 1. Als nr. 2 op de voorgrond stond, dan was nr. 1 in hem opgenomen, opgeheven; zoals omgekeerd nr. 1 de ander als een duister innerlijk rijk zag. Nr. 2 zag een steen als de mogelijke uitdrukking van zijn 'zelf', een steen die van het uiteinde der wereld geworpen wordt en die geluidloos verzinkt in de nachtelijke oneindigheid. Maar in hem – nr. 2 – zèlf was het licht, als in de weidse zalen van een koninklijk paleis, waarvan de hoge vensters uitkijken over een zonovergoten landschap. Hier heerste zinvolheid en historische continuïteit; in scherpe tegenstelling tot de onsamenhangende toevalligheid van het nr. 1-leven, dat in zijn directe omgeving eigenlijk geen aanknopingspunten vond. Nr. 2 daarentegen voelde zich in heimelijke overeenstemming met de middeleeuwen, zoals ze in Faust gepersonifieerd waren – de erfenis van vervlogen tijden, waar Goethe blijkbaar zo sterk door was gegrepen. Dus ook voor Goethe – dat was mijn grote troost – was nr. 2 een werkelijkheid. Faust – dat vermoedde ik met enige schrik – betekende meer voor mij dan mijn geliefd Johannes-evangelie. In Faust leefde iets dat ik rechtstreeks kon navoelen. De Christus naar Johannes was me vreemd, maar nog vreemder was de Heiland uit de overige evangeliën. Faust daarentegen was een levende tegenhanger van nr. 2, wat me ervan overtuigde dat hij het antwoord uitbeeldde dat Goethe op de vraa_ van zijn tijd had gegeven. Dit inzicht was

niet alleen troostrijk; het gaf me ook een grotere innerlijke zekerheid en het overtuigde me ervan dat ik bij de menselijke samenleving hoorde. Ik was niet meer de enige, niet meer een curiosum, zogezegd een speling van de wrede natuur. De grote Goethe zelf stond borg voor me, was mijn peetvader.
Hier hield mijn voorlopig begrip op. Ondanks mijn bewondering had ik kritiek op de uiteindelijke oplossing van Faust. De speelse onderschatting van Mefisto was voor mij een persoonlijke belediging, net als de niets ontziende aanmatiging van Faust – het ergste echter vond ik de moord op Philemon en Baucis.

In deze tijd had ik een onvergetelijke droom, waar ik van schrok, maar die me tegelijk moed gaf. Het was nacht, ik was in een onbekende omgeving en ik kwam slechts moeizaam tegen een geweldige stormwind vooruit. Bovendien heerste er een dichte mist. Ik hield een lichtje vast dat ik met beide handen beschermde; het dreigde ieder moment uit te doven. Alles hing ervan af dat ik dit lichtje brandende hield. Plotseling had ik het gevoel of ik door iets achtervolgd werd. Ik keek achterom en zag een reusachtig grote, zwarte gestalte achter me aan komen. Op hetzelfde moment was ik me echter bewust – ondanks mijn schrik – dat ik zonder me te bekommeren om alle gevaren mijn kleine licht moest redden, door storm en nacht heen. Toen ik ontwaakte wist ik onmiddellijk: het is het 'Brockengespenst' (halo), mijn eigen schaduw op de wervelende nevelslierten – veroorzaakt door het lichtje dat ik voor me uitdroeg. Ik wist ook dat dat lichtje mijn bewustzijn was; het is het enige licht dat ik heb. Mijn eigen inzicht is de enige en grootste schat die ik bezit. Het is weliswaar oneindig klein en kwetsbaar in vergelijking tot de machten der duisternis, maar het is nu eenmaal toch een licht, mijn enig licht.
Deze droom was een grote openbaring: nu wist ik dat nr. 1 de lichtdrager was en nr. 2 volgde hem als een schaduw. Mijn opgave was het licht te behoeden en niet achterom te kijken naar het vita peracta, dat een kennelijk verboden lichtrijk van een andere aard was. Ik moest voorwaarts gaan, tegen de storm in die me probeerde terug te dringen. Voorwaarts in de onmetelijke duisternis van de wereld, waar men niets ziet en niets waarneemt dan de oppervlakte van diepzinnige geheimen. Ik moest voorwaarts gaan als nr. 1, met studeren, geld verdienen, afhankelijk zijn, verwikkelingen, verwarringen, vergissingen, onderwerpingen en nederlagen. De storm die op me afkwam was de tijd, die onophoudelijk in het verleden vliedt, maar die me even onophoudelijk en onmiddellijk op de hielen zit. Ze is een machtige, zuigende kracht die al het bestaande begerig in zich opzuigt en waaraan zich alleen maar datgene wat voorwaarts streeft voor korte tijd kan onttrekken. Het verleden is ontzaglijk werkelijk en aanwezig; het achterhaalt een ieder

die zich niet kan loskopen door een toereikend antwoord.
Mijn wereldbeeld maakte toen opnieuw een wending van negentig graden: ik zag in dat mijn weg onherroepelijk naar 'buiten' voerde, naar het beperkte en de duisternis van het drie-dimensionale. Het leek me dat Adam op dezelfde wijze eens het paradijs had verlaten: dat was voor hem een geestenrijk geworden en het was dáár licht waar hij in het zweet zijns aanschijns een stenige akker moest bewerken.
Ik vroeg me toen af: Waar komt een dergelijke droom vandaan? Tot dan toe had ik het vanzelfsprekend gevonden dat zulke dromen rechtstreeks door God gezonden waren – somnia a Deo missa. Maar nu had ik me zoveel kennistheoretische kritiek eigen gemaakt dat ik daaraan ging twijfelen. Je kon immers bij voorbeeld zeggen dat mijn inzicht zich langzaam had ontwikkeld en dan plotseling in een droom was doorgebroken. Dat was ook klaarblijkelijk het geval. Maar zo iets is geen verklaring, het is alleen maar een beschrijving. De eigenlijke vraag is namelijk waaròm dit proces had plaatsgevonden en waarom het in het bewustzijn was doorgebroken. Ik had immers bewust niets gedaan om deze ontwikkeling te ondersteunen; mijn sympathie ging juist uit naar de andere kant. Er moest toch iets achter de schermen aan het werk zijn, iets intelligents, in ieder geval iets dat intelligenter was dan ik zelf; want op het geniale idee dat het innerlijke lichtrijk een reusachtige schaduw is, gezien in het licht van het bewustzijn – daarop was ìk nooit gekomen. Nu begreep ik ineens veel wat ik vroeger nooit had kunnen verklaren: namelijk de koude schaduw van bevreemd-zijn, vreemdzijn, die over de mensen viel, telkens wanneer ik toespelingen maakte op iets dat aan het innerlijke rijk herinnerde.
Ik moest nr. 2 achterlaten, dat was duidelijk, maar onder geen voorwaarde mocht ik hem voor mezelf verloochenen, of hem zelfs voor niet-bestaand verklaren. Dat zou een zelfverminking zijn en bovendien bestond er dan helemaal geen mogelijkheid meer de herkomst van dromen te verklaren. Ik twijfelde er niet aan dat nr. 2 iets met het ontstaan van dromen had te maken; en de daartoe benodigde, hogere intelligentie kon je hem gemakkelijk toevertrouwen. Ik zelf voelde me steeds meer identiek met nr. 1 en deze toestand bleek alleen maar een deel van de veel omvangrijker nr. 2 te zijn – waarmee ik me juist om deze reden niet meer identiek kon voelen. Nr. 2 was inderdaad een 'spooksel', dat wil zeggen een geest, die opgewassen was tegen de macht van het werelddduister. Dat had ik tevoren niet geweten en het was me ook toen, zoals ik nu terugblikkend kan vaststellen, slechts vaag – hoewel voor mijn gevoel onweerlegbaar – bewust.
In ieder geval was er een breuk ontstaan tussen mij en nr. 2, waardoor nr. 1 aan mij toeviel en tegelijk nr. 2 van me afgesneden werd. Nr. 2 werd – tenminste in vage trekken – een in zekere zin autonome persoonlijkheid. Ik verbond daaraan geen voorstelling van een bepaalde individualiteit, zoals dat

bij voorbeeld bij geestverschijningen het geval is; hoewel ik – gezien mijn landelijke afkomst – een dergelijke mogelijkheid volstrekt aanvaardbaar had gevonden. Op het land gelooft men deze dingen namelijk zoals ze zich voordoen – ze bestaan en ze bestaan niet.
Het enige wat aan deze geest duidelijk was, was zijn historisch karakter, zijn uitgebreid-zijn in de tijd, respectievelijk zijn tijdloosheid. Dat zei ik weliswaar niet met zoveel woorden, zoals ik me ook geen voorstelling maakte over zijn ruimtelijk bestaan. Nr. 2 speelde de rol van een niet nader gedefinieerde, maar toch definitief aanwezige factor op de achtergrond van mijn bestaan.

De mens komt fysiek en geestelijk met een individuele aanleg ter wereld en maakt dan kennis met het ouderlijk milieu en de geest die daar heerst, waarmee hij tengevolge van zijn individualiteit slechts in beperkte mate overeenstemt. De familiegeest wordt echter van zijn kant ook weer in hoge mate door de *tijdgeest* bepaald, waar op zichzelf de meeste mensen zich niet van bewust zijn. Wanneer deze familiegeest een consensus omnium (algemene overeenstemming) vertegenwoordigt, dan betekent dat een veilig-zijn in de wereld; staat hij daarentegen in tegenstelling tot de meerderheid en is hij met zichzelf in tegenspraak, dan ontstaat een gevoel van onveilig-zijn in de wereld. Kinderen reageren veel minder op wat volwassenen zeggen dan op de onbestemde invloeden van de omringende atmosfeer. Aan deze laatste past het kind zich onbewust aan, dat wil zeggen er ontstaan in hem correlaties van compensatorische aard. De merkwaardige 'religieuze' voorstellingen die ik al in mijn prilste jeugd kreeg, zijn spontaan gevormde scheppingen, die gezien moeten worden als reacties op mijn ouderlijk milieu. De geloofstwijfels, waaraan mijn vader later zo duidelijk is bezweken, hebben natuurlijk een lange periode van innerlijke voorbereiding gekend. Een dergelijke revolutie in de eigen wereld en in de wereld in het algemeen, werpt haar schaduwen reeds lang vooruit; en dit effect wordt nog versterkt als het bewustzijn zich vertwijfeld tegen deze overmacht verzet. Het is begrijpelijk dat dergelijke voorgevoelens mijn vader onrustig maakten; een onrust die vanzelfsprekend ook op mij overging.
Ik had nooit de indruk dat dergelijke invloeden wellicht van mijn moeder uitgingen, want zij was op de een of andere manier verankerd in een onzichtbare, diepe bodem, – die me echter nooit als een vast christelijk vertrouwen was voorgekomen. Het had naar mijn gevoel meer te maken met dieren, bomen, bergen, weiden en stroompjes, waarmee haar christelijke buitenkant met zijn conventionele geloofsuitingen merkwaardig contrasteerde. Deze achtergrond kwam zó overeen met mijn eigen instelling dat er niets verontrustends van uitging; integendeel, als ik er iets van merkte, gaf dat me altijd een gevoel van veiligheid. Het gaf me de overtuiging dat hier een vaste grondslag was die houvast gaf. Het kwam nooit bij me op hoe 'heidens' deze

grondslag was. Nr. 2 van mijn moeder was mijn sterkste steun bij het naderend conflict tussen de voorvaderlijke traditie en de eigenaardige, compenserende scheppingen waartoe mijn onbewuste werd aangezet.
Terugblikkend zie ik hoezeer deze kinderlijke ontwikkeling al vooruitliep op toekomstige gebeurtenissen, hoe zij aanpassingswijzen voorbereidde voor de religieuze ineenstorting van mijn vader en ook voor de schokkende openbaring van het hedendaagse wereldbeeld – dat immers ook niet van gisteren op vandaag is ontstaan, maar dat haar schaduwen reeds lang vooruit heeft geworpen. Hoewel wij mensen ons eigen, persoonlijk leven hebben, zijn we toch ook in hoge mate de representanten, het slachtoffer en de begunstigers van een collectieve geest, die zijn levensjaren met eeuwen telt. We kunnen heel goed een leven lang denken dat we onze eigen denkbeelden volgen en nooit ontdekken dat we hoofdzakelijk figuranten op het toneel der wereld waren. Er bestaan echter feiten, die we weliswaar niet kennen, maar die toch ons leven beïnvloeden – en dat des te meer naarmate we ze ons minder bewust zijn.
Zo leeft tenminste een deel van ons wezen in het eeuwige, dat deel dat ik voor privé-gebruik als nr. 2 heb omschreven. En dat deze nr. 2 geen individueel curiosum is, bewijst de religie van ons avondland. Deze richt zich expressis verbis (uitdrukkelijk) tot deze innerlijke mens en tracht ernstig al sinds bijna tweeduizend jaar de innerlijke mens kenbaar te maken aan ons 'oppervlakte'-bewustzijn met zijn personalisme: 'Noli foras ire, in interiore homine habitat veritas!' (Ga niet naar buiten, in de innerlijke mens woont de waarheid!).

In de jaren 1892 tot 1894 kwam het tot een reeks heftige discussies met mijn vader. Hij had in Göttingen Oosterse talen gestudeerd bij Ewald en zijn dissertatie ging over een Arabische versie van het Hooglied. Zijn heroïsche tijd was afgelopen na het laatste universiteitsexamen. Daarna vergat hij zijn filologische gaven. Als dorpspredikant in Laufen bij de waterval van Schaffhausen zonk hij weg in een gevoelsenthousiasme en in herinneringen aan zijn studententijd, hij rookte nog altijd zijn lange studentenpijpen en was teleurgesteld in zijn huwelijk. Hij deed heel veel goed – té veel. Tengevolge daarvan was hij meestal in een slecht humeur; hij was chronisch prikkelbaar. Mijn beide ouders deden hun uiterste best een vroom leven te leiden, met als resultaat dat het maar al te vaak tot scènes kwam. Zijn geloof liep later ook begrijpelijkerwijze stuk op deze moeilijkheden.
In die tijd waren zijn prikkelbaarheid en onbevredigdheid toegenomen en zijn toestand vervulde me met zorg. Mijn moeder vermeed alles wat hem eventueel kon opwinden en ging niet met hem redetwisten. Hoewel ik de wijsheid van haar gedrag inzag, kon ik mijn eigen temperament vaak niet in toom houden. Ten opzichte van zijn gevoelsuitbarstingen hield ik me overi-

gens passief, maar wanneer hij in een toegankelijke stemming leek te zijn, probeerde ik vaak een gesprek met hem aan te knopen. Ik wilde namelijk graag wat meer weten over wat er in hem omging, wat hij van zichzelf begreep. Voor mij stond het namelijk vast dat hij ergens door gekweld werd en ik vermoedde dat dit met zijn religieuze levensbeschouwing te maken had. Een reeks toespelingen had me ervan overtuigd dat hij aan zijn geloof twijfelde. En dat, zo leek het mij toe, kon alleen het geval zijn als het hem aan de nodige ervaring ontbrak. De aanzetten tot discussies leerden me dat inderdaad iets dergelijks aan de hand moest zijn, want op al mijn vragen reageerde hij òf met de mij bekende dorre theologische antwoorden, òf met een berustend schouderophalen, wat mij tot tegenspraak prikkelde. Ik kon niet begrijpen dat hij niet strijdlustig elke gelegenheid aangreep om een uitweg te zoeken voor zijn situatie. Weliswaar zag ik dat mijn kritische vragen hem verdrietig stemden, maar ik hoopte toch nog op een constructief gesprek. Het leek me bijna onvoorstelbaar dat hij geen ervaring van God zou bezitten – de meest evidente ervaring van allemaal. Ik wist tenminste voldoende van kennistheorie om te weten dat men een dergelijke kennis niet bewijzen kon; maar het was me even duidelijk dat hier ook geen bewijs nodig was, zoals ook de schoonheid van een zonsopgang, of de angst voor de mogelijkheden van de nachtwereld niet bewezen hoefden te worden. Ik probeerde – waarschijnlijk uiterst onhandig – iets van deze vanzelfsprekendheid op hem over te brengen. Daarmee hoopte ik hem zijn bijzonder lot, dat onvermijdelijk zijn deel was geworden, te helpen dragen. Hij moest immers met iemand twisten en hij deed dat met zijn familie en met zichzelf. Waarom deed hij dat niet met God, de duistere auctor rerum creatum (gebieder van al het geschapene), de enige die werkelijk verantwoordelijk is voor het lijden der wereld? God had hem zeker als antwoord één van die toverachtige, onmetelijk diepzinnige dromen gezonden, die Hij mij zelfs ongevraagd zond en waarmee Hij mijn lot bezegelde. Ik wist niet waarom – het was nu eenmaal zo. Ja, Hij had me zelfs een blik in Zijn eigen wezen vergund. Dat laatste was overigens een groot geheim dat ik ook niet aan mijn vader mocht of kon verraden. Wellicht, zo leek het me, zou ik het hebben kunnen verraden, wanneer hij in staat was geweest de rechtstreekse ervaring van God te begrijpen. Maar ik kwam nooit zover in mijn gesprekken met hem, ik kwam zelfs niet in de nabijheid van het probleem, omdat ik het altijd op een erg intellectuele en onpsychologische manier aanpakte en de gevoelsmatige kant zoveel mogelijk vermeed, om maar niet zijn emoties te prikkelen. Deze benadering werkte echter elke keer weer als een rode lap op een stier en lokte geprikkelde reacties uit, die ik onbegrijpelijk vond. Ik kon namelijk helemaal niet begrijpen hoe een volkomen redelijk argument op emotionele weerstanden kon stuiten.

Deze vruchteloze discussies ergerden ons beiden en we zagen er uiteindelijk van af, elk met zijn eigen minderwaardigheidsgevoel. De theologie had me van mijn vader vervreemd. Ik voelde het weer als een fatale nederlaag, waarin ik overigens niet alleen stond. Ik had een vaag vermoeden dat mijn vader onontkoombaar aan zijn noodlot was overgeleverd. Hij was eenzaam. Hij had geen vriend tegenover wie hij zich kon uitspreken; ik kende tenminste niemand in onze omgeving die ik in staat achtte het verlossende woord te vinden. Eens hoorde ik hem bidden: hij worstelde vertwijfeld om zijn geloof. Ik was geschokt en tegelijk verontwaardigd, omdat ik zag hoe hopeloos hij aan de kerk en haar theologisch denken was overgeleverd. Ze had hem trouweloos in de steek gelaten nadat ze alle mogelijkheden had versperd om rechtstreeks tot God te komen. Nu begreep ik eerst ten volle mijn beleving: God zèlf had in mijn droom de theologie en de daarop gevestigde kerk verloochend. Aan de andere kant had hij de theologie toegelaten, zoals zoveel andere zaken. Het leek me belachelijk aan te nemen dat dit soort ontwikkelingen in de mens hun oorsprong vonden. Wat waren de mensen nu helemaal? Ze worden dom en blind geboren, zoals jonge honden, zoals al Gods schepselen; ze zijn toegerust met een uiterst spaarzaam licht dat de duisternis waarin ze rondtasten nooit kan verlichten. Dat stond wel voor me vast en ik was er óók van overtuigd dat geen van de mij bekende theologen 'het licht dat in de duisternis scheen' met eigen ogen gezien had, anders hadden ze geen 'theologische godsdienst' kunnen verkondigen. Met de 'theologische godsdienst' kon ik niets beginnen, want ze had geen enkele overeenkomst met mijn beleving van God. Ze eiste geloof, zonder uitzicht op weten. Mijn vader had met de grootste inspanning geprobeerd te geloven en hij was eraan ten onder gegaan. Evenmin kon mijn vader zich tegen het belachelijke materialisme van de psychiaters verdedigen. Dat was immers ook iets dat men moest geloven, precies zoals de theologie! Ik was er zekerder van dan ooit dat het beide zowel aan kennistheoretische kritiek als aan ervaring ontbrak.

Mijn vader verkeerde blijkbaar in de mening dat de psychiaters iets in de hersenen ontdekt zouden hebben, dat zou bewijzen dat op de plaats waar de geest moest zijn 'materia' aanwezig was en niets 'etherisch'. Dat klopte ook met verschillende vermaningen van mijn vader: ik moest, als ik medicijnen ging studeren, vooral geen materialist worden. Voor mij betekende deze vermaning echter dat ik vooral niets moest geloven; want ik wist dat de materialisten precies als de theologen aan hun definities geloofden. Ik begreep dat mijn arme vader eenvoudig van de regen in de drop was gekomen. Ik zag in dat het mij altijd zo hooggeprezen geloof hem deze fatale streek geleverd had – en niet alleen hem, maar de meeste ontwikkelde en serieuze mensen die ik kende. De ergste zonde van het geloof leek me het feit dat ze op de ervaring vooruitliep. Hoe wisten de theologen dat God met opzet bepaalde dingen had voorbeschikt en weer andere dingen 'toeliet'? Hoe wisten de psychiaters dat de materie de eigenschappen van de menselijke geest bezat? Ik liep geen enkel gevaar slachtoffer van het materialisme te worden, mijn vader echter wèl, zoals me steeds duidelijker werd. Blijkbaar had iemand hem iets over 'suggestie' ingefluisterd, want ik ontdekte dat hij Bernheims boek over suggestie las, in de vertaling van Sigmund Freud.* Dat was iets nieuws voor mij, ik vond het veelbetekenend, want tot dan had ik mijn vader alleen maar romans en soms eens een reisbeschrijving zien lezen. Alle 'intellectuele' en interessante boeken schenen voor hem taboe te zijn. Maar hij werd niet gelukkiger van dit lezen. Zijn depressieve buien kwamen steeds vaker voor, werden ook erger, evenals zijn hypochondrie. Hij had al jaren lang over alle mogelijke symptomen in de onderbuik geklaagd, zonder dat de dokter iets bepaalds kon constateren. Maar nu klaagde hij over een gevoel alsof hij 'stenen in zijn buik' had. We namen dat eerst niet ernstig op, maar uiteindelijk toonde de dokter bezorgdheid. Dat was eind zomer 1895.

In het voorjaar was ik met mijn studie aan de universiteit van Bazel begonnen. De enige periode in mijn leven dat ik me verveeld heb, mijn schooltijd, was ten einde en de gouden poorten tot de gemeenschap der geletterden en tot de academische vrijheid openden zich: ik zou de waarheid over de voornaamste aspecten van de natuur te weten komen; ik zou alles ervaren over de mens, anatomisch en fysiologisch, en daarna zou me de kennis onderwezen worden van de biologische uitzonderingstoestanden, namelijk de ziekten. Daar kwam dan nog bij dat ik lid mocht worden van een erkende studentenvereniging, de Zofingia, waar mijn vader al bij aangesloten was geweest. In mijn eerste jaar ging hij zelfs met me mee tijdens een corpsuitstapje naar een wijndorp in Markgrafen en daar hield hij een humoristische toespraak, waarbij tot mijn geestdrift de vrolijke geest van zijn eigen studentenverleden te voorschijn kwam. Tegelijk zag ik in een flits dat zijn eigen leven met het afsluiten van zijn studie tot een definitieve stilstand was gekomen en het couplet van een studentenliedje viel me in:

Zij keerden weer met angst en beven
Terug in 't brave burgerleven
O jee, o jee, o jee
Die afgang valt niet mee.

Deze woorden bedrukten me. Hij was, zoals ik, óók eens een enthousiast student in zijn eerste jaar geweest; de wereld was voor hem opengegaan zoals nu voor mij; de onmetelijke schat van het weten had vóór hem gelegen, zoals nu voor mij. Wat kon het geweest zijn, waardoor alles geknakt, verzuurd en verbitterd was? De toespraak die hij die zomeravond bij een glas wijn hield, herinnerde hem voor de laatste keer aan de tijd dat hij nog was wat hij had

* 'Die Suggestion und ihre Heilwirkungen', Leipzig en Wenen, 1888.

moeten zijn. Kort daarop verslechterde zijn toestand. In de late herfst van 1895 werd hij bedlegerig en begin 1896 stierf hij.
Ik was na college thuisgekomen en vroeg hoe het met hem ging. 'Ach, het is nog steeds hetzelfde. Hij is erg zwak', zei mijn moeder. Hij fluisterde haar wat toe en ze zei, met haar blik aanduidend dat hij ijlde: 'Hij zou graag weten of je al geslaagd bent voor je artsexamen.' Ik zag dat ik moest liegen: 'Ja, het is goed gegaan.' Hij zuchtte opgelucht en sloot de ogen. Even later ging ik weer naar hem toe. Hij was alleen. Mijn moeder was bezig in de kamer ernaast. Hij reutelde en ik zag dat hij in doodsstrijd was. Ik stond naast zijn bed, geboeid. Ik had nog nooit een mens zien sterven. Plotseling hield hij op met ademen. Ik wachtte en wachtte op de volgende ademtocht. Die kwam niet. Toen dacht ik aan mijn moeder en liep naar de andere kamer, waar ze bij het raam zat te breien. 'Hij sterft', zei ik. Ze ging mee naar zijn bed en zag dat hij dood was. Ze zei, alsof ze verwonderd was: 'Wat is alles toch snel voorbijgegaan.'
De volgende dagen waren dof en pijnlijk; er is me weinig van bijgebleven. Eén keer sprak mijn moeder met haar tweede stem tegen mij – of tegen de mij omringende lucht – en zei: 'Hij is voor jou op tijd gestorven', wat leek te betekenen: jullie begrepen elkaar niet en hij had je tot last kunnen worden. – Deze opvatting leek me met nr. 2 van mijn moeder overeen te komen.
Dat 'voor jou' had me vreselijk getroffen en ik voelde dat nu een stuk van mijn verleden onherroepelijk beëindigd was. Maar toen ontwaakte ook iets mannelijks en iets van vrijheid in mij. Na de dood van mijn vader betrok ik zijn kamer en in ons gezin nam ik zijn plaats in. Ik moest bij voorbeeld mijn moeder wekelijks huishoudgeld geven; ze was niet spaarzaam, ze kon niet met geld omgaan.
Ongeveer zes weken na zijn dood verscheen mijn vader me in een droom. Plotseling stond hij voor me en zei dat hij terugkwam van vakantie. Hij was goed opgeknapt en nu kwam hij naar huis terug. Ik dacht dat hij me verwijten zou maken, omdat ik nu zijn kamer gebruikte. Maar daar was geen sprake van! Toch schaamde ik me, omdat ik me had ingebeeld dat hij dood was. – Na een paar dagen herhaalde deze droom zich – mijn vader was genezen naar huis teruggekeerd; en weer verweet ik mezelf dat ik gedacht had dat hij gestorven was. Ik vroeg me voortdurend af: Wat heeft het te betekenen dat mijn vader in mijn droom terugkeert? Dat hij zo 'werkelijk' lijkt? Dat was een onvergetelijke belevenis, die me er voor het eerst toe dwong na te denken over het leven na de dood.

Met de dood van mijn vader rezen ernstige problemen met betrekking tot de voortzetting van mijn studie. Een deel van mijn moeders familie was van mening dat ik een betrekking als kantoorbediende moest zoeken, om zo gauw mogelijk wat te verdienen. De jongste broer van mijn moeder bood aan haar te helpen, omdat de middelen die aanwezig waren bij lange na niet toereikend waren om van te bestaan. Een oom van vaderszijde hielp mij. Aan het eind van mijn studie was ik hem Fr. 3000.— schuldig. Het overige verdiende ik met assistentschappen en door te bemiddelen bij de verkoop van een kleine antiekverzameling van een oude tante. Ik kon de afzonderlijke stukken voordelig verkopen en ik kreeg daarvoor een zeer welkom aandeel in de winst.

Ik had de tijd van armoede niet willen missen. Je leert eenvoudige dingen waarderen. Ik herinner me nog heel goed dat ik eens een kistje sigaren cadeau kreeg. Ik voelde me de koning te rijk. Een jaar lang heb ik ermee gedaan, alleen op zondag stond ik mezelf toe er één te roken.

Terugblikkend kan ik zeggen: mijn studietijd was een mooie tijd. Het was een geestelijk levendige tijd en het was ook een tijd van vriendschappen. In de Zofingia hield ik verschillende voordrachten over theologische en psychologische thema's. Er werden zeer geanimeerde gesprekken gevoerd en zeker niet alleen over medische problemen. We voerden heftige discussies over Schopenhauer en Kant. We waren op de hoogte van de verschillende stijlvormen bij Cicero en interesseerden ons voor theologie en filosofie. Je kon zogezegd bij iedereen een klassieke vorming en een welverzorgde geestelijke traditie veronderstellen.

Tot mijn naaste vrienden hoorde Albert Oeri. Met hem verbond me een vriendschap tot aan zijn dood (1950). Eigenlijk was onze relatie ongeveer twintig jaar ouder dan wij zelf, omdat ze al aan het eind van de jaren zestig van de vorige eeuw was begonnen met de vriendschap van onze vaders. Maar in tegenstelling tot hen die door de omstandigheden geleidelijkaan van elkaar gescheiden worden, bracht het lot Oeri en mij niet alleen samen, maar het hield ons ook samen door de band van trouw tot het einde toe.

Ik had Oeri als lid van de Zofingia leren kennen. Zijn gevoel voor humor was even groot als zijn gevoeligheid en hij kon voortreffelijk vertellen. Het maakte bijzonder veel indruk op me dat hij een achterneef van Jakob Burckhardt was, die door ons, jonge Bazelse studenten, vereerd werd als de toen al legendarische, grote man, die in ons midden had geleefd en gewerkt. Ja, Oeri herinnerde zelfs in zijn uiterlijk enigszins aan deze uitzonderlijke man – door bepaalde gelaatstrekken, door zijn bewegingen en zijn manier van spreken. Ook over Bachofen, die ik, evenals Burckhardt, af en toe op straat ontmoette, hoorde ik veel van mijn vriend. Maar meer nog dan door dit soort uiterlijkheden werd ik aangetrokken door zijn nadenkendheid, door de manier waarop hij historische gebeurtenissen beschouwde en door de toen al verwonderlijke rijpheid van zijn politiek oordeel. Verbluffend waren ook zijn rake oordelen over bekende tijdgenoten, die hij met zijn humor onnavolgbaar treffend kon schetsen. Zijn scepsis zag de ijdelheid en leegte ook onder de meest indrukwekkende draperieën.

De derde in ons gezelschap was de helaas te vroeg gestorven Andreas Vischer, die later jarenlang de leiding had van het hospitaal van Urfa in Klein-Azië. Met ons drieën discussieerden we in de 'Adler' in Weil, of in de 'Hirzen' in Haltingen bij een glas 'Markgräfler" over alles wat je je maar denken kan onder de zon en de voortdurend veranderende maan. Deze gesprekken waren de onvergetelijke hoogtepunten van mijn studententijd.

Doordat beroep en woonplaats ons scheidden, zagen we elkaar de volgende tien jaar niet veel. Maar toen de plechtige tijd van de levensmiddag naderde voor Oeri en mij (we waren van dezelfde leeftijd), toen bracht het lot ons ook weer vaker bij elkaar. We waren vijfendertig toen we – niets vermoedend over de toekomst – samen een gedenkwaardige reis maakten per schip; namelijk met mijn zeilboot en onze zee was het meer van Zürich. De bemanning bestond verder uit drie jonge artsen, die destijds bij mij werkten. Onze reis ging naar Walenstadt en weer terug. Ze duurde vier dagen. We voeren met de spinnaker voor een stevige wind. Oeri had de Odyssee in de vertaling van Voss meegebracht en las ons tijdens de tocht voor over het avontuur bij Circe en over de Nekyia. Er lag een glans over het glinsterende meer en over de in zilveren nevels versluierde oevers.

'En nu liet Circe, de schoongelokte, de verheven, melodieuze godin, in de zeilen van het zwart gestevende schip een aanzwellende wind meewaaien als een goede begeleider.'

Maar achter de schitterende beelden van Homerus doemden onrustig de gedachten aan de toekomst voor me op, aan de grotere reis over de pelagus mundi (hoge wereldzee), die ons nog te wachten stond. Oeri, die tot dusverre geaarzeld had, trouwde niet lang daarna en mij wees het lot een Nekyia toe zoals Odysseus: een afdaling in de duistere Hades.*

Toen kwamen de oorlogsjaren en alweer zag ik hem slechts zelden. Ook de belangrijke gesprekken verstomden. We spraken eigenlijk alleen over gewone dagelijkse gebeurtenissen. Maar er ontspon zich een innerlijk gesprek tussen ons, zoals ik kon opmaken uit vragen die hij me af en toe stelde. Hij was een wijze vriend en kende me op zijn manier. Deze stilzwijgende verstandhouding en zijn onwankelbare trouw betekenden heel veel voor mij. In de laatste tien jaar van zijn leven zagen we elkaar weer vaker, omdat we beiden wisten dat de schaduwen langer werden.

Met betrekking tot religieuze problemen deed ik tijdens mijn studie veel nieuwe ideeën op. Zeer welkom waren de gesprekken die ik thuis kon voeren

* Nekyia van néxus (lijk) is de titel van de elfde zang van de 'Odyssee'. Het betekent het dodenoffer ter bezwering van de schimmen van de afgestorvenen in Hades. Nekyia is daarom een passende omschrijving voor een afdeling in het dodenrijk, zoals bij voorbeeld in de 'Divinia Commedia' of in de 'klassieke Walpurgisnacht' in Faust. Jung gebruikt het hier in overdrachtelijke zin en zinspeelt op zijn 'afdaling' in de wereld der beelden van het onbewuste, waarvan sprake zal zijn in het hoofdstuk 'De confrontatie met het onbewuste.' A. J.

met een theoloog, de vicaris van mijn overleden vader. Hij muntte niet alleen uit door zijn fenomenale eetlust die de mijne in de schaduw stelde, maar ook door zijn grote geleerdheid. Ik leerde veel van hem over patristiek, de geschiedenis van de dogma's en vooral hoorde ik heel veel nieuws over de protestantse theologie. De theologie van Ritschl was in die tijd aan de orde van de dag. Haar historische interpretatie en vooral de gelijkenis van de spoortrein* irriteerden me. Ook de theologiestudenten met wie ik in de Zofingia discussieerde, leken zich allen tevreden te stellen met het idee van het historische effect dat van het leven van Christus is uitgegaan. Dit leek me niet alleen een zwakzinnige, maar ook doodse zienswijze. Ik kon me ook niet verenigen met de opvatting, waarbij Christus op de voorgrond werd geplaatst en waarbij hij tot de alleen doorslaggevende figuur in het drama van God en mens werd gemaakt. Dat vond ik in absolute tegenstelling staan tot Christus' eigen opvatting dat de Heilige Geest die hem verwekt had na zijn dood zijn plaats bij de mensen zou innemen.

De Heilige Geest betekende voor mij een adequate verduidelijking van de onvoorstelbare God. Zijn werkzaamheid was niet alleen verheven, maar ook wonderlijk en zelfs twijfelachtig, zoals de daden van Jahwe. Jahwe identificeerde ik naïef genoeg – in de zin van mijn catechisatieonderwijs – met het christelijk godsbeeld. (Ook toen werd ik me nog niet bewust van het feit dat de echte duivel pas tegelijk met het christendom ontstaan was.) De 'Here Jezus' was voor mij zonder twijfel een mens en daarom dubieus, respectievelijk alleen maar een spreekbuis van de Heilige Geest. Deze uiterst onorthodoxe opvatting, die van de theologische zo'n negentig tot honderdtachtig graden afweek, stuitte natuurlijk op het diepste onbegrip. De teleurstelling die ik daarover voelde, leidde langzamerhand tot een soort berustende onverschilligheid; en mijn overtuiging dat bij het geloof alleen de ervaring doorslaggevend was, werd steeds sterker. Met 'Candide' die ik toen las, kon ik zeggen: 'Tout cela est bien dit – mais il faut cultiver notre jardin' (Dat alles is mooi gezegd, maar we moeten onze tuin onderhouden) – waarmee dan de natuurwetenschap bedoeld was.

In de loop van mijn eerste studiejaren ontdekte ik dat de natuurwetenschap weliswaar oneindig veel soorten kennis mogelijk maakte, maar dat zij slechts een spaarzaam inzicht geeft en dat was dan nog in hoofdzaak van specialistische aard. Ik wist uit mijn filosofische literatuur dat aan alles het feit van de psyche ten grondslag ligt. Zonder de ziel bestond er kennis noch inzicht. Maar men hoorde helemaal niets over haar. Ze werd weliswaar stilzwijgend verondersteld, maar ook waar zij genoemd werd, zoals bij C. G. Carus, was er geen sprake van werkelijke kennis, maar slechts van filoso-

* R. gebruikt de vergelijking met een spoortrein die gerangeerd wordt; aan de achterkant botst de locomotief tegen de trein op en deze schok plant zich voort door de gehele trein. Op deze manier gaat ook een schok van Christus uit, door de eeuwen heen. A. J.

fische speculatie, die zó, maar ook anders kon luiden. Ik wist niet wat ik met deze merkwaardige constatering aan moest.
Aan het eind van mijn tweede semester deed ik een ontdekking die veel consequenties zou hebben: ik vond in de bibliotheek van de vader van één van mijn studievrienden – een kunsthistoricus – een klein boekje uit de jaren zeventig over geestverschijningen. Het was een verslag over de eerste ontwikkelingen van het spiritisme, geschreven door een theoloog. Mijn aanvankelijke twijfel verdween al snel, want ik moest wel inzien dat het hier in principe om dezelfde of soortgelijke verhalen ging, zoals ik ze sinds mijn prilste jeugd op het land steeds weer gehoord had. Het materiaal was ongetwijfeld authentiek. Maar ik had nog geen overtuigend antwoord kunnen vinden op de grote vraag: zijn deze verhalen ook fysisch waar? In elk geval kon ik vaststellen dat blijkbaar altijd en overal, op de meest uiteenlopende plaatsen ter wereld, steeds weer dezelfde verhalen gemeld werden. Daar moest toch een oorzaak voor zijn. In geen geval was het zo dat overal dezelfde religieuze veronderstellingen bestonden, dat was klaarblijkelijk niet het geval. Dat kon de oorzaak dus niet zijn. Dan moest het met het objectieve gedrag van de menselijke ziel samenhangen. Maar juist over deze belangrijkste kwestie, namelijk de objectieve aard van de ziel, kon je totaal niets anders te weten komen dan wat de filosofen zeiden.
Hoe merkwaardig en hoe twijfelachtig ze me dan ook mochten voorkomen, de waarnemingen van de spiritisten vormden dan toch voor mij het eerste verslag over objectieve psychische fenomenen. Namen als die van Zoellner en Crookes maakten indruk op me en ik las bij wijze van spreken heel de destijds voor mij bereikbare literatuur over het spiritisme. Natuurlijk sprak ik hierover ook met mijn vrienden, die tot mijn grote verbazing met spot en ongeloof, of met angstige afweer reageerden. Ik verbaasde me over de zekerheid waarmee ze konden beweren dat dergelijke zaken als spookverschijningen en tafeldans onmogelijk waren en dus bedrog; ook verbaasde ik me over hun afweer die een angstig karakter leek te hebben. Ik was weliswaar ook niet zeker met betrekking tot de absolute betrouwbaarheid van dit soort mededelingen, maar waarom zouden er uiteindelijk geen spoken bestaan? Hoe wisten we trouwens dat iets 'onmogelijk' was? En vooral – wat had deze angst te betekenen? Ik zelf vond dit soort mogelijkheden buitengewoon interessant en aantrekkelijk. Ze maakten mijn bestaan aanzienlijk mooier. De wereld kreeg meer diepte en achtergrond. Zouden bij voorbeeld de dromen ook met geesten te maken hebben? Kants 'Träume eines Geistersehers' kwam voor mij als geroepen en kort daarop ontdekte ik ook Karl Duprel, die deze ideeën psychologisch en filosofisch had uitgewerkt. Ik verdiepte me in Eschenmayer, Passavant, Justinus Kerner en Görres en ik las zeven delen van Swedenborg.
Nr. 2 van mijn moeder was het volledig eens met mijn enthousiasme, maar

de rest van mijn omgeving reageerde geenszins bemoedigend. Tot nu toe was ik slechts in botsing gekomen met traditionele opvattingen, maar nu stuitte ik op een muur van vooringenomenheid; zelfs mijn naaste vrienden waren eenvoudig niet in staat onconventionele mogelijkheden te overwegen. Ze vonden mijn belangstelling nóg bedenkelijker dan mijn bemoeienissen met de theologie! Ik had het gevoel dat ik aan de rand van de wereld terechtgekomen was. Waar ik de vurigste belangstelling voor had, was voor de anderen schuim en as; ja, zelfs reden tot angst.

Angst waarvoor? Ik kon er geen verklaring voor vinden. Het was toch niets ongehoords of wereldschokkends dat er wellicht gebeurtenissen waren die de beperkte categorieën van tijd, ruimte en causaliteit overschreden? Er bestonden toch zelfs dieren, die onweer en aardbevingen voorvoelden; er waren dromen die de dood van bepaalde personen aankondigden; klokken, die op het moment van de dood bleven stilstaan; glazen die op kritieke momenten sprongen – allemaal dingen die in de wereld waarin ik tot dusver geleefd had, vanzelfsprekend waren. En nu was ik kennelijk de enige die altijd verhalen over dergelijke dingen gehoord had! In alle ernst vroeg ik me af in wat voor wereld ik eigenlijk terecht was gekomen. In de stad wist men klaarblijkelijk niets van de wereld buiten, van de werkelijke wereld, met haar bergen, bossen en riviertjes, met dieren en met godsgedachten (lees: planten en kristallen). Ik vond troost in deze verklaring en in ieder geval werd in de eerste plaats mijn gevoel voor eigenwaarde erdoor versterkt, want het werd me duidelijk dat de stedelijke wereld, ondanks al haar geleerdheid, geestelijk bekrompen was. Dit inzicht bleek gevaarlijk voor mij; het verleidde me tot een superioriteitsvertoon en tot ongepaste kritiek en agressiviteit, die me terecht antipathieën bezorgden. En deze brachten op hun beurt weer de oude twijfels, minderwaardigheidsgevoelens en depressies terug – een cyclus die ik tot elke prijs wilde onderbreken. Ik wilde niet meer een buitenstaander zijn met de twijfelachtige reputatie van een curiositeit.

Na het propaedeutisch examen werd ik student-assistent bij anatomie en het volgende semester liet de prosector zelfs de leiding van het practicum histologie aan mij over – natuurlijk tot mijn grote voldoening. Ik hield me destijds hoofdzakelijk bezig met afstammingsleer en vergelijkende anatomie en maakte ook kennis met de leer van het neovitalisme. Het morfologisch standpunt in de meest ruime zin fascineerde me het meest. Heel anders was mijn houding ten opzichte van de fysiologie. Ze stond me in hoge mate tegen wegens de vivisectie, die zuiver voor demonstratiedoeleinden werd toegepast. Ik kon me nooit aan het gevoel onttrekken dat de warmbloedigen onze verwanten waren en volstrekt niet alleen maar een soort hersenautomaten. Daarom vermeed ik dergelijke demonstraties zoveel mogelijk. Ik zag wel in dat men met dieren moest experimenteren, maar de demonstratie van dergelijke experimenten was voor mijn gevoel niets minder dan barbaars en afschuwelijk

en vooral ook: overbodig. Ik had fantasie genoeg om de procedures die nu gedemonstreerd werden, me ook te kunnen voorstellen aan de hand van alleen maar een beschrijving. Mijn medelijden met medeschepsels stamde niet af van bij voorbeeld de boeddhistische houding in de filosofie van Schopenhauer; ze was gebaseerd op de diepere grondslag van een primitieve geesteshouding, namelijk de onbewuste identiteit met de dieren. Dit belangrijke psychologische feit was me overigens in die tijd geheel onbekend. Mijn weerzin tegen de fysiologie was zo groot, dat mijn examen in dit vak ook dienovereenkomstig slecht uitviel. In ieder geval kwam ik er net door.
De volgende klinische semesters waren zo overladen dat er nauwelijks tijd overbleef voor mijn uitstapjes naar verder gelegen gebieden. Alleen op zondag kon ik me in Kant verdiepen. Ik las ook ijverig E. von Hartmann. Nietzsche stond al enige tijd op het programma, maar ik aarzelde hem te gaan lezen, omdat ik me onvoldoende voorbereid voelde. Er werd destijds veel over Nietzsche gediscussieerd, maar meestal werd hij afgewezen, het felst door de 'competente' filosofiestudenten – waaruit ik mijn conclusies trok over de weerstanden die in deze hogere regionen bestonden. De hoogste autoriteit was natuurlijk Jakob Burckhardt, van wie een aantal kritische opmerkingen over Nietzsche de ronde deden. Bovendien waren er een aantal mensen die Nietzsche persoonlijk hadden gekend en die daarom in staat waren diverse curiosa van niet direct sympathieke aard over hem te vertellen. Meestal hadden ze ook niets van hem gelezen en beperkten zich daarom tot uiterlijke misverstanden; bij voorbeeld zijn allures van 'gentleman', zijn manier van pianospelen, zijn stilistische overdrijvingen – allemaal eigenaardigheden die de Bazeler van toen wel op de zenuwen moesten werken. Dit soort dingen dienden me overigens niet als excuus om het lezen van Nietzsche uit te stellen – integendeel, dat zou me alleen maar sterk aangemoedigd hebben. Wat me weerhield was een geheime angst dat ik wellicht zo zou zijn als hij, tenminste voor zover het het 'geheim' betrof dat hem van zijn omgeving isoleerde. Wellicht, wie weet, had hij innerlijke belevingen gehad, inzichten waarover hij ongelukkigerwijze wou spreken en die door niemand werden begrepen? Blijkbaar was hij een zonderling, of werd tenminste als zodanig beschouwd, wellicht zag men hem als een gril van de natuur; iets wat ik onder geen voorwaarde wilde zijn. Ik was bang voor het mogelijk inzicht dat ik evenals Nietzsche er 'ook zo één' zou zijn. Natuurlijk – si parva componere magnis licet (als het geoorloofd is zo iets gerings met zo iets groots te vergelijken) –, hij was immers hoogleraar, had boeken geschreven, hij was dus gestegen tot ongekende hoogten. Hij kwam weliswaar ook uit een theologische familie; maar hij kwam uit het grote Duitsland, dat zich tot aan de zee uitstrekte; terwijl ik slechts een Zwitser was, afkomstig uit een bescheiden pastorie in een klein dorpje bij de grens. Hij sprak een uiterst verzorgd Hoogduits, kende Grieks en Latijn, wellicht ook

Frans, Italiaans en Spaans, terwijl ik slechts met enige zekerheid over Waggis-Bazelduits kon beschikken. Hij, in het bezit van al deze voortreffelijkheden, kon zich uiteindelijk een zekere excentriciteit permitteren; maar ik mocht niet weten in hoeverre ikzelf op hem zou lijken.

Ondanks mijn vrees was ik nieuwsgierig en ik besloot iets van hem te gaan lezen. De 'Unzeitgemässe Betrachtungen' vielen me het eerst in handen. Ik was zonder meer geestdriftig en kort daarop las ik ook 'Also sprach Zarathustra'. Dat was, evenals Goethes 'Faust', voor mij een bijzonder diepe beleving. Zarathustra was de Faust van Nietzsche en nr. 2 was mijn Zarathustra, overigens wel in de gepaste verhouding van een molshoop tot de Mont-Blanc; en Zarathustra – dat stond voor me vast – was morbide. Was nr. 2 ook iets ziekelijks? Deze mogelijkheid bezorgde me een angst die ik lange tijd niet wilde toegeven, maar die me toch niet met rust liet, die steeds weer op ongelegen momenten bovenkwam en me dwong na te denken over mezelf. Nietzsche had zijn nr. 2 pas later in zijn leven ontdekt, aan het begin van zijn tweede levenshelft, terwijl ik nr. 2 al sinds mijn prilste jeugd kende. Nietzsche had naïef en onvoorzichtig over dit 'arrheton', over wat men niet mag noemen, gesproken, alsof er niets aan de hand was. Maar ik had al heel snel ingezien dat je daarmee slechte ervaringen opdoet. Toch was hij zó geniaal dat hij al op jeugdige leeftijd als hoogleraar naar Bazel kwam, zonder enig vermoeden wat hem te wachten stond. Juist dank zij deze genialiteit had hij toch bijtijds moeten merken dat er iets niet klopte. Dat dus, dacht ik, was zijn ziekelijk misverstand: dat hij nr. 2 onbeschroomd en argeloos losliet op een wereld die van dit soort zaken niets afwist en niets begreep. Hij was bezield door de kinderlijke hoop mensen te vinden die zijn extase konden meevoelen en die de 'Umwertung aller Werte' konden begrijpen. Maar hij vond slechts bekrompen schoolfrikken, ja, tragikomisch genoeg was hij er zelf één, die zoals alle anderen zichzelf niet begreep toen hij in het mysterie en het onuitsprekelijke terechtkwam en dit wilde aanprijzen aan een stompzinnige, van alle goden verlaten menigte. Vandaar de gezwollen taal, de zichzelf overtreffende metaforen, de hymnische geestdrift, die tevergeefs trachtte zich verstaanbaar te maken voor deze wereld; een wereld die zich verslingerd heeft aan wetenswaardigheden zonder enige samenhang. En hij viel – deze koorddanser – zelfs nog boven zichzelf uit. Hij wist niet de weg in deze wereld – 'dans ce meilleur des mondes possibles' – en daarom was hij een bezetene, iemand die door zijn omgeving alleen maar met pijnlijke behoedzaamheid ontweken kon worden. Onder mijn vrienden en bekenden wist ik er slechts twee die het openlijk voor Nietzsche opnamen, beiden homoseksueel. De één eindigde zijn leven met zelfmoord, de ander verkommerde als onbegrepen genie. Geen van de anderen werd gegrepen door het fenomeen Zarathustra; ze waren eenvoudig immuun.

Zoals 'Faust' een deur voor me opende, zo sloeg 'Zarathustra' er weer één dicht, grondig en voor lange tijd. Het verging me zoals de oude boer, bij wie de "doggeli" (de Boze) twee koeien in hetzelfde halster had gemanoeuvreerd – zijn zoontje vroeg hem hoe zo iets nou kon. Hij gaf als antwoord: 'Heiri, over zulke dingen praat je niet.'
Ik zag in dat je niets bereikt als je niet over dingen spreekt die allen bekend zijn. Degenen die in dit opzicht naïef zijn, begrijpen niet wat een belediging het voor zijn medemens betekent, wanneer men over iets spreekt dat de ander onbekend is. Een dergelijke onbehouwenheid wordt alleen schrijvers, journalisten of dichters vergeven. Ik had begrepen dat een nieuw denkbeeld of ook zelfs maar een ongewoon aspect alleen door feiten overgedragen kan worden. Feiten blijven bestaan en laten zich op den duur niet onder tafel vegen. Vroeg of laat worden ze door iemand ontdekt die beseft wat hij gevonden heeft. Ik zag in dat ik eigenlijk bij gebrek aan beter alleen maar praatte in plaats van met feiten te komen – en daaraan ontbrak het me volledig. Ik had geen enkel tastbaar bewijs. Meer dan ooit voelde ik me tot de empirie gedreven. Ik nam het de filosofen kwalijk dat ze over van alles spraken dat niet toegankelijk was voor de ervaring – en dat ze over alles zwegen waar ze juist naar aanleiding van een ervaring een antwoord hadden moeten vinden. Het leek er weliswaar op dat ik ooit ergens door een dal vol diamanten was gekomen, maar ik kon niemand ervan overtuigen dat de steenmonsters die ik meegebracht had iets anders dan kiezelstenen waren, en ik kon bij nader inzien ook mezelf niet overtuigen.

Het was 1898 toen ik me ging bezinnen op mijn toekomstig beroep van arts. Ik kwam al gauw tot het inzicht dat ik me moest specialiseren. Daarvoor kwamen alleen chirurgie of interne geneeskunde in aanmerking. Ik had een voorkeur voor het eerste wegens mijn speciale opleiding in de anatomie en wegens mijn voorkeur voor de pathologische anatomie; en ik had hoogstwaarschijnlijk overwogen chirurg te worden als me de noodzakelijke financiële middelen ter beschikking hadden gestaan. Ik vond het uiterst pijnlijk dat ik schulden moest maken om ook maar te kùnnen studeren. Ik wist dat ik na het laatste examen zo gauw mogelijk in mijn levensonderhoud moest voorzien. Ik dacht daarom aan een assistentschap in een of ander kantonaal ziekenhuis, waar men eerder op een gesalarieerde betrekking kon hopen dan in een kliniek. Een aanstelling in een kliniek was echter in hoge mate afhankelijk van protectie, of van de persoonlijke sympathie van de chef de clinique. Gezien mijn twijfelachtige populariteit en de bevreemding die ik zo vaak wekte, waagde ik niet aan een gelukkig toeval te denken. Daarom stelde ik me tevreden met de bescheiden mogelijkheid tenminste in een of ander plaatselijk ziekenhuis een betrekking als assistent te vinden. De rest hing dan af van mijn ijver, mijn bekwaamheid en bruikbaarheid.

In de zomervakantie gebeurde nu iets dat van zeer grote invloed zou zijn. Op een dag zat ik in mijn werkkamer te studeren. In de aangrenzende kamer – de deur stond half open – zat mijn moeder te breien. Het was onze eetkamer waarin de ronde, notenhouten eettafel stond. Deze was afkomstig uit de uitzet van mijn grootmoeder van vaderszijde, en was destijds ongeveer zeventig jaar oud. Mijn moeder zat bij het raam, ongeveer een meter van de tafel vandaan. Mijn zusje was naar school en ons dienstmeisje was in de keuken. Plotseling klonk er een knal als een pistoolschot. Ik sprong op en rende naar de eetkamer, waar het geluid van de explosie vandaan kwam. Mijn moeder zat verbijsterd in haar leunstoel, haar breiwerk had ze laten vallen. Ze zei stamelend: 'Wat – wat is er gebeurd? Het was vlak naast me –' en ze keek naar de tafel. We zagen wat er was gebeurd: het tafelblad was tot voorbij het midden gespleten; en niet op de een of andere gelijmde voeg, maar dwars door het hout heen. Ik was sprakeloos. Hoe kon zo iets gebeuren? Een stuk natuurlijk hout, sinds zeventig jaar uitgewerkt, dat op een zomerdag bij de bij ons gebruikelijke relatief hoge vochtigheidsgraad barst? Ja, als het nu op een koude, droge winterdag geweest was terwijl de kachel flink gestookt werd! Wat ter wereld kon de oorzaak van een dergelijke explosie geweest zijn? Er bestaan uiteindelijk merkwaardige toevalligheden, dacht ik. Mijn moeder knikte met haar hoofd en zei met haar nr. 2-stem: 'Ja, ja, dat heeft iets te betekenen.' Ik was tegen mijn zin onder de indruk en het ergerde me er niets op te kunnen zeggen.

Ongeveer veertien dagen later kwam ik 's avonds om zes uur thuis en vond ons hele huishouden, dat wil zeggen mijn moeder, mijn veertienjarig zusje en het dienstmeisje, in grote opwinding. Weer had er een uur tevoren een oorverdovende knal weerklonken. Dit keer was het niet de al beschadigde tafel, maar de knal kwam uit de richting van het buffet, een zwaar meubelstuk uit het begin van de negentiende eeuw. Ze hadden al overal gezocht, maar nergens zat een scheur.

Ik begon meteen het buffet en wat er in de buurt stond te onderzoeken, maar zonder resultaat. Toen bekeek ik de binnenkant van het buffet en wat daarin lag. In de lade waar de broodmand stond, vond ik de broodplank en daarnaast lag het broodmes waarvan het lemmet voor het grootste deel was afgebroken. Het heft lag in een hoek van de vierkante mand en in elk der andere hoeken lag een stuk van het lemmet. Het mes was nog bij de koffie van vier uur gebruikt en daarna opgeborgen. Daarna was er niemand meer in de buurt van het buffet geweest.

De volgende dag nam ik het in stukken gesprongen mes mee naar één van de beste messenmakers van de stad. Hij bekeek de breukvlakken met een loep en schudde zijn hoofd. 'Dit mes', zei hij, 'is helemaal in orde. Er mankeert niets aan het staal. Iemand heeft het stukje voor stukje afgebroken. Je kunt dat bij voorbeeld doen door het in een spleet van de la te schuiven en het dan stuk voor stuk af te breken. Het is prima staal. Of misschien is het van grote hoogte op een steen gevallen. Exploderen kan zo iets niet. Ze hebben u wat wijsgemaakt.'*

Mijn moeder en mijn zusje waren beide in de kamer toen ze opgeschrikt werden door de plotselinge knal. Nr. 2 van mijn moeder keek me veelbetekenend aan en ik kon alleen maar zwijgen. Ik had geen flauw vermoeden wat het geweest kon zijn, ik kon geen enkele verklaring vinden. Dat ergerde me des te meer, omdat ik moest toegeven dat ik er diep van onder de indruk was. Waarom en hoe was de tafel gescheurd en het mes in stukken gesprongen? De hypothese van een toeval ging me beslist te ver. Dat bij voorbeeld het water van de Rijn toevallig eens een keer in tegengestelde richting zou gaan stromen, dat leek me hoogst onwaarschijnlijk en andere mogelijkheden waren eo ipso (vanzelfsprekend) uitgesloten. Wat kon het dus zijn?

Enkele weken later hoorde ik van bepaalde familieleden dat ze zich al enige tijd bezighielden met tafeldans en dat ze een medium hadden, een jong meisje van ruim vijftien jaar. In deze kring liep men al enige tijd met het idee rond mij kennis te laten maken met dit medium, dat somnabulismen en spiritistische fenomenen produceerde. Toen ik dit hoorde, dacht ik onmiddellijk aan de merkwaardige verschijnselen bij ons thuis en vermoedde dat deze met dit medium te maken hadden. Ik begon nu met haar en andere geïnteresseerden regelmatig op zaterdagavond seances te houden. De resultaten waren mededelingen en klopsignalen in de muren en in de tafel. Bewegingen van de tafel, onafhankelijk van het medium, waren twijfelachtig. Ik merkte al gauw dat beperkende voorwaarden in het algemeen hinderlijk waren. Ik stelde me daarom tevreden met de klaarblijkelijke zelfstandigheid van de klopsignalen en richtte mijn aandacht op de inhoud van de mededelingen. De resultaten van mijn waarnemingen heb ik in mijn dissertatie neergelegd.** Nadat ik de experimenten ongeveer twee jaar lang had voortgezet, kwam er een zekere terugval en ik betrapte het medium bij een poging om op bedriegelijke wijze verschijnselen te produceren. Dat was voor mij de aanleiding het experiment af te breken – zeer tot mijn spijt, want ik had uit haar voorbeeld geleerd hoe een nr. 2 ontstaat, hoe deze een kinderlijk bewustzijn binnentreedt en dit uiteindelijk in zich opneemt. Het meisje was een 'vroeg-voltooide'. Ze stierf aan tuberculose op haar zesentwintigste. Ik heb haar nog eens teruggezien toen ze vierentwintig was; ik was toen diep onder de indruk van haar zelfstandige en rijpe persoonlijkheid. Na haar dood hoorde ik van haar familie dat in de laatste maanden van haar leven haar karakter in gedeelten van haar afviel en dat ze uiteindelijk was teruggekeerd tot de toestand van een tweejarig kind, in welke toestand ze in de laatste slaap viel.

* Het in vieren gesprongen mes werd door Jung zorgvuldig bewaard. A. J.

** 'Zur Psychologie und Pathologie sogenannter okkulter Phänomene', 1902.

Dat was nu alles bij elkaar de grote ervaring die mijn allereerste filosofie teniet deed en die me een psychologisch standpunt mogelijk maakte. Ik was iets objectiefs over de menselijke ziel te weten gekomen. De aard van deze ervaring was echter zodanig dat ik er alweer niets over kon zeggen. Ik kende niemand aan wie ik deze hele gang van zaken had kunnen vertellen. Alweer moest ik iets dat de moeite van het nadenken waard was, terzijde leggen zonder dat ik het verwerkt had. Pas een paar jaar later is uit dit materiaal mijn dissertatie ontstaan.

In de universiteitskliniek had Friedrich von Müller de plaats van de oude Immermann ingenomen. In von Müller ontmoette ik een geest die me aanstond. Ik zag hoe een scherp verstand een probleem aanvat en dàt soort vragen formuleert waarin de oplossing al ten dele besloten ligt. Hij scheen van zijn kant ook iets in mij te zien, want later, tegen het eind van mijn studie, stelde hij me voor als assistent met hem mee te gaan naar München, waar hij benoemd was. Zijn uitnodiging had me er bijna toe bewogen me te wijden aan de interne geneeskunde. En het was waarschijnlijk ook wel zover gekomen, als er intussen niet iets gebeurd was dat me verloste van alle twijfels inzake mijn toekomstige professionele loopbaan.
Ik had weliswaar colleges psychiatrie en klinische demonstraties gevolgd, maar de toenmalige docent was nu niet direct stimulerend. Bovendien, als ik dacht aan de uitwerking van de ervaringen die mijn vader in het krankzinnigengesticht en met de psychiatrie in het bijzonder, had opgedaan, dan was dat er nu ook bepaald niet naar om me voor de psychiatrie te winnen. Toen ik me op het artsexamen voorbereidde, was het daarom veelzeggend dat ik het allerlaatst aan het leerboek psychiatrie begon. Ik verwachtte er niets van. Toch herinner ik me nog wel hoe ik het boek van Krafft-Ebing* opsloeg en dacht: welnu, we zullen nu eens zien wat een psychiater over zijn stof te zeggen heeft. – Colleges en klinische ervaringen hadden niet de minste indruk op me gemaakt. Ik kon me niet één enkele klinische demonstratie herinneren, ik wist alleen nog maar dat ik me verveelde en er genoeg van had.
Ik begon met het voorwoord, omdat ik erachter wilde komen hoe een psychiater zijn onderwerp inleidt, of in zekere zin zijn bestaansrecht in het algemeen argumenteert. Ter verontschuldiging van deze aanmatigende houding moet ik overigens wel opmerken dat in de medische kringen van die dagen de psychiatrie zeer laag werd aangeslagen. Niemand wist er het fijne van en er bestond geen psychologie die de mens als een totaliteit beschouwt en die ook zijn ziekelijke afwijkingen in deze beschouwing betrekt. Zoals de directeur met zijn patiënten in dezelfde inrichting was opgesloten, zo was ook de inrichting zelf afgesloten en lag geïsoleerd buiten de stad, zoals een oude

* 'Lehrbuch der Psychiatrie', 4e dr., 1890.

leprozerie met zijn melaatsen. Niemand ging daar graag een kijkje nemen. De artsen wisten bijna net zo weinig als de leken en deelden daarom hun gevoelens. De geestesziekte was een hopeloze en fatale aangelegenheid en dat wierp ook een schaduw op de psychiatrie. De psychiater was een zonderlinge figuur, zoals ik al spoedig uit eigen ervaring zou leren.
Ik las dus in het voorwoord het volgende: 'Het ligt wel opgesloten in de eigenaardigheid van het vakgebied en in de onvolkomenheid van zijn uitbouw, dat de psychiatrische leerboeken een min of meer subjectief stempel dragen.' Een paar regels verder noemde de auteur psychosen 'ziekten van de persoonlijkheid'. Opeens kreeg ik hevige hartkloppingen. Ik moest opstaan en haalde diep adem. Ik voelde me uiterst opgewonden, want in een flits was het me duidelijk geworden dat de psychiatrie mijn enige doel kon zijn. Hier alleen konden de beide stromen van mijn belangstelling samenvloeien en een gezamenlijke bedding vormen. Hier was het gemeenschappelijke ervaringsterrein van biologische en geestelijke feiten, dat ik overal gezocht en nog nergens gevonden had. Hier was eindelijk de plaats waar de botsing van natuur en geest werkelijk plaatsvond.
De heftigste reactie kreeg ik toen ik bij Krafft-Ebing over het 'subjectieve stempel' van het psychiatrische leerboek las. Dan is, zo dacht ik, dit leerboek dus ook gedeeltelijk de subjectieve bekentenis van de schrijver, die met zijn vooroordeel, met de totaliteit van zijn zó-zijn, achter de objectiviteit van zijn ervaringen staat en die op de 'ziekte van de persoonlijkheid' met de totaliteit van zijn eigen persoonlijkheid antwoordt. Van mijn klinische docenten had ik nooit iets dergelijks gehoord. Dit studieboek onderscheidde zich eigenlijk niet van andere boeken in zijn soort, maar toch wierp het door deze enkele aanduidingen een verhelderend licht op het probleem van de psychiatrie en ik was onherroepelijk in haar ban geraakt.
Mijn besluit stond vast. Toen ik dit meedeelde aan mijn leermeester interne geneeskunde kon ik de teleurstelling en verwondering van zijn gezicht aflezen. Ik voelde weer pijnlijk mijn oude wond: het gevoel van vreemd-zijn en vervreemding. Maar nu begreep ik beter waarom. Dat ik me voor dit randgebied kon interesseren had niemand van me gedacht, zelfs ik zelf niet. Mijn vrienden waren verbaasd en bevreemd; ze vonden me een dwaas dat ik deze psychiatrische onzin kon verkiezen boven een kans op een carrière in de interne geneeskunde, die zo algemeen begrijpelijk was en die me zo aanlokkelijk en benijdenswaardig werd voorgehouden.
Ik zag in dat ik blijkbaar weer eens op een zijspoor was gekomen, waarop niemand me kon of wilde volgen. Maar ik wist – en van deze overtuiging kon niemand of niets me afbrengen – dat mijn besluit vast stond en dat het een lotsbeschikking was. Het was alsof twee stromen zich hadden verenigd en me in één grote beweging meevoerden naar ver verwijderde bestemmingen. Het was het hooggestemde gevoel van 'verenigde dubbelnatuur' dat me

als op een magische golf door het examen droeg, waarvoor ik als beste slaagde. Karakteristiek genoeg stak de duivel, die achter alle goed gelukte wonderen aanhinkt mij toch nog een stok tussen de benen, juist bij het vak waarin ik werkelijk goed was, namelijk bij de pathologische anatomie. Daar beging ik de belachelijke vergissing dat ik bij een preparaat, waarvan ik dacht dat het behalve allerlei rommel alleen epitheelcellen bevatte, juist dat hoekje waar spruwschimmel zat over het hoofd zag. Bij de andere vakken wist ik zelfs al van tevoren intuïtief wat men mij zou vragen. Dank zij deze omstandigheden omzeilde ik enige moeilijke klippen met vlag en wimpel. Bij wijze van wraak werd ik juist daar waar ik me het meest zeker van mezelf voelde, op een werkelijk groteske manier beetgenomen. Anders had ik het maximum puntenaantal voor mijn examen gekregen.

Een andere kandidaat behaalde evenveel punten als ik. Hij was een eenling; ik vond hem een ondoorzichtige, verdacht banale persoonlijkheid. Men kon, behalve over het vak, nergens met hem over praten. Op alles reageerde hij met een raadselachtig lachje, dat aan de gevelbeeldjes van Aegina herinnerde. Hij had iets superieurs over zich en tegelijk kreeg je het idee dat hij zich verlegen en de mindere voelde; hij paste nooit helemaal in de situatie. Ik kon nooit uit hem wijs worden. Het enige dat je positief bij hem kon vaststellen was de indruk van een bijna monomaan streven; hij had kennelijk nergens anders belangstelling voor dan voor medische kennis en feiten. Een paar jaar na het beëindigen van zijn studie openbaarde zich bij hem schizofrenie. Ik vermeld deze coïncidentie als een karakteristiek fenomeen van het parallel lopen van gebeurtenissen. Mijn eerste boek was gewijd aan de psychologie van de dementia praecox (schizofrenie), waarbij mijn antwoord – ingegeven door mijn persoonlijk vooroordeel – op de 'ziekte van de persoonlijkheid' als volgt luidde: psychiatrie in de ruimste zin is de dialoog van een zieke psyche met de als 'normaal' omschreven psyche van de arts; een uiteenzetting van de 'zieke' persoonlijkheid met de in principe even subjectieve persoonlijkheid van de behandelende arts. Mijn bedoeling was uiteen te zetten dat waanideeën en hallucinaties niet alleen specifieke symptomen van geesteszieken waren, maar dat ze ook een algemeen menselijke zin hadden.

De avond na het laatste examen permitteerde ik me de lang verbeide luxe eens een keer – voor het eerst van mijn leven – naar de schouwburg te gaan. Tot dan toe hadden mijn financiële middelen me een dergelijke extravagantie niet toegestaan. Maar ik had nog wat geld over van het verhandelen van de antiquiteitenverzameling, wat me niet alleen een bezoek aan de opera, maar ook een reisje naar München en Stuttgart mogelijk maakte.

Bizet benevelde en overweldigde me als met golven van een oneindige zee en toen de volgende dag de trein me meevoerde ver over de grenzen de wijdere wereld in, werd ik begeleid door de melodieën uit Carmen. In

München zag ik voor het eerst werkelijk antieke kunst en dit, samen met de muziek van Bizet, riep in mij een atmosfeer op waarvan ik de diepte en de grote betekenis niet kon vatten, alleen maar vermoeden. Het was een voorjaarsachtige, feestelijke stemming, terwijl het zo te zien alleen maar een wat sombere week tussen 1 en 9 december 1900 was. In Stuttgart zag ik (voor het laatst) mijn tante, mevrouw Reimer-Jung. Ze was de dochter uit het eerste huwelijk van mijn grootvader, prof. C. G. Jung, met Virginie de Lassaulx. Ze was een betoverende oude dame met schitterende, blauwe ogen en een zeer levendig temperament. Haar man was psychiater. Ze leek me omringd door een wereld van ongrijpbare fantasieën en niet nader te definiëren herinneringen; de laatste glimp van een oude verdwijnende wereld, die nooit zou weerkeren – een definitief afscheid van de nostalgie van mijn kindertijd.

De 10e december 1900 begon ik als assistent in Burghölzli. Ik ging graag naar Zürich, want in de loop der jaren was Bazel me te beperkt geworden. Voor de Bazelaars bestond er maar één stad; alleen in Bazel was het 'goed' en aan de andere kant van de Birs begon de 'ellende'. Mijn vrienden konden niet begrijpen dat ik wegging en rekenden er op dat ik binnen de kortste tijd zou terugkomen. Maar dat kon ik niet, want in Bazel stond ik eens en voor altijd bekend als de zoon van dominee Paul Jung en als de kleinzoon van professor Carl Gustav Jung. Ik hoorde om het zo te zeggen bij een bepaalde intellectuele groep en bij een bepaalde sociale 'set'. Dat vervulde me met tegenzin, want ik wilde en kon me niet laten vastleggen.
In geestelijk opzicht leek me de atmosfeer in Bazel onovertroffen en benijdenswaardig open, maar de druk van de traditie was me te veel. Toen ik in Zürich kwam, voelde ik heel sterk het verschil. De relatie van Zürich met de wereld is niet die van de geest, maar die van de handel. Maar hier was de lucht vrij en dat heb ik heel erg gewaardeerd. Hier merkte je nergens het stof der eeuwen, al miste je wel de rijke culturele achtergrond. Voor Bazel voel ik altijd nog een pijnlijk zwak, hoewel ik weet dat het niet meer is zoals het was. Ik herinner me nog de tijd dat daar een Bachofen leefde en een Jakob Burckhardt, dat achter de Dom nog het oude 'Kapitelhaus' stond en dat de oude Rijnbrug nog voor de helft van hout was.
Voor mijn moeder was het hard dat ik Bazel verliet. Maar ik wist dat ik haar dit verdriet niet kon besparen en ze heeft het moedig gedragen. Ze woonde samen met mijn zuster, die negen jaar jonger was dan ik. Mijn zuster had een zachtmoedige aard, was wat ziekelijk aangelegd en ze was in elk opzicht anders dan ik. Ze was geboren voor het leven van ongetrouwde juffrouw – ze trouwde dan ook niet. Maar ze ontwikkelde zich tot een opvallende persoonlijkheid en ik bewonderde haar houding. Ze was een geboren 'lady' en zo is ze ook gestorven. Ze moest een operatie ondergaan, die in principe on-

schuldig was, die zij echter niet overleefde. Het maakte een diepe indruk op me toen bleek dat ze van tevoren al haar zaken tot in de puntjes geregeld had. In de grond was ze me vreemd geweest, maar ik had een groot respect voor haar. Ik was veel emotioneler, zij was daarentegen altijd beheerst, hoewel haar eigenlijke aard erg gevoelig was. Ik had me haar kunnen voorstellen in een adellijk stift, zoals ook de enige, veel jongere zuster van mijn grootvader Jung in een soortgelijk stift heeft geleefd.*

Met het werk in Burghölzli begon mijn leven in een onverdeelde werkelijkheid, geheel en uitsluitend doelgerichtheid, bewustheid, plicht en verantwoordelijkheid. Het was de intrede in het wereldse klooster, de onderwerping aan de gelofte alleen het waarschijnlijke, het middelmatige, het banale en weinig zinvolle te geloven; het vreemde en betekenisvolle op te geven en al het ongewone te reduceren tot het gewone. Er waren slechts oppervlakten die niets verborgen, slechts aanzetten zonder vervolg, toevalligheden zonder samenhang, inzichten die zich tot steeds kleinere gebieden beperkten, tekortkomingen die zich trachtten voor te doen als problemen, horizonten vol bedrukkende bekrompenheid en de onafzienbare woestenij van de routine. Een half jaar lang trok ik me terug tussen de kloostermuren om aan het leven en de geest in een krankzinnigengesticht te wennen, en ik worstelde me door de vijftig delen van het 'Allgemeine Zeitschrift für Psychiatrie' heen; vanaf het eerste nummer, om de psychiatrische mentaliteit te leren kennen. Ik wilde weten hoe de menselijke geest reageert op de aanblik van zijn eigen verwoesting; want de psychiatrie leek me de onder woorden gebrachte uitdrukking van de biologische reactie, die de zogenaamd gezonde geest heeft bij de aanblik van krankzinnigheid. Mijn collega's leken me even interessant als de patiënten. Ik heb daarom in de volgende jaren een even geheime als leerzame statistiek aangelegd van de erfelijke achtergronden van mijn Zwitserse collega's – zowel tot mijn persoonlijke stichting als tot beter begrip van de psychiatrische reactie.

Ik hoef natuurlijk nauwelijks op te merken dat mijn collega's bevreemd waren door mijn concentratie en mijn zelfopgelegd kluizenaarschap. Ze wisten natuurlijk niet hoezeer de psychiatrie mij bevreemdde en hoeveel me eraan gelegen was met haar geest bekend te raken. Ik had destijds nog geen enkele therapeutische belangstelling, maar de pathologische varianten van

* Direct na de dood van zijn zuster schreef Jung de volgende regels: 'Tot 1904 woonde mijn zuster Gertrud met haar moeder in Bazel. Toen verhuisden ze samen naar Zürich, waar ze eerst tot 1909 in Zollikon en daarna, tot aan haar dood, in Küsnacht woonde. Na de dood van haar moeder in 1923 woonde ze alleen. Haar uiterlijk leven was stil, teruggetrokken, ze ging met slechts een kleine kring vrienden en verwanten om. Ze was beleefd, vriendelijk, goedhartig en stond de buitenwereld geen nieuwsgierige blikken in haar innerlijk toe. Zo stierf ze ook, zonder klagen, zonder over haar eigen lot te spreken, met een volmaakte zelfbeheersing. Ze verliet een leven dat zich innerlijk vervuld had, onbewogen door oordelen of mededelingen.'

de zogenaamde normaliteit trokken me enorm aan, want deze gaven me de zozeer verlangde mogelijkheid tot dieper inzicht in de psyche in het algemeen.
Onder deze condities begon mijn psychiatrische loopbaan, mijn subjectieve experiment, waaruit mijn objectieve leven voortvloeide.

Ik heb er geen zin in – en ik kan het ook niet – me dermate buiten mezelf te plaatsen dat ik mijn eigen lot werkelijk objectief zou kunnen beschouwen. Ik zou het slachtoffer worden van de bekende fout van autobiografen, die òf een illusie ontvouwen hoe het had moeten zijn, òf een apologie pro vita sua (voor het eigen leven) schrijven. Uiteindelijk is men een gebeuren dat niet zichzelf beoordeelt, maar dat veeleer onderworpen wordt aan het oordeel van anderen – for better or worse.

Psychiatrische activiteiten

De jaren in Burghölzli, de psychiatrische universiteitskliniek van Zürich, waren mijn leerjaren. In het centrum van mijn belangstelling en van mijn onderzoek stond de brandende vraag: wat gaat er in de geesteszieke om? Dat begreep ik toen nog niet en onder mijn collega's was er niemand die zich voor dit probleem geïnteresseerd zou hebben. Het onderricht in de psychiatrie was er op gericht als het ware te abstraheren van de zieke persoonlijkheid. Men stelde zich tevreden met diagnoses, beschrijvingen van symptomen en statistieken. Vanuit het zogenaamde klinische standpunt dat toen gebruikelijk was, ging het de artsen niet om de geesteszieken als mensen, als individualiteit, maar men moest de patiënt nr. X met een lange lijst diagnoses en symptomen behandelen. Men gaf hem een 'etiket', bestempelde hem met een diagnose en daarmee was het geval grotendeels afgedaan. De psychologie van de geesteszieke speelde in het geheel geen rol.
In deze situatie werd Freud van wezenlijk belang voor mij, vooral door zijn fundamentele onderzoekingen op het gebied van de dromen en van de psychologie van de hysterie. Zijn opvattingen wezen me de weg tot verder onderzoek en tot beter begrip van de individuele gevallen. Freud bracht de psychologische probleemstelling in de psychiatrie, hoewel hij zelf geen psychiater, maar neuroloog was.

Ik herinner me nog goed een geval, dat destijds heel veel indruk op me maakte. Het ging om een jonge vrouw, die met het etiket 'melancholie' naar de kliniek gebracht werd en die zich op mijn afdeling bevond. Ze werd met de gebruikelijke zorgvuldigheid onderzocht: anamnese, tests, lichamelijk onderzoek enzovoort. Diagnose: schizofrenie, of, zoals men toen zei: 'dementia praecox'. Prognose: slecht.
Eerst waagde ik het niet deze diagnose te betwijfelen. Ik was toen nog een jongeman, een beginneling en ik achtte mezelf niet in staat een afwijkende diagnose te stellen. En toch leek het me een merkwaardig geval. Ik had de indruk dat het niet om schizofrenie ging, maar om een gewone depressie en ik nam me voor de patiënte volgens mijn eigen methoden te onderzoeken. In die tijd hield ik me bezig met diagnostische associatie-studies, en dus deed ik met haar de associatietest. Bovendien besprak ik haar dromen met haar. Op deze manier lukte het me haar verleden te leren kennen en iets essentieels

te weten te komen, wat door de gebruikelijke anamnese niet duidelijk was geworden. Ik kreeg om zo te zeggen de informaties rechtstreeks van het onbewuste en daaruit bleek een sombere en tragische geschiedenis.
Voordat deze vrouw trouwde had ze een man gekend, de zoon van een grootindustrieel, voor wie alle meisjes in de omgeving zich interesseerden. Omdat ze er erg knap uitzag, dacht ze dat ze hem wel aanstond en dat ze wel een kans bij hem zou maken. Maar blijkbaar was hij niet in haar geïnteresseerd en zo trouwde ze met een ander.
Vijf jaar later kreeg ze een oude vriend op bezoek. Ze haalden wat oude herinneringen op en bij deze gelegenheid zei de vriend: 'Toen je trouwde was dat een hele klap voor iemand – voor jouw mijnheer X' (de zoon van de grootindustrieel). Dat was het kritieke moment! Op dat ogenblik begon de depressie en een paar weken later kwam het tot een catastrofe:
Ze deed haar kinderen in bad, eerst haar vierjarig dochtertje en toen haar tweejarige zoon. Ze woonde in een land waar de watervoorziening hygiënisch niet onberispelijk was; er was zuiver bronwater om te drinken en besmet water uit de rivier om te baden en te wassen. Toen ze nu het kleine meisje waste, zag ze hoe het kind op de spons zoog, maar ze deed niets om dat te verhinderen. Haar zoontje gaf ze zelfs een glas van het verontreinigde water te drinken. Dat deed ze natuurlijk onbewust, of slechts half bewust, want ze was al binnen de schaduw van de beginnende depressie.
Kort daarop, na de incubatietijd, kreeg het meisje tyfus en stierf. Het was haar lievelingskind. Het jongetje was niet besmet. Op dat moment werd de depressie acuut en de vrouw kwam in de inrichting terecht.
Het feit, dat ze een moordenares was, en veel bijzonderheden van haar geheim, had ik uit het associatie-experiment kunnen opmaken; en het was me duidelijk dat dit toereikend was om een depressie te veroorzaken. Het ging in hoofdzaak om een psychogene storing.
Hoe stond het met de therapie? Tot dusver had ze voor haar slapeloosheid narcotica gekregen en omdat men een poging tot zelfmoord vermoedde, werd ze bewaakt. Maar verder was er niets gedaan. Fysiek was ze in orde.
Ik zag me nu voor het probleem gesteld: moet ik openlijk met haar praten of niet? Zal ik dit waagstuk ondernemen? Dat betekende een moeilijk gewetensprobleem voor me, een plichtsconflict zonder weerga. Maar ik moest het conflict alleen met mezelf uitvechten, want als ik mijn collega's om raad had gevraagd, hadden ze me vast gewaarschuwd: 'Zeg in godsnaam niet zulk soort dingen tegen die vrouw. Je maakt haar dan nog krankzinniger.' Maar volgens mijn opvatting kon de uitwerking ook omgekeerd zijn. In de psychologie bestaat er bovendien nauwelijks een ondubbelzinnige waarheid. Een vraag kan op verschillende manieren beantwoord worden, al naar gelang men de onbewuste factoren in de beoordeling betrekt, of niet. Natuurlijk was ik me ook bewust welk risico ik zelf liep: als het mis ging met de patiënte, zou

het er voor mij ook niet al te best uitzien.
Toch besloot ik een therapie te wagen, waarbij het uitgangspunt erg onzeker was. Ik vertelde haar alles wat ik door de associatietest had ontdekt. U kunt zich voorstellen hoe moeilijk dat was. Het is niet gering iemand recht in zijn gezicht te zeggen dat hij een moord heeft begaan. En het was tragisch voor de patiënte dit aan te horen en te moeten accepteren. Maar het effect was dat ze veertien dagen later ontslagen kon worden en nooit meer in een inrichting terechtkwam.
Ik had nog andere redenen die me ertoe brachten te zwijgen tegenover mijn collega's: ik vreesde dat ze over dit geval zouden discussiëren en wellicht juridische vragen zouden opwerpen. Men kon hier weliswaar niets bewijzen, maar toch zou een dergelijke discussie voor de patiënte catastrofale gevolgen kunnen hebben. Het leek me zinvoller dat ze terugkeerde in de maatschappij, om in het dagelijks leven te boeten voor haar schuld. Ze was zwaar genoeg gestraft door het lot. Toen ze ontslagen werd uit de kliniek nam ze een zware last met zich mee. Die moest ze dragen. Haar boetedoening was al begonnen met haar depressie en met de opname in de inrichting; en het verlies van haar kind was een groot verdriet voor haar.
In veel psychiatrische gevallen heeft de patiënt een voorgeschiedenis die niet verteld wordt en die gewoonlijk ook niemand kent. Voor mij begint de eigenlijke therapie pas na het onderzoek van deze persoonlijke geschiedenis. Ze is het geheim van de patiënt, waar hij aan ten onder is gegaan. Tegelijk bevat zij de sleutel tot zijn behandeling. De arts moet alleen weten hoe hij er achter kan komen. Hij moet vragen stellen die de gehele mens betreffen en niet alleen zijn symptoom. Het onderzoek van het bewuste materiaal is in de meeste gevallen niet voldoende. Onder bepaalde omstandigheden kan de associatietest toegang verschaffen; ook de interpretatie van dromen kan dat, of het langdurige en geduldige menselijke contact met de patiënt.

In 1905 werd ik privaatdocent in de psychiatrie en in hetzelfde jaar werd ik chef de clinique in de psychiatrische kliniek van de universiteit van Zürich en dat bleef ik vier jaar lang. Toen, in 1909, moest ik deze betrekking opgeven omdat het werk me eenvoudig boven het hoofd groeide. In de loop der tijd was mijn privé-praktijk zo groot geworden dat ik al het werk niet meer aankon. Mijn werkzaamheden als privaatdocent zette ik echter voort tot 1913. Ik gaf colleges over psychopathologie en natuurlijk ook over de grondslagen van de psychoanalyse van Freud en over de psychologie van primitieven. Dat waren de belangrijkste onderwerpen. In de eerste semesters hield ik me tijdens de colleges vooral bezig met hypnose en met Janet en Flournoy. Later kwam het vraagstuk van de Freudiaanse psychoanalyse op de voorgrond te staan.
Ook tijdens de practica over hypnose vroeg ik naar de persoonlijke voorge-

schiedenis van de patiënten die ik de studenten liet zien. Eén geval kan ik me nog goed herinneren.
Op een keer verscheen een wat oudere vrouw, ongeveer achtenvijftig jaar oud en kennelijk gelovig. Ze liep met krukken en werd ondersteund door haar dienstmeisje. Al zeventien jaar lang leed ze aan een pijnlijke verlamming van het linkerbeen. Ik liet haar in een gemakkelijke stoel zitten en vroeg wat er gebeurd was. Ze begon te vertellen en te klagen en het hele verhaal van haar ziekte kwam eruit, met alles erop en eraan. Uiteindelijk onderbrak ik haar en zei: 'Zo, we hebben nu geen tijd om nog meer te praten. Nu moet ik u hypnotiseren.' – Nauwelijks had ik dat gezegd of ze sloot haar ogen en viel in een diepe trance – zonder enige hypnose! Ik was verbaasd, maar liet haar verder met rust. Ze praatte onafgebroken en vertelde de merkwaardigste dromen, die een tamelijk diepgaande ervaring van het onbewuste weergaven. Dat heb ik echter pas veel later begrepen. Destijds nam ik aan dat het een soort ijlen was. Ik begon echter de situatie wat onbehagelijk te vinden. Er zaten twintig studenten, die ik een hypnose wilde demonstreren!
Toen ik de patiënte na een half uur weer wilde wekken, lukte dat niet. Ik vond het wat angstig worden en de gedachte viel me in dat ik wellicht een latente psychose geraakt kon hebben. Ongeveer tien minuten verliepen voor het me lukte haar weer te wekken. Daarbij mocht ik tegenover de studenten niets van mijn vrees laten blijken! Toen de vrouw weer tot zichzelf kwam, was ze duizelig en verward. Ik probeerde haar te kalmeren: 'Ik ben de dokter, alles is in orde.' Waarop ze uitriep: 'Maar ik ben immers genezen!'; ze wierp de krukken opzij en kon weer lopen. Ik kreeg een rood hoofd en zei tegen de studenten: 'Nu hebben jullie gezien wat je met hypnose kan bereiken.' Maar ik had niet het minste vermoeden hoe alles in zijn werk was gegaan.
Dat was één van de ervaringen die mij ertoe brachten de hypnose op te geven. Ik begreep niet wat er eigenlijk gebeurd was, maar de vrouw was werkelijk genezen en ging verheugd weg. Ik vroeg of ze me op de hoogte wilde houden, want ik verwachtte een terugval binnen op zijn hoogst vierentwintig uur. Maar de pijnen kwamen niet meer terug en ik moest ondanks mijn scepsis het feit van haar genezing aanvaarden.
Bij het eerste college van het zomersemester van het volgende jaar kwam ze weer terug. Deze keer klaagde ze over een hevige pijn in de rug, die eerst kortgeleden ontstaan was. Ik hield het niet voor onmogelijk dat dit samenhing met de hervatting van mijn colleges. Misschien had ze de aankondiging daarvan in de krant gelezen. Ik vroeg wanneer de pijn was begonnen en waardoor deze veroorzaakt was. Ze kon zich echter niet herinneren dat er iets bepaalds was gebeurd; ze wist eenvoudig geen verklaring. Uiteindelijk kwam ik erachter dat de pijnen inderdaad op die dag en dat uur begonnen

waren dat ze de aankondiging van mijn colleges in de krant had gezien. Dat bevestigde dan wel mijn vermoeden, maar ik begreep nog steeds niet wat de oorzaak was van deze wonderbaarlijke genezing. Ik hypnotiseerde haar weer, dat wil zeggen ze viel spontaan in trance zoals de eerste keer – en was na afloop van haar pijn verlost.

Na het college bleef ik nog even met haar praten om wat bijzonderheden uit haar leven te horen. Het bleek toen, dat ze een zwakzinnige zoon had die in de kliniek op mijn afdeling verbleef. Daar wist ik niets van, omdat zij de naam van haar tweede man droeg, terwijl de zoon uit haar eerste huwelijk afkomstig was. Hij was haar enig kind. Natuurlijk had ze op een begaafde en succesvolle zoon gehoopt en ze was diep teleurgesteld toen hij al op jonge leeftijd geestesziek werd. Ik was in die tijd een nog jonge arts en vertegenwoordigde alles wat zij voor haar zoon gewenst had. Daarom kwamen alle eerzuchtige wensen, die zij als heldenmoeder koesterde, bij mij terecht. Ze adopteerde mij zogezegd als haar zoon en verkondigde haar wonderbaarlijke genezing aan wie het maar horen wou.

In feite had ik mijn plaatselijke roem als wonderdoener aan haar te danken en aangezien haar verhaal al gauw doorverteld werd, dankte ik ook mijn eerste particuliere patiënten aan haar. Mijn psychotherapeutische praktijk begon ermee, dat een moeder mij in de plaats van haar geesteszieke zoon had gesteld! Natuurlijk maakte ik haar de samenhangen duidelijk en ze aanvaardde alles met heel veel begrip. Later heeft ze nooit meer een terugval gehad.

Dat was mijn eerste werkelijke therapeutische ervaring, ik zou kunnen zeggen: mijn eerste analyse. Ik herinner me nog duidelijk het gesprek met de oude dame. Ze was intelligent en heel erg dankbaar dat ik haar serieus had genomen en meeleven getoond had met haar lot en dat van haar zoon. Dat had haar geholpen.

In het begin paste ik ook in mijn particuliere praktijk hypnose toe, maar ik hield er al gauw mee op, omdat je in feite in het duister tast. Het is nooit zeker in hoeverre een vooruitgang of een genezing blijvend is en het stond me tegen met onzekere factoren te werken. Net zo min hield ik ervan zelf te beslissen wat de patiënt doen moest. Ik wilde graag van de patiënt zelf te weten komen in welke richting hij zich van nature zou ontwikkelen. De zorgvuldige analyse van dromen en van andere manifestaties van het onbewuste was daartoe noodzakelijk.

In de jaren 1904/1905 zette ik een laboratorium op voor experimentele psychopathologie aan de psychiatrische kliniek. Daar had ik een aantal leerlingen met wie ik psychische reacties (c.q. associaties) onderzocht. Franz Riklin Sr. was mijn medewerker. Ludwig Binswanger schreef destijds zijn dissertatie over de associatietest in relatie met het psychogalvanisch effect en ik werkte aan mijn studie 'Zur psychologischen Tatbestandsdiagnostik.'* Er waren ook een paar Amerikanen, onder andere Carl Peterson en Charles Ricksher. Hun werk werd gepubliceerd in de Amerikaanse vaktijdschriften. Dank zij het associatie-onderzoek werd ik naderhand, in 1909, uitgenodigd door de Clark-University; ik zou daar lezingen houden over mijn werk. Tegelijk en onafhankelijk van mij, werd Freud uitgenodigd. We ontvingen beiden een ere-doctoraat.

Eveneens door de associatietest en de psychogalvanische test raakte mijn naam in Amerika bekend en al gauw kwamen er talrijke patiënten uit de Verenigde Staten. Ik herinner me nog goed één van de eerste gevallen:

Een Amerikaanse collega had een patiënt naar mij verwezen. De diagnose luidde 'alcoholneurasthenie'. In de prognose werd hij omschreven als 'ongeneeslijk'. Dus had mijn collega hem al bij wijze van voorzorg de raad gegeven een zekere autoriteit op het gebied van de neurologie in Berlijn te raadplegen, in het vooruitzicht dat mijn poging tot een therapie nergens toe zou leiden. Hij kwam op mijn spreekuur en nadat ik een tijdje met hem had gepraat, zag ik dat de man een gewone neurose had; hij had geen enkel vermoeden wat de psychische oorzaak daarvan kon zijn. Ik voerde de associatietest met hem uit en daarbij kwam ik tot het inzicht dat hij aan de gevolgen van een formidabel moedercomplex leed. Hij was afkomstig uit een rijke en aanzienlijke familie, had een sympathieke vrouw en zogezegd geen zorgen – uiterlijk. Hij dronk alleen te veel en dat was een vertwijfelde poging om zichzelf te verdoven, opdat hij zijn benauwende situatie kon vergeten. Natuurlijk loste hij op deze manier zijn moeilijkheden niet op.

Zijn moeder was eigenares van een grote onderneming en daarin bekleedde de ongewoon begaafde zoon een leidinggevende functie. Eigenlijk had hij zich al lang los moeten maken van de bedrukkende ondergeschiktheid aan zijn moeder, maar hij kon niet besluiten zijn schitterende positie op te offeren. Zo bleef hij geketend aan zijn moeder, die hem deze positie had bezorgd. Telkens wanneer hij met haar samen was, of wanneer hij zich aan haar inmengingen moest onderwerpen, begon hij te drinken om zijn affecten te verdoven, respectievelijk om er vanaf te komen. In feite wilde hij echter helemaal niet het warme nest verlaten, maar liet zich – tegen zijn eigen instinct in – verleiden door welstand en comfort.

Na een korte behandeling hield hij op met drinken en beschouwde zichzelf als genezen. Maar ik zei tegen hem: 'Ik garandeer niet dat u niet weer in uw oude toestand terechtkomt wanneer u terugkeert in uw vroegere situatie.' Maar hij geloofde me niet en reisde welgemoed terug naar Amerika.

Nauwelijks was hij weer onder de invloed van zijn moeder of hij begon weer te drinken. Daarop werd ik door haar voor een consult ontboden toen ze in

* 'Zentralblatt für Nervenheilkunde und Psychiatrie', Jrg. XXVIII, 1905. 'Gesammelte Werke' deel I.

Zwitserland verbleef. Ze was een schrandere vrouw, maar een machtsduivelin van de eerste orde. Ik zag wat de zoon moest weerstaan en wist dat hij deze weerstand niet kon opbrengen. Hij was ook lichamelijk een wat tengere verschijning en hij was eenvoudig niet tegen zijn moeder opgewassen. Zo besloot ik tot een gewelddadige list. Achter zijn rug om gaf ik zijn moeder een attest dat hij wegens alcoholisme zijn positie in haar bedrijf onmogelijk nog langer kon vervullen. Men moest hem ontslaan. Deze raad volgde ze ook op en natuurlijk was de zoon woedend op mij.
Hier had ik iets ondernomen, wat normaal niet makkelijk te verenigen is met het medisch geweten. Maar ik wist dat ik terwille van de patiënt deze schuld op me moest nemen.
En hoe is het verder met hem gegaan? Hij was nu van zijn moeder gescheiden en kon zijn persoonlijkheid ontplooien: hij maakte een schitterende carrière – ondanks, of juist dank zij het paardemiddel. Zijn vrouw was me dankbaar, want haar man had niet alleen zijn alcoholisme overwonnen, maar volgde zijn persoonlijke weg met groot succes.
Jarenlang had ik tegenover deze patiënt een slecht geweten, omdat ik het attest achter zijn rug om had afgegeven. Maar ik wist heel goed dat alleen een gewelddaad hem kon bevrijden. En daarmee was ook de neurose verdwenen.

Een ander geval heb ik eveneens nooit kunnen vergeten. Er kwam een dame op mijn spreekuur. Ze weigerde haar naam te noemen; dat deed niet ter zake want ze wilde me slechts één keer consulteren. Ze was kennelijk afkomstig uit de hoogste kringen. Ze zei dat ze arts was geweest. Wat ze me te vertellen had was een biecht: twintig jaar geleden had ze uit jaloezie een moord begaan. Omdat ze met de man van haar beste vriendin wilde trouwen, had ze deze vriendin vergiftigd. Volgens haar opvattingen speelde moord geen rol wanneer het niet ontdekt werd. Wanneer zij met de man van haar vriendin wilde trouwen, dan kon ze haar eenvoudig uit de weg ruimen. Dat was haar standpunt. Morele bezwaren kwamen voor haar niet in aanmerking.
En wat gebeurde daarna? Ze was weliswaar met deze man getrouwd, maar hij overleed al spoedig, nog tamelijk jong. In de loop der volgende jaren gebeurden merkwaardige dingen: de dochter uit dit huwelijk probeerde haar moeder zoveel mogelijk te mijden zodra ze volwassen was. Ze trouwde jong en trok zich steeds meer terug. Uiteindelijk verdween ze uit haar moeders gezichtskring en verloor elk contact met haar.
De vrouw was een hartstochtelijk paardrijdster en bezat een aantal rijpaarden die veel van haar belangstelling in beslag namen. Op een dag merkte ze dat de paarden nerveus werden zodra ze hen besteeg. Zelfs haar lievelingspaard werd schichtig en wierp haar af. Uiteindelijk moest ze het paardrijden opgeven. Ze beperkte zich nu tot haar honden. Ze bezat een heel mooie her-

dershond, waaraan ze erg gehecht was. Het 'toeval' wilde dat juist deze hond verlamd raakte. Toen was de maat vol en ze voelde dat ze 'moreel niet meer kon'. Ze moest biechten en daarvoor kwam ze bij mij. Ze was een moordenares, maar bovendien had ze ook nog zichzelf vermoord. Want wie een dergelijke misdaad begaat, verwoest zijn ziel. Wie moordt, is ook reeds zelf veroordeeld. Als iemand een misdaad heeft begaan en hij wordt betrapt, dan wordt hij getroffen door de gerechtelijke straf. Heeft hij het in het geheim gedaan, zonder zich moreel bewust te zijn van zijn daad en wordt er niets ontdekt, dan kan de straf hem toch nog bereiken, zoals ons geval aantoont. Het komt toch aan het licht. Soms lijkt het erop of ook dieren en planten het 'weten'.

De vrouw is door deze moord zelfs van de dieren vervreemd. Ze is in een onverdraaglijke eenzaamheid terechtgekomen. Om van haar eenzaamheid verlost te worden, heeft ze mij tot deelgenoot van haar geheim gemaakt. Ze moest met iemand praten die geen moordenaar was. Ze wilde een mens vinden die haar biecht onbevangen kon accepteren, want op die manier kon ze weer in zekere zin een relatie tot de mensheid krijgen. Het moest echter geen professionele biechtvader zijn, maar een arts. Bij een biechtvader had ze vermoed dat hij haar van ambtswege aanhoorde; dat hij de feiten niet als zodanig aanvaardde, maar met het doel ze moreel te beoordelen. Ze had ondervonden dat mensen en dieren haar verlieten en was zó getroffen door deze zwijgende veroordeling dat ze niet nog een vervloeking had kunnen verdragen.

Ik ben er nooit achter gekomen wie ze was; ook heb ik geen bewijs dat ze de waarheid sprak. Later vroeg ik me nog wel eens af hoe haar leven toch verder zou zijn gegaan. Want indertijd was haar levensverhaal nog niet ten einde. Wellicht kwam het uiteindelijk tot zelfmoord. Ik kan me niet voorstellen hoe ze in deze uiterste eenzaamheid verder had kunnen leven.

Klinische diagnoses zijn belangrijk omdat ze een zekere oriëntering geven, maar de patiënt heeft er niets aan. Het beslissende punt is het probleem van de 'voorgeschiedenis' van de patiënt, want deze onthult de menselijke achtergrond en het menselijk lijden en alleen daar kan de therapie van de arts een aanvang nemen. Dat liet ook een ander geval heel duidelijk zien.

Het ging om een oudere patiënte op de vrouwenafdeling van de kliniek, een vijfenzeventigjarige vrouw die al sinds veertig jaar bedlegerig was. Bijna vijftig jaar terug was ze in de inrichting opgenomen, maar niemand kon zich meer haar internering herinneren; degenen die dat hadden meegemaakt waren inmiddels allen overleden. Alleen een hoofdzuster die al vijfendertig jaar in de inrichting werkte, wist nog iets van haar geschiedenis. Het oudje kon niet meer spreken en ze kon slechts vloeibaar of half vloeibaar voedsel tot zich nemen. Ze at met haar vingers en schepte als het ware het eten in haar mond. Soms had ze bijna twee uur nodig voor een kopje melk. Als ze eens niet aan het eten was, maakte ze merkwaardige, ritmische bewegingen met haar handen en armen, waarvan ik de betekenis niet begreep. Ik was diep onder de indruk van de graad van verwoesting die krankzinnigheid kan aanrichten, maar ik wist geen verklaring. Bij de klinische demonstraties liet men haar zien als een geval van de katatonische vorm van dementia praecox. Dat zei me echter niets, want het gaf niet de minste aanwijzing over de betekenis en het ontstaan van de merkwaardige bewegingen.

De indruk die dit geval op me maakte, karakteriseert mijn reactie op de toenmalige psychiatrie. Ik had, toen ik assistent werd, het gevoel totaal niets te begrijpen van wat de psychiatrie voorgaf te zijn. Ik voelde me uiterst onbehaaglijk in de nabijheid van mijn chef en collega's die zo zeker optraden, terwijl ik radeloos in het duister tastte. De belangrijkste opgave van de psychiatrie was voor mij het inzicht in datgene, wat zich in het innerlijk van de geesteszieke afspeelt; en daar wist ik nog niets van. Zo was ik dus in een beroep terechtgekomen waar ik volstrekt niets van begreep!

Laat op een avond liep ik over de afdeling, ik zag de oude vrouw met haar raadselachtige bewegingen en vroeg me weer eens af: waarom doet ze dat zo? Ik ging toen naar onze oude hoofdzuster en vroeg haar of deze patiënte altijd al zo geweest was. 'Ja', antwoordde ze, 'maar mijn voorgangster vertelde me dat ze vroeger schoenen heeft gemaakt.' Daarop raadpleegde ik nog eens haar oude ziektegeschiedenis en daar stond in dat ze bewegingen maakte zoals een schoenmaker. Vroeger hielden de schoenmakers de schoenen tussen de knieën en trokken de draad met precies diezelfde beweging door het leer. (Bij dorpsschoenmakers kan men dat tegenwoordig nog zien). Toen de patiënte kort daarop stierf, kwam haar oudere broer op de begrafenis. – 'Waarom is uw zuster ziek geworden?' vroeg ik hem. Hij vertelde toen dat ze van een schoenmaker had gehouden die om de een of andere reden niet met haar wilde trouwen en toen was ze 'stapelgek' geworden. – De schoenmakersbewegingen toonden haar identiteit met de geliefde, die duurde tot aan haar dood.

Destijds kreeg ik voor het eerst een vermoeden van de psychische oorsprong van de 'dementia praecox'. Van nu af aan richtte ik al mijn aandacht op de zinvolle samenhangen in de psychose.

Ik herinner me nog goed de patiënte door wier geschiedenis me de psychologische achtergronden van de psychose en vooral de 'onzinnige waandenkbeelden' duidelijk werden. Ik begreep door dit geval voor het eerst de tot dan toe voor zinloos verklaarde taal van de schizofrenen. De patiënte was Babette S., wier geschiedenis ik gepubliceerd heb.* In 1908 hield ik een

* 'Ueber die Psychologie der Dementia praecox', Halle 1907. en 'Der Inhalt der Psychose', Wenen 1908.

lezing over haar in het stadhuis van Zürich.
De patiënte was afkomstig uit het oude stadsgedeelte van Zürich, ze was ter wereld gekomen in één van de nauwe en vuile steegjes, waar ze in armoedige omstandigheden was opgegroeid. Haar zuster was prostituée, haar vader een drinker. Op haar negenendertigste manifesteerde zich bij haar een paranoïde vorm van dementia praecox, met de karakteristieke grootheidswaan. Toen ik haar leerde kennen was ze al twintig jaar in de inrichting. Honderden medische studenten kregen door haar een indruk van het angstaanjagend proces van de psychische ontbinding. Ze was één van de klassieke demonstratieobjecten van de kliniek. Babette was volslagen krankzinnig en zei dingen die je volstrekt niet kon begrijpen. Met veel moeite ondernam ik een poging om de inhoud van haar verwarde uitspraken te begrijpen. Ze zei bij voorbeeld: 'Ik ben de Loreley', en dat deed ze, omdat de dokter wanneer hij een verklaring probeerde te geven altijd zei: 'Ik weet niet wat het te betekenen heeft.' (Ich weiss nicht, was soll es bedeuten). Of ze kwam met een klacht als: 'Ik ben de plaatsvervanger van Socrates', wat – zoals ik ontdekte – moest betekenen: 'Ik ben even onrechtvaardig beschuldigd als Socrates.' Zotte uitspraken als: 'Ik ben het dubbelpolytechnicum, onvervangbaar', 'Ik ben een pruimentaart op maïsgriesbodem', 'Ik ben Germania en Helvetia van uitsluitend zoete boter', 'Napels en ik moeten de wereld van macaroni voorzien', betekenden waardevermeerderingen; dat wil zeggen compensaties van een minderwaardigheidsgevoel.
Het werken met Babette en andere gelijksoortige gevallen overtuigde me ervan dat veel van wat we tot nu toe als zinloos hadden beschouwd bij geesteszieken, helemaal niet zo 'gek' was. Ik ondervond meer dan eens dat bij deze patiënten op de achtergrond een 'persoonlijkheid' aanwezig is, die als normaal omschreven moet worden en die in zekere zin toekijkt. Af en toe kan deze persoonlijkheid ook – meestal via stemmen of dromen – heel verstandige opmerkingen en tegenwerpingen maken en het kan zelfs voorkomen dat ze bij voorbeeld bij een lichamelijke ziekte weer op de voorgrond treedt, waardoor de patiënt vrijwel normaal lijkt.
Ik moest eens een oude schizofrene behandelen bij wie de 'normale' persoonlijkheid-op-de-achtergrond heel duidelijk werd. Het was een geval dat niet te genezen was, ze kon alleen nog maar verzorgd worden. Zoals elke arts had ik ook patiënten die je zonder hoop op genezing tot in de dood begeleiden moet. De vrouw hoorde stemmen die over haar hele lichaam verspreid waren; en een stem in het midden van de thorax was de 'stem van God'. – 'Daar moeten we op vertrouwen', zei ik haar en verbaasde me over mijn eigen moed. In de regel maakte deze stem heel verstandige opmerkingen en met haar hulp kon ik het met de patiënte goed vinden. Op een keer zei de stem: 'Hij moet je overhoren uit de Bijbel!' Ze bracht een oude, stukgelezen bijbel mee en ik moest elke keer een hoofdstuk opgeven dat ze moest

lezen. De volgende keer moest ik haar daaruit overhoren. Dat heb ik ongeveer zeven jaar lang, eens in de veertien dagen gedaan. Ik voelde me overigens eerst wat merkwaardig in deze rol, maar na enige tijd werd het me duidelijk wat de oefening betekende: op deze manier werd de aandacht van de patiënte wakker gehouden, zodat ze niet verder wegzonk in de verwoestende droom van het onbewuste. Het resultaat was dat na ongeveer zes jaar de vroeger overal verbreide stemmen zich uitsluitend hadden teruggetrokken precies op de linkerlichaamshelft, terwijl de rechterhelft helemaal vrij was. De intensiteit van het fenomeen aan de linkerkant was ook niet verdubbeld, maar even sterk als vroeger. Men zou kunnen zeggen dat de patiënte tenminste 'éénzijdig genezen' was. Dat was een onverwacht succes, want ik had niet gedacht dat onze bijbellezing therapeutisch kon werken.

Door het werken met de patiënten was me duidelijk geworden dat vervolgingswaanbeelden en hallucinaties een zinvolle kern bevatten. Er staat een persoonlijkheid achter, een levensgeschiedenis met al zijn wensen en hopen. Het ligt alleen aan ons als we de zin niet begrijpen. Het werd me toen voor het eerst duidelijk dat in de psychose een algemene psychologie van de persoonlijkheid verborgen is, dat ook hier de oude conflicten der mensheid teruggevonden worden. Ook in patiënten die een afgestompte, apathische of versufte indruk maken, gaat meer, en meer zinvols om, dan je op het eerste gezicht zou denken. In feite ontdekken we in de geesteszieke niets nieuws en onbekends, maar we ontmoeten de ondergrond van ons eigen wezen. Dit inzicht was destijds voor mij een overweldigende gevoelservaring.

Ik vind het steeds weer verbazingwekkend hoeveel tijd het gekost heeft voordat de psychiatrie eindelijk aandacht kreeg voor de inhoud van de psychosen. Men vroeg zich nooit af wat de fantasieën van de patiënten betekenden en waarom de ene patiënt een heel andere fantasie had dan de andere; waarom bij voorbeeld de één meende door de jezuïeten vervolgd te worden, de ander dat de joden hem wilden vergiftigen en een derde dat de politie hem achterna zat. Men nam de inhoud van de fantasieën niet serieus, maar sprak bij voorbeeld heel in het algemeen over 'vervolgingswaan'. Merkwaardig vind ik het ook dat mijn toenmalige onderzoekingen tegenwoordig vrijwel vergeten zijn. Ik heb al aan het begin van deze eeuw schizofrenen therapeutisch behandeld. Deze methode heeft men niet pas in deze tijd ontdekt. Maar het kostte nog heel veel tijd voordat men ertoe overging de psychologie op te nemen in de psychotherapie.

Toen ik nog in de kliniek werkte, moest ik mijn schizofrene patiënten heel discreet behandelen. Ik moest heel voorzichtig zijn om het verwijt een fantast te zijn te vermijden. Schizofrenie, of zoals het toen heette 'dementia praecox', werd als ongeneeslijk beschouwd. Als een schizofrenie met succes behandeld werd, zei men gewoon dat het geen schizofrenie geweest was.

Toen Freud me in 1908 in Zürich bezocht, liet ik hem het geval van Babette zien. Naderhand zei hij tegen me: 'Weet je Jung, wat je bij deze patiënte ontdekt hebt, is zeer zeker interessant. Maar hoe heb je het eigenlijk kunnen uithouden om met zo'n vreselijk onaantrekkelijk vrouwmens uren en dagen door te brengen?' – Ik moet hem enigszins onthutst hebben aangekeken, want deze gedachte was zelfs nog nooit bij me opgekomen. Ik vond haar in zekere zin een vriendelijk oud ding, omdat ze zulke mooie waandenkbeelden had en zulke interessante dingen zei. En uiteindelijk kwam ook bij haar de menselijke gestalte te voorschijn uit wolken vol groteske onzin. Therapeutisch is er bij Babette niets bereikt, want ze was al te lang ziek. Maar ik heb andere gevallen gezien, waarbij dit soort zorgvuldig ingaan op wat de patiënt zegt een blijvend therapeutisch effect had.

Van de buitenkant gezien komt bij de geesteszieken alleen de tragische verwoesting te voorschijn, zelden echter het leven van die zijde van de ziel, die van ons afgekeerd is. Vaak bedriegt de uiterlijke schijn, zoals ik tot mijn verbazing ondervond in het geval van een jonge, katatonische patiënte. Ze was achttien jaar en was afkomstig uit een ontwikkeld gezin. Op haar vijftiende werd ze door haar broer verleid en door schoolkameraden misbruikt. Vanaf haar zestiende vereenzaamde ze. Ze verborg zich voor de mensen en had uiteindelijk alleen nog een gevoelsrelatie met een kwaadaardige waakhond, die bij andere mensen thuishoorde en die ze wat vriendelijker probeerde te stemmen. Ze werd steeds vreemder en op haar zeventiende kwam ze in het krankzinnigengesticht, waar ze anderhalf jaar verbleef. Ze hoorde stemmen, weigerde voedsel en was volledig mutistisch (dat wil zeggen ze sprak niet meer). Toen ik haar voor het eerst zag, was ze in een typisch katatonische toestand.

In de loop van een aantal weken slaagde ik erin haar langzamerhand tot spreken te brengen. Na overwinning van hevige weerstanden vertelde ze me dat ze op de maan had geleefd. Deze was bewoond, maar eerst had ze uitsluitend mannen gezien. Die hadden haar onmiddellijk meegenomen naar een 'ondermaanse' behuizing, waar hun vrouwen en kinderen verbleven. Op de hoge maanbergen huisde namelijk een vampier die vrouwen en kinderen roofde en doodde, zodat het maanvolk met vernietiging bedreigd was. Dat was de reden voor het 'ondermaanse' bestaan van de vrouwelijke bevolkingshelft.

Mijn patiënte besloot nu iets voor het maanvolk te doen en nam zich voor de vampier te vernietigen. Na lange voorbereidingen wachtte ze de vampier op, op het platform van een toren die speciaal met dit doel gebouwd was. Na een aantal nachten zag ze hem eindelijk van verre als een grote, zwarte vogel komen aanzweven. Ze nam haar lange offermes, verborg het in haar gewaad en wachtte op zijn komst. Plotseling stond hij voor haar. Hij had een aantal paren vleugels. Zijn gezicht en zijn hele gestalte werden daardoor verborgen, zodat ze alleen zijn veren zag. Ze was verwonderd en werd bevangen door nieuwsgierigheid hoe hij eruit zou zien. Ze liep naar hem toe, haar hand aan het mes. Toen werden plotseling de vleugels geopend en een man van bovenaardse schoonheid stond voor haar. Met een ijzeren greep sloot hij haar in zijn vleugelarmen, zodat ze het mes niet meer gebruiken kon. Bovendien was ze zo in de ban van de blik van de vampier, dat ze helemaal niet meer in staat was geweest om toe te stoten. Hij tilde haar van de grond op en vloog met haar weg.

Na deze onthulling kon ze weer ongehinderd spreken en nu kwamen ook haar weerstanden naar buiten; ik had haar de terugweg naar de maan versperd, ze kon nu niet meer van de aarde weg. Deze wereld was niet mooi, maar de maan was mooi en daar was het leven zinvol. Kort daarop viel ze weer terug in de katatonie. Een tijdlang had ze aanvallen van razernij.

Toen ze na twee maanden ontslagen werd, kon je weer met haar praten en langzamerhand zag ze in dat het leven op aarde onvermijdelijk was. Vertwijfeld verweerde ze zich echter tegen deze onvermijdelijkheid en haar consequenties en ze moest nog eens in de inrichting verpleegd worden. Op een keer zocht ik haar op in haar cel en zei tegen haar: 'Daar heeft u allemaal niets aan, u kunt niet terug naar de maan!' Dat hoorde ze zwijgend en volstrekt onverschillig aan. Deze keer werd ze al na een korte tijd ontslagen en schikte zich gelaten in haar lot.

Ze nam een betrekking als verpleegster in een sanatorium aan. Daar was een arts-assistent die haar wat onvoorzichtig probeerde te benaderen, wat ze hem met een revolverschot betaald zette. Gelukkig kwam hij er slechts met een lichte verwonding van af. Ze had zich dus een revolver weten te verschaffen! Al eerder had ze een geladen revolver bij zich gedragen. Op het laatste spreekuur, aan het eind van haar behandeling, had ze hem voor mij meegebracht. Op mijn verbaasde vraag antwoordde ze: 'Daarmee had ik u neergeschoten als u gefaald zou hebben!'

Toen de opwinding wegens het schot wat gezakt was, ging ze weer naar haar geboortestreek terug. Ze trouwde, kreeg een aantal kinderen en doorstond twee wereldoorlogen in het Oosten, zonder ooit weer een terugval te krijgen.

Wat kan er over de betekenis van haar fantasieën gezegd worden? Door de incest die ze als jong meisje had ondergaan, voelde ze zich voor het oog van de wereld vernederd; in het rijk der fantasie echter verkreeg ze een verheven positie: ze werd als het ware in een mythisch rijk verplaatst, want incest is traditiegetrouw het voorrecht van koningen en van goden. Dat veroorzaakt echter een volledige vervreemding van de wereld: de toestand van psychose. Ze werd zogezegd 'buitenwerelds' en verloor het contact met de mensen. Ze kwam in kosmische verten terecht, in de ruimte der hemel waar ze de

gevleugelde demon ontmoette. Zijn gestalte droeg ze tijdens de behandeling – overeenkomstig de regel – over op mij. Daarmee was ik automatisch met de dood bedreigd, zoals een ieder die haar tot een normaal menselijk bestaan had kunnen overhalen. Ze had door haar verhaal de demon in zekere zin aan mij verraden en daarmee had ze zich aan een aardse mens gebonden. Hierdoor kon ze tot het leven terugkeren en zelfs trouwen.
Ik heb sindsdien het lijden van geesteszieken met andere ogen bekeken, want ik wist nu ook iets af van de belangrijke gebeurtenissen die hun innerlijke belevingen vormen.

Men vraagt mij vaak naar mijn psychotherapeutische of analytische methode. Daar kan ik geen ondubbelzinnig antwoord op geven. De therapie is bij elk geval weer anders. Wanneer een arts mij vertelt dat hij strikt de een of andere 'methode volgt', dan betwijfel ik het therapeutisch effect. Men spreekt in de literatuur zó veel over de weerstand van de patiënt, dat het er bijna op lijkt alsof men hem iets wil opdringen – terwijl het genezende toch natuurlijk van binnenuit moet groeien. – Er zijn net zoveel psychotherapieën en analyses als er menselijke individuen zijn. Ik behandel elke patiënt zo individueel mogelijk. Algemeen geldende regels moet je met een korreltje zout nemen. Een psychologische waarheid is alleen dan geldig, als je haar ook kunt omkeren. Een oplossing die voor mij niet in aanmerking komt, kan voor iemand anders precies de juiste zijn.
Natuurlijk moet een arts de zogenaamde 'methoden' kennen. Maar hij moet er voor waken zich vast te leggen op een werkmethode volgens een bepaalde routine. Theoretische veronderstellingen moeten heel voorzichtig toegepast worden. Vandaag zijn ze misschien geldig, morgen kunnen het andere zijn. In mijn analyses spelen ze geen rol. Zeer opzettelijk ben ik niet systematisch. Voor mij bestaat er ten opzichte van het individu alleen maar het individuele begrijpen. Voor elke patiënt heb je een andere taal nodig. Men kan mij in de ene analyse ook Adleriaans horen spreken of in een andere Freudiaans.
Het beslissende punt is dat ik als mens tegenover een ander mens sta. De analyse is een dialoog tussen twee partners. Analyticus en patiënt zitten tegenover elkaar – oog in oog. De arts heeft iets te vertellen, maar de patiënt ook.
Omdat het er in de psychotherapie niet om gaat een 'methode toe te passen', is de psychiatrische studie alleen niet voldoende. Ik zelf moest nog veel werk verzetten voordat ik voldoende toegerust was voor de psychotherapie. Al in 1909 zag ik in dat ik latente psychoses nooit behandelen kon als ik hun symboliek niet begreep. In die tijd begon ik met mijn studie van de mythologie. Bij ontwikkelde en intelligente patiënten heeft de psychiater meer nodig dan alleen vakkennis. Hij moet los van alle theoretische veronderstellingen

begrijpen wat de patiënt werkelijk beweegt, anders roept hij overbodige weerstanden op. Het gaat er immers niet om dat een theorie bevestigd wordt, maar dat de patiënt zichzelf individueel begrijpt. Zo iets is trouwens niet mogelijk zonder een vergelijking met collectieve opvattingen, waarvan de arts op de hoogte zou moeten zijn. Hier is een zuiver medische opleiding niet toereikend, want de horizon van de menselijke ziel omvat oneindig veel meer dan het gezichtsveld van de spreekkamer van de arts.

De ziel is aanmerkelijk gecompliceerder en ontoegankelijker dan het lichaam. Ze is om zo te zeggen de andere helft van de wereld, die namelijk alleen bestaat voor zover men zich ervan bewust is. Daarom is het probleem van de ziel niet alleen persoonlijk, maar wereldomvattend; en de psychiater heeft met een totale wereld te maken.

In onze tijd kun je het zien als nooit tevoren: het gevaar dat ons allen bedreigt, is niet van de natuur maar van de mens afkomstig; van de ziel van enkelen en van velen. De psychische bewogenheid van de mensen is in gevaar! Alles hangt ervan af of onze psyche goed functioneert of niet. Als vandaag de dag bepaalde mensen hun hoofd verliezen, dan explodeert een waterstofbom!

De psychotherapeut moet echter niet alleen de patiënt begrijpen; even belangrijk is het dat hij zichzelf begrijpt. Daarom is de eigen analyse, de zogenaamde leeranalyse, een onvoorwaardelijke vereiste bij de opleiding. De therapie van de patiënten begint als het ware bij de arts; alleen wanneer hij in staat is met zichzelf en zijn eigen problemen om te gaan, kan hij dat ook de patiënten bijbrengen. Maar alleen dan. In de leeranalyse moet de arts leren inzicht te krijgen in zijn ziel; en hij moet leren deze ernstig te nemen. Wanneer hij dat niet kan, dan leert de patiënt het ook niet. Maar dan verliest deze wel een stuk van zijn ziel; zoals ook de arts dat gedeelte van zijn ziel dat hij niet leerde kennen, verloren heeft. Het is daarom niet voldoende dat de arts zich in de leeranalyse alleen maar een begrippensysteem eigen maakt. Als analysand moet hij zich realiseren dat de analyse hem zèlf aangaat, dat het een stuk werkelijk leven is en geen methode die men van buiten (in letterlijke zin!) leren kan. De arts of therapeut die dat niet begrijpt tijdens zijn leeranalyse zal daarvoor later duur moeten betalen.

Er bestaat weliswaar ook de zogenaamde 'kleine psychotherapie', maar in de eigenlijke analyse staat de gehele mens op het spel, zowel patiënt als arts. Er zijn veel gevallen die men niet kan genezen zonder zichzelf volledig in te zetten. Als het om de belangrijke dingen gaat, is het doorslaggevend of de arts zichzelf ziet als deel uitmakend van het drama, of dat hij zich achter zijn autoriteit verschuilt. In de grote crises van het leven, in de uiterste momenten waar het om zijn of niet-zijn gaat, helpen eenvoudige suggestieve kunstgrepen niet meer, maar dan wordt de arts met zijn hele wezen uitgedaagd.

De therapeut moet zich steeds rekenschap geven hoe hij zelf op de confrontatie met de patiënt reageert. Een mens reageert immers niet alleen met zijn bewustzijn. Je moet je voortdurend afvragen: hoe beleeft mijn onbewuste deze situatie? Je moet dus proberen je eigen dromen te begrijpen, heel nauwkeurig opletten en jezelf even goed observeren als de patiënt; want anders kan in bepaalde omstandigheden de hele behandeling mislukken. Ik zal u daarvan een voorbeeld geven.

Ik had eens een patiënte, een heel intelligente vrouw, die me echter om verschillende redenen wat dubieus voorkwam. Eerst ging de analyse goed, maar na een tijdje leek het alsof ik bij de interpretatie van de dromen niet meer op het juiste spoor zat en ik meende ook een vervlakking van onze gesprekken te merken. Dus besloot ik hierover te praten met mijn patiënte, want het was haar natuurlijk ook niet ontgaan dat er iets niet in orde was. In de nacht vóór haar volgende afspraak had ik deze droom:

Ik liep op een landweg door een dal, de zon stond al laag aan de hemel. Rechts was een steile heuvel. Bovenop stond een slot en op de hoogste toren zat een vrouw op een soort balustrade. Om haar goed te kunnen zien moest ik mijn hoofd ver naar achteren buigen. Ik werd wakker met een gevoel van kramp in mijn nek. Nog tijdens de droom had ik gezien dat deze vrouw mijn patiënte was.

De verklaring was me meteen duidelijk: wanneer ik in mijn droom op deze manier tegen mijn patiënte moest opkijken, dan had ik in werkelijkheid waarschijnlijk op haar neergekeken. Dromen zijn immers compensaties van de bewuste instelling. Ik vertelde haar de droom en gaf haar mijn verklaring. Dat bracht onmiddellijk verandering in de situatie en de behandeling kwam weer op gang.

Als arts moet ik me telkens weer afvragen welke boodschap de patiënt mij brengt. Wat betekent hij voor mij? Als hij niets voor me betekent heb ik geen aanknopingspunt. Alleen wanneer de arts zelf geraakt is, heeft zijn behandeling effect. 'Alleen de gewonde geneest.' Wanneer de arts zijn persona-pantser aan heeft, heeft hij geen enkele uitwerking op de patiënt. Ik neem mijn patiënten serieus. Wellicht ben ik evenzeer voor een probleem gesteld als zij. Dikwijls gebeurt het immers dat de patiënt precies de juiste balsem voor de zwakke plek van de arts vormt. Daar kunnen moeilijke situaties uit voortvloeien, ook voor de arts – of juist voor hem.

Iedere therapeut zou zichzelf moeten controleren met hulp van een derde, zodat hij nog een ander standpunt te zien krijgt. Zelfs de paus heeft een biechtvader. Ik geef analytici altijd de raad: 'Neem een "biechtvader" of een "biechtmoeder"!' Vrouwen hebben namelijk hiervoor een bijzondere gave. Ze hebben vaak een voortreffelijke intuïtie en een scherp kritisch inzicht, en kunnen mannen – en in bepaalde omstandigheden ook diens anima-intriges – heel goed doorzien. Ze zien bepaalde aspecten, die een man niet ziet. Daarom is ook nog nooit een vrouw ervan overtuigd geweest, dat haar man de 'Uebermensch' zou zijn!

Als iemand een neurose heeft, is het begrijpelijk dat hij in analyse gaat; maar wanneer hij 'normaal' is, bestaat daartoe geen enkele dwang. Maar ik kan u verzekeren: met de zogenaamde normaliteit heb ik verbazingwekkende dingen meegemaakt. Op een keer maakte ik namelijk kennis met een heel 'normale' leerling. Hij was arts en kwam bij me met de beste aanbevelingen van een oude collega. Hij was diens assistent geweest en had zijn praktijk overgenomen. Hij had een normaal succesvolle carrière, een normale praktijk, een normale vrouw, normale kinderen, woonde in een normaal, klein huis in een normale, kleine stad; hij had een normaal inkomen en waarschijnlijk ook een normale voeding! Hij wilde analyticus worden. Ik zei tegen hem: 'Weet u wat dat betekent? Dat betekent: u moet eerst uzelf leren kennen. Het instrument bent uzelf. Als u niet in orde bent, hoe kunt u dan de patiënt verder helpen? Als u niet overtuigd bent, hoe kunt u hem dan overtuigen? Uzelf moet het reageermiddel zijn. Maar als u dat niet bent, dan moge God u bijstaan! Dan zult u de patiënten op een dwaalspoor brengen. U moet dus eerst zelf een analyse ondergaan.' – De man was het er mee eens, maar zei direct: 'Ik heb u niets problematisch te vertellen!' Daardoor had ik gewaarschuwd moeten zijn. Ik zei: 'Goed, dan kunnen we uw dromen bekijken.' Hij zei: 'Ik heb nooit een droom.' Ik: 'U zult ze gauw genoeg krijgen.' Een ander had waarschijnlijk al de volgende nacht gedroomd. Hij kon zich echter niets herinneren. Zo ging het ongeveer veertien dagen lang en ik begon het wat onbehaaglijk te vinden.
Eindelijk kreeg hij een indrukwekkende droom. Hij droomde dat hij per trein op reis was. De trein had in een bepaalde stad twee uur oponthoud. Omdat de dromer deze stad niet kende en hij haar graag wilde zien, ging hij op weg naar het centrum. Daar vond hij een middeleeuws huis, waarschijnlijk het raadhuis en ging naar binnen. Hij dwaalde door lange gangen en kwam in prachtige vertrekken, waar oude portretten en mooie gobelins aan de muur hingen. Er stonden overal kostbare, oude voorwerpen. Plotseling zag hij dat het donkerder was geworden; de zon was al ondergegaan. Hij dacht: ik moet immers terug naar het station! – Op dat moment ontdekte hij dat hij verdwaald was, hij wist niet meer waar de uitgang was. Hij schrok en bedacht tegelijkertijd dat hij in dit gebouw niemand was tegengekomen. Hij begon het griezelig te vinden en ging wat vlugger lopen; hij hoopte dat er nog iemand aanwezig was. Maar hij zag niemand. Toen kwam hij bij een grote deur en hij dacht opgelucht: daar is de uitgang! – Hij opende de deur en ontdekte dat hij in een reusachtige ruimte terecht was gekomen. Het was zó donker, dat de dromer de wand aan de overkant niet eens duidelijk kon zien. Hij schrok vreselijk en rende door de lege, enorme ruimte, want hij

hoopte de uitgang aan de andere kant van de zaal te vinden. Toen zag hij – precies in het midden van de ruimte – iets wits op de grond; hij ging er naar toe en zag dat het een idioot kind van ongeveer twee jaar was. Het zat op een po en had zich met faeces ingesmeerd. Op dat ogenblik ontwaakte hij met een schreeuw – en in paniek.

Nu wist ik genoeg: dat was een latente psychose! Ik kan u wel zeggen dat het me de nodige zweetdruppels kostte, toen ik probeerde een uitweg voor hem te vinden uit de droom. Ik moest de droom zo onschuldig mogelijk voorstellen. Op bijzonderheden ging ik maar helemaal niet in.

Wat de droom vertelt, is ongeveer het volgende: de reis, waarmee hij begint, is de reis naar Zürich. Maar daar bleef hij slechts korte tijd. Het kind in het centrum is een gestalte van zijn 'zelf' als tweejarig kind. Voor kleine kinderen zijn dit soort slechte manieren wel wat ongebruikelijk, maar toch wel mogelijk. Faeces trekken hun belangstelling, want ze zijn kleurig en ruiken! Wanneer een kind in de stad opgroeit, wellicht ook nog in een strenge familie, dan kan zo iets makkelijk wel eens voorkomen.

Maar deze arts, de dromer, wàs geen kind, hij was een volwassene. En daarom is het droombeeld in het centrum een noodlottig symbool. Toen hij me de droom vertelde, werd het me duidelijk dat zijn normaliteit een compensatie was. Ik had hem nog op het laatste moment te pakken, want het had maar een haar gescheeld of de latente psychose was doorgebroken en manifest geworden. Dat moest verhinderd worden. Het is me uiteindelijk met behulp van één van zijn dromen gelukt een plausibel einde voor de leeranalyse te vinden. Voor dit slot waren we elkaar heel dankbaar. Ik had hem niets laten merken van mijn diagnose, maar hij had wel gemerkt dat er een fatale paniek dreigde door te breken toen een droom hem meedeelde dat een gevaarlijke krankzinnige hem achterna zat. Kort daarop keerde de dromer naar huis terug. Het onbewuste heeft hij nooit meer aangeroerd. Zijn neiging tot normaliteit vloeide voort uit een persoonlijkheid die zich door de confrontatie met het onbewuste niet zou ontwikkelen, maar die erdoor gebroken zou worden. Deze latente psychoses zijn de 'bêtes noires' van de psychotherapeuten omdat ze vaak heel moeilijk te herkennen zijn. In deze gevallen is het bijzonder belangrijk de dromen te begrijpen.

Hiermee komen we op het probleem van de analyse door leken. Ik heb me ervoor ingezet dat ook niet-medici psychotherapie kunnen bestuderen en beoefenen, maar bij een latente psychose kunnen ze er gemakkelijk naast zitten. Daarom bepleit ik dat leken als analytici werkzaam zijn, maar wel onder controle van een specialist. Zodra ze maar even onzeker zijn, moeten ze hem raadplegen. Voor een arts is het vaak al moeilijk een latente schizofrenie te herkennen en te behandelen, laat staan voor leken. Maar ik heb altijd weer deze ervaring gehad: leken, die zich jarenlang met psychotherapie hebben beziggehouden en die zelf in analyse waren, weten een en ander en kunnen ook iets. Daar komt dan nog bij dat er lang niet genoeg artsen zijn die psychotherapie toepassen. Dit beroep vereist een zeer lange en grondige opleiding en vraagt een algemene ontwikkeling die slechts weinigen bezitten.

Vooral wanneer een overdracht van de patiënt, of een min of meer onbewuste identificatie van arts en patiënt meespeelt, kan de relatie tussen arts en patiënt af en toe tot verschijnselen van parapsychologische aard leiden. Dat heb ik herhaaldelijk meegemaakt. Bijzonder indrukwekkend vond ik het geval van een patiënt die ik uit een psychogene depressie gehaald had. Hij was daarop naar huis teruggekeerd en trouwde; maar zijn vrouw beviel me niet. Toen ik haar voor het eerst zag kreeg ik een onbehaaglijk gevoel. Ik merkte dat ik haar een doorn in het oog was wegens mijn invloed op haar man, die me dankbaar was. Het komt dikwijls voor dat vrouwen die niet werkelijk van hun man houden, jaloers zijn en zijn vriendschappen verwoesten. Ze willen dat hij hen volledig toebehoort, omdat ze zelf in feite hèm niet toebehoren. De kern van elke jaloezie is een tekort aan liefde.
De houding van de vrouw betekende voor de patiënt een ongewone belasting, waar hij niet tegen opgewassen was. Een jaar na zijn bruiloft kwam hij onder deze druk weer in een depressie terecht. Ik had met hem afgesproken – met deze mogelijkheid in het vooruitzicht – dat hij zich onmiddellijk weer zou melden als zijn stemming negatief zou worden. Maar hij deed dat niet, onder meer door de houding van zijn vrouw, die zijn gedrukte stemming bagatelliseerde. Hij liet niets van zich horen.
In diezelfde tijd moest ik een lezing in B. houden. Omstreeks middernacht was ik terug in mijn hotel – ik had na de lezing nog wat zitten praten met een paar vrienden – en ging meteen naar bed. Ik lag echter nog lang wakker. Zo tegen twee uur – ik moet juist ingeslapen zijn – schrok ik wakker en was ervan overtuigd dat iemand in mijn kamer gekomen was; het leek alsof de deur haastig geopend was. Ik deed meteen het licht aan, maar er was niets te zien. Ik dacht dat iemand zich wellicht in de deur vergist had en keek in de gang; maar daar was het doodstil. Merkwaardig, dacht ik, er kwam toch iemand de kamer binnen! Toen probeerde ik me te herinneren wat er precies gebeurd was. Het schoot me te binnen dat ik door een doffe pijn ontwaakt was, alsof iets mijn voorhoofd hard geraakt had en daarna was doorgestoken tot de achterkant van mijn schedel. – De volgende dag kreeg ik een telegram dat mijn patiënt zelfmoord had begaan. Hij had zich doodgeschoten. Later hoorde ik dat de kogel in de achterkant van zijn schedel was blijven steken.
Bij deze belevenis ging het om een echt synchronistisch fenomeen, zoals men dat wel vaker in samenhang met een archetypische situatie – hier de dood – kan opmerken. Door een relativering van tijd en ruimte in het onbewuste is het mogelijk dat ik iets waargenomen heb, dat zich in werkelijkheid heel ergens anders afspeelde. We hebben allen het collectieve onbewuste gemeen;

dat is de grondslag van wat de oudheid als 'sympathie van alle dingen' omschreven heeft. In dit geval heeft mijn onbewuste van de toestand van de patiënt afgeweten. Ik had me de hele avond al merkwaardig onrustig en nerveus gevoeld, geheel in tegenstelling tot mijn gebruikelijke stemming.

Ik probeer nooit een patiënt ergens toe te bekeren en oefen ook geen dwang uit. Het belangrijkste vind ik dat de patiënt tot zijn eigen opvattingen komt. Een heiden wordt bij mij een heiden, een christen een christen en een jood een jood, als dat met zijn lot overeenkomt.

Ik herinner me nog goed het geval van een joodse vrouw die haar geloof had verloren. Het begon met een droom van mij, waarin een jong, mij onbekend meisje als patiënte bij me kwam. Ze zette haar geval uiteen en terwijl ze vertelde dacht ik: Ik begrijp haar helemaal niet. Ik begrijp niet waar het om gaat! Maar plotseling viel me in dat ze een ongebruikelijk vadercomplex had. – Dat was de droom.

Voor de volgende dag stond in mijn agenda genoteerd: consult om vier uur. Er verscheen een jong meisje. Ze was joods, de dochter van een rijke bankier, knap, elegant en heel intelligent. Ze had al een analyse doorgemaakt, maar de arts kreeg een overdracht op haar en smeekte haar uiteindelijk niet meer bij hem te komen, anders zou ze zijn huwelijk verwoesten.

Het meisje leed al jarenlang aan een ernstige angstneurose die door deze ervaring natuurlijk nog ernstiger was geworden. Ik begon met de anamnese, maar kon niets bijzonders ontdekken. Ze was een aangepaste westerse jodin, door en door verlicht. Eerst begreep ik haar geval niet. Plotseling schoot me mijn droom te binnen en ik dacht: Lieve hemel, dat is immers dit persoontje! Omdat ik echter geen spoor van een vadercomplex bij haar kon vaststellen, vroeg ik haar – zoals ik dat in dergelijke gevallen pleeg te doen – naar haar grootvader. Ik zag dat ze even de ogen sloot en ik wist meteen: Hier ligt de oorzaak! Ik vroeg haar dus wat te vertellen over deze grootvader en ik hoorde dat hij rabbijn was geweest en dat hij tot een joodse sekte had behoord. Ik vroeg: 'Bedoelt u de Chassidim?' – Ze knikte. – Ik vroeg verder: 'Als hij rabbijn was, was hij dan misschien zelfs een Zaddik?' – Zij: 'Ja, ze zeggen dat hij een soort heilige was en dat hij ook het tweede gezicht had. Maar dat is allemaal nonsens! Zo iets bestaat toch helemaal niet!'

Daarmee was ik klaar met de anamnese; ik begreep de geschiedenis van haar neurose. Ik legde haar uit: 'Nu zal ik u iets zeggen dat u wellicht niet kunt accepteren: uw grootvader was een Zaddik. Uw vader is afvallig geworden van het joodse geloof. Hij heeft het geheim verraden en God vergeten. En u heeft uw neurose omdat u aan de vreze Gods lijdt!' – Dat kwam hard bij haar aan!

De volgende nacht had ik weer een droom: Er was een ontvangst in mijn huis en kijk, dit kleine persoontje was er ook. Ze kwam naar me toe en vroeg: 'Heeft u soms een paraplu? Het regent zo hard.' Ik vond ook werkelijk een paraplu en frunnikte er wat aan om hem open te krijgen. Ik wilde hem haar aanreiken – maar wat gebeurde er? Ik gaf hem haar terwijl ik voor haar knielde als voor een godheid!

Deze droom vertelde ik haar en binnen acht dagen was de neurose verdwenen.* De droom had me laten zien dat ze niet slechts een oppervlakkig iemand was, maar dat daarachter een heilige stond. Ze beschikte echter niet over een mythologische voorstellingswereld en daarom kon het wezenlijke in haar niet tot uitdrukking komen. Al haar belangstelling ging uit naar flirt, kleren en seksualiteit, want iets anders kende ze niet. Ze kende alleen het intellect en leidde een zinloos leven. In werkelijkheid was ze een kind Gods, dat Zijn geheime wil had moeten vervullen. Ik moest mythologische en religieuze voorstellingen in haar wakker roepen, want ze was een van die mensen waarvan een geestelijke activiteit verlangd wordt. Daardoor kreeg haar leven zin; en er was geen spoor meer te bekennen van de neurose!

In dit geval gebruikte ik geen 'methode', maar ik had de aanwezigheid van het numen gezien. Dat legde ik mijn patiënte uit en dat bewerkstelligde de genezing. Hier kon je geen methode toepassen, hier gold de vreze Gods.

Ik heb vaak gezien dat mensen neurotisch worden, wanneer ze genoegen nemen met ontoereikende of verkeerde antwoorden op de vragen van het leven. Ze zoeken een goede positie, een huwelijk, reputatie, uiterlijk succes en geld – en blijven ongelukkig en neurotisch, ook wanneer ze bereikt hebben wat ze zochten. Zulke mensen zijn meestal in een geestelijke impasse terechtgekomen, ze zijn geestelijk te beperkt. Hun leven heeft niet genoeg inhoud en geen zin. Wanneer ze zich tot een veelomvattender persoonlijkheid kunnen ontwikkelen is de neurose meestal ook ten einde. Daarom was voor mij van het begin af aan de ontwikkelingsgedachte van de grootste betekenis.

Het overgrote deel van mijn patiënten was niet gelovig, maar het waren mensen die hun geloof verloren hadden. Bij mij kwamen de 'verloren schapen'. De gelovige mens is ook tegenwoordig in de gelegenheid in de kerk de symbolen te beleven. Denk bij voorbeeld aan de beleving van de mis, de doop, aan de Imitatio Christi (Navolging van Christus) en nog veel meer. Maar een dergelijk doorleven en beleven van symbolen veronderstelt de levendige belangstelling van de gelovige; en daaraan ontbreekt het de mensen tegenwoordig heel vaak. Bij neurotische mensen ontbreekt deze belangstelling meestal. In dergelijke gevallen moeten we erop letten of het onbewuste soms spontaan symbolen naar voren brengt, die het ontbrekende kunnen vervangen. Dan blijft echter nog altijd de vraag open of een mens, die symbolische dromen of visioenen heeft, in staat is hun zin te begrijpen en

* Dit geval onderscheidt zich van de meeste andere soortgelijke gevallen door de korte duur van de behandeling. A. J.

de consequenties daarvan op zich te nemen.
Ik heb een dergelijk geval in: 'Ueber die Archetypen des kollektiven Unbewussten'* beschreven. Een theoloog had meermalen achtereen dezelfde droom. Hij droomt dat hij op een heuvel staat, vanwaar hij een prachtig uitzicht heeft op een diep dal met dichte wouden. In het dal ligt een donker meer, en tot dusver is hij altijd door iets weerhouden daarheen te gaan. Dit keer wil hij echter zijn plan ten uitvoer brengen. Terwijl hij dichter bij het meer komt, wordt het hem angstig te moede – en plotseling strijkt een zachte windvlaag over het wateroppervlak, dat zich nu donker rimpelt. Hij wordt wakker met een angstkreet.
De droom lijkt eerst onbegrijpelijk; maar als theoloog had de dromer zich eigenlijk de 'vijver' moeten herinneren, waarvan het water plotseling door de wind werd bewogen en waarin men de zieken onderdompelde: de vijver Bethesda. Een engel daalt neer en beroert het water, dat daardoor geneeskrachtig wordt. De zachte wind is het pneuma, dat waait waar het wil. En daar wordt de dromer doodsbang van. Er wordt een onzichtbare aanwezigheid aangeduid, een numen, dat vanuit zichzelf leeft en waarvoor de mensen huiveren. Deze gedachte aan de vijver Bethesda gaf de dromer slechts onwillig toe. Hij wilde niet aan iets dergelijks denken, want dit soort dingen komt alleen maar in de bijbel voor, en dan hoogstens nog op zondagmorgen in de preek. Met psychologie hebben ze helemaal niets te maken. En zeker over de Heilige Geest spreekt men alleen bij plechtige gelegenheden; dat is volstrekt geen fenomeen dat je ervaren kunt!
Ik weet dat de dromer zijn schrik had moeten overwinnen, en als het ware had moeten gaan kijken wat er achter zijn paniek verborgen was. Maar ik dring nooit aan als iemand niet zijn eigen weg wil gaan, en ook niet de verantwoordelijkheid wil delen. Ik ben niet bereid tot de goedkope veronderstelling dat het om 'niets dan' gewone weerstanden gaat. Weerstanden – vooral als ze hardnekkig zijn – verdienen de aandacht omdat ze vaak een soort waarschuwingen betekenen die niet over het hoofd gezien mogen worden. Het genezende kan een vergif zijn dat niet iedereen verdraagt, of een operatie die een dodelijke afloop heeft wanneer er een contra-indicatie is.
Als het om de innerlijke beleving gaat, om het allerpersoonlijkste, dan voelen de meeste mensen zich onbehaaglijk; de meesten proberen dan te ontkomen. Zo ook deze theoloog. Ik ben me er natuurlijk van bewust dat theologen in een moeilijker situatie verkeren dan anderen. Ze staan dichter bij het religieuze, maar ze worden ook meer beperkt door de kerk en het dogma. Het risico van de innerlijke beleving, van het geestelijk avontuur, is de meeste mensen vreemd. De mogelijkheid dat dit psychische werkelijkheid zou kunnen zijn, is anathema. Het moet 'bovennatuurlijk' of tenminste 'historisch'

* Ges. Werke IX, 1, 1976, pagina 26 (vert.).

gefundeerd zijn, maar psychisch? Met betrekking tot deze vraag breekt vaak plotseling een even onvermoede als diepe verachting voor de ziel door.

In de tegenwoordige psychotherapie wordt vaak verlangd dat de arts of psychotherapeut met de patiënt en zijn affecten om zo te zeggen moet 'meegaan'. Ik vind dat niet altijd juist. Soms is er ook een actieve ingreep van de kant van de arts nodig.

Er kwam eens een dame uit de hoogste adellijke kringen bij me, die haar personeel – inclusief haar artsen – om de oren placht te slaan. Ze leed aan een dwangneurose en was voor behandeling in een kliniek geweest. Natuurlijk had ze de geneesheer-directeur al gauw de gebruikelijke oorveeg toebedeeld. In haar ogen was hij immers ook alleen maar een beter soort kamerdienaar. Ze betaalde toch! Hij stuurde haar toen naar een andere arts en daar gebeurde weer hetzelfde. Aangezien de dame in feite niet gek was, maar wel met fluwelen handschoenen aangepakt moest worden, was hij wat verlegen met dit geval en stuurde haar naar mij.

Ze was een zeer statige persoonlijkheid, ongeveer één meter tachtig lang – ik kan u verzekeren dat dat er een was die klappen kon uitdelen! Welnu, ze kwam dus voor een consult, en we hadden een heel goed gesprek. Toen kwam het moment dat ik haar iets onaangenaams moest zeggen. Woedend sprong ze op en dreigde me te slaan. Ik was ook opgesprongen en zei tegen haar: 'Goed, u bent een dame, u slaat eerst – ladies first! Maar dan is het mijn beurt!' – en ik meende het ook. Ze viel in haar stoel terug, meteen overdonderd. 'Dat heeft nog nooit iemand tegen me gezegd', klaagde ze. Maar vanaf dat moment had de therapie succes.

Wat deze patiënte nodig had, was de mannelijke reactie. In dit geval was het helemaal fout geweest 'mee te gaan'. Daar had ze totaal niets aan gehad. Ze had een dwangneurose omdat ze zichzelf geen morele beperkingen kon opleggen. Dergelijke mensen worden dan door de natuur beperkt – juist door de dwangsymptomen.

Ik heb jaren geleden een statistiek gemaakt van de resultaten van mijn behandeling. Precies weet ik de cijfers niet meer, maar voorzichtig geschat was één derde werkelijk genezen, één derde aanzienlijk vooruit gegaan en één derde niet werkelijk beïnvloed. Maar juist die gevallen waarbij geen verbetering valt te constateren, zijn moeilijk te beoordelen, omdat sommige dingen pas na jaren gerealiseerd en begrepen worden en dan pas kunnen ze ook een uitwerking hebben. Hoe vaak is het me niet gebeurd dat vroegere patiënten me schreven: 'Ik heb pas tien jaar nadat ik bij u in behandeling was, begrepen wat er eigenlijk aan de hand was.'

Het gebeurde zelden dat een patiënt wegliep en slechts een heel enkele keer moest ik een patiënt wegsturen. Maar ook onder hen waren er een aantal die me later positieve berichten stuurden. Daarom is het vaak moeilijk het succes van een behandeling te beoordelen.

In het leven van een arts is het vanzelfsprekend dat hij in zijn praktijk mensen ontmoet die ook voor hem zelf van belang zijn. Hij ontmoet persoonlijkheden die tot hun geluk of ongeluk nooit in de publieke belangstelling hebben gestaan en die desondanks, of juist daardoor, van ongewoon formaat zijn; of die ontwikkelingen en catastrofes zonder weerga hebben doorgemaakt. Soms hebben ze buitengewone talenten waaraan een ander in onuitputtelijk enthousiasme zijn hele leven zou kunnen wijden, maar die in zo'n zeldzaam ongunstige psychische dispositie zijn geplant, dat je niet weet of je met een genie of met een fragmentarische ontwikkeling te maken hebt. Niet zelden bloeien onder onwaarschijnlijke omstandigheden rijkdommen van de ziel, waarvan je nooit vermoed had zo iets tegen te komen in een sociaal doorsneemilieu. De voor de psychotherapeutische werking noodzakelijke menselijke band staat het de arts niet toe zich te onttrekken aan de grote indruk, die de hoogte- en dieptepunten van de lijdende mens op hem maken. Deze band bestaat immers uit voortdurend vergelijken en aanpassen, en uit de dialectische uiteenzetting van de tegenover elkaar gestelde psychische feiten. Als deze indrukken om welke reden dan ook geen uitwerking hebben op de arts of de patiënt, dan heeft ook het psychotherapeutische proces geen uitwerking en komt het niet tot een ommekeer. Als de één geen probleem wordt voor de ander, dan wordt er ook geen antwoord gevonden.
Onder de zogenaamde neurotische patiënten van onze tijd zijn er niet weinig die in vroeger tijden niet neurotisch – dat wil zeggen in tweestrijd met zichzelf – geworden zouden zijn. Zouden ze in een tijd en in een milieu geleefd hebben waarin de mens nog door de mythe verbonden was met de wereld van de voorouders, en daardoor met de innerlijk doorleefde en niet uitsluitend van buitenaf beschouwde natuur, dan was hen het oneens-worden met zichzelf bespaard gebleven. Het gaat hier om mensen die het verlies van de mythe niet verdragen en die geen toegang vinden tot een uitsluitend uiterlijke wereld, dat wil zeggen tot het wereldbeeld van de natuurwetenschap. Ook vinden ze geen voldoening in het intellectuele fantasiespel met woorden, dat met wijsheid niet het minste te maken heeft.
Deze slachtoffers van de psychische gespletenheid van onze tijd zijn zuiver 'facultatieve neurotici', bij wie het ogenschijnlijk ziekelijke verdwijnt op het moment dat de kloof tussen het ik en het onbewuste gesloten wordt. Wie deze gespletenheid zelf ten diepste heeft ervaren, is ook het beste in staat een beter begrip van onbewuste psychische processen te verwerven. Hij of zij kan hierdoor ook beter het typisch gevaar dat de psychologen bedreigt – het gevaar van de inflatie – vermijden. Wie de numineuze werking van de archetypen niet uit eigen ervaring kent, zal nauwelijks aan deze negatieve

werking ontkomen wanneer hij er in de praktijk mee geconfronteerd wordt. Hij zal overschatten of onderschatten, omdat hij slechts een intellectueel begrip heeft, maar geen empirische maatstaf bezit. Hier beginnen – niet alleen voor de arts – de bedenkelijke dwalingen, waarvan één van de eerste de intellectuele greep naar de macht is. Die dient heimelijk het doel zichzelf aan de werking van het archetype – en daarmee aan de werkelijke ervaring – te kunnen onttrekken. Hiervoor in de plaats stelt men een ogenschijnlijk veilige, kunstmatige, maar zuiver twee-dimensionele wereld van begrippen, die de werkelijkheid van het leven zou willen toedekken met zogenaamd heldere begrippen. Deze verschuiving naar het begripsmatige ontneemt al het substantiële aan de ervaring, die hierdoor alleen maar een naam krijgt. En deze naam moet dan voortaan de plaats van de werkelijkheid innemen. Niemand heeft verplichtingen tegenover een begrip; dat is juist het gemak dat gezocht werd – het belooft bescherming tegen de ervaring. De geest leeft echter niet in begrippen, maar in daden en in feiten. Met uitsluitend woorden kun je niemand uit zijn tent lokken – en toch wordt deze procedure tot in het oneindige herhaald.
Volgens mijn ervaring horen daarom de zogenaamde intellectuelen – naast de habituele leugenaars – tot de moeilijkste en ondankbaarste patiënten, want bij hen weet de ene hand nooit wat de andere doet. Ze cultiveren een psychologie 'à compartiments' (in vakjes). Met een intellect, dat door geen gevoel gecontroleerd wordt, kan men zich overal van afmaken – en toch heeft men een neurose.

Ik heb oneindig veel geleerd – niet alleen wetenschappelijk – van de ontmoeting met mijn analysanden en van de uiteenzetting met het fenomeen van de ziel, dat mij in een onuitputtelijke reeks beelden getoond werd via mijn patiënten en analysanden. Ik kreeg hierdoor vooral inzicht in mijn eigen wezen; niet in de laatste plaats door vergissingen en nederlagen. Ik had hoofdzakelijk vrouwelijke analysanden, die vaak buitengewoon gewetensvol, verstandig en intelligent hun werk op zich namen. Zij hebben er wezenlijk toe bijgedragen dat ik in de therapie nieuwe wegen kon inslaan.
Enkele analysanden zijn mijn leerlingen in de ware zin geworden: zij hebben mijn gedachten in de wereld verbreid. Onder hen heb ik mensen gevonden met wie ik door de jaren heen in vriendschap verbonden bleef.
Mijn patiënten en analysanden hebben me de werkelijkheid van het menselijk leven zó nabij gebracht, dat ik het wezenlijke daarvan wel te weten moest komen. De ontmoeting met mensen van de meest uiteenlopende aard en zeer verschillend psychologisch niveau was voor mij van onvergelijkbaar grotere betekenis dan een onsamenhangend gesprek met de een of andere beroemdheid. De mooiste en meest invloedrijke gesprekken uit mijn leven zijn anoniem.

Sigmund Freud*

Het avontuur van mijn geestelijke ontwikkeling ving aan toen ik psychiater werd. Op argeloze wijze begon ik geesteszieke patiënten klinisch, van buitenaf, te observeren. Daarbij stuitte ik op psychische processen van opmerkelijke aard, die ik registreerde en classificeerde zonder het minste begrip van hun inhoud te hebben. Deze leek met 'pathologisch' voldoende gewaardeerd. In de loop van de tijd concentreerde ik mijn belangstelling steeds meer op die zieken, waarbij ik iets begrijpelijks kon zien, dat wil zeggen op paranoïde gevallen, manisch-depressieve krankzinnigheid en psychogene storingen. Vanaf het begin van mijn psychiatrische loopbaan werd ik sterk geïnspireerd door de studies van Breuer en Freud en door het werk van Pierre Janet. Vooral Freuds eerste aanzet om te komen tot een methode van droomanalyse en droominterpretatie waren een grote steun bij het begrijpen van schizofrene uitdrukkingsvormen. Al in 1900 had ik Freuds 'Traumdeutung' gelezen**. Ik had het boek weer terzijde gelegd, omdat ik het nog niet begreep. Op mijn vijfentwintigste ontbrak me de ervaring waaraan ik Freuds theorieën had kunnen toetsen. Dat kwam pas later. In 1903 nam ik de 'Traumdeutung' nog eens ter hand en ontdekte de samenhang met mijn eigen ideeën. Wat me bij dit werk vooral interesseerde was de toepassing van het begrip 'verdringingsmechanisme' – dat afkomstig was uit de neurosenpsychologie – op het gebied van de dromen. Dat was belangrijk voor mij omdat ik herhaaldelijk verdringingen tegenkwam bij mijn woordassociatie-experimenten: op bepaalde prikkelwoorden wisten de patiënten òf geen associatief antwoord, òf ze hadden een aanmerkelijk langere reactietijd nodig. Zoals naderhand bleek, trad zo'n storing telkens op wanneer het prikkelwoord een psychische verwonding of een conflict had aangestipt. De patiënt was zich daar

* Dit hoofdstuk kan slechts als aanvulling opgevat worden op de talrijke publikaties van G. C. Jung over Sigmund Freud. (Vergelijk o.a. 'Der Gegensatz Freud und Jung', 1929. Zie ook Ges. Werke IV, 'Freund und die Psychoanalyse', 1971, in "Seelenprobleme der Gegenwart', 5e druk 1950, 'Sigmund Freud als kulturhistorische Erscheinung', 1932, enzovoort. Nederl. Sigmund Freud als cultuurhistorisch verschijnsel, in *De scheppende mens,* Rotterdam 1978[2].

** In zijn herdenking van Freud in de 'Basler Nachrichten', 1 oktober 1939, zegt Jung dat dit werk 'een nieuw tijdperk inluidt' en dat het 'de moedigste poging is die er ooit is ondernomen om op het schijnbaar vaste fundament van de empirie de raadselen van de onbewuste psyche op te lossen . . . Voor de jonge psychiaters die wij toen waren, was het een bron van inzicht, terwijl het voor onze oudere collega's een voorwerp van spot was.' Nederl.: Sigmund Freud - een In Memoriam, in *De scheppende mens,* Rotterdam 1978[2].

meestal niet van bewust, en op mijn vraag naar de oorsprong van de storing antwoordden ze vaak op een merkwaardig gekunstelde manier. Door het lezen van Freuds 'Traumdeutung' zag ik dat hier het verdringingsmechanisme aan het werk was en dat de door mij geobserveerde feiten met Freuds theorie overeenkwamen. Ik kon zijn uiteenzettingen alleen maar bevestigen.

Anders was het gesteld met de inhoud van de verdringing. Hierin kon ik Freud geen gelijk geven. Hij zag als oorzaak van de verdringing het seksuele trauma en dat was voor mij niet voldoende. Uit mijn praktijk kende ik talrijke gevallen van neurosen waarbij de seksualiteit slechts een ondergeschikte rol speelde en waarbij andere factoren voorop stonden, bij voorbeeld het probleem van de maatschappelijke aanpassing, het onderdrukt-zijn door tragische levensomstandigheden, aanspraken op prestige enzovoort. Later heb ik Freud dergelijke gevallen voorgelegd, maar als oorzaak erkende hij geen andere factor dan de seksualiteit. Voor mij was dat heel onbevredigend.

In het begin vond ik het niet eenvoudig Freud de juiste plaats in mijn leven te geven, of tegenover hem een goede houding te vinden. Toen ik met zijn werk kennismaakte had ik een academische loopbaan vóór me liggen en ik stond op het punt een werkstuk te voltooien, dat me vooruit moest helpen bij de universiteit. Freud was echter in de academische wereld van die tijd uitgesproken persona non grata en een relatie met hem deed daarom afbreuk aan elke wetenschappelijke reputatie. De 'mensen die het voor het zeggen hadden' spraken hoogstens heimelijk over hem, en bij congressen werd er slechts in de wandelgangen over hem gesproken, nooit in het openbaar. Ik vond het dus helemaal niet prettig dat ik een overeenstemming moest vaststellen van mijn associatie-experiment met Freuds theorieën.

Op een dag toen ik me in mijn laboratorium met deze vragen bezighield, kreeg ik de duivelse influistering dat ik er recht op had de resultaten van mijn experimenten en mijn conclusies te publiceren zonder Freud te noemen. Ik had immers mijn proeven uitgewerkt lang voordat ik iets van hem begreep. Maar tegelijk hoorde ik ook de stem van mijn tweede persoonlijkheid: 'Als je net doet alsof je Freud niet kent, is dat bedrog. Je kunt je leven niet op een leugen bouwen.' – Daarmee was de zaak afgedaan. Vanaf dat moment koos ik openlijk voor Freud partij en zette me voor hem in.

De eerste lans brak ik voor hem op een congres in München waar over dwangneurosen werd gesproken, maar waar zijn naam opzettelijk verzwegen werd. In 1906 schreef ik in aansluiting daarop een artikel voor de 'Münchner Medizinische Wochenschrift' over de neurosenleer van Freud, die tot het begrijpen van de dwangneurose zoveel wezenlijks had bijgedragen.* Naar aanleiding van dit artikel ontving ik waarschuwingsbrieven van twee Duitse hoogleraren: als ik aan de kant van Freud bleef staan en doorging met hem

* 'Die Hysterielehre Freuds, eine Erwiderung auf die Aschaffenburgsche Kritik', Ges. Werke, Band IV.

te verdedigen, dan was mijn academische toekomst in gevaar. Ik antwoordde: 'Als datgene wat Freud zegt de waarheid is, dan sta ik aan zijn kant. Een carrière kan me gestolen worden, als deze veronderstelt dat je je onderzoek moet beknotten en de waarheid moet verzwijgen.' En ik ging voort met het verdedigen van Freud en zijn denkbeelden. Alleen kon ik op grond van eigen ervaringen het er nog steeds niet mee eens zijn dat alle neurosen veroorzaakt worden door seksuele verdringing of door seksuele trauma's. In bepaalde gevallen ging dat op, maar in andere niet. In ieder geval had Freud de weg gebaand voor nieuwe onderzoekingen en de toenmalige verontwaardiging over hem leek me absurd.*

Ik had niet veel begrip gevonden voor de ideeën die uitgedrukt werden in 'Die Psychologie der Dementia praecox', en mijn collega's lachten me uit. Maar dank zij dit boek kwam ik bij Freud terecht. Hij nodigde me bij zich thuis uit en in februari 1907 vond onze eerste ontmoeting in Wenen plaats. We troffen elkaar om één uur 's middags, en dertien uur lang spraken we samen vrijwel onafgebroken. Freud was de eerste man van werkelijke betekenis die ik ontmoette. Geen ander die ik toen kende, kon zich met hem meten. Zijn instelling had niets triviaals. Ik vond hem buitengewoon intelligent, scherpzinnig en in elk opzicht opmerkelijk. En toch bleven mijn eerste indrukken van hem onduidelijk; ik begreep ze ook gedeeltelijk niet.
Wat hij me zei over zijn seksuele theorie maakte indruk op me. Toch konden zijn woorden mijn bedenkingen en twijfels niet wegnemen. Ik bracht ze meer dan eens naar voren, maar steeds weer hield hij me voor dat het mij aan ervaring ontbrak. Freud had gelijk: destijds bezat ik nog niet genoeg ervaring om mijn bezwaren te funderen. Ik zag dat zijn seksuele theorie enorm belangrijk voor hem was, zowel in persoonlijk als in filosofisch opzicht. Dat maakte indruk op me, maar het werd me niet duidelijk in hoeverre zijn positieve waardering samenhing met subjectieve veronderstellingen en in hoeverre met bewijskrachtige ervaringen.
Vooral Freuds houding ten opzichte van de geest leek me in hoge mate twijfelachtig. Zodra je ook maar een uiting van iets geestelijks kon ontdekken, bij een mens, of bij een kunstwerk, dan maakte hij dat verdacht en liet doorschemeren dat er sprake was van 'verdrongen seksualiteit'. Datgene wat niet rechtstreeks als seksualiteit geïnterpreteerd kon worden, noemde hij 'psychoseksualiteit'. Ik bracht daar tegenin dat zijn hypothese – logisch tot het einde doorgedacht – tot een vernietigend oordeel over de cultuur moest leiden. Cultuur zou dan alleen nog maar een farce zijn, een morbide resultaat

* Nadat Jung in 1906 zijn werk over de 'Diagnostische Assoziationsstudien' aan Freud had gestuurd, begon de correspondentie tussen beide onderzoekers. De briefwisseling werd voortgezet tot 1913. In 1907 had Jung ook zijn boek 'Die Psychologie der Dementia praecox' aan Freud gestuurd. A. J.

van verdrongen seksualiteit. 'Ja', bevestigde hij, 'zo is het. Dat is een vloek van het noodlot waartegen we machteloos zijn.' Ik was volstrekt niet bereid hem gelijk te geven, of het daarbij te laten, maar ik voelde me nog niet tegen een discussie opgewassen.

Er was nog iets anders dat ik bij onze eerste ontmoeting veelbetekenend vond. Dat betrof dingen die ik echter pas na het einde van onze vriendschap volledig kon doordenken en begrijpen. Het was onmiskenbaar dat de seksuele theorie Freud buitengewoon na aan het hart lag. Wanneer hij daarover sprak, werd zijn toon indringend, bijna angstig, en er was niets meer te merken van zijn kritische en sceptische aard. Zijn gezicht kreeg dan een vreemd bewogen uitdrukking, waarvan ik de oorzaak niet kon verklaren. Dat maakte grote indruk op me: de seksualiteit betekende voor hem een numinosum. Mijn indruk werd bevestigd door een gesprek dat ongeveer drie jaar later (1910) ook weer in Wenen plaatsvond.

Ik herinner me nog levendig hoe Freud tegen me zei: 'Mijn beste Jung, je moet me beloven nooit de seksuele theorie op te geven. Dat is het allerwezenlijkste. Zie je, we moeten er een dogma van maken, een onwrikbaar bolwerk.' Dat zei hij zeer hartstochtelijk, op een toon zoals een vader zou zeggen: 'En beloof me één ding, mijn beste jongen, ga elke zondag naar de kerk!' Enigszins verbaasd vroeg ik hem: 'Een bolwerk – waartegen?' Waarop hij antwoordde: 'Tegen de zwarte moddervloed –' hier aarzelde hij even, om er dan aan toe te voegen: 'van het occultisme.' Ik schrok meteen al van de uitdrukkingen 'bolwerk' en 'dogma'; want een dogma, dat wil zeggen een indiscutabele belijdenis, stelt men alleen op wanneer men voor eens en altijd een twijfel wil onderdrukken. Dat heeft echter niets meer te maken met een wetenschappelijk oordeel, alleen nog maar met persoonlijke machtsdrift. Het was een dolkstoot in het hart van onze vriendschap. Ik wist dat ik hiermee nooit akkoord zou kunnen gaan. Wat Freud onder 'occultisme' leek te verstaan, was vrijwel alles wat filosofie en religie, en ook de in die dagen opkomende parapsychologie over de ziel te zeggen hadden. Voor mij was de seksuele theorie precies zo 'occult' dat wil zeggen een onbewezen hypothese, alleen maar een mogelijkheid, zoals zoveel andere speculatieve opvattingen. Een wetenschappelijke waarheid was voor mij een op dat moment bevredigende hypothese, maar niet een geloofsartikel voor alle tijden.

Zonder dat ik dat destijds allemaal goed begreep, had ik een doorbraak van onbewuste religieuze factoren bij Freud meegemaakt. Kennelijk wilde hij mij als bondgenoot aanwerven bij de verdediging tegen bedreigende onbewuste inhouden.

De indruk die dit gesprek maakte, droeg bij tot mijn verwarring, want ik had tot dan de seksualiteit nooit gezien als een onzekere aangelegenheid die je trouw moest blijven, omdat ze anders verloren zou kunnen gaan. Voor Freud betekende de seksualiteit kennelijk meer dan voor andere mensen.

Ze was voor hem een 'res religiose observanda' (een zaak voor aandachtige beschouwing). Onder de indruk van dergelijke problemen en gedachten gedraag je je gewoonlijk terughoudend en met schroom. Zo werd dit gesprek na enkele stamelende pogingen van mijn kant al gauw beëindigd.
Ik was diep onder de indruk, verlegen en verward. Ik had het gevoel een glimp van een nieuw, onbekend land opgevangen te hebben, van waaruit zwermen nieuwe gedachten op me afkwamen. Eén ding was duidelijk: Freud, die steeds met nadruk op zijn ongodsdienstigheid wees, had voor zichzelf een dogma geproclameerd. Of beter gezegd: in plaats van een naijverige God die voor hem verloren was gegaan, had hij zich een ander dwingend beeld opgelegd, namelijk dat van de seksualiteit – een beeld dat zich niet minder opdrong, en dat niet minder veeleisend, gebiedend, bedreigend en moreel ambivalent was. Zoals het psychisch sterkere – dat daarom te vrezen is – de attributen 'goddelijk' of 'demonisch' toekomt, zo had het 'seksuele libido' bij hem de rol van een deus absconditus, van een verborgen God, aangenomen. Het voordeel van deze wijziging was voor Freud kennelijk dat dit nieuwe numineuze principe hem wetenschappelijk onberispelijk toescheen; het leek ook bevrijd van elke religieuze belasting. In feite bleef echter de numinositeit van de rationeel niet te verenigen tegenstellingen – Jahwe en seksualiteit – dezelfde. Alleen de benaming veranderde en daarmee overigens ook de gezichtshoek: het verloren gegane moest niet 'boven' gezocht worden, maar 'beneden'. Maar wat maakt het uiteindelijk voor de sterkere uit of je hem de ene naam geeft of een andere? Als er geen psychologie zou bestaan, maar alleen concrete voorwerpen, dan zou men het ene werkelijk vernietigd hebben en het andere ervoor in de plaats gezet. Maar in werkelijkheid, dat wil zeggen binnen het bereik van de psychologische ervaring, is er totaal niets verdwenen van het indringende, de angst, de dwangmatigheid enzovoort. Evenals tevoren blijft de vraag bestaan hoe men vat krijgt op de angst, het slechte geweten, de schuld, de dwang, de onbewustheid en de driftmatigheid, of hoe men eraan ontkomt. Lukt dat niet vanuit de lichte, idealistische zijde, dan wellicht vanuit de duistere, biologische.
Als even oplaaiende vlammen, zo speelden deze gedachten me door het hoofd. Veel later, toen ik nadacht over Freuds karakter, zag ik hun belang en onthulden ze me hun betekenis. Vooral één karaktertrek van Freud hield me bezig: zijn bitterheid. Deze was me al opgevallen bij onze eerste ontmoeting. Lange tijd was het iets onbegrijpelijks voor me, tot ik de samenhang zag met zijn houding ten opzichte van de seksualiteit. Voor Freud was weliswaar de seksualiteit een numinosum, maar in zijn terminologie en theorie komt ze uitsluitend als een biologische functie tot uitdrukking. Slechts uit de bewogenheid waarmee hij erover sprak, kon je opmaken dat er nog iets diepers in hem was geraakt. Uiteindelijk wilde hij onderwijzen – tenminste, zo kwam het mij voor – dat van binnenuit gezien de seksualiteit ook

geest omvat, of een zin bevat. Zijn concretische terminologie was echter te beperkt om deze gedachten tot uitdrukking te brengen. Ik kreeg dus de indruk dat hij in feite tegen zijn eigen doel, en tegen zichzelf, inging; en er is geen erger bitterheid dan die van een mens die zijn eigen grootste vijand is. Volgens zijn eigen uitspraak voelde hij zich door een 'zwarte moddervloed' bedreigd; hij, die voor alles geprobeerd had de zwarte diepte leeg te scheppen.

Freud heeft zich nooit afgevraagd waarom hij voortdurend over de sexus moest praten, waarom hij zo gegrepen was door deze gedachte. Hij is zich er nooit bewust van geworden dat in de 'monotonie van de interpretatie' een vlucht voor zichzelf werd uitgedrukt, of voor die andere, wellicht 'mystiek' te noemen kant van zijn wezen. Als hij deze kant echter niet erkende, zou hij nooit in harmonie met zichzelf kunnen komen. Hij was blind voor de paradoxie en de dubbelzinnigheid van de inhouden van het onbewuste, en wist niet dat alles wat uit het onbewuste opduikt een boven- en onderzijde, een binnen- en buitenkant heeft. Als men alleen over de buitenkant praat – en dat deed Freud – dan let men slechts op de éne helft, en logischerwijs ontstaat vanuit het onbewuste een tegenwerking.

Tegen deze eenzijdigheid van Freud was niets te beginnen. Misschien zou een eigen innerlijke ervaring hem de ogen hebben kunnen openen, maar wellicht zou zijn intellect ook dat tot 'alleen maar seksualiteit' of 'psychoseksualiteit' gereduceerd hebben. Hij was ten offer gevallen aan één aspect en daarom juist zie ik in hem een tragische figuur; want hij was een groot man en – wat nog meer is – een gedrevene.

Na dit tweede gesprek in Wenen begreep ik ook de machtshypothese van Alfred Adler, waar ik tot dusverre niet genoeg aandacht aan had geschonken: Adler had, zoals veel zonen, niet datgene van de 'vader' geleerd wat deze *zei* maar wat hij *deed*. Vervolgens viel het probleem van liefde (of Eros) en macht loodzwaar op mijn gemoed. Freud had, zoals hij me zelf zei, nooit Nietzsche gelezen. En nu zag ik zijn psychologie als een zet in het schaakspel van de geestesgeschiedenis, waardoor Nietzsches vergoddelijking van het machtsprincipe gecompenseerd werd. Het probleem luidde blijkbaar niet 'Freud versus Adler' maar 'Freud versus Nietzsche'. Het leek me veel meer te betekenen dan een huiselijke twist binnen de psychopathologie. De gedachte kwam bij me op dat Eros en machtsdrift als twee broers zijn die in tweedracht leven; zonen van *één* vader. Ze vormen een motiverende zielekracht, die – zoals positieve en negatieve elektrische lading – in de ervaring manifest wordt in een elkaar tegengestelde vorm: de één passief – de Eros – en de ander actief – de machtsdrift – en vice versa. De Eros doet evenzeer een beroep op de machtsdrift als deze op de Eros. Waar blijft de ene drift zonder de andere? De mens is enerzijds aan de drift onderworpen, anderzijds probeert hij hem de baas te worden. Freud liet zien hoe het object bezwijkt aan de drift, en Adler hoe de drift gebruikt wordt om het object te overmeesteren. Nietzsche, overgeleverd aan zijn noodlot, bezweken aan zijn noodlot, moest zich een 'Uebermensch' scheppen. Freud, zo concludeerde ik, moest zó diep onder de indruk zijn van de macht van Eros, dat hij hem als een religieus numen zelfs tot dogma – aere perennius – wil verheffen. Het is geen geheim dat 'Zarathustra' de verkondiger van een evangelie is, en Freud concurreert zelfs met de kerk in zijn opzet om leerstellingen te kanoniseren. Hij heeft dat overigens niet al te openlijk gedaan, maar in plaats daarvan heeft hij mij ervan verdacht voor profeet te willen doorgaan. Hij maakt zijn tragische aanspraak en wist hem tegelijk uit. Zo handelt men meestal ten opzichte van het numineuze, en dat is terecht, want het is in het ene opzicht waar, in het andere onwaar. De numineuze beleving verhoogt en vernedert tegelijk. Als Freud wat meer had gelet op de psychologische waarheid dat de seksualiteit numineus is – ze is een god en een duivel – dan was hij niet blijven steken in de beperktheid van een biologisch begrip. En Nietzsche was wellicht niet in zijn onmatigheid over de rand van de wereld gevallen als hij zich wat meer had gehouden aan de grondslagen van het menselijk bestaan.

Telkens wanneer de ziel door een numineuze beleving in hevige beroering raakt bestaat het gevaar dat de draden waar de mens aan hangt, verbroken worden. Daardoor vervalt de ene mens tot een absoluut 'ja' en de ander tot een evenzo absoluut 'nee'. 'Nirdvandva' (vrij van de twee) zegt het Oosten. Dat heb ik onthouden. De geestelijke pendel slingert tussen zin en onzin en niet tussen juist en onjuist. Het gevaar van het numineuze bestaat hierin dat het de mens tot extremen verleidt en dat dan een bescheiden waarheid voor *de* waarheid, en een kleine fout voor een fatale vergissing wordt aangezien. Tout passe – wat gisteren waarheid was, ziet men vandaag als een misleiding; en wat eergisteren als een foutieve conclusie gold, kan morgen een openbaring zijn – en dat gaat vooral op voor psychologische aangelegenheden, waar we immers in feite nog heel weinig van afweten. We hebben nog altijd niet duidelijk ingezien wat het betekent, dat er gewoon niets bestáát als niet een klein – o zo vergankelijk – bewustzijn er iets van gemerkt heeft!

Het gesprek met Freud had me laten zien dat hij bang was dat het numineuze licht van zijn inzicht in de seksualiteit door een 'zwarte moddervloed' uitgedoofd kon worden. Daardoor ontstond een mythologische situatie: *de strijd tussen licht en donker*. Dat verklaart de numinositeit van deze aangelegenheid en het onmiddellijk te hulp roepen van een religieus verdedigingsmiddel, het dogma. In mijn eerstvolgende boek, dat handelde over de psychologie van de heldenstrijd,* hield ik me bezig met de mythologische

* Wandlungen und Symbole der Libido', 1912. Herdruk: 'Symbole der Wandlung', 1952.

achtergrond van Freuds merkwaardige reactie.
De seksuele interpretatie enerzijds en de machtsdoeleinden van het 'dogma' anderzijds brachten me in de loop der jaren tot het probleem van de typologie en tot de polariteit en de energetica van de ziel. Daarna volgde het onderzoek van de 'zwarte moddervloed van het occultisme', dat zich over tientallen jaren uitstrekte; ik probeerde de bewuste en onbewuste historische uitgangspunten van onze tegenwoordige psychologie te begrijpen.
Het interesseerde me te horen wat Freud over precognitie en over parapsychologie in het algemeen vond. Toen ik hem in 1909 in Wenen bezocht, vroeg ik hem hoe hij daarover dacht. Vanuit zijn materialistisch vooroordeel wees hij dit complex van vragen in zijn geheel als onzin af en beriep zich daarbij op een dermate oppervlakkig positivisme, dat het me moeite kostte hem niet al te scherp te antwoorden. Er verstreken nog een aantal jaren voordat Freud de ernst van de parapsychologie en de feitelijkheid van 'occulte fenomenen' erkende.
Terwijl Freud zijn argumenten naar voren bracht, had ik een merkwaardige gewaarwording. Het leek alsof mijn middenrif van ijzer was en gloeiend werd – een gloeiend middenrifgewelf. En op dat moment weerklonk zó'n gekraak in de boekenkast vlak naast ons, dat wij beiden ontzettend schrokken. We dachten dat de kast over ons heen in elkaar zou storten. Precies zo klonk het. Ik zei tegen Freud: 'Dat is nu een zogenaamd katalytisch exteriorisatie-fenomeen.'
'Och', zei hij, 'dat is klinkklare onzin!'
'Toch niet', antwoordde ik, 'u vergist zich, professor. En om te bewijzen dat ik gelijk heb, voorspel ik nu dat er zo meteen nog eens zo'n gekraak komt!' – En inderdaad: nauwelijks had ik deze woorden gesproken, of de kast begon op dezelfde manier te kraken!
Ik weet vandaag de dag nog niet waar ik deze zekerheid vandaan haalde. Maar ik wist heel zeker dat het kraken zich zou herhalen. Freud heeft me alleen maar ontzet aangekeken. Ik weet niet wat hij dacht, of wat hij zag! In ieder geval werd door deze gebeurtenis zijn wantrouwen tegenover mij gewekt en ik had het gevoel dat ik hem iets had aangedaan. Ik heb er nooit meer met hem over gesproken.*

Het jaar 1909 werd beslissend voor onze relatie. Ik was door de Clark University (Worcester, Mass.) uitgenodigd om lezingen over het associatie-experiment te houden. Onafhankelijk van mij had ook Freud een uitnodiging gekregen en wij besloten de reis gezamenlijk te maken.** We ontmoetten elkaar in Bremen, Ferenczi vergezelde ons. In Bremen vond het veelbesproken incident plaats: het flauwvallen van Freud. Dat werd – indirect – door

* Zie aanhangsel, brieven van Freud aan Jung.
** Zie aanhangsel, brieven van Jung aan zijn vrouw.

mijn belangstelling voor de 'veenlijken' geprovoceerd. Ik wist dat in bepaalde streken van Noord-Duitsland zogenaamde veenlijken gevonden werden. Dat zijn gedeeltelijk uit prehistorische tijden afkomstige lijken van mensen die in de moerassen verdronken, of daar begraven werden. Het veenwater bevat humuszuren die de beenderen aantasten en tegelijk de huid looien, zodat deze – evenals het haar – volkomen intact blijft. Er voltrekt zich dus een natuurlijk mummificatieproces, waarbij de lijken echter door het gewicht van het veen volledig worden platgedrukt. Men vindt ze af en toe bij het turfsteken in Holstein, Denemarken en Zweden.
Deze veenlijken, waarover ik gelezen had, kwamen in mijn gedachten toen we in Bremen waren, maar ik was wat 'in de war' en had ze verward met de mummies uit de Bremer Bleikellern! Mijn belangstelling werkte Freud op de zenuwen. 'Wat moet je dan met die lijken?' vroeg hij me meer dan eens. Hij was opvallend geërgerd en tijdens een gesprek over dit onderwerp aan tafel viel hij flauw. Naderhand zei hij me dat hij ervan overtuigd was, dat dit geklets over lijken betekende dat ik hem dood wenste. Ik was niet alleen verrast over deze mening, maar ik was ook geschrokken, vooral door de intensiteit van zijn fantasieën, waardoor hij blijkbaar een flauwte kon krijgen.
In soortgelijke omstandigheden viel Freud nogmaals flauw in mijn bijzijn. Het was tijdens het psychoanalytische congres in München in 1912. Iemand had het gesprek op Amenophis IV gebracht. Er werd naar voren gebracht dat deze tengevolge van zijn negatieve instelling ten opzichte van zijn vader diens cartouches (opschriften) op de steles (gedenkstenen) vernietigd had en dat achter zijn grootse schepping van een monotheïstische religie zijn vadercomplex zou staan. Dat irriteerde me en ik probeerde uiteen te zetten dat Amenophis een creatief en diep religieus mens geweest was, wiens daden niet uit persoonlijke weerstanden tegen zijn vader verklaard konden worden. Hij had integendeel de nagedachtenis van zijn vader in ere gehouden en zijn vernietigingsdrang was slechts gericht tegen de naam van de god Amon, die hij overal liet uitwissen, dus zeker ook op de cartouches van zijn vader Amon-hotep. Bovendien hadden ook de andere farao's de namen van hun werkelijke of goddelijke voorvaderen op monumenten en beelden door hun eigen naam vervangen, waartoe ze zich als incarnaties van dezelfde god gegerechtigd voelden. Zij hadden echter geen nieuwe stijl of religie ingevoerd.
Op dat moment is Freud in onmacht van zijn stoel gegleden. Allen stonden er hulpeloos omheen. Toen tilde ik hem op, droeg hem naar de dichtstbijzijnde kamer en legde hem op een sofa. Nog terwijl ik hem droeg, kwam hij weer gedeeltelijk bij kennis, en de blik die hij me toewierp zal ik nooit vergeten. Hulpeloos als hij nu was, keek hij me aan alsof ik zijn vader was. Wat dan ook verder tot dit flauwvallen bijgedragen mag hebben – de atmosfeer was zeer gespannen – deze beide voorvallen hebben de fantasie van de vadermoord gemeen.

Freud had er vroeger tegenover mij herhaaldelijk op gezinspeeld dat hij mij als zijn opvolger beschouwde. Deze toespelingen vond ik pijnlijk, want ik wist dat ik nooit in staat zou zijn zijn opvattingen zogezegd correct, dat wil zeggen in zijn geest, te verdedigen. Ik was er echter ook nog niet in geslaagd mijn bezwaren zo uit te werken dat hij ze op hun waarde zou kunnen schatten. Bovendien had ik een te groot respect voor hem om hem tot een definitieve discussie te willen uitdagen. De gedachte dat ik als het ware over mijn hoofd heen belast zou worden met de leiding van een partij vond ik om een aantal redenen onaangenaam. Iets dergelijks lag me niet. Ik kon mijn geestelijke onafhankelijkheid niet opofferen en deze vergroting van mijn prestige stond me tegen. Voor mij betekende dat alleen maar een afleiding van mijn werkelijke doeleinden. Het ging mij om het onderzoeken van de waarheid en niet om persoonlijk prestige.

Onze reis naar de U.S.A., die we in 1909 vanuit Bremen aanvingen, duurde zeven weken. We waren dagelijks bijeen en analyseerden onze dromen. Ik had in die tijd enkele belangrijke dromen, waarmee Freud echter niets kon beginnen. Dat verweet ik hem niet, want het kan de beste analyticus overkomen dat hij het raadsel van een droom niet kan oplossen. Dat was een menselijk falen dat mij er nooit toe gebracht zou hebben een eind te maken aan onze droomanalyses. Integendeel, ik hechtte er veel waarde aan, en onze relatie was buitengewoon waardevol voor mij. Voor mij was Freud de rijpere, oudere en meer ervaren persoonlijkheid; mezelf zag ik als een zoon. Maar toen gebeurde er iets dat een zware schok betekende voor onze relatie.
Freud had een droom; het is me niet toegestaan te vertellen welk probleem hij bevatte. Ik interpreteerde deze droom zo goed als ik kon, maar voegde eraan toe dat ik er veel meer over zou kunnen zeggen, als hij me nog enkele bijzonderheden uit zijn privé-leven wilde vertellen. Hierop keek Freud me eigenaardig aan – zijn blik was vol wantrouwen – en hij zei: 'Ik kan mijn autoriteit toch niet op het spel zetten!' Op hetzelfde moment had hij zijn autoriteit verloren. Deze zin heeft zich in mijn geheugen gegrift. Het eind van onze relatie lag er al in besloten. Freud stelde persoonlijke autoriteit boven de waarheid.
Freud kon, zoals ik al zei, mijn toenmalige dromen slechts onvolledig of helemaal niet interpreteren. Het ging om dromen met een collectieve inhoud. Ze bevatten een overvloed aan symbolisch materiaal. Vooral één ervan was belangrijk voor me, want deze bracht me voor het eerst op het begrip van het 'collectieve onbewuste'. Deze droom vormde daarom een soort voorspel tot mijn boek 'Wandlungen und Symbole der Libido'.
Dit was de droom: ik was in een mij onbekend huis dat twee etages had. Het was 'mijn huis'. Ik bevond me op de bovenste verdieping. Daar was een soort woonkamer, waar mooie, oude meubels in rococostijl stonden. Aan

de muur hingen kostbare oude schilderijen. Ik was verwonderd dat dit mijn huis zou zijn en dacht: Lang niet gek! Maar toen bedacht ik dat ik nog helemaal niet wist hoe het er beneden uitzag. Ik ging de trap af en kwam op de benedenverdieping terecht. Hier was alles veel ouder, en ik zag dat dit gedeelte van het huis ongeveer uit de vijftiende of zestiende eeuw afkomstig was. De inrichting was middeleeuws, de vloer was van rode baksteen. Het was overal enigszins donker. Ik liep van het ene vertrek naar het andere en dacht: Nu moet ik het huis toch helemaal onderzoeken! Ik kwam bij een zware deur en opende deze. Daarachter ontdekte ik een stenen trap die naar de kelder leidde. Ik ging naar beneden en kwam in een fraai gewelfde ruimte, naar het zich liet aanzien afkomstig uit de Oudheid. Ik onderzocht de muren en ontdekte dat tussen de gewone natuursteen bakstenen zaten; de mortel bevatte stukjes baksteen. Hieraan zag ik dat de muren uit de Romeinse tijd stamden. Mijn belangstelling was nu tot het uiterste gespannen. Ik onderzocht ook de vloer, die uit grote stenen tegels bestond. In één van hen ontdekte ik een ring. Toen ik daaraan trok, kon ik de tegel oplichten en alweer zag ik een trap. Hij had smalle stenen treden die naar de diepte leidden. Ik ging deze trap af en kwam in een lage grot. Op de grond lag een dikke laag stof en daarin vond ik beenderen en gebroken vaatwerk, zoals de overblijfselen van een primitieve beschaving. Ik ontdekte twee kennelijk heel oude en half vergane mensenschedels. – Toen ontwaakte ik.

Freud was bij deze droom vooral geïnteresseerd in de beide schedels. Hij begon er steeds weer over en raadde me aan een *wens* te ontdekken die hiermee kon samenhangen. Wat dacht ik dan wel van de schedels? En van wie waren ze afkomstig? Ik wist natuurlijk precies waar hij naar toe wilde: hierachter zouden geheime doodswensen verborgen zijn. – Ja, wat wil hij nu eigenlijk? dacht ik bij mezelf. Wie moet ik dan dood wensen? – Ik voelde een grote tegenzin tegen een dergelijke interpretatie en bovendien vermoedde ik wat de droom werkelijk zou kunnen betekenen. Maar destijds had ik nog geen vertrouwen in mijn eigen oordeel en ik wilde zijn mening horen. Ik wilde van hem leren. Dus ging ik op zijn bedoelingen in en zei: ‘Mijn vrouw en mijn schoonzuster’ – want ik moest toch iemand noemen die de moeite waard was om dood te wensen!

Ik was toen nog maar kort getrouwd en wist heel goed dat ik niets in mezelf kon vinden dat op dergelijke wensen zou wijzen. Maar als ik Freud mijn eigen ideeën voor een interpretatie van de droom had voorgelegd dan was ik zeker op onbegrip en sterke protesten gestuit. Daar voelde ik me niet tegen opgewassen, bovendien was ik bang zijn vriendschap te verliezen als ik vastgehouden had aan mijn eigen standpunt. Daarnaast wilde ik ook weten wat hij uit mijn antwoord zou opmaken en hoe hij zou reagèren als ik hem in de zin van zijn doctrine om de tuin zou leiden. Dus vertelde ik hem een leugen. Ik was me er volstrekt van bewust dat deze handelwijze moreel niet onberispelijk was. Maar het was me toen onmogelijk hem iets te laten blijken van mijn gedachtenwereld; tussen die van mij en die van hem lag een te diepe kloof. Inderdaad leek Freud opgelucht door mijn antwoord. Ik merkte hierdoor dat hij met dit soort dromen geen raad wist en dan toevlucht nam tot zijn doctrine. Het ging mij er echter om de werkelijke zin van de droom te ontdekken.

Het was me duidelijk dat het huis een soort weergave van de psyche was; dat wil zeggen van mijn toenmalige bewustzijnstoestand, aangevuld met tot dan onbewuste gegevens. Het bewustzijn werd gekarakteriseerd door het woonvertrek. Dat had een bewoonde sfeer, ondanks de ouderwetse stijl.

Al op de benedenverdieping begon het onbewuste. Hoe dieper ik kwam, hoe onbekender en donkerder het werd. In de grot ontdekte ik overblijfselen van een primitieve beschaving; dat wil zeggen de wereld van de primitieve mens in mij, die door het bewustzijn nauwelijks meer bereikt of verhelderd kon worden. De primitieve ziel van de mens grenst aan het leven van de dierlijke ziel – zoals ook de holen in de oertijd meestal door dieren werden bewoond, voordat de mensen ze opeisten.

Ik werd me er toen heel scherp van bewust, hoe sterk ik het onderscheid voelde tussen de geestelijke instelling van Freud en die van mij. Ik was opgegroeid in de intens historische sfeer van Bazel aan het eind van de vorige eeuw en had dankzij het lezen van de oude filosofen een zekere kennis verworven van de geschiedenis van de psychologie. Als ik nadacht over dromen en over inhouden van het onbewuste, maakte ik altijd historische vergelijkingen; in mijn studietijd gebruikte ik daarvoor Krugs oude Lexicon der filosofie. Ik kende vooral de auteurs van de achttiende eeuw en het begin van de negentiende. Deze wereld vormde de atmosfeer van mijn woonkamer op de eerste verdieping. Daarentegen had ik bij Freud de indruk alsof zijn 'geestesgeschiedenis' bij Büchner, Moleschott, Dubois-Reymond en Darwin begon.

Aan mijn hierboven beschreven bewustzijnstoestand voegde de droom nu nog andere bewustzijnslagen toe: de sinds lang niet meer bewoonde benedenverdieping in middeleeuwse stijl; dan de Romeinse kelder en uiteindelijk de prehistorische grot. Ze representeren vervlogen tijden en overleefde bewustzijnsfasen.

De dagen vóór deze droom hadden veel vragen me heel sterk beziggehouden: Op welke premissen berust de psychologie van Freud? Bij welke categorie van het menselijk denken hoort ze thuis? In welke verhouding staat haar vrijwel volstrekt personalisme tot de algemene historische veronderstellingen? Mijn droom gaf het antwoord. Die ging blijkbaar terug tot de fundamenten van de cultuurgeschiedenis; een geschiedenis van elkaar opvolgende bewustzijnstoestanden. De droom stelde een soort structuurdiagram van de menselijke ziel voor, een uitgangspunt van volstrekt *onpersoonlijke*

aard. Dit idee sloeg onmiddellijk aan, 'it clicked', zoals de Engelsen zeggen; en de droom werd voor mij een richtsnoer dat in de daaropvolgende tijd op ongekende wijze juist bleek te zijn. Door deze droom kreeg ik voor het eerst een vermoeden dat de persoonlijke psyche een collectief a priori bezit; ik had dat laatste aanvankelijk aangezien voor sporen van verschillende vroegere functies. Eerst later – door mijn grotere ervaring en betrouwbaarder kennis – zag ik in dat deze functies instincten waren; archetypen.
Ik ben het nooit eens geweest met Freud dat de droom een 'façade' zou zijn waarachter de betekenis verborgen was; een betekenis die al bekend is, maar die zogezegd kwaadwillig aan het bewustzijn onthouden wordt. Dromen zijn voor mij natuur en de natuur misleidt niet opzettelijk; ze deelt iets mee zo goed ze kan – zoals planten groeien en dieren voedsel zoeken zo goed ze maar kunnen. Zo willen onze ogen ons ook niet misleiden, maar wellicht misleiden we ons zelf omdat onze ogen bijziend zijn. Of we horen niet goed, omdat onze oren enigszins doof zijn; maar onze oren willen ons niet misleiden. Lang voordat ik Freud leerde kennen had ik het onbewuste – evenals de dromen, die haar rechtstreekse uitdrukking zijn – gezien als een natuurproces, waar je geen willekeur aan kunt toeschrijven – en zeker geen opzettelijke goocheltrucs. Ik kende geen enkele reden om aan te nemen dat de listen van het bewustzijn zich uitstrekten tot de natuurlijke processen van het onbewuste. De ervaring van alledag leerde me integendeel hoe hardnekkig het onbewuste weerstand biedt aan de neigingen van het bewustzijn.
De droom van het huis had een eigenaardige uitwerking op mij: hij riep mijn oude archeologische interesse wakker. Terug in Zürich nam ik een boek ter hand over Babylonische opgravingen en ik las verschillende werken over mythologie. Daarbij kwam ik 'Symbolik und Mythologie der alten Völker' van Friedrich Creuzer* tegen; en dat zette me in vuur en vlam! Ik las als een bezetene en werkte me met vurige interesse door een berg mythologisch en uiteindelijk ook gnostisch materiaal heen om in volslagen verwarring te eindigen. Ik was in een toestand van radeloosheid zoals destijds in de kliniek, toen ik de zin probeerde te begrijpen van psychotische geestestoestanden. Het leek me alsof ik in een denkbeeldig gekkenhuis was beland en ik begon alle centauren, nymfen, goden en godinnen in Creuzers boek te 'behandelen' en te analyseren, alsof ze mijn patiënten waren. Bij deze bezigheid moest ik wel de nauwe relatie tussen antieke mythologie en de psychologie van primitieven ontdekken. Dat was de aanleiding om dit laatste intensief te gaan bestuderen. Ik voelde me wat onbehaaglijk over Freuds gelijktijdige belangstelling voor dit onderwerp, voor zover ik daarin het overheersen van zijn theorie boven de feiten meende te ontdekken.

Terwijl ik nog volop met deze studie bezig was, kreeg ik het fantasiemate-

* Leipzig en Darmstadt, 1810-1823.

riaal onder ogen van een mij onbekende jonge Amerikaanse, miss Miller. Het materiaal was door mijn vereerde vaderlijke vriend Théodore Flournoy gepubliceerd in de 'Archives de Psychologie' (Genève).* Ik was meteen al onder de indruk van het mythologisch karakter van deze fantasieën. Ze werkten als een katalysator op de nog ongeordende gedachten die zich in me hadden opgehoopt. Langzamerhand vormde zich uit hen, en uit de door mij verworven kennis van de mythen, het boek over de 'Wandlungen und Symbole der Libido'. Terwijl ik daaraan werkte, had ik veelbetekenende dromen die al zinspeelden op de breuk met Freud. Eén van de meest indrukwekkende speeelde zich af in een bergachtige streek in de nabijheid van de Zwitsers-Oostenrijkse grens. Het was tegen de avond, en ik zag een man op leeftijd in het uniform van een keizerlijk-koninklijke (Oostenrijkse) douanebeambte. Hij liep enigszins voorovergebogen langs me heen, zonder op me te letten. Zijn gezichtsuitdrukking was knorrig, enigszins zwaarmoedig en geërgerd. Er waren nog meer mensen en iemand vertelde me dat deze oude man eigenlijk niet echt bestond, het was de geest van een jaren geleden gestorven douanebeambte. 'Dat is één van hen die niet konden sterven', werd er gezegd.

Dat is het eerste deel van de droom.

Toen ik hem ging analyseren viel me bij 'douane' meteen 'censuur' in; bij 'grens': de grens tussen het bewuste en het onbewuste, maar ook tussen Freuds opvattingen en de mijne. Het onderzoek aan de grens – een bijzonder strenge visitatie – leek me te zinspelen op de analyse. Aan de grens worden koffers geopend en onderzocht op smokkelwaar. Daarbij worden onbewuste vooronderstellingen ontdekt. De oude douanier had blijkbaar tijdens de uitoefening van zijn beroep zo weinig plezierigs en bevredigends meegemaakt, dat zijn wereldbeschouwing aan de sombere kant was. Ik kon de analogie met Freud niet ontkennen.

Freud had weliswaar destijds (1911) voor mij in zekere zin zijn autoriteit verloren, maar hij was voor mij nog steeds een superieure persoonlijkheid, waarop ik de vaderfiguur projecteerde. Deze projectie was ten tijde van de droom nog lang niet opgeheven. Als er zo'n projectie bestaat ben je niet objectief, maar je oordeel is gespleten. Aan de ene kant ben je afhankelijk, maar je hebt ook weerstanden. Destijds, toen ik deze droom had, voelde ik nog zeer veel achting voor Freud, maar anderzijds was ik kritisch. Deze verdeelde houding was een aanwijzing dat ik in deze situatie nog onbewust was; ik had er nog niet over nagedacht. Dat is karakteristiek voor alle projecties. De droom raadde me aan hierover duidelijkheid te verkrijgen.

Onder de indruk van de persoonlijkheid van Freud had ik zoveel mogelijk afstand gedaan van mijn eigen oordeel en mijn kritiek teruggedrongen. Dat was de voorwaarde waaronder ik met hem kon meewerken. Ik dacht bij

* Over Th. Flournoy: zie aanhangsel.

mezelf: Freud is veel intelligenter dan jij en heeft veel meer ervaring. Je moet nu gewoon luisteren naar wat hij zegt en van hem leren. En toen droomde ik tot mijn verbazing over hem als een knorrige beambte van de Oostenrijkse keizerlijk-koninklijke monarchie; als een gestorven en nog 'rondwarende' grenswachter. Zou dat de doodswens zijn, waarop Freud had gezinspeeld? Ik kon bij mezelf niets vinden wat normaal gesproken zo'n wens zou koesteren, want ik wilde om zo te zeggen tot elke prijs samenwerken en op een onbeschaamd egoïstische manier in zijn rijke ervaringen delen. Bovendien hechtte ik veel waarde aan onze vriendschap. Er was voor mij dus geen enkele aanleiding om hem dood te wensen. De droom kon echter wel een correctie zijn, een compensatie van mijn bewuste waardering en bewondering, die – al was dat me onwelkom – kennelijk te ver ging. De droom raadde een wat kritischer houding aan. Ik was daarover erg ontdaan, hoewel de slotzin van de droom leek te zinspelen op onsterfelijkheid.

De droom was met de episode van de douanier nog niet ten einde; na een hiaat volgde een tweede opmerkelijk deel. Ik bevond me in een Italiaanse stad, het was rond het middaguur, tussen twaalf en één. De zon brandde heet op de steegjes. De stad was op een heuvel gebouwd en deed me denken aan een bepaald deel van Bazel, de Kohlenberg. De straatjes die van daaruit naar beneden leiden naar het Birsigtal – dat dwars door de stad loopt – bestaan gedeeltelijk uit trappen. Net zo'n trap ging naar beneden, naar de Barfüsserplatz. Het was Bazel, en toch was het een Italiaanse stad, het leek wat op Bergamo. Het was zomer, de stralende zon stond in het zenith en alles baadde in het intensieve licht. Er kwamen me veel mensen tegemoet, en ik wist dat de winkels nu gesloten werden en dat de mensen naar huis gingen om te eten. Te midden van deze stroom mensen liep een ridder in volle wapenrusting. Hij liep naar boven, de trap op, mij tegemoet. Hij droeg een helm met vizier en een maliënkolder. Daarover heen droeg hij een wit overkleed, waarin aan de voor- en achterkant een groot, rood kruis was geweven.

U kunt zich voorstellen wat voor indruk het op mij maakte toen plotseling, in een moderne stad, 's middags tijdens het spitsuur, een kruisvaarder op me toekwam! Het viel me vooral op dat geen mens op straat hem leek te zien. Niemand draaide zich om, of keek naar hem – het leek alsof hij voor de anderen volkomen onzichtbaar was. Ik vroeg me af wat deze verschijning te betekenen had; en toen was het net alsof iemand me antwoord gaf – maar er was niemand te zien die dit zei –: 'Ja, dat is een regelmatig terugkerende verschijning. Altijd tussen twaalf en één komt de ridder hier voorbij en dat gaat al heel lang zo (ik kreeg de indruk: al eeuwen lang) en iedereen weet het.'

De droom maakte diepe indruk, maar destijds begreep ik hem in de verste verte niet. Ik was neerslachtig en ontdaan, en ik wist er geen raad mee.

De ridder en de douanier waren tegengestelde figuren. De douanier was schimmig, zoals iemand die 'nog niet sterven kon' – een wegstervende verschijning. De ridder daarentegen een levenskrachtige figuur en volstrekt reëel. Het tweede deel van de droom was in hoge mate numineus; de scène aan de grens was nuchter en op zich niet indrukwekkend, eerst mijn latere overwegingen hadden me ontsteld.

Over de raadselachtige figuur van de ridder heb ik in de daaropvolgende tijd veel nagedacht, zonder echter de betekenis helemaal te kunnen vatten. Pas veel later, nadat ik lang over de droom had gemediteerd, kon ik zijn betekenis enigszins begrijpen. Al tijdens de droom wist ik dat de ridder in de twaalfde eeuw thuishoorde. Dat is de tijd waarin de alchemie opkwam en de Queeste naar de Heilige Graal. De Graallegenden speelden al vanaf mijn jeugd een grote rol. Op mijn vijftiende jaar had ik ze voor het eerst gelezen, en dat was iets onvergetelijks geweest, een indruk die me nooit meer heeft losgelaten. Ik vermoedde dat daar nog een geheim verborgen was. Zo leek het me heel natuurlijk dat mijn droom deze wereld van de Graalridders en hun Queeste weer opriep, want dat was in de diepste zin mijn wereld, die met de wereld van Freud nauwelijks iets te maken had. Alles in me was op zoek naar iets dat nog onbekend was, iets dat aan de banaliteit van dit leven een zin kon geven.

Ik was diep teleurgesteld dat met alle inspanning van ons onderzoekend verstand in de diepten der ziel klaarblijkelijk niets anders ontdekt kon worden dan het maar al te bekende 'al te menselijke'. – Ik ben opgegroeid op het land, tussen de boeren en wat ik niet in de stal kon leren, dat hoorde ik wel door de rabelaisiaanse grappen en de ongegeneerde fantasie in de folklore van onze boeren. Incest en perversiteiten waren voor mij geen opmerkelijke nieuwtjes; ze hadden geen bijzondere verklaring nodig. Samen met de criminaliteit hoorden ze tot dat zwarte bezinksel, dat mij de lust tot leven vergalde, omdat daarmee de lelijkheid en de zinloosheid van het menselijk bestaan maar al te duidelijk werden aangetoond. Het was voor mij vanzelfsprekend dat kool op mest gedijt. Ik moest bekennen dat ik daarin geen inzicht kon ontdekken dat me ook maar iets verder hielp. Dat zijn nu eenmaal allemaal stadsmensen, dacht ik. Ze weten niets van de natuur en de menselijke stal. Ik zelf had al lang genoeg van al dit weerzinwekkends.

Natuurlijk zijn mensen die niets van de natuur afweten neurotisch, want ze zijn niet aangepast aan de werkelijkheid. Ze zijn nog te naïef, zoals kinderen; ze moeten als het ware voorgelicht worden dat ze mensen zijn zoals alle anderen. Daarmee zijn neurotici overigens nog niet genezen; ze kunnen alleen weer gezond worden als ze zich kunnen bevrijden van het vuil van alledag. Maar ze blijven maar al te graag steken in wat ze eerst verdrongen hadden – en hoe zouden ze ook eruit moeten komen als ze zich door de analyse niet van iets anders en beters bewust worden? Als zelfs de theorie hen daarop vastlegt en geen andere mogelijkheid biedt dan het rationele of 'verstandige' besluit om deze kinderachtigheden eindelijk eens op te geven? Dat is nu immers precies datgene wat ze niet kunnen. En hoe zouden ze het ook kunnen, als ze niet iets konden ontdekken dat hun vaste grond onder de voeten geeft? Je kunt niet de ene manier van leven opgeven zonder er een andere voor in de plaats te krijgen. Een strikt redelijke levenswijze is, zoals we uit ervaring weten, in de regel onmogelijk, vooral als je zogezegd van huis uit zo onredelijk bent als een neuroticus.

Het werd me nu duidelijk waarom ik zo'n intense belangstelling had voor Freuds persoonlijke psychologie. Ik moest in ieder geval te weten komen hoe het met zijn 'redelijke oplossing' gesteld was. Dat was een vraag van levensbelang; ik moest daar een antwoord op krijgen, ook al zou het me veel offers kosten. Nu stond het probleem me duidelijk voor ogen. Freud had zelf een neurose, één die goed te diagnosticeren was met uiterst pijnlijke symptomen, zoals ik tijdens onze reis naar Amerika had ontdekt. Hij had me toen voorgehouden dat iedereen een tikkeltje neurotisch was en dat je daarom tolerant moest zijn. Ik was echter helemaal niet van plan daarmee genoegen te nemen; ik wilde liever weten hoe je een neurose vermijden kunt. Ik had gemerkt, dat noch Freud, noch zijn leerlingen konden begrijpen wat het voor de theorie en de praktijk van de psychoanalyse te betekenen had wanneer niet eens de meester zèlf raad wist met zijn eigen neurose. Toen hij dan ook met het plan kwam theorie en methode te identificeren en te dogmatiseren kon ik niet meer met hem samenwerken; er bleef me niets over dan me terug te trekken.

Toen ik aan het laatste hoofdstuk van mijn 'Wandlungen und Symbole der Libido' – het hoofdstuk over het 'offer' – zou beginnen, wist ik van tevoren dat dit mij de vriendschap van Freud zou kosten. Hierin moest mijn eigen opvatting over incest ter sprake komen, en de beslissende verandering van het libidobegrip; en nog een paar andere gedachten waardoor ik me van Freud onderscheidde. Voor mij betekent incest slechts bij hoge uitzondering een persoonlijke complicatie. Meestal vertegenwoordigt ze een hoogst religieuze inhoud, waardoor incest ook in bijna alle cosmogonieën en in talrijke mythen een doorslaggevende rol speelt. Maar Freud hield aan het letterlijke begrip vast en kon de geestelijke betekenis van incest als symbool niet begrijpen. Ik wist dat hij dit alles nooit zou kunnen accepteren.

Ik sprak er met mijn vrouw over en vertelde haar wat ik vreesde. Ze probeerde me gerust te stellen, want ze dacht dat Freud mijn opvattingen grootmoedig in hun waarde zou laten, ook wanneer hij ze zelf niet zou kunnen accepteren. Ik zelf was ervan overtuigd dat hij dat niet zou kunnen opbrengen. Twee maanden lang kon ik geen letter op papier krijgen; ik werd gekweld door het conflict: moet ik verzwijgen wat ik denk, of moet ik onze vriendschap op het spel zetten? Uiteindelijk besloot ik alles op te schrijven

en dat heeft me de vriendschap van Freud gekost.
Na de breuk met Freud trokken al mijn vrienden en bekenden zich terug. Mijn boek werd voor een prul uitgemaakt. Ik werd beschouwd als mysticus en daarmee was de zaak afgedaan. Riklin en Maeder waren de enigen die aan mijn kant bleven staan. Maar ik had deze eenzaamheid voorzien, ik had me geen illusies gemaakt over de reacties van mijn zogenaamde vrienden. Dat was een punt dat ik grondig had overwogen. Ik wist dat nu alles op het spel stond en dat ik voor mijn overtuiging op de bres moest staan. Ik zag dat het hoofdstuk 'Het offer' mìjn offer betekende. Toen ik dit inzag, kon ik weer schrijven, hoewel ik vooruit wist dat niemand mijn opvattingen zou begrijpen.

Terugkijkend kan ik zeggen dat ik de enige ben, die de twee problemen die Freud het meest geïnteresseerd hebben, op toepasselijke wijze verder heb ontwikkeld: het probleem van de 'archaïsche resten' en dat van de seksualiteit. Het is een wijdverbreid misverstand te denken dat ik de waarde van de seksualiteit niet zou inzien. Integendeel, deze speelt een zeer belangrijke rol in mijn psychologie, namelijk als wezenlijke – hoewel niet enige – uitdrukking van de psychische totaliteit. Mijn centrale thema was echter het geestelijke aspect en de numineuze betekenis van de seksualiteit te onderzoeken en te verklaren – boven haar persoonlijke betekenis en die van een biologische functie uit. Ik wilde dus datgene uitdrukken waardoor Freud gefascineerd was – maar wat hij niet kon bevatten. Mijn boeken 'Die Psychologie der Uebertragung' en 'Mysterium Coniunctionis' bevatten mijn gedachten over dit thema. Als uitdrukking van een chtonische geest is de seksualiteit van de allergrootste betekenis. Want deze geest is het 'andere gezicht van God', de donkere zijde van het godsbeeld. De problemen in verband met de chtonische geest hielden me bezig sinds ik met de gedachtenwereld van de alchemie in aanraking was gekomen. Maar in feite werden deze problemen gewekt door één van die eerste gesprekken met Freud – toen ik zijn gedrevenheid door de seksualiteit voelde, zonder dat ik daarvoor een verklaring kon vinden.

Freuds grootste prestatie was wel, dat hij zijn neurotische patiënten serieus nam en inging op de hun eigen en individuele psychologie. Hij bracht de moed op de casuïstiek voor zich te laten spreken en op deze manier drong hij door tot de individuele psychologie van de zieke. Hij keek als het ware met de ogen van de patiënt en verwierf daardoor een dieper begrip van de ziekte dan tot dan mogelijk was geweest. Op dit terrein was hij moedig en niet-vooringenomen. Dat bracht hem ertoe een groot aantal vooroordelen te overwinnen. Als een oudtestamentisch profeet heeft hij de taak op zich genomen om valse goden ten val te brengen, om bergen oneerlijkheid en huichelarij te onthullen en om zonder erbarmen de psychische verdorvenheid van zijn tijd aan het licht te brengen. Hij schrok er niet voor terug de impopulariteit van zo'n onderneming te incasseren. De impuls die hij daarmee aan onze cultuur gegeven heeft, bestond uit zijn ontdekking van een toegang tot het onbewuste. Met het erkennen van de droom als belangrijkste informatiebron omtrent de processen in het onbewuste, heeft hij aan het verleden en de vergetelheid een schat ontrukt, die reddeloos verloren scheen. Hij heeft empirisch de aanwezigheid van een onbewuste psyche bewezen, iets wat tevoren slechts als filosofisch postulaat bestaan had, namelijk in de filosofie van Carl Gustav Carus en Eduard von Hartmann.

Men kan wel stellen dat het tegenwoordige cultuurbewustzijn – voor zover het filosofisch over zichzelf nadenkt – het idee van het onbewuste en de consequenties ervan nog niet heeft geabsorbeerd, hoewel het er al sinds meer dan een halve eeuw mee is geconfronteerd. Het algemene en fundamentele inzicht dat ons psychisch bestaan twee polen heeft, blijft nog steeds een taak voor de toekomst.

De confrontatie met het onbewuste

Na de breuk met Freud begon voor mij een tijd van innerlijke onzekerheid, ik voelde me zelfs gedesoriënteerd. Het leek wel alsof alles nog onzeker was, want ik had mijn eigen plaats nog niet gevonden. Allereerst moest ik een nieuwe instelling ten opzichte van mijn patiënten zien te krijgen. Ik besloot voorlopig maar eens onbevooroordeeld af te wachten wat er toevallig te voorschijn zou komen. Al spoedig bleek dat de patiënten spontaan hun dromen en fantasieën vertelden en ik stelde alleen maar een paar vragen zoals: 'Wat valt u daarbij in?' of: 'Hoe ziet u dat zelf?', 'Hoe komt dat?' De antwoorden en associaties leverden als vanzelf de interpretaties op. Theoretische standpunten legde ik naast me neer, ik hielp de patiënt alleen de beelden zoals ze waren, te begrijpen.

Al gauw zag ik in dat het juist was de dromen zoals ze zich voordoen als basis voor een interpretatie te nemen, want zo zijn ze ook bedoeld. De droom is het gegeven waarvan we moeten uitgaan. Natuurlijk leverde mijn 'methode' een vrijwel onafzienbare hoeveelheid aspecten op. De behoefte aan een criterium werd steeds groter; ik zou bijna zeggen: de behoefte aan een eerste en voorlopige oriëntering.

In een ongewoon helder moment overzag ik de weg die ik tot dusverre had afgelegd. Ik dacht: Nu bezit je een sleutel tot de mythologie en je hebt de mogelijkheid alle poorten tot de onbewuste menselijke psyche te openen. Maar toen fluisterde iets in mij: 'Waarom zou je alle poorten openen?' En daarop volgde de vraag wat ik nu eigenlijk tot stand had gebracht. Ik had de mythen van oude volkeren verklaard; ik had een boek over de held geschreven, over de mythe waarin de mens van oudsher leefde. 'Maar in welke mythe leeft de mens van deze tijd?' – 'In de christelijke mythe, zou je kunnen zeggen.' – 'Leef *jij* daarin?' – werd me gevraagd. 'Als ik eerlijk moet zijn, nee! Dat is niet de mythe waarin ik leef.' – 'Dus we hebben geen mythe meer?' – 'Nee, blijkbaar hebben we geen mythe meer.' – 'Maar wat is dan jouw mythe? De mythe waarin jij leeft?' – Dat werd onaangenaam en mijn gedachten stokten. Ik was aan een grens gekomen.

In 1912, omstreeks Kerstmis, had ik deze droom. Ik bevond me op een prachtige Italiaanse loggia met zuilen, een marmeren vloer en een balustrade van marmer. Daar zat ik op een gouden renaissancezetel; voor me stond een tafel van zeldzame schoonheid. Hij was geheel van groene steen, het leek wel smaragd. Ik keek ver over het land uit, want de loggia bevond zich hoog in de toren van een kasteel. Mijn kinderen zaten ook aan deze tafel.

Opeens daalde een witte vogel neer, een kleine meeuw of een duif. Sierlijk streek ze op de tafel neer en ik wenkte de kinderen dat ze zich stil moesten houden om de mooie, witte vogel niet te verjagen. Plotseling veranderde de duif in een klein meisje van een jaar of acht met goudblond haar. Ze liep met de kinderen weg en samen gingen ze spelen in de prachtige zuilengalerijen van het kasteel.

Peinzend bleef ik zitten, ik dacht na, over wat ik zojuist beleefd had. Toen kwam het kleine meisje terug en legde teder haar armen om mijn hals. Ineens was ze verdwenen en daar was weer de duif. Deze sprak langzaam met menselijke stem: 'Alleen in de eerste uren van de nacht kan ik me in een mens veranderen, terwijl de doffer zich met de twaalf doden bezighoudt.' Toen vloog ze weg in de blauwe lucht en ik ontwaakte.

Het enige wat ik over de droom wist te zeggen was dat hij een ongewone activiteit van het onbewuste liet zien. Maar ik kende geen techniek om de innerlijke processen grondig te onderzoeken. Wat kon een mannelijke duif met twaalf doden te maken hebben? Bij de tafel van smaragd moest ik denken aan de geschiedenis van de 'tabula smaragdina' uit de alchemistische legende van Hermes Trismegistos. Hij moet een tafel achtergelaten hebben waarop in het Grieks de essentie van de alchemistische wijsheid was gegraveerd. Ik dacht ook aan de twaalf apostelen, de twaalf maanden van het jaar, de tekens van de dierenriem. Maar ik vond geen oplossing voor het raadsel. Uiteindelijk moest ik het opgeven. Er bleef me niets over dan te wachten, gewoon verder te leven en te letten op mijn fantasieën.

In die tijd keerde regelmatig een afschrikwekkende fantasie terug: ik zag iets doods dat nog leefde. Er werden bij voorbeeld lijken in een verbrandingsoven gedaan en dan bleek er nog leven in hen te zijn. Het hoogtepunt van deze fantasieën – waarna ze ook niet meer terugkeerden – vormde deze droom:

Ik was in een omgeving die me aan de Alyscamps bij Arles deed denken. Daar is een laan met sarcofagen, die teruggaan tot op de tijd van de Merovingers. In de droom kwam ik vanuit de richting van de stad en ik zag een soortgelijke laan met een lange rij graven. Het waren voetstukken met stenen platen waarop de doden lagen opgebaard. Ze lagen daar gekleed volgens de gewoonte van hun tijd, hun handen gevouwen, zoals je dat ziet in oude grafkapellen, waar ridders in hun wapenrusting liggen. Er was slechts dit onderscheid dat de doden in mijn droom niet uit steen gehouwen waren, maar op een merkwaardige wijze gemummificeerd leken. Voor het eerste graf bleef ik staan om de dode te bekijken. Het was een man uit de jaren dertig van de negentiende eeuw. Geïnteresseerd bekeek ik zijn kleding. Plotseling bewoog hij zich en begon weer te leven. Hij vouwde zijn handen uiteen en ik wist dat dat alleen maar gebeurde omdat ik naar hem keek. Met een onaangenaam gevoel ging ik verder en kwam bij een andere dode die in de achttiende eeuw thuishoorde. Hier gebeurde hetzelfde: toen ik hem aankeek werd hij weer levend en bewoog zijn handen. Zo ging ik de hele rij langs tot ik om zo te zeggen in de twaalfde eeuw terechtkwam bij een kruisvaarder in een maliënkolder, die ook met gevouwen handen lag. Zijn gestalte leek uit hout gesneden. Ik keek hem lang aan, ik was ervan overtuigd dat hij werkelijk dood was. Maar plotseling zag ik dat een vinger van zijn linkerhand langzaam begon te bewegen.

Deze droom hield me lang bezig. Natuurlijk had ik oorspronkelijk Freuds mening gedeeld dat in het onbewuste overblijfselen van vroegere ervaringen aanwezig zijn. Maar dromen als deze en ook het werkelijke beleven van het onbewuste, brachten me tot het inzicht dat deze overblijfselen geen aftandse vormen zijn, maar tot de levende psyche horen. Mijn latere onderzoekingen bevestigden dit vermoeden en in de loop der jaren ontwikkelde ik hieruit de leer der archetypen.

De dromen maakten indruk op me, maar ze konden me niet over mijn gevoel van desoriëntatie heen helpen. Integendeel, ik stond onder een zware innerlijke druk. Af en toe werd deze zo groot dat ik aannam dat er sprake moest zijn van een psychische storing. Tot tweemaal toe ging ik daarom mijn hele leven tot in alle bijzonderheden na; vooral lette ik op herinneringen uit mijn kindertijd. Ik dacht dat er wellicht iets in mijn verleden zou zijn dat als oorzaak van de storing in aanmerking kon komen. Maar deze terugblik leverde niets op en ik moest bekennen dat ik het niet wist. Toen zei ik: 'Ik weet zó volstrekt niets, dat ik nu eenvoudig datgene doe wat me invalt.' Daarmee gaf ik me bewust over aan de impulsen van het onbewuste.

Als eerste dook er een herinnering op uit mijn kinderjaren, misschien uit de tijd dat ik tien, elf jaar was. Destijds speelde ik hartstochtelijk met blokkendozen. Ik herinnerde me duidelijk hoe ik huisjes en kastelen had gebouwd en poorten, waarvan de bogen op flessen rustten. Wat later gebruikte ik echte stenen, met leem als mortel. Lange tijd hadden deze bouwsels mij gefascineerd. Tot mijn verbazing verscheen nu deze herinnering, vergezeld van een zekere emotie.

'Aha', zei ik, 'hier is leven! De kleine jongen bestaat nog steeds en hij bezit nog een levende creativiteit die mij ontbreekt. Maar hoe kan ik die ooit bereiken?' Het leek me onmogelijk de afstand tussen het heden – de volwassen man – en mijn elfde jaar te overbruggen. Maar als ik het contact met deze tijd weer wilde herstellen, bleef me niets anders over dan terug te keren tot mijn kinderjaren en op goed geluk het kinderspel weer op te nemen.

Dit moment betekende een keerpunt in mijn levensloop. Na eindeloos verzet legde ik me er uiteindelijk bij neer dat ik moest gaan spelen. Dat ging overigens wel met een gevoel van uiterste berusting; ik voelde het als een pijnlijke vernedering dat ik werkelijk niets anders kon doen dan spelen.
Ik begon dus geschikte steentjes te verzamelen, gedeeltelijk langs de oever van het meer, gedeeltelijk in het water; en daarop ging ik aan het bouwen: huisjes, een kasteel – een heel dorp. De kerk ontbrak nog en dus maakte ik een vierkant bouwsel, met daarop een zeshoekige trommel en daarop weer een vierhoekige koepel. Bij een kerk hoort ook een altaar. Maar ik schroomde er een te bouwen.
Verdiept in de vraag hoe ik een oplossing kon vinden voor dit probleem, liep ik op een dag zoals gewoonlijk langs het meer en zocht naar stenen in het kiezel langs de oever. Plotseling zag ik een rode steen: een vierzijdige pyramide, ongeveer 4 cm. hoog. Het was een stukje steen dat door het rollen in het water en door de golfslag in deze vorm was geschuurd – een zuiver toevalsprodukt. Ik wist: dat is het altaar! Deze steen zette ik dus in het midden onder de koepel, en terwijl ik dat deed dacht ik plotseling aan de onderaardse fallus uit mijn kinderdroom. Deze samenhang gaf me een bevredigend gevoel.
Elke dag ging ik na het middageten bouwen, voor zover het weer het toeliet. Zodra ik klaar was met eten speelde ik tot de patiënten kwamen en 's avonds als ik vroeg genoeg klaar was met mijn werk ging ik weer verder met bouwen. Langzamerhand werden mijn gedachten helderder, en de fantasieën die ik vaag gevoeld had, kon ik nu vatten.
Natuurlijk dacht ik na over de zin van mijn spel en ik vroeg me af: Wat ben je eigenlijk aan het doen? Je bouwt een kleine nederzetting en je voert dat uit als een ritueel! Ik wist geen antwoord, maar ik voelde een innerlijke zekerheid dat dit de weg was naar mijn mythe. Het bouwen was namelijk slechts een begin. Het maakte een stroom fantasieën vrij, die ik later zorgvuldig heb opgeschreven.
Latere soortgelijke situaties hadden eenzelfde verloop. Telkens wanneer ik in mijn latere leven ergens bleef steken, ging ik schilderen, of bewerkte ik stenen en steeds was dat een inwijdingsritueel voor werk en gedachten die daarop volgden. Alles wat ik dit jaar (1957) geschreven heb, dus 'Gegenwart und Zukunft', 'Ein moderner Mythus', 'Ueber das Gewissen', is voortgekomen uit de bewerking van een steenklomp, waaraan ik me na de dood van mijn vrouw (27 november 1955) wijdde. De voleinding van mijn vrouw, het einde en wat me daarbij duidelijk werd, hadden me verschrikkelijk uit mijn evenwicht gebracht. Er was veel voor nodig om weer tot rust te komen en het contact met de steen heeft me geholpen.

Tegen de herfst van 1913 leek de druk die ik tot dan van binnenuit had gevoeld, zich naar buiten te verplaatsen, alof er iets in de lucht hing. En inderdaad leek het wel of donkere wolken zich samenpakten. Deze indruk werd steeds sterker.

In oktober, toen ik alleen op reis was, werd ik plotseling overvallen door een visioen: ik zag een geweldige vloed opkomen, die alle noordelijke en laaggelegen landen tussen de Noordzee en de Alpen bedekte. Het water strekte zich uit van Engeland tot Rusland en van de kusten van de Noordzee tot bijna aan de Alpen. Toen ook Zwitserland bedreigd werd, zag ik dat de bergen hoger en hoger werden als om ons land te beschermen. Er speelde zich een verschrikkelijke catastrofe af. Ik zag geweldige gele golven, waarin ruïnes van onze beschaving ronddreven en ik zag de dood van duizenden en nog eens duizenden. Toen veranderde het water van de zee in bloed. Dit visioen duurde ongeveer een uur; ik was ontdaan en ik voelde me onpasselijk. Ik schaamde me over mijn zwakheid.

Er verstreken twee weken, toen kwam dit visioen onder dezelfde omstandigheden terug, alleen was de verandering van water in bloed nog verschrikkelijker. Een innerlijke stem sprak: 'Kijk goed, dit is de werkelijkheid, zó zal het zijn, dat valt niet te betwijfelen.'

In de winter daarop vroeg iemand wat ik dacht over de nabije toekomst van de wereld. Ik zei dat ik niets dacht, maar dat ik stromen bloed zag. Het visioen liet me niet los.

Ik vroeg me af of de visioenen op een revolutie wezen, maar ik kon me dat eigenlijk niet goed voorstellen. Ik trok dus de conclusie dat ze met mezelf te maken hadden en ik nam aan dat ik bedreigd werd door een psychose. Ik dacht niet aan een mogelijke oorlog.

Kort daarop, in het voorjaar en de vroege zomer van 1914, had ik driemaal achtereen een droom, dat midden in de zomer een polaire kou inviel waardoor alles bevroor. Zo zag ik bij voorbeeld dat het gehele gebied van Lotharingen met zijn kanalen bevroren was. Het land was ontvolkt en alle meertjes en rivieren waren bevroren. Al het levende groen was verstijfd. Dit droombeeld kwam in april en mei en de laatste keer in juni 1914.

In de derde droom was weer een ontzettende kou ingevallen vanuit het heelal. Deze droom had echter een onverwacht einde: er stond een boom, met bladeren, maar zonder vruchten (mijn levensboom, dacht ik). De bladeren waren door het inwerken van de vorst veranderd in zoete druiven, vol geneeskrachtig sap. Ik plukte deze druiven en gaf ze aan een grote, wachtende menigte.

Eind juli 1914 was ik door de British Medical Association uitgenodigd voor een congres in Aberdeen, ik moest daar een lezing houden over 'Die Bedeutung des Unbewussten in der Psychopathologie'.* Ik was erop voorbereid

* De lezing verscheen in het Engels onder de titel 'On the Importance of the Unconscious in Psychopathology', in het 'British Medical Journal', London II, 1914.

dat er iets zou gebeuren, want dergelijke visioenen en dromen wijzen op een beschikking van het noodlot. In mijn toenmalige omstandigheden en door wat ik vreesde, leek het me zelfs noodlottig dat ik juist nu over de betekenis van het onbewuste moest spreken.

Op 1 augustus brak de wereldoorlog uit. Nu stond mijn taak vast. Ik moest proberen te begrijpen wat er gebeurde, en bekijken in hoeverre mijn eigen belevingen samenhingen met die van de collectiviteit. Daarom moest ik me eerst bezinnen op wat er in me omging. Ik begon met het opschrijven van de fantasieën die in me waren opgekomen tijdens het bouwen. Dit werk kwam nu op de eerste plaats.

Hierdoor werd een onafzienbare stroom fantasieën ontketend, en ik deed al het mogelijke om mijn oriënteringsvermogen niet kwijt te raken en een weg te vinden. Hulpeloos stond ik in een vreemdsoortige wereld en alles leek me moeilijk en onbegrijpelijk. Ik leefde voortdurend onder een intensieve druk; vaak had ik het gevoel alsof reusachtige steenblokken op me neerstortten. Het ene onweer volgde op het andere. Dat ik het uithield was een kwestie van brute kracht. Anderen zijn erdoor gebroken. Nietzsche, en ook Hölderlin, en vele anderen. Maar er was een demonische kracht in mij, en van het begin af aan stond het voor me vast dat ik de zin moest vinden van wat ik in de fantasieën meemaakte. Het gevoel te gehoorzamen aan een hogere wil wanneer ik standhield tegenover de stormloop van het onbewuste, was onmiskenbaar. Dat bleef ook mijn leidraad bij het uitvoeren van deze taak.*

Ik was vaak zo in de war dat ik mijn emoties moest uitschakelen door yoga-oefeningen. Aangezien het juist mijn bedoeling was te weten te komen wat er in me omging, deed ik deze oefeningen tot ik tot rust was gekomen en ik het werk met het onbewuste kon hervatten. Zodra ik het gevoel had weer mezelf te zijn, hief ik de controle op en liet de beelden en de innerlijke stemmen opnieuw aan het woord komen. De Indiër doet daarentegen yoga-oefeningen met het doel de veelvuldigheid van de psychische inhouden en beelden volledig te elimineren.

In dezelfde mate waarin ik slaagde de emoties in beelden te vertalen – dat wil zeggen díe beelden te vinden die in de emoties verborgen waren – trad er een innerlijke rust in. Als ik het bij de emotie gelaten had, dan was ik misschien door de inhouden van het onbewuste verscheurd. Wellicht had ik ze kunnen afsplitsen, maar dan was ik onverbiddelijk in een neurose terechtgekomen – en uiteindelijk zouden de inhouden van het onbewuste me toch vernietigd hebben. Mijn experiment verschafte me het inzicht hoe bevorderlijk het vanuit therapeutisch standpunt is, je bewust te maken van de beelden die achter de emoties liggen.

* Toen Jung over deze herinneringen sprak, klonken nog steeds zijn emoties door. 'Gelukkig, aan de dood ontsnapt te zijn' (Odyssee) stelde hij als motto voor dit hoofdstuk voor. A. J.

Ik schreef de fantasieën op zo goed als ik kon en deed ook mijn best de psychische omstandigheden waaronder ze tot stand kwamen, te verwoorden. Maar ik kon dat slechts in een uiterst onbeholpen taal doen. Eerst formuleerde ik de fantasieën precies zoals ik ze had waargenomen; meestal in een 'verheven taal', want deze komt overeen met de stijl van de archetypen. De archetypen spreken pathetisch, zelfs op gezwollen toon. De stijl van hun taalgebruik vind ik pijnlijk, het gaat tegen mijn gevoel in; alsof iemand met een krijtje over een schoolbord of met een mes over een bord krast. Maar ik wist immers niet waar het om ging. Ik had dus geen keus. Er bleef me niets over dan alles maar op te schrijven in de stijl die het onbewuste zelf had uitgekozen. Soms was het alsof ik het met mijn oren opving. Soms voelde ik het aan mijn mond, het leek alsof mijn tong woorden formuleerde – en dan was het weer alsof ik mezelf woorden hoorde fluisteren. Onder de drempel van het bewustzijn was alles een en al leven.
Van het begin af aan had ik de confrontatie met het onbewuste als een wetenschappelijk experiment opgevat, dat ik met mezelf uitvoerde en het resultaat was voor mij van vitaal belang. Nú zou ik echter ook kunnen zeggen: het was een experiment dat met mij werd uitgevoerd. Eén van mijn grootste problemen was af te rekenen met mijn negatieve gevoelens. Vrijwillig gaf ik me over aan emoties – die ik echter niet kon goedkeuren. Ik schreef de fantasieën op die me vaak onzinnig voorkwamen en die weerstanden bij me opriepen. Want zolang men de betekenis van dit soort fantasieën niet begrijpt, vormen ze een hels brouwsel dat zowel het belachelijke als het verhevene bevat. Het heeft me veel moeite gekost vol te houden, maar ik werd door het noodlot uitgedaagd. Slechts met uiterste inspanning kon ik me uiteindelijk uit het labyrint bevrijden.
Om de onderaardse fantasieën waardoor ik bewogen werd te bereiken, moest ik me er als het ware in laten neervallen. Dat wekte niet alleen weerstand; ik was ook uitgesproken bang. Ik was bang de controle over mezelf te verliezen en een speelbal van het onbewuste te worden – en wat dat wil zeggen wist ik als psychiater maar al te goed. Toch moest ik het wagen me van deze fantasieën meester te maken. Als ik dat niet zou doen, liep ik het risico dat ze mìj zouden overmeesteren. Een belangrijk motief bij deze overwegingen was dat ik van mijn patiënten niets kon verwachten waarvoor ik zelf terugschrok. De uitvlucht dat de patiënt tenminste een helper naast zich had staan, mocht niets baten. Ik wist dat deze zogenaamde helper – dat wil zeggen ik zelf – de materie nog niet uit eigen ervaring kende, maar dat ik daarover hoogstens een paar theoretische vooroordelen van twijfelachtige waarde bezat. De gedachte dat ik deze avontuurlijke onderneming waarin ik verstrikt was geraakt, uiteindelijk niet alleen voor mij persoonlijk waagde maar ook voor mijn patiënten, heeft me tijdens kritieke momenten geweldig veel steun gegeven.

In de adventstijd van 1913 besloot ik de beslissende stap te wagen (12 december). Ik zat aan mijn bureau en overdacht nog één keer al wat ik vreesde – en toen liet ik me vallen. Eerst leek het alsof de grond letterlijk wegzonk en alsof ik in een donkere diepte neersuisde. Ik kon een gevoel van paniek niet onderdrukken. Maar opeens – ik was nog niet erg diep gevallen – kwam ik terecht in een weke kleverige massa – tot mijn grote opluchting. Ik bevond me echter in een vrijwel volslagen duisternis. Na een tijdje raakten mijn ogen aan het donker gewend; het leek nu een diepe schemer. Vóór mij lag de ingang tot een donkere grot, en daar stond een dwerg. Hij zag eruit of hij van leer was, het leek net een mummie. Door de nauwe ingang wrong ik me langs hem heen en waadde door ijskoud water, dat op kniehoogte stond, naar het andere eind van de grot. Daar stond op een richel een rood, stralend kristal. Ik pakte het op en ontdekte dat eronder een holle ruimte was. Eerst kon ik niets ontdekken, maar uiteindelijk zag ik in de diepte water stromen. Er dreef een lijk voorbij, een jonge man met blond haar, die aan het hoofd was gewond. Na hem kwam een reusachtige, zwarte scarabee; en toen verscheen, opduikend uit de diepte van het water, een rode, pasgeboren zon. Verblind door het licht wilde ik de steen weer op de opening leggen, maar met kracht perste zich een vloeistof door de opening. Het was bloed! Een dikke straal spoot omhoog en ik voelde me misselijk worden. De stroom bloed bleef maar aanhouden. Eindelijk droogde hij op en dat was het einde van het visioen.
Ik was uiterst ontsteld door deze beelden. Natuurlijk zag ik dat het hoofdmotief een helden- en zonnemythe was, een drama van dood en vernieuwing. De wedergeboorte werd aangeduid door de Egyptische scarabee. Aan het eind had de nieuwe dag moeten volgen. In plaats daarvan kwam deze ondraaglijke stroom bloed, naar het me leek een volstrekt abnormaal fenomeen. Toen moest ik echter denken aan mijn bloedvisioenen uit de herfst van datzelfde jaar en ik gaf elke verdere poging tot begrijpen op.
Zes dagen later – 18 december 1913 – had ik de volgende droom:
Ik bevond me in een eenzaam rotsig gebergte met een onbekende jongeman, een wilde met een bruine huidskleur. Het was juist vóór zonsopgang, de oostelijke hemel was al licht en de sterren doofden één voor één. En daar klonk over de bergen Siegfrieds hoorn, en ik wist dat we hem moesten doden. We hadden geweren bij ons en wachtten hem op bij een smal rotspaadje.
Plotseling verscheen Siegfried, hoog bovenop de bergkam, in de eerste stralen van de opgaande zon. Op een wagen van doodsbeenderen reed hij met razende snelheid de rotsige helling af. Toen hij om de bocht van de weg kwam, schoten we op hem – en hij stortte neer, dodelijk getroffen.
Vol walging en berouw dat ik zo iets groots en schoons had vernietigd, sloeg ik op de vlucht; ik werd voortgedreven door de angst dat de moord

ontdekt zou worden. Maar toen barstte een geweldige regenbui los en ik wist dat alle sporen van de daad uitgewist zouden worden. Ik was ontkomen aan het gevaar ontdekt te worden; ik kon weer verder leven, maar ik had een ondraaglijk schuldgevoel.
Toen ik uit deze droom ontwaakte, dacht ik erover na, maar ik kon er met geen mogelijkheid iets van begrijpen. Ik probeerde dus weer in te slapen, maar een stem zei: 'Je móét de droom begrijpen, nù, onmiddellijk!' Deze innerlijke drang werd steeds groter, tot op het vreselijke moment waarop de stem zei: 'Als je de droom niet begrijpt, moet je jezelf doodschieten!' In mijn nachtkastje lag een geladen revolver en ik werd bang. Ik dacht nog eens na en ineens zag ik de betekenis van de droom: Dat is immers het probleem dat nu een rol speelt in de wereld! Siegfried vertegenwoordigt datgene wat de Duitsers willen realiseren, namelijk het heldhaftig doorzetten van de eigen wil. 'Waar een wil is, is een weg!' Hetzelfde wilde ik ook, maar dat was nu niet langer mogelijk. De droom liet zien dat de houding die door Siegfried, de held, werd belichaamd, niet langer bij me paste. Daarom moest hij worden gedood.
Na deze daad had ik zo'n overweldigend meegevoel met Siegfried alsof ik zèlf was doodgeschoten. Dat drukte mijn geheime identiteit met de held uit, en ook het lijden dat een mens doormaakt wanneer hij gedwongen wordt zijn ideaal en zijn bewuste houding op te offeren. Toch moest er een eind gemaakt worden aan deze identiteit met het heldenideaal, want er bestaat iets hogers waaraan men zich moet onderwerpen, dan de wil van het ik.
Deze gedachten waren voorlopig voldoende en ik sliep weer in. De wilde met zijn bruine huid, die me begeleid had en die feitelijk het initiatief had genomen, is een belichaming van de primitieve schaduw. De regen toont aan dat de spanning tussen het bewustzijn en het onbewuste opgeheven werd. Hoewel ik toen nog niet in staat was de zin van de droom te begrijpen, op bovenstaande aanduidingen na, kwamen er nieuwe krachten vrij die me hielpen het experiment met het onbewuste te volbrengen.

Om de fantasieën te kunnen bereiken, stelde ik me vaak een afdaling voor. Op een keer waren er zelfs een aantal pogingen nodig om diep genoeg te komen. De eerste keer kwam ik om het zo uit te drukken tot een diepte van driehonderd meter; de keer daarop was het al een kosmische diepte. Het leek op een reis naar de maan of op een afdaling in een leegte. Eerst kwam het beeld van een krater en ik had het gevoel dat ik in het dodenrijk was. Aan de voet van een hoge rotswand zag ik twee gedaanten, een oude man met een witte baard en een mooi jong meisje. Ik raapte mijn moed bij elkaar en trad hen tegemoet alsof het werkelijke mensen waren. Opmerkzaam luisterde ik naar wat ze me zeiden. De man verklaarde dat hij Elia was en dat gaf me een schok. Het meisje bracht me bijna nog meer van mijn stuk, want ze noemde zichzelf Salomé! Ze was blind. Wat een merkwaardig paar: Salomé en Elia! Maar Elia verzekerde me dat hij en Salomé voor de eeuwigheid bij elkaar hoorden en dat bracht me helemaal in verwarring. Een zwarte slang leefde met hen samen en deze vatte kennelijk genegenheid voor mij op. Ik richtte me maar tot Elia, want hij leek de verstandigste van de drie, hij scheen over een goed stel hersens te beschikken. Tegenover Salomé voelde ik wantrouwen. Elia en ik voerden een tamelijk lang gesprek, waarvan ik echter de zin niet kon vatten.

Natuurlijk probeerde ik het optreden van deze bijbelse gestalten in mijn fantasie aannemelijk te maken door te overwegen dat mijn vader dominee was geweest. Maar dat verklaarde nog niets. Want wat had deze oude man te betekenen? Wat betekende Salomé? Waarom zijn ze samen? Pas jaren later, toen ik veel meer wist, zag ik de verbinding van de oude man en het jonge meisje als iets volstrekt natuurlijks.

In dergelijke droomomzwervingen ontmoet men namelijk vaak een oude man die begeleid wordt door een jong meisje, en in veel mythische verhalen kun je voorbeelden van zo'n paar vinden. Volgens gnostische overleveringen trok bij voorbeeld Simon Magus rond met een jong meisje dat hij had meegenomen uit een bordeel. Ze heette Helena en ging door voor een reïncarnatie van Helena van Troje. Klingsor en Kundry, Lao-tse en de danseres horen ook in deze rij thuis.

In mijn fantasie was zoals gezegd nog een derde figuur aanwezig: de grote zwarte slang. In de mythe is de slang vaak de tegenspeler van de held. Er doen talrijke verhalen de ronde over hun verwantschap. Zo wordt bij voorbeeld gezegd dat de held slangeogen heeft; of hij wordt na zijn dood in een slang veranderd en wordt dan ook als zodanig vereerd; of de slang is de moeder van de held, enzovoort. In mijn fantasie kondigt de aanwezigheid van de slang dus de heldenmythe aan.

Salomé is een animafiguur. Ze is blind, aangezien ze de zin van de dingen niet ziet. Elia is de figuur van de oude, wijze profeet: hij representeert het kennende element – Salomé het erotische. Je zou kunnen zeggen dat beide gestalten de belichaming zijn van respectievelijk logos en eros. Maar zo'n definitie is al eigenlijk te intellectueel. Het is zinvoller de gestalten voorlopig te laten zijn wat ze destijds voor mij betekenden; ze waren de verduidelijking van onbewuste processen.

Korte tijd na deze fantasie dook er een andere figuur uit het onbewuste op. Deze had zich ontwikkeld uit de figuur van Elia. Ik noemde hem Philemon. Philemon was een heiden en bracht een gnostisch getinte Egyptisch-hellenistische stemming met zich mee. Zijn gestalte verscheen de eerste keer in een droom:

De hemel was blauw, maar het leek net de zee. Je zag geen wolken, maar er hingen bruine aardkluiten in de lucht. Het was net alsof de aardkluiten uiteenweken en je het blauwe water van de zee kon zien. Maar dat water was de blauwe hemel. Plotseling kwam van rechts een gevleugeld wezen aanzweven. Het was een oude man met horens als van een stier. Hij droeg een sleutelbos met vier sleutels en één ervan hield hij vast alsof hij op het punt stond een slot te openen. Hij had vleugels en deze leken op die van een ijsvogel met hun karakteristieke kleuren.

Omdat ik dit droombeeld niet begreep, schilderde ik het om het meer aanschouwelijk te maken. In de dagen dat ik daarmee bezig was, vond ik in mijn tuin aan de oever van het meer een dode ijsvogel! Ik voelde me als door de bliksem getroffen! Slechts heel zelden zie je ijsvogels in de omgeving van Zürich. Daarom was ik ook zo getroffen door deze schijnbaar toevallige samenloop van omstandigheden. Het lijkje was nog vers, hooguit twee of drie dagen oud en ik kon geen uitwendig letsel vinden.

Philemon en andere fantasiegestalten brachten me tot het doorslaggevende inzicht, dat er dingen in de ziel bestaan die ik niet zèlf voortbreng, maar die zichzelf scheppen en hun eigen leven leiden. Philemon vertegenwoordigde een kracht die niet ik zelf was. Ik voerde fantasiegesprekken met hem en hij sprak dingen uit die ik niet bewust gedacht had. Ik constateerde duidelijk dat hij het was die sprak en niet ik zelf. Hij verklaarde me dat ik met gedachten omging alsof ik ze zelf had geschapen, terwijl ze volgens zijn mening een eigen leven bezaten, zoals dieren in het woud, of als mensen in een kamer, of als vogels in de lucht: 'Als je mensen in een kamer ziet, zou je ook niet zeggen dat jij ze gemaakt had, of dat jij voor ze verantwoordelijk was', leerde hij me. Zo bracht hij me stap voor stap de psychische objectiviteit, de 'werkelijkheid van de ziel' bij.

Door de gesprekken met Philemon werd me het onderscheid duidelijk tussen mij zelf en het object van mijn gedachten. Ook hij zelf was me als het ware objectief tegemoet getreden en ik begreep dat er iets in mij is dat dingen kan uitspreken die ik zelf niet weet en niet bedoel, dingen die wellicht zelfs tegen mezelf gericht zijn.

Psychologisch representeerde Philemon een superieur inzicht. Hij was voor mij een geheimzinnige figuur. Af en toe leek hij me welhaast fysiek reëel. Ik wandelde met hem door de tuin en hij betekende voor mij datgene wat de Indiërs een goeroe noemen.

Telkens als een nieuwe personificatie verscheen, voelde ik dat bijna als een persoonlijke nederlaag. Het betekende: Ook dat heb je nog nooit geweten! en de angst bekroop me dat de reeks van deze gestalten wellicht eindeloos was en dat ik de weg kon kwijt raken in een afgrond van bodemloze onwetendheid. Mijn 'ik' voelde zich gedevalueerd, hoewel talrijke uiterlijke successen me 'beter' hadden kunnen leren. Ik zou destijds in mijn 'duisternissen' (Horridas nostrae mentis purga tenebras – Reinig de verschrikkelijke duisternissen van onze ziel – zegt Aurora Consurgens*) niets liever gewild

hebben dan een werkelijke, concrete goeroe, iemand met een superieure kennis en inzicht, die de onwillekeurige scheppingen van mijn fantasie voor mij zou hebben ontward. Deze taak nam Philemon van me over, die ik in dit opzicht tegen wil en dank als psychagoog moest erkennen. Hij heeft me inderdaad op verhelderende gedachten gebracht.
Meer dan vijftien jaar later kreeg ik een al wat oudere, zeer ontwikkelde Indiër op bezoek, een vriend van Ghandi. We onderhielden ons over de Indische opvoeding, in het bijzonder over de relatie van goeroe en chelah. Ik vroeg hem aarzelend of hij me wellicht iets kon vertellen over de aard en het karakter van zijn eigen goeroe, waarop hij antwoordde alsof het vanzelf sprak: 'O ja, dat was Chankaracharya.'
'U bedoelt toch niet de commentator van de Veda's?' merkte ik op. 'Die is toch al eeuwen geleden gestorven.'
'Ja, die bedoel ik', zei hij tot mijn grote verbazing.
'U bedoelt dus een geest?' vroeg ik hem.
'Natuurlijk was hij een geest', bevestigde hij.
Op dat moment schoot me Philemon te binnen.
'Er bestaan dus ook goeroes die geesten zijn', voegde hij eraan toe. 'De meesten hebben een levend mens als goeroe. Maar steeds weer zijn er mensen die een geest tot leraar hebben.'
Deze mededeling was vertroostend en verhelderend voor mij. Ik was dus helemaal niet buiten de mensenwereld terechtgekomen, maar mij was alleen maar hetzelfde overkomen als anderen die soortgelijke pogingen ondernemen.
Later werd Philemon gerelativeerd door de opkomst van een andere gestalte, die ik 'Ka' noemde. In het oude Egypte ging de 'Ka van de koning' voor diens aardse vorm door, voor een gestalte-ziel. In mijn fantasie kwam de Ka-ziel uit de aarde op als uit een diepe schacht. Ik schilderde haar in haar aardse gestalte, als een herme, waarvan de sokkel van steen is en het bovenste deel van brons. Helemaal boven verschijnt dan een vleugel van de ijsvogel en tussen deze vleugel en de kop van de Ka zweeft een cirkelvormige, stralende sterrennevel. De uitdrukking van de Ka heeft iets demonisch, je zou ook kunnen zeggen: iets mefistofelisch. In de ene hand houdt hij een voorwerp dat op een kleurige pagode lijkt, of op een relikwieënschrijn, en in de andere een stift waarmee hij dit voorwerp bewerkt. Hij zegt van zichzelf: 'Ik ben degene die de goden in goud en edelstenen begraaft.'
Philemon heeft een verlamde voet, hij is echter een gevleugelde geest; terwijl Ka een soort aard- of metaaldemon voorstelt. Philemon is het geestelijk

* Aurora Consurgens. Een alchemistisch, aan Thomas van Aquino toegeschreven geschrift. Noot vert. De tekst hiervan, met een vertaling en een commentaar door Dr. M. L. von Franz zijn in de 'Gesammelte Werke' van C. G. Jung opgenomen als deel 14/III (Olten, 1971).

aspect: 'de zin'. Ka is daarentegen een natuurgeest, zoals het anthroparion* van de Griekse alchemie, die me toen overigens nog niet bekend was. Ka is degene die alles werkelijk maakt, maar hij versluiert de ijsvogelgeest, de zin, of hij zet er de schoonheid, de 'eeuwige weerschijn' voor in de plaats. Op den duur kon ik deze beide gestalten integreren. De studie van de alchemie hielp me daarbij.

Terwijl ik aan deze fantasieën schreef, vroeg ik me opeens af: 'Wat ben ik eigenlijk aan het doen? Met wetenschap heeft het beslist niets te maken. Maar wat is het dan?' Toen hoorde ik een stem in me: 'Het is kunst.' Ik was uiterst verbaasd, want het was nog nooit bij me opgekomen dat mijn fantasieën iets met kunst te maken zouden hebben. Ik dacht echter: 'Misschien heeft mijn onbewuste een persoonlijkheid gevormd die niet 'ik' is en die haar eigen mening wil uiten.' Ik wist, dat deze stem afkomstig was van een vrouw, een begaafde psychopate, die een sterke overdracht op me had. Ze was tot een levende gestalte in mijn innerlijk geworden.
Natuurlijk was datgene wat ik deed geen wetenschap. Wat kon het dus anders zijn dan kunst? Er schenen in de hele wereld slechts deze twee mogelijkheden te bestaan! Dat is de typisch vrouwelijke manier van argumenteren.
Dit riep weerstanden in me op en met nadruk verklaarde ik de stem dat mijn fantasieën niets met kunst te maken hadden. Toen zweeg ze en ik ging door met schrijven. Maar er kwam een tweede offensief – dezelfde bewering: 'Dat is kunst.' Weer protesteerde ik: 'Nee, dat is het niet. Integendeel, het is natuur.' Ik bereidde me erop voor dat ze me opnieuw zou tegenspreken en ruzie zou maken; toen er echter niets volgde, overwoog ik dat de 'vrouw in mij' wellicht geen spraakcentrum bezat en ik stelde haar voor zich van mijn taalvermogen te bedienen. Ze nam het voorstel aan en verklaarde onmiddellijk in een lange uiteenzetting haar standpunt.
Ik vond het buitengewoon interessant dat een vrouw uit mijn innerlijk zich in mijn gedachten mengde. Waarschijnlijk – zo dacht ik – gaat het om de 'ziel' in primitieve zin, en ik vroeg me af waarom de ziel eigenlijk als 'anima' omschreven werd. Waarom werd ze als iets vrouwelijks voorgesteld? Later kwam ik tot het inzicht dat het bij deze vrouwelijke figuur in mij om een typische of archetypische gestalte in het onbewuste van de man gaat en ik omschreef haar als 'anima'. De overeenkomstige figuur in het onbewuste van de vrouw noemde ik 'animus'.
In eerste instantie kwam ik onder de indruk van het negatieve aspect van de anima. Ik voelde me tegenover haar beschroomd, zoals tegenover een

* Anthroparion is een 'mensje', een soort homunculus. Tot de groep anthropariën horen 'metaal'-mannetjes, de dactylen uit de Oudheid, de homunculus van de alchemisten. Ook de alchemistische Mercurius was, als geest van het kwikzilver, een anthroparion. A. J.

onzichtbare aanwezigheid. Daarop probeerde ik een andere relatie tot haar te krijgen en ik beschouwde de aantekeningen over mijn fantasieën als aan haar gerichte brieven. Ik schreef als het ware aan een gedeelte van mijn 'zelf', dat een ander standpunt vertegenwoordigde dan mijn bewustzijn – en ik kreeg verrassende en ongebruikelijke antwoorden. Ik kwam mezelf voor als een patiënt in analyse bij een vrouwelijke geest! Elke avond maakte ik aantekeningen, want ik dacht: Als ik de anima niet schrijf, kan ze mijn fantasieën niet begrijpen. – Ik had echter nog een andere reden voor deze zorgvuldigheid: het geschrevene kon de anima niet verdraaien, ze kon er geen intriges uit spinnen. In dit verband maakt het een enorm verschil of je alleen iets wilt vertellen, of dat je het ook werkelijk opschrijft. In mijn 'brieven' probeerde ik zo eerlijk mogelijk te zijn, in navolging van het oude Griekse gebod: 'Geef weg wat je bezit en je zult ontvangen.'

Slechts geleidelijkaan leerde ik onderscheid maken tussen mijn gedachten en de inhoud van de stem. Als ze me bij voorbeeld banaliteiten in de schoenen wilde schuiven zei ik: 'Dat is waar, dat heb ik vroeger wel eens gedacht en gevoeld. Maar ik ben niet verplicht om tot mijn dood daaraan vast te houden. Waartoe dient deze deemoediging?'

Waar het vooral op aankomt is het onderscheid tussen het bewustzijn en de inhouden van het onbewuste. Deze moet je als het ware isoleren; en dat gaat het gemakkelijkst door ze te personifiëren, om dan vanuit het bewustzijn een contact met hen tot stand te brengen. Alleen op deze manier kun je hun de macht ontnemen die ze anders op het bewustzijn uitoefenen. Omdat de inhouden van het onbewuste een zekere graad van autonomie bezitten, levert deze techniek geen bijzondere moeilijkheden op. Het is echter iets heel anders je in het algemeen vertrouwd te maken met het feit van de autonomie van de onbewuste inhouden. En toch ligt juist hierin de mogelijkheid om met het onbewuste om te gaan.

In werkelijkheid oefende de patiënte, wier stem in me sprak, een fatale invloed op mannen uit. Ze was erin geslaagd een collega van mij aan te praten dat hij een miskend kunstenaar was. Hij geloofde dat en is eraan te gronde gegaan. De oorzaak van zijn falen? Hij leefde niet vanuit zijn eigen gevoel van eigenwaarde, maar vanuit de erkenning door anderen. Dat is gevaarlijk. Het maakte hem onzeker en toegankelijk voor de insinuaties van de anima; want wat zij zegt, heeft vaak een verleidelijke macht, is vaak onpeilbaar sluw.

Als mijn fantasieën van het onbewuste zich aan me hadden voorgedaan als kunst, dan had ik ze met mijn innerlijk oog moeten kunnen zien of ze hadden zich als een soort film moeten ontrollen. Ze hadden dan niet méér overtuigingskracht bezeten dan de een of andere zintuiglijke waarneming, en er was geen ethische verplichting tegenover hen ontstaan. De anima had mij dan ook kunnen aanpraten dat ik een miskend kunstenaar was en dat mijn

zogenaamd kunstenaarschap mij het recht gaf de realiteit te verwaarlozen. Als ik echter naar haar had geluisterd, zou ze me hoogst waarschijnlijk op een dag gezegd hebben: 'Beeld je je soms in, dat die onzin waar jij mee bezig bent, kunst is? Daar is geen sprake van.' De dubbelzinnigheid van de anima, spreekbuis van het onbewuste, kan een man volledig in de vernieling brengen. Doorslaggevend is uiteindelijk altijd het bewustzijn, dat de manifestaties van het onbewuste begrijpt en daartegenover stelling neemt.
Maar de anima heeft ook een positief aspect; want zíj geeft de beelden door aan het bewustzijn en daar was het me hoofdzakelijk om te doen. Tientallen jaren lang heb ik me altijd tot mijn anima gewend als ik een storing in mijn gevoelsleven voelde, als ik rusteloos was. Dan was er iets aan de hand met het onbewuste. Op zulke momenten vroeg ik aan de anima: 'Wat heb je nu weer? Wat zie je? Dat zou ik graag willen weten!' – Na wat tegenstribbelen produceerde zij regelmatig het beeld dat ze zag. Was het beeld er eenmaal, dan verdween de onrust of de gedruktheid. Al mijn emotionele energie sloeg om in belangstelling en nieuwsgierigheid voor de inhoud van dit beeld. Dan sprak ik met de anima over deze beelden, want ik moest ze zo goed mogelijk begrijpen, net als een droom.
Tegenwoordig heb ik de gesprekken met de anima niet meer nodig, want ik heb dergelijke emoties niet meer. Maar zou ik ze nog hebben, dan zou ik op dezelfde manier te werk gaan. Tegenwoordig ben ik me rechtstreeks bewust van de ideeën omdat ik geleerd heb de inhouden van het onbewuste te accepteren en te begrijpen. Ik weet hoe ik me moet gedragen ten opzichte van de innerlijke beelden. Ik kan de betekenis van de beelden direct uit mijn dromen aflezen en daarom heb ik geen bemiddelaarster meer nodig.

De fantasieën die destijds bij me opkwamen, schreef ik eerst in het 'Zwarte Boek', later nam ik ze over in het 'Rode Boek' en daar maakte ik ook illustraties bij.* Het 'Rode Boek' bevat het merendeel van mijn mandalatekeningen. Ik heb een ondeugdelijke poging ondernomen om een esthetische bewerking te maken van mijn fantasieën in het 'Rode Boek', maar dat is nooit voltooid.** Ik zag dat ik nog niet de juiste taal sprak, dat ik de fantasieën moest vertalen. Zo heb ik de esthetiek bijtijds opgegeven en mijn uiterste best gedaan om te begrijpen. Ik zag dat zoveel fantasie goed gefundeerd moest worden en dat ik eerst volledig tot de menselijke werkelijkheid moest terugkeren. Deze werkelijkheid was voor mij: het begrijpen op wetenschappelijke wijze. Uit de inzichten die het onbewuste me verschaft had, moest ik concrete conclusies trekken – en dat is de inhoud van mijn levenswerk geworden.

* Het 'Zwarte Boek' omvat zes deeltjes, gebonden in zwart leer; het 'Rode Boek', een in rood leer gebonden foliant, bevat dezelfde fantasieën in uitgewerkte vorm en taal, en gecalligrafeerd in gotisch schrift, zoals middeleeuwse handschriften. A. J.

** Zie aanhangsel, nawoord bij het Rode Boek.

De esthetische uitwerking in het 'Rode Boek' was noodzakelijk — ook al ergerde ik me er verschrikkelijk over – want eerst hierdoor kreeg ik inzicht in de ethische verplichting tegenover de beelden van het onbewuste. Dat is van beslissende invloed geweest op mijn manier van leven. Het werd me duidelijk dat geen enkele taal, hoe volmaakt dan ook, het leven kan vervangen. En als ze het leven tracht te vervangen, wordt niet alleen zij, maar ook het leven gedevalueerd. Wil men zich bevrijden van de tirannie van onbewuste veronderstellingen, dan zijn beide nodig: men moet aan zijn intellectuele èn ethische verplichtingen voldoen.
Het was natuurlijk ironisch dat ik als psychiater juist dát materiaal als het ware op de voet gevolgd ben, dat de bouwstenen levert voor een psychose. Hetzelfde materiaal vind je dan ook in een krankzinnigengesticht. Het is deze wereld vol onbewuste beelden die bij de geesteszieke de fatale verwarring veroorzaakt, maar die tegelijkertijd ook de matrix is van de mythenscheppende fantasie, die in ons rationele tijdperk verloren is gegaan. De mythische fantasie is weliswaar overal aanwezig, maar ze is weinig gezien en wordt zelfs gevreesd. Het lijkt zelfs een riskant experiment of een dubieus avontuur om je toe te vertrouwen aan het onzekere pad dat naar de diepten van het onbewuste voert. Dat wordt beschouwd als een pad van dwalingen, van tweeduidigheid en van misverstanden. Ik denk aan de woorden van Goethe: 'Vermesse dich, die Pforten aufzureissen an denen jener gern vorüberschleicht . . .' ('Waag het eens, de poorten open te rukken, waaraan ieder het liefst voorbij sluipt . . .') Faust II betekent echter meer dan een literaire proeve. Het is een schakel in de Aurea Catena,* die van het allereerste begin van de filosofische alchemie en het gnosticisme tot aan Nietzsches Zarathustra een ontdekkingsreis naar de andere pool van de wereld voorstelt – meestal niet-populair, dubieus en gevaarlijk.

Natuurlijk had ik juist in de periode toen ik aan mijn fantasieën werkte, een houvast nodig in 'déze wereld' en ik kan wel zeggen dat dat gevormd werd door mijn gezin en mijn beroep. Het was van vitaal belang dat ik ook een rationeel leven leidde dat als het ware vanzelf sprak, als tegenwicht voor de vreemde innerlijke wereld. Mijn gezin en mijn beroep vormden de basis waarop ik steeds weer kon terugkeren; ze bewezen me dat ik een werkelijk bestaand, gewoon mens was. De inhouden van het onbewuste konden me af en toe buiten mezelf brengen. Maar mijn gezin, en de wetenschap: ik heb een artsdiploma, ik moet mijn patiënten helpen, ik heb een vrouw en vijf kinderen en ik woon aan de Seestrasse 228 te Küsnacht – dat waren feiten die eisen aan me stelden. Ze bewezen me dagelijks dat ik werkelijk bestond

* 'Aurea Catena' (gouden keten) is een toespeling op een alchemistisch geschrift 'Aurea Catena Homeri' (1723). Er wordt een keten van wijze mannen mee bedoeld, die, beginnend met Hermes Trismegistos, aarde en hemel verbinden. A. J.

en dat ik niet, zoals bij voorbeeld Nietzsche, slechts een ronddwarrelend blad was, voortgedreven door een geesteswind. Nietzsche had alle grond onder de voeten verloren, omdat hij niets anders bezat dan de innerlijke wereld van gedachten – die bovendien eerder hèm bezat dan hij haar. Hij was ontworteld en zweefde hoog boven de aarde, daarom verviel hij tot overdrijving en onwerkelijkheid. Deze onwerkelijkheid was voor mij het toppunt van afgrijzen, want ik had immers *deze* wereld en *dit* leven op het oog. Ook al was ik nog zo verzonken, al zwierf ik op nog zulke verre paden, dan wist ik altijd nog dat alles wat ik meemaakte betrekking had op mijn werkelijke leven, dit leven waarvan ik in volle omvang de zin trachtte te vervullen. Mijn devies was: Hic Rhodus, hic salta! (Hier is Rhodus, spring hier!).
Zo waren mijn gezin en beroep altijd een gelukkige realiteit voor mij, en een garantie dat ik normaal en werkelijk bestond.

Heel langzaam begon zich een verandering af te tekenen. In het jaar 1916 voelde ik een drang naar vormgeving: ik werd als het ware van binnen uit gedwongen datgene te formuleren en uit te spreken wat in zekere zin door Philemon gezegd had kunnen zijn. Zo kwamen de *Septem Sermones ad Mortuos** met hun merkwaardige taal tot stand.
Het begon ermee dat ik een onrust in me voelde, maar ik wist niet wat dat te betekenen had, of wat 'men' van me wilde. De atmosfeer om me heen was zeldzaam geladen en ik had het gevoel alsof de lucht vol spookachtige elementen was. Toen begon het in huis te spoken: mijn oudste dochter zag 's nachts een witte gedaante door de kamer gaan. Mijn andere dochter vertelde – onafhankelijk van de eerste – dat die nacht tot twee keer toe haar dekens weggerukt waren en mijn negenjarige zoon had een angstdroom. 's Ochtends vroeg hij zijn moeder om kleurpotloden; hij had nog nooit eerder een tekening gemaakt, maar nu tekende hij de droom. Hij noemde het: 'de tekening van de visser'. Door het midden van de tekening loopt een rivier, op de oever staat een visser met een hengel. Hij heeft een vis gevangen. Op het hoofd van de visser staat een schoorsteen waar de vlammen uit slaan, rook stijgt eruit op. Van de overkant van de rivier komt de duivel aangevlogen. Hij vloekt omdat hem zijn vissen worden ontstolen. Maar boven de visser zweeft een engel, die zegt: 'Je mag hem niets doen, hij vangt alleen de slechte vissen!' Dit tekende mijn zoon op een zaterdagmorgen.
Zondagmiddag tegen een uur of vijf werd er stormachtig aangebeld. Het was een stralende zomerdag en de twee dienstmeisjes waren in de keuken, vanwaar je het open pleintje voor de huisdeur kan overzien. Ik was in de buurt van de bel, hoorde haar geluid en zag hoe de klepel bewoog. Iedereen

* Zeven onderwijzingen aan de doden. Zie aanhangsel.

liep dadelijk naar de deur om te kijken wie er zou zijn – maar er was niemand! We stonden elkaar aan te staren! Er hing een beklemmende atmosfeer, dat kan ik u verzekeren! En toen wist ik: Nù moet er iets gebeuren. Het hele huis leek bevolkt door een enorme menigte, door een grote hoeveelheid geesten. Ze stonden tot voor de deur en je had het gevoel dat je nauwelijks meer kon ademhalen. Natuurlijk kwam de brandende vraag bij mij op: 'Om Gods wil, wat heeft dit te betekenen?' Toen riepen ze luid in koor: 'We komen terug van Jeruzalem, waar we niet vonden wat we zochten.' Deze woorden komen overeen met de eerste regels van de 'Septem Sermones ad Mortuos'.

Daarna vloeide het hele verhaal me uit de pen en in drie avonden stond de zaak op papier. Zodra ik begon te schrijven loste de schare geesten zich op. Het gespook was ten einde. Het werd rustig in de kamer en de atmosfeer werd zuiver. Tegen de volgende avond hadden zich weer een aantal geesten verzameld en dan begon de procedure opnieuw. Dat was in 1916.

Deze belevenis moet je nemen voor wat ze is, of voor wat ze schijnt te zijn. Waarschijnlijk hing het met mijn toenmalige emotionele toestand samen dat zich parapsychologische verschijnselen konden voordoen. Het was een onbewuste constellatie en de karakteristieke sfeer van zo'n constellatie was me als numen van een archetype goed bekend. 'Es eignet sich, es zeigt sich an!' (Faust II). Het intellect zou zich daarover natuurlijk liever een wetenschappelijk inzicht aanmatigen, of nòg liever zich van deze hele gebeurtenis afmaken met de dooddoener dat dit 'in strijd met de regels' was. Maar hoe troosteloos zou de wereld zijn zonder dingen die tegen de regels ingaan!

Kort voor deze gebeurtenis had ik een fantasie opgeschreven, waarin mijn ziel was ontsnapt. Dat was veelbetekenend, want de ziel, de anima, schept een relatie met het onbewuste. In zekere zin is het ook een relatie met de collectiviteit van de doden; want het onbewuste komt overeen met het mythische dodenrijk, het land der voorouders. Als dus in een fantasie de ziel verdwijnt, dan betekent dat dat ze zich heeft teruggetrokken in het onbewuste of in het 'dodenrijk'. Dat komt overeen met het zogenaamde 'zielsverlies', dat betrekkelijk veel bij primitieven wordt aangetroffen. In het 'dodenrijk' krijgt de ziel geheime levenskracht en geeft zo gestalte aan de voorvaderlijke sporen — de collectieve inhouden van het onbewuste. Zoals een medium verschaft ze de 'doden' een mogelijkheid om zich te manifesteren. Daarom verschenen al gauw na het verdwijnen van mijn ziel de 'doden' bij mij en zo ontstonden de 'Septem Sermones ad Mortuos'.

Sindsdien is het me steeds duidelijker geworden dat de doden de stemmen zijn van hen die geen antwoord kregen, geen oplossing vonden, van hen die niet verlost werden – want aangezien de vragen en eisen, die ik volgens mijn levenslot moest beantwoorden, niet van buitenaf tot me gericht werden, moesten ze dus vanuit de innerlijke wereld komen. Zo vormden de gesprekken met de doden, de 'Septem Sermones', een soort voorspel tot datgene wat ik de wereld over het onbewuste te zeggen had: een schematische ordening en een interpretatie van de algemene inhouden van het onbewuste.

Wanneer ik nu terugkijk en overdenk wat de betekenis was van wat me overkwam in de tijd dat ik aan mijn fantasieën werkte, dan lijkt het net alsof me toen dringend een boodschap werd meegedeeld. Bepaalde aspecten van de voorstellingen die ik had gingen niet alleen mij aan, maar waren ook voor anderen van belang. Vanaf die tijd mocht ik niet langer uitsluitend mezelf toebehoren; mijn leven behoorde de gemeenschap toe. De inzichten waar het mij om ging, waarnaar ik zocht, waren in de wetenschap van die dagen nog niet te vinden. Ik moest zèlf de oerervaring beleven, bovendien moest ik proberen datgene wat ik beleefd had te funderen in de realiteit. Anders zouden mijn ervaringen niet-levensvatbare, subjectieve veronderstellingen gebleven zijn. Destijds stelde ik me in dienst van de ziel. Ik had haar lief en ik heb haar gehaat, maar ze was mijn grootste rijkdom. Alleen door me aan haar te wijden was het me mogelijk mijn bestaan als een relatieve totaliteit te beleven en vol te houden.

Ik kan nu wel zeggen: ik heb me nooit verwijderd van mijn allereerste belevingen. Al mijn werk, alles wat ik geestelijk heb geschapen, komt voort uit de allereerste fantasieën en dromen. Het begon in 1912 en dat is nu al bijna vijftig jaar geleden. Alles wat ik in mijn latere leven heb gedaan, was in dit begin al aanwezig, al was het dan pas in de vorm van emoties of beelden.

Mijn wetenschap was het middel en de enige mogelijkheid, een weg te vinden in de chaos. Anders was ik in het materiaal blijven steken als in een moeras. Zorgvuldig probeerde ik elk beeld, elke inhoud afzonderlijk te begrijpen, om het dan – voor zover dat mogelijk is – rationeel in te passen en vooral: het te verwezenlijken in mijn leven. Dàt verzuimt men meestal. Men laat de beelden opkomen en wellicht verwondert men zich erover, maar daar blijft het dan bij. Men doet geen moeite ze te begrijpen, laat staan de ethische consequenties te trekken. Daarmee roept men de negatieve werking van het onbewuste op.

Een gevaarlijke vergissing begaat ook diegene, die de beelden enigszins begrijpt, maar dan gelooft dat het weten alleen voldoende is. Want wie zijn inzicht niet ziet als een ethische verplichting, valt ten prooi aan het machtsprincipe. Daaruit kunnen destructieve invloeden ontstaan, die niet alleen anderen vernietigen, maar ook de wetende zelf. Deze beelden van het onbewuste leggen de mens een zware verantwoordelijkheid op. Het nietbegrijpen zowel als een gebrek aan ethisch verantwoordelijkheidsgevoel beroven het bestaan van zijn totaliteit. Daardoor krijgt menig individueel leven het pijnlijke karakter van iets fragmentarisch.

In de tijd dat ik me bezighield met de beelden van het onbewuste, nam ik het besluit me terug te trekken van de universiteit van Zürich, waar ik acht jaar lang als privaatdocent werkzaam was geweest (sinds 1905). De beleving en de ervaring van het onbewuste hadden me intellectueel uitermate sterk geremd. Na de voltooiing van het boek over de 'Wandlungen und Symbole der Libido' (1911)*, was het me drie jaar lang onmogelijk om ook maar één wetenschappelijk boek te lezen. Zo ontstond het gevoel dat ik in de wereld van het intellect niet meer meetelde. Ik had ook niet kunnen praten over datgene wat me werkelijk bezighield. Het materiaal dat vanuit het onbewuste aan het daglicht was gekomen, had me als het ware sprakeloos gemaakt. Ik kon het destijds niet begrijpen en het ook niet in de een of andere vorm gieten. Aan de universiteit verkeerde ik echter in een kwetsbare positie en ik voelde dat ik eerst een nieuwe, totaal andere oriëntering moest vinden. Ook vond ik het niet fair jonge studenten een geesteshouding bij te brengen die uit louter twijfels bestond.**

Ik zag me dus voor het alternatief geplaatst: òf ik zet mijn academische loopbaan – die toen voor me openstond – voort; òf ik geef gehoor aan mijn innerlijke persoonlijkheid, aan de 'hogere rede' en ga door met deze merkwaardige taak: het experiment van mijn ontmoeting met het onbewuste.

Zo deed ik bewust afstand van mijn academische carrière, want ik kon niet in de openbaarheid treden voordat ik mijn experiment voltooid had.*** Ik voelde dat het iets groots was dat me overkwam en ik vertrouwde op datgene wat me met het oog op de eeuwigheid het belangrijkste leek. Ik wist dat het mijn hele leven zou vullen en ik was omwille van dit doel tot elk waagstuk bereid.

Wat betekent het nu helemaal of ik professor ben geweest of niet? Het ergerde me natuurlijk, ik was zelfs woedend om mijn lot, en in veel opzichten vond ik het jammer dat ik me niet tot het algemeen begrijpelijke kon beperken. Maar dit soort emoties zijn van voorbijgaande aard. In feite hebben ze niets te betekenen. Daarentegen is het andere belangrijk en als je je op datgene concentreert wat de innerlijke persoonlijkheid wil en zegt, is het leed geleden. Dat heb ik steeds weer ervaren, en niet alleen toen ik mijn wetenschappelijke carrière opgaf. Mijn eerste ervaringen op dit gebied deed

* Herziene druk 1952 'Symbole der Wandlung'.

** Gedurende deze tijd schreef Jung slechts weinig: een paar artikelen in het Engels en het boek 'Das Unbewusste im normalen und kranken Seelenleben'. (Later in bewerking verschenen onder de titel 'Ueber die Psychologie des Unbewussten' 7e druk, 1960). Deze periode eindigde met de publikatie van het boek 'Psychologische Typen', 1921. A. J.

*** Pas in 1933 hervatte Jung weer zijn academische onderwijstaak en wel aan de 'Eidgenössische Technische Hochschule' in Zürich. In 1935 werd hij benoemd tot titulair hoogleraar. In 1942 nam hij ontslag om gezondheidsredenen, maar nam in 1944 de benoeming als gewoon hoogleraar aan de universiteit te Bazel aan. Deze leerstoel (voor medische psychologie) was speciaal voor hem ingesteld. Na het eerste college moest hij echter wegens ernstige ziekte afzien van het doceren; een jaar later nam hij ontslag. A. J.

ik al als kind op. In mijn jeugd was ik driftig; maar steeds als de emotie op een hoogtepunt was, kwam er een kentering en volgde een soort kosmische stilte. Dan was ik van alles en iedereen ver verwijderd en waarover ik me zojuist nog had opgewonden leek in een ver verleden thuis te horen.
De consequentie van mijn besluit en van mijn bezig-zijn met dingen die ik zelf noch anderen konden begrijpen, was een grote eenzaamheid. Dat werd me al heel gauw duidelijk. Ik liep met gedachten rond waarover ik met niemand kon spreken; ze zouden toch verkeerd begrepen worden. Ik beleefde uiterst scherp de tegenstelling tussen de uiterlijke en innerlijke wereld. Het samenspel van beide, dat ik nu ken, begreep ik toen nog niet. Ik zag slechts een onverzoenlijke tegenstelling tussen binnen en buiten.
Het was me echter van het begin af aan duidelijk dat ik alleen dàn een aansluiting kon vinden bij de buitenwereld, met de mensen, als ik mijn uiterste best deed om aan te tonen dat de inhouden van de psychische ervaring 'werkelijk' zijn; en dan niet alleen als mijn persoonlijke belevingen, maar als collectieve ervaringen die zich ook bij anderen kunnen voordoen. Dat heb ik later in mijn wetenschappelijk werk proberen te bewijzen. Maar eerst deed ik al het mogelijke om degenen die me het naast stonden, een nieuwe zienswijze bij te brengen. Ik wist dat ik tot absolute eenzaamheid gedoemd zou zijn als ik daar niet in zou slagen.

Pas tegen het eind van de Eerste Wereldoorlog begon ik licht in de duisternis te zien. Er waren twee dingen die bijdroegen tot het opklaren van de lucht: ik verbrak de relatie met de dame die me wilde suggereren dat mijn fantasieën artistieke waarde zouden hebben. Maar het belangrijkste was: ik begon mijn mandala-tekeningen te begrijpen. Dat was in 1918–19. De eerste mandala had ik in 1916 geschilderd, nadat de 'Septem Sermones ad Mortuos' geschreven waren. Natuurlijk begreep ik deze mandala niet.
In 1918–19 was ik in Château d'Oex 'Commandant de la Région Anglaise des Internés de Guerre'. In die tijd schetste ik iedere ochtend in een notitieboekje een kleine, cirkelvormige tekening, een mandala, die overeenkomst leek te hebben met mijn innerlijke situatie van dat moment. Aan de hand van deze schetsen kon ik de psychische veranderingen van dag tot dag observeren. Op een keer ontving ik bij voorbeeld een brief van deze esthetische dame, waarin ze weer eens hardnekkig beweerde dat de fantasieën uit het onbewuste artistieke waarde bezaten en daarom kunst betekenden. Deze brief werkte op mijn zenuwen. Hij was verre van dom en juist daarom insinuerend. De moderne kunstenaar streeft er immers naar kunst te vormen uit onbewuste inhouden. Het utilitarisme en de gewichtigdoenerij die uit deze brief spraken, riepen twijfel bij me op. Waren de geproduceerde fantasieën werkelijk spontaan en natuurlijk? Zouden ze toch een eigen willekeurige schepping zijn? Ik was geenszins vrij van het algemene vooroordeel,

van de hoogmoed van het bewustzijn, dat iedere enigszins waardevolle inval een eigen verdienste zou zijn – terwijl minderwaardige reacties slechts bij toeval ontstonden, of zelfs uit vreemde bron afkomstig waren. Uit deze irritatie en uit de onenigheid met mezelf kwam de volgende dag een gewijzigde mandala voort: een deel van de ronding was uitgestulpt en de symmetrie was verstoord.

Slechts geleidelijkaan kwam ik erachter wat een mandala eigenlijk is: 'Gestaltung – Umgestaltung, des ewigen Sinnes ewige Unterhaltung' (Faust II). En dat is het zelf, de totaliteit van de persoonlijkheid, die, wanneer alles in orde is, harmonisch is, maar die geen zelfbedrog verdraagt.

Mijn mandala-beelden waren dagelijks verstrekte cryptogrammen over de toestand van mijn 'zelf'. Ik zag hoe het zelf, dat wil zeggen mijn totaliteit, aan het werk was. Dat kon ik overigens eerst slechts bij benadering begrijpen, maar toch leken de tekeningen me toen al van het hoogste belang en ik behoedde ze als kostbare parels. Ik had duidelijk het gevoel dat het iets centraals was en in de loop van de tijd kreeg ik een levendige voorstelling van het zelf. Het kwam me voor als de monade (eenheid), die ik ben en die mijn wereld is. De mandala beeldt deze monade uit en komt overeen met de microcosmische* aard van de ziel. Ik weet niet meer hoeveel mandala's ik destijds getekend heb. Het waren er zeer vele. Terwijl ik eraan werkte kwam telkens weer de vraag bij me op: Waarheen voert het proces waarbij ik betrokken ben? Wat is het doel? Ik wist uit eigen ervaring dat ik uit mezelf geen doel zou kunnen kiezen dat me betrouwbaar zou lijken. Ik had ervaren dat ik het denkbeeld van een heerschappij van het 'ik' volkomen op moest geven. Dat was immers al mislukt: ik wilde de wetenschappelijke studie van de mythen voortzetten, zoals ik deze begonnen was in 'Wandlungen und Symbole der Libido'. Dat was mijn doel. Maar daar kwam niets van in! Ik werd gedwongen het proces van het onbewuste zelf door te maken. Ik moest me eerst door deze stroom laten meesleuren, zonder te weten waarheen ze mij voerde. Pas toen ik de mandala's ging schilderen zag ik dat alles, alle wegen die ik ging en alle stappen die ik deed, weer naar één punt terugvoerden, namelijk naar het midden. Het werd me steeds duidelijker: de mandala is het centrum. Hij is de uitdrukking van alle wegen. Hij is de weg naar het midden, naar de individuatie.

In de jaren van 1918 tot ± 1920 werd me duidelijk dat het doel van de psychische ontwikkeling het 'zelf' is. Er bestaat geen lineaire ontwikkeling, er bestaat slechts een circumambulatio (omcirkeling) van het zelf. Een ontwikkeling in één richting bestaat hoogstens in het begin; later verwijst alles naar het midden. Dit inzicht gaf me houvast en geleidelijk aan kwam mijn innerlijk weer tot rust. Ik wist dat ik met de mandala als uitdrukking

* Microcosmos: de tegenhanger van het heelal (macrocosmos). (vert.)

van het zelf het uiterste had bereikt, wat mezelf betreft. Wellicht weet een ander meer; ik echter niet.
Deze gedachten over het centrum en over het zelf werden me jaren later (1927) door een droom bevestigd. De essentie daarvan heb ik in een mandala uitgebeeld die ik 'venster op de eeuwigheid' noemde. Een afbeelding van deze mandala staat in 'Das Geheimnis der Goldenen Blüte'.* Een jaar later schilderde ik een tweede mandala: het centrum stelt een gouden kasteel** voor. Toen het klaar was vroeg ik me af: Waarom is dat zo Chinees? – Ik was onder de indruk van de vorm en van de kleurschakering, die me Chinees toeleken, hoewel de mandala uiterlijk niets Chinees had. Maar de afbeelding maakte deze indruk op me. Het was een zeldzame samenloop van omstandigheden dat ik kort daarop een brief van Richard Wilhelm ontving. Hij stuurde me het manuscript van een Chinees taoïstisch-alchemistisch traktaat met de titel: 'Das Geheimnis der Goldenen Blüte', en vroeg me er een commentaar bij te schrijven. Ik verslond onmiddellijk dit manuscript, want de tekst gaf me een onvermoede bevestiging van mijn gedachten over de mandala en de omcirkeling van het midden. Dat was de eerste gebeurtenis die mijn eenzaamheid doorbrak. Hier voelde ik verwantschap mee en hier vond ik een aanknopingspunt.***
Ter herinnering aan deze samenloop, aan deze synchroniciteit, schreef ik indertijd onder de mandala: '1928, toen ik de afbeelding maakte van het gouden, goed versterkte slot, zond Richard Wilhelm te Frankfort me de Chinese, duizend jaar oude tekst van het gele slot toe, de kiem van het onsterfelijke lichaam.'

Ook de droom uit 1927, waar ik net al op wees, beeldt een mandala uit: Ik bevond me in een stad, die vuil, beroet, was. Het regende en het was donker, het was een winternacht. Ik was in Liverpool. Met een paar, laten we zeggen zes Zwitsers liep ik door de donkere straten. Ik had het gevoel dat we uit de richting van de zee kwamen, vanuit de haven; de eigenlijke stad was boven op de rotsen gebouwd. Daar liepen we naar toe. Het deed me denken aan Bazel; de markt ligt beneden en dan loop je door het Totengässchen naar een hogergelegen gedeelte, naar de Petersplatz met de grote Peterskirche. Toen we boven kwamen zagen we een uitgestrekt plein, zwak verlicht door straatlantaarns. Er kwamen veel straten op uit. De stadswijken waren waaiervormig rond het plein gerangschikt. In het midden was een ronde vijver en in het middelpunt daarvan lag een klein eiland. Terwijl alles verhuld was door regen, mist, rook en spaarzaam verlichte

* Vergelijk ook 'Gestaltungen des Unbewussten', afbeelding 6.
** 'Das Geheimnis der Goldenen Blüte', 1948, afbeelding 10. 'Gestaltungen des Unbewussten' 1950, afbeelding 36.
*** Zie over Richard Wilhelm ook het aanhangsel.

nacht, straalde het kleine eiland in het zonlicht. Er groeide één enkele boom, een magnolia, overdekt met rode bloesems. Het was alsof de boom in het zonlicht stond en tegelijk licht gaf. Mijn metgezellen gaven commentaar op het afschuwelijke weer en zagen de boom blijkbaar niet. Ze spraken over een andere Zwitser die in Liverpool woonde, en verwonderden zich erover dat hij juist hier was gaan wonen. Ik was verrukt door de schoonheid van de bloeiende boom en door het zonovergoten eiland en ik dacht: Ik weet wel waarom – en ik ontwaakte.

Ik moet nog iets opmerken over een detail van mijn droom: de afzonderlijke stadswijken waren op hun beurt ook weer waaiervormig om een middelpunt gerangschikt. Dat middelpunt was een klein, open pleintje, dat belicht werd door een grote lantaarn; als zodanig stelde het een kleinere kopie van het eiland voor. Ik wist dat de 'andere Zwitser' in de buurt van zo'n secondair centrum woonde.

Deze droom beeldde mijn toenmalige situatie uit. Ik zie nu nog de grauwgele regenjas, glimmend van de regen, voor me. Alles was uiterst onaangenaam, zwart en ondoorzichtig – zoals ik me toen voelde. Maar ik had de bovenaardse schoonheid aanschouwd en daarom kon ik tenminste verder leven. Liverpool is de 'pool of life', de poel des levens. 'Liver', lever, is volgens oude opvattingen de zetel van het leven.

De beleving van de droom was verbonden met het gevoel van iets definitiefs. Ik zag dat hier het doel werd uitgedrukt. Het midden is het doel, verder dan dat kun je niet gaan. Door deze droom begreep ik dat het 'zelf' een principe en een archetype van de oriëntering en van de 'zin' is. Daarin ligt zijn heilzame functie. Door dit inzicht kreeg ik voor het eerst een vermoeden van mijn mythe.

Na deze droom hield ik op mandala's te tekenen of te schilderen. De droom drukte het toppunt van de ontwikkeling van het bewustzijn uit. Hij was voor mij volkomen bevredigend, want hij gaf een volledig beeld van mijn situatie. Ik had weliswaar geweten dat ik met iets belangrijks bezig was, maar het stond me nog niet duidelijk voor ogen wat het was, en ik kende niemand in mijn omgeving die er iets van begrepen zou hebben. De opheldering die de droom gaf, maakte het me mogelijk datgene waarvan ik vervuld was objectief te beschouwen.

Zonder zo'n visioen zou ik me wellicht niet meer hebben kunnen oriënteren, en ik had mijn onderneming moeten opgeven. Maar hier was de zin tot uiting gebracht. Toen ik met Freud had gebroken, wist ik dat ik terechtkwam in het niet-gewetene, het onbekende. Ik had destijds geen wezenlijker kennis dan Freud; maar ik heb de stap in het donker gewaagd. Wanneer dan zo'n droom komt, voel je dat als een gebeurtenis van genade.

Men kan zeggen dat het me vijfenveertig jaar gekost heeft om de dingen die ik toen beleefde en neerschreef, te gieten in het vat van mijn wetenschappelijk werk. Als jongeman stelde ik me ten doel iets te presteren op mijn vakgebied. Maar toen stuitte ik op deze lavastroom; en de hartstocht die in zijn vuur besloten lag, heeft mijn leven veranderd en geordend. Dat was de oerstof, die heeft me dat afgedwongen, en mijn werk is een meer of minder geslaagde poging om deze gloeiende materie in te passen in de levensbeschouwing van mijn tijd. De eerste verbeeldingen en dromen waren als vurig-vloeibaar basalt, en daaruit kristalliseerde zich de steen die ik kon bewerken.

De jaren waarin ik de innerlijke beelden volgde, vormden de belangrijkste tijd van mijn leven, waarin al het wezenlijke beslist werd. Toen begon het, en de latere details zijn slechts aanvullingen en verduidelijkingen. Al mijn latere werkzaamheden bestonden in het uitwerken van wat zich in deze jaren vanuit het onbewuste heeft baangebroken en waardoor ik aanvankelijk werd overspoeld. Het was de oerstof voor een levenswerk.

Over het ontstaan van het werk

Met het begin van mijn tweede levenshelft begon de confrontatie met het onbewuste. Er ging veel tijd heen met dit werk en pas na twintig jaar was ik zover, dat ik de inhouden van mijn fantasieën enigszins kon begrijpen.
Eerst moet ik aantonen dat mijn innerlijke ervaringen historische voorlopers kenden, dat wil zeggen ik moest de vraag beantwoorden: Waar zijn in de geschiedenis dezelfde veronderstellingen te vinden? Als ik zo'n bewijs niet had kunnen leveren, dan had ik mijn denkbeelden nooit kunnen staven. De ontmoeting met de alchemie werd in dit verband een doorslaggevende gebeurtenis, want eerst door haar verkreeg ik de historische fundering die me tot dan had ontbroken.
De analytische psychologie hoort in beginsel tot de natuurwetenschappen, maar is in veel sterkere mate afhankelijk van het persoonlijk oordeel van de waarnemer dan welke andere wetenschap dan ook. Daarom is ze in hoge mate aangewezen op historisch-documentaire vergelijkingen om tenminste de grofste fouten in de beoordeling uit te schakelen.
Ongeveer van 1918 tot 1926 had ik me verdiept in de gnostici, want ook zij hadden de oerwereld van het onbewuste ontmoet. Ze hadden zich beziggehouden met haar inhouden en beelden, die blijkbaar versmolten waren met de wereld van de driften. Het is echter moeilijk te zeggen op welke manier ze deze beelden zagen, gezien de schaarse mededelingen, die we nog bovendien meestal te danken hebben aan hun tegenstanders, de kerkvaders. Het is echter geenszins waarschijnlijk dat ze een psychologische opvatting hadden. Voor mijn probleemstellingen waren de gnostici te ver in de tijd van mij verwijderd om bij hen te kunnen aanknopen. De traditie tussen Gnosis en het heden leek me verbroken en lange tijd kon ik geen verbinding vinden tussen het gnosticisme – of neo-platonisme – en het heden. Pas toen ik de alchemie ging begrijpen, zag ik dat door haar de historische verbinding met het gnosticisme gelegd kan worden, dat door de alchemie de continuïteit tussen verleden en heden is hersteld. Als een natuurfilosofie van de middeleeuwen sloeg ze zowel een brug naar het verleden – namelijk naar het gnosticisme – als naar de toekomst, naar de moderne psychologie van het onbewuste.
De psychologie van het onbewuste was door Freud ingevoerd met enerzijds de klassieke gnostische motieven van de seksualiteit en anderzijds de boze

vaderautoriteit. Het motief van de gnostische Jahwe en God-Schepper verscheen opnieuw in Freuds mythe van de oervader en het van deze vader afstammende duistere super-ego. In Freuds mythe openbaarde hij zich als een demon, die een wereld vol teleurstellingen, illusies en leed heeft voortgebracht. Maar de ontwikkeling van het westerse materialisme, die zich al aftekende in de alchemistische bemoeiingen met het geheim van de stof, belemmerde Freuds uitzicht op een ander, veel wezenlijker aspect van het gnosticisme, namelijk op het oerbeeld van de geest als een andere, hogere god. Volgens gnostische traditie was het deze hogere god die de kratèr (mengvat), het vat voor geestelijke verandering, de mensen te hulp had gezonden.* De kratèr is een vrouwelijk principe; en dit heeft in de patriarchale wereld van Freud geen plaats gevonden. In dit vooroordeel staat Freud overigens niet alleen. In de katholieke geestelijke wereld is pas kort geleden, na eeuwenlang aarzelen, de Moeder Gods en de Bruid van Christus opgenomen in de goddelijke thalamus en daardoor is zij tenminste bij benadering erkend.** In de protestantse en joodse wereld heerst zoals tevoren de vader. In tegenstelling daarmee heeft in de hermetische filosofie van de alchemie het vrouwelijk principe een uiterst belangrijke en aan het mannelijk principe gelijkwaardige rol gespeeld. Eén van de belangrijkste vrouwelijke symbolen in de alchemie was het vat waarin zich de verandering van de substantie moest voltrekken. In het centrum van mijn psychologische ontdekkingen staat ook weer een proces van innerlijke verandering: de individuatie.

Voordat ik de alchemie ontdekte kreeg ik herhaaldelijk dromen waarbij het steeds om hetzelfde motief ging: naast mijn huis stond nog een ander, dat wil zeggen een andere vleugel of een uitbouw, die me onbekend was. Telkens weer verbaasde ik me in mijn droom dat ik dat huis niet kende, hoewel het er kennelijk toch altijd geweest was. Uiteindelijk kreeg ik een droom waarin ik in deze andere vleugel kwam. Ik ontdekte daar een schitterende bibliotheek, die voor het grootste deel uit de zestiende en zeventiende eeuw afkomstig was. Grote, dikke folianten, gebonden in varkensleer, vulden de planken. Onder hen waren een aantal die geïllustreerd waren met zonderlinge etsen; deze bevatten afbeeldingen van wonderlijke symbolen die ik nog nooit gezien had. Ik wist destijds niet waar ze betrekking op

* In de geschriften van Poimandres, die tot een heidens-gnostische sekte hoorde, betekende de krater een vat, dat gevuld met geest door de Schepper-God naar de aarde gezonden werd. Hierin konden degenen die naar hogere bewustheid streefden, zich laten dopen. Het was een soort baarmoeder voor geestelijke vernieuwing en wedergeboorte. A. J.

** Hier zinspeelt Jung op de pauselijke bul van Pius XII, die het dogma van de Assumtio Mariae verkondigde (1950). Hierin wordt gezegd dat Maria als bruid met de zoon en als Sophia met de Godheid in het hemelse bruidsvertrek (thalamus) is verenigd. Daardoor werd het vrouwelijke beginsel in de onmiddellijke nabijheid van de mannelijke Drieëenheid gebracht. 'Antwort auf Hiob', 3e druk, 1961, p. 110 v. A. J. - Nederl.: 'Antwoord op Job', Rotterdam 1978, p. 128 v.

hadden, en kwam pas veel later tot de ontdekking dat dit alchemistische symbolen waren. In de droom was ik door hen en door deze hele bibliotheek, alleen maar onbeschrijfelijk gefascineerd. Het was een middeleeuwse verzameling van incunabelen en drukken uit de zestiende eeuw.
Deze mij onbekende vleugel is een deel van mijn persoonlijkheid, een aspect van mijn 'zelf'; hij beeldt iets uit dat bij me hoort, maar waarvan ik me toen nog niet bewust was. Deze vleugel en vooral de bibliotheek hadden betrekking op de alchemie die ik eveneens nog niet kende, maar die ik weldra zou gaan bestuderen. Ongeveer vijftien jaar later had ik in werkelijkheid een vergelijkbare bibliotheek verzameld.
De beslissende droom, die vooruitliep op mijn ontmoeting met de alchemie, kwam ongeveer in 1926:
Ik ben in Zuid-Tirol. Het is oorlog. Ik bevind me aan het Italiaanse front en keer vanuit de frontzone terug, samen met een kleine man, een boer. We reizen met zijn paardekar. Rondom ons heen slaan granaten in en ik weet dat we zo snel mogelijk verder moeten, want het is hier bijzonder gevaarlijk.*
We moeten over een brug en dan door een tunnel, waarvan het gewelf gedeeltelijk door artillerievuur verwoest is. Als we aan het einde van de tunnel komen, kijken we uit over een zonnig landschap en ik herken de omgeving van Verona. Beneden ons ligt de stad en alles straalt in het volle zonlicht. Ik voel me opgelucht en we rijden door naar de groene, bloeiende laagvlakte van Lombardije. De weg voert door een mooi, voorjaarsachtig landschap en we zien rijstvelden, olijfbomen en wijngaarden. Dan zie ik dwars op de weg een groot gebouw, een landgoed van grote afmetingen, zo iets als het paleis van een Noorditaliaanse vorst. Het is een karakteristiek herenhuis met veel bijgebouwen en zijvleugels. Net als bij het Louvre loopt de weg langs het paleis over een grote binnenplaats. De kleine voerman en ik rijden door een poort en van hieruit zien we door een tweede, verder gelegen poort weer het zonnige landschap. Ik kijk om me heen: rechts is de voorgevel van het herenhuis, links liggen in een uitgestrekte rij de bijgebouwen voor het personeel en de stallen, de schuren en andere bijgebouwen.
Als we midden op de binnenplaats zijn, precies voor de hoofdingang, gebeurt er iets onverwachts: met een dof gekraak vallen beide poorten dicht. De boer springt van de bok van zijn wagen en roept uit: 'Nu zijn we in de zeventiende eeuw gevangen!' Berustend denk ik: Ja, dat is zo! – Maar wat

* De granaten die uit de hemel vallen moeten opgevat worden als schoten, die van de 'andere kant' komen, van de vijand. Het zijn dus invloeden vanuit het onbewuste, van de kant van de schaduw. De gebeurtenissen in de droom wijzen erop dat de oorlog, die zich enkele jaren tevoren in de buitenwereld afspeelde, nog niet ten einde is, maar innerlijk, in de psyche voortduurt. Zo te zien ligt hier de oplossing van de problemen, een oplossing die niet in de buitenwereld gevonden kon worden. A. J.

is er aan te doen? Nu zitten we voor jaren gevangen! – Maar dan volgt de troostrijke gedachte: Eens, na jaren, zal ik er weer uitkomen.

Na deze droom bestudeerde ik dikke boeken over de wereldgeschiedenis en over godsdienst- en filosofiegeschiedenis, maar nergens vond ik iets dat een verklaring had kunnen zijn. Pas veel later begreep ik dat de droom betrekking had op de alchemie. Haar hoogtepunt valt in de zeventiende eeuw. Merkwaardig genoeg was ik totaal vergeten wat Herbert Silberer over alchemie had geschreven.* In de tijd dat zijn boek verscheen, leek de alchemie een vreemd randverschijnsel, iets lachwekkends, hoezeer ik ook Silberers anagogisch, dat wil zeggen constructief standpunt kon waarderen. Ik correspondeerde destijds met hem en betuigde hem mijn instemming. Zoals zijn tragisch einde laat zien, werden echter zijn *opvattingen* niet door *bevattingen* gevolgd.** Silberer had hoofdzakelijk jonger materiaal gebruikt waarmee ik niet veel kon beginnen. De late alchemistische teksten zijn fantastisch en barok, alleen als je de interpretatie weet, kun je zien dat ook hier veel waardevols te vinden is. Pas door de tekst van de 'Goldene Blüte' – me in 1928 door Richard Wilhelm toegestuurd –, die tot de Chinese alchemie behoort, is me het wezen van de alchemie meer nabij gekomen. Toen ook kwam de wens in me op nader kennis te maken met de alchemisten. Ik gaf een boekhandelaar opdracht me te waarschuwen zodra hij alchemistische boeken in handen kreeg. Kort daarop ontving ik als eerste werk de 'Artis Auriferae Volumina Duo' (1593), een omvangrijke verzameling van Latijnse traktaten, waaronder zich een reeks 'klassieken' bevindt.

Dit boek liet ik echter eerst bijna twee jaar liggen. Af en toe bekeek ik de afbeeldingen eens en dacht dan telkens weer bij mezelf: Mijn God, wat een onzin! Dat is immers totaal onbegrijpelijk. – Toch liet het me niet los, en ik nam me voor het werk grondig te bestuderen. De volgende winter begon ik daarmee en al gauw vond ik het een fascinerende en spannende lectuur. De tekst leek me weliswaar steeds weer eclatante onzin, maar toch stuitte ik regelmatig op passages die me belangrijk leken en af en toe vond ik zelfs een paar zinnen die ik meende te begrijpen. Tenslotte zag ik in dat het om symbolen ging die voor mij oude bekenden waren. Dat is toch fantastisch, dacht ik, dat *moet* ik leren begrijpen. – Ik was er nu volledig door geboeid en verdiepte me in de teksten zo vaak ik maar kon. Op een nacht toen ik weer de teksten bestudeerde, viel me plotseling de droom in waarin gezegd werd dat ik 'in de zeventiende eeuw gevangen was'. Eindelijk begreep ik zijn betekenis en wist: Ja, dat is het! Nu ben ik gedoemd de hele alchemie van het begin af aan te bestuderen!

Het kostte me nog veel tijd om de draad in het labyrint van de alchemistische gedachtengangen te vinden, want er was geen Ariadne om me er één

* 'Probleme der Mystik und ihrer Symbolik'.

** Silberer overleed door zelfmoord.

in de hand te drukken. In het 'Rosarium' merkte ik dat bepaalde merkwaardige uitdrukkingen en zinswendingen vaak gebruikt werden.* Zo had je bij voorbeeld 'solve et coagula', 'unum vas', 'lapis', 'prima materia', 'Mercurius' enzovoort. Ik zag dat deze uitdrukkingen steeds weer in een bepaalde betekenis werden gebruikt, waarvan ik echter niet met zekerheid kon vaststellen wat dat dan was. Daarom besloot ik een lexicon van trefwoorden met onderlinge verwijzingen aan te leggen. In de loop der tijd heb ik duizenden trefwoorden verzameld, en er ontstonden boekdelen vol met alleen maar uittreksels. Ik volgde een zuiver filologische methode, alsof het er om ging een onbekende taal te ontcijferen. Op deze manier werd geleidelijkaan de betekenis van de alchemistische uitdrukkingen duidelijk. Het was een werk dat meer dan tien jaar lang mijn aandacht gevangen hield.

Ik had al gauw ontdekt dat de analytische psychologie merkwaardige overeenkomsten vertoont met de alchemie. De ervaringen van de alchemisten waren mìjn ervaringen en hùn wereld was in zekere zin mijn wereld. Dat was voor mij natuurlijk een ideale ontdekking, want daarmee had ik het historische pendant voor mijn psychologie van het onbewuste gevonden. Ze kreeg nu een historische basis. De mogelijkheid van vergelijking met de alchemie en ook de geestelijke continuïteit die terugging tot op de Gnosis, maakten haar substantiëler. Door mijn studie van de oude teksten vond alles zijn juiste plaats: de wereld van de fantasiebeelden, het ervaringsmateriaal dat ik in mijn praktijk had verzameld, en de conclusies die ik daaruit had getrokken. Nu begon ik te zien wat de inhouden van het onbewuste in historisch perspectief betekenden. Mijn inzicht in hun typische karakter, dat al was ontstaan toen ik met mijn onderzoek van de mythen bezig was, werd verdiept. De oerbeelden en het wezen van het archetype kwamen in het centrum van mijn onderzoekingen te staan en ik zag in dat er zonder geschiedenis geen psychologie en zéker geen psychologie van het onbewuste bestaat. Voor een bewustzijnspsychologie kan uitsluitende kennis van het persoonlijk leven nog wel voldoende zijn, maar om een neurose te verklaren is al een anamnese nodig die verder gaat dan de kennis van het bewustzijn. En wanneer het in de behandeling tot ongebruikelijke beslissingen komt, dan melden zich dromen, waarvan de interpretatie meer vraagt dan persoonlijke herinneringen.

In mijn studie van de alchemie zie ik mijn innerlijke relatie met Goethe. Het was Goethes geheim dat hij gegrepen was door het proces van archetypische verandering dat door de eeuwen heen gaat. Hij heeft zijn 'Faust' gezien als een opus magnum of divinum (hoofdwerk, goddelijk werk). Daarom zei hij terecht dat 'Faust' zijn 'hoofdwerk' was; en daarom vormde dit

* 'Rosarium Philosophorum', anoniem geschrift, 1550. Opgenomen in 'Artis Auriferae' Vol. II, 1593.

drama de omlijsting van zijn leven. Je merkt op indrukwekkende wijze dat het een levende substantie was die in hem leefde en werkzaam was, een bovenpersoonlijk proces, de grote droom van de mundus archetypus (wereld der oerbeelden).
Ik zelf ben ook door deze droom gegrepen en ik heb een 'hoofdwerk' dat op mijn elfde jaar begonnen is. Mijn leven is doordrongen en samengevat door één werk en één doel, namelijk: in te dringen in het geheim van de persoonlijkheid. Alles is vanuit dit centrale punt te verklaren, en al mijn werk is op dit centrale thema betrokken.

Met het associatie-experiment (1903) begon mijn eigenlijk wetenschappelijk werk. Ik beschouw het als mijn eerste werk in de zin van een natuurwetenschappelijk project. In die tijd begon ik uitdrukking te geven aan mijn eigen gedachten. Op de 'Diagnostische Assoziationsstudien' volgden twee psychiatrische geschriften 'Ueber die Psychologie der Dementia praecox' en 'Der Inhalt der Psychose'. In 1912 verscheen mijn boek 'Wandlungen und Symbole der Libido', dat een einde maakte aan de vriendschap met Freud. Daarna begon – tegen wil en dank – mijn zelfstandige loopbaan. Het begon ermee dat ik me bezighield met de beelden van mijn eigen onbewuste. Dat duurde van 1913 tot 1917, daarna verflauwde de stroom fantasieën. Pas toen het rustiger was geworden en ik niet meer in de betoverde berg gevangen zat, kon ik me er objectief tegenover opstellen en ik kon erover gaan nadenken. Mijn eerste vraag was: Wat doe je met het onbewuste? Als antwoord ontstond: Die Beziehungen zwischen dem Ich und dem Unbewussten. In Parijs hield ik een lezing* over dit onderwerp (1916), die pas later (1928) in een uitgebreidere vorm in het Duits als boek verschenen is. Ik beschreef hierin een paar typische inhouden van het onbewuste en toonde aan dat het wel degelijk van invloed is welke houding het bewustzijn daartegenover aanneemt.
Tegelijk hield ik me bezig met voorbereidingen voor mijn boek over de psychologische typen.** Bij zijn ontstaan speelde de volgende vraag een belangrijke rol: Hoe onderscheid ik me van Freud en hoe van Adler? Wat zijn de verschillen tussen onze opvattingen? Bij het nadenken hierover stuitte ik op het probleem van het type, want het oordeel van de mens is door zijn type al van tevoren bepaald en beperkt. 'Psychologische Typen' gaat vooral over de manier waarop het individu op de wereld reageert, en over zijn relatie met mensen en dingen. Het behandelt verschillende aspecten van het bewustzijn en de verschillende houdingen die dit ten opzichte van de wereld kan aannemen, en is dus tegelijk een beschrijving van de psychologie van het bewustzijn, beschouwd vanuit een zogezegd klinisch standpunt.

* Als artikel verschenen in 'Archives de Psychologie de La Suisse Romande', Genève, 1916.
** 'Psychologische Typen', 1921. Gesammelte Werke, deel VI, 1960.

Ik heb er veel literatuur in verwerkt, waarbij het werk van Spitteler (vooral 'Prometheus en Epimetheus'), Schiller en Nietzsche, en ook de antieke en middeleeuwse geestesgeschiedenis een rol spelen. Toen ik het waagde Spitteler een exemplaar van mijn boek toe te zenden, stuurde hij geen antwoord, maar hield kort daarop een lezing, waarin hij verzekerde dat zijn boek niets 'betekende'; hij had bij voorbeeld in plaats van het 'Olympische Frühling' evengoed kunnen zingen 'de mei is gekomen'!

'Psychologische Typen' gaf me het inzicht dat elk oordeel van de mens beperkt wordt door zijn type, en dat elke zienswijze een relatieve is. Daarmee kwam het probleem aan de orde van de eenheid, die deze veelheid compenseert. Dat bracht me rechtstreeks op het Chinese begrip van het 'Tao'. Ik heb al eerder verteld over het samenspel tussen mijn innerlijke ontwikkeling en de toezending van een taoïstische tekst door Richard Wilhelm. In 1929 ontstond het gezamenlijk met hem uitgegeven boek: 'Das Geheimnis der Goldenen Blüte'. Destijds bereikte ik in mijn overdenkingen en onderzoekingen het centrale punt van mijn psychologie, namelijk de idee van het zelf. Pas daarna vond ik de weg terug naar de wereld. Ik begon lezingen te houden en ondernam enkele korte reizen. Talrijke artikelen en lezingen vormden in zekere zin het tegenwicht voor de jarenlange innerlijke preoccupatie; ze bevatten antwoorden op vragen die me door mijn lezers en mijn patiënten gesteld waren.*

Een thema dat me al sinds mijn boek over 'Wandlungen und Symbole der Libido' na aan het hart lag, was de theorie van de libido. Ik vatte de libido op als het psychisch pendant van de fysische energie, dus als een min of meer kwantitatief begrip, en wees daarom iedere kwalitatieve definitie van de libido af. Ik wilde me losmaken van het tot dan gebruikelijke concretisme van de libidotheorie. Je zou dus niet meer moeten spreken over honger, agressieve of seksuele driften, enzovoort, maar al deze verschijningsvormen zou je gezamenlijk als verschillende uitingen van de psychische energie moeten zien.

Ook in de fysica spreekt men over energie en over haar verschijningsvormen als elektriciteit, licht, warmte enzovoort. Precies zo is het in de psychologie. Het gaat ook hier in eerste instantie om energie (dat wil zeggen om intensiteitswaarden, om een meer of een minder) en de verschijningsvormen zelf kunnen onderling sterk verschillen. Door de energetische opvatting van de libido ontstaat een zekere uniformiteit in de beschouwingen hierover, terwijl de vaak controversiële vragen naar de aard van de libido – of dat nu seksualiteit, macht, honger of iets anders is – op de achtergrond raken. Ik vond het belangrijk een uniformiteit, zoals die bij de natuurwetenschappen te vinden is in een algemene energetica, ook voor de psycho-

* Deze artikelen zijn opgenomen in 'Seelenprobleme der Gegenwart', 1931 en in 'Wirklichkeit der Seele', 1934.

logie in te voeren. Dat was het doel dat ik in het boek 'Ueber die Energetik der Seele' (1928) nastreefde.* Ik beschouw bij voorbeeld de menselijke driften als manifestaties van energetische processen en daarmee als krachten, analoog met warmte, licht enzovoort. Zoals een hedendaagse fysicus er niet aan zou denken alle krachten bij voorbeeld uitsluitend van warmte af te leiden, zo is het evenmin in de psychologie toelaatbaar alle driften ondergeschikt te maken aan het begrip macht of seksualiteit. Dat was Freuds aanvankelijke fout; later heeft hij deze gecorrigeerd door een 'ik-drift' te veronderstellen, om nog weer later het super-ego als het ware de heerschappij te verlenen. In 'Die Beziehungen zwischen dem Ich und dem Unbewussten' had ik alleen nog maar vastgesteld dat en hoe ik mezelf relateer aan het onbewuste, maar over het onbewuste zelf had ik nog niets gezegd. De bestudering van mijn fantasieën deed me vermoeden dat het onbewuste verandert, of een verandering teweegbrengt. Pas toen ik de alchemie leerde kennen werd het me duidelijk, dat het onbewuste een proces is, en dat de relatie van het ik tot de inhouden van het onbewuste een wezenlijke verandering of ontwikkeling van de psyche veroorzaakt. In het individuele geval is het proces af te lezen uit dromen en fantasieën. In de wereld van het collectieve heeft het vooral zijn neerslag gevonden in de verschillende godsdienstige stelsels en in de verandering van hun symbolen. Door de studie van de individuele en collectieve veranderingsprocessen en door het inzicht in de achemistische symboliek, kwam ik tot het centrale begrip van mijn psychologie, het *individuatieproces*.

Een wezenlijk aspect van mijn publikaties is dat ze al vroeg raken aan wereldbeschouwelijke problemen en dat ze de confrontatie van de psychologie met het religieuze probleem behandelen. Maar pas in 'Psychologie und Religion' (1940) en kort daarop in de 'Paracelsica' (1942) heb ik me daarover uitvoeriger uitgelaten. Vooral het tweede artikel, 'Paracelsus als geistige Erscheinung' is belangrijk in dit verband. De geschriften van Paracelsus bevatten een overvloed aan oorspronkelijke gedachten waarin de probleemstelling van de alchemie duidelijk tot uitdrukking komt; overigens in een late en barokke vorm. Mijn studie van Paracelsus bracht me er tenslotte toe het wezen van de alchemie te beschrijven en wel in haar verhouding tot de religie en de psychologie – of anders gezegd: de alchemie in haar aspect van religieuze filosofie. Dat deed ik in 'Psychologie und Alchemie' (1944). Daarmee was ik eindelijk terechtgekomen bij de grondslagen van mijn eigen ervaringen in de jaren 1913 tot 1917, want het proces dat ik had doorgemaakt, kwam overeen met het alchemistische veranderingsproces waarvan in 'Psychologie und Alchemie' sprake is.

* In: 'Ueber psychische Energetik und das Wesen der Träume', 2e druk 1948.

Natuurlijk kwam steeds weer de vraag bij me op wat de relatie is van de symboliek van het onbewuste tot de christelijke religie en ook tot andere religies. Ik laat niet alleen de deur open voor de christelijke boodschap, nee, mijns inziens is deze centraal voor de westerse mens. Er is overigens een nieuwe visie nodig die overeenkomt met de seculaire verandering van de tijdgeest, anders staat de christelijke boodschap buiten deze tijd en de mens in zijn totaliteit staat buiten haar. In mijn werk heb ik getracht deze nieuwe visie te beschrijven. Ik gaf een psychologische interpretatie van het dogma van de Heilige Drieëenheid,* en dat deed ik ook voor de tekst van de Mis. Deze vergeleek ik bovendien met de tekst van Zosimos van Panopolis, een alchemist en gnosticus uit de derde eeuw.** Mijn poging tot een confrontatie van de analytische psychologie met de christelijke opvattingen bracht me uiteindelijk op het probleem van Christus als psychologische gestalte. Al in 'Psychologie und Alchemie' (1944) had ik een parallelle figuur met Christus kunnen aantonen: de alchemistische centrale voorstelling van de lapis, van de steen.

In 1939 gaf ik een reeks colleges over de 'Exercitia Spiritualia' van Ignatius de Loyola. Tegelijk was ik bezig met de studies voor 'Psychologie und Alchemie'. Op een nacht werd ik wakker en zag aan het voeteneinde van mijn bed een crucifix, badend in een stralend licht. Het verscheen niet geheel levensgroot, maar was erg duidelijk en ik zag dat het lichaam uit groenachtig goud bestond. Het was een heerlijke aanblik, maar ik schrok van wat ik gezien had. Visioenen als zodanig hebben voor mij overigens niets ongewoons, want ik zie wel meer plastische hypnagogische beelden.
In die tijd had ik veel nagedacht over de 'Anima Christi', een meditatie uit de 'Exercitia'. Het visioen leek me te verstaan te geven dat ik bij mijn overdenkingen iets over het hoofd had gezien: de analogie van Christus met het 'aurum non vulgi' (het niet-gewone goud) en de 'viriditas' (het groene) van de alchemisten. Toen ik begreep dat het beeld van het crucifix verwees naar dit centrale alchemistische symbool, en dat het dus eigenlijk om een alchemistisch Christus-visioen ging, was ik gerustgesteld.
Het groene goud is de eigenschap van 'leven', die de alchemisten niet slechts in de mens zagen, maar ook in de anorganische natuur. Het is de uitdrukking voor een levensgeest, de 'anima mundi', of de 'filius macrocosmi', de in de hele wereld levend aanwezige antropos. Tot in de anorganische stof is deze geest uitgegoten, hij is ook aanwezig in metaal en in steen. Zo was mijn visioen een vereniging van het beeld van Christus met zijn analogie die in de materie ligt, namelijk de filius macrocosmi. Als het groene goud me niet opgevallen was dan zou ik geneigd zijn geweest aan te nemen dat er

* In: 'Symbolik des Geistes', 1948.
** In: 'Von den Wurzeln des Bewusstseins', 1954.

iets wezenlijks ontbrak aan mijn 'christelijke' opvatting en dat ik dus nog een stuk christelijke ontwikkeling moest inhalen. Maar de nadruk die op het metaal werd gelegd liet me de onverholen alchemistische opvatting zien van Christus als een vereniging van geestelijk-levende en fysisch-dode materie.
In 'Aion' (1951) vatte ik het probleem van Christus weer op. Het ging me hier echter niet om het probleem van parallellen uit de geestesgeschiedenis, maar om de confrontatie van zijn figuur met de psychologie. Ook beschouwde ik Christus niet als een verschijning die van alle uiterlijkheden was ontdaan, maar ik wilde de ontwikkeling door de eeuwen heen van de door hem belichaamde religieuze inhoud aantonen. Ik vond het ook belangrijk hoe Christus astrologisch voorspeld kon worden en hoe hij vanuit de geest van zijn tijd en in het verloop van tweeduizend jaar christelijke tijdrekening beschouwd werd. Dat wilde ik laten zien, samen met alle merkwaardige kanttekeningen die in de loop der tijd rondom hem verzameld waren.
Tijdens het schrijven van 'Aion' kwam ook de vraag op naar de historische gestalte, naar de mens Jezus. Die vraag is belangrijk, omdat de collectieve mentaliteit van zijn tijd – je zou kunnen zeggen: het archetype, dat destijds geconstelleerd was, namelijk het oerbeeld van de antropos – zich in hem, een nauwelijks bekende joodse profeet, had uitgekristalliseerd. Het antieke antropos-idee, dat enerzijds geworteld is in de joodse traditie en anderzijds in de Egyptische Horus-mythe, heeft de mensen aan het begin van het christelijk tijdperk gegrepen, want zij kwam overeen met de tijdgeest. Het ging om de 'Zoon des Mensen', de Zoon Gods, die tegenover de 'divis Augustus', de Heerser van deze wereld, stond. Deze gedachte maakte het oorspronkelijk joodse probleem van de Messias tot een aangelegenheid van de hele wereld. Het is echter een ernstig misverstand het als zuiver 'toeval' te beschouwen dat Jezus, de timmersmanszoon, het Evangelie heeft verkondigd en de salvator mundi, de Verlosser der wereld, geworden is. Hij moet een begenadigde persoonlijkheid geweest zijn dat hij in staat was de algemene, zij het onbewuste verwachting van zijn tijd zo volkomen uit te drukken en te representeren. Niemand anders had de drager van een dergelijke boodschap kunnen zijn dan juist deze mens Jezus.
De alles verstikkende macht van Rome, belichaamd in de goddelijke Caesar, had destijds een wereld geschapen waarin niet alleen talloze enkelingen, maar gehele volkeren beroofd waren van hun zelfstandige levensvormen en geestelijke onafhankelijkheid. Het tegenwoordige individu en de verschillende culturen worden door eenzelfde gevaar bedreigd, namelijk dat van de massificatie. Daarom wordt nu al op veel plaatsen over de mogelijkheid van en de hoop op een weerkomst van Christus gesproken, en er is zelfs een visionair gerucht ontstaan dat een verlossingsverwachting uitdrukt. Overigens treedt deze nu op in een vorm, die met niets in het verleden te

vergelijken is, maar die een typisch kind van onze 'eeuw der techniek' is. Ik bedoel de wereldwijde verbreiding van het UFO-fenomeen.*
Aangezien het mijn doel was in volle omvang aan te tonen in hoeverre mijn psychologie overeenkomt met de alchemie – of omgekeerd – wilde ik naast de religieuze problemen ook de speciale problemen van de psychotherapie in het werk van alchemisten opsporen. De centrale vraag, het hoofdprobleem van de medische psychotherapie, is de overdracht. Daarin stemden Freud en ik volkomen overeen. En ook hier kon ik een overeenkomst met de alchemie aantonen, namelijk in de voorstelling van de 'coniunctio' (vereniging), waarvan het grote belang ook Silberer al was opgevallen. De overeenkomst bleek al uit mijn boek 'Psychologie und Alchemie'. Mijn onderzoekingen leidden twee jaar later tot 'Die Psychologie der Uebertragung' (1946) en tenslotte tot 'Mysterium Coniunctionis' (1955/56).
Bijna alle menselijke of wetenschappelijke problemen die me bezighielden, werden begeleid of voorspeld door dromen, en dat was ook het geval met het vraagstuk van de overdracht. In één van deze dromen werd dit probleem, samen met dat van Christus, door een merkwaardig en onverwacht beeld aangeduid.
Ik droomde weer dat aan mijn huis een grote vleugel was gebouwd waar ik nog nooit geweest was. Ik nam me voor er eens een kijkje te gaan nemen en uiteindelijk ging ik naar binnen. Ik kwam bij een grote openslaande deur. Die opende ik, en ik kwam in een ruimte waar een laboratorium was ingericht. Voor het raam stond een tafel vol glaswerk en alle parafernaliën van een zoölogisch laboratorium. Dit was de werkplaats van mijn vader. Maar hij zelf was er niet. Tegen de muren stonden op de planken honderden laboratoriumglazen met alle denkbare soorten vissen. Ik was verbaasd: 'Nu houdt mijn vader zich bezig met ichthyologie!'

Terwijl ik om me heen stond te kijken zag ik een gordijn dat af en toe opbolde, alsof het hard waaide. Plotseling verscheen Hans, een boerenjongen, en ik vroeg hem of hij wilde kijken of er soms een raam openstond in het vertrek dat achter het gordijn lag. Hij ging er heen, maar toen hij na een tijdje terugkwam, zag ik dat hij erg van streek was. Hij zag er geschrokken uit en hij zei alleen: 'Ja, daar is iets aan de hand, daar spookt het!'
Ik ging er zelf naar toe en vond een deur die toegang gaf tot de kamer van mijn moeder. Er was geen mens te zien en er hing een griezelige atmosfeer. In het zeer grote vertrek hingen van het plafond, ongeveer een halve meter boven de vloer, twee rijen van elk vijf kisten. Ze zagen eruit als tuinhuisjes, met een vloeroppervlak van twee bij twee meter, en in elk stonden twee bedden. Ik wist dat mijn moeder – die in werkelijkheid al lang overleden was – op deze plek bezoek ontving en dat ze hier slaapplaatsen voor geesten

* Zie: 'Ein moderner Mythus. Von Dingen, die am Himmel gesehen werden', 1958.

had klaarstaan. Het waren geesten die paarsgewijs kwamen, om zo te zeggen geestesechtparen, die daar de nacht, of ook wel de dag doorbrachten.* Tegenover de kamer van mijn moeder bevond zich een deur. Ik opende deze en kwam in een reusachtige hal die deed denken aan de lounge van een hotel, met fauteuils, tafeltjes, zuilen en alle bijbehorende luxe. Ik hoorde harde kopermuziek. Die had ik al de hele tijd op de achtergrond gehoord, zonder echter te weten waar ze vandaan kwam. Er was niemand in de hal, alleen de 'brassband' schetterde zijn liedjes, dans- en marsmuziek.

Deze kopermuziek in de hotellounge wijst op een nadrukkelijke vrolijkheid en wereldsheid. Geen mens zou achter deze luidruchtige façade een andere wereld hebben vermoed, die zich ook nog in dit huis bevond. Het droombeeld van de hal is als het ware een karikatuur van mijn bonhomie of wereldse jovialiteit. Dat is echter slechts de buitenkant, daarachter ligt iets heel anders, waarover je echter bij kopermuziek niet kunt praten: het laboratorium met de vissen en de hangende geest-huisjes. Dat waren beide indrukwekkende ruimten waar een geheimzinnige stilte heerste. Ik had het gevoel: hier leefde de nacht, terwijl de hal het dagelijks leven met haar oppervlakkige wereldsheid voorstelde.

De belangrijkste beelden uit deze droom waren de 'ontvangstruimte voor geesten' en het laboratorium met de vissen. Het eerste drukt op een enigszins lachwekkende wijze het probleem van de coniunctio, of van de overdracht, uit. Het laboratorium verwijst naar mijn studie van Christus, die immers zelf de vis (ichthys) is. Dat waren twee motieven die me meer dan tien jaar lang intensief bezighielden.

Het is merkwaardig dat de bestudering van vissen in deze droom aan mijn vader wordt toebedeeld. Hij is als het ware een behoeder van christelijke zielen, want deze zijn volgens oude opvattingen vissen die in het net van Petrus gevangen worden. Even merkwaardig is het feit dat mijn moeder als hoedster van afgescheiden zielen verschijnt. Zo zijn in deze droom mijn beide ouders belast met het probleem van de cura animarum (zielszorg) die toch eigenlijk mijn taak is. Er was dus nog iets onvoltooid gebleven en dat was nog bij mijn ouders – het was nog sluimerend in het onbewuste en voorbehouden aan de toekomst. Nog steeds had ik mij niet ernstig beziggehouden met datgene wat de 'filosofische' alchemie het meest na aan het hart lag: de coniunctio, en daardoor had ik nog niet de vraag beantwoord die de ziel van de christelijke mens me stelde. En ook was het grote werk

* Hierbij moest ik denken aan de 'Geestenvallen', die ik in Kenya had gezien. Dat zijn kleine huisjes waarin men bedjes zet en ook wat proviand - 'posho' - bijlegt. Vaak ligt zelfs een nabootsing - van leem of klei - van een zieke die genezen moet worden in bed. Een vaak kunstig met steentjes geplaveide weg leidt van het voetpad naar deze huisjes, opdat de geesten daar binnen gaan en niet naar de kraal waar de zieke ligt die ze willen ophalen. In de 'Geestenval' brengen de geesten dan de nacht door, om vóór zonsopgang weer terug te keren naar het bamboebos, hun eigenlijke verblijfplaats. C.G.J.

over de Sage van de Graal, dat een levenstaak was geworden van mijn vrouw, nog niet voltooid.* Ik herinner me hoe vaak de 'Queste du Saint Graal' en de Visserkoning me in gedachten kwamen, toen ik aan het ichthys-symbool in 'Aion' werkte. Als ik geen rekening had gehouden met het werk van mijn vrouw, dan had ik de Graalsage onvoorwaardelijk moeten betrekken bij mijn onderzoek van de alchemie.

Ik herinner me mijn vader als een lijdend mens, lijdend aan een Amfortas-wond, een 'Visserkoning', wiens wond niet wilde genezen – het christelijk lijden, waartegen de alchemisten de panacee (geneesmiddel) zochten. Gedurende mijn jeugd was ik als een 'stomme' Parcival getuige van deze ziekte – maar zoals bij Parcival schoten mijn woorden te kort. Ik had slechts mijn vermoedens.

In werkelijkheid heeft mijn vader zich nooit beziggehouden met de theriomorfe (in diergedaante) Christussymboliek, maar in plaats daarvan heeft hij het lijden dat Christus getoond en aangekondigd heeft, letterlijk tot aan zijn dood doorleefd – zonder zich duidelijk bewust te worden van de consequentie van de imitatio Christi. Hij beschouwde zijn lijden als zijn privé-aangelegenheid, waarover je een dokter raadpleegt, maar niet als het lijden van de christelijke mens in het algemeen. Het woord uit Gal. II : 20: 'Ik leef, maar niet meer ik – Christus leeft in mij' is hem nooit in zijn volle omvang duidelijk geworden, want in religieus opzicht verafschuwde hij elk denken. Hij wilde genoegen nemen met het geloof, maar dat werd hem ontrouw. Daarmee wordt heel vaak het sacrificium intellectus (offer van het intellect) beloond. 'Niet allen vatten dit woord, alleen zij aan wie het gegeven is . . . er zijn gesnedenen die zichzelf gesneden hebben terwille van het Koninkrijk der Hemelen. Die het vatten kan, die vatte het!' (Matth. 19, 11 e.v.) Blindelings aanvaarden leidt nooit tot een oplossing, hoogstens tot stilstand, en het wordt de volgende generatie tot last.

Het bezit van theriomorfe attributen wijst erop dat de goden niet slechts tot in bovenmenselijke regionen reiken, maar ook tot in de ondermenselijke gebieden van het leven. De dieren belichamen min of meer de schaduw, die door de natuur toegevoegd wordt aan hun lichte gestalte. De 'pisciculi Christianorum' laten zien dat zij die Christus navolgen, zelf vissen zijn. Het zijn zielen van onbewuste aard, die de cura animarum nodig hebben. Het laboratorium met de vissen is dus een synoniem voor kerkelijke zielszorg. Zoals de verwondende zichzelf verwondt, zo geneest de genezer zichzelf. Betekenisvol genoeg wordt in de droom de beslissende dienst door een dode aan een dode bewezen, namelijk aan gene zijde van het bewustzijn, dus in het onbewuste.

* Na de dood van mijn vrouw, in 1955, heeft Dr. Marie-Louise von Franz de Graalstudie voortgezet en in 1958 tot een goed einde gebracht. Zie E. Jung en M.-L. von Franz 'Die Graalslegende in psychologischer Sicht'. Studien aus dem C. G. Jung-Institut, Band XII, Zürich 1960.

Een wezenlijk aspect van mijn taak was me inderdaad toen nog steeds niet bewust en ik zou ook nog niet in staat zijn geweest een bevredigende interpretatie te geven van de droom. Ik kon zijn zin slechts vermoeden, en ik moest nog zeer sterke innerlijke weerstanden overwinnen voor ik 'Antwort auf Hiob' kon schrijven.

De innerlijke wortels van dit werk lagen al besloten in 'Aion'. Daarin had ik al geschreven over de psychologie van het christendom – en Job is in zekere zin een prefiguratie van Christus. Beiden zijn verbonden door het idee van het lijden. Christus is de lijdende knecht Gods en dat was Job ook. Bij Christus wordt het lijden veroorzaakt door de zonde van de wereld en het lijden van de christelijke mens is het algemene antwoord daarop. Dat leidt onvermijdelijk tot de vraag: Wie heeft schuld aan deze zonde? Uiteindelijk heeft God deze wereld en haar zonde geschapen en Hij zelf moest in Christus het menselijk noodlot ondergaan.
In 'Aion' staan toespelingen op het moeilijke thema van de lichte en donkere zijde van het godsbeeld. Ik heb op de 'toorn des Heren' gewezen, op het gebod God te vrezen, en op het 'leid ons niet in verzoeking'. Het ambivalente godsbeeld speelt een essentiële rol in het boek Job. Job verwacht dat God hem in zekere zin bijstaat tegen God, waardoor diens tragische tegengestelde aard tot uitdrukking komt. Dit werd het hoofdthema van 'Antwort auf Hiob'.
Er was nog een andere aanleiding, die van buitenaf kwam, om dit boek te schrijven. Vele vragen vanuit het publiek en van mijn patiënten spoorden me ertoe aan me duidelijker uit te spreken over religieuze problemen van de moderne mens. Ik had jarenlang geaarzeld, omdat ik heel goed wist wat voor storm ik zou ontketenen. Maar uiteindelijk kon ik er niet meer onderuit; ik werd gegrepen door dit urgente en moeilijke probleem en ik zag me gedwongen een antwoord te geven. Ik deed dat in de vorm zoals het op me af was gekomen, namelijk als een beleving waarbij ik geen enkele emotie onderdrukte. Deze vorm had ik gekozen met een bepaalde bedoeling. Ik wilde namelijk de indruk vermijden dat ik een 'eeuwige waarheid' wilde verkondigen. Mijn geschrift moest slechts de stem en de vraag van een enkeling zijn die hoopt op de ernst van zijn publiek – of die deze verwacht. Het is nooit bij me opgekomen dat iemand zou kunnen menen dat ik een metafysische waarheid wilde verkondigen. Toch verwijten de theologen me dat, omdat het theologisch denken gewend is zich met eeuwige waarheden bezig te houden. Als een fysicus zegt dat het atoom die en die eigenschappen heeft en er een model van ontwerpt, heeft hij ook niet de bedoeling daarmee een eeuwige waarheid uit te drukken. Maar de theologen kennen het natuurwetenschappelijk en in het bijzonder het psychologisch denken niet. Het materiaal van de analytische psychologie, haar wezenlijke feiten, zijn

menselijke uitspraken die, afkomstig uit verschillende tijden en verschillende plaatsen, dikwijls overeenstemmen.

Ook het probleem van Job heeft zich met al zijn consequenties in een droom aangekondigd. Het was een droom waarin ik op bezoek ging bij mijn reeds lang gestorven vader. Hij woonde ergens buiten, ik weet niet waar. Ik zag een huis in achttiende-eeuwse stijl. Het leek heel erg ruim en bezat een paar flinke bijgebouwen. Oorspronkelijk was het een hotel in een badplaats geweest; ik hoorde ook dat in de loop der tijd veel belangrijke persoonlijkheden, beroemde mensen en vorstelijke personen daar hun intrek hadden genomen. Verder hoorde ik dat enkelen van hen gestorven waren, en dat in de crypte, die ook bij het huis hoorde, hun sarcofagen stonden. Mijn vader hield hier toezicht als custos.

Hij was echter niet alleen custos, zoals ik al gauw ontdekte, maar – in volstrekte tegenstelling tot de tijd toen hij nog leefde – een groot geleerde. Ik trof hem aan in zijn studeerkamer en merkwaardig genoeg waren daar ook Dr. Y. – ongeveer van mijn leeftijd – en zijn zoon aanwezig. Ze waren beiden psychiater. Ik weet niet of ik iets gevraagd had, of dat mijn vader uit zichzelf iets wilde uitleggen; in ieder geval, hij pakte een grote bijbel van een hoge plank, een dikke foliant, die leek op de Merian-bijbel die in mijn bibliotheek stond. De bijbel die mijn vader vasthield, was ingebonden in glinsterende vissehuid. Hij sloeg het Oude Testament op — ik vermoed bij de Boeken van Mozes — en begon een bepaalde passage te interpreteren. Hij deed dat zó snel, zó geleerd, dat ik hem niet kon volgen. Ik merkte alleen dat wat hij zei een enorme hoeveelheid kennis van uiteenlopende aard verraadde waarvan ik de betekenis wel enigszins vermoedde, maar niet kon beoordelen of begrijpen. Ik zag dat Dr. Y. helemaal niets begreep en dat zijn zoon begon te lachen. Ze dachten dat mijn vader in een soort seniele opwinding verkeerde en dat hij zich overgaf aan een zinloze woordenvloed. Het was me echter volkomen duidelijk dat het niet om ziekelijke opwinding ging, en zéker niet om onzin, maar dat zijn argumentatie dermate intelligent en geleerd was, dat wij het in onze onwetendheid gewoon niet konden volgen. Het ging om iets heel belangrijks dat hem fascineerde. Daarom sprak hij met zo'n intensiteit, overspoeld door diepzinnige gedachten. Ik ergerde me en bedacht hoe jammer het toch was dat hij tegen ons, drie domkoppen, moest praten.

De beide psychiaters vertegenwoordigen een beperkt medisch standpunt, dat mij als arts natuurlijk ook niet vreemd is. Ze beelden mijn schaduw uit, zogezegd in twee edities, als vader en zoon.

Daarna veranderde het toneel: mijn vader en ik stonden voor het huis en ertegenover was een soort schuur, waar kennelijk hout lag opgeslagen. Uit de schuur kwam een hard gestommel alsof grote stukken hout naar beneden vielen, of in het rond werden gegooid. Ik dacht dat er minstens twee arbeiders aan het werk waren, maar mijn vader legde me uit dat het daar spookte. Het waren dus een soort klopgeesten die het lawaai veroorzaakten. We gingen het huis binnen en ik zag dat de muren heel dik waren. Via een smalle trap liepen we naar de eerste verdieping. Daar zagen we iets heel merkwaardigs: een hal die een exacte kopie was van de Diwân-i-kaas (Raadszaal) van Sultan Akbar in Fatehpoer-Sikri. Het was een hoge, ronde ruimte; langs de wanden liep een galerij van waar vier bruggen naar het centrum leidden, dat als een bekken gevormd was. Dit bekken rustte op een reusachtige zuil en vormde de ronde zetel van de sultan. Vanaf die plaats sprak hij tot zijn raadsheren en filosofen, die op de galerijen zaten. Het geheel was een reusachtige mandala. Het kwam volkomen overeen met de Diwân-i-kaas, die ik in India had gezien.

In de droom zag ik plotseling dat vanuit het centrum een steile trap naar een kleine deur hoog boven in de muur liep – en dat kwam niet meer met de werkelijkheid overeen. Mijn vader zei: 'Nu zal ik je in de hoogste tegenwoordigheid brengen!' Het maakte op mij de indruk alsof hij zei: 'highest presence'. Hij knielde neer en raakte met zijn voorhoofd de vloer aan. Ik volgde zijn voorbeeld en knielde zeer bewogen neer. Maar om de een of andere reden kon ik mijn voorhoofd niet helemaal tot op de grond brengen. Er bleef ongeveer een afstand van een millimeter tussen de vloer en mijn voorhoofd. Maar ik had hetzelfde gebaar gemaakt; en plotseling wist ik – wellicht via mijn vader – dat achter de deur, boven in een eenzaam vertrekje, Uria woonde, de veldheer van koning David. David had Uria omwille van diens vrouw Bathseba smadelijk verraden; hij had Uria's krijgers bevolen hem in het aangezicht van de vijand in de steek te laten.

Om deze droom te verduidelijken moet ik er een paar aantekeningen bij maken. De beginscène schildert welke gevolgen de mij onbewuste taak heeft gehad; een taak, die ik als het ware aan mijn vader – dat wil zeggen aan het overeenkomstige onbewuste – heb overgelaten. Mijn vader houdt zich blijkbaar bezig met de Bijbel (Genesis?) en hij doet zijn best ons zijn inzichten duidelijk te maken. De visschubben bestempelen de Bijbel tot een onbewuste inhoud, want vissen zijn stom en onbewust. Mijn vader slaagt er niet in duidelijk te maken wat hij bedoelt; zijn toehoorders zijn ten dele onkundig, ten dele kwaadwillig dom.

Na deze mislukking steken we de straat over naar de 'andere kant', waar kennelijk klopgeesten aan het werk zijn. Klopgeestfenomenen komen meestal voor in de omgeving van jonge kinderen vóór de puberteit; het betekent dus: ik ben nog niet rijp genoeg, nog te weinig bewust. De Indische omgeving illustreert de 'andere kant'. Toen ik in India was, maakte de mandalastructuur van de Diwân-i-kaas als voorstelling van een inhoud die op een centrum betrekking heeft, diepe indruk op me. Het centrum is de zetel van Akbar de Grote, die over een deel van een continent heerst; het is de zetel van de 'Heer dezer wereld' zoals dat bij voorbeeld ook David was. Maar hoger nog dan deze, staat zijn onschuldig slachtoffer, zijn trouwe veldheer Uria die hij prijsgaf aan de vijand. Uria is een prefiguratie van Christus, de Godmens, die door God verlaten werd. David had bovendien ook nog de vrouw van Uria 'tot zich genomen'. Ik begreep pas later wat deze toespeling op Uria betekende: ik zag me niet alleen gedwongen over het ambivalente godsbeeld uit het Oude Testament en zijn consequenties openlijk en zeer tot mijn nadeel te spreken, maar ook werd mijn vrouw door de dood van me weggerukt.

Dat waren de dingen, die, verborgen in het onbewuste, op me wachtten. Voor dit noodlot moest ik buigen, en eigenlijk had ik met mijn voorhoofd de grond moeten raken, zodat mijn onderwerping volledig zou zijn. Maar iets had me daarvan afgehouden – al was het maar met één millimeter. Iets in mij sprak: 'Goed dan, maar niet helemaal.' Iets in mij verzet zich, dat wil geen stomme vis zijn; en als hetzelfde ook niet het geval was met ieder vrij mens, dan zou enkele eeuwen voor de geboorte van Christus geen Job geschreven zijn. De mens behoudt zich altijd een laatste woord voor, zelfs tegenover het goddelijk raadsbesluit. Want waarin zou anders zijn vrijheid bestaan? En wat had deze vrijheid te betekenen als deze niet haar belager kon belagen?

Hoger dan Akbar woont Uria. Hij is zelfs, zoals de droom zegt: 'highest presence', een uitdrukking die je eigenlijk alleen voor God gebruikt, afgezien van byzantinismen. Onvermijdelijk moet ik hier denken aan Boeddha en zijn relatie tot de goden. Ongetwijfeld is voor de gelovige Aziaat de Tathagata zonder meer het hoogste. Daarom heeft men het Hînayâna-Boeddhisme van atheïsme verdacht – zeer ten onrechte. Dank zij de macht van de goden kan de mens inzicht in zijn Schepper krijgen. Hij bezit zelfs de mogelijkheid de schepping in haar wezenlijk aspect, namelijk het wereldbewustzijn van de mensen, te vernietigen. In onze tijd kan de mens elk hoger leven van de aarde wegvagen door radioactiviteit. De gedachte van een wereldvernietiging is al in de kiem bij Boeddha aanwezig: door de 'verlichting' kan de Nidâna-keten – causale samenhangen die onvermijdelijk tot ouderdom, ziekte en dood leiden – afbreken, zodat de illusie van het Zijn tot een einde komt. Schopenhauers negatie van de wil verwijst profetisch naar een toekomstig probleem, dat voor ons al bedenkelijk urgent is geworden. De droom onthult een gedachte en een vermoeden, die al lang bij de mensheid leefden: de idee van het schepsel, dat de Schepper een weinig, maar doorslaggevend overtreft.

Na deze omzwerving in de wereld van de dromen kom ik weer op mijn boeken terug: in 'Aion' was nog een ander probleemcomplex aangesneden dat afzonderlijk behandeld moest worden. Ik had geprobeerd de gelijktijdigheid te beschrijven tussen het verschijnen van Christus en het begin van een nieuwe aeon, van de wereldmaand Vissen. Deze gelijktijdigheid tussen het leven van Christus en de objectieve astronomische gebeurtenis, namelijk het intreden van het lentepunt in het teken Vissen moet omschreven worden als synchroniciteit. Christus is daarom de 'Vis' en treedt op als Heer van de nieuwe aeon (zoals Hammoerabi als Heer van de wereldmaand Ram). Uit deze feiten vloeide voor mij het probleem van de synchroniciteit voort, dat ik in mijn werk 'Synchronizität als ein Prinzip akausaler Zusammenhänge' heb uiteengezet.*

Het in 'Aion' behandelde Christusprobleem voerde uiteindelijk tot de vraag hoe de verschijning van de antropos, de grote mens – psychologisch: het 'zelf' – tot uitdrukking komt in de ervaring van het individu. Het antwoord hierop heb ik geprobeerd te geven in 'Von den Wurzeln des Bewusstseins' (1954). In dit boek gaat het over het samenspel van het onbewuste en het bewustzijn, over de ontwikkeling van het bewustzijn uit het onbewuste en over het inwerken van de grotere persoonlijkheid, de 'innerlijke mens', in het leven van een ieder.

In 'Mysterium Coniunctionis' tenslotte wordt de tegenstelling tussen de alchemie en mijn psychologie van het onbewuste opgeheven. In dit boek vatte ik nog één keer het probleem van de overdracht op, maar vooral voerde ik hier mijn oospronkelijk plan uit: het geheel van de alchemie als een soort psychologie van de alchemie, of als een alchemistische fundering van de dieptepsychologie te laten zien. Pas met 'Mysterium Coniunctionis' had mijn psychologie voorgoed een plaats in de werkelijkheid gekregen en als geheel was het nu historisch gefundeerd. Daarmee was mijn taak volbracht, mijn werk was voltooid; nu heeft het een basis waarop het kan staan. Maar op hetzelfde moment dat ik deze basis had gevonden, stuitte ik op de uiterste grens van wat nog wetenschappelijk grijpbaar was: op het transcendente, het wezen van het archetype an sich, waarover geen wetenschappelijke uitspraken meer gedaan kunnen worden.

Het overzicht dat ik hier van mijn werk gegeven heb is natuurlijk slechts summier. Eigenlijk zou ik veel meer moeten zeggen, of veel minder. Dit hoofdstuk is geïmproviseerd, geboren uit het moment, zoals alles wat ik u hier vertel.

Mijn boeken kunnen gezien worden als mijlpalen in mijn leven; ze zijn de uitdrukking van mijn innerlijke ontwikkeling, want door de bestudering van de inhouden van het onbewuste wordt de mens gevormd, hij verandert erdoor. Mijn leven is datgene wat ik gedaan heb, mijn geestelijke arbeid. Het ene kun je niet los zien van het andere. Al mijn geschriften zijn als het ware opdrachten van binnenuit; ze ontstonden onder de dwang van het

* In: Jung-Pauli 'Naturerklärung und Psyche', Zürich 1952. (Nederl.: 'Synchroniciteit').

lot. Wat ik schreef heeft me van binnenuit overvallen. De geest die me voortdreef, liet ik aan het woord komen. Ik heb nooit veel weerklank op mijn werk verwacht. Mijn werk betekent een compensatie van de wereld van mijn tijd, en ik moest datgene zeggen wat niemand wenste te horen. Daarom voelde ik mezelf vaak erg verloren – vooral in het begin. Ik wist dat de mensen afwijzend zouden reageren, omdat het moeilijk is de compensatie voor de bewuste wereld te aanvaarden. Nù kan ik zeggen: het is zelfs ongelofelijk hoeveel succes ik had, meer dan ik ooit had kunnen denken. De hoofdzaak is voor mij echter altijd geweest dat datgene wat ik moest zeggen, ook gezegd is. Ik heb het gevoel dat ik gedaan heb wat ik kon. Vanzelfsprekend zou het meer en beter kunnen zijn, maar niet op grond van mijn capaciteiten.

De toren

Door mijn wetenschappelijk werk kwamen mijn fantasieën en de inhouden van het onbewuste geleidelijkaan op vaste bodem te staan. Woord en papier waren echter niet reëel genoeg voor mij; er moest nog iets anders bijkomen. Ik moest mijn diepste gedachten en de kennis die ik bezat in zekere zin in steen tot uitdrukking brengen, of ik moest een bekentenis in steen afleggen Dit was de oorsprong van de toren die ik in Bollingen bouwde. Dat mag dan wel een absurd idee lijken, maar ik heb het uitgevoerd. En het gaf me niet alleen buitengewoon veel voldoening, maar het betekende ook een zinvolle verwezenlijking.*

Van het begin af aan stond voor me vast dat ik ergens aan het water zou bouwen. De eigenaardige charme van de oever van het oostelijke deel van het meer van Zürich, had me altijd al gefascineerd, en zo kocht ik in 1922 het stuk grond in Bollingen. Het ligt in het gebied van de H. Meinrad en is kerkelijk terrein, dat vroeger bij het klooster van Sankt Gallen hoorde.

Aanvankelijk maakte ik geen ontwerp voor een echt huis, maar slechts voor een bouwwerk zonder verdieping, met een vuurplaats in het midden, en slaapplaatsen langs de muren. Daarbij zweefde me het beeld van een Afrikaanse hut voor de geest, waar het vuur in het midden brandt, afgeschermd door een paar stenen, en waar het hele gezinsleven zich rond dit centrum afspeelt. In feite verwerkelijken deze primitieve hutten een idee van totaliteit – je zou kunnen zeggen: van een gezinstotaliteit, waar ook nog allerlei kleinvee bij hoort. Iets dergelijks wilde ik bouwen: een woning die overeenstemt met het oergevoel van de mens. Ze moest een gevoel van geborgenzijn geven – niet alleen in fysieke, maar ook in psychische zin. Maar al tijdens het eerste stadium van de bouw veranderde ik het ontwerp; het leek me te primitief. Het werd me duidelijk dat ik een werkelijk huis met een verdieping moest bouwen en niet alleen maar een nederige hut. Zo ontstond in 1923 het eerste, ronde huis. Toen het klaar was, zag ik dat het een echte woontoren was geworden.

Het gevoel van rust en vernieuwing dat voor mij met de toren verbonden

* De toren in Bollingen was voor Jung niet alleen een vakantieverblijf; op hogere leeftijd bracht hij daar ongeveer de helft van het jaar door met werken en uitrusten. 'Zonder mijn aarde had mijn werk niet kunnen ontstaan'. Tot op zeer hoge leeftijd vond Jung ontspanning in houthakken, spitten, planten en oogsten. In zijn jongere jaren was hij een hartstochtelijk zeiler en was elke watersport toegedaan. A. J.

was, was van het begin af aan heel sterk. Hij betekende voor mij zo iets als een moederlijke plek. Langzamerhand kreeg ik echter de indruk dat dit nog niet alles tot uitdrukking bracht wat er te zeggen viel, dat er nog iets ontbrak. Zo kwam er na vier jaar, in 1927, het middengedeelte bij, met een torenvormige aanbouw.

Na verloop van tijd kreeg ik opnieuw het gevoel dat het gebouw nog niet volledig was. Het leek me ook in deze vorm nog te primitief. Zo werd in 1931 – er waren weer vier jaren verstreken – de torenvormige aanbouw uitgebouwd tot een echte toren. In deze tweede toren was er een ruimte die ik uitsluitend voor mezelf bestemde. Daarbij dacht ik aan Indiase huizen, waarin meestal één vertrek is – al is het dan maar een hoek van de kamer, afgeschermd door een gordijn – waarin de mensen zich kunnen terugtrekken. Daar mediteren ze, wellicht een half uur of een kwartier, of ze doen er yoga-oefeningen.

In de afgesloten ruimte besta ik voor mezelf. De sleutel draag ik altijd bij me; niemand mag er binnen, tenzij met mijn toestemming. In de loop der jaren heb ik de muren beschilderd en daarbij alle dingen tot uitdrukking gebracht die me verplaatsen vanuit de tijd naar gebieden ver van mensen en dingen, vanuit het heden naar het tijdloze. Het is een plek om na te denken, en om fantasieën te hebben – vaak uiterst moeilijke gedachten en zeer onaangename fantasieën –, het is een plek voor geestelijke concentratie.

In 1935 ontwaakte in mij het verlangen naar een stuk ommuurde grond. Ik had een grotere ruimte nodig, een ruimte die openstaat voor de hemel en voor de natuur. Daarom voegde ik een binnenplaats toe, en een loggia aan het meer – en er waren weer vier jaren voorbijgegaan. Dit vormde het vierde deel van het totaal, afgescheiden van het driedelig hoofdcomplex. Daarmee was een 'vierheid' ontstaan, vier verschillende delen van het complex, en wel in de loop van twaalf jaar.

Na de dood van mijn vrouw, in 1955, voelde ik de innerlijke verplichting om diegene te worden die ik zelf ben. In de taal van het huis in Bollingen: ik ontdekte plotseling dat het middelste deel, dat tot dan zo laag tussen de twee torens was weggekropen, als het ware mezelf, of mijn 'ik' voorstelde. Ik bouwde er toen nog een verdieping op. Tevoren had ik dat niet gekund, ik zou dat gezien hebben als een aanmatigend op de voorgrond plaatsen van mezelf. In waarheid geeft het echter de superioriteit weer die het ego of het bewustzijn in de ouderdom bereikt. Hiermee was, een jaar na de dood van mijn vrouw, het geheel voltooid. Met de bouw van de eerste toren was ik in 1923 begonnen, twee maanden na de dood van mijn moeder. Deze data zijn zinvol, omdat de toren, zoals we zullen zien, met de doden is verbonden.

Van het begin af aan was de toren een oord van rijping voor mij – een moederschoot, of moederlijke gestalte, waarin ik weer kan zijn zoals ik ben, was en zal zijn. De toren gaf me het gevoel alsof ik in steen was herboren. Hij kwam me voor als een verwerkelijking van iets dat al eerder vermoed was en als een uitbeelding van de individuatie. Een gedenkteken voor de eeuwigheid. Dat heeft een weldadige invloed op me gehad, het was als een ja-zeggen tegen mijn zo-zijn. Ik bouwde het huis in afzonderlijke gedeelten en hield altijd alleen rekening met de concrete behoeften van dat moment. Over de innerlijke samenhangen heb ik nooit van tevoren nagedacht. Je zou kunnen zeggen dat ik de toren in een soort droom heb gebouwd. Pas later zag ik wat er ontstaan was, en dat er een zinvolle vorm was ontstaan: een symbool van de psychische totaliteit. Het had zich ontwikkeld alsof er een oud zaadje was ontkiemd.

In Bollingen besta ik in mijn meest wezenlijke vorm, als degene die met mij overeenkomt. Hier ben ik om zo te zeggen de 'oeroude zoon van de Moeder'. Zo wordt het – heel wijs – in de alchemie genoemd, want de 'oude man', 'de oeroude man' die ik als kind al ervaren heb, is de persoonlijkheid nr. 2, die altijd al geleefd heeft en altijd leven zal. Hij staat buiten de tijd en is de zoon van het moederlijk onbewuste. In mijn fantasieën nam de 'oeroude man' de gedaante van Philemon aan en in Bollingen leeft hij.

Soms ben ik als het ware uitgebreid in het landschap en in de dingen, ik leef zelf in elke boom, in het gekabbel van de golven, in de dieren die komen en gaan, en in de dingen. Er bestaat niets in de toren dat niet in de loop van tientallen jaren ontstaan en gegroeid is, en waarmee ik niet verbonden ben. Alles heeft mijn en zijn geschiedenis, en hier is ruimte voor het ruimteloze rijk op de achtergrond.

Ik heb bewust afstand gedaan van elektriciteit en stook zelf mijn haardvuur en oven. 's Avonds steek ik de oude lampen aan. Er is ook geen stromend water, ik moet zelf pompen. Ik hak het hout en kook het eten. Deze simpele dingen maken een mens eenvoudig; en wat is het moeilijk eenvoudig te zijn!

In Bollingen ben ik door de stilte omgeven, je leeft daar in 'modest harmony with nature'.* Gedachten komen op van eeuwen her – gedachten die dienovereenkomstig vooruitlopen op een verre toekomst. Hier is de kwelling van het scheppen minder groot; het scheppen en het spelen liggen hier vlak naast elkaar.

In 1950 heb ik een soort stenen gedenkteken opgericht voor datgene wat de toren voor mij betekent. Hoe deze steen bij me kwam is een merkwaardig verhaal:

Bij het bouwen van een muur om de zogenaamde tuin had ik stenen nodig; deze bestelde ik bij een steengroeve in de buurt van Bollingen. In mijn

* Titel van een oude Chinese houtsnede, waarop een kleine, oude man in een heroïsch landschap staat afgebeeld. A. J.

aanwezigheid had de metselaar alle maten gedicteerd aan de eigenaar van de steengroeve, en deze noteerde ze in zijn boekje. Toen de stenen per boot aankwamen en uitgeladen werden, bleek dat de zogenaamde hoeksteen totaal verkeerde afmetingen had: in plaats van een driehoekige steen had men een kubus meegenomen. Het was inderdaad een volmaakte kubus, van veel grotere afmetingen dan ik besteld had; de ribbe was ± 50 cm. De metselaar was woedend en zei tegen de schipper en zijn knechten dat zij de steen meteen weer mee terug konden nemen.
Maar toen ik de steen zag, zei ik: 'Nee, dat is mijn steen – die moet ik hebben!' Ik had namelijk meteen gezien dat hij precies goed bij mij paste en dat ik er iets mee wilde doen. Ik wist alleen nog niet wat.
Het eerste wat me inviel was een Latijns vers van de alchemist Arnaldus de Villanova († 1313), en dat was het eerste wat ik in de steen beitelde. De vertaling luidt:

> 'Hier staat de steen, de onaanzienlijke
> Weliswaar is zijn prijs laag –
> Hij wordt door de dommen veracht,
> Maar des te meer is hij geliefd bij de wetenden.'

Deze spreuk heeft betrekking op de alchemistische steen, de lapis, die door de onwetenden veracht en verworpen wordt.
Al gauw kwam iets anders voor de dag. Op de voorkant zag ik in de natuurlijke structuur van het gesteente een kleine cirkel, het was net een oog dat me aanstaarde. Ook dat beitelde ik in de steen en in het centrum maakte ik een klein mannetje. Het is het poppetje dat overeenkomt met de pupilla in het oog, een soort kabir, of de telesforos van Aesculapius. Hij is gehuld in een mantel met capuchon en draagt een lantaren, precies zoals hij op sommige antieke afbeeldingen te zien is. Tegelijk is hij een wegwijzer! Ik wijdde een paar woorden aan hem, die me tijdens het werk waren ingevallen. De inscriptie is in het Grieks, de vertaling luidt:
De tijd is een kind – spelend als een kind – een spel spelend – het koninkrijk van het kind. Dit is Telesforos, die door de donkere regionen van deze kosmos zwerft en die oplicht als een ster in de diepte. Hij wijst de weg naar de poorten van de zon en naar het land der dromen.*
Deze woorden kwamen in me op – de een na de ander – terwijl ik aan de steen werkte. Op het derde vlak, dat naar het meer toegekeerd staat, liet ik de steen als het ware zelf met een Latijnse inscriptie spreken. Alle zinnen zijn citaten uit de alchemie. Dit is de vertaling:

* De eerste zin is een fragment van Heraclites (H. Diels: 'Die Fragmente der Vorsokratiker', 1903, fragment 52), de tweede zin zinspeelt op de Mithrasliturgie (A. Dieterich 'Eine Mithrasliturgie', 1923, pagina 9), de laatste zin op Homerus (Odyssee, gezang 24, vers 12). Voor de andere inscripties: zie de woordenlijst onder 'alchemie'. A. J.

Ik ben een wees, alleen; toch word ik overal gevonden. – Ik ben één, maar met mezelf in tegenstelling. Ik ben jongeling en grijsaard tegelijk. Ik heb vader noch moeder gekend, omdat men me als een vis uit de diepte moet ophalen. Of omdat ik als een witte steen uit de hemel val. In wouden en bergen zwerf ik rond, maar ik ben verborgen in het diepste innerlijk van de mens. Voor ieder ben ik sterfelijk – toch word ik niet geraakt door de verandering der tijd.

Tenslotte zette ik onder de spreuk van Arnaldus de Villanova in het Latijn het volgende:

Ter herinnering aan zijn 75e verjaardag heeft C. G. Jung dit uit dankbaarheid vervaardigd en hier neergezet in het jaar 1950.

Toen de steen klaar was, moest ik er steeds weer naar kijken; ik verbaasde me erover en vroeg me af wat het te betekenen heeft dat je zo iets eigenlijk maakt.

De steen bevindt zich buiten de toren en geeft er een soort verklaring voor. Hij is een manifestatie van zijn bewoner, die echter voor de mensen onbegrijpelijk blijft. Weet u wat ik op de achterkant van de steen wilde beitelen? 'Le cri de Merlin!' Want wat de steen uitdrukt doet me denken aan de manifestatie van Merlijn vanuit het bos, nadat hij al uit de wereld verdwenen was. De mensen horen hem nog roepen, zo luidt de sage, maar ze kunnen het niet begrijpen of verklaren.

Merlijn representeert de poging van het middeleeuwse onbewuste om een parallel met de figuur van Parcival te vormen. Parcival is de christelijke held, en Merlijn, als zoon van de duivel en een reine maagd, is zijn duistere broeder. In de tijd omstreeks de twaalfde eeuw, toen deze sage ontstond, waren de voorwaarden nog niet aanwezig om te begrijpen wat hij te betekenen had. Vandaar dat hij in ballingschap eindigde en vandaar ook 'le cri de Merlin', die nog na zijn dood in het bos weerklinkt. Deze kreet, die niemand kon begrijpen, laat zien dat Merlijn in een niet-verloste gestalte verder leefde. In feite is zijn geschiedenis ook nu nog niet ten einde, en nog altijd waart hij rond. Je zou kunnen zeggen dat het geheim van Merlijn door de alchemie, vooral in de gedaante van Mercurius, is voortgezet. Daarna heeft mijn psychologie van het onbewuste zich met hem beziggehouden – en ook nu wordt hij nog niet begrepen! En wel omdat het leven met het onbewuste voor de meeste mensen gewoonweg onbegrijpelijk is. Eén van mijn indrukwekkendste ervaringen is dat het de mensen zó vreemd is.

Op een keer was ik in Bollingen, toen de eerste toren pas gereed was gekomen. Het was in de winter van 1923/24. Voor zover ik me kan herinneren lag er geen sneeuw, het moet al bijna lente geweest zijn. Ik was alleen, misschien een week lang, misschien nog wat langer. Er heerste een onbeschrijfelijke stilte. Nog nooit had ik dat zo intensief beleefd.

Op een avond – ik kan het me nog precies herinneren – zat ik bij het haardvuur, en ik had een grote ketel opgezet om warm water voor de afwas te maken. Het water kwam tegen de kook aan en de ketel begon te zingen. Het leek alsof er veel stemmen zongen, of veel strijkinstrumenten weerklonken, het klonk als een veelstemmig orkest. Het was net polyfone muziek, die ik immers niet kan uitstaan, maar die me nu merkwaardig interessant leek. Het leek namelijk alsof er één orkest binnen de toren was en een ander daarbuiten. Nu eens hoorde je het ene, en dan weer het andere, alsof ze elkaar antwoord gaven.
Ik zat gefascineerd te luisteren. Meer dan een uur luisterde ik naar dit concert, naar deze betoverende natuurmelodie. Het was een zachte muziek met alle disharmonieën van de natuur. En dat was terecht, want de natuur is niet alleen harmonisch, maar ook vol tegenstellingen en vreselijk chaotisch. Zo was de muziek ook: een stroom van klanken zoals je die ook van het water en de wind kunt horen – zo wonderbaarlijk dat je het niet eens kunt beschrijven.
In het vroege voorjaar van 1924 was ik weer in Bollingen. Ik was alleen en had de haard aangemaakt. Het was precies zo'n stille avond. 's Nachts werd ik wakker van zachte voetstappen die om de toren gingen. Ik hoorde ook muziek in de verte die steeds dichterbij kwam, en toen hoorde ik stemmen – lachen en praten. Ik dacht: wie zouden daar rondlopen? Wat zou dat zijn? Er is immers alleen het smalle paadje langs het meer en daar loopt bijna nooit iemand! Door al deze overdenkingen was ik klaar wakker geworden, en ik liep naar het raam. Ik opende de luiken en – alles was stil. Er was geen mens te zien en er was niets te horen – geen wind – niets – helemaal niets.
Dat is toch merkwaardig, dacht ik. Ik was ervan overtuigd dat het lopen, het lachen en praten werkelijk was geweest! Maar kennelijk had ik alles alleen maar gedroomd. Ik ging weer naar bed en bepeinsde hoe je je toch kan vergissen en hoe het zou komen dat ik zo iets droomde. Terwijl ik dit dacht sliep ik weer in en – onmiddellijk begon weer dezelfde droom: weer hoorde ik voetstappen, praten, lachen, muziek. Tegelijk zag ik honderden donkergeklede gestalten voor me, wellicht boerenjongens in hun zondagse kleren, die uit de bergen kwamen en van verschillende kanten naar de toren toestroomden, met veel getrappel, lachen, zingen en accordeonmuziek. Geërgerd dacht ik: dat is een duivelse streek! Ik dacht dat ik droomde en nu is het toch werkelijkheid! Met deze emotie werd ik wakker. Weer sprong ik op, opende het venster en de luiken, maar alles was precies zoals te voren – een doodstille maannacht. Toen dacht ik: dat is gewoonweg gespook!
Natuurlijk vroeg ik me af wat het te betekenen had dat een droom zó zijn werkelijkheid en wakker-zijn benadrukte. Dat komt anders alleen bij spook-

sels voor. Wakker-zijn betekent: werkelijkheid waarnemen. De droom stelt dus een situatie voor die een equivalent van de werkelijkheid is; hij schept een soort waaktoestand. Dit soort dromen verraadt – in tegenstelling tot de gewone dromen – de tendens van het onbewuste de dromer de indruk van uitgesproken werkelijkheid te geven, die nog onderstreept wordt door de herhaling. Als bronnen van dergelijke werkelijkheden kennen we lichamelijke gewaarwordingen, maar ook archetypische gestalten.

In deze nacht was alles zó volkomen reëel – of dat leek althans zo – dat ik nauwelijks wist in welke werkelijkheid ik thuishoorde. Ik kon er niet uit wijs worden. Wat hadden deze musicerende boerenjongens, die in een lange stoet voorbijtrokken, te betekenen? Het leek alsof ze uit nieuwsgierigheid gekomen waren om de toren eens te bekijken.

Later heb ik nooit meer iets dergelijks meegemaakt of gedroomd. Maar deze belevenis maakte me sprakeloos en ik kon me niet herinneren ooit iets dergelijks gehoord te hebben. Een betekenis werd me pas veel later duidelijk, toen ik met de 'Luzerner Chronik' van Rennward Cysat uit de zeventiende eeuw kennismaakte. Daar staat het volgende verhaal in: op een alm bij de Pilatus – die in een bijzonder kwade reuk staat wegens gespook (daar moet immers tegenwoordig nog Wodan huishouden!) – werd Cysat tijdens een beklimming van de Pilatus 's nachts gestoord door een stoet mensen, die met muziek en gezang aan beide kanten langs de hut voorbijgingen – precies zoals ik dat in de toren had meegemaakt.

De volgende dag vroeg Cysat aan de herder bij wie hij overnacht had, wat dit te betekenen had. Deze gaf zonder meer een verklaring: dat moesten de 'zalige lieden' geweest zijn, namelijk het Wodansleger van de afgescheiden zielen. Die plachten op deze manier 'rond te waren' en zich kenbaar te maken.

Als verklaring van mijn belevenis zou je kunnen zeggen dat het een eenzaamheidsverschijnsel is geweest, waarbij de uiterlijke leegte en stilte door het beeld van de mensenmassa gecompenseerd wordt. Dat zou dan overeenkomen met de hallucinaties van de kluizenaar, die eveneens compensaties voorstellen. Maar weet je daarmee tot wat voor realiteiten dit soort verhalen teruggaan? Je zou ook kunnen denken dat ik door de eenzaamheid zó sensitief was geworden dat ik de stoet 'zalige lieden' had waargenomen, die daar voorbijtrokken.

De verklaring van deze belevenis als zou het een psychische compensatie zijn, heeft me nooit helemaal bevredigd; en zeggen dat het om een hallucinatie gaat, vond ik niet voldoende. Ik voelde me verplicht eveneens rekening te houden met het werkelijkheidskarakter, vooral omdat er een overeenkomstig bericht uit de zeventiende eeuw bestaat.

Het meest waarschijnlijke is dat het om een synchronistisch fenomeen zou gaan. Deze fenomenen laten immers zien dat gebeurtenissen, waarvan we

op de hoogte menen te zijn omdat we hen vermoeden of via een innerlijk zintuig waarnemen, heel vaak een parallel in de werkelijkheid buiten ons hebben. Nu bestaat er ook werkelijk een concrete parallel met mijn beleving, want in de middeleeuwen bestonden dergelijke troepen jongemannen. Het zijn de huurlingentroepen, die – meestal in het voorjaar – vanuit midden-Zwitserland naar Locarno trokken, daar bijeenkwamen in de 'Casa di Ferro' in Minusio en dan verder marcheerden naar Milaan. In Italië werden ze soldaat en vochten in vreemde krijgsdienst. Het zou dus het beeld van één van deze troepen geweest kunnen zijn, die regelmatig in het voorjaar voorbijkwamen en die met vrolijk gezang afscheid namen van het vaderland.
Mijn verbeelding heeft zich nog lang met deze merkwaardige droombeleving beziggehouden.

Toen we hier in 1923 begonnen te bouwen, kwam mijn oudste dochter op bezoek en riep uit: 'Wat, ga je hier bouwen? Hier liggen toch lijken!' Ik dacht natuurlijk: Onzin! Dat bestaat niet! – Maar toen we vier jaar later weer gingen bouwen, vonden we inderdaad een skelet. Het lag 2.20 m. diep. Op de rechterelleboog lag een oude geweerkogel. Je zag aan de positie van de beenderen dat het lijk waarschijnlijk in verregaande staat van ontbinding in het graf was geworpen. Het was het stoffelijk overschot van één van de vele tientallen Franse soldaten die in 1799 in de Linth verdronken en later aanspoelden aan de oevers van het meer. Dat gebeurde nadat de Oostenrijkers de brug van Grynau, die door de Fransen bestormd werd, opgeblazen hadden. Een foto van het open graf met het skelet en de datum waarop het lijk werd gevonden – het was 22 augustus 1927 – bevindt zich in de toren.
Ik verzorgde toen op mijn terrein een begrafenis volgens de regels voor de soldaat en schoot driemaal boven het graf. Daarna liet ik een grafsteen met inscriptie plaatsen. Mijn dochter had de aanwezigheid van het lijk gevoeld. Haar vermogen tot helderziendheid is een erfenis van mijn grootmoeder van moederszijde.*
In de winter 1955/56 beitelde ik de namen van mijn voorouders van vaderszijde in drie stenen platen en bracht deze in de loggia aan. Het afdak beschilderde ik met motieven uit de familiewapens van mij en mijn vrouw, en uit die van mijn schoonzoons.
De familie Jung had oorspronkelijk een feniks als wapendier, wat blijkbaar met 'jung-jong', 'jeugd', 'verjonging' te maken heeft. Mijn grootvader had waarschijnlijk uit protest tegen zijn vader de motieven van het wapen veranderd. Hij was een enthousiast vrijmetselaar en Grootmeester van de Zwitserse Loge. Daaraan moet wel het bijzondere karakter van de correctie

* Zie aanhangsel.

van het wapen te danken zijn. Ik noem dit op zich weinig belangrijke punt omdat het in de historische samenhang van mijn denken en leven thuishoort.
Overeenkomstig de wijziging van mijn grootvader bevat mijn wapen niet meer de oorspronkelijke feniks, maar rechtsboven een blauw kruis en linksonder een blauwe druiventros op een gouden veld, daartussen een gouden ster in een blauwe balk. Deze opdringerige symboliek is afkomstig van de vrijmetselarij, respectievelijk van de Rozenkruisers. Zoals kruis en roos bij de Rozenkruisers de problematiek van de tegenstellingen uitbeelden ('per crucem ad rosam'); namelijk het christelijke en het dionysische – zo doen kruis en druif dat ook, als symbolen van de hemelse en chtonische geest. Het verenigd symbool wordt voorgesteld door de gouden ster, het Aurum Philosophorum.*
De Rozenkruisers kwamen voort uit de hermetische, respectievelijk alchemistische filosofie. Eén van haar oprichters was Michael Majer (1568–1622), een bekend alchemist en jongere tijdgenoot van de onbekende, maar belangrijker Gerardus Dorneus (eind zestiende eeuw). Diens traktaten vullen het eerste deel van het 'Theatrum Chemicum' van 1602. Frankfort, waar beiden woonden, schijnt destijds een centrum van alchemistische filosofie geweest te zijn. In ieder geval was Michael Majer als comes palatinus (paltsgraaf) en als hofarts van Rudolf II een plaatselijk bekende en geachte persoonlijkheid. In het naburige Mainz leefde toentertijd Dr. med. et jur. Carl Jung († 1654), waarover verder niets bekend is, aangezien onze stamboom afbreekt bij mijn in het begin van de achttiende eeuw geboren betovergrootvader Sigismund Jung, een civus Moguntius (burger van Mainz). De stadsarchieven van Mainz vielen namelijk ten prooi aan de vlammen bij een belegering tijdens de Spaanse Successieoorlog. Het is meer dan waarschijnlijk dat de blijkbaar geleerde Dr. Carl Jung het werk van beide alchemisten kende, want de toenmalige farmacologie stond nog sterk onder de invloed van Paracelsus. Dorneus was een uitgesproken paracelsist en heeft zelfs het traktaat 'De Vita Longa' van Paracelsus van een uitgebreid commentaar voorzien. Van alle alchemisten heeft hij zich bovendien het meest beziggehouden met het individuatieproces. Gezien het feit dat een groot deel van mijn levenswerk gewijd was aan het onderzoek van de problematiek der tegenstellingen en dan vooral wat betreft haar alchemistische symboliek, zijn deze anticiperende gebeurtenissen niet zonder bekoring – vandaar dat ik ze mijn lezers ook niet wil onthouden.
Terwijl ik aan de stenen platen met de namen van mijn voorouders werkte, werd me de merkwaardige lotsverbondenheid duidelijk die me met hen verbindt. Ik heb heel sterk het gevoel dat ik onder de invloed van dingen of vragen sta, die door mijn ouders en grootouders en mijn verdere voor-

* Het goud der filosofen, dat wil zeggen der alchemisten. A. J.

ouders, onvoltooid en onbeantwoord zijn gelaten. Het lijkt er vaak op alsof er een onpersoonlijk karma over een familie ligt dat van ouder op kind overgaat. Zo leek het me altijd alsof ik vragen moest beantwoorden, die volgens het lot al eerder aan mijn voorouders waren gesteld, maar die nog niet beantwoord zijn; of alsof ik dingen moest voltooien, of alleen maar moest voortzetten die in de tijd vóór mij onvoltooid bleven. Het valt moeilijk uit te maken of deze vragen een meer persoonlijke of meer algemene (collectieve) aard hebben. Mij lijkt het laatste het geval te zijn. Zolang het nog niet als zodanig herkend is, treedt een collectief probleem altijd op als een persoonlijk probleem en geeft dan in bepaalde gevallen de illusie dat er op het gebied van de persoonlijke psyche iets niet in orde is. Inderdaad is de persoonlijke sfeer ook gestoord, maar dat hoeft niet noodzakelijk een primaire storing te zijn – eerder een secondaire tengevolge van een ongunstige verandering in de sociale atmosfeer. De oorzaak van de storing moet je daarom in zo'n geval niet op het persoonlijk vlak zoeken, maar eerder in de collectieve situatie. Tot op heden heeft de psychotherapie daar veel te weinig rekening mee gehouden.

Zoals een ieder zou doen die tot enige introspectie in staat is, nam ik aanvankelijk als vanzelfsprekend aan dat de tweespalt in mijn persoonlijkheid mijn allerpersoonlijkste aangelegenheid was, waar ik zelf volledig verantwoordelijk voor was. Faust had weliswaar tot mij het verlossende woord 'Zwei Seelen wohnen, ach, in meiner Brust' (Twee zielen wonen, ach, in mijn boezem), gesproken, maar daarmee was de oorzaak van deze tweespalt niet duidelijk geworden. Het inzicht van Faust leek exact op mij van toepassing. Destijds, in mijn jeugd, toen ik met 'Faust' kennismaakte, kon ik immers niet vermoeden hoe collectief Goethes wonderlijke heldenmythe was en hoezeer deze het Duitse noodlot profetisch vooruitzag. Daarom voelde ik me persoonlijk aangesproken; en toen ik las hoe Faust ten gevolge van zijn hoogmoed en inflatie de moord op Philemon en Baucis veroorzaakte, voelde ik mezelf schuldig, zo ongeveer alsof ik in het verleden medeplichtig was geweest aan de moord op beide oude mensen. Dit merkwaardig denkbeeld ontstelde me, en ik zag het als mijn verantwoordelijkheid om deze schuld te delgen, of om een herhaling te voorkomen.

Mijn verkeerde conclusie werd nog ondersteund door een nieuwtje dat ik in die tijd van derden te horen kreeg. Men vertelde me namelijk, dat over mijn grootvader Jung algemeen het verhaal de ronde deed dat hij een natuurlijke zoon van Goethe was geweest. Dit ergerlijke praatje vond bij mij toch wel enige weerklank; het bevestigde mijn merkwaardige reactie op 'Faust' en leek deze tegelijk te verklaren. Ik geloofde weliswaar niet in reïncarnatie, maar wel was ik instinctief vertrouwd met het begrip wat de Indiërs 'karma' noemen. Aangezien ik destijds geen enkel vermoeden van het bestaan van het onbewuste had, was het me onmogelijk mijn reacties psychologisch te begrijpen. Ik wist ook totaal niet – net zo min als dat tegenwoordig algemeen bekend is – dat de toekomst al ver van tevoren wordt voorbereid in het onbewuste, en dat deze daarom ook al lang van tevoren door scherpzinnigen geraden kan worden. Zo riep bij voorbeeld Jakob Burckhardt bij het bekend worden van het bericht van de keizerskroning te Versailles uit: 'Dat is de ondergang van Duitsland!' En reeds klopten archetypen van Wagner aan de poort, en tegelijk met hen verscheen de dyonisische beleving van Nietzsche ten tonele – die je overigens beter aan Wodan, de god van de roes, kunt toeschrijven. De hybris van het Wilhelm-tijdperk wekte in Europa bevreemding en bereidde de catastrofe van 1914 voor.

Onbewust raakte ik in mijn jeugd (zo rond 1893) in de ban van deze tijdgeest en ik had geen middelen ter beschikking om me daaraan te onttrekken. 'Faust' had bij mij een gevoelige snaar aangeroerd, en had me getroffen op een manier die ik alleen maar als persoonlijk kon opvatten. Vooral het probleem van de tegenstellingen tussen goed en kwaad, geest en stof, licht en donker, heeft me heel diep geraakt. Faust, de dwaze, argeloze filosoof, komt in conflict met zijn donkere zijde, met zijn huiveringwekkende schaduw, Mefistofeles. Ondanks zijn aard – die steeds 'nee' zegt, ontkent, 'verneint', – belichaamt Mefisto de eigenlijke levensgeest tegenover de droge geleerde, die ternauwernood ontsnapt aan het plegen van zelfmoord. Mijn innerlijke tegenstellingen leken hier gedramatiseerd. Goethe had in zekere zin een schets en een schema van mijn eigen conflicten en van oplossingen hiervoor gegeven. De tweedeling Faust-Mefisto kwam voor mij in één enkele mens samen; en dat was ik zelf. Met andere woorden: het ging mij aan, ik herkende mezelf – en aangezien het om mijn levenslot ging, was ik ook betrokken bij alle andere wendingen van het drama; hartstochtelijk moest ik een en ander bevestigen, respectievelijk bestrijden. Geen enkele oplossing kon me onverschillig laten. Later knoopte ik met mijn werk bewust aan bij datgene waaraan Faust was voorbijgegaan: het respect voor de eeuwige menselijke rechten, de waardering voor het oude en de continuïteit van de cultuur en de geestesgeschiedenis.*

Zowel onze ziel als ons lichaam zijn opgebouwd uit bestanddelen die alle al aanwezig waren in de reeks van onze voorouders. Het 'nieuwe' in de individuele ziel is een eindeloos gevarieerde hergroepering van oeroude bestanddelen. Het lichaam zowel als de ziel hebben daarom een eminent historisch karakter en vinden in het nieuwe, in het zojuist ontstane, niet werkelijk

* Jungs instelling spreekt uit de inscriptie die hij oorspronkelijk boven de toegangspoort tot zijn huis in Bollingen had geschreven: 'Philemon Sacrum-Faust Poenitentia' (de schrijn van Philemon - de boetedoening van Faust). Toen dit inschrift achter een nieuwe muur verdween, plaatste hij deze woorden boven de ingang van de tweede toren. A. J.

onderdak, dat wil zeggen de ancestrale trekken voelen zich daarin slechts gedeeltelijk thuis. We hebben de middeleeuwen en het antieke tijdperk en de primitiviteit nog lang niet in die mate verwerkt zoals onze psyche dat vereist. In plaats daarvan hebben we ons in een stroomversnelling van vooruitgang geworpen, die ons met des te groter geweld voorwaarts, de toekomst in meesleurt, naarmate hij ons meer losscheurt van onze wortels. Is het oude echter eenmaal doorbroken, dan is het meestal ook vernietigd, en dan is er helemaal geen houden meer aan. En juist dit verlies van samenhang, deze ontworteldheid veroorzaakt een zodanig 'cultureel onbehagen', en zoveel haast, dat men meer in de toekomst leeft met haar schimmige beloften van een Gouden Eeuw, dan in het heden – waar overigens onze hele ontwikkelingshistorische achtergrond nog niet eens is aangekomen. Men stort zich zonder enige terughouding in het nieuwe, voortgedreven door een steeds sterker gevoel van onvoldaanzijn, van ontevredenheid en rusteloosheid. Men leeft niet meer vanuit wat men bezit, maar vanuit beloften; niet meer in het licht van déze dag, maar in de duistere toekomst, waar men de echte zonsopgang verwacht. Men wil niet toegeven dat al het betere door iets slechters wordt verkregen. De hoop op een grotere vrijheid wordt te niet gedaan door de toenemende staatsslavernij, om maar te zwijgen over de verschrikkelijke gevaren waaraan de meest schitterende ontdekkingen van de wetenschap ons blootstellen. Hoe minder we begrijpen van datgene wat onze vaders en grootvaders gezocht hebben, des te minder begrijpen we ons zelf, en we helpen met alle macht de instinctloosheid, de ontworteldheid van elk mens afzonderlijk te vergroten – zodat deze als onderdeeltje van de massa alleen nog maar de 'Geist der Schwere'* volgt.

Verbeteringen in voorwaartse richting, dat wil zeggen door nieuwe methoden of 'gadgets', overtuigen weliswaar onmiddellijk, maar op de lange duur zijn ze twijfelachtig en in ieder geval worden ze duur betaald. Over het geheel genomen vergroten ze geenszins het welbehagen, de tevredenheid of het geluk. Meestal zijn het gebrekkige veraangenamingen van het bestaan, zoals bij voorbeeld tijdbesparende maatregelen, die onaangenaam genoeg alleen het tempo opvoeren en daarmee minder tijd overlaten dan ooit tevoren. Omnis festinatio ex parte diaboli est – alle haast is duivelswerk – plachten de oude meesters te zeggen.

Verbeteringen in omgekeerde zin zijn meestal minder kostbaar en bovendien duurzaam, want ze keren terug naar de eenvoudige en beproefde methoden van het verleden – en daarbij wordt uiterst spaarzaam gebruik gemaakt van kranten, radio, televisie en alle quasi tijdbesparende vernieuwingen.

* duivel (F. Nietzsche: 'Also sprach Zarathustra') *vert.*

Ik spreek in dit boek veel over mijn subjectieve zienswijze, wat echter niet wil zeggen: spitsvondige bedenksels van het verstand. Deze zienswijze is eerder een beeld dat je krijgt als je opzettelijk met halfgesloten ogen en ietwat dove oren de gestalte en de stem van het 'zijn' probeert te zien en te horen. Als we te scherp horen en zien, beperken we ons tot het tijdstip van het heden. We merken dan niet of en hoe onze voorouderlijke zielen het heden vernemen en begrijpen – of met andere woorden: hoe het onbewuste reageert. Zo wordt het ons niet duidelijk of de voorvaderlijke wereld met een authentiek behagen deelneemt aan ons leven, of omgekeerd: of ze zich daar met weerzin van afkeert. Onze innerlijke rust en vrede hangen er in hoge mate vanaf of de historische familie, die door het individu gepersonifieerd wordt, met de huidige kortstondige condities overeenstemt of niet.

In mijn toren in Bollingen leef je zoals eeuwen tevoren. De toren zal mij overleven, en wijst door ligging en stijl op lang vervlogen tijden. Slechts heel weinig herinnert aan het heden.

Als iemand uit de zestiende eeuw het huis zou betrekken, dan zouden alleen de olielampen en de lucifers nieuw voor hem zijn; met al het andere zou hij zonder meer raad weten. Niets stoort de doden, geen elektrisch licht en geen telefoon. Mijn voorvaderlijke zielen worden echter ook beziggehouden door de geestelijke atmosfeer van het huis, want ik geef hun – zo goed en zo kwaad als ik kan – antwoord op vragen, die zij tijdens hun leven niet konden oplossen. Ik heb zelfs hun beeltenissen op de muren getekend. Het is alsof een stille, grote familie, die zich over eeuwen uitstrekt, het huis bevolkt. Ik leef daar in de 'tweede persoon' en zie het leven in het groot, dat ontstaat en vergaat.

Reizen

Noord-Afrika

Begin 1920 vertelde een van mijn vrienden dat hij een zakenreis naar Tunis moest maken, en of ik soms zin had om mee te gaan? Ik stemde er dadelijk mee in. In maart vertrokken we en reisden eerst naar Algerije. De kust volgend kwamen we in Tunis aan en van daaruit gingen we naar Sousse, waar ik mijn vriend aan zijn zaken overliet.*

Eindelijk was ik nu daar, waar ik zo vaak naar verlangd had; namelijk in een niet-Europees land, waar geen Europese taal werd gesproken en geen christelijke beginselen heersten, waar een ander ras leefde en waar een andere historische traditie en levensbeschouwing het gezicht van de volksmenigte bepaalden. Ik had vaak gewenst de Europeaan eens van buitenaf te bekijken, weerspiegeld in een milieu dat hem in elk opzicht vreemd is. Weliswaar betreurde ik ten diepste mijn onbekendheid met de Arabische taal, maar met des te meer aandacht observeerde ik de mensen en hun gedrag. Vaak zat ik urenlang in een Arabisch koffiehuis en luisterde naar de gesprekken, waar ik geen woord van begreep. Daarbij bestudeerde ik nauwlettend de mimiek en vooral de gevoelsuitingen van deze mensen en ik merkte de subtiele verandering in hun gebaren als ze met een Europeaan spraken. Daardoor leerde ik enigszins met andere ogen te zien en kon de 'witte man' buiten zijn eigen milieu gadeslaan.

Wat de Europeaan als oosterse kalmte en apathie ervaart, leek mij een masker toe, daarachter vermoedde ik een rusteloosheid, ja een opwinding die ik niet goed kon verklaren. Bij het betreden van de Moorse bodem intrigeerde me vreemd genoeg iets dat ik niet begreep: het land leek me merkwaardig te ruiken. Het was de geur van bloed; alsof de bodem doordrenkt was met bloed. Het enige wat me daarbij in gedachten kwam, was dat deze windstreek al met drie beschavingen heeft afgerekend: met de Punische, de Romeise en de christelijke. Wat de eeuw der techniek met de Islam zal doen, moeten we nog maar afwachten.

Vanuit Sousse reisde ik naar het zuiden, naar Sfax, en van daaruit door de Sahara naar Tozeur, de oasestad. De stad ligt op een verhoging, aan de rand van een plateau. Aan de voet van dit plateau komt een overvloed van lauwwarme, licht zouthoudende bronnen boven de grond en deze bevloeien via zo'n duizend kleine kanaaltjes de oase. Hoog oprijzende dadelpalmen

* Zie aanhangsel, brieven aan zijn vrouw.

vormden een groen schaduwdak, waaronder perziken, abrikozen en vijgen groeiden en daaronder het onwaarschijnlijk groene alfalfagras. Een paar ijsvogels flitsten als glanzende juwelen door het groen. In deze betrekkelijk koele, groene schaduw wandelden in het wit gehulde gestalten, waaronder opvallend veel tedere paren, innig omstrengeld in een blijkbaar homoseksuele vriendschap. Ik voelde me plotseling in de Griekse oudheid verplaatst, waar deze neiging het cement vormde van de mannenmaatschappij en van de in haar gewortelde polis, de stadstaat. Het was me duidelijk dat hier mannen tot mannen en vrouwen tot vrouwen spraken. Ik ontmoette slechts weinig kloosterachtig zwaargesluierde, vrouwelijke gestalten. Een enkele liep zonder sluier. Dat waren prostituées, zoals mijn dragoman (tolk) verklaarde. Het straatbeeld werd bepaald door mannen en kinderen.

Mijn dragoman bevestigde me dat hier homoseksualiteit veelvuldig en vanzelfsprekend voorkwam en hij deed me meteen een desbetreffend voorstel. De goede man kon niet vermoeden welke gedachten me als een bliksem hadden getroffen, gedachten waardoor mijn eigen positie verduidelijkt werd. Ik voelde me eeuwen ver in de tijd teruggezet, in een oneindig veel naievere wereld van adolescenten, die met behulp van een beetje kennis uit de Koran juist begonnen waren zich te onttrekken aan de aanvankelijke, sinds oeroude tijden bestaande schemertoestand. In de afweer tegen de ontbindende invloeden die vanuit het Noorden dreigden, begonnen ze zich bewust te worden van het bestaan van zichzelf.

Het gaf me een overweldigende indruk van oneindige duur en van statisch zijn; maar toen moest ik plotseling aan mijn zakhorloge denken, en dat herinnerde me aan de versnelde tijd van de Europeanen. Dàt zou de verontrustende donkere wolk zijn die boven de hoofden van deze argeloze mensen hing! Ze deden me opeens denken aan dieren die de jager niet zien, maar wel zijn aanwezigheid bespeuren met onbestemde beklemming. Deze jager is de god van de tijd, die onverbiddelijk hun tijdsduur, die nog aan de eeuwigheid herinnerde, in uren, minuten en seconden zal gaan verdelen en bekorten.

Ik vertrok vanuit Tozeur naar de Oase van Nefta. Vroeg in de morgen, kort na zonsopgang, reed ik weg met mijn dragoman. Onze rijdieren waren grote, snelle muildieren waar je vlug mee vooruitkwam. Toen we in de nabijheid van de oase kwamen, ontmoetten we een eenzame ruiter, geheel in het wit gehuld. Zonder te groeten reed hij ons voorbij, trots gezeten op een zwart muildier met een mooi zilverbeslagen tuig. Het was een indrukwekkende, elegante gestalte. Vast en zeker bezat hij nog geen zakhorloge, laat staan een polshorloge, want hij was duidelijk, en zonder het te weten, diegene die altijd al heeft bestaan. Nog ontbrak bij hem dat lichtelijk potsierlijke dat Europeanen hebben. De Europeaan is er weliswaar van overtuigd niet meer datgene te zijn wat hij sinds onheuglijke tijden geweest is, maar hij weet ook nog niet wat hij inmiddels geworden is. De klok vertelt hem dat sinds de zogenaamde middeleeuwen de tijd en zijn synoniem, de vooruitgang, bij hem zijn binnengeslopen en iets van hem hebben afgenomen dat voor altijd verloren is gegaan. Met een lichtere bepakking zet hij in een progressief versneld tempo zijn zwerftochten naar nevelige bestemmingen voort. Het verlies aan gewicht en het overeenkomstig gevoel van incompleet te zijn, compenseert hij met de illusies van zijn successen, zoals spoortreinen, motorboten, vliegtuigen en raketten – die dank zij hun snelheid steeds meer van zijn 'duur' wegnemen en die hem steeds meer in een andere werkelijkheid verplaatsen, één van snelheden en explosieve versnellingen.

Hoe verder we in de Sahara doordrongen, des te langzamer verliep mijn tijd; hij dreigde zelfs terug te gaan lopen. De steeds toenemende, zinderende hitte droeg veel bij tot mijn droomtoestand, en toen we de eerste palmen en huizen van de oase bereikten, toen was alles zoals het altijd al geweest was.

De volgende morgen werd ik vroeg gewekt door allerlei mij onbekende geluiden, die van buiten kwamen. Voor de herberg, waar ik overnacht had, was een groot, open plein dat de vorige avond leeg was geweest, maar dat nu vol mensen, kamelen, muildieren en ezels was. De kamelen maakten kreunende geluiden en gaven in allerlei toonaarden blijk van hun chronisch slecht humeur, en de ezels wedijverden daarmee met hun onmuzikaal gebalk. De mensen buiten liepen in duidelijke opwinding schreeuwend en gesticulerend door elkaar. Ze zagen er woest en weinig geruststellend uit. Mijn dragoman legde me uit dat er die dag een groot feest gevierd zou worden. Die nacht waren er een aantal woestijnstammen aangekomen om voor de marabout twee dagen landarbeid te verrichten. De marabout oefende de functie uit van een soort rentmeester van de armenzorg en bezat veel stukken bouwland in de oase. Deze mensen zouden een nieuw stuk land ontginnen en de daarbij behorende bevloeiingskanalen aanleggen.

In de verte, aan de overkant van het plein, verhief zich plotseling een stofwolk, een groen vaandel ontplooide zich en er weerklonk tromgeroffel. Aan het hoofd van een lange stoet van honderden woeste mannen, die gevlochten korven en korte, brede spaden droegen, verscheen een witgebaarde, waardige grijsaard, van een onnavolgbare en vanzelfsprekende waardigheid alsof hij altijd al honderd jaar was geweest. Dat was de marabout, gezeten op een wit muildier, en mannen met tamtams dansten om hem heen. Overal heerste opwinding, wild en ruw geschreeuw, stof en hitte. Met een fanatieke, opgewonden doelbewustheid trok de stoet voorbij, de oase in alsof het om een veldslag ging. Ik volgde dit tumult op gepaste afstand – mijn dragoman moedigde me ook volstrekt niet aan wat dichterbij de stoet te komen –, totdat we bij de plek aankwamen waar 'gewerkt' werd. Er heerste een zo mogelijk nog grotere opwinding. Van alle kanten hoorde je getrommel en

wild geschreeuw; het leek hier op een verstoorde mierenhoop, alles gebeurde met de grootst mogelijke haast. Hun korven zwaar beladen met zand dansten de mannen op het ritme van de trommels; anderen hakten met woedende snelheid op de bodem in, trokken greppels en wierpen dammen op. Te midden van deze lawaaiige chaos reed de marabout op zijn witte muildier heen en weer, met de waardige, milde en vermoeide bewegingen van de hoge ouderdom; kennelijk gaf hij aanwijzingen. Overal waar hij verscheen nam de haast, het geschreeuw en het ritme toe, en dat vormde juist dié achtergrond waartegen de gestalte van de heilige zich het meest indrukwekkend aftekende. Tegen de avond verstilde de menigte en was zichtbaar uitgeput; de mannen vielen al spoedig naast hun kamelen in slaap. 's Nachts, na het gebruikelijke grote hondenconcert, heerste er een absolute stilte, totdat bij de eerste stralen van de opgaande zon de invocatie van de muezzin – wat me diep ontroerde – opriep tot het morgengebed.
Ik had een les geleerd: deze mensen leven vanuit hun affecten; dat wil zeggen ze worden van binnenuit geleefd. Hun bewustzijn zorgt enerzijds voor de oriëntering in de ruimte en geeft de van buiten komende indrukken door, anderzijds wordt het bewogen door innerlijke impulsen en affecten. Hun bewustzijn reflecteert echter niet en het 'ik' mist elke zelfstandigheid. Dat verschilt ook weer niet zo heel veel van de Europese situatie, maar wij zijn toch wel iets gecompliceerder. In elk geval beschikken we tot op zekere hoogte over een wil en een grotere doelbewustheid. Het ontbreekt ons eerder aan levensintensiteit.
Ik had niet met hen willen ruilen, maar wel was ik psychisch geïnfecteerd, – wat zich uiterlijk manifesteerde door een besmettelijke enteritis, die ik na enige dagen naar 's lands wijs met rijstwater en calomel genezen had.

Boordevol indrukken en gedachten reisde ik weer naar Tunis terug en in de nacht vóór onze inscheping naar Marseille had ik een droom die naar mijn gevoel een definitieve streep onder de rekening zette. Zo hoorde het ook, want ik had me eraan gewend steeds op twee niveaus tegelijk te leven; één bewust, dat begrijpen wilde maar het niet kon, en één onbewust niveau dat iets wilde uitdrukken en het niet beter kon zeggen dan in de vorm van een droom.
Ik droomde dat ik in een Arabische stad was en zoals in de meeste Arabische steden was ook hier een citadel, de Kasba. De stad, die in een uitgestrekte vlakte lag, was ommuurd. Ze was gebouwd in de vorm van een vierkant en er waren vier poorten.
De Kasba lag in het midden van de stad en was – wat in die streken echter nooit voorkomt – omgeven door een brede gracht vol water. Ik stond voor een houten brug die over het water naar één van de hoefijzervormige, donkere poorten voerde. Deze stond open. Verlangend de

citadel ook van binnen te zien, betrad ik de brug. Toen ik ongeveer halverwege was, kwam me vanuit de poort een knappe, donkere Arabier tegemoet, een jongeman in witte boernoes. Zijn gestalte was elegant, bijna koninklijk. Ik wist dat hij de daar heersende vorst was. Toen hij vlak voor me stond, greep hij me vast en wilde me neerslaan. We vochten en worstelden met elkaar. Tijdens deze strijd botsten we tegen de brugleuning; deze gaf mee en we vielen beiden in de gracht. Hij probeerde mijn hoofd onder water te duwen om me te verdrinken. Nee, dacht ik, dat gaat te ver – en nu drukte ik zijn hoofd onder water. Ik deed dat, hoewel ik grote bewondering voor hem voelde, maar ik wilde me niet laten vermoorden. Ik wilde hem niet doden; ik wilde hem alleen maar bewusteloos maken en buiten gevecht stellen.

Toen veranderde het toneel van mijn droom en hij bevond zich samen met mij in een grote, achthoekige, gewelfde ruimte in het midden van de citadel. Dit vertrek was geheel wit, heel eenvoudig en zeer indrukwekkend. Langs de wit marmeren muren stonden lage sofa's en voor me op de grond lag een geopend boek met zwarte letters, die buitengewoon fraai op melkwit perkament waren geschreven. Het waren geen Arabische lettertekens, het zag er eerder uit als een Uigurisch, West-Turkestaans schrift. Dat was me bekend uit de manicheïsche Turfanfragmenten. Ik kende weliswaar de inhoud niet, maar toch had ik het gevoel dat het '*mijn* boek' was, dat ik geschreven had. De jonge vorst met wie ik zojuist nog geworsteld had, zat rechts van mij op de vloer. Ik legde hem uit, dat hij, nu ik had overwonnen, het boek moest lezen. Maar daar verzette hij zich tegen. Ik legde mijn arm om zijn schouder en dwong hem als het ware met vaderlijke welwillendheid en geduld, het boek te lezen. Ik wist dat dat onherroepelijk moest gebeuren en uiteindelijk gaf hij toe.

De droom liet een diepe indruk bij me achter. De Arabische jongeling is een duplicaat van de trotse Arabier die ons zonder een groet voorbijgereden was. Hij is als bewoner van de Kasba een figuur van het 'zelf', of beter, een bode of afgezant daarvan. De Kasba van waaruit hij komt, is namelijk een volkomen mandala: de citadel, omgeven door de vierhoekige muur met de vier poorten. In zijn opzet mij te vermoorden, zit het motief van Jacobs worsteling met de engel; hij is – om in de taal van de Bijbel te spreken – gelijk de engel des Heren, een Godsgezant, die de mens wil doden omdat hij deze niet kent.

Eigenlijk zou de engel in mij moeten wonen. Hij kent echter alleen de 'engelse' waarheid en begrijpt niets van de mensen. Daarom treedt hij eerst als mijn vijand op, maar ik houd echter tegenover hem stand. In het tweede deel van de droom ben ik de Heer van de citadel; hij zit aan mijn voeten en moet mijn gedachten en daarmee de mensen leren kennen.

Mijn ontmoeting met de Arabische cultuur had me blijkbaar overweldigend sterk geraakt. Het emotionele, dichter bij het leven staande wezen van deze vanuit hun affecten levende, niet-reflecterende mensen, heeft een sterk suggestief effect op dié historische lagen in ons, die we juist overwonnen hebben – of die we tenminste menen overwonnen te hebben. Het is hiermee zoals met het paradijs van onze kindertijd, waaraan we ons ontsnapt wanen, maar dat ons bij de minste provocatie opnieuw nederlagen toebrengt. Ja, ons geloof in de vooruitgang loopt gevaar zich over te geven aan steeds kinderlijker toekomstdromen, naarmate ons bewustzijn zich sneller verwijdert van het verleden.

De kindertijd heeft echter anderzijds als eigenschap dat ze dank zij haar naïviteit en onbewustheid een vollediger beeld ontwerpt van het zelf, van de totale mens in zijn onvervalste individualiteit. Dientengevolge roept de aanblik van een kind, en van een primitief mens, verlangens in volwassen cultuurmensen wakker, die voortkomen uit onvervulde wensen en behoeften. Deze horen bij delen van de persoonlijkheid die ten gunste van het aangepast-zijn, van de persona, uit het totaalbeeld van de mens zijn weggeretoucheerd.

Wanneer ik naar Afrika ga om een psychisch terrein buiten dat van de Europeaan te vinden, dan wil ik onbewust dat deel van mijn persoonlijkheid ontdekken dat onder de invloed en druk van het Europeaan-zijn onzichtbaar is geworden. Dit deel staat in onbewuste oppositie tot mezelf, omdat ik het niet tot gelding wil laten komen. Het wil me, overeenkomstig zijn aard, onbewust maken (me onder water duwen) om mij te doden – maar ik zou hem echter graag door inzicht bewuster maken, om zo een gemeenschappelijke modus vivendi te vinden. Zijn bijna zwarte huidskleur karakteriseert hem als 'schaduw', echter niet als een persoonlijke schaduw, maar eerder als een etnische, die niets met mijn bewuste persoonlijkheid te maken heeft, maar meer met het totaal van mijn persoonlijkheid, dat wil zeggen met mijn 'zelf'. Als Heer van de Kasba is hij als het ware een soort schaduw van het zelf. De grotendeels rationeel ingestelde Europeaan is veel menselijks vreemd en hij laat zich daarop enigszins voorstaan, zonder te merken dat het ten koste van zijn levensintensiteit gaat en dat het primitieve deel van de persoonlijkheid hierdoor veroordeeld is tot een gedeeltelijk ondergronds bestaan.

Uit de droom blijkt duidelijk wat voor uitwerking mijn ontmoeting met Noord-Afrika op me heeft gehad: ik werd in de eerste plaats bedreigd met een overweldiging van mijn Europees bewustzijn door een onverwacht heftige aanval van de kant van de onbewuste psyche. In mijn bewustzijn was ik van zo'n situatie helemaal niet op de hoogte; integendeel, ik kon me niet verweren tegen een gevoel van superioriteit, omdat ik bij elke stap die ik deed, herinnerd werd aan mijn Europeaan-zijn. Daar kon ik niet aan ontkomen en het benadrukte een zekere distantie, een vreemd-zijn ten op-

zichte van deze anders geaarde mensen. Maar ik was er niet op voorbereid dat er onbewuste krachten in me huisden die met zó'n intensiteit voor de zaak van de tegenpartij opkwamen, dat daaruit een hevig conflict ontstond. De droom drukt dat uit met het beeld van een situatie met moord.
De werkelijke aard van deze storing doorzag ik pas enkele jaren later, toen ik in tropisch Afrika verbleef: het was de eerste aanduiding van het 'going black under the skin', een sterk onderschat gevaar dat de ontwortelde Europeaan in Afrika bedreigt. 'Doch wo Gefahr is, wächst das Rettende auch' (Maar waar gevaar is, groeit het reddende ook); deze woorden van Hölderlin kwamen me meermalen in gedachten in een dergelijke situatie. Het 'reddende' bestaat daarin dat je je de onbewuste inwerking bewust kan maken met behulp van waarschuwende dromen. Deze laten zien dat iets in ons niet alleen maar passief onderhevig is aan de onbewuste invloeden, nee, dat iets wil zich zelfs met graagte identificeren met de schaduw. Zoals bij voorbeeld ook een jeugdherinnering zich met zo'n hevig gevoel meester kan maken van het bewustzijn dat je je weer helemaal terugverplaatst voelt in de oude situatie, zo wekt deze ogenschijnlijk totaal andere en vreemde Arabische omgeving een oerherinnering op aan een maar al te bekend verleden, dat we ogenschijnlijk helemaal vergeten hebben. Het is de herinnering aan een nog aanwezige levensmogelijkheid, die echter door de beschaving overwoekerd werd. Zouden we haar op naïeve wijze nogmaals beleven, dan zou dat een terugval zijn in de barbarij. Men geeft er daarom de voorkeur aan haar te vergeten. Maar als deze mogelijkheid ons weer tegemoettreedt in de vorm van een conflict, moet men zich van haar bewust blijven en de beide mogelijkheden – de geleefde en de vergetene – met elkaar confronteren, want zonder geldige redenen zou het schijnbaar verlorene niet weer te voorschijn zijn gekomen. In de levende psychische structuur geschiedt niets op een zuiver mechanische wijze, maar alles past in de economie van het geheel; het heeft betrekking op dit geheel, het is doelmatig en heeft zin. Omdat het bewustzijn echter nooit het geheel overziet, kan het gewoonlijk deze zin niet begrijpen. Je moet daarom eerst met de constatering van het feit genoegen nemen en het aan de toekomst en verder onderzoek overlaten een antwoord te vinden op de vraag wat deze botsing met de 'schaduw van het zelf' te betekenen heeft. In ieder geval had ik destijds geen vermoeden van de aard van deze archetypische ervaring en nog veel minder van de historische parallellen. Zonder dat de eigenlijke betekenis van de droom me destijds duidelijk werd, bleef hij onuitwisbaar in mijn geheugen gegrift en hij liet de levendige wens bij me achter bij de eerstvolgende gelegenheid weer naar Afrika te reizen. Deze wens zou pas vijf jaar later in vervulling gaan.

Om de hefboom van de kritiek in werking te stellen hebben we altijd een standpunt nodig dat buiten de zaak ligt. Dat geldt vooral voor psychologische kwesties, waarbij we natuurlijkerwijs subjectief veel minder onbevangen zijn dan bij welke wetenschap dan ook. Hoe kunnen we ons bij voorbeeld bewust worden van onze nationale eigenaardigheden als we nooit eens een keer in de gelegenheid waren onze natie van buitenaf te bekijken? Van buitenaf bekijken wil zeggen: vanuit het standpunt van een andere natie zien. Daartoe moet je je voldoende kennis eigen maken van de vreemde collectieve psyche, en tijdens dit assimilatieproces stuit je dan op al die onverdraagzaamheden die samen het nationale vooroordeel en de eigen nationale aard uitmaken. Alles wat me bij anderen irriteert kan zodoende tot inzicht in mezelf leiden. Engeland kan ik bij voorbeeld pas begrijpen wanneer ik zie op welke manier ik als Zwitser niet in het beeld pas. Europa, ons grootste probleem, begrijp ik eerst wanneer ik zie in welke opzichten ik als Europeaan niet in de wereld pas. Ik heb kennisgemaakt met veel Amerikanen, ik heb ook een aantal reizen naar en door Amerika gemaakt, en daaraan heb ik oneindig veel te danken wat betreft inzicht in en kritiek op het wezen van Europa. Het leek me toe alsof er niets nuttigers voor een Europeaan bestond dan Europa eens te bekijken vanaf het dak van een wolkenkrabber. Nu had ik voor het eerst het Europese schouwspel bekeken vanuit de Sahara, omringd door een cultuur die zich tot de onze zo ongeveer verhoudt als de Romeinse oudheid tot de moderne tijd. In Noord-Afrika werd ik me ervan bewust, hoezeer ik ook in Amerika nog geremd, gevangen was door het culturele bewustzijn van de blanke mens. Destijds kwam de wens bij me op de historische vergelijkingen nog verder door te trekken door af te dalen op een nog dieper gelegen cultuurniveau. Mijn volgende reis – in het gezelschap van een paar Amerikaanse vrienden – bracht me bij de Indianen van Nieuw-Mexico, en wel bij de stedenbouwende Pueblos. ‘Steden’ is overigens te veel gezegd. In werkelijkheid zijn het immers slechts dorpen, maar hun gedrongen, op elkaar gebouwde huizen suggereren het woord ‘stad’, evenals hun taal en hun hele manier van doen. Daar had ik voor de eerste keer het geluk met een niet-Europeaan, dat wil zeggen met een niet-blanke, te spreken. Het was een opperhoofd van de Taos pueblos, een intelligente man tussen de veertig en vijftig jaar. Hij heette Ochwiä Biano (Berg-Meer). Ik kon met hem praten zoals ik nog zelden met een Europeaan had gesproken. Zeker, hij was gevangen in zijn wereld, evenals een Europeaan in de zijne, maar in wat voor een wereld! Als je met een Europeaan spreekt, verzand je aan alle kanten in het al lang bekende en toch nooit begrepene – maar daar vaart het schip over vreemde, diepe zeeën. En je weet niet wat betoverender is: de aanblik van nieuwe

kusten of de ontdekking van nieuwe toegangspoorten tot het oeroud-bekende en bijna vergetene.
'Kijk', zei Ochwiä Biano, 'hoe wreed de blanken eruitzien. Hun lippen zijn dun, hun neuzen spits, hun gezichten zijn door rimpels doorploegd en verwrongen, hun ogen hebben een starre blik, ze zoeken altijd iets. Wat zoeken ze? De blanken willen altijd iets, ze zijn altijd onrustig en gejaagd. We weten niet wat ze willen. We begrijpen hen niet. We geloven dat ze gek zijn.'
Ik vroeg hem waarom hij dan dacht dat de blanken allemaal gek waren.
Hij antwoordde: 'Ze zeggen dat ze met hun hoofd denken.'
'Maar natuurlijk. Waar denk jij dan?' vroeg ik verbaasd.
'Wij denken hier', zei hij en hij wees op zijn hart. Ik verzonk in diep gepeins. Voor het eerst in mijn leven, zo leek het me, had iemand me een beeld van de blanke getoond zoals hij werkelijk was. Het was alsof ik tot nu toe slechts sentimenteel-vergoelijkende kleurenprenten had gezien. Deze Indiaan had onze zwakke plek getroffen en iets geraakt waarvoor we blind zijn. Ik voelde hoe in mij iets onbekends en toch innig vertrouwds opsteeg als een vormeloze nevel. En uit deze nevel maakte zich het ene beeld na het andere los; eerst zag ik de Romeinse legioenen die de Gallische steden overvielen; de scherpe trekken van Julius Caesar, Scipio Africanus, Pompejus. Ik zag de Romeinse adelaar aan de Noordzee en langs de oevers van de witte Nijl. Toen zag ik Augustinus, hoe hij het christelijk credo op de spitsen van Romeinse lansen aan de Britten overreikte; en de roemruchte bekeringen van de heidenen door Karel de Grote; en dan de plunderende en moordende troepen van de kruisvaarders – en met een heimelijke steek in het hart werd me de holheid van de traditionele kruistochtromantiek duidelijk. Vervolgens kwamen Columbus, Cortez en de andere conquistadores, die te vuur en te zwaard, met martelingen en christendom zelfs deze verre Indianen opschrikten, deze Pueblos, vredig dromend in de zon, hun Vader. Ik zag ook de ontvolking van de eilanden in de Stille Oceaan, met behulp van kleding besmet met roodvonk, van sterke drank en syfilis.
Daarmee had ik genoeg gezien. Wat wij kolonisatie, missie onder de heidenen, verbreiding van onze beschaving enzovoort noemen, heeft nog een ander gezicht, dat van een roofvogel die met wrede concentratie naar verre prooien speurt; een gezicht dat een geslacht van land- en zeerovers waardig is. Alle adelaars en verdere roofdieren die onze wapenschilden opluisteren, leken me passende psychologische exponenten van onze ware aard.
Nog iets anders bleef me bij dat Ochwiä Biano zei. Wat hij zei lijkt me zó met de plaatselijke karakteristieke atmosfeer samen te hangen, dat mijn verhaal onvolledig zou zijn als ik er niet eerst iets over vertel. Ons gesprek vond plaats op het dak van de vijfde verdieping van het hoofdgebouw. Van daaruit zag je op de andere daken gestalten staan, gehuld in hun wollen dekens,

verzonken in de aanblik van de zon, die dagelijks zijn tocht door een heldere hemel maakt. Om ons heen stonden de lage, vierhoekige huizen, gebouwd van door de lucht gedroogde stenen (adobé). Hun karakteristieke ladders leidden van de grond naar het dak, of daarvandaan naar het dak van een hogere verdieping. (In vroegere, onrustige tijden placht de ingang in het dak te zijn.) Voor ons breidde zich de golvende hoogvlakte van Taos (ca. 2300 m. boven de zeespiegel) uit tot aan de horizon, waar zich een paar kegelvormige bergtoppen – oude vulkanen – verhieven tot 4000 m. Achter ons stroomde een helder riviertje langs de huizen, en op de andere oever stond een tweede Pueblo, met zijn rode adobé-huizen, die naar het midden van de nederzetting toe boven op elkaar waren gebouwd – op een merkwaardige wijze anticipeerden ze het silhouet van een grote Amerikaanse stad met zijn wolkenkrabbers in het centrum. Ongeveer een half uur stroomopwaarts stond geïsoleerd een enorme berg, *de* berg, die geen naam had. Het verhaal deed de ronde dat op de dagen dat de berg in wolken verhuld is, de mannen in de richting van de berg verdwijnen om mysterieuze riten te voltrekken.

De Pueblo-Indiaan is buitengewoon gesloten, en als het om zijn religie gaat, wordt hij helemaal ontoegankelijk. Van de uitoefening van zijn religie maakt hij opzettelijk een geheim. Dat wordt zó streng bewaakt dat ik merkte dat de methode van rechtstreeks ondervragen zinloos was. Nog nooit tevoren had ik zo'n atmosfeer vol geheimen meegemaakt, want de religies van de tegenwoordige cultuurvolken zijn alle toegankelijk; hun sacramenten hebben al lang opgehouden mysteries te zijn. Hier hing echter een geheim in de lucht, waarvan iedereen op de hoogte was, maar dat ontoegankelijk was voor de blanken. Deze merkwaardige situatie deed me vermoeden hoe Eleusis geweest was, waarvan het geheim bekend was aan een hele natie, en dat toch nooit verraden werd. Ik begreep wat een Pausanias voelde of Herodotus, toen deze schreef: . . . 'de naam van die God te noemen, is me niet toegestaan'. Ik zag het echter niet als geheimzinnigdoenerij, maar voelde hier een vitaal geheim. Zou men dat verraden, dan betekende dat een gevaar voor het individu en voor de collectiviteit. Het behoeden van het geheim vervult de Pueblo's met trots, en geeft hun de kracht zich te verzetten tegen de oppermachtige blanke. Het geeft hun een gevoel van verbondenheid, van eenheid, en je krijgt het stellige gevoel dat de Pueblo's als een individuele collectiviteit zullen blijven bestaan zolang hun mysteries niet afgeschaft of ontwijd worden.

Ik was verbaasd te zien hoe de gezichtsuitdrukking van de Indiaan verandert zodra hij over zijn religieuze voorstellingen spreekt. In het dagelijks leven toont hij een aanzienlijke zelfbeheersing en waardigheid, soms grenzend aan apathische gelijkmoedigheid. Als hij daarentegen over dingen praat die zijn mysteriën raken, dan wordt hij door een verrassende emotie

gegrepen die hij niet kan verbergen; een feit dat mijn nieuwsgierigheid heel goed van pas kwam. Zoals ik al zei had het geen zin directe vragen te stellen, dat was uitzichtloos. Als ik echter iets essentieels wilde weten, maakte ik tastende opmerkingen en lette goed op of ik op het gezicht van mijn gesprekspartner de mij zo welbekende emotionele ontroering zag. Als ik iets wezenlijks had geraakt, dan zweeg hij, of gaf een ontwijkend antwoord – maar met alle tekenen van een diepe bewogenheid; vaak kwamen hem de tranen in de ogen. Zijn opvattingen zijn voor hem geen theorieën (die al heel merkwaardig in elkaar zouden moeten zitten, wilden ze iemand tranen ontlokken), maar het zijn feiten met een even grote en aangrijpende betekenis als de met hen corresponderende uiterlijke werkelijkheid.
Toen ik met Ochwiä Biano op het dak zat en de zon met verblindend licht hoger en hoger steeg, zei hij, wijzend op de zon: 'Is hij, die daar gaat, niet onze Vader? Hoe kun je iets anders zeggen? Hoe kan er een andere god bestaan? Niets kan bestaan zonder de zon.' Zijn opwinding, die al aanzienlijk was, werd nog groter, moeizaam zocht hij naar woorden en eindelijk riep hij uit: 'Wat moet een man alleen in de bergen? Hij kan immers niet eens zijn vuur aanleggen zonder hem.'
Ik vroeg hem of hij niet dacht dat de zon een vurige bal is, gevormd door een onzichtbare god. Mijn vraag wekte niet eens verbazing, laat staan onwil. Klaarblijkelijk was er helemaal niets in hem dat reageerde, hij vond mijn vraag ook niet eens dom. Ze liet hem volledig koud. Ik had het gevoel tegenover een ondoordringbare muur te staan. Het enige antwoord dat ik kreeg was: 'De zon is God. Iedereen kan dat zien.'
Ofschoon niemand zich kan onttrekken aan de geweldige indruk die de zon maakt, was het voor mij toch een nieuwe en diep ontroerende ervaring te zien, hoe deze gerijpte, waardige mannen aangegrepen werden door een emotie, die ze niet konden verbergen, wanneer ze over de zon spraken.
Een andere keer stond ik bij de rivier en keek omhoog naar de berg die zich nog bijna 2000 meter boven de hoogvlakte verheft. Ik bedacht juist, dat dit het dak van het Amerikaanse continent was; de mensen woonden hier vlak bij de zon – zoals de mannen, die gehuld in dekens op de hoogste daken van de Pueblo staan, stom en in zichzelf verzonken, voor het aangezicht van de zon. En toen sprak plotseling een diepe, van heimelijke emoties vibrerende stem vanachter mijn linkeroor: 'Denk je niet dat al het leven van de berg komt?' Een oudere Indiaan was op onhoorbare moccasins naderbij gekomen en stelde me deze – ik weet niet hoe ver reikende – vraag. Een blik op de rivier, die vanaf de berg naar beneden stroomt, toonde me het uiterlijke beeld dat deze zienswijze verwekt had. Klaarblijkelijk kwam hier al het leven van de berg, want waar water is, is leven. Niets kon duidelijker zijn. Ik voelde in zijn vraag een met het woord 'berg' aanzwellende emotie en dacht aan het gerucht over heimelijke riten, die

op de berg werden voltrokken. Ik antwoordde hem: 'Iedereen kan zien dat je de waarheid spreekt.'
Helaas werd ons gesprek al gauw onderbroken en zo slaagde ik er niet in een dieper inzicht te krijgen in de symboliek van het water en de berg.
Zo onwillig de Pueblo-Indianen ook over iets spraken dat met hun religie te maken had – zo bereidwillig en met intensiteit spraken ze over hun verhouding tot de Amerikanen.
'Waarom', zei Mountain Lake, 'laten de Amerikanen ons niet met rust? Waarom willen ze onze dansen verbieden? Waarom willen ze onze jonge mensen niet toestaan de school te verlaten wanneer wij ze in de Kiwa (cultusplaats) willen opnemen, om hen in onze godsdienst te onderrichten? We doen de Amerikanen toch niets!' Na een lang stilzwijgen vervolgde hij: 'De Amerikanen willen onze godsdienst verbieden. Waarom kunnen ze ons niet met rust laten? Wat we doen, doen we toch niet voor ons alleen, maar ook voor de Amerikanen. Ja, we doen het voor de hele wereld. Het komt toch iedereen ten goede.'
Ik merkte aan zijn opwinding dat hij hier blijkbaar op iets heel belangrijks in zijn religie zinspeelde. Daarom vroeg ik hem: 'Bedoelen jullie dat datgene wat jullie in je godsdienst doen, aan de gehele wereld ten goede komt?' Hij antwoordde zeer levendig: 'Natuurlijk, als we dat niet zouden doen, wat zou er dan van de wereld terechtkomen?' En met een veelbetekenend gebaar wees hij op de zon.
Ik voelde dat we hier op een uiterst netelig terrein kwamen, dat aan de mysteries van de stam grensde. 'We zijn toch een volk', zei hij, 'dat op het dak van de wereld woont, we zijn de Zonen van Vader Zon en met onze religie helpen we onze Vader dagelijks langs de hemel te gaan. We doen dat niet alleen voor ons zelf, maar voor de hele wereld. Als we onze religie niet meer kunnen uitoefenen, zal binnen tien jaar de zon niet meer opgaan. Dan zal het voor altijd nacht worden.'
Toen werd me duidelijk waarop de 'waardigheid', de rustige vanzelfsprekendheid van de enkeling berustte: hij is de Zoon van de Zon, zijn leven is kosmologisch zinvol, want hij helpt immers de vader en instandhouder van al het leven in zijn dagelijkse op- en neergang. Als we daarmee de motivering van ons eigen bestaan vergelijken, de zin van ons leven zoals ons verstand dat formuleert, dan moet de armzaligheid daarvan wel indruk op ons maken. Alleen al uit louter jaloezie moeten we wel glimlachen om de naïviteit van de Indianen; in onze schranderheid voelen we ons ver daarboven verheven – om maar niet te hoeven ontdekken hoe verarmd en verlopen we zijn. Het weten maakt ons niet rijker, maar verwijdert ons steeds meer van de mythische wereld, die eens ons rechtmatige vaderland was.
Laat ons voor een moment elk Europees rationalisme vergeten en laten we ons eens verplaatsen naar de heldere, ijle lucht van die eenzame hoog-

vlakte, die aan de ene kant afdaalt naar de wijde continentale prairies en aan de andere kant naar de Stille Oceaan. Laten we ook onze bewustheid van de wereld vergeten in ruil voor een onmetelijk lijkende horizon en een onwetendheid van de wereld die daarachter ligt – en dan beginnen we iets van het gezichtspunt van de Pueblo-Indianen te begrijpen. 'Al het leven komt van de berg', is voor hem onmiddellijk overtuigend. En hij is zich er even diep van bewust dat hij op het dak van een onmetelijke wereld woont, het dichtste bij de god. Hìj in de eerste plaats heeft het oor van de godheid en zìjn cultische handeling zal het eerst de verre zon bereiken. De heiligheid van de Berg, de Openbaring van Jahwe op de Sinaï, de inspiratie die Nietzsche in het Engadin ontving, liggen op dezelfde lijn. Het ons absurd lijkende idee dat een cultische handeling de zon magisch zou kunnen 'bewerken', wordt bij nader inzien weliswaar niet minder irrationeel maar toch aanzienlijk vertrouwder dan je in eerste instantie zou vermoeden. Onze christelijke godsdienst, zoals overigens elke andere, is doordrenkt van de gedachte dat je door bijzondere handelingen, of door op een bijzondere manier te handelen, de god zou kunnen beïnvloeden; bij voorbeeld door riten of door gebed, of door een Gode welgevallige moraal.

Tegenover de cultische handeling van de mens staat als antwoord en reactie de inwerking van de god op de mens – en wellicht is dat niet alleen een antwoord, maar ook een actieve 'bewerking', een magische dwang. Dat de mens zich echter in staat voelt om een volkomen geldig antwoord te geven op de overweldigende inwerking van de god en om een tegenprestatie te leveren die zelfs wezenlijk is voor de god – dat is een trots gevoel, dat het menselijk individu verheft tot de waardigheid van een metafysische factor. 'God en wij' – ook als dat slechts een onbewust sous-entendu is – deze gelijkwaardige verhouding moet wel aan deze benijdenswaardige gelijkmoedigheid ten grondslag liggen. Een dergelijk mens is in de volste zin van het woord op zijn plaats.

Kenya en Oeganda

> Tout est bien sortant des mains
> de l'Auteur des choses*
>
> Rousseau

Toen ik de Wembley Exhibition (1925) in Londen bezocht, werd ik heel sterk geïnspireerd door de voortreffelijke tentoonstelling over de volkeren die onder Engels bestuur stonden en ik besloot in de nabije toekomst een reis naar tropisch Afrika te ondernemen. Reeds lang speelde ik met de gedachte eens een wat langere periode door te brengen in een land te midden van mensen die zo weinig mogelijk met Europa te maken hadden.

* Alles is goed zoals het uit de handen van de Schepper der dingen komt.

In de herfst van 1925 vertrok ik met twee vrienden, een Engelsman en een Amerikaan, naar Mombasa. We reisden met een boot van de Woermanlijn, tegelijk met een aantal jonge Engelsen die betrekkingen in diverse Afrikaanse kolonies zouden gaan vervullen. Je merkte aan de sfeer dat de passagiers geen vakantiegangers waren, maar mensen die hun levensbestemming tegemoet gingen. Wel heerste er vaak een uitbundige vrolijkheid, maar er bleef onmiskenbaar een ernstige ondertoon. Inderdaad hoorde ik nog voordat ik terugreisde over het lot van een aantal van mijn medepassagiers. Enkelen waren al in de loop van de eerstvolgende twee maanden ten dode opgeschreven. Ze stierven aan malaria tropica, amoebendysenterie en longontsteking. Onder deze doden bevond zich ook de jongeman die altijd aan tafel tegenover me had gezeten. Een ander was Dr. Akley, die zich verdienstelijk gemaakt had voor de instandhouding van gorilla's. Ik had hem nog kort voor mijn Afrikaanse reis in New York ontmoet. Tegelijk met mij was hij – echter van het westen uit – vertrokken voor een expeditie in het gebied van de gorilla's en daar was hij overleden, ten tijde dat ik nog bij Mt. Elgon verbleef. Pas na mijn terugkeer hoorde ik van zijn dood.
Mombasa is in mijn herinnering een vochtig-warme, in een woud van palmen en mangobomen weggedoken nederzetting van Europeanen, Indiërs en negers. Het ligt buitengewoon schilderachtig aan een natuurlijke baai, waarboven zich een oud Portugees fort verheft. We bleven daar twee dagen en reisden toen per smalspoor naar het binnenland, naar Nairobi, en tegelijkertijd reden we de tropische nacht in.
In de kuststrook passeerden we talrijke negerdorpen, waar de mensen rond kleine vuurtjes met elkaar zaten te praten. Al gauw reed de trein door hoger gelegen gebieden. Er waren geen nederzettingen meer en rondom ons heerste de diepzwarte nacht. Geleidelijkaan werd het koeler en ik viel in slaap. Toen de eerste zonnestralen het begin van de dag aankondigden werd ik wakker. Juist op dat moment maakte de trein, gehuld in een rode stofwolk, een bocht om een steile rode rotshelling – en daar stond op een klip boven ons roerloos een bruin-zwarte slanke gestalte, steunend op een lange speer; hij keek neer op de trein beneden hem. Naast hem verhief zich een reusachtige kandelabercactus.
Ik was als betoverd door deze aanblik. Het was een vreemd, nooit aanschouwd beeld en toch tegelijk een uiterst intensief 'sentiment du déjà vu'; een gevoel alsof ik dit ogenblik al eens eerder had beleefd en alsof ik altijd al deze wereld had gekend die slechts door de tijd van mij gescheiden was. Het was alsof ik zojuist in het land van mijn jeugd was teruggekeerd en alsof ik deze donkere man kende, die sinds vijfduizend jaar op me wachtte.
De gevoelsstemming van deze wonderlijke beleving begeleidde me op mijn hele verdere reis door het wilde Afrika. Ik kan me slechts één andere ervaring van het onbekende herinneren en dat was toen ik voor het eerst,

samen met mijn vroegere chef prof. Eugen Bleuler, een parapsychologisch verschijnsel gadesloeg. Van tevoren had ik me voorgesteld dat ik zou omvallen van verbazing als ik iets dermate onmogelijks zou zien. Maar het onmogelijke gebeurde en ik was helemaal niet verbaasd; ik vond het fenomeen volstrekt in orde, alsof het iets vanzelfsprekends, al lang bekends was.

Ik vermoedde niet welke snaar in mij meetrilde bij het zien van deze eenzame donkere jager. Ik wist alleen dat zijn wereld de mijne was, sinds ontelbare eeuwen.

Nog wat dromerig bevangen kwam ik rond het middaguur in het 1800 m. hoog gelegen Nairobi aan, in een onbeschrijfelijk verblindende overvloed van licht, die me aan het zonlicht in het Engadin deed denken, als je vanuit de winternevels van lager gelegen streken naar boven komt. Tot mijn verwondering droegen de talrijke bij het station verzamelde 'boys' dezelfde ouderwetse grijze en witte wollen skimutsen die je in het Engadin zag dragen of zelf droeg. Ze waren erg geliefd, omdat je de omgeslagen rand als een soort vizier kon neerlaten; in de Alpen een goede bescherming tegen de ijzige wind, hier echter tegen de stralende hitte.

Vanuit Nairobi bezochten we in een klein Fordje de Athi Plains, een groot wildreservaat. In deze uitgestrekte savanne wachtte ons vanaf een lage heuvel een weergaloos uitzicht. Zover het oog reikte, zagen we reusachtige kudden: gazellen, antilopen, gnoes, zebra's, wrattenzwijnen, enzovoort. Langzaam bewogen de kudden zich voort, grazend, knikkend met de koppen – het enige dat je hoorde was de melancholieke roep van een roofvogel. Het was de stilte van het eeuwige begin, de wereld zoals ze altijd al geweest was, in de toestand van niet-zijn; want tot voor kort was er niemand aanwezig die wist dat het 'deze wereld' was. Ik verwijderde me van mijn metgezellen tot ik hen niet meer kon zien en ik het gevoel had alleen te zijn. En nu was ik de eerste mens die zag dat dit de wereld was, en die haar door zijn weten in dit ogenblik pas werkelijk had geschapen.

Hier werd me de kosmische betekenis van het bewustzijn overweldigend duidelijk. 'Quod natura relinquit imperfectum, ars perficit' (wat de natuur onvolledig laat, voleindigt de kunst) heet het in de alchemie. De mens, ik, gaf de wereld in een onzichtbare scheppingsdaad pas haar voltooiing, het objectieve zijn. Men heeft deze daad aan de Schepper alleen toegeschreven en er niet aan gedacht dat we daarmee het leven en het zijn als een geprogrammeerde machine beschouwen die, inclusief de menselijke psyche, zinloos volgens van tevoren bekende en vastgestelde regels voortwerkt. In een dergelijke troosteloze uurwerkfantasie bestaat er geen drama van mens, wereld en God, geen 'nieuwe dag' die naar 'nieuwe kusten' voert, maar enkel en alleen de saaie leegte van van tevoren berekende processen. Ik moest denken aan mijn oude Pueblo-vriend: hij geloofde dat het de raison d'être van zijn Pueblo's was dat zij hun Vader, de zon, dagelijks zijn loop langs de hemel hielpen volbrengen. Ik had hen benijd om deze zinvolheid en zonder hoop had ik uitgekeken naar onze eigen mythe. Nu kende ik hem, en bovendien wist ik nog meer: de mens is onmisbaar voor de voltooiing van de schepping, ja, hij is de tweede wereldschepper zèlf; eerst hij geeft de wereld het objectieve zijn. Zonder dat zou ze zonder gehoord of gezien te zijn, geluidloos grazend, barend, stervend en kopknikkend honderden miljoenen jaren zijn voortgegaan in de allerdiepste nacht van het niet-zijn, op weg naar een onbestemd einde. Pas het menselijk bewustzijn heeft objectief 'zijn' en zinvolheid geschapen, en daardoor heeft de mens zijn onvervangbare plaats in het grote zijnsproces gevonden.

Met de destijds in aanbouw zijnde Oegandalijn begaven we ons naar het voorlopige eindstation Sigistifour (sixty-four). Onze boys laadden de omvangrijke bagage van de expeditie uit. Ik ging op een chopbox zitten (levensmiddelenkist, per stuk één hoofdbepakking) en stak mijn pijp op, mediterend over het feit dat we ons hier zogezegd aan de rand van de oikumene (Gr., de bewoonde wereld) bevonden, van waaruit zich wegen en paadjes eindeloos over het continent uitstrekten.

Na een tijdje kreeg ik gezelschap van een Engelsman op leeftijd, zo te zien een 'squatter' (kolonist). Hij ging zitten en haalde ook een pijp te voorschijn en informeerde waar we naar toe gingen. Nadat ik hem iets verteld had over het doel van onze reis, vroeg hij: 'Is this the first time you are in Africa? I am here since forty years.' (Is dit de eerste keer dat u in Afrika bent? Ik ben hier al veertig jaar.)

'Ja', antwoordde ik, 'tenminste in dit deel van Afrika.'

'Then may I give you a piece of advice? You know, Mister, this here country is not Man's, it is God's country. So, if anything should happen, just sit down and don't worry.' ('Mag ik u dan een goede raad geven? Weet u, meneer, dit land is niet van de mens, het is het land van God. Dus, als er eens iets mis gaat, ga dan gewoon zitten en maak je geen zorgen.') Waarna hij zonder te groeten opstond en tussen de schare toegestroomde negers verdween.

Zijn woorden leken me op de een of andere manier belangrijk en ik probeerde erachter te komen uit wat voor psychologische gesteldheid ze voortkwamen. Blijkbaar waren ze een kwintessens van zijn ervaring; hier is niet de mens, maar God de baas – dus niet opzet en wil, maar ondoorgrondelijke ordening.

Ik zat nog over dit probleem te peinzen, toen het vertreksignaal voor onze twee auto's werd gegeven. We klommen – acht man sterk – op de bagage en hielden ons zo goed en zo kwaad als het ging vast. Het door elkaar gerammeld worden dat toen volgde liet de komende uren geen ruimte voor gedachten. Tot aan de volgende pleisterplaats, Kakamega, was het veel verder dan we gedacht hadden. In Kakamega waren onder meer een D.C. (District Commissioner) gehuisvest, een klein garnizoen African Rifles, dan nog een hospitaal en – zegge en schrijve – een kleine krankzinnigeninrichting. Het werd al avond, en plotseling viel de nacht in. Tegelijkertijd barstte een tropisch onweer los, dat bestond uit onophoudelijke bliksemflitsen, een donderend lawaai en een wolkbreuk die ons ogenblikkelijk van top tot teen doorweekte en die een klein beekje in een gevaarlijke hindernis veranderde. Pas een half uur na middernacht – de lucht was inmiddels opgeklaard – kwamen we uitgeput in Kakamega aan, waar de behulpzame D.C. ons met whisky in zijn zitkamer ontving. In de haard brandde een vrolijk en bijzonder welkom vuur. In het midden van het smaakvolle vertrek stond een grote tafel, die beladen was met Engelse kranten en tijdschriften. We zouden even goed op een landgoed in Sussex kunnen zijn. In mijn vermoeidheid wist ik niet meer of ik vanuit de werkelijkheid in een droom, of vanuit een droom in de werkelijkheid beland was. En toen moesten we onze tenten nog opzetten – voor de eerste keer. Gelukkig hadden we alles bij ons.

De volgende dag ontwaakte ik met koorts – laryngitis –, en ik moest een dag het bed houden. Daaraan heb ik mijn gedenkwaardige kennismaking met de zogenaamde 'brainfever bird' te danken, die zich onderscheidt door een correcte toonladder te zingen, maar daarbij de laatste toon weglaat, om dan weer van voren af aan te beginnen. Als muzikale begeleiding van koorts kun je je nauwelijks iets irriterenders bedenken.

Een andere gevederde bewoner van de bananenplantages produceert twee van de liefelijkste en meest melodieuze flageolettonen die je maar bedenken kunt en eindigt dan met een derde, afschuwelijke dissonant. 'Quod natura relinquit imperfectum . . .' Alleen het geluid van de klokvogel munt uit door een zuivere schoonheid. Als hij zong was het alsof er een klokje langs de horizon zwierf.

De volgende dag was met behulp van de D.C. onze colonne dragers compleet, aangevuld met een militair escorte van drie Askari's. En nu begon de tocht naar Mt. Elgon, wiens 4400 m. hoge kraterwanden we al spoedig aan de horizon zagen verschijnen. Het pad voerde ons door een betrekkelijk droge savanne waar schermacacia's groeiden. Overal stonden kleine, ronde twee à drie meter hoge aarden heuvels: oude termietenkolonies.

Voor de reizigers stonden langs het pad overnachtingshutten, ronde, met gras bedekte adobéhutten, die openstonden en geheel leeg waren. 's Nachts moest je ter bescherming tegen indringers een brandende lantaren in de ingang zetten. Onze kok had geen lantaren, maar wel had hij een eigen miniatuurhutje waarmee hij erg in zijn schik was. Maar bijna was het hem noodlottig geworden. Hij had namelijk de dag tevoren een schaap, dat we voor vijf Oeganda-shilling gekocht hadden, voor zijn hut geslacht, en voor het diner had hij voortreffelijke *mutton-chops* klaargemaakt. Toen we na het eten nog wat rond het vuur zaten te roken, hoorden we in de verte een merkwaardig geluid dat snel naderbij kwam. Het klonk nu eens als gebrom van beren en dan weer als het geblaf en gejank van honden en dan leek het weer op schel geschreeuw en hysterisch gelach – mijn eerste indruk was: een komisch nummer van Barnum and Bailey. Maar al gauw werd de situatie dreigend: we waren van alle kanten omringd door een grote troep hongerige hyena's, die blijkbaar het schapebloed hadden geroken. Ze gaven een hels concert en je zag in het schijnsel van het vuur hun ogen schitteren tussen het hoge olifantsgras.

Ondanks onze superieure kennis van de aard der hyena's, die zogenaamd geen mensen aanvallen, waren we niet al te zeker van onze zaak – vooral niet toen plotseling van achter onze hut een afgrijselijke menselijke kreet weerklonk. We grepen onze wapens (een 9 mm. Mannlicher-geweer en een buks) en vuurden een paar schoten af in de richting van de fonkelende lichtjes – toen onze kok zich in grote paniek in onze kring stortte en uitriep dat er een 'fizi' (hyena) zijn hut was binnengekomen en hem bijna had gedood. Het hele kamp was in rep en roer. Daarvan schrok het hyenagezelschap blijkbaar dermate, dat ze onder luid protest afdropen. In de kwartieren van onze helpers werd er nog langdurig gelachen, en verder verliep de nacht rustig, zonder storingen. De volgende morgen vroeg kwam het plaatselijk stamhoofd met geschenken: twee kippen en een mand vol eieren; hij smeekte ons nog een dag te blijven om hyena's te schieten. Ze hadden namelijk de dag tevoren een slapende oude man uit zijn hut getrokken en opgevreten – de Africa nihil certum! (in Afrika kun je nergens zeker van zijn). Bij het aanbreken van de dag hoorden we weer lachsalvo's uit het verblijf van onze boys. Deze werden veroorzaakt door de opvoering van een tafereel waarin de gebeurtenissen van die nacht verwerkt waren. Eén van de boys stelde de slapende kok voor, en één van de soldaten was de naderbijsluipende hyena, die moordlustig op de slapende man toeliep. Dit drama werd tot verrukking van het publiek ik weet niet hoeveel keer herhaald.

Vanaf die dag droeg de kok de bijnaam 'fizi'. Wij drie blanken hadden ieder al een 'trade mark'. Mijn vriend, de Engelsman, werd 'roodhals' genoemd, respectievelijk 'hij met de rode nek', omdat volgens de legende alle Engelsen rode nekken zouden hebben. De Amerikaan, die inderdaad een elegante garderobe bezat, heette 'bwana maredadi' (de chique heer). En ik, omdat ik toen al – ik was vijftig – grijs haar had, was de 'mzee' (de oude man) en honderd jaar oud. Hoge ouderdom kwam daar zelden voor. Ik heb slechts heel weinig mensen met grijs haar gezien. 'Mzee' is ook een eretitel, die me toekwam als leider van de 'Bugishu Psychological Expedition', een benaming die ons als een 'lucus a non lucendo' opgedrongen was door het Foreign Office in Londen. Weliswaar hebben we ook de Bugishu's bezocht,

maar de meeste tijd brachten we door bij de Elgonyi's.
Mijn negers toonden trouwens over de hele linie opmerkelijke mensenkennis te bezitten. Hun intuïtief inzicht verkregen ze onder andere door op onovertroffen wijze de uitdrukkingen, gebaren en houdingen van hun object na te bootsen; op die manier kropen ze in de huid van de ander. Ik merkte dat ze een verrassende kennis hadden van de emotionele aard van anderen. Ik schrok niet terug voor langdurige conversaties, waar ze een uitgesproken voorkeur voor hadden. Op die manier heb ik veel geleerd.
Dat we semi-officieel reisden, bleek een voordeel te zijn; we konden op die manier gemakkelijker aan dragers komen en kregen ook een militair escorte. Dat was niet overbodig, omdat we van plan waren door gebieden te reizen die nog niet onder blank beheer stonden. Zo werd onze safari naar Mt. Elgon door een korporaal en twee soldaten begeleid.
Ik kreeg een brief van de gouverneur van Oeganda waarin hij ons verzocht een Engelse onder onze hoede te nemen, die via de Soedan naar Egypte terugreisde. Men wist dat we hetzelfde reisplan hadden, en aangezien we al in Nairobi met deze dame hadden kennisgemaakt, hadden we geen reden dit verzoek af te slaan. Bovendien voelden we ons zeer verplicht aan de gouverneur om zijn uitgebreide hulp.
Ik noem deze episode om te laten zien langs welke subtiele wegen het archetype ons doen en laten beïnvloedt. We waren met drie mannen, en dat was zuiver toeval. Ik had nog een derde vriend gevraagd mee te komen, maar door omstandigheden was hem dat niet mogelijk geweest. Dat was voldoende om het onbewuste of het noodlot te constelleren. Het dook op als het archetype van de triade, die om de vierde roept – zoals de historie van dit archetype steeds weer laat zien.
Omdat ik geneigd ben het toevallige dat ik tegenkom te accepteren, heette ik deze dame welkom in ons driemanschap. Aangezien ze sportief en moedig was, bleek ze een nuttige compensatie voor onze eenzijdige mannelijkheid. Toen mijn jonge vriend enige tijd later een gevaarlijke aanval van tropische malaria kreeg, waren we dankbaar voor de ervaring die ze als verpleegster in de Eerste Wereldoorlog had opgedaan.

Na ons hyena-avontuur trokken we ondanks de smeekbeden van het stamhoofd weer verder. Het terrein werd licht glooiend, en de tekenen van tertiaire lavastromen werden veelvuldiger. We kwamen door schitterende oerwoudstroken met reusachtige Nandi-flame-bomen, bezaaid met vlammendrode bloesems. Enorme kevers en nog grotere kleurige vlinders fleurden de zomen van het woud en de open plekken op. Nieuwsgierige apen schudden aan dikke takken. Al gauw bevonden we ons 'miles from anywhere' in de bush-bush. Het was een paradijselijke wereld. De streek bestond voor het grootste deel uit vlakke savannes, de bodem was hoofd-

zakelijk dieprood van kleur. We marcheerden meestal langs de inboorlingenpaden, die zich met opvallend sterke kronkels, dat wil zeggen met bochten met een straal van drie tot zes meter, door de bush-bush slingerden.
Onze weg voerde ons door het Nandi-gewest en door het Nandi-forest, een aanzienlijk oerwoudcomplex. Zonder incidenten bereikten we een overnachtingsplaats aan de voet van de Mount Elgon, die al dagenlang steeds hoger boven ons oprees. Vanaf hier liep onze weg naar boven, langs een smal pad. We werden door het plaatselijk stamhoofd, de zoon van een medicijnman, de 'laibon', begroet. Hij bereed een pony, het enige paard dat we tot nog toe gezien hadden. Van hem vernam ik dat zijn stam tot de Masai behoorde, maar echter van deze gescheiden een afzonderlijk bestaan leidde bij de hellingen van Mt. Elgon.
Na een paar uur klimmen bereikten we een mooie, grote, open plek, waardoor een helder, koel beekje met een ongeveer drie meter hoge waterval liep. Het bekken daarvan verkozen we tot ons bad. Ons kamp lag wat verderop, op een droge, zachte helling, in de schaduw van de schermacacia's. In de nabijheid lag een negerkraal, die uit een paar hutten bestond en uit een 'boma', een open plek omgeven door een haag van wait-a-bit thorn. Tegenover het stamhoofd kon ik me in het Swaheli verstaanbaar maken.
Hij wees ons waterdraagsters toe: een vrouw met twee halfvolwassen dochters, naakt op een kauri-gordel* na. Ze waren chocoladebruin en opvallend knap; slanke gestalten met sierlijke, nonchalante bewegingen. Het was elke morgen een genoegen het zachte gerinkel van hun ijzeren enkelringen uit de richting van de beek te horen komen, om hen al spoedig daarna in wiegende gang te zien opduiken uit het hoge, gele olifantsgras, terwijl ze de waterkruiken op hun hoofd in evenwicht hielden. Ze waren getooid met enkelringen en messing arm- en halsbanden, met oorhangers van koper of in de vorm van houten klosjes; hun onderlip was doorboord met een benen of ijzeren pin. Ze hadden zeer goede manieren en groetten ons telkens met een verlegen charmante glimlach.
Ik heb, overeenkomstig de algemene verwachting, nooit met inheemse vrouwen gesproken, op één uitzondering na, waarover ik straks zal vertellen. Mannen spreken, zoals ook bij ons in Zuid-Europa, met mannen, vrouwen met vrouwen. Al het andere betekent love-making. Met dat laatste zet de blanke niet alleen zijn autoriteit op het spel, maar hij loopt ook het ernstige gevaar van 'going-black', waarvan ik een aantal zeer leerrijke gevallen heb gezien. Meermalen hoorde ik van negers over een bepaalde blanke het oordeel: 'Hij is een slechte man.' Als ik vroeg waarom, luidde het antwoord: 'Hij slaapt met onze vrouwen.'
Bij mijn Elgonyi's hield de man zich bezig met het grote vee en de jacht;

* Kauri (of kowri) zijn kleine schelpjes, die ook als geld gebruikt worden.

de vrouw was zogezegd identiek met de 'shamba' (de aanplant, bananen, zoete aardappels, negergierst en maïs). Ze heeft kinderen en geiten en kippen, die allen in dezelfde ronde hut verblijven. Dat is haar waardigheid en vanzelfsprekendheid: ze is een intensieve zakelijke partner. Het begrip 'gelijke rechten voor de vrouw' is het kind van een eeuw waarin een dergelijk partnerschap haar zin heeft verloren. De primitieve maatschappij is echter gereguleerd door onbewust egoïsme en altruïsme, beide komen ruimschoots aan hun trekken. Deze onbewuste orde valt onmiddellijk uiteen zodra er een storing optreedt, die alleen nog maar door een daad van het bewustzijn gecompenseerd kan en moet worden.

Met genoegen denk ik terug aan iemand die me belangrijke informatie verstrekte over het gezinsleven bij de Elgonyi: een opvallend knappe jongeman die Gibrôat heette, de zoon van een stamhoofd met beminnelijke, verzorgde manieren. Blijkbaar had ik zijn vertrouwen gewonnen; hij nam weliswaar graag mijn sigaretten aan, maar was er niet op uit – zoals de anderen – om geschenken te krijgen. Hij vertelde me veel interessante dingen en bracht me van tijd tot tijd een 'gentlemanbezoek'. Ik voelde dat hij het een of andere plannetje had, dat hij een bepaalde wens koesterde. Pas nadat we elkaar wat langer kenden, kwam hij met een volkomen onverwachte wens voor de dag: hij wilde me graag met zijn familie kennis laten maken. Ik wist echter dat hij zelf nog niet getrouwd was en dat zijn ouders overleden waren. Maar het ging om een oudere zuster. Ze was als tweede vrouw getrouwd en had vier kinderen. Hij wilde erg graag dat ik haar een bezoek bracht zodat ze me zou leren kennen. Ze nam kennelijk de plaats van zijn moeder in. Ik stemde toe, omdat ik op deze sociale manier wat inzicht hoopte te krijgen in het gezinsleven.

'Madame était chez elle'; ze trad uit haar hut toen we aankwamen, en begroette me op de gewoonste manier van de wereld. Ze was een knappe vrouw van middelbare leeftijd, dat wil zeggen ongeveer dertig jaar. Behalve de onvermijdelijke kauri-gordel droeg ze arm- en enkelringen, in haar sterk uitgerekte oorlellen wat koperen sieraden en over haar borst een stukje bont. Haar vier kleine 'mtoto's' had ze in de hut opgesloten; ze stonden door de kieren te gluren en kwetterden opgewonden. Op mijn verzoek liet ze ze naar buiten, maar het kostte de nodige tijd voordat ze dat durfden. De jonge vrouw had dezelfde voortreffelijke manieren als haar broer, wiens hele gezicht van vreugde straalde over zijn geslaagde plan.

We gingen niet zitten, omdat er niets was om op te zitten dan de stoffige aarde, die met kippemest en geitekeutels bedekt was. Het gesprek verliep volgens het conventionele patroon van een half-familiare salonconversatie; we praatten over gezinsomstandigheden, kinderen en huis- en tuinzaken. De oudere eerste vrouw, wier terrein aan het hare grensde, had zes kinderen. De 'boma' van de 'zuster' lag op ± 80 m. afstand. Ongeveer in het midden tussen deze twee hutten en daarmee een soort driehoek vormend, stond de hut van de man, en daarachter, op ongeveer 50 m. afstand, stond een kleine hut waarin de volwassen zoon van de eerste vrouw woonde. De beide vrouwen bezaten elk een eigen 'shamba', dat wil zeggen, een aanplant met bananen, zoete aardappelen, gierst en maïs, waarop mijn gastvrouw zichtbaar trots was.

Ik had het gevoel dat de zekerheid en het zelfbewuste van haar optreden in hoge mate berustte op een identiteit met haar klaarblijkelijke totaliteit, die uit kinderen, huis, kleinvee, 'shamba' en – last but not least – uit haar niet onaantrekkelijke lichamelijkheid bestond. Over de man werd slechts terloops gesproken. Hij scheen er soms te zijn en dan weer niet. Momenteel was zijn verblijfplaats onbekend. Mijn gastvrouw was duidelijk en probleemloos het aanwezige, een waarachtig 'pied-à-terre' voor de man. Het probleem was kennelijk niet of *hij* er al dan niet was, maar eerder of *zij* in haar totaliteit aanwezig was, het 'aardmagnetisch' centrum van haar met zijn kudden rondzwervende echtgenoot. Wat zich in het binnenste van deze 'eenvoudige' zielen afspeelt is onbewust, daardoor niet geweten en slechts op te maken uit Europees vergelijkingsmateriaal dat 'hoger' gedifferentieerd is.

Ik vroeg me af of de vermannelijking van de blanke vrouw soms samenhangt met het verlies van haar natuurlijke totaliteit (shamba, kinderen, kleinvee, eigen huis en haardvuur), namelijk als compensatie voor haar verarming; en of de vervrouwelijking van de blanke man niet een verder gevolg daarvan is. In de meest rationele staten is ook het onderscheid tussen de geslachten het meest afgenomen. De rol die de homoseksualiteit in de moderne maatschappij speelt is enorm. Dat is gedeeltelijk het gevolg van het moedercomplex, gedeeltelijk een natuurlijk doelgericht fenomeen (verhindering van de voortplanting!)

Mijn reisgenoten en mij zelf was het geluk beschoren de Afrikaanse oerwereld met haar ongehoorde schoonheid en haar evenzo diep lijden in haar laatste ongerepte uren mee te maken. Ons kampleven was één van de mooiste periodes van mijn leven – procul negotiis et integer vitae scelerisque purus (ver van alle werkzaamheden, onbedorven door het leven en vrij van schuld) genoot ik de 'godsvrede' van een land dat nog een oerwereld was. Nooit had ik dat eerder zó gezien: 'De mens en de andere dieren' (Herodotus). Duizenden mijlen lagen tussen mij en Europa, de moeder van alle duivels, die me hier niet bereiken konden – geen telegram, geen telefoontjes, geen brief, geen bezoek! Dat was een wezenlijk bestanddeel van de 'Bugishu Psychological Expedition'. De bevrijde krachten van mijn ziel stroomden vol verrukking terug in voorwereldlijke verten.

Het was niet moeilijk elke ochtend een palaver te organiseren met de nieuwsgierigen die dagenlang bij ons kamp rondhingen en die met nooit ver-

flauwende belangstelling al ons doen en laten volgden. Mijn 'headman' Ibrahim had me ingewijd in de etikette van het palaver: alle mannen (de vrouwen bezochten ons nooit) moesten op de grond zitten. Ibrahim had me een kleine, vierpotige mahoniehouten opperhoofdszetel bezorgd. Daar moest ik op plaatsnemen, en dan opende ik het gesprek en verklaarde het 'shauri', namelijk de gespreksonderwerpen van het palaver. De meeste deelnemers spraken redelijk pidgin-Swaheli, en dat was voldoende om mij te begrijpen wanneer ik met ruimschoots gebruik van een woordenboekje mijn wensen tot uitdrukking had gebracht. Dat boekje was het voorwerp van nooit aflatende bewondering. Mijn beperkte conversatiemiddelen dwongen me tot de nodige eenvoud. Vaak leek het gesprek op een amusant raadselspel, waardoor deze palavers zich in een grote populariteit mochten verheugen. Ze duurden echter zelden langer dan een uur, omdat de mensen zichtbaar vermoeid werden en met sprekende gebaren klaagden: 'O, we zijn zo moe.'
Ik interesseerde me natuurlijk voor de dromen van de negers, maar aanvankelijk lukte het me niet er ook maar één te horen te krijgen! Ik loofde kleine beloningen uit, bij voorbeeld sigaretten, lucifers, veiligheidsspelden, waar ze erg op gespitst waren. Niets hielp. Deze schroom dromen te vertellen heb ik nooit volledig kunnen verklaren. Ik vermoed dat de oorzaak vrees en wantrouwen was; zoals bekend, zijn negers bang gefotografeerd te worden; ze vrezen dat je hun daarmee hun ziel ontrooft, en wellicht vrezen ze eveneens dat je hun schade kan toebrengen door hun dromen te kennen. Dat ging overigens niet op voor onze boys, Somali's uit de kuststreken, en Swaheli's. Zij hadden een Arabisch droomboek dat ze vooral tijdens onze trektocht dagelijks consulteerden. Als ze twijfelden over een bepaalde interpretatie werd zelfs mijn raad ingewonnen, aangezien ze mij wegens mijn kennis van de Koran de 'man van het boek' noemden en me voor een verkapte Mohammedaan hielden.
Op een keer hadden we een palaver met de Laibon, de oude hoofdman-medicijnman. Hij verscheen in een prachtige mantel van blauw apebont, die een waardevol pronkstuk vertegenwoordigde. Toen ik hem naar zijn dromen vroeg verklaarde hij met tranen in de ogen: 'Vroeger hebben de Laibons dromen gehad en wisten ze of er oorlog kwam of ziekte, of er regen zou komen en waarheen men de kudden moest leiden.' Zo had ook zijn grootvader nog gedroomd. Maar sinds de blanken in Afrika waren had niemand meer dromen. Je had ook geen dromen meer nodig, want nu wisten de Engelsen alles!
Zijn antwoord liet zien dat de medicijnman zijn bestaansreden verloren had. Men had de goddelijke stem die de stam raad gaf niet meer nodig, want 'de Engelsen weten het beter'. Vroeger onderhandelde de medicijnman met de goden of met de machten van het noodlot en gaf zijn volk raad. Hij oefende een grote invloed uit, zoals ook in het oude Griekenland het woord

van de Pythia een onaantastbare autoriteit bezat. Nu was de autoriteit van de medicijnman afgelost door die van de 'District Commissioner'. De gehele waarde van het leven ligt nu in de wereld aan déze zijde en het leek me slechts een kwestie van tijd en van de vitaliteit van het zwarte ras, wanneer de negers zich bewust zullen worden van de betekenis van de fysieke macht. Onze Laibon was zeker niet een imposante persoonlijkheid, maar een wat huilerige oude heer. Desondanks of juist daardoor beeldde hij aanschouwelijk en indrukwekkend het zich ondergronds verspreidende verval uit van een voorbije en nooit meer terugkomende wereld.

Veelvuldig bracht ik het gesprek op de numina, vooral op de riten en ceremoniën. Ik had op dit gebied slechts één enkele observatie gedaan in een klein dorp. Daar bevond zich midden op de levendige dorpsstraat voor een lege hut een zorgvuldig aangeveegde plek van enkele meters doorsnee. In het midden lagen een kauri-gordel, voet- en armbanden, oorhangers, de scherven van allerlei vaatwerk en ook nog een graafstok. Het enige wat we erover te horen kregen, was dat in deze hut een vrouw was gestorven. Over een begrafenis werd niets gezegd.

Bij het palaver verzekerde men mij met nadruk dat de westelijke buren 'slechte' mensen waren. Als daar iemand stierf, werd het naburige dorp op de hoogte gebracht, en 's avonds werd het lijk op een plek tussen de twee dorpen neergelegd. Van de andere kant werden diverse geschenken naar deze plaats gebracht en de volgende ochtend was er geen lijk meer. Er werd duidelijk geïnsinueerd dat de dode door het andere dorp werd opgegeten. Maar bij de Elgonyi zou zo iets nooit gebeuren. Wel werden de lijken in de bushbush gelegd, waar de hyena's in de loop van de nacht voor de begrafenis zorgden. Inderdaad vonden we nooit sporen van het begraven van lijken.

Bij deze gelegenheid hoorde ik echter dat als er een man sterft, zijn lijk in het midden van de hut op de grond wordt gelegd. De Laibon loopt eromheen en sprenkelt uit een schaal melk op de grond, waarbij hij mompelt: 'ayîk adhîsta, adhîsta ayîk!'

De betekenis van deze woorden was me al bekend uit een gedenkwaardig palaver dat inmiddels had plaatsgevonden. Aan het eind van dit palaver riep een oude man plotseling: ' 's Ochtends, als de zon komt, gaan we uit onze hutten, spugen in onze handen en houden ze naar de zon toe.' Ik liet deze ceremonie voordoen en nauwkeurig beschrijven. Ze spuwden of bliezen hard in hun voor de mond gehouden handen en draaiden ze dan om, hun handpalmen in de richting van de zon. Ik vroeg wat dit betekende, waarom ze dit deden, waarom ze in hun handen bliezen of spuwden. Tevergeefs – 'dat heeft men altijd al gedaan', zeiden ze. Het was onmogelijk een verklaring te krijgen en het werd me duidelijk dat ze inderdaad alleen weten *dat* ze het doen, maar niet *wat* ze doen. Ze zien geen betekenis in deze handeling. Maar ook wij voltrekken ceremoniën – steken de kerstboom aan, verstoppen paaseieren enzovoort – zonder dat het ons echter duidelijk is wàt we doen.

De oude man zei dat dit de ware godsdienst van alle volkeren was – alle Kevirondo's, alle Boeyanda, alle stammen zover je vanaf de berg kon zien en nog oneindig veel verder, allen vereerden 'adhîsta', dat is de zon op het moment dat zij opgaat. Alleen dan is ze 'mungu', God. De eerste smalle, gouden sikkel van de nieuwe maan in de purperen westelijke hemel is ook God. Maar alleen dan, anders niet.

Blijkbaar gaat het bij de Elgonyi-ceremonie om een offerande aan de zon, die in het ogenblik dat ze opgaat, goddelijk is. Als dit offer speeksel is, dan is het de substantie die volgens primitieve opvattingen het persoonlijke mana, die genees-, tover- en levenskracht bevat. Is het de adem, dan is hij roho, Arabisch: roech, Hebreeuws: roeach, Grieks: pneuma – wind en geest. Deze handeling wil dus zeggen: 'Ik bied God mijn levende ziel aan.' Het is een woordeloze gebedshandeling, die evengoed zou kunnen luiden: 'Heer, in Uw handen beveel ik mijn geest.'

Naast 'adhîsta' vereren de Elgonyi – zoals we nog verder hoorden – 'ayîk', die in de aarde woont en een 'sheitan' (duivel) is. Hij is de schepper van angst, een koude wind, die de nachtelijke zwerver een klap toebrengt. De oude man floot een soort 'loki'-motief, om duidelijk te maken hoe ayîk door het hoge en geheimzinnige bushgras strijkt.

In het algemeen hingen de mensen de overtuiging aan dat de schepper alles goed en mooi had geschapen. Hij is aan gene zijde van goed en kwaad. Hij is m'zoeri, dat wil zeggen mooi en alles wat hij gemaakt heeft is m'zoeri.

Toen ik vroeg: 'Maar de boze dieren, die jullie vee doden?' zeiden ze: 'De leeuw is goed en schoon.' En: 'Jullie afschuwelijke ziekten?' Ze zeiden: 'Je ligt in de zon en alles is mooi.' Ik was onder de indruk van dit optimisme. Maar 's avonds om zes uur hield deze filosofie plotseling op te bestaan, zoals ik al gauw ontdekte. Vanaf zonsondergang heerst een andere wereld, de donkere wereld, de wereld van ayîk: dat is het kwade, gevaarlijke, angstaanjagende. De optimistische filosofie maakt plaats voor een filosofie vol vrees voor spoken, en van magische gebruiken die het kwaad moeten afweren. Met de zonsopgang keert ook het optimisme terug – zonder innerlijke tegenspraak.

Het was een ervaring die mijn diepste innerlijk raakte, om aan de bronnen van de Nijl te horen vertellen over de Egyptische oervoorstelling van de beide afstammelingen van Osiris: Horus en Seth – een Afrikaanse oerbeleving, die tegelijk met het heilige water van de Nijl meegevoerd was tot aan de Middellandse-zeekusten. Adhîsta, de opgaande zon, het licht, zoals Horus; ayîk, het donkere, de angstverwekker.

Bij het eenvoudige dodenritueel verenigen de woorden van de Laibon en

zijn melkoffer de tegenstellingen, aangezien hij tegelijkertijd aan beiden offert. Beiden hebben een gelijke macht en betekenis, want hun heerschappij, de dag respectievelijk de nacht, duurt zichtbaar telkens twaalf uur. Het belangrijkste is echter het moment dat uit het donker plotseling, met een equatoriale snelheid, de eerste lichtstraal als een schot doorbreekt; het moment dat de nacht in een levenbrengend licht overgaat.
De zonsopgang op deze breedtegraad was een gebeurtenis die me elke dag opnieuw overweldigde. Het was niet zozeer het op zich grootse omhoogschieten van de eerste stralen, als wel wat daarna gebeurde. Direct na zonsopgang placht ik op mijn vouwstoel te gaan zitten onder een schermacacia. Vóór me, in de diepte van het kleine dal, lag een donkere, bijna zwartgroene strook oerwoud en daarboven verrees de plateaurand van de overzijde. Aanvankelijk was er nog een scherp contrast tussen licht en donker; dan kwam alles plastisch in het licht te staan, dat met een welhaast compacte helderheid het dal vulde. De horizon werd stralend wit. Geleidelijkaan drong het klimmend licht als het ware alle voorwerpen binnen, alsof ze van binnen uit oplichtten, tot ze doorzichtig glansden als kleurig glas. Alles werd tot schitterend kristal. De roep van de klokvogel weerklonk langs de horizon. In dit ogenblik voelde ik me alsof ik in een tempel was. Het was het allerheiligste uur van de dag. Ik aanschouwde deze heerlijkheid met een onverzadigbare verrukking, of liever, in tijdloze vervoering.
Vlak bij de plek waar ik zat, stond een hoge rots die door grote apen, bavianen, bewoond werd. Elke ochtend zaten ze rustig, bijna onbeweeglijk, aan de zonzijde van de bergkam, terwijl verder de hele dag hun gesnater en geschreeuw door het oerwoud klonk. Evenals ik leken ze de zonsopgang te vereren. Ze deden me denken aan de grote tempelbavianen in Aboe Simbel in Egypte, die het aanbiddingsgebaar maken. Ze vertellen steeds hetzelfde verhaal: altijd al hebben we de grote God vereerd, die de wereld verlost doordat hij als stralend hemellicht uit de grote duisternis opduikt.
Destijds begreep ik dat in de ziel van het allereerste begin af aan een verlangen naar licht woont, en een onstuitbare drang te ontkomen aan de duisternis waarin ze sinds het oerbegin verkeert. Als de grote nacht daalt, krijgt alles een ondertoon van diepe melancholie en van een onuitsprekelijk heimwee naar licht. Dát ligt als uitdrukking in de ogen van primitieven en dat kun je ook zien in de ogen van elk dier. In het dierenoog ligt droefheid, en je weet niet of het de ziel van het dier is, of een smartelijke zin, die dit 'zijn' uit het oerbegin vertegenwoordigt. Dat is de stemming van Afrika, de ervaring van zijn eenzaamheden. Het is de duisternis van het oerbegin, een moederlijk geheim. Daarom is de geboorte van de zon in de morgen de overweldigende beleving van de negers. Het ogenblik waarop het licht wordt, dat is God. Dat ogenblik brengt verlossing. Het is een oerbeleving van het moment en dat is al verloren en vergeten als je meent dat de zon

God is. 'We zijn blij dat de nacht waarin de geesten rondwaren, nu ten einde is!' betekent al een rationalisering. In werkelijkheid drukt er een heel andere duisternis op het land dan de natuurlijke nacht: het is de psychische oernacht, de ontelbaar miljoenen jaren waarin het altijd al zo was zoals het nu is. Het verlangen naar licht is het verlangen naar bewustzijn.

Toen onze gelukkige dagen bij Elgon ten einde liepen, braken we in een bedroefde stemming onze tenten af, en beloofden ons zelf hier terug te komen. Ik had me destijds niet kunnen voorstellen dat ik nooit meer deze onvermoede heerlijkheid zou meemaken. Bij Kakamega werden sindsdien goudvelden ontdekt en in mijn verre land woedde de Mau-Maubeweging – en bij ons werd onze cultuurdroom onderbroken door een ruw ontwaken. We trokken langs de zuidelijke helling van Mt. Elgon. Langzamerhand veranderde het landschap van karakter. Hoge bergen, overdekt met dichte oerwouden, rezen uit de vlakte op. De huidskleur van de bevolking werd zwarter, hun lichamen hadden niet meer de gratie van de Masai, maar werden plomper en massiever. We kwamen in het gebied van de Bugishu en brachten enige tijd door in het hooggelegen hotel van Bunambale. Van daaruit had je een schitterend uitzicht over het brede Nijldal. Daarna trokken we verder naar Mbala, van waaruit we met twee Fordtrucks uiteindelijk Jinja aan het Victoriameer bereikten. We laadden onze bagage in op de trein, die per smalspoor elke veertien dagen naar het Chiogameer reed. Een stoomraderboot, waarvan de ketel met hout gestookt werd, nam ons mee en bracht ons na wat oponthoud tot Masindiport. Daar laadden we alles op een lorry over en bereikten zo Masinditown, dat op het plateau ligt waardoor het Chiogameer en Albert Nyanza gescheiden worden.
In een dorp op de weg van het Albertmeer naar Rejâf in de Soedan maakten we iets onvergetelijks mee: het plaatselijke stamhoofd, een grote, nog jonge man, verscheen met zijn begeleiders. Het waren de zwartste negers die ik ooit gezien had. Het gezelschap zag er niet erg vertrouwenwekkend uit. De Mamoer* van Mimoele had ons als escorte drie Askari's meegegeven, maar ik zag al gauw dat zij zich, net als onze boys, helemaal niet op hun gemak voelden. Ze hadden voor hun geweren slechts drie patronen de man. Hun aanwezigheid was daarom slechts een zuiver symbolisch gebaar van de zijde van het gouvernement.
Toen het stamhoofd voorstelde 's avonds een N'goma (dans) te organiseren, nam ik dat graag aan; ik hoopte hen op die manier te vriend te houden. De nacht was ingevallen en wij verlangden allen naar slaap, toen we getrommel en hoornstoten hoorden; en weldra verschenen wel zestig man in krijgsuitrusting met flitsende speren, knotsen en zwaarden. Ze werden

* El Mamoer letterlijk: gevolmachtigd prefect, stadhouder.

op enige afstand gevolgd door vrouwen, kinderen en zelfs zuigelingen die door hun moeders op de rug werden gedragen. Het was blijkbaar een heel bijzondere gelegenheid. Ondanks de hitte van nog altijd 34 graden werd een groot vuur ontstoken, en de vrouwen en kinderen vormden een kring hieromheen. De mannen stelden zich in een buitenste cirkel op, zoals ik dat eens had gezien bij een kudde zich bedreigd wanende olifanten. Ik wist niet of ik me bij dit massale optreden verheugd of bezorgd moest voelen. Ik keek om me heen waar onze boys en de militairen gebleven waren – ze waren spoorloos uit het kamp verdwenen! Om hen gunstig te stemmen deelde ik sigaretten, lucifers en veiligheidsspelden uit. De mannen begonnen te zingen, niet onharmonieuze, krachtige en strijdlustige melodieën, en daarmee begonnen ook de benen in beweging te komen. De vrouwen en kinderen trippelden om het vuur, de mannen dansten terwijl ze hun wapens in de richting van het vuur zwaaiden en trokken zich weer terug, om dan opnieuw met woest gezang, getrommel en hoornstoten op te rukken. Het was een wild en meeslepend tafereel, overgoten door het schijnsel van het vuur en betoverend maanlicht. Mijn vriend en ik sprongen op en mengden ons tussen de dansers. Ik zwaaide met mijn rinoceroszweep, het enige wapen dat ik bezat, en danste mee. Aan de stralende gezichten zag ik dat onze deelname gunstig werd ontvangen. Ze verdubbelden hun ijver en het hele gezelschap stampte, zong, schreeuwde en zweette bij stromen. Geleidelijkaan werd het ritme van de dans en de trommels sneller. Tijdens dit soort dansen en bij deze muziek raken de negers gemakkelijk in een soort bezetenheidstoestand. Zo ging het ook hier: tegen elven begon de zaak uit de hand te lopen, en plotseling vond ik dat de toestand er nogal bedenkelijk uitzag. De dansers vormden nu alleen nog maar één wilde horde en ik vroeg me angstig af hoe dat af moest lopen. Ik gebaarde naar het stamhoofd dat het nu genoeg was en dat iedereen moest gaan slapen. Maar hij wou 'nog een keer en nog een keer en nog een keer'.

Ik herinnerde me dat een landgenoot van me, namelijk één van de beide neven Sarasin, tijdens een van hun ontdekkingsreizen door Celebes bij een dergelijk N'goma getroffen was door een verdwaalde speer. Dus riep ik – ondanks het aandringen van het stamhoofd – de mensen bij elkaar, verdeelde sigaretten en maakte het gebaar van slapengaan. Daarop zwaaide ik quasi-dreigend met mijn rinoceroszweep en schold ze bij gebrek aan beter met luide stem in Zwitsers dialect uit, dat het nu genoeg was, nu moesten ze naar bed en gaan slapen. Ze merkten natuurlijk dat mijn woede alleen gespeeld was, maar dat was nu kennelijk precies wat nodig was. Iedereen begon te lachen en met hoge bokkesprongen stoven ze uit elkaar en verdwenen naar alle kanten de nacht in. Nog lang hoorden we in de verte hun gejoel en getrommel. Eindelijk werd het stil en we vielen uitgeput in slaap.

In Rejâf, aan de Nijl, eindigde onze trektocht. We pakten alles op een raderstoomboot, die door de lage waterstand bij Rejâf nauwelijks vlot kon komen. Zo langzamerhand voelde ik me overbelast door de veelheid van indrukken. Duizenden gedachten dwarrelden om me heen en het werd me pijnlijk duidelijk dat mijn vermogen nieuwe indrukken op te nemen en de oeverloze zee van mijn gedachten te omvatten, snel uitgeput dreigde te raken. Dat dwong me ertoe al mijn observaties en belevingen nog eens de revue te laten passeren om hun innerlijke samenhangen vast te houden. Alles wat ik wilde onthouden had ik opgeschreven.

Mijn dromen hadden tijdens de hele reis hardnekkig in hun tactiek volhard Afrika te negeren; ze beeldden uitsluitend scènes uit die zich in mijn vaderland afspeelden en wekten daardoor de indruk dat ze mijn Afrikaanse reis eigenlijk niet als iets reëels, maar eerder als een symptomatische respectievelijk symbolische handeling beschouwden – als het me is toegestaan onbewuste processen in deze mate te personifiëren. Deze veronderstelling werd me overigens opgedrongen door het ogenschijnlijk opzettelijk negeren van zelfs de meest indrukwekkende uiterlijke gebeurtenissen. Slechts één enkele keer tijdens de hele reis heb ik over een neger gedroomd. Zijn gezicht kwam me merkwaardig bekend voor, maar ik moest lang nadenken voor ik erachter was waar ik hem al eens eerder had ontmoet. Uiteindelijk schoot het me te binnen: het was mijn kapper uit Chattanooga, Tennessee! Een Amerikaanse neger! In deze droom hield hij een reusachtige, gloeiende krultang tegen mijn hoofd en wilde mijn haar 'kinky', kroezig maken, dat wil zeggen hij wilde me negerhaar bezorgen. Ik voelde de pijnlijke hitte al en ontwaakte met een gevoel van angst.

Ik vatte de droom als een waarschuwing van het onbewuste op, want hij gaf me te kennen dat het primitieve een gevaar voor me was. Op dat moment was ik blijkbaar heel dicht bij het 'going black'. Ik had een aanval van 'sandfly fever', die mijn psychische weerstand moet hebben verminderd. Om een voor mij gevaarlijke neger uit te beelden was een twaalf jaar oude herinnering aan mijn zwarte kapper in Amerika gemobiliseerd, om me vooral maar niet aan het heden te herinneren.

Dit merkwaardige gedrag van de dromen komt overigens overeen met een ervaring die men al in de Eerste Wereldoorlog heeft opgedaan: de soldaten aan het front droomden veel minder van de oorlog dan van thuis. Onder de militaire psychiaters gold het als vuistregel dat je een man terug liet komen van het front als hij te veel over oorlogssituaties droomde; want dan had hij geen psychische weerstand meer tegen de indrukken van buitenaf.

Parallel met de gebeurtenissen in het veeleisende Afrikaanse milieu, werd in mijn dromen met succes aan een innerlijke lijn vastgehouden en deze werd ook voortgezet. Het betrof mijn allerpersoonlijkste problemen. Ik kon uit dit feit geen andere conclusie trekken dan dat mijn Europese persoonlijkheid

onder alle omstandigheden integraal gehandhaafd moest worden.
Mijn verbazing hierover wekte de verdenking dat ik aan mijn Afrika-avontuur heimelijk de bedoeling had verbonden me los te maken van Europa en zijn problematiek, zelfs op het gevaar af daar te blijven – zoals zovelen voor mij en tegelijk met mij. De hele reis leek me minder een onderzoek van de primitieve psychologie, 'Bugishu Psychological Expedition' (B.P.E., met zwarte letters op de 'chopboxes'!), dan wel naar deze enigszins pijnlijke vraag: wat gebeurt er met de psycholoog Jung 'in the wilds of Africa'? Een vraag die ik voortdurend probeerde te ontwijken, ondanks mijn intellectuele opzet de reactie van Europeanen op oerwereldlijke omstandigheden te onderzoeken. Dat was echter – zoals ik tot mijn verbazing ontdekte – niet zozeer een objectieve, wetenschappelijke vraag, als wel een intens persoonlijk probleem waarvan de beantwoording alle mogelijke pijnlijke plekken in mijn eigen psychologie raakte. Ik moest dus bekennen dat het veel minder de Wembley Exhibition was geweest die het besluit tot deze reis had doen rijpen, dan wel de omstandigheid dat Europa me ging benauwen. Vervuld van dit soort gedachten gleed ik over de rustige wateren van de Nijl naar het noorden – Europa, de toekomst tegemoet. De reis eindigde in Khartoem. Daar begon Egypte. Hiermee ging mijn wens en plan in vervulling om deze cultuursfeer niet te benaderen vanuit het westen, vanuit Europa en Griekenland, maar vanuit het zuiden, vanaf de bronnen van de Nijl. De Hamitische bijdrage tot de Egyptische cultuur interesseerde me meer dan de complexe Aziatische. Ik had gehoopt dat ik daarover iets meer te weten zou komen als ik de geografische loop van de Nijl zou volgen en daarmee de stroom van de tijd. De grootste openbaring in dit opzicht was voor mij de Horusbeleving van de Elgonyi, die zo indrukwekkend in herinnering werd geroepen door het aanbiddingsgebaar van de bavianen van Aboe Simbel, de zuidelijke poort van Egypte.
De mythe van Horus is de geschiedenis van het nieuw ontstane goddelijk licht. Ze werd verteld nadat zich voor de eerste maal de verlossing door cultuur, dat wil zeggen door bewustzijn, had geopenbaard vanuit de oerduisternis van prehistorische tijden. Zo werd de reis vanuit de binnenlanden van Afrika naar Egypte voor mij tot een drama van de geboorte van het licht, dat met mij, met mijn psychologie, ten nauwste verbonden was. Het was voor mij een openbaring, maar ik voelde me niet in staat dit in woorden te vatten. Ik wist van tevoren niet wat Afrika zou brengen, maar deze ervaring vormde het bevredigend antwoord. Dit was me meer waard dan een of andere etnologische buit, een wapen, sieraden, vaatwerk of jachttrofeeën. Ik wilde weten welke uitwerking Afrika op me zou hebben, en dat heb ik ontdekt.

India

De reis naar India (1938) was niet aan eigen opzet te danken, maar aan een uitnodiging van de Brits-Indische regering om deel te nemen aan de plechtigheden naar aanleiding van het 25-jarig jubileum van de Universiteit van Calcutta.*

Ik had destijds al veel over Indiase filosofie en godsdienstgeschiedenis gelezen en was ten diepste overtuigd van de waarde van de Oosterse wijsheid. Maar ik moest zogezegd op eigen kracht reizen, en bleef in mezelf als een homunculus in de retort. India raakte me als een droom, want ik was en bleef op zoek naar mezelf, naar mijn eigen waarheid. Zo vormde de reis een intermezzo in mijn toentertijd intensieve studie van de alchemistische filosofie. Deze liet me niet los, maar bracht me ertoe het eerste deel van het 'Theatrum Chemicum' uit 1602, dat de belangrijkste geschriften van Gerardus Dorneus bevat, mee te nemen. Gedurende de reis heb ik het boek van het begin tot het eind bestudeerd. Oer-Europees cultureel erfgoed werd op die manier voortdurend in aanraking gebracht met de indrukken van een vreemde cultuurgeest. Beide waren in ononderbroken lijn ontstaan uit psychische oerervaringen van het onbewuste en hadden daardoor gelijke, of gelijksoortige, of op z'n minst vergelijkbare inzichten teweeggebracht.

In India stond ik voor het eerst onder de directe invloed van een vreemde, hooggedifferentieerde cultuur. Op mijn Afrikaanse reizen waren heel andere indrukken dan culturele doorslaggevend geweest; en in Noord-Afrika had ik nooit gelegenheid gehad met iemand te spreken, die in staat zou zijn geweest zijn cultuur onder woorden te brengen. Maar nu had ik de mogelijkheid met vertegenwoordigers van de Indiase geest te spreken en deze met de Europese geest te vergelijken. Dat was voor mij van heel grote betekenis. Ik heb uitvoerig gesproken met S. Subramanya Iyer, de goeroe van de Maharadja van Mysore, wiens gast ik enige tijd was; en eveneens met vele anderen, wier namen me helaas zijn ontschoten. Daarentegen heb ik ontmoetingen met alle zogenaamde 'heiligen' gemeden. Ik heb ze vermeden, omdat ik mijn eigen waarheid voor lief moest nemen en niets anders mocht aannemen dan datgene wat ik zelf kon bereiken. Het zou me als diefstal zijn voorgekomen als ik van de heiligen had willen leren, en als ik hun waarheid voor mezelf zou accepteren. Hun wijsheid behoort hun zelf toe en mij behoort alleen datgene toe wat uit mezelf voortkomt. Uiteindelijk kan ik in Europa niets van het Oosten lenen; ik moet daar

* In twee artikelen 'The dreamlike World of India' en 'What India can teach us', vertelde Jung over de indrukken van zijn reis. Ze werden onmiddellijk na zijn terugkeer gepubliceerd in het tijdschrift 'ASIA' (New York, januari & februari 1939). A. J.

vanuit mezelf leven – vanuit datgene wat mijn innerlijk zegt, of wat de natuur me brengt.

Ik onderschat volstrekt niet de belangrijke figuur van de Indiase heilige, maar ik matig me zeker niet het vermogen aan hem als geïsoleerd fenomeen op juiste waarde te schatten. Ik weet bij voorbeeld niet of de wijsheid die hij uitspreekt een eigen openbaring is, of een uitspraak die al duizenden jaren overal de ronde doet. Ik herinner me een typerend voorbeeld op Ceylon. In een smalle straat reden twee boeren met de wielen van hun karren in elkaar vast. In plaats van de te verwachten ruzie mompelden ze met terughoudende beleefdheid een paar woorden die klonken als 'adûkan anâtman', wat betekent: 'voorbijgaande storing, geen (individuele) ziel'. Was dit uniek? Of was dit typisch Indisch?

Wat me in India voornamelijk bezighield was de vraag naar de psychologische aard van het kwaad. De wijze waarop dit probleem door het Indiase geestelijk leven geïntegreerd wordt, vond ik zeer indrukwekkend en ik verkreeg een nieuwe opvatting hierover. Ook in gesprekken met ontwikkelde Chinezen heeft het me steeds weer getroffen dat het inderdaad mogelijk is het zogenaamde 'kwaad' te integreren zonder daarbij je 'gezicht te verliezen'. Dat is bij ons in het Westen niet het geval. Voor de Oosterse mens schijnt het morele probleem niet zo op de voorgrond te staan als bij ons. Het goede en het kwade zijn voor hem zinvol in de natuur aanwezig; het zijn feitelijk slechts graduele verschillen van één en dezelfde zaak.

Het maakte diepe indruk op me te zien hoe de Indiase geestesgesteldheid evenveel goed als kwaad bevat. De christelijke mens streeft naar het goede en vervalt tot het kwade; de Indiër daarentegen voelt zich buiten het goed en het kwaad, of tracht deze toestand door meditatie of yoga te bereiken. Hier beginnen echter mijn bezwaren: bij een dergelijke instelling zijn goed noch kwaad in feite geprofileerd, en dit veroorzaakt een zekere stilstand. Men gelooft niet zo erg aan het kwaad en men gelooft niet zo erg aan het goede. Op z'n hoogst betekenen ze *mijn* goed of *mijn* kwaad, datgene wat mij als goed of kwaad voorkomt. Je zou op paradoxale wijze kunnen zeggen dat de Indiase geestesgesteldheid evenzeer het kwaad ontbeert als het goede, maar ook, dat ze zó belast is door tegenstellingen dat ze het Nirdvandva, de bevrijding van de tegenstellingen en van de tienduizend dingen, nodig heeft. Het doel van de Indiër is niet zedelijke volmaaktheid, maar de toestand van Nirdvandva. Hij wil zich van de natuur bevrijden en daarom wil hij ook in de meditatie in een toestand zonder beelden, in een leegte geraken. Ik daarentegen zou de levende aanschouwing van de natuur en van de psychische beelden nooit willen missen. Ik zou nooit verlost willen zijn van de mensen, of van mezelf, of van de natuur; want dit alles is een onbeschrijflijk wonder voor mij. De natuur, de ziel en het leven zie ik als de ontvouwde godheid, en wat zou ik meer kunnen wensen? De hoogste zin

van het 'zijn' kan voor mij slechts daarin bestaan dat het *is* en niet dat het niet, of niet meer is.
Er bestaat voor mij geen bevrijding à tout prix. Ik kan nooit van iets bevrijd worden dat ik niet bezit, gedaan of beleefd heb. Werkelijke bevrijding is slechts mogelijk als ik heb gedaan wat ik kon doen, als ik me volledig heb ingezet en volledig heb meegedaan. Onttrek ik me daaraan, dan amputeer ik in zekere zin het daarmee corresponderende deel van de ziel. Natuurlijk kan het voorkomen dat meedoen te moeilijk voor me is, en er kunnen goede gronden aanwezig zijn waardoor ik me niet volledig kan geven. In dat geval ben ik tot de bekentenis van het 'non possumus' gedwongen en ook tot het inzicht dat ik wellicht iets wezenlijks heb nagelaten en een opdracht niet heb vervuld. Zo'n indrukwekkende kennis van mijn ontoereikendheid vervangt dan het tekort aan positieve daden.
Een mens, die niet door de hel van zijn hartstochten is gegaan, heeft ze ook nooit overwonnen. Hij bevindt zich dan in het 'belendende perceel', en voor hij het weet kunnen de vlammen overslaan naar zijn eigen huis. Wanneer men te veel opgeeft, achterwege laat en quasi vergeet, bestaat de mogelijkheid, het gevaar, dat datgene wat opgegeven of achtergelaten is met verdubbeld geweld terugkomt.

In Konarak (Orissa) ontmoette ik een Pandit die zo vriendelijk was me bij het bezoek aan de tempel en de grote tempelwagen te begeleiden en informatie te geven. De pagode is van beneden tot boven overdekt met uitgelezen obsceen beeldhouwwerk. We spraken lang over dit opmerkelijk feit, dat hij uitlegde als een middel tot vergeestelijking. Ik bracht daar tegenin – wijzend op een groep jonge boeren die juist al dit heerlijks vol bewondering aangaapten – dat deze jonge mensen toch nauwelijks bezig waren zich te vergeestelijken, maar dat ze zich eerder allerlei seksuele fantasieën in het hoofd zouden halen. Daarop antwoordde hij: 'Maar dat is het nu juist. Hoe kunnen ze ooit vergeestelijkt raken als ze niet eerst hun karma vervullen? Deze – ik moet toegeven – obscene afbeeldingen zijn er immers voor om de mensen te herinneren aan hun dharma (wet), want anders zouden deze onbewuste lieden dat kunnen vergeten!'
Ik vond het uiterst merkwaardig dat hij meende dat jonge mannen hun seksualiteit zouden kunnen vergeten, zoals dieren buiten bronsttijd. Maar mijn wijze hield onverzettelijk vol dat ze onbewust als dieren waren en dat ze werkelijk een dringende aanmaning nodig hadden. Met dat doel werden ze voordat ze de tempel betraden door deze decoraties gewezen op hun dharma – want als ze zich dat niet bewust werden en dat niet zouden vervullen, zouden ze niet deelhebben aan enige vergeestelijking.
Toen we door de poort van de tempel gingen wees mijn gids op de beide 'verleidsters', de sculpturen van twee danseressen, die met verleidelijk ge-

draaide heupen de binnentredenden toelachen. 'Ziet u die twee danseressen', zei hij, 'ze betekenen hetzelfde. Natuurlijk geldt dat niet voor mensen als u en ik, want wij hebben een bewustheid bereikt die daarboven staat. Maar voor deze boerenjongens is het een onmisbare lering en vermaning.'
Toen we de tempel verlieten en door een laan met lingams wandelden, zei hij plotseling: 'Ziet u deze stenen? Weet u wat ze betekenen? Ik zal u een groot geheim verklappen!' Ik was verbaasd, want ik dacht dat zelfs een kind het fallische karakter van deze monumenten kende. Hij fluisterde me echter met grote ernst in het oor: 'These stones are man's private parts' (dit is een uitbeelding van de mannelijke delen). Ik had verwacht dat hij me zou zeggen dat ze de grote god Shiva betekenden. Ik keek hem onthutst aan, maar hij knikte gewichtig, alsof hij zeggen wou: 'Ja, zo is het. Dat had jij in je Europese onwetendheid toch maar niet gedacht!'
Toen ik Zimmer* dit verhaal vertelde riep hij verrukt uit: 'Eindelijk hoor ik eens iets werkelijks over India!'

Onvergetelijk waren de stoepa's van Sanchi. Ze grepen me aan met een onverwacht geweld en riepen een emotie bij me op die bij mij pleegt op te treden als ik een zaak, of persoon, of gedachte gewaarword waarvan de betekenis me nog niet bewust is. De stoepa's liggen op een rotsige heuvel. Het is een prettige wandeling er naar toe, over grote stenen tegels in een groene weide. Stoepa's zijn grafmonumenten, of ze bevatten relikwieën. Ze zien er uit als halve bollen, eigenlijk als twee over elkaar gestulpte rijstschalen (concaaf op concaaf), overeenkomstig het voorschrift van Boeddha in Maha-Parinibbana-Soetra. Ze zijn door de Engelsen met piëteit gerestaureerd. Het grootste van deze bouwsels is omgeven door een muur met vier fraai bewerkte poorten. Als je naar binnengaat voert de weg naar links tot een ommegang volgens de wijzers van de klok. Op de vier hoofdpunten staan beelden van Boeddha. Heeft men de ommegang voltooid, dan betreedt men een tweede, hoger gelegen rondweg, die op dezelfde manier verloopt. Het weidse uitzicht over de vlakte, de stoepa's zelf, de tempelruïnes en de eenzame stilte van deze heilige plaats vormden een onbeschrijfelijke totaliteit, die me aangreep en boeide. Nooit tevoren had een bepaald oord me zó betoverd. Ik maakte me los van het overige gezelschap en verzonk in deze overweldigende stemming.
Toen hoorde ik ritmische gongslagen vanuit de verte naderbij komen. Het was een groep Japanse pelgrims, die achter elkaar marcherend op een kleine gong sloegen. Ze scandeerden daarmee het oeroude gebed: 'om mani padme hoem' – waarbij de gongslag op het 'hoem' viel. Ze bogen diep voor de stoepa's en traden daarna door de poort binnen. Daar bogen ze weer

* Over Heinrich Zimmer: zie aanhangsel.

voor het boeddhabeeld en zetten een op een koraal gelijkend gezang in. Daarna voltrokken ze de dubbele ommegang, waarbij ze voor elk boeddhabeeld een hymne zongen. Terwijl ik hen met de ogen volgde, ging ik in geest en gevoel met hen mee; en iets in mij dankte hen zwijgend dat ze mijn ongearticuleerdheid op zo'n voortreffelijke wijze te hulp gekomen waren.

Uit mijn ontroering bleek me, dat de heuvel van Sanchi iets centraals voor me betekende. Het was het boeddhisme, dat hier in een nieuwe werkelijkheid verscheen. Ik zag het leven van Boeddha als de werkelijkheid van het 'zelf', dat een persoonlijk leven doordrongen had en voor zich had opgeëist. Voor Boeddha staat het 'zelf' boven alle goden en representeert de essentie van het menselijk bestaan en van de wereld in zijn geheel. Als een unus mundus omvat het zowel het aspect van het 'zijn' op zich, als het gekend-zijn daarvan. Zonder dit laatste bestaat er geen wereld. Boeddha heeft de kosmogone waardigheid van het menselijk bewustzijn goed gezien en begrepen; daarom zag hij duidelijk dat wanneer iemand erin zou slagen het licht van het bewustzijn uit te doven, de wereld in het niets zou verzinken. Het is de onsterfelijke verdienste van Schopenhauer dit nog, of weer, te hebben ingezien.

Ook Christus is – zoals Boeddha – een incarnatie van het 'zelf'; maar in een volstrekt andere zin. Beiden overwinnen de wereld; Boeddha vanuit een verstandelijk inzicht, Christus als een door het lot voorbestemd slachtoffer. In het christendom wordt het meer door-leden, in het boeddhisme meer gezien en gedaan. Het is beide juist, maar in Indiase zin is Boeddha de meer volledige mens. Hij is een historische persoonlijkheid en daarom voor de mens begrijpelijker. Christus is een historische mens *en* god, en is daarom veel moeilijker te vatten. In feite was hij ook voor zichzelf onbegrijpelijk; hij wist alleen dat hij zich moest offeren zoals hem dat van binnenuit was opgelegd. Zijn offer kwam over hem heen als een noodlot. Boeddha handelde uit inzicht. Hij heeft zijn leven geleefd en is als oud man gestorven. Christus is waarschijnlijk slechts heel kort werkzaam geweest als datgene wat hij is.*

Later deed zich in het boeddhisme hetzelfde verschijnsel voor als in het christendom: Boeddha werd als het ware een imago van de 'zelf'-verwezenlijking die nagevolgd wordt, terwijl hij zèlf had verkondigd dat door de overwinning van de Nidânaketen ieder individueel mens een verlichte en

* In latere gesprekken vergeleek Jung de houding van Boeddha en Christus tegenover het lijden. Christus ziet in het lijden een positieve waarde en als lijdende mens is hij menselijker en werkelijker dan Boeddha. Boeddha ontzegde zich het lijden, maar daarmee ook de vreugde. Hij was afgesneden van gevoelens en emoties en daarom niet werkelijk menselijk. In de Evangeliën wordt Christus zo beschreven dat hij niet anders dan als God-mens kan worden opgevat, hoewel hij eigenlijk nooit ophield mens te zijn - terwijl Boeddha zich al tijdens zijn leven boven het mens-zijn verheven heeft. A. J.

boeddha kan worden. Hetzelfde zien we bij het christendom. Christus is het voorbeeld, dat in elk christelijk mens als diens totale persoonlijkheid leeft. De historische ontwikkeling leidde echter tot de 'imitatio Christi', waarbij de enkeling niet de weg van zijn eigen lot volgt naar het één geheelzijn, maar de weg probeert na te volgen die Christus is gegaan. En ook in het Oosten leidde ze tot een gelovige imitatio van Boeddha. Hij werd het voorbeeld ter navolging – en daarmee was de verzwakking van zijn denkbeeld een feit, zoals in de imitatio Christi de kiem ligt van de noodlottige stilstand in de ontwikkeling van de christelijke idee. Zoals Boeddha dank zij zijn inzicht zelfs verheven is boven de brahmaanse goden, zo roept Christus de joden toe: 'Gij zijt goden' (Joh. 10 : 34) – en hij werd door de onmacht der mensen niet gehoord. In plaats daarvan komt met reuzenschreden de mogelijkheid naderbij dat het zogenaamde 'christelijke' Westen een wereld zal verwoesten, in plaats van een nieuwe te scheppen.*

India onderscheidde me met drie eredoctoraten – Allahabad, Benares en Calcutta. Het eerste vertegenwoordigt de islam, het tweede het hindoeïsme en het derde de Brits-Indische medische en natuurwetenschappen. Dat was een beetje te veel van het goede, en ik had een retraite nodig. Die kreeg ik ook door een tiendaags verblijf in het ziekenhuis, toen ik in Calcutta dysenterie opliep. Zo ontstond in een onuitputtelijke zee van indrukken een reddend eiland, en ik vond weer vaste grond onder de voeten, dat wil zeggen een standpunt van waaruit ik de tienduizend dingen en hun verwarrende maalstroom, de hoogten en diepten, de pracht van India en haar onuitsprekelijke nood, haar schoonheid en duisternis kon beschouwen.

Toen ik weer min of meer hersteld naar mijn hotel teruggekeerd was, had ik een droom die zó karakteristiek was dat ik hem graag wil vertellen:

Ik bevond me met een aantal van mijn Zürichse vrienden en bekenden op een onbekend eiland, dat vermoedelijk in de nabijheid van de Zuidengelse kust lag. Het was klein en vrijwel onbewoond. Het was een smal eiland, dat zich in noord-zuid richting over ongeveer 30 km. uitstrekte. Op het zuidelijk deel lag aan de rotsige kust een middeleeuws slot. Wij stonden daar net als een groep toeristen op de binnenplaats. Vóór ons verhief zich een imposante wachttoren, met een poort waardoor een stenen trap zichtbaar was. Je kon nog net zien dat deze naar een zaal met zuilen leidde, die zwak verlicht werd door het schijnsel van kaarsen. Ik hoorde dat dit de Graalsburcht was en vanavond zou 'de Graal gecelebreerd' worden. Deze informatie scheen van geheime aard te zijn, want een Duitse professor uit ons gezelschap, die opvallend op de oude Mommsen leek, wist er niets van af. Ik had een zeer levendig gesprek met hem en kwam onder de indruk

* Over het probleem van de 'imitatio': zie C. G. Jung 'Einleitung in die religionspsychologische Problematik der Alchemie', in 'Psychologie und Alchemie' (1952, 2e druk).

van zijn geleerdheid en sprankelende intelligentie. Slechts één ding hinderde me: hij sprak voortdurend over een dood verleden en doceerde heel geleerd over de verhouding van de Britse tot de Franse bronnen van de geschiedenis van de Graal. Kennelijk was hij zich niet bewust van de zin van de legende, en ook niet van haar levende aanwezigheid – terwijl ik juist hiervan zeer sterk onder de indruk was. Ook scheen hij de directe werkelijke omgeving niet waar te nemen, want hij gedroeg zich alsof hij in een collegezaal voor zijn studenten sprak. Tevergeefs probeerde ik hem opmerkzaam te maken op het eigenaardige van de situatie. Maar hij zag de trap niet en ook niet de feestelijke glans die uit de hal kwam.
Ik keek een beetje hulpeloos om me heen en ontdekte dat ik bij de muur van een hoge burcht stond, waarvan het onderste gedeelte met een latwerk was bedekt. Dat was echter niet zoals gebruikelijk van hout gemaakt, maar van zwart ijzer, dat kunstig was gevormd als een wijnstok, met bladeren, ranken en druiven. Op de horizontale takken stonden om de twee meter kleine, eveneens ijzeren huisjes, het leken wel nestkastjes. Plotseling zag ik iets bewegen tussen het loof; eert dacht ik dat het een muis was, maar toen zag ik duidelijk een klein mannetje met een puntmuts, een cucullatus, die van het ene huisje naar het andere glipte. 'Kijk', riep ik verbaasd tegen de professor, 'nu ziet u toch . . .'
Op dat moment viel er een hiaat en de droom veranderde. Wij – hetzelfde gezelschap als eerst, maar zonder de professor – bevonden ons buiten de burcht in een kaal, rotsig landschap. Ik wist dat er iets moest gebeuren, want de Graal was nog niet in de burcht en diezelfde avond moest het feest van de Graal gevierd worden. Ik hoorde dat hij op het noordelijke deel van het eiland in een klein, onbewoond huisje verstopt was, het enige dat daar stond. Ik wist dat het onze taak was de Graal daar te gaan halen. Met ongeveer zes man maakten we ons gereed en vertrokken naar het noorden.
Na een inspannende tocht van vele uren bereikten we het smalste gedeelte van het eiland, en ik ontdekte dat dit door een zeearm in tweeën was gedeeld. Op de smalste plaats was het water ongeveer honderd meter breed. De zon was ondergegaan en de nacht viel in. Vermoeid legden we ons op de grond te rusten. Het was een onherbergzame, kale streek. Geen boom, geen struik, alleen gras en rotsen. Wijd en zijd geen brug of schip. Het was erg koud, en mijn metgezellen vielen de een na de ander in slaap. Ik overlegde wat me te doen stond, en ik kwam tot de conclusie dat ik alleen naar de overkant moest zwemmen om de Graal te halen. Ik begon mijn kleren uit te trekken – en ik ontwaakte.
Toen ik me ternauwernood had ontworsteld aan de overweldigende geschakeerdheid van mijn Indiase indrukken, dook deze oer-Europese droom op. Al een jaar of tien eerder had ik kunnen vaststellen dat op vele plaatsen

in Engeland de droom van de Graal nog niet ten einde is, ondanks alle geleerdheid waaronder zijn legenden en verdichtsels zijn bedolven. Dit feit had des te meer indruk op me gemaakt toen me de overeenkomst tussen deze poëtische mythe en de uitspraken van de alchemie over het 'Unum Vas', de 'Una Medicina' en de 'Unus Lapis' duidelijk was geworden. Mythen, door de dag vergeten, worden door de nacht verder verteld. Machtige figuren die het bewustzijn gebanaliseerd heeft, die gereduceerd zijn tot belachelijke futiliteiten, worden weer tot leven gewekt door dichters, met een vooruitziende blik wordt hun nieuw leven ingeblazen; daarom kunnen ze ook in 'gedaanteverwisseling' door een nadenkend mens weer herkend worden. De grote figuren uit het verleden zijn niet zoals we menen, gestorven, maar zijn alleen van naam veranderd. 'Klein in gestalte, maar groot in macht', zo betrekt de verhulde kabir een nieuw huis.
De droom wiste met krachtige hand alle ook nòg zo intensieve Indiase indrukken van overdag uit en bracht me naar een te lang verwaarloosde taak van het Avondland, die zich eens had uitgedrukt in de Queeste van de Heilige Graal, en ook in het zoeken naar de 'Steen der filosofen'. Ik werd weggevoerd uit de wereld van India, en eraan herinnerd dat India niet mijn taak was; het was slechts een gedeelte van de weg – zij het ook een belangrijk stuk – die me dichter bij mijn doel moest brengen. Het was alsof de droom me vroeg: Wat doe je in India? Zoek liever voor jouwsgelijken de genezende schaal, de salvator mundi (de verlosser van de wereld), die jullie hard nodig hebben. Jullie staan immers op het punt alles te verwoesten wat eeuwenlang is opgebouwd.

Ceylon, mijn laatste reisimpressie, is niet meer India, het hoort al bij de Zuidzee en heeft iets van het paradijs waar je niet te lang kunt blijven. Colombo, een internationale, drukke haven, waar 's avonds tussen vijf en zes de regen met bakken uit een heldere hemel naar beneden komt, lieten we al spoedig achter ons om naar het heuvelachtige binnenland te gaan. Daar ligt Kandy, de oude koningsstad, gehuld in een fijne nevel die met een warm-koele vochtigheid voor een weelderige plantengroei zorgt. De Dalada-Maligawa-tempel, waar de relikwie van de Heilige Tand (van Boeddha) bewaard wordt, is weliswaar klein, maar heeft een bijzondere charme. Ik bracht vele uren in de bibliotheek door in gesprek met de monniken, en bekeek de op zilveren folianten ingekraste teksten van de Kanon.
In deze tempel maakte ik een onvergetelijke avondceremonie mee. Jonge meisjes en jongens schudden hele bergen jasmijnbloesems uit voor de altaren en zongen daarbij zacht een gebed voor zich heen, een Mantra. Ik dacht dat ze tot Boeddha baden, maar de monnik die me begeleidde legde me uit: 'Nee, Boeddha is niet meer; hij is in Nirvana, tot hem kun je niet bidden. Ze zingen: 'Vergankelijk als de schoonheid van deze bloemen is het leven.

Moge mijn god* samen met mij de verdienste van dit offer delen.' Dat jonge mensen zo zingen is echt Indisch.
De ceremonie werd ingeleid door een trommelconcert van een uur in de Mandapam – of datgene wat in Indiase tempels de wachtruimte genoemd wordt. Er waren vijf trommelaars, in elke hoek van de vierkante zaal één, en de vijfde, een knappe jongeman, ging in het midden staan. Hij was de solist, een ware kunstenaar in zijn vak. Met een naakt, donkerbruin glanzend bovenlichaam, een rode, brede ceintuur, een witte shoka (lange, tot op de voet reikende rok), en een witte tulband, zijn armen bedekt met fonkelende banden, trad hij met zijn dubbele trom voor de gouden boeddha om 'de klank te offeren'. Daar trommelde hij zonder begeleiding een wonderlijke melodie van een volmaakte kunst, met schitterende bewegingen van lichaam en handen. Ik zag hem van achteren; hij stond voor de met kleine olielampjes omgeven ingang tot de Mandapam. De trommel spreekt in een oertaal tot de buik of plexus solaris, deze 'vraagt niet', maar verwekt de 'verdienstelijke' mantram of de meditatieve 'uiting'. Het is dus niet een verering van een niet-zijnde boeddha, maar één van de vele zelfverlossingsdaden van de ontwaakte mens.

In het vroege voorjaar ving ik de terugreis aan, zó overweldigd door indrukken dat ik in Bombay niet meer aan land ging, maar me in mijn Latijnse alchemistische teksten begroef. India is echter niet zomaar langs me heengegaan – integendeel, het heeft sporen in me achtergelaten die van de ene oneindigheid naar een andere oneindigheid trekken.

Ravenna en Rome

Al de eerste keer dat ik in Ravenna was (1913) had het grafmonument van Galla Placidia diepe indruk op me gemaakt; het leek me van grote betekenis en het fascineerde me ongewoon sterk. Bij mijn tweede bezoek, ongeveer twintig jaar later, verging het me precies zo. Weer raakte ik in een merkwaardig ontroerde stemming toen ik in het grafmonument stond. Ik was er met een kennis, en aansluitend bezochten we het Baptisterium der Orthodoxen.
Wat me hier allereerst opviel was een zacht, blauw licht dat de ruimte vulde, zonder dat ik daar echter verbaasd over was. Ik gaf me er geen rekenschap van waar het vandaan kwam, en zo dacht ik helemaal niet na over het wonderlijke feit dat de lichtbron ontbrak. Tot mijn verbazing zag ik op de plaats waar volgens mijn herinnering vensters waren geweest, vier grote mozaïek-fresco's van ongehoorde schoonheid. Ik veronderstelde

* Voor god werd hier het Sanskrietwoord 'deva' = beschermengel gebruikt.

dat ik ze vergeten was, en het ergerde me dat ik zo weinig op mijn geheugen kon vertrouwen. Het mozaïek aan de zuidzijde stelde de doop in de Jordaan voor, een tweede aan de noordkant de doortocht van de kinderen Israëls door de Rode Zee. Het derde, aan de oostzijde, verbleekte snel in mijn herinnering. Wellicht stelde het de reiniging van Naämans melaatsheid in de Jordaan voor. Precies zo'n zelfde afbeelding van dit wonder staat in de oude Merianbijbel die zich in mijn bibliotheek bevindt. Het meest indrukwekkende was het vierde mozaïek aan de westelijke kant van het Baptisterium, dat we als laatste bekeken. Het stelde Christus voor, die de verdrinkende Petrus de hand reikt. Voor dit mozaïek bleven we zeker twintig minuten staan. We spraken over de oorspronkelijke dooprite, vooral over de merkwaardige opvatting van de doop als een initiatie, waaraan werkelijk levensgevaar verbonden was. Dat was meestal het geval bij dit soort initiaties; hierdoor werd de archetypische gedachte van dood en wedergeboorte uitgedrukt. Zo was ook de doop oorspronkelijk een echte 'onderdompeling', waarmee het gevaar van verdrinken op z'n minst wordt aangeduid.

Aan het mozaïek van de verdrinkende Petrus bewaar ik de duidelijkste herinnering; nu nog zie ik elk detail voor me: de blauwe zee, de afzonderlijke steentjes van het mozaïek, de linten met spreuken die uit de mond van Christus en Petrus kwamen en die ik probeerde te ontcijferen. Nadat we het Baptisterium hadden verlaten, ging ik meteen naar Alinari om foto's van de mozaïeken te kopen, maar ik kon er geen vinden. Omdat de tijd drong – het was slechts een kort bezoek – stelde ik de aankoop uit tot een later tijdstip; ik was van plan de afbeeldingen vanuit Zürich te bestellen.

Toen ik weer thuis was, vroeg ik een kennis die kort daarop eveneens naar Ravenna ging, de foto's voor me te kopen. Natuurlijk kon hij ze nergens vinden, want hij stelde vast dat de door mij beschreven mozaïeken in het geheel niet bestonden!

Intussen had ik al tijdens een seminar gesproken over de oorspronkelijke opvatting van de doop als initiatie en daarbij had ik de mozaïeken genoemd die ik in het Baptisterium der Orthodoxen gezien had.* De herinnering aan de voorstellingen is nu nog duidelijk, en mijn reisgenote heeft lange tijd niet kunnen geloven dat datgene wat ze 'met eigen ogen gezien' had, niet aanwezig was.

Het is zoals bekend uiterst moeilijk om vast te stellen of, en in hoeverre, twee personen gelijktijdig hetzelfde zien. In dit geval echter kon ik me er voldoende van verzekeren dat we beiden op z'n minst in grote trekken hetzelfde hadden gezien.

* Tantra-Yoga-Seminar 1932.

De beleving in Ravenna is één van de merkwaardigste dingen die me ooit is overkomen. Je kunt het nauwelijks verklaren. De geschiedenis van keizerin Galla Placidia († 450) werpt wellicht een zeker licht op deze gebeurtenis. Tijdens een stormachtige overtocht van Byzantium naar Ravenna, midden in de winter, deed ze de gelofte een kerk te bouwen en de gevaren van de zee te laten uitbeelden als ze gespaard bleef. Ze vervulde deze gelofte door de bouw van de Basilica San Giovanni in Ravenna die ze met mozaïeken liet verfraaien. In de vroege middeleeuwen werd de San Giovanni, inclusief de mozaïeken, door een brand verwoest, maar in de Ambrosiana te Milaan bevindt zich nog een schets voor een afbeelding van Galla Placidia op een schip.

De figuur van Galla Placidia had me sterk aangesproken en ik had me beziggehouden met de vraag wat het leven aan de zijde van een barbarenvorst betekend moet hebben voor deze zeer ontwikkelde vrouw uit een uiterst verfijnde cultuur. Haar grafmonument leek me het laatste overblijfsel waardoor ik haar nog persoonlijk kon bereiken. Haar lot en haar manier van doen troffen me diep, en in haar intensieve persoonlijkheid vond mijn anima een passende historische uitdrukking. Met deze projectie was juist dát tijdloos element van het onbewuste, en díe atmosfeer bereikt waarin het wonder van het visioen kon plaatsvinden. Het onderscheidde zich op dat moment door niets van de werkelijkheid.*

De anima van de man heeft een uitgesproken historisch karakter. Als personificatie van het onbewuste is ze doordrenkt met geschiedenis en voorgeschiedenis. Ze bevat de inhouden van het verleden en vervangt in de man datgene wat hij van zijn voorgeschiedenis behoorde te weten. Al het voorbije leven, dat nog in hem leeft, is de anima. In vergelijking tot haar voelde ik mezelf een barbaar, iemand die eigenlijk geen geschiedenis heeft en zojuist uit het niets ontstaan is – zonder verleden, zonder toekomst.

Tijdens de uiteenzettingen met de anima heb ik in feite alle gevaren ontmoet die ik op de mozaïeken zag uitgebeeld. Bijna was ik verdronken. Het is me vergaan als Petrus, die om hulp riep en door Jezus werd gered. Het had me kunnen vergaan zoals het leger van de Farao. Zoals Petrus en zoals Naäman ben ik er heelhuids vanaf gekomen; en de integratie van de onbewuste inhouden heeft wezenlijk tot de voltooiing van mijn persoonlijkheid bijgedragen.

Wat er met iemand gebeurt wanneer er voordien onbewuste inhouden in het bewustzijn geïntegreerd worden, is met geen pen te beschrijven. Je kunt het slechts ervaren. Het is een onweerlegbaar subjectieve aangelegen-

* Jung verklaarde dit visioen niet als een synchronistisch fenomeen, maar als een spontane schepping van het onbewuste, in samenhang met de archetypische gedachte van de initiatie. De directe oorzaak voor de concretisering lag in de animarelatie tot Galla Placidia en de daardoor opgeroepen emoties. A. J.

heid: ik zie mezelf op een bepaalde manier, en dat is voor mij een feit dat bewezen noch betwijfeld kan worden; dat heeft ook geen zin. Eveneens zien anderen mij op een bepaalde manier, en dat is ook een feit waaraan niet te twijfelen valt. Voor zover we weten, bestaat er geen instantie die het waarschijnlijk niet-overeenstemmen van indrukken en meningen uit de weg zou kunnen ruimen. Of er door integratie een verandering heeft plaatsgevonden en wat voor één, is en blijft een subjectieve overtuiging. Hoewel deze integratie geen wetenschappelijk te kwalificeren feit voorstelt en daarmee zonder verlies uit een 'officieel wereldbeeld' zou kunnen wegvallen, blijft ze toch een praktisch buitengewoon belangrijk feit met vèrstrekkende gevolgen. In ieder geval zou ze door realistische psychotherapeuten niet, en door therapeutisch ingestelde psychologen nauwelijks genegeerd mogen worden.

De ervaring in het Baptisterium van Ravenna liet een diepe indruk bij me achter. Sindsdien weet ik dat een 'binnen' eruit kan zien als een 'buiten' en omgekeerd. De werkelijke muren van het Baptisterium, die mijn fysieke ogen hadden moeten zien, waren bedekt met en veranderd door een visioen dat even reëel was als het onveranderde doopvont. Wat was op dat moment werkelijk?

Mijn geval is geenszins enig in zijn soort, maar als je zoiets zelf meemaakt, ontkom je er niet aan het serieuzer op te vatten dan wanneer je erover hoort of leest. In het algemeen heeft men bij dit soort verhalen snel allerlei verklaringen bij de hand. Ik ben in ieder geval tot de conclusie gekomen dat we met betrekking tot het onbewuste nog heel wat ervaringen moeten opdoen, voordat we ons op theorieën vastleggen.

Ik heb veel gereisd in mijn leven, en zou graag naar Rome zijn gegaan, maar ik voelde me niet opgewassen tegen de indruk van deze stad. Pompeji was al meer dan genoeg; de indrukken daarvan waren bijna te veel voor mijn opnemingsvermogen. Ik kon Pompeji pas bezoeken toen ik door mijn studies van 1910 tot 1912 enig inzicht had gekregen in de psychologie van de oudheid. In 1917 reisde ik per schip van Genua naar Napels. Ik stond aan de railing toen we ter hoogte van Rome langs de kust voeren. Daar achter lag Rome! Daar lag de nog rokende en gloeiende vuurhaard van oude culturen, ingesloten in de wortelstrengen van de christelijke middeleeuwen van het Avondland. Daar was nog levende oudheid, in al haar heerlijkheid en verdorvenheid.

Ik verbaas me altijd over mensen die naar Rome reizen zoals bij voorbeeld naar Parijs of naar Londen. Zeker, je kunt van het een zowel als het ander esthetisch genieten, maar als je door de geest die hier heerste bij elke stap die je doet tot in je diepste innerlijk geraakt wordt, als een

brok muur hier en een zuil daar me aanzien met een zojuist herkend gezicht – dan is dat een ander geval. Al in Pompeji werd ik me van onafzienbare dingen bewust, en er werden me vragen gesteld die mijn vermogen te boven gingen.
Toen ik in 1949, al op hoge leeftijd, het verzuimde wilde inhalen, viel ik flauw bij het kopen van de treinkaartjes. Daarna heb ik het plan van een reis naar Rome voor eens en voor altijd terzijde gelegd.

Visioenen

Begin 1944 brak ik mijn voet, en dat werd gevolgd door een hartinfarct. In een toestand van bewusteloosheid beleefde ik deliria en visioenen, die moeten zijn begonnen toen ik in direct levensgevaar verkeerde en men mij zuurstof en kamfer toediende. De beelden waren zó overweldigend dat ik zelf concludeerde dat ik de dood nabij was. Mijn verpleegster zei later: 'U was door een helder schijnsel omgeven!' Dat was een verschijnsel dat ze soms bij stervenden gezien had. Ik was bij de uiterste grens en wist niet of ik droomde of in extase was. In ieder geval speelden zich hoogst indrukwekkende dingen af.

Het leek of ik me hoog boven in het wereldruim bevond. Ver onder me zag ik de aardbol, gedompeld in een heerlijk blauw licht. Ik zag de diepblauwe zee en de continenten. Diep onder mijn voeten lag Ceylon en voor me lag het sub-continent van India. Mijn gezichtsveld omvatte niet de hele aarde, maar haar bolvorm was duidelijk te herkennen, en haar contouren glansden zilverig door het wonderbaarlijke, blauwe licht. Op sommige plaatsen leek de aarde kleurig of donkergroen gevlekt, zoals geoxydeerd zilver. 'Links' lag in de verte een uitgestrekte vlakte – de roodgele woestijn van Arabië. Het leek alsof het zilver van de aarde daar een roodgele kleur had gekregen. Daarna kwam de Rode Zee, en, heel in de verte, ongeveer 'links boven', kon ik juist nog een stukje Middellandse Zee ontdekken. Vooral daarop had ik mijn blikken gevestigd. Al het andere verscheen slechts onduidelijk. Ik zag weliswaar ook de sneeuwbergen van de Himalaya, maar daar was het nevelig of bewolkt. Naar 'rechts' keek ik niet. Ik wist dat ik op het punt stond de aarde te verlaten. Later heb ik geïnformeerd hoe hoog je in de ruimte moet zijn om een dergelijk ver uitzicht te hebben. Dat bleek ongeveer 1500 km. te zijn! De aanblik van de aarde vanuit deze hoogte was het schitterendste en meest betoverende wat ik ooit heb beleefd.

Nadat ik dit alles enige tijd aanschouwd had, keerde ik me om. Ik had om zo te zeggen met de rug naar de Indische Oceaan gestaan, met het gezicht naar het noorden. Daarna leek het alsof ik een draai naar het zuiden maakte. Er kwam iets nieuws in mijn gezichtsveld. Op geringe afstand zag ik in de ruimte een geweldige donkere steenklomp, zoals een meteoriet – ongeveer ter grootte van mijn huis, misschien nog groter. De steen

zweefde in het heelal, en ik zweefde in het heelal.
Soortgelijke stenen heb ik aan de kust van Bengalen gezien. Het zijn blokken zwartbruin graniet, waarin soms wel eens tempels worden uitgehouwen. Zo'n reusachtig donker blok was ook mijn steen. Een ingang leidde naar een klein portaal. Rechts zat op een stenen bank een donkere Indiër in lotuszit. Hij droeg een wit gewaad en verkeerde in een volkomen ontspannen houding. Zo wachtte hij me op – zwijgend. Twee treden leidden naar dit portaal; hier was links de poort naar de tempel. Ontelbare, in kleine nisjes aangebrachte holten gevuld met kokosolie en brandende kaarsepitten, omgaven deze ingang met een krans heldere vlammetjes. Dat had ik ook eens in werkelijkheid gezien. Toen ik in Kandy op Ceylon de tempel van de Heilige Tand bezocht was de poort omlijst door een paar rijen van dergelijke brandende olielampjes.
Terwijl ik de treden naar de ingang in de rots naderde gebeurde er iets merkwaardigs met me: ik had het gevoel of alles wat ik tot dan had meegemaakt van me afgenomen werd. Al mijn meningen, mijn wensen en gedachten, de hele fantasmagorie van het aardse bestaan viel van me af, of werd me ontroofd – een uiterst pijnlijk proces. Maar er bleef ook iets over, want het was alsof ik alles wat ik ooit beleefd had of gedaan had, alles wat om me heen gebeurd was, nu bij me had. Ik zou ook kunnen zeggen: het was bij mij en dat was 'ik'. Ik bestond er om zo te zeggen uit. Ik bestond uit mijn verleden en had absoluut het gevoel: dat ben 'ik' nu. 'Ik ben deze bundeling van wat volbracht en geweest is'. – Deze belevenis gaf me het gevoel van uiterste armoede, maar tegelijk van grote bevrediging. Er was niets meer dat ik verlangde of wenste, maar ik bestond als het ware objectief: ik was datgene wat ik doorleefd had. Aanvankelijk overheerste weliswaar een gevoel van vernietiging, van beroofd zijn of geplunderd zijn, maar plotseling viel dat ook weg. Alles leek voorbij, het bleef een fait accompli, zonder enige binding met het vroegere. Ik voelde geen spijt meer dat iets weggevallen of afgepakt was. Integendeel: ik had alles wat ik was en ik had alleen dat.
Nog iets anders hield me bezig: toen ik de tempel naderde was ik er zeker van dat ik in een verlichte ruimte zou komen en dat ik daar al die mensen zou aantreffen waar ik in werkelijkheid bij hoorde. Daar zou ik – ook dat was een zekerheid – eindelijk begrijpen in welke historische samenhang ik, of mijn leven, thuishoorde. Ik zou weten wat er vóór me was geweest, waarom ik geworden ben en waarheen mijn leven verder zou stromen. Het leven dat ik had geleefd was me vaak als een verhaal voorgekomen dat geen begin en geen eind heeft. Ik had het gevoel een historische perikoop te zijn: een stuk tekst waaraan het voorafgaande en volgende gedeelte ontbreken. Het leek alsof mijn leven met een schaar uit een lange keten was geknipt, en veel vragen waren onbeantwoord gebleven. Waarom is het

zó gegaan? Waarom heb ik deze uitgangspunten meegebracht? Wat heb ik daarmee gedaan? Wat zal eruit volgen? Op al deze vragen – daar was ik zeker van – zou ik een antwoord krijgen zodra ik de stenen tempel was binnengetreden. Daar zou ik inzien waarom alles zó en niet anders geweest was. Ik zou daar bij de mensen komen die het antwoord op mijn vragen naar het ervoor en erna weten.
Terwijl ik nog over deze dingen nadacht, gebeurde er iets dat mijn aandacht trok: van beneden, vanuit Europa, steeg een gedaante omhoog. Het was mijn arts, of beter gezegd, zijn beeltenis, omlijst door een gouden ketting of lauwerkrans. Ik wist meteen: O ja, dat is mijn dokter die me behandeld heeft. Maar nu komt hij in zijn oergestalte; een Basileus van Kos.* Tijdens zijn leven was hij een avatar (incarnatie) van deze Basileus, de tijdelijke belichaming van de oergestalte die altijd al heeft bestaan. Nu komt hij in zijn oergestalte.
Vermoedelijk was ook ik in mijn oergestalte. Dat had ik weliswaar niet waargenomen; ik stel me alleen voor dat het zo geweest is. Nadat hij als een beeld uit de diepte naar me was toegezweefd en voor me stond, vond een stille gedachtenuitwisseling tussen ons plaats. Mijn arts was namelijk door de aarde afgevaardigd om me een boodschap te brengen: er werd tegen geprotesteerd dat ik op het punt stond heen te gaan. Ik mocht de aarde niet verlaten en moest terugkeren. Op het moment dat ik dat vernam eindigde het visioen.
Ik was ten diepste teleurgesteld, want nu leek alles tevergeefs. Het pijnlijke proces van de 'ontbladering' was tevergeefs geweest en ik mocht de tempel niet in, niet naar de mensen die bij me hoorden.

In werkelijkheid gingen er nog ruim drie weken heen, voordat ik kon besluiten weer te leven. Ik at niet omdat elk voedsel me tegenstond. Het uitzicht op de stad en de bergen vanaf mijn ziekbed leek me net een beschilderd gordijn met gaten, of een krant vol gaten en met foto's, die me niets zeiden. Teleurgesteld dacht ik: Nu moet ik weer in het 'kistjes-systeem'! Het leek me namelijk alsof achter de horizon van de kosmos een driedimensionale wereld kunstmatig was opgebouwd, waar elk mens voor zich alleen in een kistje zat. En nu zou ik me weer moeten inbeelden dat dat iets waard was! Het leven en de hele wereld leken me een gevangenis, en ik ergerde me er grenzeloos over dat ik dat weer heel gewoon zou vinden. Ik was net zo blij geweest dat eindelijk alles van me afgevallen was, en nu was het alweer alsof ik – zoals alle andere mensen – aan draden opgehangen was binnen in een kistje. Toen ik in de ruimte stond, was ik

* Basileus = koning. Kos was in de oudheid beroemd om zijn Asklepios-tempel en was de geboorteplaats van de arts Hippocrates (vijfde eeuw voor Christus).

gewichtloos en niets had er aan me getrokken. En dat moest nu alweer afgelopen zijn!
In stilte maakte ik mijn arts verwijten omdat hij me weer tot het leven had teruggebracht. Maar ook was ik bezorgd om hem: Mijn God, hij is in gevaar! Hij is immers in zijn oergedaante verschenen! En als iemand deze gedaante heeft bereikt is het zover dat hij moet sterven. Dan hoort hij al bij de kring van 'zijn mensen'. – Plotseling kwam de ontstellende gedachte bij me op dat hij moest sterven – in mijn plaats! Ik deed de grootste moeite er met hem over te praten, maar hij begreep me niet. Toen werd ik boos op hem. Waarom doet hij steeds alsof hij niet weet dat hij een Basileus van Kos is? En dat hij zijn oergestalte al heeft aangenomen? Hij wil me laten geloven dat hij het niet weet! Dat ergerde me. Mijn vrouw verweet me dat ik onvriendelijk tegen hem was. Ze had gelijk; maar ik nam het hem uiterst kwalijk dat hij niet wilde spreken over al datgene wat ik in mijn visioen met hem had beleefd. God nog aan toe, hij moet toch oppassen, hij kan toch niet zo onvoorzichtig zijn! Ik zou hem graag zeggen dat hij beter op zichzelf moet letten! Ik had de vaste overtuiging dat hij in gevaar was, omdat ik hem in zijn oergestalte ontmoet had.
Inderdaad was ik zijn laatste patiënt. 4 april 1944 – ik weet de datum nog precies – mocht ik voor het eerst op de rand van het bed zitten. Diezelfde dag moest hij bedrust nemen en hij is niet meer opgestaan. Ik hoorde dat hij koortsaanvallen had. Spoedig daarna is hij aan septicaemie (bloedvergiftiging) gestorven. Hij was een goed arts en had iets geniaals. Anders was hij me ook niet als Vorst van Kos verschenen.

In die weken leefde ik in een merkwaardig ritme. Overdag was ik meestal gedeprimeerd. Ik voelde me zwak en ellendig en durfde me nauwelijks te bewegen. Terneergeslagen dacht ik: Nu moet ik weer deze grauwe wereld in. – Tegen de avond viel ik in slaap en ik sliep tot ongeveer middernacht. Dan kwam ik tot mezelf en was wellicht een uur lang wakker, maar dan in een volledig veranderde toestand. Ik was als in extase, of in een toestand van allergrootste zaligheid. Ik voelde me alsof ik in de ruimte zweefde, alsof ik in de schoot van het heelal was geborgen – in een reusachtige leegte, maar vervuld van het grootst mogelijke geluksgevoel. – Dat is de eeuwige zaligheid, dat kun je volstrekt niet beschrijven, het is veel te wonderbaarlijk, dacht ik.
Ook de omgeving leek betoverd. Op dat nachtelijk uur warmde de verpleegster wat eten voor me op, want alleen dan had ik trek in eten. Een tijdlang meende ik dat ze een oude jodin was, veel ouder dan ze in werkelijkheid was, en dat ze rituele koshere spijzen voor me bereidde. Als ik naar haar opkeek was het alsof ze een blauwe lichtkrans om haar hoofd had. Ik zelf – zo leek het me – bevond me in het Pardes rimmonim, de Tuin der

Granaatappels, en daar vond de bruiloft van Tifereth en Malchoeth plaats.* Of ik was als Rabbi Simon ben Jochai, wiens bruiloft aan gene zijde werd gevierd. Het was de mystieke bruiloft, zoals deze in traditionele kabbalistische voorstellingen beschreven wordt. Ik kan u niet zeggen hoe wonderbaarlijk dat was. Ik kon alleen maar voortdurend denken: Dat is nu de Tuin der Granaatappels! Dat is nu de bruiloft van Malchoeth en Tifereth! Ik weet niet precies welke rol ik daarin speelde. Welbeschouwd was ik het zelf: ik was de bruiloft. En mijn zaligheid was die van een zalige bruiloft. Geleidelijkaan verbleekte de beleving van de Tuin der Granaatappels en veranderde in iets anders. Nu kwam de 'Bruiloft van het Lam' in een feestelijk getooid Jeruzalem. Ik ben niet in staat de bijzonderheden daarvan te beschrijven. Het waren onbeschrijfelijke toestanden van zaligheid. Er waren engelen en er was licht. Ik zelf was de 'Bruiloft van het Lam'.

Ook dat verdween, en er verscheen een nieuw tafereel – het laatste visioen. Ik wandelde door een breed dal, dat uitliep in een zacht glooiende helling. Het einde van dit dal werd gevormd door een antiek amfitheater, dat prachtig in het groene landschap lag. En daar, in dit theater, vond de hierosgamos (heilig huwelijk) plaats. Dansers en danseressen traden op en op een met bloemen getooid rustbed voltrokken de Alvader van Zeus en Hera de hierosgamos, zoals deze in de Ilias beschreven is.

Al deze gebeurtenissen waren heerlijk, ik was de ene nacht na de andere in de zuiverste zaligheid gedompeld, 'omzweefd door beelden van allerlei creaturen'. Geleidelijkaan vloeiden de motieven ineen en verbleekten. Meestal duurden de visioenen ongeveer een uur; dan sliep ik weer in, en al tegen de morgen voelde ik: nu komt de grauwe ochtend weer! Nu komt de grauwe wereld met haar cellensysteem! Wat een nonsens, wat een verschrikkelijke onzin! Want deze innerlijke toestanden waren zo fantastisch, dat daarbij vergeleken de wereld gewoonweg belachelijk leek. Naarmate ik weer dichter bij het leven kwam, nauwelijks drie weken na het eerste visioen, hielden de visionaire toestanden op.

Je kunt je geen voorstelling maken van de schoonheid, van de intensiteit van het gevoel tijdens de visioenen. Ze waren het geweldigste dat ik ooit heb meegemaakt. En dan dit contrast, de dag! Overdag was alles een kwelling, mijn zenuwen konden absoluut niets meer verdragen. Alles irriteerde me. Alles was te materieel, te grof en te zwaar, ruimtelijk en geestelijk beperkt, met onduidelijke bedoelingen kunstmatig ingeperkt – en toch bezat dit alles een soort hypnotische kracht waardoor het geloofwaardig werd, alsof het de werkelijkheid zelf was, terwijl men haar nietigheid toch

* 'Pardes rimmonim' is de titel van een kabbalistisch traktaat van Mose Cordovero uit de zestiende eeuw. Malchoeth en Tifereth zijn volgens kabbalistische opvatting twee van de tien sferen van goddelijke manifestaties, waarin God uit zijn verborgenheid te voorschijn treedt. Ze beelden een vrouwelijk en een mannelijk principe binnen de godheid uit. A. J.

duidelijk had ingezien. In feite ben ik, ondanks een opnieuw opgevijzeld geloof in de wereld, nooit meer helemaal losgekomen van de indruk dat het 'leven' een fragment van het bestaan is, dat zich afspeelt in een hiertoe gereserveerd driedimensionaal wereldsysteem.
Eén detail herinner ik me nog nauwkeurig. In het begin, ten tijde van het visioen van de Tuin der Granaatappels, vroeg ik de zuster om verontschuldiging als ze schade mocht oplopen: er was een grote heiligheid in het vertrek. Dat was gevaarlijk en kon schadelijk voor haar zijn. Natuurlijk begreep ze me niet. Voor mij was de aanwezigheid van het heilige een betoverende atmosfeer, maar ik vreesde dat ze voor anderen onverdraaglijk was. Daarom verontschuldigde ik me dat ik er zelf immers niets aan kon doen. Destijds heb ik begrepen waarom men over de ruimtevullende 'geur' van de Heilige Geest spreekt. Dat was het. Er was in het vertrek een pneuma van onuitsprekelijke heiligheid, waarvan de verduidelijking het Mysterium Coniunctionis was.
Ik had nooit gedacht dat je zo iets zou kunnen beleven, dat een voortdurende zaligheid ook maar mogelijk was. De visioenen en gebeurtenissen waren volkomen reëel, niets was ingebeeld, maar alles was uiterst objectief.

Je voelt een zekere schroom om de uitdrukking 'eeuwig' te gebruiken, maar ik kan deze beleving slechts als zaligheid van een niet-tijdelijke toestand omschrijven, waarin heden, verleden en toekomst één zijn. Alles wat in de tijd gebeurt, was daar samengevat tot een objectieve totaliteit. Niets was meer uitgesplitst in de tijd, of kon naar tijdelijke begrippen gemeten worden. Deze beleving zou je het beste als een toestand kunnen omschrijven – als een gevoelstoestand, die je je echter niet voor kunt stellen. Hoe kan ik me voorstellen dat ik tegelijkertijd ben als eergisteren, vandaag en overmorgen? Dan zou er iets nog niet begonnen zijn, iets anders was duidelijk heden en nog iets anders was al beëindigd – en toch was alles één. Het enige dat het gevoel nog zou kunnen vatten zou een som zijn, een steeds van kleur wisselende totaliteit, waarin de verwachting over het beginnende evenzeer besloten ligt als de verrassing over het zojuist gebeurde en de bevrediging of teleurstelling over het resultaat van het voorbije. Een onbeschrijfelijk geheel, waarmee je zelf verweven bent – en toch neem je het volledig objectief waar.
De ervaring van deze objectiviteit had ik later nog eens. Dat was na de dood van mijn vrouw. Ik zag haar in een droom, die op een visioen leek. Ze stond op enige afstand en keek me recht in de ogen. Ze was in de bloei van haar leven, ongeveer dertig jaar, en droeg de japon die mijn nicht, het medium, jaren geleden voor haar had gemaakt. Het was wellicht het mooiste dat ze ooit gedragen heeft. De uitdrukking van haar gezicht was niet opgewekt en niet treurig, maar objectief wetend en kennend, zonder de minste

emotie. Het was alsof ze aan gene zijde van de nevels der affecten was. Ik wist dat zij het niet zèlf was, maar een beeld dat ze speciaal voor mij daar had neergezet of teweeggebracht. Het bevatte het begin van onze relatie en alles wat er tijdens drieënvijftig jaar huwelijk gebeurd was, en ook het eind van haar leven. Tegenover zo'n totaliteit sta je sprakeloos, want je kunt dat nauwelijks vatten.

De objectiviteit die ik in deze droom en in de visioenen beleefde, hoort bij de voltooide individuatie. Ze betekent een afstand doen van waardeoordelen en van datgene wat we gevoelsbindingen noemen. Over het algemeen hecht de mens zeer veel waarde aan gevoelsbindingen, maar deze bevatten altijd nog projecties, die teruggenomen moeten worden, wil men tot zichzelf en tot objectiviteit komen. Gevoelsrelaties zijn relaties vol begeerte, belast met dwang en onvrijheid; je verwacht iets van de ander waardoor deze en jij zelf onvrij worden. De objectieve kennis staat achter de gevoelsmatige betrokkenheid; zij schijnt het centrale geheim te zijn. Pas door haar is werkelijke coniunctio mogelijk.

Na deze ziekte begon voor mij een tijd van vruchtbare arbeid. Mijn belangrijkste werken zijn voor een deel pas daarna ontstaan. Deze kennis, of het aanschouwen van het einde van alle dingen, gaf me de moed nieuwe formuleringen te gebruiken. Ik probeerde niet meer mijn eigen mening door te zetten, maar vertrouwde me toe aan de stroom van de gedachten. Zo kwam het ene probleem na het andere naar me toe en vond zijn eigen vorm.

Er was echter nog iets anders dat het gevolg was van mijn ziekte. Ik zou het kunnen formuleren als een ja-zeggen tot het 'zijn' – een 'ja' zonder voorbehoud tot datgene wat is, zonder subjectieve tegenwerpingen. De voorwaarden van het bestaan accepteren, zoals ik ze zie, zoals ik ze opvat. En mijn eigen wezen accepteren zoals ik nu eenmaal ben. Bij het begin van mijn ziekte had ik het gevoel dat mijn instelling niet juist was en dat ik daarom in zekere zin verantwoordelijk was voor het ongeval. Maar als je de individuatieweg gaat, als je het leven leeft, moet je ook de vergissingen op de koop toe nemen, anders zou het leven niet volledig zijn. Er bestaat geen garantie – op geen enkel ogenblik – dat we niet op een dwaalspoor raken of in een dodelijk gevaar terechtkomen. Men meent wellicht dat er een veilig pad bestaat. Maar dat is het pad van de doden. Dan gebeurt er niets meer, of in geen geval het juiste. Wie de veilige weg neemt, is zo goed als dood.

Pas na mijn ziekte begreep ik hoe belangrijk het ja-zeggen tegen het eigen lot is. Want pas dan is er een 'ik' aanwezig dat ook niet te kort schiet als er iets onbegrijpelijks gebeurt. Een 'ik' dat volhoudt, dat de waarheid verdraagt en dat opgewassen is tegen de wereld en het noodlot. Dan heb je

met een nederlaag ook een overwinning behaald. Niets wordt verstoord – buiten noch binnen, want de eigen continuïteit heeft standgehouden in de stroom van het leven en van de tijd. Maar dat kan alleen gebeuren als je je niet betweterig in de plannen van het lot mengt.
Ik ben ook tot het inzicht gekomen dat het denken dat zich in ons voltrekt als een feitelijke aanwezigheid aanvaard moet worden, aan gene zijde van alle waardeoordelen. De categorieën van waar en onwaar zijn wel altijd aanwezig, maar ze staan niet-verbindend terzijde – want de aanwezigheid van gedachten op zich is belangrijker dan hun subjectieve beoordeling. Maar ook deze waardeoordelen zijn op zich weer aanwezige gedachten die we niet mogen onderdrukken, want ook zij behoren tot de verschijning van de totaliteit.

Over het leven na de dood

Wat ik u over 'gene zijde' en over een leven na de dood vertel zijn allemaal herinneringen. Het zijn beelden en gedachten waarmee ik geleefd heb en waardoor ik voortgedreven werd. In een zeker opzicht maken ook zij deel uit van het fundament voor mijn boeken, want deze zijn in feite niets anders dan steeds hernieuwde pogingen een antwoord te geven op vragen over het samenspel van 'deze zijde' en 'gene zijde'. Ik heb echter nooit met zoveel woorden over een leven na de dood geschreven, want dan had ik mijn gedachten met bewijzen moeten staven en dat kan niet. Welnu, ik zal ze dit keer uitspreken.

Ook nu kan ik echter niet méér doen dan verhalen erover vertellen – 'mythologein' (mythologiseren). Wellicht heb je de nabijheid van de dood nodig om de daartoe benodigde vrijheid te krijgen. Een leven na de dood heb ik noch gewenst, noch niet-gewenst; ik zou dergelijke gedachten ook niet willen cultiveren. Maar om de werkelijkheid aan het woord te laten komen, moet ik vaststellen dat zonder het te wensen, zonder mijn toedoen, dit soort gedachten in me omgaan. Ik weet niet of ze waar of onwaar zijn, maar ik weet dàt ze er zijn en dat ze onder woorden gebracht kunnen worden, zolang ik ze niet door een of ander vooroordeel onderdruk. Vooringenomenheid echter belemmert en beschadigt de volledige verschijning van het psychisch leven, dat ik veel te weinig ken om het door betweterij te kunnen corrigeren. Nog niet zo lang geleden heeft het kritisch verstand naast veel andere mythische voorstellingen ook – naar het schijnt – het idee van een post-mortaal leven laten verdwijnen. En dat kon alleen maar gebeuren doordat de tegenwoordige mens zich meestal uitsluitend identificeert met zijn bewustzijn; hij beeldt zich in, slechts datgene te zijn wat hij over zichzelf weet. Iedereen die ook maar een beetje op de hoogte is van psychologie, kan er zich gemakkelijk rekenschap van geven hoe beperkt deze kennis is. Rationalisme en doctrinarisme zijn de ziekten van onze tijd; ze pretenderen alles te weten. Men zal echter nog veel ontdekken wat we tegenwoordig vanuit ons beperkt standpunt onmogelijk noemen. Onze begrippen van ruimte en tijd zijn slechts bij benadering geldig, en laten daardoor een brede scala van relatieve en absolute afwijkingen open. Met het oog op zulke mogelijkheden luister ik aandachtig naar de wonderlijke mythen van de ziel en geef acht op alles wat zich aan me voordoet – onverschillig of dat in mijn theoretische veronderstellingen past of niet.

Helaas komt tegenwoordig de mythische kant van de mens meestal te kort. De mens kan niet meer fantaseren. Daarmee ontgaat hem veel, want het is belangrijk en heilzaam ook om over onbegrijpelijke dingen te spreken. Dat is net zo iets als een goed spookverhaal, dat verteld wordt bij het haardvuur terwijl je een pijp rookt.
Wat de mythen of verhalen over een leven na de dood 'in werkelijkheid' betekenen, of welke realiteit daarachter staat, weten we natuurlijk niet. We kunnen niet uitmaken of ze boven hun waarde van antropomorfe projecties uit nog enige geldigheid bezitten. We moeten het er integendeel over eens zijn dat de mogelijkheid ontbreekt om zekerheid te krijgen over dingen die ons verstand te boven gaan.
Een andere wereld met totaal andere omstandigheden kunnen we ons niet eens voorstellen, aangezien we nu eenmaal in een bepaalde wereld leven waardoor onze geest en onze psychische uitgangspunten mede gevormd en bepaald zijn. Door onze aangeboren structuur zijn we streng begrensd en daarom zijn we met ons denken en zijn aan deze wereld van ons gebonden. De mythische mens verlangt weliswaar 'daar bovenuit te gaan', maar de wetenschappelijk verantwoordelijke mens kan dat niet toelaten. Voor het verstand is het 'mythologein' een steriele speculatie, voor het gemoed betekent het echter een geneeskrachtige bezigheid; ze geeft het bestaan een glans die je niet zou willen missen. En er bestaan ook geen afdoende redenen waarom je dat zou moeten missen.

De parapsychologie ziet in de manifestatie van een overledene een wetenschappelijk geldig bewijs voor het verder leven na de dood. De overledene zou zich manifesteren als geestverschijning of via een medium en deelt dingen mee die uitsluitend aan hem bekend waren. Ook indien er dergelijke heel geloofwaardige gevallen bestaan, dan nog blijft de vraag open of de geestverschijning, respectievelijk de stem, identiek is met de dode, ofwel een psychische projectie is. En ook: is het gezegde werkelijk afkomstig van de overledene, of komt het wellicht voort uit de kennis die in het onbewuste aanwezig is?*
Ondanks alle verstandelijke overwegingen die tegen een zekerheid in deze dingen spreken, mag men één ding niet vergeten: voor de meeste mensen betekent het heel veel om aan te nemen dat hun leven een onbestemde continuïteit heeft boven dit tegenwoordig bestaan uit. Ze leven dan verstandiger, het gaat hen beter en ze zijn rustiger. Je hebt nog een eeuwigheid vóór je, je hebt een onafzienbare hoeveelheid tijd ter beschikking! Waarom zou je je dan zo zinloos laten opjagen?
Natuurlijk geldt dat niet voor iedereen. Er zijn mensen die geen behoefte

* Over het 'absolute weten' in het onbewuste: zie C. G. Jung 'Synchronizität als ein Prinzip akausaler Zusammenhänge', 1952. Nederl.: 'Synchroniciteit', Rotterdam 1976.

aan onsterfelijkheid voelen, voor wie het afschuwelijk is te bedenken dat ze tienduizenden jaren op een wolkje zouden moeten zitten harpspelen! Ook zijn er niet weinigen die het tijdens hun leven zó slecht vergaan is, of die zo'n walging voor het eigen bestaan voelen, dat een absoluut einde waardevoller lijkt dan een voortzetting. Maar voor het merendeel van de mensen is de vraag naar onsterfelijkheid zo dringend, zo direct, en ook zo onuitroeibaar, dat je een poging moet wagen om er een of ander oordeel over te vormen. Hoe is dat echter mogelijk?

Mijn hypothese is dat we daartoe in staat zijn met behulp van aanwijzingen die het onbewuste ons geeft, bij voorbeeld in dromen. Meestal verzetten we ons ertegen om deze aanwijzingen van het onbewuste serieus te nemen, omdat we ervan overtuigd zijn dat deze vraag naar onsterfelijkheid niet te beantwoorden is. Tegenover deze begrijpelijke scepsis wil ik de volgende overwegingen stellen: als we iets niet kunnen weten, moeten we het als intellectueel probleem opgeven. Ik weet niet door welke oorzaak het heelal is ontstaan en ik zal het nooit weten. Dus moet ik die vraag als wetenschappelijk of intellectueel probleem laten vallen. Maar als daarover bij voorbeeld via dromen of mythische overleveringen een denkbeeld naar voren komt, dan wil ik daar aandacht aan schenken. Ik moet het zelfs aandurven om hieruit een bepaalde opvatting te ontwikkelen, ook wanneer deze voor altijd een hypothese blijft, en terwijl ik weet dat ze niet bewezen kàn worden.

De mens moet kunnen aantonen dat hij al het mogelijke heeft gedaan om zich een mening te vormen over het leven na de dood, of zich daarvan een voorstelling te maken – zij het dan ook met de bekentenis van zijn onmacht. Wie dat niet doet, heeft iets verloren. Want wat hem als een vraag tegemoettreedt is oeroud erfgoed van de mensheid, een archetype, rijk aan geheim leven, dat zich in het onze wil voegen om het volledig te maken. Het verstand stelt ons veel te nauwe grenzen en vraagt ons alleen met het bekende – en ook dat nog met beperkingen – in een bekend kader te leven; alsof men de werkelijke omvang van het leven zou kennen! In feite leven we dag in dag uit ook tot ver buiten de grenzen van ons bewustzijn; zonder dat we het weten leeft het onbewuste mee. Hoe meer het kritisch verstand gaat overheersen, des te armer wordt het leven; maar hoe meer we ons bewust kunnen maken van het onbewuste, van de mythe, des te meer leven integreren we. Het overschatte verstand heeft dit gemeen met de absolute staat: onder zijn heerschappij verkommert de enkeling.

Het onbewuste geeft ons een kans, doordat het ons iets meedeelt, of ons in beelden iets aanduidt. Het is in staat ons af en toe in beelden dingen te vertellen die we logisch beschouwd volstrekt niet weten kùnnen. Denk eens aan synchronistische fenomenen, aan voorspellende dromen en voorgevoelens!

Op een keer reed ik per trein van Bollingen naar huis. Het was tijdens de Tweede Wereldoorlog. Ik had een boek bij me, maar kwam niet tot lezen, want op het moment dat de trein zich in beweging zette, werd ik overvallen door het beeld van een drenkeling. Het was de herinnering aan een ongeval uit mijn diensttijd. Gedurende de hele rit liet het me niet los. Dat vond ik onheilspellend. Ik dacht: Wat zou er gebeurd zijn? Soms een ongeluk?
In Erlenbach stapte ik uit en liep naar huis; de herinnering bleef me bezighouden en ik maakte me zorgen. In de tuin stonden de kinderen van mijn tweede dochter. Deze woonde met haar gezin bij ons sinds ze wegens de oorlog uit Parijs naar Zwitserland was teruggekeerd. Ze stonden allemaal wat bedremmeld te kijken, en toen ik vroeg: 'Wat is hier aan de hand?' vertelden ze: Adrian, toen nog de jongste, was in het botenhuis in het water gevallen. Het is daar tamelijk diep, en omdat hij niet kon zwemmen was hij bijna verdronken. Zijn oudere broertje had hem eruit gehaald. Het was precies op het moment gebeurd toen ik in de trein door die herinnering was overvallen. Het onbewuste had me dus een wenk gegeven. Waarom kan het me dan ook niet over andere dingen informeren?
Iets dergelijks maakte ik mee bij een sterfgeval in de familie van mijn vrouw. Ik droomde indertijd dat het bed van mijn vrouw een diepe groeve met gemetselde wanden was. Het was een graf en maakte op de een of andere manier een antieke indruk. Toen hoorde ik een diepe zucht alsof iemand de geest gaf. Een gedaante die op mijn vrouw leek, richtte zich op in de groeve en zweefde omhoog. Ze droeg een wit gewaad waarin merkwaardige zwarte tekens geweven waren. – Ik werd wakker, wekte mijn vrouw en controleerde de tijd. Het was drie uur 's ochtends. De droom was zó merkwaardig, dat ik meteen dacht dat hij een sterfgeval zou kunnen meedelen. Om zeven uur kwam het bericht dat een nicht van mijn vrouw om drie uur gestorven was!
Vaak gaat het slechts om een vooruit-weten, niet om een vooruit-kennen. Zo had ik eens een droom waarin ik op een tuinfeest was. Mijn zuster was er ook, wat me erg verbaasde, want ze was al enkele jaren tevoren gestorven. Ook een overleden vriend van mij was aanwezig. De anderen waren bekenden die nog in leven waren. Mijn zuster was in gezelschap van een dame die ik goed kende, en nog terwijl ik droomde trok ik daaruit de conclusie dat ze blijkbaar door de dood aangeraakt was. – Ze is getekend, dacht ik. In de droom wist ik wie ze was en dat ze in Bazel woonde. Nauwelijks was ik ontwaakt of ik kon me met geen mogelijkheid meer herinneren wie ze was, hoewel de hele droom me nog levendig voor de geest stond. Ik ging al mijn bekenden uit Bazel na en lette op of me daarbij soms iets te binnen schoot. Niets!
Een paar weken later ontving ik het bericht dat een vriendin van ons dodelijk verongelukt was. Toen wist ik meteen: zij was het, die ik in mijn

droom had gezien en die ik me later niet meer kon herinneren. Ik had zeer gedetailleerde herinneringen aan haar, want ze was geruime tijd, tot een jaar voor haar dood, mijn patiënte geweest. Bij mijn poging haar weer in herinnering te brengen, had uitgerekend haar beeld ontbroken in de lange reeks van mijn Bazelse kennissen – hoewel het naar alle waarschijnlijkheid al bij de eerste had moeten horen.

Als je zulke ervaringen opdoet, krijg je een zekere achting voor de mogelijkheden en kundigheden van het onbewuste. Je moet alleen kritisch blijven en weten dat dit soort 'mededelingen' ook altijd een subjectieve betekenis kunnen hebben. Ze kunnen met de realiteit overeenstemmen, maar ook niet. Ik heb echter ondervonden dat de opvattingen die ik op grond van dergelijke aanduidingen van het onbewuste kon verwerven, zeer verhelderend werkten en uitzicht gaven op een wereld vol rijke vermoedens. Natuurlijk zal ik daar geen 'boek der Openbaringen' over schrijven, maar ik erken dat ik een 'mythe' heb die me interesseert en die me tot bepaalde probleemstellingen brengt. Mythen zijn de vroegste vormen van wetenschap. Als ik over de dingen na de dood spreek, dan doe ik dat vanuit een innerlijke bewogenheid en kan niet verder gaan dan datgene wat dromen en mythen erover vertellen.

Natuurlijk kun je bij voorbaat daartegen inbrengen dat mythen en dromen over een continuïteit van het leven na de dood uitsluitend compenserende fantasieën zijn die nu eenmaal in onze aard liggen – elk leven wil eeuwigheid. Daar kan ik geen ander argument tegenover stellen dan juist de mythe.

Bovendien bestaan er ook aanwijzingen dat ten minste een deel van de psyche niet onderworpen is aan de wetten van ruimte en tijd. Het wetenschappelijk bewijs daarvoor werd geleverd door de proeven van J. B. Rhine.* Naast talrijke gevallen van spontane voorspellingen, niet-ruimtelijke waarnemingen en dergelijke, waarvan ik hierboven een paar voorbeelden uit mijn leven liet zien, bewijzen deze proeven dat de psyche op sommige momenten niet volgens de tijd-ruimtelijke causaliteitswetten functioneert. Daaruit volgt dat onze voorstellingen van ruimte en tijd en daarmee ook van causaliteit, onvolledig zijn. Een volledig wereldbeeld zou om het zo uit te drukken nog met een andere dimensie uitgebreid moeten worden; pas dan zou het geheel van fenomenen samenhangend verklaard kunnen worden. Daarom houden de rationalisten ook nu nog vol dat er geen parapsychologische ervaringen bestaan, want daarmee staat en valt hun wereldbeeld. Als zulke fenomenen wel voorkomen, is het rationalistisch wereldbeeld ongeldig, want onvolledig. Dan wordt de mogelijkheid van een achter de verschijningen liggende werkelijkheid, die een àndere waarde

* J. B. Rhine, Duke University in Durham, U.S.A. heeft met zijn kaartexperimenten het vermogen van de mens aangetoond, buitenzintuiglijke waarnemingen te doen. A. J.

heeft, een onafwijsbaar probleem. Dan moeten we het feit onder ogen zien dat onze wereld met tijd, ruimte en causaliteit betrekking heeft op een daarachter – of daaronder – gelegen andere ordening der dingen, waarin noch het 'hier en daar', noch 'vroeger en later' essentieel zijn. Volgens mij valt het niet te bestrijden dat tenminste een deel van ons psychisch bestaan gekarakteriseerd is door een relativiteit van ruimte en tijd. Naarmate de afstand tot het bewustzijn groter wordt, lijkt deze relativiteit van de psyche over te gaan tot een absolute ruimte- en tijdloosheid.

Niet alleen door mijn eigen dromen maar af en toe ook door die van anderen, werden mijn opvattingen over een post-mortaal leven gevormd, herzien of bevestigd. Van bijzondere betekenis was een droom die een bijna zestigjarige leerlinge van mij ongeveer twee maanden voor haar dood had: ze kwam in het 'hiernamaals'. Ze kwam terecht in een schoolklas en op de voorste bank zaten haar overleden vriendinnen. Iedereen leek vol verwachting. Ze keek rond of ze een leraar of spreker zag, maar kon niemand vinden. Men beduidde haar dat zij zèlf de spreekster was, want alle overledenen moesten meteen na hun dood verslag uitbrengen over alle ervaringen die ze tijdens hun leven hadden opgedaan. De doden waren bijzonder geïnteresseerd in de ervaringen die de pas gestorvenen meebrachten, net alsof de daden en ontwikkelingen tijdens het aardse leven de doorslaggevende gebeurtenissen waren.

In ieder geval schildert deze droom een zeer ongebruikelijk gehoor, dat haars gelijke op aarde nauwelijks zal vinden: men heeft een vurige belangstelling voor het psychologische eindresultaat van een mensenleven, dat in geen enkel opzicht opmerkelijk was, net zo min als de conclusie die daaruit getrokken kon worden – volgens onze mening. Als het 'publiek' zich echter in een relatieve niet-tijd bevindt, waar 'afloop', 'gebeurtenis', 'ontwikkeling', twijfelachtige begrippen zijn geworden, dan zou het zich juist het meest kunnen interesseren voor datgene wat aan zijn eigen toestand ontbreekt.

Ten tijde van deze droom had de overledene angst voor de dood; deze toekomstige gebeurtenis wilde ze zo ver mogelijk van haar bewustzijn houden. Het is echter een heel belangrijke 'interesse' van de ouder wordende mens om zich juist met deze mogelijkheid vertrouwd te maken. Een zo te zeggen onafwijsbare vraag komt op hem af en hij zou daar een antwoord op moeten geven. Hiertoe heeft hij een mythe over de dood nodig, want het 'verstand' toont hem niets dan het donkere graf waarin hij terechtkomt. De mythe echter zou hem andere dingen kunnen laten zien, behulpzame en verrijkende beelden van het leven in het dodenrijk. Gelooft hij hieraan, of heeft hij er ook maar een beetje vertrouwen in, dan heeft hij daarmee evenveel gelijk of ongelijk als iemand die er niet aan gelooft.

Terwijl echter degene die alles ontkent het Niets tegemoet gaat, volgt degene die zich aan het archetype verplicht de sporen van het leven tot in de dood. Beiden zijn weliswaar in onwetendheid; de één echter tegen zijn instinct in, de ander volgt zijn instinct. Dat is een aanzienlijk verschil en betekent een voordeel ten gunste van de laatste.

Ook de gestalten van het onbewuste zijn 'niet-geïnformeerd' en hebben de mens nodig of het contact met het bewustzijn om 'kennis' te verwerven. Toen ik begon te werken met het onbewuste, speelden de fantasiefiguren van Salomé en Elia een grote rol. Later verdwenen ze naar de achtergrond, maar traden na ongeveer twee jaar opnieuw op. Tot mijn grootste verbazing waren ze volkomen onveranderd; ze spraken en handelden zó, alsof er intussen helemaal niets gebeurd was. En toch hadden zich de meest ongehoorde dingen afgespeeld in mijn leven. Ik moest als het ware weer van voren af aan beginnen en hen alles uitleggen en verklaren. Daar heb ik me destijds heel erg over verbaasd. Pas later begreep ik wat er gebeurd was: deze twee waren in de tussentijd in het onbewuste en in zichzelf – je zou evengoed kunnen zeggen: in het tijdloze – verzonken. Ze hielden geen contact met het 'ik' en diens wisselende omstandigheden en waren daarom 'onwetend' over datgene wat in de wereld van het bewustzijn gebeurd was. Al vroeg had ik de ervaring opgedaan dat ik de gestalten van het onbewuste, of – vaak niet van hen te onderscheiden – de 'geesten van de afgescheidenen', iets moest leren. De eerste keer overkwam me dat tijdens een fietstoch door Noord-Italië, die ik in 1911 met een vriend had ondernomen. Op de terugweg reden we van Pavia naar Arona, aan de zuidkant van het Lago Maggiore, en overnachtten daar. We waren van plan langs het meer te rijden en dan verder door het Tessin naar Faido. Daar wilden we de trein naar Zürich nemen. Maar in Arona had ik een droom die onze plannen in de war stuurde.

In deze droom bevond ik me in een gezelschap van doorluchtige geesten uit voorbije eeuwen en had een soortgelijk gevoel als later tegenover de 'doorluchtige voorouders' die zich in de zwarte steen uit mijn visioen van 1944 bevonden. De gesprekken werden in het Latijn gevoerd. Een heer met een allongepruik sprak me aan, en stelde me een moeilijke vraag waarvan ik me de inhoud bij het ontwaken niet meer kon herinneren. Ik verstond hem wel, maar beheerste de taal niet voldoende om hem in het Latijn te kunnen antwoorden. Hierover schaamde ik me zo diep, dat ik door deze emotie ontwaakte.

Op het moment dat ik wakker werd, schoot me al dadelijk mijn boek 'Wandlungen und Symbole der Libido' te binnen, waar ik toentertijd aan werkte. Ik had zulke minderwaardigheidsgevoelens wegens de nietbeantwoorde vraag, dat ik onmiddellijk de trein naar huis nam om aan het werk

te gaan. Het zou me onmogelijk geweest zijn de fietstocht voort te zetten en er nog eens drie dagen aan op te offeren. Ik moest aan het werk om het antwoord te vinden.
Pas veel later begreep ik de droom en mijn reactie: de heer met de allongepruik was een soort 'voorouder- of dodengeest', die met zijn vragen bij mij was gekomen – en ik wist geen antwoord! Het was destijds nog te vroeg, ik was nog niet zover; maar ik had een vaag vermoeden dat ik door te werken aan mijn boek de aan mij gestelde vraag zou beantwoorden. Ze werd in zekere zin door mijn geestelijke voorouders aan mij gesteld in de hoop en de verwachting dat ze dan zouden horen wat ze in hun tijd niet te weten waren gekomen; dat moest in de eeuwen die na hen volgden pas tot stand worden gebracht. Zouden vraag en antwoord in de eeuwigheid, dus altijd al, voorhanden geweest zijn, dan was mijn inspanning geenszins nodig geweest; bovendien hadden ze in onverschillig welke eeuw ontdekt kunnen worden. Er schijnt weliswaar een onbegrensd weten in de natuur aanwezig te zijn, dat echter slechts onder passende tijdsomstandigheden door het bewustzijn kan worden begrepen. Dat gebeurt vermoedelijk op dezelfde manier als in de ziel van het individu: deze draagt wellicht jarenlang een vermoeden van iets in zich mee, maar wordt dat pas op een bepaald tijdstip werkelijk gewaar.

Toen ik later de 'Septem Sermones ad Mortuos' schreef, waren het weer de doden die de beslissende vragen aan me stelden. Ze kwamen – zo heette het – terug uit Jeruzalem, omdat ze daar niet vonden wat ze zochten. Dat verbaasde me destijds bijzonder, want volgens de overlevering zijn juist de doden in het bezit van het grote weten. Men is van mening dat ze veel meer weten dan wij, omdat immers de christelijke leer aanneemt dat we 'daarboven van aangezicht tot aangezicht zullen schouwen'. Het schijnt echter dat de zielen van de afgestorvenen slechts datgene 'weten' wat ze op het moment van hun dood wisten en niets meer dan dat. Vandaar hun pogingen om in het leven door te dringen en deel te nemen aan de kennis der mensen. Vaak heb ik het gevoel alsof ze vlak achter ons staan te wachten, om te horen welk antwoord we hun en het lot geven. Het lijkt alsof voor hen alles ervan afhangt om antwoord op hun vragen te krijgen van de levenden, dat wil zeggen van diegenen die hen overleven, en die in een zich verder veranderende wereld bestaan. De doden vragen alsof niet zij beschikken over alwetendheid of alles-kennen, maar alsof slechts de ziel die bij een lichaam hoort daar contact mee kan krijgen. De geest van de levenden schijnt dus tenminste op één punt in het voordeel te zijn ten opzichte van de doden, namelijk wat betreft het vermogen duidelijke en beslissende kennis te verkrijgen. De driedimensionele wereld in tijd en ruimte lijkt me een coördinatensysteem: wat hier wordt uitgesplitst in abcissen en ordinaten, zou wellicht 'daarginds' in de ruimte-tijdloosheid als een oerbeeld met veel aspecten, als een diffuse 'kenniswolk' om een archetype heen kunnen verschijnen. Er is echter een coördinatensysteem nodig om onderscheiding van afzonderlijke inhouden mogelijk te maken. Een dergelijke bewerking lijkt ons ondenkbaar in een toestand van diffuse alwetendheid, of door een subjectloos bewustzijn zonder tijd-ruimtelijke bepaaldheid. Kennis veronderstelt, zoals bevruchting, een tegenstelling, een hier en daar, een boven en onder, een eerder en later.

Als er een bewust bestaan na de dood zou zijn, zou het zich – zo lijkt me – verder ontwikkelen zoals het bewustzijn van de mensheid, dat steeds een bovengrens heeft, die echter verplaatsbaar is. Er zijn veel mensen die op het moment van hun dood niet alleen ver onder hun eigen mogelijkheden zijn gebleven, maar vooral ook ver onder datgene wat al tijdens hun leven door anderen bewust gemaakt was. Vandaar hun aanspraken om na hun dood het aandeel in bewustheid te verkrijgen dat ze tijdens hun leven niet verworven hebben.

Tot deze mening ben ik gekomen door de beschouwing van dromen over overledenen. Zo droomde ik eens dat ik een vriend bezocht die ongeveer veertien dagen tevoren gestorven was. Tijdens zijn leven had hij nooit iets anders gekend dan een conventionele levensbeschouwing, het reflecterend denken was hem vreemd, en in deze houding was hij blijven steken. Zijn woning stond op een heuvel, die leek op de Tüllinger Hügel bij Bazel. Daar stond een oud kasteel, omgeven door een ringmuur. Binnen deze muur stonden rond een pleintje nog een kerkje en een paar andere gebouwtjes. Het deed me denken aan het plein bij het slot Rapperswil. Het was herfst. De oude bomen hadden al goudgekleurde bladeren en een mild zonlicht gaf het tafereel een bovenaardse glans. Daar zat mijn vriend aan een tafel met zijn dochter, die in Zürich psychologie gestudeerd had. Ik wist dat zij hem de nodige ophelderingen over psychologie gaf. Hij was zó gefascineerd door wat ze hem vertelde, dat hij me slechts met een vluchtig handgebaar begroette, alsof hij wilde zeggen: 'Stoor me niet!' De groet was tegelijk een afwimpelen.

De droom vertelde me dat hij nu op een mij natuurlijk onbekende wijze de werkelijkheid van zijn psychisch bestaan moest realiseren, waartoe hij tijdens zijn leven nooit in staat was geweest. Bij dit droombeeld vielen me later de woorden in: 'Heilige Anachoreten gebirgauf verteilt . . .' (Heilige anachoreten bergopwaarts verdeeld.) De anachoreten (kluizenaars) in de slotscène van het tweede deel van Faust zijn gedacht als uitbeelding van verschillende ontwikkelingsfasen, die elkaar aanvullen en wederzijds verhogen.

Een andere ervaring wat betreft de ontwikkeling van de ziel na de dood,

deed ik op toen ik, ongeveer een jaar na de dood van mijn vrouw, op een nacht plotseling ontwaakte en wist dat ik bij haar in Zuid-Frankrijk, in de Provence, was geweest. Ik had een hele dag met haar doorgebracht. Ze bestudeerde daar gegevens over de Graal. Dat leek me veelbetekenend, want ze was gestorven voordat ze haar werk over dit thema had beëindigd.
De verklaring op het subject-niveau* – dat mijn anima met de haar opgedragen taak nog niet klaar was – zegt me niets; want ik weet dat ik daarmee nog niet klaar ben. Maar de gedachte dat mijn vrouw na haar dood nog aan haar geestelijke ontwikkeling verder werkte – wat je je daaronder ook wil voorstellen – leek me zinvol, en daarom had deze droom iets geruststellends voor mij.
Voorstellingen van dit soort zijn natuurlijk nooit correct en geven een ontoereikend beeld; zoals bij voorbeeld een ruimtelijk voorwerp dat op een plat vlak geprojecteerd wordt, of omgekeerd, de constructie van een vierdimensioneel beeld uit een ruimtelijk voorwerp. Ze gebruiken determinanten van een driedimensionele wereld om iets twee- of vierdimensioneels aanschouwelijk te maken. Zoals de wiskunde al het mogelijke doet om uitdrukkingen te creëren voor verhoudingen die alle empirie te boven gaan, zo hoort het ook tot het wezen van een gedisciplineerde fantasie, beelden van het onaanschouwelijke te ontwerpen volgens logische principes en op grond van empirische gegevens – bij voorbeeld mededelingen in dromen. De daarbij gebruikte methode is die van de 'noodzakelijke uitspraak', zoals ik haar genoemd heb. Het is het principe van de amplificatie in de droominterpretatie, maar het kan het eenvoudigst gedemonstreerd worden met enkele uitspraken over de enkelvoudige hele getallen:
De 'een' is als het eerste telwoord een eenheid. Ze is echter ook 'de eenheid', het ene, het al-ene, enige en twee-loze – geen telwoord, maar een filosofisch idee, of een archetype en goddelijk attribuut, de monade. Het is wel waar dat deze uitspraken door het menselijk verstand gedaan worden, maar het verstand is beperkt en gebonden door de voorstelling van 'een' en haar implicaties. Met andere woorden: het zijn geen willekeurige uitspraken, maar ze zijn door het wezen van 'een' gedetermineerd en daarom noodzakelijk. Dezelfde logische bewerking zou theoretisch op alle volgende afzonderlijke getallen toegepast kunnen worden, maar daar komt in de praktijk al gauw een eind aan wegens het snel toenemende aantal complicaties, dat op een gegeven moment niet meer te overzien is.
Elke volgende eenheid brengt nieuwe eigenschappen en modificaties met zich mee. Zo is het bij voorbeeld een eigenschap van het getal vier dat vergelijkingen van de vierde graad nog opgelost kunnen worden; die van de

* Methode van droominterpretatie waarbij elk onderdeel van de droom - bij voorbeeld alle handelende personen - op de dromer zelf betrokken wordt. Zie ook: Ueber die Psychologie des Unbewussten, pagina 92 en volgende, Ges. Werke VII, 2e druk 1974 (vert.).

vijfde graad echter niet meer. Een 'noodzakelijke uitspraak' over het getal vier is dus, dat zij het hoogtepunt en tegelijk het eind van een voorafgaande opklimmende reeks is. Aangezien met elke volgende eenheid één of meer nieuwe wiskundige eigenschappen optreden, worden de uitspraken zo ingewikkeld dat ze niet meer geformuleerd kunnen worden.
De oneindige getallenreeks komt overeen met het oneindig aantal individuele schepsels. Ook zij bestaat uit individuen, en reeds de eigenschappen van haar tien eerste leden stellen – als ze iets voorstellen – een abstracte kosmogonie uit de monade voor. De eigenschappen van de getallen zijn echter ook tegelijk eigenschappen van de materie; vandaar dat bepaalde vergelijkingen het gedrag van de stof kunnen voorspellen.
Ik zou daarom ook andere uitspraken van ons verstand dan de wiskundige (al van nature aanwezige) de mogelijkheid willen toekennen om boven zichzelf uit te verwijzen naar realiteiten van niet-aanschouwelijke aard. Ik denk hier bij voorbeeld aan fantasieën die zich in een consensus omnium (algemene erkenning) verheugen, of die door de veelvuldigheid van hun optreden gekenmerkt zijn; ik denk ook aan de archetypische motieven. Er zijn wiskundige vergelijkingen waarvan men niet weet met welke fysische werkelijkheid ze overeenkomen; op dezelfde wijze bestaan er mythische werkelijkheden, waarvan we voorlopig niet weten op welke psychische werkelijkheid ze betrekking hebben. Zo heeft men bij voorbeeld vergelijkingen opgesteld die de turbulentie van verhitte gassen ordenen, lang voordat dat nauwkeurig onderzocht was. Sinds nog veel langere tijd bestaan er mythologemen, die het verloop van bepaalde onbewuste processen uitdrukken, maar pas in onze tijd kunnen we ze als zodanig herkennen.

De graad van bewustheid die hier op aarde ergens al bereikt is, vormt de bovengrens – zo lijkt het me – van datgene wat ook de doden aan kennis kunnen bereiken. Daarom is wellicht het aardse leven van zo groot belang, en daarom is datgene wat een mens bij het sterven 'meebrengt' zo belangrijk. Slechts hier, in het aardse leven, waar de tegenstellingen op elkaar botsen, kan het algemeen bewustzijn verhoogd worden. Dat schijnt de metafysische opdracht van de mens te zijn, die hij echter zonder 'mythologein' slechts gedeeltelijk kan vervullen. De mythe is de onvermijdelijke en onmisbare tussenfase tussen het onbewuste en de bewuste kennis. Het staat vast dat het onbewuste meer weet dan het bewustzijn, maar het is een bijzonder soort weten, een weten in de eeuwigheid; meestal zonder relatie met het hier en nu, zonder consideratie voor de taal van ons verstand. Alleen als we de uitspraken van het onbewuste de mogelijkheid geven zich te amplificeren – zoals ik hierboven aan de hand van het voorbeeld met de getallen heb laten zien – komen ze binnen het bereik van ons verstand en dan kunnen we een nieuw aspect waarnemen. Dit proces wordt bij elke

geslaagde droomanalyse op overtuigende wijze herhaald. Daarom is het zo belangrijk geen vooringenomen doctrinaire opvattingen over droomuitspraken te hebben. Zodra een zekere 'monotonie in de interpretatie' opvalt, weet men dat deze doctrinair en dus onvruchtbaar is geworden.
Ook al is het niet mogelijk een geldig bewijs te leveren voor het voortbestaan van de ziel na de dood, dan zijn er toch ervaringen die je te denken geven. Ik vat ze als aanwijzingen op, zonder daaraan de stoutmoedigheid te ontlenen hun de betekenis van kennis toe te kennen.
Op een keer lag ik 's nachts wakker en dacht aan de plotselinge dood van een vriend, die de dag tevoren begraven was. Zijn dood hield me erg bezig. Opeens had ik het gevoel dat hij in de kamer was. Het leek alsof hij aan het voeteneind van mijn bed stond en verlangde dat ik met hem mee zou gaan. Ik had niet het gevoel dat het een verschijning was, het was eerder een visueel innerlijk beeld van hem; ik maakte voor mezelf uit dat het wel een fantasie zou zijn. Eerlijkheidshalve moest ik me echter afvragen: heb ik er een bewijs voor dat het een fantasie is? Als het eens geen fantasie was, als dus mijn vriend werkelijk hier zou zijn en ik zou hem voor een fantasie houden, zou dat niet uiterst onbeleefd zijn? – Ik had echter evenmin een bewijs dat hij als een verschijning, dat wil zeggen 'werkelijk', voor me stond. Toen zei ik: wat kunnen mij die bewijzen schelen! In plaats van te beweren dat hij een fantasie is, kan ik hem met evenveel recht als verschijning accepteren en hem tenminste bij wijze van proef werkelijkheid toekennen. – Op hetzelfde moment dat ik dat dacht liep hij naar de deur en wenkte me mee te gaan. Maar daar had ik niet op gerekend! Ik moest dus mijn argumentatie nog eens nagaan. Pas toen volgde ik hem in mijn verbeelding.
Hij nam me mee naar buiten, we gingen door de tuin, de straat op en kwamen bij zijn huis terecht (in werkelijkheid lag dat op een paar honderd meter afstand van het mijne). Ik ging mee naar binnen en hij bracht me naar zijn studeerkamer. Hij klom op een voetenbankje en wees op het tweede van vijf boeken met rode bandjes, die op de tweede plank van boven stonden. Toen brak het visioen af. Ik kende zijn bibliotheek niet en wist niet welke boeken hij bezat. Bovendien had ik de titels van de boeken waar hij op gewezen had, niet kunnen zien omdat ze zo hoog stonden.
Deze gebeurtenis vond ik zo merkwaardig dat ik de volgende ochtend naar de weduwe van mijn overleden vriend ging om te vragen of ik in zijn bibliotheek iets op mocht zoeken. Inderdaad stond er een voetenbankje onder de kast die ik in mijn verbeelding had gezien, en ik zag al uit de verte vijf rode bandjes. Ik stapte op het bankje om de titels te kunnen lezen. Het waren vertalingen van romans van Emile Zola en de titel van het tweede deel luidde: 'Das Vermächtnis der Toten' (Het legaat der doden). De inhoud leek me weinig interessant, maar de titel was in verband met het gebeurde uiterst belangrijk.

Een andere ervaring die me te denken gaf, maakte ik mee voor de dood van mijn moeder. Toen ze stierf was ik in Tessin. Ik was erg ontdaan door het bericht, want haar dood kwam geheel onverwacht. In de nacht voordat ze overleed had ik een afschrikwekkende droom: ik bevond me in een dicht, duister woud; fantastische, reusachtige rotsblokken lagen tussen geweldige, oerwoudachtige bomen. Het was een heroïsch, oerwereldlijk landschap.
Opeens hoorde ik een snerpend gefluit dat door het hele universum leek te weerklinken. Ik stond op mijn benen te trillen van schrik. Toen hoorde ik gekraak in het struikgewas en een reusachtige wolfshond met een vreselijke muil sprong te voorschijn. Het bloed stolde in mijn aderen toen ik hem zag. Hij schoot mij voorbij en ik wist: nu had de Wilde Jager hem bevolen een mens te apporteren. Dodelijk geschrokken ontwaakte ik en de volgende morgen ontving ik het bericht van de dood van mijn moeder.
Zelden was ik van een droom zó van streek geweest, want oppervlakkig beschouwd leek hij te zeggen dat de duivel mijn moeder had gehaald. In werkelijkheid was het echter de Wilde Jager, de 'Grünhütl', die in deze nacht – tijdens de januaridagen dat de föhn waait – met zijn wolven op jacht is. Het was Wodan, de god van de Alemannische voorvaderen, die mijn moeder tot haar voorouders 'verzamelde'; namelijk negatief gezien tot het 'woeste leger', positief echter tot de 'zalige lieden'. Pas door de christelijke missionarissen werd Wodan tot de duivel gemaakt. Op zich is hij een belangrijke god – een Mercurius of Hermes, zoals de Romeinen terecht begrepen – een natuurgeest, die weer herrees in de Graalsage als Merlijn en die als 'Spiritus Mercurialis' tot het gezochte arcanum der alchemisten werd. De droom vertelt dus dat de ziel van mijn moeder wordt opgenomen in het grotere geheel van het 'zelf', aan gene zijde van het beperkte christelijk-morele gebied; namelijk in de totaliteit van natuur en geest, dat het conflict van de tegenstellingen omvat.
Ik reisde onmiddellijk naar huis en toen ik 's nachts in de trein zat had ik een gevoel van groot verdriet – maar in het diepste van mijn hart kon ik niet treurig zijn, en dat had een merkwaardige oorzaak. Gedurende de hele reis hoorde ik namelijk voortdurend dansmuziek, gelach en vrolijk geroezemoes, net of er een bruiloft werd gevierd. Dat stond in krasse tegenstelling tot de vreselijke indruk die de droom gemaakt had. Hier was opgewekte dansmuziek, vrolijk gelach en het was onmogelijk me geheel en al aan mijn rouw over te geven. Steeds weer werd ik daar bijna door overweldigd, maar op het laatste moment was ik weer omringd door vrolijke melodietjes. Het was een gevoel van warmte en blijdschap enerzijds en van ontsteltenis en rouw anderzijds; een onophoudelijke afwisseling van gevoelscontrasten.
Deze tegenstelling laat zich hierdoor verklaren: de dood wordt de ene keer vanuit het oogpunt van het 'ik' beschouwd, de andere keer vanuit dat van

de ziel. In het eerste geval zien we hem als een catastrofe, en het lijkt erop alsof kwade en meedogenloze machten een mens verslagen hebben.
De dood ìs immers ook een vreselijke, gewelddadige gebeurtenis – daarover mag men zich niets wijsmaken – niet alleen als fysiek gebeuren, maar nog meer als psychisch feit: een mens wordt weggerukt en wat overblijft is een ijzige doodse stilte. Geen enkele hoop bestaat er meer op welk contact dan ook, want alle bruggen zijn afgebroken. Mensen, die men een lang leven had toegewenst, worden in de bloei van hun leven weggerukt, en nietsnutten bereiken een hoge ouderdom. Dat is een wrede realiteit die men onder ogen moet zien. De gewelddadigheid en willekeur van de dood kunnen een mens zó verbitteren, dat hij daaruit opmaakt dat er geen barmhartige God bestaat, geen gerechtigheid, geen goedheid.
Maar vanuit een ander standpunt zien we de dood als een blij gebeuren. Met het oog op de eeuwigheid is hij een bruiloft, een mysterium coniunctionis. De ziel komt zogezegd samen met haar ontbrekende helft, ze bereikt volledigheid. Op Griekse sarcofagen werd dit blijde element voorgesteld door danseressen, op Etruskische graven door feestmaaltijden. Toen de vrome kabbalist Rabbi Simon ben Jochai stierf, zeiden zijn vrienden dat hij nu bruiloft vierde. Nog in onze dagen is het in sommige streken gebruikelijk op Allerzielen een 'picnick' te organiseren op de graven. Dit alles geeft uitdrukking aan het gevoel dat de dood eigenlijk een vreugdefeest is.
Reeds een paar maanden voor de dood van mijn moeder, in september 1922, had ik een droom die naar deze gebeurtenis verwees. Hij ging over mijn vader en maakte veel indruk. Sinds zijn dood, dus sinds 1896, had ik nooit meer over hem gedroomd. Nu verscheen hij weer in een droom alsof hij van een verre reis was teruggekeerd. Hij zag er veel jonger uit en niet meer vaderlijk-autoritair. Ik ging met hem naar mijn bibliotheek en verheugde me er enorm op van hem te horen hoe hij het gemaakt had. Vooral ook verheugde ik me erop hem mijn vrouw en kinderen voor te stellen, hem mijn huis te laten zien en te vertellen wat ik in de tussentijd allemaal gedaan had en wat ik geworden was. Ik wilde het ook over mijn boek over de psychologische typen hebben, dat zojuist verschenen was. Maar ik zag meteen dat dat allemaal niet door kon gaan, want mijn vader leek door eigen zorgen in beslag genomen. Zo te zien verlangde hij iets van mij. Dat voelde ik duidelijk, en daarom hield ik mezelf op de achtergrond. Toen zei hij me dat hij me graag wilde consulteren. Ik was immers psycholoog en hij wilde wat weten over huwelijkspsychologie. Ik wilde juist een lang betoog over de complicaties van het huwelijk gaan houden, en toen ontwaakte ik. Ik begreep de droom niet helemaal, want het kwam niet bij me op dat hij betrekking kon hebben op de dood van mijn moeder. Dat werd me pas duidelijk toen ze in januari 1923 plotseling stierf.
Het huwelijk van mijn ouders was geen gelukkig samengaan, maar een door

vele moeilijheden belaste geduldproef. Beiden maakten de voor zoveel echtparen typische fouten. Uit mijn droom had ik de dood van mijn moeder kunnen voorspellen: na een zesentwintigjarige afwezigheid kwam mijn vader in de droom bij een psycholoog informeren naar de nieuwste inzichten en kennis op het gebied van huwelijkscomplicaties, want voor hem was de tijd gekomen om dit probleem weer op te nemen. Hij had in zijn tijdloze toestand kennelijk geen betere inzichten verkregen en moest zich daarom tot de levenden wenden, die onder veranderende tijdsomstandigheden een paar nieuwe gezichtspunten hadden kunnen verwerven.

Dat zegt de droom. Ongetwijfeld had ik er door inzicht in zijn subjectieve betekenis nog veel meer uit kunnen halen – maar waarom droomde ik hem nu juist voor de dood van mijn moeder, waarvan ik geen enkel vermoeden had? De droom is duidelijk op mijn vader gericht met wie me een met de jaren dieper wordende sympathie verbond.

Aangezien het onbewuste tengevolge van zijn tijd-ruimtelijke relativiteit betere informatiebronnen heeft dan het bewustzijn – dat slechts over de zintuiglijke waarneming beschikt – zijn we wat betreft de mythe over het leven na de dood aangewezen op de spaarzame aanduidingen van dromen en soortgelijke spontane manifestaties van het onbewuste. Zoals ik al zei kunnen we deze aanwijzingen natuurlijk niet de waarde van kennis, laat staan van bewijzen, toekennen. Ze kunnen echter dienen als passende ondergrond voor mythische amplificaties; ze verschaffen het onderzoekend verstand die scala van mogelijkheden, die onmisbaar is voor zijn vitaliteit. Als dit overgangsrijk van mythische fantasie ontbreekt, wordt de geest bedreigd met verstarring in doctrinarisme. Omgekeerd betekent echter dit rekening houden met mythische kiemen ook een gevaar voor zwakke en suggestibele geesten, die vermoedens voor kennis en fantasieën voor werkelijkheid aanzien.

Een wijd verbreide mythe over 'gene zijde' vormen de ideeën en voorstellingen over reïncarnatie.

In een land met een hooggedifferentieerde cultuur, die veel ouder is dan de onze, namelijk in India, is de gedachte van reïncarnatie even vanzelfsprekend als bij ons het denkbeeld dat God de wereld geschapen heeft, of dat er een spiritus rector (geleidegeest) bestaat. De ontwikkelde Indiërs weten dat wij er anders over denken, maar dat maakt hen niets uit. Overeenkomstig de eigen geestelijke aard van het oosterse wezen wordt de opeenvolging van geboorte en dood gedacht als een eindeloos gebeuren, als een eeuwig rad dat zonder doel voortrolt. Men leeft, doet kennis op, en sterft – en begint weer van voren af aan. Slechts bij Boeddha komt het idee van een doel naar voren, namelijk de overwinning van het aardse 'zijn'.

De mythische behoefte van de westerse mens verlangt een evolutionair wereldbeeld met een *begin* en een *doel*. Een wereldbeeld met een aanvang en alleen maar een *einde* wordt verworpen, evenals de opvatting van een statische, in zichzelf besloten kringloop. De oosterse mens daarentegen schijnt dit laatste denkbeeld te kunnen verdragen. Er bestaat blijkbaar geen algemene overeenstemming met betrekking tot het wezen van de wereld, net zo min als de astronomen het tot dusverre over deze vraag eens konden worden. Voor de westerse mens is de zinloosheid van een zuiver statische wereld onverdragelijk; hij moet veronderstellen dat zij zin heeft. De oosterse mens heeft deze veronderstelling niet nodig; hij belichaamt haar. Terwijl de één de zin der wereld wil vervolmaken, streeft de ander naar vervulling van de zin in de mens en ontdoet zich van de wereld en van het bestaan (Boeddha).

Ik zou beiden gelijk geven. De westerse mens lijkt nu eenmaal overwegend extravert, de oosterse overwegend introvert te zijn. Eerstgenoemde projecteert de zin, en vermoedt dat zij in de objecten ligt; de laatste voelt deze zin in zichzelf. De zin echter is buiten èn binnen.

Het idee van de wedergeboorte is onlosmakelijk verbonden met dat van karma. De beslissende vraag is of het karma van een mens persoonlijk is of niet. Als de lotsbestemming waarmee een mens zijn leven aanvangt het resultaat is van handelingen en prestaties uit vorige levens, dan bestaat er een persoonlijke continuïteit. In het andere geval wordt een karma in zekere zin door een geboorte opgenomen, zodat het weer belichaamd wordt zonder dat een persoonlijke continuïteit zou bestaan.

Tweemaal vroegen de discipelen van Boeddha hem of het karma van de mens persoonlijk of onpersoonlijk was. Beide keren gaf hij een andere wending aan de vraag en ging er niet op in: ze droeg niet bij tot de bevrijding van de illusie van het zijn. Boeddha achtte het nuttiger dat zijn leerlingen over de Nidâna-keten mediteerden, namelijk over geboorte, leven, ouderdom en dood, over de oorzaak en uitwerking van het lijden.

Ik weet geen antwoord op de vraag of het karma dat ik leef het resultaat van mijn vorige levens is, of eerder een verworvenheid van mijn voorouders, wier erfenis in mij samenkomt. Ben ik een combinatie van voorouderlijk leven, belichaam ik opnieuw hun leven? Heb ik als een bepaalde persoonlijkheid al eens eerder geleefd en ben ik in dat leven zover gekomen dat ik me nu aan een oplossing kan wagen? Ik weet het niet. Boeddha heeft het in het midden gelaten, en ik zou willen aannemen dat hij het niet met zekerheid heeft geweten.

Ik zou me heel goed kunnen voorstellen dat ik in vroeger eeuwen geleefd heb en daar op vragen ben gestoten die ik toen nog niet kon beantwoorden; dat ik opnieuw geboren moest worden omdat ik de mij opgedragen taak niet vervuld had. Als ik sterf, zullen – zo stel ik me voor – mijn daden me volgen. Ik zal datgene meebrengen wat ik gedaan heb. Inmiddels echter

gaat het erom dat ik aan het eind van mijn leven niet met lege handen sta. Dat schijnt ook Boeddha gedacht te hebben toen hij zijn jongeren trachtte af te houden van nutteloze speculaties.
Dat het leven een vraag aan mij stelt, is de zin van mijn bestaan. Of omgekeerd: ik zelf ben een vraag die aan de wereld is gericht en ik moet zelf voor mijn antwoord zorgen; anders ben ik uitsluitend op het antwoord van de wereld aangewezen. Dat is mijn bovenpersoonlijke levenstaak die ik slechts met moeite verwezenlijk. Wellicht vertegenwoordigt ze iets wat mijn voorouders al bezighield, maar waar zij geen antwoord op konden vinden. Ben ik wellicht daarom zo onder de indruk van het feit dat het einde van Faust geen oplossing inhoudt? Of van het probleem waaraan Nietzsche ten onder is gegaan: de dyonisische belevenis die voor de christelijke mens verloren schijnt te zijn? Of is het de rusteloze Wodan-Hermes van mijn Alemannische en Frankische voorouders, die provocerende vragen aan mij stelt? Of had soms Richard Wilhelm gelijk met zijn schertsende vermoeden dat ik in mijn vorig leven een rebelse Chinees ben geweest, die nu bij wijze van straf in Europa zijn oosterse ziel moet ontdekken?
Wat ik als een resultaat van het leven van mijn voorouders ervaar, of als een karma dat in een persoonlijk vorig leven is verworven, zou wellicht even goed een onpersoonlijk archetype kunnen zijn. Ik denkt dan aan archetypen die tegenwoordig de hele wereld in hun ban hebben, en die mij bijzonder hebben aangegrepen, zoals bij voorbeeld de seculaire ontwikkeling van de goddelijke drieëenheid en haar confrontatie met het vrouwelijk principe, of het nog steeds te geven antwoord op de gnostische vraag naar de oorsprong van het kwaad – met andere woorden: de onvolledigheid van het christelijk godsbeeld.
Ook denk ik aan de mogelijkheid dat door een individuele prestatie een vraag in de wereld ontstaat, die beantwoord moet worden. Zo zouden bij voorbeeld mijn vraagstelling en antwoord onbevredigend kunnen zijn. Onder die omstandigheden zou iemand die mijn karma heeft – dus wellicht ik zelf – opnieuw geboren moeten worden om een vollediger antwoord te geven. Daarom zou ik me kunnen voorstellen dat er, zolang de wereld geen antwoord nodig heeft, ook geen wedergeboorte nodig is en dat ik aanspraak zou mogen maken op een paar eeuwen rust – totdat men weer iemand nodig heeft die zich voor dit soort zaken interesseert. Dan zou ik weer opnieuw met vrucht aan het werk kunnen gaan. Ik heb het idee dat men nu een rustperiode zou kunnen laten intreden, totdat het werk dat ik tot nu moest verrichten, verwerkt is.
De vraag van het karma is me duister, evenals het probleem van de persoonlijke wedergeboorte of de zielsverhuizing. 'Libera et vacua mente' (vrij en met een open geest) hoor ik vol eerbied de Indische bekentenis tot de wedergeboorte aan en kijk uit naar ervaringen in mijn wereld die redelijker-

wijs in de richting van reïncarnatie zouden kunnen wijzen. Ik laat natuurlijk de bij ons relatief talrijke getuigenissen van het geloof aan reïncarnatie buiten beschouwing. Een geloof bewijst me namelijk alleen het fenomeen van het geloven, maar geenszins de inhoud die geloofd wordt. Deze moet zich op en voor zichzelf empirisch aan mij openbaren om geaccepteerd te worden. Tot voor enkele jaren heb ik, ondanks dat mijn belangstelling er speciaal op gericht was, niets kunnen ontdekken wat in dit opzicht overtuigend zou zijn. Kort geleden heb ik echter bij mezelf een reeks dromen geobserveerd, die naar alle waarschijnlijkheid het reïncarnatieproces bij een mij bekende overleden persoonlijkheid voorstelde. Bepaalde aspecten kon ik zelfs met een niet geheel af te wijzen waarschijnlijkheid tot in de empirische werkelijkheid nagaan. Iets dergelijks heb ik echter nooit weer gezien of gehoord, zodat ik geen vergelijkingsmogelijkheden heb. Aangezien dus mijn observatie subjectief en uniek is, wil ik alleen het bestaan ervan meedelen, niet haar inhoud. Ik moet echter toegeven dat ik na deze ervaring het vraagstuk van de reïncarnatie met enigszins andere ogen beschouw, zonder overigens in staat te zijn een bepaalde mening te vertegenwoordigen.

Als we aannemen dat het 'ginds' verder gaat, kunnen we ons geen ander bestaan denken dan een psychisch, want het leven van de psyche heeft geen ruimte en tijd nodig. Het psychisch bestaan, vooral de innerlijke beelden waarmee we ons nu al bezighouden, leveren de stof voor alle mythische speculaties over een bestaan generzijds, dat ik me voorstel als een voortzetting van deze beeldenwereld. Zo zou de psyche dat bestaan kunnen zijn, waarin zich het 'hiernamaals' of het 'dodenrijk' bevindt. Het onbewuste en het 'dodenrijk' zijn in dit opzicht synoniemen.
Vanuit het psychologisch standpunt verschijnt het 'leven in het hiernamaals' als een consequente voortzetting van het psychisch leven in de ouderdom. Met het klimmen der jaren spelen beschouwelijkheid, nadenkendheid en de innerlijke beelden natuurlijkerwijs een steeds grotere rol. 'Uw ouden zullen dromen hebben'.* Dat veronderstelt overigens dat de ziel van de 'ouden' niet versteend of vastgeroest is – sero medicina paratur cum mala per longas convaluere moras (de medicijn wordt te laat toebereid als de kwaal door lange duur krachtig is geworden). In de ouderdom laat men zijn herinneringen weer aan het innerlijk oog voorbijtrekken en men begint in te zien wat de innerlijke en uiterlijke beelden van zijn verleden betekenen. Dat is een soort voorfase van, of een voorbereiding op een bestaan in het hiernamaals; zoals volgens de opvatting van Plato de filosofie een voorbereiding op de dood betekent.
De innerlijke beelden verhinderen dat ik me verlies in een persoonlijke terugblik. Er zijn veel oude mensen die verstrikt raken in de herinnering

* Joel III, 1, Handelingen II, 17.

aan uiterlijke gebeurtenissen. Ze blijven daarin gevangen, terwijl deze terugblik, als er over nagedacht is en ze in beelden is vertaald, een 'reculer pour mieux sauter' betekent. Ik probeer de lijn te zien, die tengevolge van mijn leven de wereld inkwam en die nu weer uit de wereld zal vertrekken. In het algemeen zijn de voorstellingen die de mensen zich over het hiernamaals maken mede bepaald door hun wensen en vooroordelen. Daarom worden er meestal alleen vriendelijke voorstellingen met het hiernamaals verbonden. Ik zie dat echter niet in. Ik kan me nauwelijks voorstellen dat we na de dood op een liefelijke bloemenweide terechtkomen. Als aan gene zijde alles licht en goed was, zou toch ook een vriendschappelijke communicatie tussen ons en louter zalige geesten moeten bestaan, en uit de voorgeboortelijke toestand zouden mooie en goede consequenties kunnen voortvloeien. Daar is echter geen sprake van. Waarom bestaat er zo'n onoverbrugbare kloof tussen de afgestorvenen en de levenden? Ten minste de helft van de berichten over ontmoetingen met geesten van gestorvenen gaan over bange ervaringen met duistere geesten; en het is regel dat het dodenrijk een ijzig zwijgen in acht neemt, ongeacht het verdriet van de eenzaam achtergeblevenen.

Als ik naga hoe mijn gedachten onwillekeurig gaan, lijkt me de wereld veel te zeer één geheel dan dat er een 'generzijds' zou kunnen bestaan waarin de tegenstellingen geheel zouden ontbreken. Ook daar is 'natuur', die op haar wijze van God is. De wereld waarin we na de dood komen, zal groots zijn en verschrikkelijk, zoals de godheid en de ons bekende natuur. Ook kan ik me niet voorstellen dat er geheel en al een einde zou komen aan het lijden. Datgene wat ik in mijn visioen in 1944 heb meegemaakt: de bevrijding van de last van het lichaam en het waarnemen van de zin, maakte weliswaar diep gelukkig, maar desondanks was ook daar duisternis en een merkwaardig plotseling wegvallen van menselijke warmte. Denk bij voorbeeld aan de zwarte rots waar ik aankwam! Hij was donker en van het hardste graniet. Wat heeft dat te betekenen? Als er geen onvolmaaktheid, geen oorspronkelijk defect in de grond van de schepping was geweest, waarom dan een scheppingsdrang, een verlangen naar dat wat vervuld moet worden? Waarom is er de goden wat gelegen aan de mens en de schepping? Aan de voortzetting van de Nidâna-keten tot in het oneindige? Terwijl toch een Boeddha de smartelijke illusie van het bestaan zijn 'quod non' voorhield en terwijl de christelijke mens op een spoedig einde der wereld hoopt?

Ik acht het waarschijnlijk dat er ook in het hiernamaals bepaalde beperkingen bestaan, en dat de zielen van de doden slechts geleidelijkaan ontdekken waar de grenzen van hun bevrijde toestand liggen. Ergens bestaat ook 'ginds' een 'moeten' waardoor de wereld bepaald wordt, een moeten dat een einde wil maken aan de toestand in het hiernamaals. Dit scheppend 'moeten' zal – zo denk ik me in – beslissen welke zielen weer een ge-

boorte zullen ondergaan. Ik zou me kunnen voorstellen dat bepaalde zielen de toestand van het driedimensionele bestaan 'zaliger' vinden dan die van het 'eeuwige'. Maar dat hangt wellicht af van de mate van volledigheid of onvolledigheid, die ze van hun aardse bestaan hebben meegenomen.
Het is mogelijk dat een voortzetting van het driedimensionele leven geen zin meer heeft zodra de ziel eenmaal een bepaalde graad van inzicht heeft bereikt; ze zou dan niet meer hoeven terug te keren, en het verhoogde inzicht zou dan ook de wens naar reïncarnatie verhinderen. Dan zou de ziel uit de driedimensionele wereld verdwijnen en in een toestand geraken die de boeddhisten het Nirwana noemen. Als er echter nog een karma overblijft dat vervuld moet worden, dan valt de ziel weer terug in haar wens en begeeft zich opnieuw in het leven; misschien zelfs vanuit het inzicht dat er nog iets te voltooien valt.
In mijn geval moet het in de eerste plaats een hartstochtelijke drang tot begrijpen zijn geweest, die mijn geboorte heeft veroorzaakt. Want dat is het sterkste element van mijn wezen. Deze onverzadigbare honger naar begrijpen heeft zich als het ware een bewustzijn geschapen om te onderscheiden wat er bestaat en wat er gebeurt, en om bovendien nog mythische voorstellingen te ontdekken op grond van spaarzame aanduidingen van het onkenbare.
We zijn geenszins in staat te bewijzen, dat iets van ons eeuwig in stand gehouden zal worden. We kunnen hoogstens zeggen dat er een zekere waarschijnlijkheid bestaat dat iets van onze psyche ook na de fysieke dood zal voortbestaan. Of nu datgene wat verder bestaat op zich bewust is van zichzelf, weten we evenmin. Als je er behoefte aan hebt je een mening te vormen over deze vraag, dan zou je wellicht de ervaringen in aanmerking kunnen nemen die opgedaan zijn met verschijnselen van psychische gespletenheid. In de meeste gevallen waar zich een afgesplitst complex manifesteert, gebeurt dat namelijk in de vorm van een persoonlijkheid, zó, alsof het complex een bewustzijn van zichzelf zou hebben. Daarom zijn bij voorbeeld de stemmen van geesteszieken gepersonifieerd. Het fenomeen van de gepersonifieerde complexen heb ik al in mijn dissertatie behandeld. Je zou dit, zo men wil, ten gunste van een continuïteit van het bewustzijn kunnen aanvoeren. Ten gunste van zo'n veronderstelling spreken ook de verrassende observaties die bij toestanden van diepe bewusteloosheid, na acute hersenbeschadigingen en bij ernstige gevallen van collaps zijn gedaan. In beide gevallen kunnen ook tijdens de meest ernstige bewusteloosheid waarnemingen van de buitenwereld of intensieve droomervaringen plaatsvinden. Aangezien de grote hersenschors, de zetel van het bewustzijn, tijdens de bewusteloosheid is uitgeschakeld, zijn zulke ervaringen tot nu toe niet verklaard. Ze kunnen wijzen op een tenminste subjectief behoud van het bewustzijn – ook in een toestand van schijnbare bewusteloosheid.*

* Zie ook 'Synchronizität als ein Prinzip akausaler Zusammenhänge', in Jung-Pauli: Naturerklärung und Psyche, 1952, p. 92 v. Nederl.: 'Synchroniciteit', Rotterdam 1976, p. 91 v.

Het probleem van de relatie tussen de 'tijdloze mens', het 'zelf', en de aardse mens in ruimte en tijd, werpt vragen van zeer moeilijke aard op. Twee dromen wierpen er een licht op.

In een droom van oktober 1958 zag ik vanuit mijn huis twee lensvormige, metalig glanzende schijven, die in een scherpe bocht over het huis heen naar het meer suisden. Het waren twee UFO's. Daarna kwam een ander voorwerp rechtstreeks op me toevliegen. Het was een ronde lens, zoals het objectief van een verrekijker. Op een afstand van ongeveer vier- tot vijfhonderd meter stond het een ogenblik lang stil en vloog toen verder. Meteen daarna kwam weer een voorwerp door de lucht gevlogen; een objectief met een metalen verlengstuk dat aan een vierkante doos vastzat – een laterna magica (toverlantaarn). Op ongeveer zestig tot zeventig meter afstand bleef ze in de lucht stilstaan en richtte zich rechtstreeks op mij. Ik ontwaakte met een gevoel van verwondering. Nog half dromend ging het door me heen: we denken altijd dat de UFO's onze projecties zijn. Nu blijkt dat we hùn projecties zijn. Ik word door de laterna magica als C. G. Jung geprojecteerd. Maar wie manipuleert het apparaat?

Over het probleem van de relatie tussen het 'zelf' en het 'ik' had ik al eens eerder gedroomd. In die droom maakte ik een voettocht. Ik liep over een smalle weg door een heuvelachtig landschap, de zon scheen en ik had naar alle kanten een weids uitzicht. Toen kwam ik bij een kleine wegkapel. De deur stond op een kier en ik ging naar binnen. Tot mijn verbazing stond op het altaar geen beeld van de Moeder Gods of een crucifix; er stond slechts een schitterend bloemstuk. Maar daar zag ik op de grond voor het altaar een Yogi zitten, met het gezicht naar mij toe. Hij zat in de lotushouding, diep in zichzelf verzonken. Toen ik hem van dichterbij bekeek zag ik dat hij mijn gezicht had. Ik schrok hevig en ontwaakte door de gedachte: Ach zo, dat is degene die mij mediteert. Hij heeft een droom, en dat ben ik. Ik wist: als hij ontwaakt, zal ik er niet meer zijn.

Deze droom had ik na mijn ziekte in 1944. Hij betekent een gelijkenis: mijn 'zelf' raakt in gedachten verzonken, zogezegd als een Yogi, en mediteert dan mijn aardse gestalte. Je zou ook kunnen zeggen: het zelf neemt een menselijke gedaante aan om in het driedimensionele bestaan te komen, net zoals iemand een duikerpak aantrekt om in zee te duiken. Het zelf begeeft zich in het bestaan generzijds in een religieuze houding, waarop ook de kapel in het droombeeld wijst. In de aardse gestalte kan het ervaringen in de driedimensionele wereld opdoen en zich door grotere bewustheid weer een stuk verder verwerkelijken.

De gestalte van de Yogi zou in zekere zin mijn onbewuste prenatale totaliteit voorstellen; het Verre Oosten betekent – zoals dat in dromen vaak het geval is – een psychische toestand die ons vreemd is en die tegengesteld is aan die van het bewustzijn. Evenals de laterna magica 'projecteert' ook de

meditatie van de Yogi mijn empirische werkelijkheid. In de regel echter worden we deze causale samenhangen in een omgekeerde richting gewaar: wij ontdekken in de produkten van het onbewuste mandala-symbolen; dat wil zeggen cirkel- en quaterniteitsfiguren die totaliteit uitdrukken. En als wij zelf totaliteit uitdrukken, gebruiken we eenzelfde soort figuren. Ons uitgangspunt is het ik-bewustzijn, een in het ik-punt samengebald lichtveld, dat onze wereld voorstelt. Van hieruit aanschouwen we een duistere wereld vol raadsels en we weten niet in hoeverre haar schimmige sporen door ons bewustzijn veroorzaakt worden, of in hoeverre ze eigen realiteit bezitten. Bij een oppervlakkige beschouwing stelt men zich tevreden met de veronderstelling dat het bewustzijn de oorzaak is. Bekijken we echter de beelden van het onbewuste nauwkeuriger, dan zien we dat ze in de regel niet door het bewustzijn gemaakt worden, maar hun eigen realiteit en spontaneïteit bezitten. Desondanks beschouwen we hen slechts als een soort randverschijnsel.
De tendens van beide dromen verwijst juist naar een omkering van de verhouding tussen het ik-bewustzijn en het onbewuste. Het onbewuste stelt hier de verwekker van de bewuste persoon voor. De omkering wijst erop dat volgens de 'andere zijde' ons onbewuste bestaan het werkelijke is en dat onze bewustzijnswereld een soort illusie is, of een schijnbare, voor een bepaald doel vervaardigde, werkelijkheid voorstelt – zo ongeveer als een droom, die ook werkelijkheid schijnt te zijn voor de duur dat men zich erin bevindt. Het is duidelijk dat deze stand van zaken zeer veel gemeen heeft met de oosterse levensbeschouwing, voor zover deze aan Maja gelooft.*
De onbewuste totaliteit komt me daarom voor als de eigenlijke spiritus rector van het hele biologische en psychische gebeuren. Ze streeft naar totale verwerkelijking, dus in ons geval naar totale bewustwording. Bewustwording is cultuur in de ruimste zin van het woord, en zelfkennis is daarom hart en ziel van dit proces. Het Oosten kent het 'zelf' ongetwijfeld 'goddelijke' betekenis toe, en volgens oude christelijke opvatting is zelfkennis de weg tot cognitio Dei.

De beslissende vraag voor de mens is: ben ik op het oneindige betrokken of niet? Dat is het criterium voor mijn leven. Alleen wanneer ik weet dat het onbegrensde het wezenlijke is, richt ik mijn belangstelling niet op futiliteiten en op dingen die niet van essentieel belang zijn. Weet ik dat echter niet, dan ben ik er voortdurend op uit om mee te tellen in de wereld, omwille van de een of andere eigenschap die ik als mijn persoon-

* De onzekerheid over aan wat of aan welke 'plaats' realiteit moet worden toegekend, had al eerder een rol in Jungs leven gespeeld: toen hij als kind op de steen zat en met de gedachte speelde dat de steen 'ik' zei, of *was*. Vergelijk ook de bekende vlinderdroom van Dschuang-Dsi. A. J.

lijk bezit beschouw. Dus wellicht om 'mijn' begaafdheid of 'mijn' schoonheid. Hoe meer nadruk de mens op oneigenlijk bezit legt en hoe minder hij van het wezenlijke bespeurt, des te onbevredigender is zijn leven. Hij voelt zich beperkt omdat hij beperkte bedoelingen heeft, en dat leidt tot afgunst en jaloezie. Als je begrijpt en voelt dat je tijdens dit leven al bent aangesloten op het oneindige, dan veranderen je wensen en je instelling. Uiteindelijk is het slechts het wezenlijke in je dat meetelt en als je dat niet hebt, dan is je leven verspild. Ook in relatie tot de ander is het van doorslaggevend belang of het oneindige erin is uitgedrukt of niet.

Het gevoel voor het onbegrensde komt alleen dan binnen mijn bereik, wanneer ikzelf tot het uiterste begrensd ben. De grootste begrenzing van de mens is het 'zelf', dat zich manifesteert in het besef: 'Ik ben *alleen maar* dàt!' Slechts het bewust-zijn van mijn scherpste begrenzing in het 'zelf' is aangesloten op de onbegrensdheid van het onbewuste. Hier ervaar ik mezelf tegelijk als begrensd en als eeuwig, als het ene en het andere. Wanneer ik me uniek weet in mijn persoonlijke combinatie, dat wil zeggen in laatste instantie begrensd, heb ik de mogelijkheid me ook bewust te worden van het onbegrensde. Maar alleen dan.

In een tijdperk, dat uitsluitend gericht is op uitbreiding van de 'levensruimte', en op de vermeerdering van rationele kennis tot elke prijs, is het een eerste vereiste dat men zich bewust is van zijn uniekheid en van zijn grenzen. Uniekheid en begrensdheid zijn synoniem. Zonder hen bestaat er geen waarneming van het onbewuste (en dus ook geen bewustwording), maar alleen maar een hersenschimmige identiteit met datgene, wat zich ook in de roes van de grote getallen en in het teveel aan politieke macht uit.

Onze tijd heeft alle nadruk verschoven naar de mens aan 'deze zijde' en daarmee een demonisering van de mens en van zijn wereld teweeggebracht. De verschijning van dictatoren en alle ellende die ze hebben gebracht is terug te voeren tot het feit dat de mens door de kortzichtigheid van de al te schranderen beroofd is van zijn wereld aan 'gene zijde'. Evenals het hiernamaals is ook hij zelf aan de onbewustheid ten offer gevallen. De taak van de mens hield namelijk precies het tegenovergestelde in: zich bewust worden van datgene wat vanuit het onbewuste op ons afkomt. Niet: ervan onbewust of ermee identiek te blijven, want als een mens dat doet, wordt hij zijn bestemming om bewustzijn te scheppen ontrouw. Voor zover we kunnen zien is dit de enige zin van het menselijk bestaan: een licht te ontsteken in de duisternis van het alleen-maar 'zijn'. En, zoals het onbewuste op ons werkt, kunnen we zelfs aannemen dat de vermeerdering van ons bewustzijn invloed heeft op het onbewuste.

Late gedachten

Voor de biografische toelichting op mijn persoonlijkheid zijn de uitweidingen in dit hoofdstuk onmisbaar, hoewel de lezer ze wellicht theoretisch zal vinden. Deze 'theorie' is echter een bestaansvorm die bij mijn leven hoort, ze betekent een levenswijze, die voor mij even noodzakelijk is als eten en drinken.

I

Het opmerkelijke van het christendom is het feit dat het in zijn dogmatiek vooruitloopt op een veranderingsproces in de godheid, dus op een historische verandering aan de 'andere kant'. Dat gebeurt in de vorm van de nieuwe mythe over een splitsing in de hemel, voor het eerst aangeduid in de scheppingsmythe, waar een slangachtige tegenstander van de Schepper optreedt. Deze verleidt de eerste mensen tot ongehoorzaamheid met de belofte van grotere bewustheid (scientes bonum et malum – kennende het goed en het kwaad). De tweede aanduiding is de val der engelen, een 'overhaaste' invasie van de mensenwereld door onbewuste inhouden. De engelen vormen een merkwaardig geslacht. Ze zijn precies datgene wat ze zijn en kunnen niets anders zijn: op zich onbezielde wezens, die niets anders representeren dan de gedachten en intuïties van hun meester. Bij deze gevallen engelen gaat het dus om uitsluitend 'slechte' engelen. Ze veroorzaken het bekende effect van de *inflatie*, dat we ook tegenwoordig kunnen zien bij de dictatorswaan: de engelen verwekken samen met de mensen een *geslacht van reuzen*, dat zich er uiteindelijk toe zet om ook de mensen te verslinden, zoals het boek Henoch ons vertelt.
De derde en beslissende fase van deze mythe is echter de zelfverwerkelijking van God in een menselijke gestalte: de vervulling van het oud-testamentische idee van het *godshuwelijk* en haar gevolgen. Al in de christelijke oertijd had het idee van de incarnatie tot een opvatting van 'Christus in nobis' (Christus in ons) geleid. Daarmee drong de onbewuste totaliteit het psychisch gebied van de innerlijke ervaring binnen en gaf de mens een vermoeden van zijn totale gestalte. Niet alleen voor de mens, maar ook voor de Schepper was dit een beslissende gebeurtenis: in de ogen van hen, die uit de duisternis verlost waren, ontdeed Hij zich van zijn duistere eigenschappen

en werd tot het Summum Bonum. Deze mythe bleef tien eeuwen lang ongebroken voortleven, totdat in de elfde eeuw na Christus de eerste tekenen van een verdere bewustzijnsverandering merkbaar werden.*
Vanaf die tijd namen de symptomen van onrust en twijfel steeds meer toe, totdat zich tegen het eind van de tweede duizend jaren het beeld van een wereldcatastrofe begon af te tekenen; dat wil zeggen allereerst in de vorm van een bedreiging van het bewustzijn. Deze bestaat uit het fenomeen van de reuzen, namelijk een hybris, hoogmoed van het bewustzijn: 'Niets is groter dan de mens en zijn daden'. Het aspect van het hiernamaals ging verloren in de christelijke mythe en daarmee ook de christelijke opvatting over de totaliteit, die aan 'gene zijde' in vervulling zal gaan.
Het licht wordt gevolgd door de schaduw; de andere zijde van de schepper. Deze ontwikkeling bereikt haar hoogtepunt in de twintigste eeuw. In onze tijd wordt de christelijke wereld werkelijk geconfronteerd met het principe van het kwaad: openlijke onrechtvaardigheid, tirannie, leugens, slavernij en gewetensdwang. Deze manifestatie van het onverhulde kwaad heeft weliswaar bij het Russische volk zo te zien een permanente vorm aangenomen, maar ze heeft bij de Duitsers de eerste geweldige uitslaande brand veroorzaakt. Daarmee werd onweerlegbaar aangetoond in welke mate het christendom van de twintigste eeuw is uitgehold. Tegenover dit alles kan het kwaad niet langer onschuldig voorgesteld worden met de eufemie van de privatio boni. Het kwaad is een beslissende werkelijkheid geworden. Het kan niet langer uit de wereld geholpen worden door het een andere naam te geven. We moeten leren ermee om te gaan, want *het wil meeleven*. Hoe dat zonder al te grote schade mogelijk is, valt voorlopig nog niet te overzien.
In ieder geval hebben we een nieuwe oriëntatie nodig, dat wil zeggen een metanoia. Als men met het kwaad in aanraking komt, bestaat het ernstige gevaar dat men tot het kwaad vervalt. Men mag dus helemaal nergens meer toe 'vervallen', ook niet tot het goede. Iets zogenaamd goeds, waartoe men 'vervalt', verliest zijn morele karakter. Niet dat dat 'goede' op zich slecht wordt, maar het ontwikkelt kwade gevolgen omdat men ertoe vervallen, eraan verslaafd is. Elke vorm van verslaving is uit den boze, of het nu om alcohol, morfine of idealisme gaat. Men mag zich niet langer laten verleiden door de tegenstellingen.
Het criterium van ethisch handelen kan er niet meer in bestaan dat datgene wat men als 'goed' ziet, het karakter van een categorische imperatief heeft, en dat het zogenaamde kwaad onvoorwaardelijk te vermijden zou zijn. Door te erkennen dat het kwaad werkelijkheid is, wordt het goede noodzakelijk gerelativeerd: het is de éne helft van een tegenstelling. Hetzelfde geldt voor het kwaad. Beide tezamen vormen een paradoxale totaliteit. In de praktijk

* Dit thema heeft Jung in 'Aion', 1951, behandeld.

betekent dat, dat goed-kwaad hun absolute karakter verliezen en dat we gedwongen zijn ons erop te bezinnen dat ze *oordelen* vertegenwoordigen.

De onvolmaaktheid van elk menselijk oordeel brengt de twijfel met zich mee of onze mening steeds de juiste is. Ons oordeel kan ook verkeerd zijn. Dat raakt het ethisch probleem slechts voor zover we ons met betrekking tot de morele waardebepaling onzeker voelen. Niettemin moeten we ethische beslissingen nemen. De relativiteit van 'goed' en 'kwaad' of 'slecht' betekent geenszins dat deze categorieën ongeldig zijn, of niet zouden bestaan. Het morele oordeel, met zijn karakteristieke psychologische gevolgen, is altijd en overal aanwezig. Ik heb er ook elders met nadruk op gewezen dat elk bedreven, beraamd of gedacht onrecht zich op onze ziel zal wreken – ongeacht of de wereld het gezien heeft of niet. Dat is altijd zo geweest en zal ook tot in de verre toekomst zo blijven. Slechts de inhouden van het oordeel zijn afhankelijk van plaatselijke en tijdelijke omstandigheden, en veranderen ook dienovereenkomstig. Het morele waardeoordeel is altijd gebaseerd op een door ons als vaststaand beschouwde moraalcode, die voorgeeft precies te weten wat goed en kwaad is. Nu we echter weten hoe wankel deze basis is, wordt de ethische beslissing een subjectieve creatieve daad, waar we ons slechts concedente Deo (zo God het toestaat) van kunnen verzekeren, dat wil zeggen we hebben een spontaan en beslissend initiatief van de kant van het onbewuste nodig. De ethiek, dat wil zeggen de beslissing over goed en kwaad is daardoor niet aangetast, maar is alleen moeilijker geworden. Niets kan ons de kwelling van de ethische beslissing besparen. Maar men moet, hoe hard dat ook mag klinken, de vrijheid hebben om onder bepaalde omstandigheden te vermijden wat moreel als 'goed' bekend staat, en om het erkend kwade te doen – als de ethische beslissing dat vereist. Met andere woorden: men moet niet aan de tegenstellingen ten prooi vallen. Tegenover een dergelijke eenzijdigheid staat het voorbeeld uit de Indische filosofie: het neti neti (niet aldus, niet zó) in ethische vorm. Daarmede wordt de moraalcode in bepaalde gevallen onherroepelijk opgeheven en de ethische beslissing aan het individu overgelaten. Dat is op zich niets nieuws, want ook in voor-psychologische tijden gebeurde dat altijd al in de vorm van een 'plichtsconflict'.

Het individu is echter gewoonlijk zó onbewust, dat hij niet eens zijn eigen mogelijkheden kent tot het nemen van beslissingen. Daarom is hij steeds weer angstig op zoek naar uiterlijke regels en wetten, waaraan hij zich in zijn radeloosheid kan houden. Afgezien van de algemeen menselijke ontoereikendheid ligt een groot deel van de schuld bij de opvoeding, die zich uitsluitend richt naar wat algemeen bekend is, maar die niet spreekt over de persoonlijke ervaring van de enkeling. Zo worden er idealen onderwezen, waarvan je meestal kunt zeggen dat niemand daar ooit aan kan voldoen – en dat wordt dan beroepshalve gepreekt door mensen, die weten dat ze er zelf nooit aan voldaan hebben, en er nooit aan zullen voldoen. Deze situatie wordt zonder meer geaccepteerd.

Wie dus een antwoord wil hebben op het in onze tijd gestelde probleem van het kwaad, heeft in eerste instantie een grondige *zelfkennis* nodig, dat wil zeggen een zo grondig mogelijke kennis van zijn totaliteit. Hij moet zonder zichzelf te sparen, weten hoeveel goeds hij kan doen en tot welke schanddaden hij in staat is; en hij moet er voor oppassen het één voor werkelijk en het ander voor een illusie te houden. Als mogelijkheden zijn beide waar, en hij zal noch aan het één, noch aan het ander geheel ontkomen als hij – zoals hij eigenlijk van huis uit zou moeten doen – zonder zelfbedrog of zelfbegoocheling wil leven.

Maar men is in het algemeen nog hopeloos ver verwijderd van een dergelijke graad van zelfkennis, hoewel het vermogen tot diepere zelfkennis bij veel moderne mensen zeer zeker aanwezig is. Deze zelfkennis is nodig, omdat men slechts op grond daarvan toegang heeft tot die onderlaag of die kern van het menselijk wezen, waar men op de instincten stuit. De instincten zijn a priori aanwezige dynamische factoren, waarvan onze bewuste ethische beslissingen uiteindelijk afhangen. Het is het onbewuste met zijn inhouden, waarover geen definitief oordeel bestaat. Daarover kan men slechts vooroordelen hebben, want zijn wezen is niet te omvatten of rationeel te begrenzen. Kennis van de natuur verkrijgt men alleen door bewustzijnsverruimende wetenschap, en zo heeft ook verdiepte zelfkennis de wetenschap nodig, namelijk de psychologie. Niemand bouwt zo maar voor de vuist weg een verrekijker of microscoop, met een beetje goede wil en zonder enige kennis van optiek.

We hebben de psychologie nodig, ze is voor ons van vitaal belang. Men staat perplex, onwetend en radeloos tegenover het fenomeen van het nationaal-socialisme, of van het bolsjewisme, omdat men niets van de mensen afweet. Men heeft slechts een eenzijdig en vertekend beeld van hem. Zouden we zelfkennis bezitten, dan was dat niet het geval. Vóór ons staat de verschrikkelijke vraag naar het kwaad, en men wéét dat niet eens, laat staan dat men een antwoord heeft. En als men de vraag wel zou kennen, dan begrijpt men niet 'hoe het zover heeft kunnen komen'. Met een geniale naïviteit verklaarde een politicus dat hij geen 'fantasie wat betreft het kwaad' heeft. Helemaal juist: *men* heeft geen fantasie wat betreft het kwaad, maar *zij heeft ons*. De één wil het niet weten en de ander is ermee identiek. Dát is de tegenwoordige psychologische wereldsituatie: de één denkt nog dat hij christelijk is, en gelooft dat hij het zogenaamde kwaad kan verdelgen; en de anderen zijn eraan ten prooi gevallen en zien het goede niet meer. Het kwaad is tegenwoordig een zichtbare wereldmacht geworden: de ene helft van de mensheid steunt op een door menselijke spitsvondigheden gefabriceerde doctrine, de andere helft lijdt onder het

gemis van een mythe die tegen de situatie opgewassen zou zijn. Wat de christelijke volkeren betreft: hun christendom is ingeslapen en het heeft verzuimd in de loop der eeuwen verder te bouwen aan zijn mythe. Het heeft geen gehoor gegeven aan hen, die uitdrukking gaven aan de duistere groeibewegingen van de mythische voorstellingen. Een Gioacchino da Fiore, een Meester Eckart, een Jacòb Boehme en vele anderen zijn voor de massa obscuur gebleven. Een enkel lichtpunt vormt Pius XII met zijn dogma.* Maar men weet niet eens waarover ik spreek als ik zo iets zeg. Men begrijpt niet eens dat een mythe dood is wanneer ze niet meer leeft en zich niet meer verder ontwikkelt. Onze mythe is verstomd en geeft geen antwoord. De fout ligt niet bij haar, zoals ze in de Heilige Schrift is neergelegd, maar enkel en alleen bij ons, want we ontwikkelen haar niet verder en onderdrukken zelfs elke poging in dit opzicht. In de oorspronkelijke opvattingen van de mythe zijn genoeg aanknopingspunten te vinden voor een verdere ontwikkeling. Zo wordt Christus in de mond gelegd: 'Weest listig als de slangen en zachtmoedig als de duiven.' Waar heeft men die slangelist voor nodig? En hoe verhoudt deze zich tot de duive-onschuld? 'Zo gij niet wordt gelijk de kinderen . . .' – Wie denkt erover na hoe kinderen in werkelijkheid zijn? Op welke moraal baseert de Heer de usurpatie van de ezel, die hij nodig had om als triomfator zijn intocht te maken in Jeruzalem? En wie is naderhand slecht gehumeurd als een kind en vervloekt de vijgeboom? Welke moraal spreekt uit de gelijkenis van de ontrouwe rentmeester en welk een diep en voor onze situatie vérdragend inzicht blijkt uit het apocriefe Woord des Heren: 'Mens, zo gij weet wat ge doet, zijt ge zalig, maar weet ge het niet, dan zijt ge vervloekt en een overtreder der wet?** En uiteindelijk: wat heeft het te betekenen als een Paulus bekent: 'Het boze, dat ik niet wil, dat doe ik'? De duidelijke voorspellingen uit de over het algemeen als netelig beschouwde Apocalyps wil ik maar niet eens noemen, omdat men er geen waarde aan hecht.
Op de vraag, die eens de Gnostici opgeworpen hebben: Waar komt het kwaad vandaan? heeft de christelijke wereld geen antwoord gevonden, en Origenes' voorzichtige suggestie over een mogelijke verlossing van de duivel gold als ketterij. Thans echter moeten we rekenschap afleggen en antwoord geven; en daar staan we dan, met lege handen, verwonderd en radeloos – en we kunnen niet eens inzien dat ons geen mythe te hulp komt, waar we toch zo dringend behoefte aan hebben. Weliswaar veroorzaken de politieke situatie en de vreselijke, ja demonische resultaten van de wetenschap heimelijke huiver en vage vermoedens; maar men weet geen raad, en slechts een enkeling trekt de conclusie dat het dit keer om de sinds lang vergeten *ziel der mensen* gaat.

* Zie p. 176.
** Codex Bezae ad Lucam 6, 4.

De verdere ontwikkeling van de mythe zou moeten aanknopen bij het punt waar de Heilige Geest zich uitstort over de apostelen, waardoor deze tot Gods zonen gemaakt werden; en niet alleen zij, maar alle anderen die door hen en na hen de filiatio, het kindschap Gods, ontvingen. Daardoor kregen ze ook de zekerheid dat ze niet slechts autochtone, aan de aarde ontsproten animalia (levende wezens) waren, maar dat ze als tweemaal geborenen in de godheid zèlf wortelden. Hun zichtbare, lichamelijke leven was van deze aarde – hun onzichtbare, innerlijke mens echter had zijn oorsprong en zijn toekomst in het oerbeeld van de totaliteit, in de Eeuwige Vader, zoals de mythe van de christelijke heilsboodschap luidt.
Zoals de Schepper een geheel is, zo moet ook zijn schepsel, dus zijn Zoon, geheel zijn. Op de voorstelling van de goddelijke totaliteit valt weliswaar niets af te dingen, maar zonder dat bewustheid bestond over datgene wat geschiedde, vond er een splitsing plaats in de totaliteit. Er ontstonden een licht en een donker rijk. Deze gebeurtenis was, nog voordat Christus verscheen, duidelijk voorbereid, zoals je onder andere kunt zien aan de belevenissen van Job, of aan het vlak voor de komst van Christus geschreven en wijdverbreide boek Henoch. Ook in het christendom zelf bleef deze metafysische splitsing duidelijk voortbestaan: Satan, die zich in het Oude Testament nog in het onmiddellijke gevolg van Jahwe bevindt, vormt voortaan de diametrale en eeuwige tegenstelling tot het Godsrijk. Hij was niet uit te roeien. Het is daarom niet verwonderlijk dat al in het begin van de elfde eeuw het geloof opkwam dat niet God, maar de duivel de wereld had geschapen. Dit was het voorspel tot de tweede helft van de christelijke aeon, nadat de mythe van de val der engelen verteld had, dat deze het geweest waren die de mensen gevaarlijke wetenschap en kunsten hadden geleerd. Wat zouden deze oude vertellers wel gezegd hebben bij de aanblik van Hiroshima?
Het geniale visioen van Jacob Boehme heeft het tegengestelde karakter van het godsbeeld gezien en daarmee tot de verdere opbouw van de mythe bijgedragen. Het door Boehme ontworpen mandala-symbool beeldt de gespleten God uit, aangezien de binnenste cirkel verdeeld wordt in twee halve cirkels die rug aan rug staan.*
Omdat volgens de christelijke dogmatische veronderstellingen God in elk der drie triniteitspersonen een totaliteit is, is Hij ook ongedeeld aanwezig in elk deel van de uitgestorte Heilige Geest. Op deze manier kan elk mens de gehele God, en daarmee de filiatio, het kindschap Gods, deelachtig worden. De complexio oppositorum (het geheel der tegenstellingen) van het godsbeeld treedt daarmee binnen de mens, en wel niet als een eenheid, maar als conflict; aangezien de donkere helft van dat beeld stuit op de reeds bestaande veronderstelling dat God 'licht' zou zijn. Het is dit proces

* Afgebeeld in 'Gestaltungen des Unbewussten', 1950, afbeelding 3.

dat zich in onze tijd afspeelt, zonder dat het door de bevoegde leraren van de mensen begrepen wordt – hoewel dat wel hun taak zou zijn. Men is er weliswaar van overtuigd dat we op een belangrijk keerpunt der tijden staan, maar men meent echter dat dit door splitsing en fusie van atomen, of door ruimteraketten veroorzaakt wordt. Men ziet – zoals gewoonlijk – over het hoofd wat tegelijkertijd in de ziel van de mensen gebeurt.
Voor zover het godsbeeld vanuit het psychologisch standpunt een veraanschouwelijking van de grondslag der ziel betekent, die nu in de vorm van een diepe gespletenheid bewust begint te worden – een splitsing die zich tot in de wereldpolitiek uitstrekt – zo wordt ook al een psychische compensatie merkbaar. Deze doet zich voor in de vorm van spontaan optredende cirkelvormige eenheidsbeelden, die een synthese der tegenstellingen binnen de psyche uitbeelden. Daar hoort ook het wereldwijd verbreide gerucht over de 'Unidentified Flying Objects' bij, dat op zijn vroegst in 1945 zijn aanvang nam. Het is òf op visioenen gebaseerd, òf op bepaalde realiteiten. De UFO's worden geïnterpreteerd als vliegende machines, waarmee men aanneemt dat ze van andere planeten, of zelfs uit de 'vierde dimensie' afkomstig zijn.
Meer dan veertig jaar geleden, in 1918, heb ik tijdens mijn onderzoekingen van het collectieve onbewuste de aanwezigheid van een kennelijk centraal symbool van gelijke aard ontdekt, namelijk het mandala-symbool. Om zeker te zijn van mijn zaak heb ik daarna ruim tien jaar lang verdere gegevens verzameld, totdat ik in 1929 deze ontdekking bij wijze van proef voor de eerste keer publiceerde.* De mandala is een archetypisch beeld waarvan de aanwezigheid door tientallen eeuwen heen vastgesteld kan worden. Het betekent de *totaliteit van het zelf*, of beeldt de totaliteit van de grondslag der ziel uit – mythisch gezegd: de verschijning van de in de mens geïncarneerde godheid. In tegenstelling tot de mandala van Boehme streeft de moderne mandala naar eenheid; dat wil zeggen het beeldt een compensatie van de splitsing uit, respectievelijk een anticipatie op een te boven komen van deze splitsing. Aangezien dit proces zich afspeelt in het onbewuste, manifesteert het zich overal. Dat zie je ook aan het UFO-gerucht; het is het symptoom van een algemeen aanwezige dispositie.
Voor zover de analytische behandeling de 'schaduw' bewust maakt, veroorzaakt ze een splitsing en een spanning tussen de tegenstellingen, die van hun kant weer een opheffing in de eenheid zoeken. Dat geschiedt door middel van symbolen. De confrontatie van de tegenstellingen grenst aan het onverdraaglijke, wanneer men haar ernstig neemt, of door haar ernstig wordt genomen. Het 'tertium non datur' van de logica gaat ook hier op: men ziet geen oplossing. Als alles goed gaat, wordt deze toch nog natuurlijkerwijs gegeven. Dan – en alleen dan – is zij overtuigend. Ze wordt ervaren

* Jung-Wilhelm, 'Das Geheimnis der Goldenen Blüte'.

als datgene wat men 'genade' noemt. Aangezien deze oplossing voortkomt uit het conflict der tegenstellingen, is ze meestal een ondoorgrondelijk mengsel van bewuste en onbewuste aspecten, en daarom een 'symbool' (een in tweeën gebroken munt, waarvan de helften precies in elkaar passen).* Het symbool stelt het resultaat van de samenwerking tussen het bewustzijn en het onbewuste voor, en komt tot de analogie met het godsbeeld in de vorm van de mandala, die wel het eenvoudigste ontwerp van een totaliteitsvoorstelling is. De mandala biedt zich spontaan aan de verbeelding aan om de tegenstellingen, hun strijd en hun verzoening in ons uit te beelden. Deze uiteenzetting, die aanvankelijk van zuiver persoonlijke aard is, wordt al gauw gevolgd door het inzicht dat de subjectieve tegenstelling slechts een individueel geval is van het geheel der tegenstellingen in de wereld. Onze psyche is gevormd door de wereldstructuur; en wat er in het groot gebeurt, speelt zich ook af in de kleinste en subjectiefste onderdelen van de ziel. Daarom is het godsbeeld altijd een projectie van de innerlijke ervaring van een machtige tegenstander. Het wordt aanschouwelijk gemaakt door die objecten, die aanleiding gaven tot de innerlijke ervaring, en die vanaf dat moment numineuze betekenis hebben, of het is gekarakteriseerd door zijn numinositeit en de overweldigende kracht daarvan. In dat geval maakt de verbeelding zich los van het zuiver concrete en probeert een beeld van een Onzichtbare, een achter de verschijningen staande, te ontwerpen. Ik denk hier aan de eenvoudigste grondvorm van de mandala, de cirkelvorm en aan de eenvoudigste (gedachte) verdeling van de cirkel: het vierkant respectievelijk het kruis.

Dit soort ervaringen hebben een heilzame of vernietigende invloed op de mens. Hij kan ze niet begrijpen, bevatten, beheersen, hij kan zich niet van hen bevrijden of losmaken, en daarom ervaart hij ze als relatief oppermachtig. In het juiste besef dat ze niet uit zijn bewuste persoonlijkheid voortkomen, noemt hij ze mana, demon of God. De wetenschap bedient zich van de term 'het onbewuste', en geeft daarmee toe dat ze er niets vanaf weet. Ze kan ook niets over de substantie van de psyche weten, omdat ze immers slechts via de psyche zèlf tot kennis kan komen. Daarom kan men de geldigheid van beschrijvingen als mana, demon of God bestrijden noch erkennen – men kan echter wel vaststellen dat het gevoel van vreemdheid, dat verbonden is met de ervaring van iets objectiefs, authentiek is.

We weten dat het onbekende, het vreemde ons overkomt, zoals we ook weten dat we een droom of een inval niet *maken,* maar dat hij op de een of andere manier uit zichzelf ontstaat. Wat op deze manier op ons afkomt, kan men omschrijven als een werking, die uitgaat van een mana, een demon, van God of van het onbewuste. De drie eerste omschrijvingen

* Eén van de betekenissen van 'symbolon' is de 'tessera hospitalitatis', de gebroken munt, waarvan de helften naar antiek gebruik door twee vrienden bij een scheiding werden meegenomen.

hebben het grote voordeel dat ze de emotionele kwaliteit van het numineuze in zich bergen en oproepen, terwijl het laatste – het onbewuste – banaal is en daarom dichter bij de werkelijkheid staat. Dit begrip houdt ook ervaarbaarheid in, dat wil zeggen dagelijkse werkelijkheid zoals ze ons bekend en voor ons toegankelijk is. Het onbewuste is een te neutraal en te rationeel begrip om in de praktijk voor de verbeelding van nut te zijn. Het is immers bedoeld voor wetenschappelijk gebruik en is voor een neutrale beschouwing die geen metafysische aanspraken stelt, veel geschikter dan transcendente begrippen die aanvechtbaar zijn en daardoor tot een zeker fanatisme verleiden.

Ik prefereer daarom de term 'het onbewuste', wel wetend dat ik evengoed over 'God' en 'demon' zou kunnen spreken, als ik me mythisch zou willen uitdrukken. Voor zover ik me echter mythisch uitdruk, doe ik dat in het besef dat 'mana', 'demon' en 'God' synoniemen van het onbewuste zijn, want we weten van het één precies evenveel of even weinig als van het ander. Over de eerste drie *gelooft* men slechts veel meer te weten – wat overigens voor bepaalde doeleinden veel nuttiger en werkzamer is dan een wetenschappelijk begrip.

Het grote voordeel van begrippen als 'demon' en 'God' is dat ze een veel betere objectivering van de tegenpartij, namelijk de *personificatie*, mogelijk maken. Hun emotionele kwaliteit verleent hun leven en werkzaamheid. Haat en liefde, vrees en verering betreden de arena waar de uiteenzetting plaatsvindt en dramatiseren deze in zeer hoge mate. Daarmee wordt het uitsluitend 'getoonde' tot een 'handeling'.* De hele mens wordt uitgedaagd en treedt met zijn hele werkelijkheid in het strijdperk. Slechts op deze wijze kan hij één geheel worden en kan 'God geboren' worden, dat wil zeggen binnen de menselijke werkelijkheid treden en zich bij de mens voegen in de gestalte van de 'mens'. Door deze incarnatiedaad wordt de mens, dat wil zeggen zijn 'ik', innerlijk vervangen door 'God', en God wordt uiterlijk tot mens, overeenkomstig het woord: 'Wie Mij ziet, ziet de Vader.'

Met deze vaststelling komt ook het nadeel van de mythische terminologie te voorschijn. De doorsnee voorstelling die een christelijk mens van God heeft, is die van een almachtige, alwetende en algoede Vader en Schepper van de wereld. Als deze God mens wil worden, is er beslist een ongehoorde kenosis (ontlediging)** nodig, waarbij de Al-heid gereduceerd wordt tot oneindig kleine menselijke proporties, en ook dan nog valt het moeilijk te begrijpen waarom de mens door de incarnatie niet uit elkaar zou barsten. De dogmatische speculatie heeft daarom begrijpelijkerwijs Jezus moeten toerusten met eigenschappen die hem boven het gewone menszijn verhef-

* Zie 'Das Wandlungssymbol in der Messe', in 'Von den Wurzeln des Bewusstseins', 1954, pagina 284.

** Fil. 2, 6.

fen. Vóór alles ontbreekt bij hem de macula peccati (de smet van de erfzonde) en daarom alleen al is hij minstens een god-mens of een halfgod. Het christelijk godsbeeld kan zich niet zonder tegenstrijdigheden in de mens incarneren, nog geheel afgezien van het feit dat de uiterlijke mens slechts weinig geschikt lijkt om een God aanschouwelijk te maken.

De mythe moet eindelijk eens ernst maken met het monotheïsme en haar (officieel ontkende) dualisme opgeven, dat tot dusverre naast de almachtige Goede een eeuwig donkere tegenstander liet bestaan. Zij moet de filosofische complexio oppositorum van een Cusanus en de morele ambivalentie bij Boehme aan het woord laten komen. Slechts dan kan aan de éne God ook de hem toekomende totaliteit en de synthese van de tegenstellingen gewaarborgd worden. Wie zelf ervaren heeft dat 'van nature' de tegenstellingen zich zó kunnen verenigen door het symbool, dat ze niet meer uiteenlopen en elkaar bestrijden, maar elkaar wederzijds aanvullen en aan het leven een zinvolle vorm geven, voor diegene zal de ambivalentie in het beeld van een natuur- en Schepper-God geen moeilijkheden opleveren. Hij zal integendeel begrijpen dat deze mythe van de noodzakelijke menswording van God – de essentiële christelijke boodschap – een creatieve confrontatie is van de mens met de tegenstellingen en hun synthese in het zelf, de totaliteit van zijn persoonlijkheid. De noodzakelijke innerlijke tegenstellingen in het beeld van een Schepper-God kunnen in de eenheid en totaliteit van het zelf verzoend worden als coniunctio oppositorum (vereniging der tegenstellingen) van de alchemisten, of als unio mystica (mystieke eenheid). In de ervaring van het zelf wordt niet meer, zoals vroeger, de tegenstelling 'God en mens' overbrugd, maar de tegenstelling in het godsbeeld. Dit is de zin van de 'godsdienst' – dat wil zeggen de dienst die de mens kan verlenen aan God –: dat er licht zal ontstaan uit de duisternis, dat de Schepper zich bewust wordt van Zijn schepping en dat de mens zichzelf bewust wordt.

Dat is het doel, of een doel, dat de mens een zinvolle plaats in de schepping geeft en daarmee ook aan de schepping zelf zin geeft. Het is een verklarende mythe, die langzaam in de loop van tientallen jaren in mij is gegroeid. Het is een doel dat ik kan begrijpen en waarderen, en dat mij daarom bevredigt. De mens is dank zij zijn reflecterende geest uit het dierenrijk verheven en demonstreert door zijn geest dat de natuur in hem een hoge premie juist op de bewustzijnsontwikkeling heeft gezet. Door zijn bewustzijn maakt hij zich meester van de natuur, doordat hij de aanwezigheid van de wereld erkent en deze in zekere zin aan de Schepper bevestigt. Daarmee wordt de wereld tot fenomeen, want zonder bewuste reflectie zou ze niet zijn. Als de Schepper zich van zichzelf bewust zou zijn, dan had Hij geen bewuste schepsels nodig; ook is het niet waarschijnlijk dat de zeer indirecte wegen

van de schepping – die miljoenen jaren verkwist aan de verwekking van talloze soorten en schepsels – doelgericht te werk gaan. De geschiedenis van de natuur vertelt ons over een toevallige en terloopse verandering van de soorten, door honderden miljoenen jaren heen, en over verslinden en verslonden worden. Over dit laatste bericht ook de biologische en politieke geschiedenis der mensheid op zeer uitvoerige wijze. Maar de geschiedenis van de geest wordt op een ander blad geschreven. Daar komt het wonder van het reflecterend bewustzijn te voorschijn, de tweede cosmogonie. De betekenis van het bewustzijn is zó groot dat je niet aan het vermoeden kunt ontkomen dat er in de reusachtige, schijnbaar zinloze biologische organisatie ergens een element van zinvolheid verborgen zit, dat eindelijk, op weg om manifest te worden, als bij toeval gevonden is op het niveau van warmbloedigheid en een gedifferentieerd brein – bij toeval, niet met opzet en vooruit gezien, maar vanuit een 'donkere drang', vermoed, gevoeld, getast.*
Ik beeld me niet in dat met mijn gedachten over zin en mythe van de mens het laatste daarover gezegd zou zijn, maar ik geloof, dat het datgene is wat aan het einde van onze aeon der Vissen gezegd kan worden en wellicht gezegd moet worden, met het oog op het komende aeon van Aquarius (Waterman), die een mensengedaante is. De Waterman volgt op de twee tegengestelde Vissen (een coniunctio oppositorum) en schijnt het 'zelf' voor te stellen. Soeverein giet hij zijn kruik leeg in de mond van de piscis austrinus,** die een zoon, iets dat nog onbewust is, voorstelt. Daarna volgt na verloop van een aeon van meer dan tweeduizend jaar een toekomst die aangeduid wordt door het symbool van Capricornus (Steenbok). Capricornus of Aigokeros is het monstrum van een Geit-Vis,*** bergen en zeediepten verenigend, een tegenstelling uit twee aaneengegroeide, dat wil zeggen niet van elkaar te onderscheiden dierlijke elementen. Dit merkwaardige wezen zou heel goed het oorspronkelijk beeld van een Schepper-God kunnen zijn, die tegenover de 'mens', de anthropos, komt te staan. Hierover heerst zwijgen, zowel in mezelf als in het ervaringsmateriaal dat mij ter beschikking staat; dat wil zeggen in de mij bekende produkten van het onbewuste van anderen of in historische documenten. Als je niet tot een bepaald inzicht komt, is speculatie zinloos. Dat heeft slechts zin waar objectieve feiten beschikbaar zijn, wat bij voorbeeld voor het aeon van Aquarius het geval is.

We weten niet tot hoever het proces van de bewustwording kan gaan en waarheen het de mens nog zal voeren. Hij is een novum in de geschiedenis van de schepping, waarvoor geen vergelijkingsmateriaal bestaat. Men kan

* Zie aanhangsel, uit een brief aan een collega.

** Sterrenbeeld van de 'zuidelijke vis'. Zijn mond wordt door de fomal-huid (Arabisch: mond van de vis) onderaan het sterrenbeeld van de Waterman gevormd.

*** Het sterrenbeeld van de Steenbok heette oorspronkelijk 'Geit-Vis'. Het is het wapendier van de Juliers, het geslacht waartoe Julius Caesar behoorde.

daarom niet weten welke mogelijkheden in hem liggen, en of het mogelijk is om voor de soort homo sapiens een zelfde bloei en verval te voorspellen als dat voor archaïsche diersoorten het geval was. De biologie kan geen tegenargumenten aanvoeren wat betreft deze laatste mogelijkheid.

Aan de behoefte aan een mythische uitspraak is voldaan, als we een opvatting hebben die een toereikende verklaring geeft voor de zin van het menselijk bestaan in het geheel der wereld; een opvatting die voortkomt uit de psychische totaliteit, namelijk uit de samenwerking van het bewustzijn en het onbewuste. Zinloosheid staat de volheid van het leven in de weg en betekent daarom ziek-zijn. 'Zin' maakt veel, misschien alles dragelijk. Geen wetenschap kan ooit de plaats innemen van de mythe, en uit wetenschap kan ook geen mythe gefabriceerd worden. Want niet 'God' is een mythe, maar de mythe is de openbaring van goddelijk leven in de mens; zij is niet door ons verzonnen, maar ze spreekt tot ons als een 'Woord van God'. Het 'Woord van God' komt tot ons en we hebben geen middelen om te onderscheiden of en hoe het van God verschillend is. Er is aan dit 'Woord' niets dat niet menselijk of bekend zou zijn, behalve dat het ons spontaan tegemoettreedt en een dringend verzoek tot ons richt. Het is onttrokken aan onze willekeur. Men kan een 'inspiratie' niet verklaren. We weten dat een 'inval' geen resultaat van ons gepieker is, maar dat de gedachte op de een of andere manier 'van elders' afkomstig is, ons is ingevallen. En neem bij voorbeeld een precognitieve droom; hoe zouden we die ooit aan ons eigen verstand kunnen toeschrijven? Men weet immers in dat soort gevallen vaak een hele tijd niet eens dat de droom een vooruitweten of een weten-op-afstand betekent.

Het Woord overkomt ons; wij ondergaan het, want we zijn uitgeleverd aan een diepe onzekerheid: bij God als complexio oppositorum zijn 'alle dingen mogelijk', in de volste betekenis van het woord, namelijk waarheid en bedrog, goed en kwaad. De mythe is, of kan, dubbelzinnig zijn, zoals het orakel van Delphi, of een droom. We kunnen en moeten geen afstand doen van het gebruik van ons verstand, noch moeten we de hoop opgeven dat het instinct ons te hulp zal snellen, waarbij een god ons tegen God ondersteunt – zoals ook Job al begrepen heeft. Alles waarin de 'andere wil' zich uitdrukt is namelijk door mensen gevormde materie, zijn denken, zijn woorden, zijn beelden en al zijn beperkingen. Hij betrekt daarom ook alles op zichzelf zodra hij begint onbeholpen-psychologisch te denken en dan gelooft dat alles uit zijn eigen plannen en uit 'hem zelf' voortkomt. Met kinderlijke naïviteit veronderstelt hij daarbij dat hij het hele terrein kent dat hij bestrijken kan, en dat hij weet wat 'hij zèlf' is. Hij vermoedt echter niet dat het de zwakte van zijn bewustzijn en de daaruit voortvloeiende angst voor het onbewuste is, die hem beletten onderscheid te maken tussen wat hij doelbewust heeft verzonnen en wat hem uit een andere bron spontaan is toegevloeid. Hij kent geen objectiviteit ten aanzien van zichzelf en kan zichzelf nog niet als fenomeen beschouwen, een fenomeen dat hij op zijn weg vindt en waarmee hij 'for better or worse' identiek is. Alles is hem aanvankelijk toegeschoven, gebeurt met hem, komt op hem af, en slechts moeizaam slaagt hij er uiteindelijk in voor zichzelf een gebied van relatieve vrijheid te veroveren en vast te houden.

Pas als hij zich verzekerd heeft van déze verworvenheid – en pas dan – is hij in staat in te zien dat hij geconfronteerd wordt met zijn onwillekeurige, want gegeven, grondslagen en oorsprongen – die hij niet uit de weg kan ruimen. Daarbij vormt dit oorspronkelijk begin niet zo maar een verleden; het leeft eerder met hem mee als een voortdurende basis van zijn bestaan, en zijn bewustzijn hangt van haar medewerking af, ten minste evenzeer als van het fysieke milieu.

Deze feiten, die de mens van binnenuit en van buitenaf oppermachtig tegemoettreden, heeft hij samengevat met zijn opvatting over de godheid, en haar werkingen heeft hij met behulp van de mythe beschreven. Deze is als het 'Woord Gods' begrepen, dat wil zeggen als inspiratie en openbaring van het numen van de 'andere zijde'.

II

Er bestaat geen beter middel om het individu te beschermen tegen het vervagen van zijn eigen grenzen, dan het bezit van een geheim dat hij wil of moet behoeden en dat hem van anderen onderscheidt. Al in het allereerste begin van een samenleving herken je de behoefte aan geheime organisaties. En als er geen geheim bestaat dat op goede gronden verdedigd moet worden, dan wordt er één uitgevonden of bedacht, een 'geheim' dat dan door de geprivilegieerde ingewijden 'geweten' en 'begrepen' wordt. Dit was het geval bij de Rozenkruisers en bij vele anderen. Onder deze pseudogeheimen bevinden zich ironisch genoeg door de ingewijden in het geheel niet gekende wèrkelijke geheimen; bij voorbeeld bij die genootschappen die hun 'geheim' bij voorkeur aan de alchemistische traditie ontleenden.

De behoefte aan geheimzinnigdoenerij is op een primitief niveau van vitaal belang, want het gemeenschappelijk geheim is het cement dat de samenleving bijeenhoudt. Het geheim op sociaal niveau betekent een heilzame compensatie voor het gebrek aan samenhang bij de individuele persoonlijkheid, die door voortdurend weer terug te vallen op de oorspronkelijke, onbewuste identiteit met de anderen steeds weer uiteenvalt. Het bereiken van het doel, namelijk een individu dat zich zijn aard bewust is, wordt daardoor een langdurige, bijna hopeloze opvoedingstaak. Want immers: de gemeenschap van afzonderlijke, door initiatie onderscheiden individuen komt alleen tot stand juist weer door onbewuste identiteit – al gaat het

hier dan ook om een sociaal gedifferentieerde identiteit.
Het geheime genootschap vormt een tussenfase op weg naar de individuatie: men laat het nog aan een collectieve organisatie over om zich te laten differentiëren; dat wil zeggen men heeft nog niet ingezien, dat het eigenlijk de taak van het individu is om, onderscheiden van alle anderen, op eigen benen te staan. Alle collectieve identiteiten, zoals het horen bij een organisatie, je bekennen tot een -isme en dergelijke, staan de vervulling van deze taak in de weg. Het zijn krukken voor de lammen, schilden voor de bangen, rustplaatsen voor de luien, kinderkamers voor onverantwoordelijken – maar óók herbergen voor armen en zwakken, veilige havens voor schipbreukelingen, een familieschoot voor wezen, een glorierijk doel waar teleurgestelde verdoolden en moede pelgrims vurig naar verlangen, een kudde en een veilige weide voor verdwaalde schapen, en een moeder, die voedsel en groei betekent. Het zou daarom niet juist zijn deze tussenfase als hindernis te beschouwen, ze vormt integendeel al sinds tijden de enige bestaansmogelijkheid van het individu, dat in onze tijd meer dan ooit bedreigd lijkt met anonimiteit. De collectieve identiteit is in onze tijd nog zó essentieel, dat ze voor velen met een zeker recht als einddoel geldt – terwijl elke poging om de mens wat nader te brengen tot een volgende stap op weg naar zelfstandigheid, als aanmatiging of vermetelheid, als fantasie of onmogelijkheid gezien wordt.
Ondanks dit alles kan het toch gebeuren dat iemand zich op goede gronden genoodzaakt ziet de tocht in de wijde verten op eigen kracht te ondernemen, omdat hij onder alle hem aangeboden omhulsels, vormen, omheiningen, levenswijzen en atmosferen, niet datgene vindt wat hij nodig heeft. Hij zal alleen gaan en zijn eigen gezelschap vormen. Hij zal zijn eigen veelheid zijn, die uit allerlei meningen en tendensen bestaat. Deze hoeven echter niet noodzakelijk in dezelfde richting te wijzen. Hij zal integendeel met zichzelf in tweestrijd zijn en grote moeilijkheden ondervinden als hij zijn eigen veelheid tot een gemeenschappelijke actie wil bundelen. Ook wanneer hij uiterlijk beschermd is door de sociale vormen van de tussenfase, bezit hij daarmee nog geen bescherming tegen de innerlijke veelheid die hem met zichzelf in onmin brengt en die hem uitlevert aan de dwaalwegen van de identiteit met de uiterlijke wereld.
Zoals de ingewijde deze dwaalweg van de ongedifferentieerde collectiviteit afsnijdt doordat hij het geheim van zijn genootschap heeft, zo heeft ook de eenling op zijn eenzame paden een geheim dat hij om de een of andere reden niet mag of kan prijsgeven. Een dergelijk geheim dwingt hem tot isolement in zijn eenzame onderneming. Heel veel mensen kunnen dit isolement niet verdragen. Dat zijn de neurotici, die noodgedwongen verstoppertje spelen met de anderen en met zichzelf, zonder dat ze ook maar iets werkelijk ernstig kunnen nemen. Ze offeren in de regel hun individuele bestemming

op aan hun behoefte aan collectieve aanpassing, waartoe ze door alle meningen, overtuigingen en idealen van hun omgeving aangemoedigd worden. Tegen deze laatste bestaan bovendien geen verstandige argumenten. Alleen een geheim dat men niet verraden kan, dat wil zeggen één dat men vreest, of dat men niet onder woorden kan brengen (en dat daarom naar het zich laat aanzien in de categorie van het 'onzinnige' thuishoort) kan de anders onvermijdelijke stap terug verhinderen.

De behoefte aan een dergelijk geheim is in veel gevallen zó groot dat gedachten en handelingen verwekt worden, die men niet meer kan verantwoorden. Daarachter staat meestal geen willekeur of overmoed, maar een dira necessitas (harde noodzaak) die voor het individu zèlf onverklaarbaar is, die de mens met een roekeloze fataliteit overvalt en die hem wellicht voor het eerst in zijn leven de aanwezigheid van het sterkere en vreemde ad oculos (op aanschouwelijke wijze) demonstreert op zijn meest persoonlijke domein, waar hij heer en meester dacht te zijn.

Een aanschouwelijk voorbeeld geeft het verhaal van Jacob die met de engel worstelde en er met een ontwrichte heup vanaf kwam, maar juist daardoor een moord verhinderde. De toenmalige Jacob was in de gunstige omstandigheid dat iedereen zijn verhaal geloofde. Een Jacob uit onze tijd zou alleen maar een veelzeggend lachje ten antwoord krijgen. Hij zal er de voorkeur aan geven maar liever niet over dit soort aangelegenheden te praten, zeker niet als hij er privé-opvattingen over de boodschapper van Jahwe op na wil houden. Daarmee is hij tegen wil en dank in het bezit gekomen van een geheim waar niet over te praten valt, en hij komt buiten de kring van de collectiviteit te staan. Natuurlijk zal zijn mentale reserve toch nog aan het licht komen als hij er niet in mocht slagen zijn leven lang te huichelen. Maar neurotisch wordt iedereen die beide tegelijk tracht te doen: zijn individuele bestemming volgen èn zich aanpassen aan de collectiviteit. Een dergelijke 'Jacob' heeft zichzelf niet toegegeven dat de engel eigenlijk de sterkste was, want we hebben naderhand nooit gehoord dat de engel toevallig óók hinkte.

Wie dus, gedreven door zijn daimon, de stap durft te doen over de grens van de tussenfase, komt werkelijk terecht in het 'Unbetretene, nicht zu Betretende', waar hij niet over veilige paden geleid wordt en waar geen beschermend onderdak voor hem klaarstaat. Er bestaan daar ook geen wetten, voor het geval hij in een situatie terecht zou komen die hij niet voorzien heeft; bij voorbeeld een plichtsconflict waar hij zich niet luchthartig vanaf kan maken. Gewoonlijk duurt het uitstapje in 'No Man's Land' slechts zo lang als een dergelijk conflict zich nog niet aanmeldt – en er komt meestal heel snel een eind aan als zo'n conflict ook maar in de verste verte vermoed wordt. Dat een mens dan op de vlucht slaat zal ik hem niet kwalijk nemen. Maar dat hij van zijn zwakheid en lafheid een verdienste gaat maken, dat kan ik niet goedkeuren. Aangezien mijn verachting hem verder geen schade doet, kan ik deze rustig uitspreken.

Riskeert iemand echter een oplossing van het plichtsconflict op eigen verantwoording, en voor een rechter die dag en nacht over hem oordeelt, dan is hij in de situatie van de 'enkeling' terechtgekomen. Hij bezit een geheim dat geen openlijke discussie verdraagt, alleen al niet omdat hij voor zichzelf reeds een meedogenloos aanklager en vasthoudende verdediger is geweest, en omdat geen enkele wereldlijke of geestelijke rechter hem zijn nachtrust terug kan geven. Bovendien: als hij hun beslissingen al niet tot vervelens toe kende, was het ook nooit tot een plichtsconflict gekomen. Dit laatste veronderstelt altijd een verhoogd bewustzijn van de eigen verantwoordelijkheid. Maar juist deze deugd verbiedt hem het erkennen van een collectief besluit. Daarom is de rechtbank verplaatst van de uiterlijke naar de innerlijke wereld, waar achter gesloten deuren het vonnis wordt geveld.

Deze verandering echter verleent het individu een betekenis, die voordien ongekend was. Hij bestaat niet alleen meer uit zijn welbekend en sociaal gedefinieerd 'ik', maar ook uit het oordeel wat dit 'ik' op zich en voor zich waard is. Niets bevordert de bewustwording meer dan deze innerlijke confrontatie van de tegenstellingen. Niet alleen de aanklager legt tot dan nooit vermoede feiten op tafel, maar ook de verdediging moet zich op argumenten bezinnen waaraan niemand ooit eerder had gedacht. Daarmee is een aanzienlijk stuk van de buitenwereld in het innerlijk terechtgekomen, terwijl de buitenwereld ontlast of verarmd is met ditzelfde stuk – de innerlijke wereld is daarentegen in dezelfde mate in gewicht toegenomen als ze opgeklommen is tot de rang van een tribunaal voor ethische beslissingen. Het van tevoren om zo te zeggen ondubbelzinnige 'ik' verliest zijn voorrecht uitsluitend aanklager te zijn en ruilt dat in voor het nadeel zich tegelijk in de positie van beklaagde te bevinden. Het 'ik' wordt ambivalent en dubbelzinnig; het komt zelfs tussen hamer en aambeeld terecht. *Het wordt een polariteit gewaar die boven hemzelf is gesteld.*

Lang niet elk plichtsconflict, of wellicht zelfs geen enkel, wordt werkelijk 'opgelost', ook al zou er tot aan de jongste dag over geargumenteerd en gediscussieerd worden. Op zekere dag ìs de beslissing er eenvoudig, blijkbaar door een soort kortsluiting. Het praktische leven kan niet eeuwig besluiteloos in een toestand van tegenstellingen blijven hangen. De tegenstellingsparen en hun tegenstrijdigheden verdwijnen echter niet, hoewel ze voor een kort moment plaats maken voor de impuls van het handelen. Ze bedreigen voortdurend de eenheid van de persoonlijkheid en verwikkelen het leven ook steeds weer in tegenstrijdigheden.

Als men inzicht heeft in deze situatie, lijkt het raadzaam thuis te blijven; dat wil zeggen nooit buiten de hekken en behuizingen van het collectief te treden, omdat slechts deze bescherming beloven tegen innerlijke conflicten. Wie vader en moeder niet *moet* verlaten, is bij hen ongetwijfeld het veiligst geborgen. Niet weinigen echter merken dat ze naar buiten toe geduwd worden, het individuele pad op. Zij zullen binnen de kortste tijd het ja en nee van de menselijke natuur leren kennen.

Zoals alle energie voortkomt uit een tegenstelling, zo bezit ook de ziel haar innerlijke *polariteit* als een absoluut noodzakelijke voorwaarde voor haar levend-zijn. Dat wist reeds Heraclites. Theoretisch èn praktisch is polariteit inherent aan al wat leeft. Deze machtige voorwaarde staat tegenover de broze eenheid van het 'ik', dat slechts met behulp van ontelbare veiligheidsmaatregelen langzamerhand in de loop van duizenden jaren tot stand is gekomen. Dat er over het geheel genomen een 'ik' mogelijk was, lijkt veroorzaakt door het feit dat alle tegenstellingen naar een evenwichtssituatie zoeken. Dit gebeurt door middel van een energetisch proces, dat begint met de botsing van heet en koud, hoog en laag, enzovoort. De energie die ten grondslag ligt aan het bewuste leven van de ziel, bestaat eerder dan dit en is daarom aanvankelijk onbewust. Staat ze echter op het punt bewust te worden, dan verschijnt deze energie aanvankelijk geprojecteerd in figuren als mana, goden, demonen enzovoort, wier numen die krachtbron lijkt te zijn die de voorwaarde is voor het leven – en die dat in de praktijk ook is zolang ze als zodanig wordt gezien. Naarmate ze echter in deze vorm verbleekt en onwerkzaam wordt, schijnt het 'ik', dat wil zeggen de empirische mens, in het bezit van deze krachtbron te komen en wel in de volste betekenis van deze tweeduidige zin: enerzijds wil men deze energie bemachtigen, respectievelijk in het bezit ervan komen, of men meent haar zelfs te bezitten – anderzijds is men door haar bezeten.

Deze groteske situatie kan overigens slechts optreden wanneer uitsluitend de inhouden van het bewustzijn als psychische bestaansvorm gelden. In dat geval kan inflatie door terugkerende projecties niet vermeden worden. Wanneer men echter het bestaan van de onbewuste psyche toegeeft, kunnen de inhouden van de projecties opgevangen worden in aangeboren instinctieve vormen, die aan het bewustzijn voorafgaan. Daardoor worden hun objectiviteit en autonomie gehandhaafd en inflatie vermeden. De archetypen, die aan het bewustzijn pre-existent zijn en die dit bepalen, treden dan op in de rol die ze in werkelijkheid spelen; namelijk als apriorische structuurvormen van de instinctieve grondslag van het bewustzijn. Ze stellen geenszins het onkenbare wezen – een An-Sich – van de dingen voor, maar eerder de vormen waarin deze aanschouwd en opgevat worden. Natuurlijk zijn de archetypen niet de enige oorzaak van het zo-zijn van de meningen. Ze vormen slechts de basis voor het collectieve deel van een opvatting. Als eigenschap van het instinct hebben ze deel aan de dynamische aard daarvan. Daarom bezitten de archetypen een specifieke energie, die bepaalde gedragspatronen of impulsen veroorzaakt of afdwingt; dat wil zeggen ze hebben onder bepaalde omstandigheden een obsederende kracht, men wordt door hen bezeten (numinositeit!). Dat ze als daimonia worden beschouwd, komt dus overeen met hun aard. Wie zou menen dat door dergelijke formuleringen ook maar iets aan de *aard* der dingen is veranderd, kan dat alleen doen op grond van zijn woordbijgelovigheid. De werkelijke feiten veranderen niet als men hun een andere naam geeft. Dat raakt slechts ons zelf. Als iemand 'God' als een 'zuiver niets' zou opvatten, dan heeft dat volstrekt niets te maken met het feit van een hoger geplaatst principe. We zijn precies zo bezeten als eerst. We hebben door de andere naam niets aan de werkelijkheid ontnomen. Als de nieuwe benaming een ontkenning inhoudt, hebben we er ten hoogste een verkeerde houding tegenover aangenomen – en omgekeerd heeft een positieve benaming van het onkenbare tot gevolg dat we een overeenkomstig positieve houding krijgen. Als we dus God omschrijven als archetype, dan is daarmee niets gezegd over zijn eigenlijk wezen. We spreken daarmee de erkenning uit dat 'God' in onze aan het bewustzijn voorafgaande ziel al een plaats heeft en daarom geenszins kan doorgaan voor een uitvinding van het bewustzijn. Hij wordt daarmee zeker niet verwijderd of opgeheven, maar komt juist dichter bij de ervaarbaarheid. Dat laatste is niet onbelangrijk, want een ding dat niet ervaarbaar is, wordt er gemakkelijk van verdacht niet te bestaan. Deze verdenking ligt wel zó voor de hand, dat zogenaamde gelovigen zonder meer atheïsme vermoeden in mijn poging de primitieve onbewuste ziel te reconstrueren; en zo geen atheïsme, dan wel gnosticisme – maar vooral geen psychische werkelijkheid, zoals het onbewuste. Als het onbewuste iets is, dan moet het uit de voorafgaande fasen van de ontwikkelingsgeschiedenis van onze bewuste psyche bestaan. Men is het er vrijwel over eens geworden dat de veronderstelling dat de mens in zijn volle glorie op de zesde scheppingsdag is ontstaan, toch iets te eenvoudig en te archaïsch is om ons nog te bevredigen. Maar met betrekking tot de psyche blijven dit soort archaïsche opvattingen bestaan: de psyche heeft geen archetypische grondslagen, is tabula rasa (een onbeschreven blad), ontstaat geheel nieuw bij de geboorte en is slechts datgene wat ze zichzelf inbeeldt te zijn.

Het bewustzijn is fylo- en ontogenetisch secondair. Dit duidelijke feit zou men eindelijk eens moeten inzien. Zoals het lichaam een anatomische geschiedenis van miljoenen jaren heeft, zo heeft het psychisch systeem dat ook; en zoals het lichaam van de moderne mens tot in de details het resultaat van deze ontwikkeling is, waarbij overal nog de voorafgaande fasen doorschemeren, zo is dat óók bij de psyche het geval. Volgens de ontwikkelingsgeschiedenis begon ons bewustzijn in een toestand die we nu onbewust-dierlijk zouden noemen, en elk kind herhaalt het differentiatieproces. De psyche van het kind in voorbewuste toestand is verre van tabula rasa: ze is in aanleg al herkenbaar individueel, bovendien is ze met alle specifiek

menselijke instincten uitgerust en daarnaast nog met de aprioristische grondslagen voor de hogere functies.
Op deze gecompliceerde basis ontstaat het 'ik', dat een leven lang door haar gedragen wordt. Waar de basis niet functioneert, ontstaat stagnatie en dood. Haar leven en haar werkelijkheid zijn van vitale betekenis. Met haar vergeleken is zelfs de buitenwereld van secondair belang, want wat heeft deze te betekenen als mij de endogene aandrift ontbreekt om haar te veroveren? Geen bewuste wil kan ooit op den duur de levensdrift vervangen. Deze drift treedt ons van binnenuit tegemoet als een moeten of willen, of als een bevel, en als we hem de naam daimonion geven, zoals dat al sinds onheugelijke tijden gebeurde, dan hebben we de psychologische situatie tenminste treffend uitgedrukt. En als we dan ook nog trachten het punt waar het daimonion ons aangrijpt, nader te omschrijven door het begrip 'archetype', dan hebben we niets uit de weg geruimd, maar ons zelf in de nabijheid van de levensbron gebracht.
Het is niet meer dan natuurlijk dat me een dergelijke opvatting als *psychiater* (wat 'ziele-arts' betekent) na aan het hart ligt, want het interesseert mij in de eerste plaats hoe ik mijn zieken kan helpen weer hun gezonde basis te vinden. Daartoe is – zoals ik gemerkt heb – veel kennis van uiteenlopende aard nodig! Met de geneeskunde in het algemeen is het immers ook niet anders gegaan. Deze heeft immers haar vooruitgang niet geboekt doordat ze eindelijk de truc van het genezen heeft uitgevonden en daardoor haar methoden verbluffend vereenvoudigd heeft. Integendeel, ze is uitgegroeid tot een onoverzichtelijke gecompliceerdheid, en dat niet in het minst doordat ze allerlei kennis heeft ontleend aan andere terreinen van wetenschap. Zo is er mij ook niets aan gelegen iets te willen bewijzen aan andere disciplines, maar ik probeer alleen maar hun kennis ten nutte te maken voor mijn vakgebied. Natuurlijk ben ik verplicht verslag uit te brengen van dit gebruik en haar resultaten. Men doet namelijk ontdekkingen als men kennis uit het ene vakgebied praktisch toepast op een ander. Wat was er allemaal niet verborgen gebleven, als men in de geneeskunde geen gebruik had gemaakt van röntgenstralen, alleen omdat deze een natuurkundige ontdekking zijn? Als de bestralingstherapie onder bepaalde omstandigheden gevaarlijke gevolgen kan hebben, dan is dat voor de arts interessant, maar niet noodzakelijkerwijs voor de fysicus, die zijn stralen op een heel andere manier en voor heel andere doeleinden gebruikt. Hij zal ook niet van mening zijn dat de medicus hem op de vingers wil tikken als deze hem op bepaalde schadelijke of heilzame eigenschappen van de doorlichting opmerkzaam maakt.
Als ik bij voorbeeld historische of theologische inzichten gebruik ten nutte van de psychotherapie, dan verschijnen ze natuurlijk in een ander licht en leiden tot andere conclusies, dan wanneer ze beperkt blijven tot hun eigen

vakgebied, waar ze andere doeleinden dienen.
Het feit dat aan de psychische dynamiek een polariteit ten grondslag ligt, brengt dus met zich mee dat in de psychologische discussie de problematiek van de tegenstellingen in ruimste zin, met al haar religieuze en filosofische aspecten betrokken wordt. Deze aspecten verliezen hierbij het zelfstandige karakter van hun vakgebied en dat is noodzakelijk, want ze worden nu met een psychologische probleemstelling geconfronteerd. Dat wil zeggen: ze worden hier niet langer onder een gezichtshoek van religieuze of filosofische waarheid beschouwd, maar op hun psychologische motivering en betekenis onderzocht. Ongeacht hun aanspraak op zelfstandige waarheid is het namelijk een feit dat ze empirisch, dat wil zeggen natuurwetenschappelijk beschouwd, in eerste instantie nu eenmaal *psychische fenomenen* zijn. Dit feit lijkt me onbetwistbaar. Dat ze aanspraak maken op een motivering in en door zichzelf, valt ook onder de psychologische zienswijze. De psychologie doet deze aanspraak niet af met 'onrechtmatig', integendeel, ze beschouwt haar met bijzondere opmerkzaamheid. Oordelen als: 'slechts religieus' of 'slechts filosofisch' kent de psychologie niet – in tegenstelling tot het verwijt van: 'slechts psychisch', dat men met name van theologische zijde maar al te vaak te horen krijgt.

Alle uitspraken die ook maar denkbaar zijn, worden door de psyche gedaan. De psyche verschijnt onder andere als een dynamisch proces dat op de tegenstellingen binnen de psyche en haar inhouden berust, en dat een verval tussen haar polen voorstelt. Aangezien het aantal verklaringsprincipes niet zonder noodzaak uitgebreid mag worden, en aangezien de energetische beschouwingswijze als algemeen verklaringsprincipe blijkt te voldoen in de natuurwetenschappen, moeten we ons ook in de psychologie tot dit principe beperken. Er bestaan ook geen betrouwbare gegevens die om een andere opvatting vragen; bovendien is het tegengesteld karakter van de psyche en haar inhouden, of haar polariteit, een essentieel resultaat van de psychologische empirie gebleken.
Als nu deze energetische opvatting van de psyche juist is, dan zijn uitspraken die de door de polariteit gestelde grenzen trachten te overschrijden – dus bij voorbeeld uitspraken over een metafysische werkelijkheid – slechts nog als paradoxen mogelijk, mochten ze aanspraak maken op enige geldigheid.
De psyche kan niet over zichzelf heen springen, dat wil zeggen ze kan geen absolute waarheden vaststellen; want de haar eigen polariteit veronderstelt de relativiteit van haar uitspraken. Zodra de psyche absolute waarheden proclameert – dus bij voorbeeld 'het eeuwige wezen is beweging' of 'het eeuwige wezen is het Ene' – komt ze tegen wil en dank in één deel van de tegenstellingen terecht. Je zou immers evengoed kunnen zeggen: 'het

eeuwige wezen is rust', of 'het eeuwige wezen is het Al'. In haar eenzijdigheid ontwricht de psyche zichzelf en verliest haar vermogen tot kennen. Ze wordt tot een ongereflecteerd (want niet reflecteerbaar) verloop van psychische toestanden, waarvan elke toestand afzonderlijk denkt dat hij in zichzelf gegrondvest is – omdat hij een andere toestand niet of nog niet ziet. Daarmee is vanzelfsprekend geen waardeoordeel uitgesproken, maar eerder het feit geformuleerd dat heel vaak, en zelfs onvermijdelijk, de grenzen worden overschreden, want 'alles is overgang'. Op de these volgt de antithese en tussen deze twee ontstaat als lysis een 'derde', dat tevoren niet waarneembaar was. Met dit proces heeft de psyche alleen maar weer eens te meer haar tegengestelde aard verkondigd en is nergens werkelijk boven zichzelf uitgestegen.

Met mijn poging de begrensdheid van de psyche aan te tonen, bedoel ik zeker niet dat er *slechts* psyche bestaat. We kunnen alleen niet verder dan de psyche kijken wanneer en voor zover het om waarneming en kennis gaat. De natuurkunde is er stilzwijgend van overtuigd dat er een niet-psychisch transcendent object bestaat. Ze weet echter ook, hoe moeilijk het is de werkelijke aard van het object te kennen, met name daar, waar het waarnemingsorgaan te kort schiet of zelfs ontbreekt, en waar passende denkvormen niet bestaan, respectievelijk eerst nog geschapen moeten worden. In deze gevallen, waar noch onze zintuiglijke organen, noch kunstmatige hulpmiddelen de aanwezigheid van een reëel object waarborgen, worden de moeilijkheden zó reusachtig groot, dat men in de verleiding komt te beweren dat er helemaal geen reëel object aanwezig is. Deze voorbarige conclusie heb ik nooit getrokken, want ik ben nooit van mening geweest dat onze waarnemingen alle zijnsvormen kunnen vatten. Daarom heb ik zelfs het postulaat opgesteld dat het fenomeen van archetypische scheppingen – dus bij uitstek psychische gebeurtenissen – op de aanwezigheid van een *psychoïde* basis berust, dus op een slechts beperkt psychische, respectievelijk andere zijnsvorm. Bij gebrek aan empirische feiten weet noch ken ik het soort zijnsvormen, dat gewoonlijk met 'geestelijk' aangeduid wordt. Met het oog op de wetenschap doet het niet ter zake wat ik daarover *geloof*. Ik moet genoegen nemen met mijn onwetendheid. Voor zover echter de archetypen *werkzaam* blijken te zijn, zijn ze *werkelijk* voor mij; hoewel ik niet weet wat hun reële aard is. Dat geldt natuurlijk niet alleen voor de archetypen, maar voor de aard van de psyche in het algemeen. Wat deze ook over zichzelf mag verklaren, nooit zal ze boven zichzelf uitstijgen. Al het begrijpen en al het begrepene is op zich psychisch; en in zoverre zijn we hopeloos gevangen in een uitsluitend psychische wereld. Desondanks hebben we redenen genoeg om te veronderstellen dat achter deze sluier het ons bewerkende en beïnvloedende, maar onbegrepen absolute object bestaat, óók in die gevallen – vooral in die van de psychische verschijningen – waar geen reële feiten geconstateerd kunnen worden. Uitspraken over wat mogelijk en wat onmogelijk is, gelden over het geheel genomen slechts binnen een bepaald vakgebied; doe je zo'n uitspraak daarbuiten, dan is dat alleen maar een aanmatiging.

Hoewel het gezien vanuit een objectief standpunt verboden is uit de lucht gegrepen uitspraken te doen – dat wil zeggen zonder toereikende gronden – bestaan er toch een aantal uitspraken die schijnbaar zonder objectieve redenen gedaan móéten worden. In dit geval gaat het echter om een psychodynamische motivering, die men gewoonlijk subjectief noemt en als zuiver persoonlijk beschouwt. Men maakt daarmee de fout dat men geen onderscheid maakt of deze uitspraak werkelijk slechts van een individueel subject uitgaat en veroorzaakt wordt door uitsluitend persoonlijke motieven, òf dat ze algemeen voorkomt en ontspringt aan een collectief aanwezig, dynamisch 'pattern'. In het laatste geval moet men haar namelijk niet opvatten als subjectief, maar als psychologisch objectief, aangezien een onbepaald aantal individuen zich innerlijk gedrongen voelen een identieke uitspraak te doen, respectievelijk een bepaalde opvatting als een vitale noodzaak te beschouwen. Aangezien het archetype niet een zuiver inactief formeel beginsel is, maar ook met specifieke energie is uitgerust, kan deze wel als causa efficiens (bewerkende oorzaak) van dergelijke uitspraken worden beschouwd en als het subject hiervan worden opgevat. Niet de persoonlijke mens doet de uitspraak, maar het archetype drukt zich erin uit. Als deze uitspraken belemmerd of genegeerd worden, treden psychische deprivatieverschijnselen op, zoals de medische ervaring en de gewone mensenkennis laten zien. In het individuele geval zijn dat neurotische symptomen, en als het om mensen gaat die niet tot een neurose in staat zijn, ontstaan collectieve waandenkbeelden.

De archetypische uitspraken berusten op instinctieve veronderstellingen en hebben niets met het verstand te maken; ze zijn niet verstandelijk gefundeerd en kunnen ook niet door verstandelijke argumenten terzijde geschoven worden. Ze maken sinds mensenheugenis deel uit van het wereldbeeld; het zijn 'représentations collectives', zoals Lévy-Bruhl hen terecht genoemd heeft. Zeker speelt het 'ik' en zijn wil een grote rol. Maar wat het 'ik' wil is in hoge mate en op een hem meestal onbewuste wijze doorkruist door de autonomie en numinositeit van archetypische processen. Het in de praktijk rekening houden met deze processen vormt het wezen van de religie – voor zover deze aan een psychologische beschouwingswijze kan worden onderworpen.

III

En hier dringt zich het feit aan me op dat naast het gebied van de reflectie een ander, minstens even ver, zo niet verder reikend gebied bestaat, waar

verstandelijke voorstellingen en het verstandelijk begrijpen nauwelijks iets vinden waar ze zich meester van kunnen maken. Het is het gebied van de Eros. De antieke Eros is op zinvolle wijze een god wiens goddelijkheid de grenzen van het menselijke overschrijdt en die daarom begrepen noch uitgebeeld kan worden. Ik zou me aan deze daimon kunnen wagen, zoals zoveel anderen dat vóór mij geprobeerd hebben – deze daimon, wiens werkzaamheid zich uitstrekt van de eindeloze verten van de hemel tot in de duistere afgronden van de hel. Maar de moed ontzinkt me als ik naar woorden zoek die de onafzienbare paradoxen van de liefde adequaat zouden kunnen uitdrukken. Eros is een kosmogonos, een schepper en vader-moeder van alle bewustheid. Het lijkt me alsof de voorwaarde van Paulus: 'en als ik de liefde niet had' de eerste voorwaarde is voor alle kennis en alsof deze uitspraak de belichaming van de godheid zelf is. Wat ook de geleerde interpretatie mag zijn van de woorden: 'God is liefde' – deze uitspraak bevestigt de godheid als 'complexio oppositorum'.
Zowel mijn ervaringen als arts, als mijn eigen leven, hebben me voortdurend de vraag van de liefde voorgelegd en nooit kon ik er een geldig antwoord op geven. Zoals Job moest ik 'mijn hand op mijn mond leggen. Eén keer heb ik gesproken, daarna wil ik niet meer antwoorden' (Job 39, 34 en volgende). Het gaat hier om het grootste en het kleinste, het verste en het meest nabije, hoogste en diepste; en nooit kan het één zonder het ander gezegd worden. Geen taal is opgewassen tegen deze paradoxie. Wat je ook zegt, geen woord drukt het geheel uit. Over deelaspecten praten is altijd te veel of te weinig, terwijl hier alleen het geheel zinvol is. De liefde 'verdraagt alles' en 'duldt alles' (I Cor. 13, 7). Deze woorden zeggen alles. Je kunt er niets aan toevoegen. We zijn namelijk in diepste zin het slachtoffer of de middelen en werktuigen van de kosmogone 'liefde'. Ik zet dit woord tussen aanhalingstekens om aan te geven dat ik niet alleen maar een begeren, prefereren, begunstigen, wensen en dergelijke bedoel, maar een geheel dat boven het individu staat, enig en ongedeeld. De mens als deel begrijpt het geheel niet. Hij is er aan ondergeschikt. Hij kan 'ja' zeggen, of in opstand komen – maar altijd blijft hij erin gevangen en opgesloten. Altijd is hij ervan afhankelijk, het vormt zijn grondslag. De liefde is zijn licht en zijn duisternis, waarvan hij het eind niet kan overzien. 'De liefde eindigt nimmer', ook wanneer hij met 'engelentongen sprak', of met wetenschappelijke nauwkeurigheid het leven van de cellen tot in de onderste regionen naspeurde. Hij kan de liefde alle namen geven die hem ter beschikking staan, maar dat leidt slechts tot eindeloze zelfmisleidingen. Als hij een grein wijsheid bezit zal hij de wapens strekken en het onbekende met het onkenbare benoemen, namelijk met de godsnaam. Dat is de bekentenis van zijn zwakte, zijn onvolledigheid en afhankelijkheid; maar tegelijk ook een getuigenis van zijn vrijheid van keuze tussen waarheid en dwaling.

Terugblik*

Als men zegt dat ik een wijze ben, of een 'wetende', dan kan ik dat niet aanvaarden. Er heeft eens iemand een hoed vol water uit een stroom geschept. Wat heeft dat helemaal te betekenen? Ik zelf ben deze stroom niet. Ik zit bij de stroom, maar ik doe niets. De meeste mensen zitten bij dezelfde stroom, maar meestal vinden ze dat ze alles zelf moeten doen. Ik doe niets. Ik denk nooit dat ìk er voor zou moeten zorgen dat de kersen steeltjes krijgen. Ik sta te kijken, vol bewondering wat de natuur vermag.

Er bestaat een mooie, oude legende over een rabbi, aan wie een leerling kwam vragen: 'Vroeger waren er mensen die God van aangezicht tot aangezicht gezien hebben, waarom zijn die er nu niet meer?' De rabbi antwoordde: 'Omdat tegenwoordig niemand meer zo diep kan bukken.' Je moet je nu eenmaal een beetje bukken om iets uit het water te scheppen.

Het onderscheid tussen de meeste andere mensen en mezelf is dat bij mij de 'tussenwanden' doorschijnend zijn. Dat is mijn eigenaardigheid. Bij anderen zijn ze vaak zo ondoorzichtig dat ze niets zien van wat erachter ligt – en daarom denken ze dat er ook helemaal niets is. Ik zie iets van wat er op de achtergrond gebeurt en daarom heb ik innerlijke zekerheid. Wie niets ziet, heeft ook geen zekerheid en kan geen conclusies trekken, of vertrouwt zijn eigen conclusies niet. Ik weet niet waardoor ik de stroom van het leven kan waarnemen. Wellicht was de oorzaak het onbewuste zelf. Wellicht waren het mijn eerste dromen. Zij hebben van het begin af aan mijn bestemming bepaald.

Het weten van datgene wat er op de achtergrond gebeurt, heeft al vroeg mijn relatie tot de wereld voorbereid. Deze was in feite in mijn jeugd al zo zoals ze nu nog is. Als kind voelde ik me eenzaam en dat ben ik nu nog, omdat ik dingen weet en moet aanduiden waarvan de anderen zo te zien niets weten en meestal ook niets willen weten. Eenzaamheid ontstaat niet doordat je geen mensen om je heen hebt, maar meer doordat je hun de dingen die je zèlf belangrijk lijken niet kan zeggen, of omdat je gedachten voor waar houdt die anderen onwaarschijnlijk vinden. De eenzaamheid begon met mijn eerste dromen en bereikte een hoogtepunt in de tijd dat ik aan het onbewuste werkte. Als een mens meer weet dan anderen wordt

* Terugblik. Zie aanhangsel: brief aan een jonge geleerde.

hij eenzaam. Eenzaamheid staat echter niet noodzakelijk in tegenstelling tot gemeenschap; want niemand ervaart de gemeenschap met anderen méér dan juist de eenzame. En gemeenschap bloeit slechts daar, waar elk individu zich zijn eigen aard herinnert en zich niet met anderen identificeert. Het is belangrijk dat we een geheim hebben en het vermoeden van iets niet-kenbaars. Het vervult het leven met iets onpersoonlijks, met een numinosum. Wie dat nooit ervaren heeft, heeft iets belangrijks gemist. De mens moet bespeuren dat hij in een wereld leeft die in zeker opzicht geheimzinnig is – dat in onze wereld dingen gebeuren en ervaren kunnen worden die onverklaarbaar blijven, en dat niet alle gebeurtenissen volgens onze verwachting verlopen. Het onverwachte en ongehoorde horen in deze wereld thuis. Slechts dan is het leven volledig. Voor mij was de wereld van het begin af aan oneindig groot en onbegrijpelijk.

Ik moest alle moeite doen om me staande te houden naast mijn gedachten. Er was een demon in mij en deze gaf in laatste instantie de doorslag. Hij overvleugelde mij, en wanneer ik niets en niemand ontzag, dan was dat omdat de demon mij voortjaagde. Ik kon nooit blijven staan bij wat er bereikt was. Ik moest me voorthaasten om mijn visioen in te halen. En aangezien mijn tijdgenoten begrijpelijkerwijs mijn visioen niet konden waarnemen, zagen ze slechts iemand die zinloos wegholde.

Ik heb veel mensen voor het hoofd gestoten, want zodra ik merkte dat ze me niet begrepen, hadden ze voor me afgedaan. Ik moest verder. Ik had – behalve met mijn patiënten – geen geduld met de mensen. Steeds moest ik de innerlijke wet volgen die me was opgelegd en die me geen vrije keus liet. Overigens volgde ik haar niet altijd. Wie kan er ook zonder inconsequenties leven?

Voor sommige mensen was ik direct bereikbaar, voor zover ze contact hadden met de innerlijke wereld; maar opeens kon het gebeuren dat ik geen aandacht meer voor hen had, omdat er niets meer was wat me aan hen bond. Het kostte me moeite te leren dat de mensen er ook nog zijn als ze me niets meer te zeggen hebben. Velen wekten bij mij het gevoel van levendige menselijkheid, maar alleen wanneer ze in de toverkring van de psychologie zichtbaar werden. Het volgende moment, wanneer de schijnwerper zijn stralenbundel ergens anders op richtte, was er niets meer. Voor bepaalde mensen kon ik me intensief interesseren, maar zodra ik ze doorzien had, was de betovering verbroken. Op die manier heb ik veel vijanden gemaakt. Maar als scheppend mens ben je overgeleverd, niet vrij, maar geboeid en gedreven door de demon. 'Schmählich/entreisst das Herz uns eine Gewalt. / Denn Opfer will der Himmlischen jedes, / wenn aber eines versäumt ward, / nie hat es Gutes gebracht' (Hölderlin).

Smadelijk
ontrukt een macht ons het hart.
want elk der hemelsen vraagt een offer,
maar als dat niet gebracht werd,
is daar nooit goeds uit voortgekomen.

Deze onvrijheid veroorzaakte bij mij een diepe droefheid. Vaak voelde ik me alsof ik op een slagveld was. Nu ben je gevallen, mijn vriend, maar ik moet verder! Ik kan niet, ik kan immers niet blijven! 'Denn schmählich entreisst das Herz uns eine Gewalt.' Ik mag je graag, ja, ik hou van je, maar ik kàn niet blijven! – Dat is op dat moment hartverscheurend. Ik ben immers zèlf het slachtoffer, ik *kan* niet blijven. Maar dank zij de demon kom je erdoorheen, en de gezegende inconsequentie brengt met zich mee dat ik in flagrante tegenstelling tot mijn 'ontrouw' in onvermoede mate trouw kan zijn.
Wellicht zou ik kunnen zeggen: ik heb de mensen veel meer nodig dan een ander en tegelijk veel minder. Waar het daimonion aan het werk is, is men altijd te dichtbij of te veraf. Alleen waar het zwijgt, kan men de middenweg bewandelen.
De demon en het creatieve hebben bij mij onvoorwaardelijk en meedogenloos hun wil doorgezet. Het gewone dat ik me voornam, trok meestal aan het kortste eind – maar ook niet altijd en overal. Ik geloof dat ik daarom conservatief ben in hart en nieren. Ik stop mijn pijp uit de tabakspot van mijn grootvader en bewaar zorgvuldig zijn met een gemshoorn gekroonde alpenstok, die hij als één der eerste badgasten uit Pontresina meebracht.
Ik ben tevreden dat mijn leven zo verlopen is. Het was rijk en heeft me veel geschonken. Hoe had ik ooit zoveel kunnen verwachten? Het waren allemaal onverwachte gebeurtenissen die me overkwamen. Een paar dingen hadden misschien anders kunnen zijn, als ik zèlf anders was geweest. Maar zoals het was heeft het moeten zijn, want alles is zo gegaan omdat ik ben zoals ik ben. Veel kwam met een bepaalde bedoeling tot stand, maar dat bleek niet altijd in mijn voordeel te zijn. Het meeste heeft zich op natuurlijke wijze, vanuit het levenslot ontwikkeld. Ik heb spijt van veel stommiteiten die veroorzaakt werden door mijn eigenzinnigheid – maar als ik niet zo geweest was, zou ik mijn doel niet bereikt hebben. Zo ben ik teleurgesteld en niet teleurgesteld. Ik ben teleurgesteld over de mensen, en ik ben teleurgesteld over mezelf. Ik heb geweldige dingen van de mensen ondervonden en heb zelf meer gepresteerd dan ik van mezelf verwachtte. Ik kan geen definitief oordeel vormen, omdat het fenomeen leven en het fenomeen mens te groot zijn. Hoe ouder ik werd, des te minder begreep of wist ik van mezelf, des te minder inzicht had ik in mezelf.
Ik ben verbaasd, teleurgesteld, verheugd over mezelf. Ik ben bedroefd,

terneergeslagen, enthousiast. Ik ben dat alles ook en ik kan geen eindoordeel geven. Ik ben niet in staat een definitieve waarde of waardeloosheid vast te stellen, ik heb geen oordeel over mezelf en mijn leven. Nergens ben ik helemaal zeker van. Ik heb geen definitieve overtuiging – eigenlijk nergens over. Ik weet slechts dat ik geboren ben en dat ik besta en het lijkt me alsof ik gedragen werd. Ik besta op een grondslag die ik niet ken. Ondanks alle onzekerheid voel ik een soliditeit van al het bestaande en een continuïteit van het zo-zijn.

De wereld waarin we terechtkomen na onze geboorte, is ruw en wreed en tegelijk van een goddelijke schoonheid. Het is een kwestie van temperament wat je gelooft dat de doorslag geeft: de zinloosheid of de zin. Wanneer de zinloosheid absoluut zou overwegen, zou met een hogere ontwikkeling de zinsvervulling van het leven steeds meer afnemen. Maar dat is niet – of dat lijkt me niet – het geval. Waarschijnlijk is zoals bij alle metafysische problemen beide waar: het leven is zin en onzin, of heeft zin en onzin. Ik koester de bange hoop dat de zin zal overwegen, dat deze de strijd zal winnen.

Als Lao Tse zegt: 'Allen zijn helder, slechts ik alleen ben troebel', dan geeft dat weer wat ik in mijn hoge ouderdom voel. Lao-Tse is het voorbeeld van een man met superieur inzicht, die waarde en waardeloosheid heeft gezien en meegemaakt en die aan het eind van zijn leven in zijn eigen Zijn zou willen terugkeren, in de eeuwig onkenbare zin. Het archetype van de oude mens, die genoeg heeft gezien, is eeuwig waar. Op elk intelligentieniveau verschijnt dit type en is identiek met zichzelf, of het nu een oude boer is, of een groot filosoof als Lao-Tse. Zó is de ouderdom – dus een beperking. En toch is er zoveel waarvan ik vervuld ben: de planten, de dieren, de wolken, dag en nacht en het eeuwige in de mens. Hoe onzekerder ik over mezelf werd, des te meer groeide een gevoel van verwantschap met alle dingen. Ja, het komt me voor alsof deze vreemdheid die me zolang van de wereld gescheiden hield, nu naar mijn innerlijke wereld verplaatst is en mij een onverwachte onbekendheid met mezelf heeft geopenbaard.

Aanhangsel

Uit de de brieven van Jung uit de USA aan zijn vrouw Emma.

6–9–'09, maandag
bij prof. Stanley Hall
Clark University, Worcester.

. . . Gelukkig zijn we* nu dus in Worcester aangekomen! Ik moet je over de reis vertellen. Afgelopen zaterdag was het somber weer in New York. Alle drie hadden we last van diarree en meer of minder van maagpijn. Ondanks mijn lichamelijke ellende en lege maag ging ik toch naar het paleontologisch museum, waar ik alle oude monsters zag, de scheppingsangstdromen van de lieve God. Het museum is voor de filogenese van zoogdieren uit het Tertiair eenvoudig uniek. Onmogelijk kan ik beschrijven wat ik daar allemaal gezien heb. Daarna ontmoette ik Jones, die juist uit Europa was aangekomen. Ongeveer half vier reisden we per Elevated van de 42e straat naar de kaden en gingen aan boord van een merkwaardige, reusachtige stoomboot, die wel vijf witte dekken had. We namen hutten en voeren vanaf Westriver om Manhattan met zijn enorme wolkenkrabbers heen, de East River op. We gingen onder de Brooklyn- en Manhattan-Bridge door, dwars door het onafzienbare gekrioel van sleepboten, veerboten, enz. enz., door de Sound achter Long Island. Het werd kil en vochtig, we hadden buikpijn, diarree en honger; en we kropen in bed. Zondags vroeg gingen we al aan land in Fallriver City, waar we in de stromende regen de trein naar Boston namen. We gingen meteen door naar Worcester. Onderweg al klaarde het weer op. Het landschap was bijzonder lieflijk, licht glooiend, veel bossen, moerassen, meertjes, ontelbare geweldige zwerfkeien, kleine dorpjes met houten huizen, rood, groen of grijs geschilderd met witomlijste vensters (Holland!), verscholen onder mooie grote bomen. Half twaalf in Worcester. We vonden in het Standish Hotel een keurig onderdak, bovendien goedkoop 'on the American plan', dat wil zeggen met pension.

* Freud, Ferenczi en Jung.

's Avonds na gepaste rust om zes uur op bezoek bij Stanley Hall. Hij is een zeer gedistingeerde, voorname oude heer van al gauw zeventig jaar, die ons uiterst gastvrij ontving. Hij heeft een dikke, vrolijke, goedmoedige en daarbij zeer lelijke vrouw, maar één die weet wat lekker eten is. Ze adopteerde Freud en mij als haar 'boys' en voorzag ons van kostelijk voedsel en edele wijn, zodat we zichtbaar genazen. We sliepen vannacht nog prima in het hotel en vanochtend verhuisden we naar de Halls. Het huis is vreselijk leuk ingericht, overal ruimte en comfort. Hij heeft een geweldige studeerkamer, met duizenden boeken en sigaren. Als bedienden fungeren twee steenkoolzwarte negers in smoking; zeer grotesk plechtig. Overal tapijten, alle deuren open, zelfs de w.c.- en huisdeuren, overal loop je zo in en uit, de vensters reiken allemaal tot op de grond; rondom het huis een Engels gazon, geen tuinhek. De halve stad (ca. 180.000 inwoners) staat in een bos met oude bomen die de straten beschaduwen. Bijna alle huizen zijn kleiner dan dit huis, lieflijk omgeven door bloemen en bloeiende struiken, begroeid met wilde wingerd en blauwe regen, alles ziet er verzorgd, schoon, gecultiveerd en buitengewoon vredig en gemoedelijk uit. Een heel ander Amerika! Dit is het zogenaamde New England. De stad werd al in 1690 gesticht en is dus al heel oud. Veel welstand. De universiteit, die rijke schenkingen ontvangt, is klein maar voornaam, eenvoudig en werkelijk stijlvol. Vanochtend was de opening van het academische jaar. Prof. X. was als eerste aan de beurt met een saaie toespraak. We gingen al gauw er tussenuit en maakten een wandeling door de omgeving van de stad, die aan alle kanten door kleine en heel kleine meertjes en koele bossen is omgeven. We waren erg verrukt over het vredige, mooie landschap. Het is een heerlijke opfrisser na de drukte van New York . . .

Clark University
Worcester, Mass.
8–9–'09, woensdag

. . . De mensen zijn hier allemaal bijzonder vriendelijk en van een aangenaam cultureel niveau. We worden bij Hall prima verzorgd en komen elke dag meer bij van de New Yorkse vermoeienissen. Met de buik is het nu bijna in orde, af en toe een krampje, maar de algemene toestand is nu verder voortreffelijk. Freud is gisteren met zijn colleges begonnen en had groot succes. We winnen hier terrein, de belangstelling voor onze zaak groeit langzaam maar zeker. Ik heb vandaag met twee oudere, zeer ontwikkelde ladies een 'talk' over psychoanalyse gehad, waarbij deze dames zeer goed op de hoogte en ruimdenkend bleken te zijn. Ik was erg verrast, want ik had op veel weerstand gerekend. Onlangs hadden we een grote 'gardenparty' met vijftig mensen, waarbij ik me met vijf dames omringde. Ik kon zelfs Engelse grapjes vertellen, je moet niet vragen hoe! Morgen geef ik mijn eerste college, waar ik nu helemaal niet meer tegen opzie, want onze toehoorders zijn ongevaarlijk en verlangen er alleen maar naar nieuwe dingen te horen – en daar kunnen we immers mee voor de dag komen. Ik hoorde dat de universiteit ons komende zaterdag eredoctoraten zal verlenen en dat moet een heel feestelijke gebeurtenis worden. 's Avonds wordt er een 'formal reception' gegeven. De brief van vandaag valt helaas noodgedwongen kort uit, omdat de Halls een ontvangst voor ons geven om five o'clock. Ook zijn we geïnterviewd door de 'Boston Evening Transcript'. We zijn hier de helden van de dag. Het doet je goed om ook deze kant eens een beetje uit te leven. Ik voel dat mijn libido er volop van geniet . . .

Clark University
Worcester, Mass.
14–9–'09

. . . Gisteravond was er een enorme festiviteit, een verkleedpartij met alle mogelijke rode en zwarte gewaden en vierkante baretten met gouden kwasten. Men heeft mij, evenals Freud, tijdens een grote feestelijke bijeenkomst gepromoveerd tot Doctor of Laws, honoris causa. Ik mag nu achter mijn naam L.L.D. zetten. Belangrijk, hè? Vandaag heeft professor M. ons voor de lunch per auto meegenomen naar een mooi meer. Het landschap was heel lieflijk. Vanavond is er nog een 'private conference' ten huize van Hall over 'psychology of sex'. We hebben het afschuwelijk druk. Daarin zijn de Amerikanen werkelijk groot, ze laten je nauwelijks tijd om op adem te komen. Ik ben na al deze ongelooflijke gebeurtenissen lichtelijk uitgeput en verlang naar de rust in de bergen. Ik heb er hoofdpijn van. Gisteravond moest ik tijdens de erepromotie voor de vuist weg een rede houden voor ongeveer driehonderd man.

. . . Ik verheug me er geweldig op weer op zee te zijn, in de onmetelijke rust en ruimte, waar de opgejaagde ziel weer wat kan bijkomen. Je leeft hier in een vrijwel constante wervelwind. God zij dank is mijn eetlust weer helemaal in orde, zodat ik me overal op verheugen kan. Ik neem nu in de storm nog alles mee wat maar mogelijk is, en dan ga ik voldaan zitten . . .

P.'s Camp
Keene Valley
Adirondacks, N.Y.
16–9–'09, 8.30 a.m.

. . . Je zou mateloos verbaasd zijn als je zag waar ik nu weer uithang in dit land van werkelijk onbegrensde mogelijkheden. Ik zit in een grote houten hut, die uit één enkel vertrek bestaat; vóór me een geweldige, van ruwe steen gemetselde haard met machtige houtblokken ervoor, aan de muren massa's serviesgoed, boeken en dergelijke. Rond de hut loopt een overdekte veranda, en als je naar buiten stapt dan zie je eerst niets dan bomen: beuken, dennen, pijnbomen, thuja's, alles een beetje anders dan bij ons; en op het moment regent het zachtjes. Tussen de bomen door zie je een bergachtig landschap en alles is overdekt met bossen. De hut staat op een kleine helling, iets lager staan ongeveer tien houten huisjes; aan de ene kant wonen de vrouwen, aan de andere de mannen, in één huisje is de keuken, in een ander eten we, en daartussendoor grazen koeien en paarden. Hier wonen namelijk de twee families P. en de familie X. met hun bedienden. Als je naar boven langs het beekje loopt dat hier langs stroomt, dan kom je in het bos en je ontdekt al gauw dat dit een noordelijk oerwoud is. De bodem wordt gevormd door geweldige glaciale rotsblokken, bedekt met een dik, zacht tapijt van mos en varens, daaroverheen liggen in een wilde wanorde takken en enorme vermolmde boomstammen, waaruit weer nieuwe boompjes ontspruiten. Als je nog hoger klimt via het zachte pad – dat helemaal uit vermolmd hout bestaat – dan kom je in een gebied met heel dicht kreupelhout, waartussen een wirwar van frambozen, bramen en een zonderlinge kruising van beide groeit. Duizenden geweldige dode bomen verheffen zich naakt boven het struikgewas. Duizenden zijn omgevallen en hebben zich in hun val vervlochten tot een ondoordringbaar netwerk. Je kruipt over en onder dikke boomstammen, stapt dwars door vermolmd hout in diepe gaten, sporen van herten kruisen het pad, spechten hebben gaten ter grootte van een hoofd in de bomen gehamerd. Op sommige plaatsen hebben wervelstormen honderden reusachtige bomen, die op Wellingtons lijken, omgerukt, zodat hun wortels hoog in de lucht steken. Een bosbrand heeft hier een paar jaar geleden een gebied van vele hectaren verwoest. Eindelijk bereik je dan een meer dan 1000 m. hoge bergtop en je kijkt uit over een woest glaciaal merenlandschap, dat sinds de gletsjertijd volledig door maagdelijk oerwoud bedekt is. Dit merkwaardige wilde land bevindt zich in de noordoostelijke punt van de USA, in de staat New York, vlak bij de Canadese grens. Hier huizen nog beren, wolven, herten, elanden, stekelvarkens. Slangen heb je hier ook overal. Gisteren, toen we aankwamen, lag een twee voet lange slang ons op te wachten. Gelukkig zijn er geen ratel-

slangen in onze omgeving, die zijn er wel in grote hoeveelheden een paar uur verderop, bij het warmere Lake George en Champlain. We logeren in een kleine hut en slapen in een kruising tussen een hangmat en een veldbed . . .
Ik geloof dat we hier eens samen naar toe moeten, het leven is hier erg goed. Overal waar bekenden wonen word je hartelijk ontvangen en de verzorging is uitstekend. We zijn het erover eens dat we aan deze reis de mooiste herinneringen zullen bewaren. Freud slaat zich met een filosofisch glimlachje door deze hele bonte wereld heen. Ik doe mee en geniet ervan. Als ik alles in me zou opnemen wat ik meemaak dan zou ik er in nog geen twee maanden mee klaar zijn. Het is goed om weg te gaan, zo lang het nog zo mooi is . . .

Albany, N.Y.
18-9-'09

. . . Nog twee dagen en we vertrekken! Alles gaat in een roes. Gisteren nog stond ik op een bijna 1700 meter hoge kale rots, temidden van enorme oerwouden; ik keek ver uit over de blauwe oneindigheid van Amerika en was tot op het bot verkild door de ijskoude wind – en vandaag zit ik midden in het grote-stadsgewoel van Albany, de hoofdstad van de staat New York! De honderdduizend indrukken die ik van dit wonderland meeneem laten zich met geen pen beschrijven. Het reikt allemaal te ver en is te onafzienbaar. Er werd me de laatste dagen langzamerhand iets duidelijk: ik begin in te zien dat hier een ideale levensmogelijkheid werkelijkheid is geworden. De mannen gaat het hier zo goed als de cultuur het maar veroorlooft, de vrouwen slecht. We hebben hier dingen gezien die de grootste bewondering afdwingen; en andere dingen die aanleiding geven tot ernstig nadenken over de sociale ontwikkeling. We zijn wat technische cultuur betreft mijlenver bij Amerika achter. Maar het kost allemaal verschrikkelijk veel en het draagt al de kiem van het einde in zich. Ik moet je veel, heel veel vertellen. De belevenissen van deze reis zullen voor mij onvergetelijk blijven. We zijn nu Amerika-moe. Morgen vroeg gaan we naar New York en de 21e september zijn we weer op zee! . . .

Norddeutscher Lloyd Bremen
s.s. 'Kaiser Wilhelm der Grosse'
22-9-'09

. . . Gisteren schudde ik het stof van Amerika van mijn schoenen; met een licht hart, maar met een zwaar hoofd, want de Y's onthaalden me op een heerlijke champagne . . . Wat de geheelonthouding betreft: op het punt van het geloof ben ik op heel wankel terrein gekomen, zodat ik aan mijn eer verplicht ben uit mijn verenigingen te treden. Ik beken dat ik een oprechte zondaar ben en kan dan hopelijk de aanblik van een glas wijn zonder emotie doorstaan – ik bedoel de aanblik van een vol glas. Dat is immers altijd zo; slechts het verbodene bekoort. Ik geloof dat ik mezelf niet te veel moet verbieden.
Gistermorgen dus voeren we af, om tien uur. Links verrezen de witte en roodachtige hemeltorens van New York City, rechts de walmende schoorstenen, dokken, enz. van Hoboken. Het was nevelig, New York was al gauw uit het zicht verdwenen en na niet al te lange tijd voelden we de deining van de oceaan. Bij het lichtschip gingen de Amerikaanse loodsen van boord en we voeren de 'treurige woestijn der zee' op. Het is altijd van een kosmische grootsheid en eenvoud, en dwingt tot zwijgen; want wat heeft de mens hier te zeggen, zeker wanneer de nachtelijke oceaan alleen is met de sterrenhemel? Je aanschouwt dit zwijgend, je doet afstand van elke hoogmoed, en vele oude woorden en beelden glijden langs je heen: een zachte stem zegt iets over het oeroude, de oneindigheid van de 'ver-ruisende zee', over 'de golven van de zee en de liefde', over Leukothea, de lieflijke godin, die in het schuim van de opspattende golven verschijnend de reddende fijne parelsluier voor de zwervensmoede Odysseus bereidt. De zee is als muziek, ze bevat en beroert alle dromen der ziel. De schoonheid en de grootsheid van de zee ligt hierin, dat ze ons dwingt af te dalen tot de vruchtbare bodem van de eigen ziel; en dat we, zelf scheppend, met het doen herleven van de 'treurige woestijn van de zee' onszelf tegemoettreden. Maar nu zijn we nog moe van de 'last van deze laatste dagen', broedend en onbewust werkend scheppen we orde in alles wat Amerika in ons heeft losgewoeld . . .

Norddeutscher Lloyd Bremen
s.s. 'Kaiser Wilhelm der Grosse'
25-9-'09

. . . Gisteren stak er een storm op, die de hele dag tot tegen middernacht duurde. Ik stond bijna de hele dag onder de commandobrug op een hooggelegen en beschut punt en bewonderde het geweldige schouwspel van de reusachtige aanrollende golven, die wervelende wolken schuim over het schip uitstortten. Het schip begon angstwekkend te stampen en te slingeren, al een paar keer was een zoute regen over ons neergevallen. Het werd koud en we wilden een kop thee gaan drinken. Maar toen schoten mijn hersenen door het ruggemergkanaal naar beneden en probeerden onder mijn maag door weer naar boven te komen. Daarom trok ik me maar terug in bed, waar ik me al gauw heel prettig voelde en dan ook een aangenaam diner wegwerkte. Van tijd tot tijd dreunde een grote golf tegen het schip. De voorwerpen in de hut waren alle tot leven gekomen: een zitkussen kroop in het halfduister over de grond rond; een schoen richtte zich op, keek verbaasd om zich heen en begaf zich dan zachtjes sloffend onder de sofa, de andere schoen ging vermoeid op zijn kant liggen en liep de ander achterna. Maar nu kwam er verandering in het schouwspel. Ik merkte dat de schoenen onder de sofa waren gekropen om mijn plunjezak en handtas te halen; nu stak het hele gezelschap over naar de grote koffer onder het bed; een mouw van mijn overhemd op de sofa wuifde hen verlangend na; binnen in de kasten en laden ritselde en klapperde het. Plotseling barstte er een luid geraas los, het kwam onder mijn vloer vandaan, geknetter, geratel en gerinkel. Beneden is namelijk een keukenvertrek. Daar waren in één klap vijfhonderd borden uit hun teruggetrokken, op de dood gelijkend bestaan ontwaakt en hadden met één koene sprong een einde gemaakt aan hun nietig slavenleven. Rondom me, in de andere hutten, verrieden onuitsprekelijke zuchten de geheimen van het menu. Ik sliep heerlijk en vanmorgen begint de wind van een andere kant . . .

*Uit brieven van Freud aan Jung**

16 april '09
Wenen IX, Berggasse 19

Beste vriend,

... Het is opmerkelijk dat op dezelfde avond waarop ik jou formeel als oudste zoon adopteerde, jou tot opvolger en kroonprins – in partibus infidelium – zalfde, dat jij tegelijkertijd mijn vaderlijke waardigheid ontmantelde; een ontmanteling die je evenzeer schijnt te bevallen als mij omgekeerd de bekleding van jouw persoon. Nu vrees ik dat ik tegenover jou weer in de vaderrol terugval als ik over mijn relatie tot klopgeesten-spooksel ga praten; ik moet dat echter doen, omdat het toch anders ligt dan je wellicht zou geloven. Ik ontken dus niet dat je mededelingen en je experiment grote indruk op me hebben gemaakt. Ik nam me voor, na je vertrek goed op te letten en geef hier de resultaten. In mijn eerste kamer kraakt het onophoudelijk op de plaats waar de twee zware Egyptische steles op de eiken planken van de boekenkast rusten; dat is dus te doorzien. In de tweede kamer, waar we het gehoord hebben, kraakt het uiterst zelden. Aanvankelijk wilde ik het als bewijs laten gelden wanneer het gedruis, dat tijdens jouw aanwezigheid zo veelvuldig optrad, zich na je vertrek nooit meer zou laten horen – maar sindsdien heb ik het herhaaldelijk gehoord, maar nooit in samenhang met mijn gedachten en nooit wanneer ik me met jou of met je speciale probleem bezighield. (Ook nu niet, voeg ik als uitdaging toe.) Mijn waarneming werd echter al snel door iets anders ontkracht. Mijn gelovigheid, of tenminste mijn gelovige bereidwilligheid, verdween met de betovering van je persoonlijke aanwezigheid; het is me, uit welke innerlijke motieven dan ook, weer geheel onwaarschijnlijk dat iets van deze aard zou voorkomen; het ontnuchterde meubilair staat voor me, zoals de ontgoddelijkte natuur voor de dichter na het afscheid van de goden van Griekenland.

Ik zet dus weer mijn hoornen vaderbril op en waarschuw de geliefde zoon het hoofd koel te houden en liever iets niet te willen begrijpen dan aan het verstand zo'n groot offer te brengen; ik schud echter ook over de psychosynthese het wijze hoofd en denk: Ja, zo zijn ze, die jongelui, werkelijke vreugde beleven ze slechts aan datgene waar ze ons niet mee naar toe hoeven nemen; waar wij, kortademig en met vermoeide benen, niet kunnen volgen.

* Gepubliceerd met vriendelijke toestemming van Ernst Freud, Londen.

En nu ga ik, waar ik volgens mijn leeftijd recht op heb, op mijn praatstoel zitten en vertel over iets anders tussen hemel en aarde wat men niet kan begrijpen. Een paar jaar geleden ontdekte ik bij mezelf de overtuiging dat ik tussen mijn eenenzestigste en tweeënzestigste zou sterven, wat me destijds nog als een lange termijn voorkwam. (Nu zijn het nog slechts acht jaren). Ik ging in die tijd met mijn broer naar Griekenland en het was beslist griezelig hoe het getal 61 of 60 in verbinding met 1 en 2 opdook bij alle gelegenheden waar iets genummerd was; vooral bij transportmiddelen, wat ik allemaal nauwkeurig noteerde. In gedrukte stemming kwam ik in ons hotel in Athene aan en het was een opluchting toen men ons een kamer toewees op de eerste verdieping; daar kon nr. 61 niet in aanmerking komen. Goed, maar ik kreeg tenminste 31 (met fatalistische vrijheid toch de helft van 61–62); en dit slimmere en behendiger getal bleek in de achtervolging nòg volhardender dan het eerste. Vanaf de terugreis tot kort geleden bleef de 31 me trouw, met in zijn nabijheid graag een 2. Aangezien ik ook gebieden in mijn systeem heb waar ik slechts weetgierig en helemaal niet bijgelovig ben, heb ik sindsdien getracht deze overtuiging te analyseren, met het volgende resultaat: Ik kreeg deze overtuiging in 1899. Destijds vielen twee gebeurtenissen samen. Ten eerste schreef ik de 'Traumdeutung' (die immers met 1900 geantedateerd is); ten tweede kreeg ik een nieuw telefoonnummer dat ik nu nog heb: 14362. Iets gemeenschappelijks tussen deze beide feiten laat zich makkelijk construeren; in het jaar 1899 toen ik de Traumdeutung schreef was ik *43* jaar oud. Wat lag dus meer voor de hand dan dat het andere cijfer mijn levenseinde zou voorstellen, dus 61 of 62. – Ineens zie je het systeem in de waanzin. Het bijgeloof dat ik tussen 61–62 zal sterven, blijkt het equivalent te zijn van de overtuiging dat ik met de Traumdeutung mijn levenswerk voltooid heb, niets meer hoef te zeggen en rustig kan sterven. Je zal toegeven, na deze ervaring klinkt het niet meer zo onzinnig. Overigens is er sprake van een geheime invloed van W. Fliess; hetzelfde jaar dat hij mij aanviel, brak ook het bijgeloof door.
Je zult de specifiek joodse aard in mijn mystiek alweer bevestigd vinden. Verder ben ik geneigd alleen te zeggen dat avonturen zoals dit met het getal 61, opgehelderd worden door twee factoren: ten eerste door de vanuit het onbewuste enorm verhoogde opmerkzaamheid die in elke vrouw een Helena ziet; en ten tweede door het onmiskenbaar aanwezige 'tegemoetkomen van het toeval', dat bij waanvormingen eenzelfde rol speelt als het tegemoetkomen van het lichaam bij het hysterische symptoom, en dat van de taal bij woordspelingen.
Ik zal dus in staat zijn met belangstelling meer te horen over je complexspookonderzoekingen, zoals over een geliefde waan die je zelf niet deelt. Met hartelijke groeten aan jou, je vrouw en kinderen,

Je Freud.

12 mei 1911
Wien IX, Berggasse 19

Beste vriend,
. . . Ik weet dat je door je diepste innerlijke neigingen tot de studie van het occulte wordt gedrongen; en ik twijfel er niet aan dat je rijk beladen zult terugkeren. Er is toch niets aan te doen, bovendien is het juist om de aaneenrijging van je impulsen te volgen. Je reputatie wegens de 'Dementia praecox' zal lange tijd standhouden tegen het scheldwoord 'mysticus'. Maar blijf toch niet daar in de tropenkoloniën, het gaat erom thuis te regeren . . .
Ik groet je hartelijk en hoop dat je mij ook spoedig zult schrijven.

Je getrouwe Freud.

15-6-'11
Wenen IX, Berggasse 19

Beste vriend,
. . . Wat betreft het occultisme ben ik sinds de grote les door de ervaringen van Ferenczi* deemoedig geworden. Ik beloof alles te geloven wat op de een of andere manier verstandelijk acceptabel gemaakt kan worden. Het gaat niet van harte, dat weet je. Maar mijn hybris is sindsdien gebroken. Ik zou willen dat je in goede verstandhouding bent met Ferenczi als één van jullie van plan is de gevaarlijke stap in de openbaarheid te doen; en ik stel me voor dat dit in volledige onafhankelijkheid tijdens het werk overeengekomen is . . .
Hartelijke groeten voor jou en het mooie huis,

je getrouwe Freud.

* Zie E. Jones, Freud, III, New York 1957, p. 387 e.v.

Brief aan zijn vrouw uit Sousse, Tunis

Maandag, 15-3-'20
Grand Hotel, Sousse

Dit Afrika is ongehoord!

... Ik kan je helaas geen samenhangend verhaal schrijven, want het is te veel. Alleen een paar flitsen. Na kou en zwaar weer op zee een frisse ochtend in Algiers. Lichte huizen en straten, donkere, groene boomtoppen, hoge wuivende palmen daartussen. Witte boernoesen, rode fezzen, daartussen het geel van de 'tiralleur d'Afrique', rode spahi's, dan de botanische tuin, een tropisch sprookjeswoud, Indisch visioen, heilige Açvatta-bomen met reuzenluchtwortels als monsters, fantastische godenwoningen van reusachtige afmetingen, met zwaar, donkergroen loof, ruisend in de zeewind. Dan een treinreis van dertig uur naar Tunis. Deze Arabische stad is Oudheid en Moorse Middeleeuwen, Granada en de sprookjes van Bagdad. Je denkt niet meer aan jezelf, maar bent opgelost in deze niet te beoordelen, nog minder te beschrijven veelheid: in een muur een Romeinse zuil, een oude, onbeschrijflijk lelijke jodin in een witte pofbroek loopt voorbij, een straatventer wringt zich met een stapel boernoesen door de menigte en schreeuwt met keelklanken die uit het kanton Zürich afkomstig konden zijn, een stuk diepblauwe hemel, een sneeuwwitte moskeekoepel, een schoenmaker zit ijverig schoenen te naaien in een kleine, gewelfde nis, op de mat voor hem een warme, verblindende plek zonlicht, blinde muzikanten met trommels en piepkleine luiten met drie snaren, een bedelaar die alleen uit lompen bestaat, de damp van oliekoeken, zwermen vliegen, boven in de gelukzalige ether op een witte minaret zingt een muezzin het middaggezang, beneden is een koele, beschaduwde zuilenhof met een majolica-omrankte hoefijzervormige poort, op de muur ligt een schurftige kat in de zon, een komen en gaan van rode, witte, gele, bruine, blauwe mantels, witte turbans, rode fezzen, uniformen, gezichten van blank en helgeel tot diepzwart, een geslof van gele en rode muilen, een geluidloos voorbijglijden van zwarte blote voeten, enz. enz.

's Ochtends verheft zich de grote god en vult beide horizonten met zijn vreugde en macht, en al het levende gehoorzaamt hem. 's Nachts is de maan zo zilver en geeft zo'n goddelijk helder licht, dat niemand aan Astarte twijfelt.

Tussen Algiers en Tunis liggen 900 km. Afrikaanse aarde, torenhoog verheven tot de edele en weidse vormen van de grote Atlas; brede dalen en uitgestrekte hoogvlakten vloeien over van wijn en graan; donkergroene kurkeikbossen. Vandaag steeg Horus op vanuit een ver, vaag gebergte en

scheen over een oneindige groene en bruine vlakte, en vanuit de woestijn kwam een machtige wind aanwaaien, die tot ver over de donkerblauwe zee blies. Op golvende, grijsgroene heuvels zie je geelbruine resten van hele Romeinse steden, daartussen grazen een paar zwarte geiten, in de nabijheid een bedoeïnenkamp met zwarte tenten, kamelen en ezels, de trein rijdt over een kameel heen, die niet kon besluiten van de rails af te gaan; hij is dood. Witte gestalten komen aanlopen, schreeuwen, gebaren. Steeds weer de zee, soms diepblauw, soms pijnlijk schitterend in de zon. Vanuit olijfbossen, palmen en reuze-cactushagen duikt een sneeuwwitte stad op met hemelse witte koepels en torens, prachtig gelegen op een heuvel, en dan Sousse, met witte muren en torens; beneden de haven, achter de kademuur de diepblauwe zee en in de haven ligt het zeilschip met de twee latijnse zeilen, die ik eens geschilderd heb!!!
Je struikelt hier over de Romeinse overblijfselen; met mijn stok heb ik een Romeinse kruik uitgegraven.
Dit alles is slechts een armzalig gestamel, ik weet niet wat Afrika eigenlijk zegt, maar het spreekt. Stel je een geweldige zon voor, een lucht zo helder als in het hoogste hooggebergte, een zee, blauwer dan wat je ooit gezien hebt, alle kleuren van een ongehoorde felheid, op de markt hier koop je nog amfora's uit de Oudheid, zóiets – en de maan!!!. . .

*Uit een brief aan een jonge geleerde**
(1952)

. . . Ik definieer mezelf als empiricus, want ik moet toch iets fatsoenlijks zijn. Vaak verwijt men mij dat ik een slecht filosoof ben en ik wil vanzelfsprekend liever niet iets minderwaardigs zijn. Als empiricus heb ik tenminste iets gepresteerd. Men zal toch niet een goed schoenmaker – die zichzelf ook als zodanig beschouwt – als grafschrift meegeven dat hij een slecht hoedenmaker is geweest, omdat hij eens een keer een ondeugdelijke hoed heeft gemaakt.

De taal die ik spreek moet tweeduidig, resp. dubbelzinnig zijn, om recht te doen aan de psychische aard met haar dubbelaspect. Ik streef bewust en opzettelijk naar de dubbelzinnige uitdrukking, omdat deze superieur is aan ondubbelzinnigheid en overeenkomt met de aard van het zijn. Ik zou volgens heel mijn aanleg heel goed ondubbelzinnig kunnen zijn. Dat is niet moeilijk, maar het gaat ten koste van de waarheid. Ik laat opzettelijk alle boven- en ondertonen meeklinken, want enerzijds zijn deze toch altijd al aanwezig en anderzijds geven ze een vollediger beeld van de werkelijkheid. Ondubbelzinnigheid heeft slechts zin bij de vaststelling van feiten, maar niet bij de interpretatie daarvan; want 'zin' is geen tautologie, maar houdt altijd meer in dan het concrete object van de uitspraak.

Ik ben – nog meer in het bijzonder – slechts een psychiater, want mijn wezenlijke vraagstelling, waar heel mijn streven op gericht is, is de psychische storing, haar fenomenologie, etiologie en teleologie. Al het andere speelt bij mij een bijkomstige rol. Ik voel me noch geroepen om een godsdienst te stichten, noch om een geloof aan te nemen. Ik beoefen geen filosofie, maar denk alleen maar in het kader van de mij opgelegde speciale taak om een goed zielearts te zijn. Zo heb ik mezelf aangetroffen en zo functioneer ik als lid van de menselijke maatschappij. Ik ontken geenszins dat anderen meer weten dan ik. Ik weet bijvoorbeeld niet hoe God, losgemaakt van de menselijke ervaring, ooit ervaren zou kunnen worden. Als ik Hem niet ervaar, hoe zou ik dan kunnen zeggen dat Hij is? Mijn ervaring is echter erg beperkt en nietig, en zo is ook datgene wat ervaren wordt – ondanks het drukkende vermoeden van iets onmetelijks – nietig en menselijk; dat zie je het beste wanneer je het probeert uit te drukken. Wat je ervaart komt allemaal in de dubbelzinnigheid van de psyche terecht. De grootste ervaring is ook de kleinste en beperktste, en daarom schrik je ervoor terug er al te nadrukkelijk over te praten, of zelfs erover te filoso-

* Zie Briefe II, 1972, p. 283 e.v. (vert.).

feren. Men is toch te klein en te gebrekkig om zich zo'n vermetelheid te kunnen permitteren. Daarom geef ik de voorkeur aan een dubbelzinnig taalgebruik, want deze laat de subjectiviteit van de archetypische voorstelling èn de autonomie van het archetype in dezelfde mate tot hun recht komen. 'God' bij voorbeeld, betekent enerzijds een niet uit te drukken ens potentissimum (oppermachtig zijnde – vert.), anderzijds een uiterst gebrekkige aanduiding en uitdrukking van menselijke onmacht en radeloosheid – dus een belevenis van hoogst paradoxale aard. De ruimte van de ziel is onmetelijk groot en gevuld met levende werkelijkheid. Aan de rand daarvan staat het geheim van de stof en van de geest, resp. van de zin. Voor mij is dit het kader waarbinnen ik mijn ervaring kan uitdrukken . . .

*Uit een brief aan een collega**
(1959)

. . . het begrip van 'ordening' (in de schepping) is niet identiek met dat van de 'zin'. Ook een organisch wezen is ondanks zijn in zichzelf zinvolle ordening niet noodzakelijkerwijs zinvol in de samenhang van het geheel. . . . Zonder het reflecterend bewustzijn der mensen is de wereld van een gigantische zinloosheid, want de mens is volgens onze ervaring het enige wezen dat 'zin' vaststellen kan.

We kunnen volstrekt niet aangeven waaruit de opbouwende factor in de biologische ontwikkeling bestaat. We weten echter wel, dat warmbloedigheid en een differentiëring van de hersenen noodzakelijk waren voor het ontstaan van het bewustzijn, en daarmee ook voor het openbaar worden van een zin. Je kunt je onmogelijk voorstellen door welke toevalligheden en risico's de zich over miljoenen jaren uitstrekkende opbouw van een lemurische boombewoner tot een mens heengedrongen is. In deze toevalschaos waren vermoedelijk synchronistische fenomenen aan het werk, die naast en met behulp van de bekende natuurwetten op archetypische momenten syntheses konden voltrekken, die ons wonderbaarlijk toeschijnen. Causaliteit en teleologie schieten hier te kort, want synchronistische fenomenen gedragen zich als toevalligheden.

Aangezien de natuurwetenschappelijke waarschijnlijkheid geen houvast biedt aan het vermoeden dat uit zuiver toeval hogere synthesen – zoals bijv. de psyche – zouden kunnen ontstaan, hebben we de hypothese van een latente

* Zie Briefe III, 1973, p. 283 e.v. (vert.).

zinvolheid nodig; niet alleen om de synchronistische fenomenen te verklaren, maar ook de hogere synthesen. Zinvolheid schijnt altijd aanvankelijk onbewust te zijn en kan daarom alleen achteraf ontdekt worden; daarom bestaat ook altijd het gevaar dat er een zin gelegd wordt in iets, waar geen zin bestaat. We hebben de synchronistische ervaringen nodig om de hypothese van een latente zin, die onafhankelijk is van het bewustzijn, te kunnen funderen.

Aangezien een schepping zonder het reflecterende bewustzijn der mensen geen *kenbare* zin heeft, wordt de mens met de hypothese van een *latente* zin een kosmogonische betekenis toegedacht, een waarachtige raison d'être. Als men daarentegen de latente zin als een bewust scheppingsplan aan de Schepper toeschrijft, dan komt de vraag op: waarom moest de Schepper heel dit wereldfenomeen op touw te zetten, aangezien Hij immers al weet waarin Hij zich kan spiegelen; en waarom zou Hij zich moeten spiegelen, aangezien Hij zich toch al van zichzelf bewust is? Waarom moest Hij naast Zijn alwetendheid een tweede, minderwaardig bewustzijn scheppen? – in zekere zin miljarden troebele spiegeltjes, waarvan Hij immers al van tevoren weet hoe het beeld zal zijn dat ze kunnen weergeven?

Na al deze overwegingen ben ik tot de conclusie gekomen dat de beeldgelijkheid niet alleen voor de mens geldt, maar ook voor de Schepper: Hij lijkt op de mens, of is eraan gelijk; dat wil zeggen: Hij is even onbewust als deze, of nog onbewuster, aangezien Hij volgens de mythe van de incarnatio zich zelfs gedwongen voelt mens te worden en zich als offer aan de mens aan te bieden . . .

Ten tijde van mijn relatie met Freud had ik in Théodore Flournoy een vaderlijke vriend gevonden. Hij was al een oud man toen ik hem leerde kennen. Helaas is hij een paar jaar later overleden. Toen ik nog arts in Burghölzli was, las ik zijn boek 'Des Indes à la Planète Mars', dat zeer grote indruk op me maakte. Ik schreef Flournoy dat ik het in het Duits wilde vertalen. Pas na een half jaar kreeg ik een antwoord, waarin hij zich verontschuldigde dat mijn verzoek zo lang was blijven liggen. Jammer genoeg had hij de vertaling al aan iemand anders toegezegd.

Later bezocht ik Flournoy in Genève, en toen ik langzamerhand ging inzien waar Freuds grenzen lagen, zocht ik hem van tijd tot tijd op om met hem te praten. Het was voor mij belangrijk te horen wat Flournoy van Freud dacht, en hij zei heel verstandige dingen over hem. Hij wees vooral op Freuds 'Aufklärer'-schap, waardoor veel van hem begrijpelijk werd, en dat ook zijn eenzijdigheid verklaarde.

In 1912 verzocht ik Flournoy dringend het congres in München bij te wonen, waar het tot een breuk tussen Freud en mij is gekomen. Zijn aanwezigheid betekende een steun voor mij.

Ik had in die jaren – vooral na de breuk met Freud – het gevoel dat ik nog veel te jong was om zelfstandig te zijn. Ik had iemand nodig op wie ik terug kon vallen en met wie ik open kon praten. Dat vond ik bij Flournoy, en daarom vormde hij voor mij al gauw een soort tegengewicht tegen Freud. Met hem kon ik ook over alle problemen praten die me wetenschappelijk bezighielden, bij voorbeeld over het somnambulisme, over parapsychologie en godsdienstpsychologie. Ik had destijds immers niemand die mijn belangstelling in dit opzicht deelde. Flournoy's opvattingen en de mijne lagen volledig op één lijn en ze stimuleerden me. Zijn begrip 'imagination créative' (scheppende verbeelding), dat me bijzonder interesseerde, nam ik van hem over.

Ik heb veel van hem geleerd. Vooral de manier om een patiënt te beschouwen, de liefdevolle, diepgaande aandacht voor diens levensverhaal. Daarom ging ik ook een geval van hem bestuderen, namelijk dat van Miss Miller, dat ik in *Wandlungen und Symbole der Libido* (1912) aan een zorgvuldige analyse onderwierp.

Al geruime tijd interesseerde ik me voor de samenhangen van de schizofrene fantasieën, en Flournoy hielp me deze nog beter te begrijpen. Hij zag de problemen in hun geheel, en vooral: hij zag ze objectief. De feiten waren belangrijk voor hem, datgene wat er gebeurt. Voorzichtig benaderde hij een geval en verloor nooit het geheel uit het oog. Mijn beslissende indruk van de wetenschappelijke houding van Flournoy was dat hij een werkelijk objectieve

'approach', benaderingswijze, bezat; en dat vond ik in vergelijking met Freud zeer indrukwekkend. Freud had een dynamische en indringende manier van doen: hij verwachtte iets van zijn gevallen. Flournoy wilde niets. Hij zag van verre en hij zag duidelijk. Door de invloed van Freud heb ik kennis verworven, maar ik verkreeg geen opheldering. Flournoy heeft me de afstand tot het object geleerd en hij moedigde me aan te blijven streven naar het inpassen in een wijder verband. Zijn werkwijze was meer beschrijvend, hij liet zich niet met vermoedens in; en ondanks een levendige en warme belangstelling voor de patiënten hield hij zich altijd op een beschouwende afstand. Zo behield hij echter het geheel in het oog.
Flournoy was een gecultiveerde en gedistingeerde persoonlijkheid, van een hoogstaande ontwikkeling, geestelijk evenwichtig en met een gedifferentieerd gevoel voor verhoudingen. Dat deed me allemaal heel weldadig aan. Hij was hoogleraar in de filosofie en psychologie. Hij was sterk beïnvloed door het pragmatisme van William James, een zienswijze die de Duitse geest niet ligt, en die daarom ook niet de erkenning heeft gekregen die ze verdient. Het pragmatisme is echter juist voor de psychologie van niet geringe betekenis. Wat ik bij Flournoy bijzonder waardeerde was zijn filosofische beschouwingswijze en vooral zijn weloverwogen kritiek, die op een veelomvattende ontwikkeling berustte.

Richard Wilhelm

Richard Wilhelm leerde ik kennen tijdens een bijeenkomst van de 'Schule der Weisheit' te Darmstadt bij graaf Keyserling. Het was in het begin van de jaren twintig. In 1923 nodigden we hem uit naar Zürich te komen, en hij hield in de Psychologische Club een lezing over de I Tjing.*

Reeds voor ik hem leerde kennen had ik me met Oosterse filosofie beziggehouden, en ongeveer in 1920 was ik begonnen met de I Tjing te experimenteren. Dat was tijdens een zomer te Bollingen, toen ik besloot om het raadsel van dit boek te lijf te gaan. In plaats van de stengels van het duizendblad, die bij de klassieke methode gebruikt worden, sneed ik rietstengels. Vaak zat ik urenlang onder de honderdjarige pereboom op de grond, de I Tjing naast me en beoefende de techniek door de resulterende 'orakels' met elkaar in verband te brengen als in een vraag- en antwoordspel. Er kwamen daarbij allerlei onloochenbare merkwaardigheden te voorschijn – zinvolle samenhangen met mijn eigen gedachtengangen, die ik niet kon verklaren.

De enige subjectieve ingreep bij het experiment bestaat hierin dat de experimentator de bundel van 49 stengels willekeurig, d.w.z. zonder te tellen, door een enkele greep deelt. Hij weet niet hoeveel stengels de ene bundel bevat en hoeveel stengels de andere. Van deze getalsverhouding hangt echter het resultaat af. Alle andere manipulaties zijn mechanisch geregeld en laten geen willekeur toe. Als er al een psychisch causaal verband zou bestaan, dan kan dat slechts liggen in de toevallige verdeling van de bundels (of in de toevallige val van de muntjes).

Gedurende heel deze zomervakantie hield ik me bezig met deze vragen: zijn de antwoorden van de I Tjing zinvol of niet? En als ze zinvol zijn, hoe komt dan de samenhang tussen de psychische en fysische reeks der gebeurtenissen tot stand? Steeds weer stuitte ik op verbazingwekkende coïncidenties, die me op het denkbeeld van een acausaal parallellisme brachten (een synchroniciteit, zoals ik dat later noemde). Ik was dermate gefascineerd door deze experimenten dat ik helemaal vergat aantekeningen te maken – wat ik achteraf erg betreurde. Maar naderhand verrichtte ik dit experiment zo vaak met mijn patiënten, dat ik me kon overtuigen van het relatief belangrijke aantal voltreffers. Als voorbeeld noem ik hier het geval van een jonge man met een opmerkelijk moedercomplex. Hij wilde graag trouwen en had kennisgemaakt met een meisje dat hem wel passend leek. Hij voelde zich echter onzeker en vreesde de mogelijkheid dat hij onder de invloed van zijn moedercomplex bij vergissing weer een overweldigende 'moeder' zou trou-

* Oud Chinees wijsheids- en orakelboek, waarvan de bronnen teruggaan tot ± 4000 v. Chr.

wen. Samen met hem voerde ik het experiment uit. De tekst van zijn hexagram (het resultaat) luidde: 'Dit meisje is zeer sterk. Men moet zo'n meisje niet trouwen'.

Halverwege de jaren dertig ontmoette ik de Chinese filosoof Hu Shih. Ik vroeg hem naar de I Tjing en kreeg ten antwoord: 'O, dat is niets dan een oude verzameling toverspreuken zonder betekenis!' Hij kende de praktische methode en haar toepassing niet – zo deed hij voorkomen. Slechts één keer was hij ermee in aanraking gekomen. Tijdens een wandeling had een vriend hem over zijn ongelukkige liefde verteld. Ze liepen juist langs een taoïstische tempel. Voor de grap had hij tegen zijn vriend gezegd: 'Hier kun je immers het orakel er over raadplegen'. Zo gezegd, zo gedaan. Ze gingen samen de tempel binnen en vroegen de priester om een I Tjing orakel. Maar zelf geloofde hij niet in die onzin.

Ik vroeg hem of het orakel soms helemaal niet had geklopt? Waarop hij, welhaast met tegenzin, antwoordde: 'O ja – natuurlijk –'. Indachtig het bekende verhaal over de 'goede vriend', die alles doet wat je liever niet aan jezelf toeschrijft, vroeg ik hem voorzichtig of hij soms ook niet zelf van deze gelegenheid gebruik had gemaakt. 'Ja,' antwoordde hij, 'voor de grap stelde ik ook een vraag.'

'En ging het orakel daarop in?' vroeg ik.

Hij aarzelde. 'Nu ja, als je dat zo wilt noemen.' Hij vond het kennelijk onaangenaam. Het persoonlijke verstoort nu eenmaal af en toe de objectiviteit.

Een paar jaar na mijn eerste experimenten met de rietstengels verscheen de I Tjing met het commentaar van Richard Wilhelm. Natuurlijk schafte ik onmiddellijk een exemplaar aan en merkte tot mijn voldoening dat hij de betekenissamenhangen precies zo zag als ik ze zelf had geïnterpreteerd. Maar hij kende de volledige literatuur en kon daardoor de leemtes opvullen die voor mij open waren gebleven. Toen hij in Zürich kwam had ik gelegenheid uitvoerig met hem te praten, en we spraken over de Chinese filosofie en religie. Wat hij mij vanuit zijn overvloedige kennis van de Chinese geest meedeelde, heeft destijds een licht geworpen op enkele van de moeilijkste problemen waarvoor het Europese onbewuste me stelde. Aan de andere kant was hij in niet geringe mate verbaasd over datgene, wat ik hem over de resultaten van mijn onderzoekingen van het onbewuste vertelde, want hierin herkende hij, wat hij tot dan toe uitsluitend als een traditie van de Chinese filosofie had beschouwd.

Als jongeman was Wilhelm in dienst van de christelijke zending naar China getrokken, en de wereld van het geestelijke Oosten had zich daar voor hem geopend. Wilhelm was een echt religieuze persoonlijkheid, met een wijde en onvertroebelde blik. Hij bezat de gave om onbevooroordeeld te luisteren naar de openbaring van een vreemde geestesgesteldheid en hij volbracht het wonder zich geheel daarin in te leven. Dat stelde hem in staat de geestelijke schatten van China voor Europa toegankelijk te maken. Hij was diep onder de indruk van de Chinese cultuur en op een keer zei hij tegen me: 'Mijn grootste voldoening is dat ik nooit een Chinees heb gedoopt!' Ondanks zijn christelijke beginselen moest hij wel de diepe consequenties en helderheid van de Chinese geest inzien. Hij was daar niet alleen ten diepste door beïnvloed, maar in feite overweldigde het hem en hij werd erdoor geassimileerd. De christelijke manier van zien trad op de achtergrond; ze verdween echter niet volledig, maar vormde een reservatio mentalis, een moreel voorbehoud dat bepalend zou zijn voor zijn lot.

Wilhelm had het zeldzame geluk in China een wijze van de oude school te leren kennen, die door de revolutie uit het binnenland verdreven was. Deze oude meester, Lau Nai Süan genaamd, leerde hem de beginselen van de Chinese yoga-filosofie en de psychologie van de I Tjing. Aan de samenwerking van deze twee mensen danken we de uitgave van de I Tjing met zijn voortreffelijke commentaar. Dit diepzinnigste werk van het Oosten werd hierdoor voor het eerst levend en begrijpelijk onder Westerse ogen gebracht. De uitgave van dit boek houd ik voor Wilhelms belangrijkste prestatie. Naast alle helderheid en verstandelijkheid van zijn Westerse geesteshouding gaf hij in het I Tjing-commentaar blijk van een ongeëvenaarde aanpassing aan de Chinese psychologie.

Toen de laatste bladzijde van de vertaling beëindigd was en de eerste drukproeven verschenen, stierf de oude meester Lau Nai Süan. Het was alsof hij zijn werk had voltooid en de laatste boodschap van het stervende oude China aan de Europeaan had nagelaten. Wilhelm was voor hem de vervulling van de wensdroom van de onvergelijkelijke leerling.

Toen ik Wilhelm leerde kennen, leek hij een echte Chinees, zowel in mimiek als in woord en geschrift. Hij had zich het Oosterse standpunt eigen gemaakt en de oude Chinese cultuur had hem geheel doordrongen. Terug in Europa nam hij een leeropdracht aan het China-Instituut te Frankfort aan, maar zowel hier als bij zijn lezingen voor leken waren de noden van de Europese geest opnieuw een zware belasting voor hem. Meer en meer kwamen de christelijke aspecten en vormen weer op de voorgrond. Een paar lezingen die ik naderhand van hem hoorde waren nauwelijks meer van preken te onderscheiden.

De gedaanteverwisseling die Wilhelm nu in omgekeerde richting onderging en zijn herassimilatie aan het Westen, leken me niet erg doordacht en daarom gevaarlijk. Ik vreesde dat hij daardoor in conflict met zichzelf moest komen. Aangezien het, zoals ik meende te zien, om een passieve assimilatie ging, d.w.z. om een beïnvloeding door het milieu, bestond het risico van een relatief onbewust conflict, een botsing tussen de Westerse en de Oosterse ziel. Wanneer, zoals ik vermoedde, de christelijke instelling oorspronkelijk geweken was voor de invloed van China, dan kon nu het omgekeerde plaats vinden – de Europese sfeer kon weer de overhand krijgen op het Oosten. Als dit proces echter zonder een diepgaande bewuste confrontatie plaatsvindt, dreigt er een onbewust conflict, dat ook de lichamelijke gezondheid kan ondermijnen.

Nadat ik Wilhelms lezingen gehoord had, probeerde ik hem op het dreigende gevaar opmerkzaam te maken. Ik zei hem letterlijk: 'Mijn beste Wilhelm, neem het me alsjeblieft niet kwalijk, maar ik heb het gevoel dat het Westen weer bezit van je neemt en dat je je taak het Oosten over te brengen aan het Westen, ontrouw wordt'.

Hij antwoordde: 'Ik geloof dat je gelijk hebt, het overweldigt me hier een beetje. Maar wat is er aan te doen?'

Een paar jaar later, toen Wilhelm bij me logeerde, kreeg hij een recidive van Oostaziatische amoebendysenterie die hij ongeveer twintig jaar eerder had opgelopen. In de loop van de volgende maanden ging zijn toestand achteruit, en ik hoorde dat hij in een ziekenhuis was opgenomen. Ik ging naar Frankfort om hem op te zoeken, en vond een ernstig zieke. De doktoren hadden weliswaar de hoop nog niet opgegeven en Wilhelm zelf sprak over plannen die hij ten uitvoer wou brengen als hij weer beter was. Ik deelde zijn hoop, maar had zo mijn twijfels. Wat hij me destijds toevertrouwde, bevestigde mijn vermoedens. In zijn dromen bevond hij zich weer op de eindeloze paden van de kale Aziatische steppen, in het China dat hij had verlaten; en hij voelde zich opnieuw geplaatst voor het probleem dat China hem had voorgelegd, een probleem waarvan de beantwoording hem door het Westen onmogelijk was gemaakt. Hij was zich weliswaar van deze vraag bewust, maar had geen oplossing kunnen vinden. Zijn ziekte sleepte nog maanden voort.

Enkele weken voor zijn dood, toen ik al geruime tijd niets meer van hem gehoord had, werd ik tijdens het inslapen gewekt door een visioen. Aan mijn bed stond een Chinees in een donkerblauw gewaad, de handen in de mouwen gevouwen. Hij maakte een diepe buiging, alsof hij een boodschap wilde overbrengen. Ik wist waarover het ging. Het merkwaardige van dit visioen was de buitengewone duidelijkheid. Ik zag niet alleen elk rimpeltje van zijn gezicht, maar ook iedere draad in het weefsel van zijn gewaad.

Het probleem van Wilhelm zou je ook kunnen zien als een conflict tussen bewustzijn en onbewuste, dat zich bij hem als conflict tussen West en Oost voordeed. Ik meende zijn situatie te begrijpen, want ik had immers hetzelfde probleem als hij en ik wist wat het betekent om in dit conflict verwikkeld te zijn. Weliswaar heeft Wilhelm zich ook tijdens onze laatste ontmoeting niet duidelijk tegenover mij uitgesproken, maar toch merkte ik dat hij heel sterk geïnteresseerd was als ik het psychologische standpunt naar voren bracht. Zijn interesse bestond echter alleen zolang het om objectieve zaken ging, om meditaties of godsdienst-psychologische problemen. Dan was alles in orde. Probeerde ik echter het actuele probleem van zijn innerlijk conflict aan te roeren, dan merkte ik onmiddellijk zijn aarzeling, hij sloot zich af omdat het hem te na kwam, te persoonlijk werd – een fenomeen dat ik bij veel mannen van betekenis heb opgemerkt. Het is een 'Unbetretenes, nicht zu Betredendes' (Onbetredene, niet te betredene), dat je niet kan en moet forceren; een noodlot dat geen menselijk ingrijpen verdraagt.

Heinrich Zimmer

In het begin van de jaren dertig maakte ik kennis met Heinrich Zimmer. Ik had zijn fascinerend boek *Kunstform und Yoga** gelezen en al lange tijd wenste ik eens persoonlijk met hem kennis te maken. Zimmer was een geniaal mens, met een uiterst levendig temperament. Hij sprak erg veel en erg snel, maar kon ook aandachtig en intens luisteren. We brachten samen enkele mooie dagen door, die gevuld waren met voor mij bijzonder inspirerende gesprekken, rijk aan inhoud. We spraken hoofdzakelijk over Indische mythologie. Bij deze gelegenheid vertelde hij me hoe hij gereageerd had op het door Richard Wilhelm en mij uitgegeven boek *Das Geheimnis der Goldenen Blüte*. Helaas kende ik destijds, toen ik het schreef, Zimmers *Kunstform und Yoga* nog niet; zodat ik tot mijn grote spijt geen gebruik had kunnen maken van zijn voor mij uiterst waardevolle materiaal. Toen Zimmer *Das Geheimnis der Goldenen Blüte* in handen kreeg en het doorbladerde, ontstak hij – zo vertelde hij me – in woede en wel wegens mijn psychologische commentaar. Hij smeet het boek in een hoek van de kamer.

Deze karakteristieke reactie verbaasde me overigens niet, want ze was me al lang bekend – maar dan indirect – van andere soortgelijke gevallen. Zimmer was de eerste die mij er rechtstreeks over vertelde. Hij had, zoals zoveel anderen, op het woord psychologisch gereageerd zoals een stier op een rode lap. Met dit soort teksten, die van zuiver historisch belang zijn, heeft de 'ziel' toch niets te maken! Dat moet dus louter onwetenschappelijk en fantasie zijn!

Na een tijdje, toen hij zijn bezinning en daarmee zijn wetenschappelijk geweten had teruggekregen, voelde hij een zekere nieuwsgierigheid; hij wilde toch wel te weten komen wat de psychologie in zo'n geval eigenlijk te zeggen heeft. Hij raapte het boek weer op en begon te lezen. Als de uitmuntende kenner van de Indische literatuur die hij was, moest hij wel een reeks interessante parallellen ontdekken, waarbij hem zijn uitgesproken kunstzinnig voorstellingsvermogen en zijn buitengewone intuïtie zeer goed van pas kwamen. Met enige ironie zei hij letterlijk: 'Wat me destijds overkwam, was het plotselinge inzicht dat mijn Sanskrietteksten niet alleen grammaticale en syntactische moeilijkheden opleverden, maar dat ze daarnaast ook nog een betekenis hadden.'

Deze uitspraak is wel wat te zeer op de spits gedreven. Maar al moet je hem ook met een korreltje zout nemen, ik acht Zimmer zeer hoog om deze bekentenis. Ze is ongewoon verfrissend eerlijk, vooral als je je die dii minorum

* 'Kunstform und Yoga im indischen Kultbild', Berlijn, 1926.

gentium (mindere goden – vert.) herinnert, die je met nauwelijks verholen ressentiment verzekeren dat ze dit alles eigenlijk ook al lang wisten.
Helaas heeft Zimmers vroege dood een reis naar India onmogelijk gemaakt. Ik heb me vaak afgevraagd hoe het rechtstreekse contact met India op hem gewerkt zou hebben. Ik had van hem, met zijn openheid en opnamevermogen, met zijn diepgaande kennis van de Indische literatuur en zijn buitengewone intuïtie, grote dingen verwacht. In plaats daarvan hebben de voorouderlijke geesten hem tot zich geroepen.

Zimmer was volgens zijn hele wezen een 'puer aeternus' (eeuwig jeugdige), die, bevleugeld door een schitterend taalgebruik, alle knoppen in de Indiase sagentuin tot bloeien bracht. Hij deelde ook diens lot, want 'vroeg sterft hij, die de goden beminnen'. Wilhelm stierf weliswaar ook vroeg, maar bij hem was het karakter van de 'puer aeternus' lang niet in die mate zichtbaar geworden als bij Zimmer, van wie je het gevoel had dat hij groeide en bloeide in een onuitputtelijke overvloed. Toch vermoed ik dat iets dergelijks ook bij Wilhelm verborgen was, als je zag hoe hij China – of beter: hoe China hem assimileerde. Zimmer zowel als Wilhelm bezaten een geniale kinderlijkheid. Beiden schenen in de realiteit te vertoeven als in een vreemde wereld, terwijl hun diepste innerlijk, ongeopend en onberoerd, de donkere paden van het lot volgde.

Nawoord bij het 'Rote Buch'

In de herfst van 1959 nam Jung, na een lange periode van lichamelijk onwel-zijn, het 'Rote Buch' weer ter hand om de laatste, onvoltooid gebleven afbeelding af te maken. Maar ook nu kon of wilde hij het niet voltooien. Het heeft – zo zei hij – met de dood te maken. In plaats hiervan schreef hij een nieuw, vrij lang, fatasiegesprek op, dat aanknoopt bij één van de eerste gesprekken van het 'Rote Buch'. De gesprekspartners waren weer Elia, Salomé en de slang. Ook ditmaal schreef hij zorgvuldig met Oostindische inkt in het afgekorte gotische schrift. Sommige beginletters waren versierd.

Als besluit volgt een nawoord, dat hij als enige bladzijde van het boek in zijn gewone handschrift schreef; het breekt midden in een zin af. Het luidt als volgt:

1959

Ik heb zestien jaar lang aan dit boek gewerkt. Door de kennismaking met de alchemie in 1930 ben ik ermee opgehouden. Het begin van het einde kwam in 1928, toen Wilhelm me de tekst van de *Goldene Blüte*, dit alchemistisch traktaat, toestuurde. Op dat moment vond de inhoud van dit boek de weg in de werkelijkheid. Ik kon er niet meer aan werken.

De oppervlakkige beoordeler zal het als iets krankzinnigs voorkomen. Zoiets was het ook geworden, als ik de overweldigende kracht van de oorspronkelijke belevenissen niet had kunnen opvangen. Ik heb altijd geweten dat deze belevenissen iets kostbaars bevatten en daarom wist ik niets beters te doen dan ze in een 'kostbaar', d.w.z. duur boek op te schrijven en de voorstellingen te schilderen die bij het opnieuw beleven bij me opkwamen – zo goed als dat ging. Ik weet hoe verschrikkelijk ontoereikend deze hele onderneming was, maar ondanks veel werk en afleiding bleef ik haar trouw, ook wanneer ik nooit een andere mogelijkheid . . .

Septem Sermones ad Mortuos *(1916)*

Jung liet de *Septem Sermones ad Mortuos* (zeven onderwijzingen aan de doden), als brochure in privé-druk verschijnen. Af en toe gaf hij er een aan vrienden cadeau. Ze waren nooit in de boekhandel verkrijgbaar. Later noemde hij de hele onderneming een 'jeugdzonde' en had er spijt van.
Het taalgebruik komt ongeveer overeen met dat van het 'Rote Buch'. Tegenover de eindeloos lange gesprekken met de innerlijke figuren in het 'Rote Buch' stellen de 'Septem Sermones' een in zichzelf besloten geheel voor. Daarom werden zij als voorbeeld gekozen. Ze geven een – hoewel fragmentarische – indruk van datgene wat Jungs aandacht gevangen hield in de jaren 1913 tot 1917, wat hij destijds heeft vormgegeven.
Dit geschrift bevat beeldende aanduidingen of anticipaties van gedachten die later in Jungs wetenschappelijk werk een rol speelden; gedachten vooral over de tegengestelde natuur van de geest, van het leven en van de psychologische uitspraken.
Jung voelde zich aangetrokken door het denken in paradoxen van de gnostici. Daarom identificeerde hij zich hier met de gnosticus Basilides (begin 2e eeuw n. Chr.) en hield zich gedeeltelijk ook aan diens terminologie, bij voorbeeld God als ABRAXAS. Dit kwam neer op een speelse en opzettelijke mystificatie.
Jung gaf slechts aarzelend toestemming tot publikatie in dit boek; hij deed dat slechts 'omwille van de eerlijkheid'. De oplossing van het anagram aan het slot van het boek heeft hij niet verraden.

Septem Sermones ad Mortuos

De zeven onderwijzingen aan de doden
Geschreven door Basilides in Alexandrië,
de stad waar het Oosten aan het Westen reikt.

Sermo I

De doden kwamen terug uit Jeruzalem, waar zij niet vonden wat zij zochten. Zij wensten toegang bij mij en verlangden van mij geleerd te worden. Dus leerde ik hun:
Hoort: ik begin bij het niets. Het Niets is hetzelfde als de Volheid. In de oneindigheid is vol zo goed als leeg. Het Niets is leeg en vol. Gij kunt ook evenzeer iets anders van het Niets zeggen, bij voorbeeld dat het wit of zwart is; of dat het niet is of dat het is. Wat oneindig en eeuwig is, heeft geen eigenschappen, omdat het alle eigenschappen heeft.
Het Niets of de Volheid noemen wij het PLEROMA. Daarbinnen houdt denken en zijn op, want het eeuwige en oneindige heeft geen eigenschappen. Daarin is niemand, want hij zou dan van het Pleroma onderscheiden zijn en eigenschappen hebben, die hem als iets van het Pleroma onderscheidden.
In het Pleroma is niets en alles; het baat niet over het Pleroma na te denken, want dit zou betekenen: zichzelf ontbinden.
De CREATUUR is niet in het Pleroma, doch in zichzelf. Het Pleroma is begin en einde van de Creatuur. Het gaat door haar heen, evenals het zonlicht overal de lucht doordringt. Ofschoon het Pleroma gans en al door haar heengaat, heeft toch de Creatuur geen deel daaraan, evenals een volkomen doorzichtig lichaam noch helder noch donker wordt door het licht, dat er doorheen gaat.

Wij zijn evenwel het Pleroma zelf, want wij zijn een deel van het eeuwige en oneindige. Wij hebben nochtans geen deel er aan, maar zijn van het Pleroma oneindig ver verwijderd, niet ruimtelijk of tijdelijk, doch WEZENLIJK, doordat wij ons van het Pleroma in wezen onderscheiden als Creatuur, die in tijd en ruimte beperkt is.
Doordat wij echter delen van het Pleroma zijn, is alzo het Pleroma ook in ons. Ook in het kleinste punt is het Pleroma oneindig, eeuwig en geheel, want klein en groot zijn eigenschappen die erin besloten liggen. Het is het Niets, dat overal geheel is en zonder ophouden. Derhalve spreek ik van de Creatuur als van een deel van het Pleroma, slechts zinnebeeldig, want het Pleroma is werkelijk nergens gedeeld, want het is het Niets. Wij zijn ook het ganse Pleroma, want zinnebeeldig is het Pleroma het kleinste, slechts veronderstelde, niet-zijnde punt in ons en het oneindig wereldgewelf om ons heen. Waarom spreken wij dan eigenlijk over het Pleroma, wanneer het toch Alles en Niets is? Ik spreek ervan, om ergens te beginnen en om u de waan te ontnemen, dat ergens buiten of binnen iets bestaat, dat van tevoren vastgelegd of hoe dan ook bepaald is. Al het zogenoemde vaste of bepaalde is slechts betrekkelijk. Alleen wat aan de verandering is onderworpen, dat is vast en bepaald.
Het veranderlijke echter is de Creatuur, alszo is zij het enig vaste en bepaalde, want zij heeft eigenschappen, ja zij is zelf Eigenschap. Wij werpen de vraag op: hoe is de Creatuur ontstaan? De creaturen zijn ontstaan, evenwel niet de Creatuur, want zij is de eigenschap van het Pleroma zelve, evenzeer als de niet-schepping, de eeuwige Dood. Creatuur is immer en overal, Dood is immer en overal. Alles heeft het Pleroma, onderscheidenheid en ononderscheidenheid.
De onderscheidenheid is de Creatuur. Zij is onderscheiden. Onderscheidenheid is haar wezen, daarom onderscheidt zij ook. Daarom onderscheidt de Mens, want zijn wezen is onderscheidenheid. Daarom onderscheidt hij ook de eigenschappen van het Pleroma, die niet zijn. Hij onderscheidt ze van zijn wezen uit. Daarom moet de Mens van de eigenschappen van het Pleroma spreken, die niet zijn.
Gijlieden zegt: wat nut heeft het, daarvan te spreken? Ge zeidet

toch zelf: het baat niet, over het Pleroma te denken.
Ik zegde u dat, om u van de waan te bevrijden, dat men over het Pleroma zou kunnen denken. Wanneer wij de eigenschappen van het Pleroma onderscheiden, dan spreken wij uit onze onderscheidenheid en over onze onderscheidenheid, en hebben over het Pleroma niets gezegd. Het spreken over onze onderscheidenheid is echter noodzakelijk, opdat wij ons genoegzaam onderscheiden kunnen. Ons wezen is onderscheidenheid. Wanneer wij aan dit wezen niet getrouw zijn, dan onderscheiden wij ons ongenoegzaam. Wij moeten daarom onderscheidingen der eigenschappen maken.
Gij vraagt: Wat is er tegen, zich niet te onderscheiden?
Wanneer wij niet onderscheiden, dan overschrijden wij ons wezen, overschrijden wij de Creatuur en vallen in de ononderscheidenheid, die de andere eigenschap van het Pleroma is. Wij vallen in het Pleroma zelf en geven het op, Creatuur te zijn. Wij vervallen tot de ontbinding in het Niets.
Dat is de Dood der Creatuur. Alzo sterven wij al naarmate wij niet onderscheiden. Daarom richt het natuurlijk streven der Creatuur zich op onderscheidenheid, op de strijd tegen de gevaarlijke gelijkheid van het oerbegin. Dit noemt men het PRINCIPIUM INDIVIDUATIONIS. Dit principe is het wezen der Creatuur. Daaruit ziet gij, waarom de ononderscheidenheid en het niet onderscheiden een groot gevaar voor de Creatuur is.
Daarom moeten wij de eigenschappen van het Pleroma onderscheiden. De eigenschappen zijn TEGENSTELLINGS-PAREN, zoals

het Werkzame & het Onwerkzame,
de Volheid & de Leegte,
het Levende & het Dode,
het Verschillende & het Gelijke,
het Lichte & het Donkere,
het Hete & het Koude,
de Kracht & de Stof,
de Tijd & de Ruimte,
het Goede & het Boze,
het Schone & het Lelijke,
het Ene & het Vele etc.

De tegenstellings-paren zijn de eigenschappen van het Pleroma, die niet zijn, dewijl zij elkander opheffen.

Daar wij het Pleroma zelf zijn, zo hebben wij ook al deze eigenschappen in ons; daar de grond onzes wezens onderscheidenheid is, zo hebben wij de eigenschappen in de naam en het teken der onderscheidenheid, hetgeen beduidt:

ten eerste: de eigenschappen zijn in ons van elkander onderscheiden en gescheiden, daarom heffen zij elkander niet op, maar zijn werkzaam. Daarom zijn wij het offer van de tegenstellings-paren. In ons is het Pleroma uiteengereten.

ten tweede: de eigenschappen behoren het Pleroma toe, en wij kunnen en moeten ze slechts in de naam en het teken der onderscheidenheid bezitten of leven. Wij moeten onszelven van de eigenschappen onderscheiden. In het Pleroma heffen zij elkander op, in ons niet. Onderscheiding van hen verlost.

Wanneer wij naar het Goede en Schone streven, zo vergeten wij ons wezen, dat onderscheidenheid is, en wij vervallen aan de eigenschappen van het Pleroma, die immers tegenstellings-paren zijn. Wij geven ons moeite, het goede en schone te erlangen, maar tegelijk grijpen wij ook naar het Boze en Lelijke, want zij zijn in het Pleroma één met het Goede en Schone. Wanneer wij evenwel ons wezen trouw blijven, namelijk de onderscheidenheid, dan onderscheiden wij ons van het Goede en Schone, en daarom ook van het Boze en Lelijke, en wij vallen niet in het Pleroma, namelijk in het niets en in de ontbinding.

Gij werpt mij tegen: ge zegt, dat het Verschillende en het Gelijke ook eigenschappen van het Pleroma zijn. Hoe is het, wanneer wij naar verscheidenheid streven? Zijn wij dan niet aan ons wezen getrouw? en moeten wij dan ook tot de gelijkheid vervallen, wanneer wij naar verscheidenheid streven?

Gij zult niet vergeten, dat het Pleroma geen eigenschappen heeft. Wij scheppen ze door het denken. Wanneer gij aldus naar verscheidenheid of gelijkheid of dergelijke eigenschappen streeft, zo streeft gij naar gedachten, die uit het Pleroma naar u toestromen, namelijk gedachten over de niet-zijnde eigenschappen van het Pleroma. Doordat ge u rept achter deze gedachten aan, valt gij wederom in het Pleroma en komt tot verscheidenheid en gelijkheid tegelijk. Niet uw denken, integendeel, uw wezen is onderscheidenheid. Daarom zult gij niet streven naar verscheidenheid zoals gij die denkt, DOCH NAAR UW WEZEN. Daarom is er in de grond slechts één streven, namelijk het streven naar het eigen wezen. Wanneer gij dit streven zoudt hebben, behoefdet gij ook zeker niets over het Pleroma en zijn eigenschappen te weten en kwaamt ge toch tot het rechte doel uit kracht van uw wezen. Dewijl het denken echter van het wezen vervreemdt, zo moet ik u in het weten onderwijzen, waarmede gij uw denken in toom kunt houden.

Sermo II

De doden stonden in de nacht langs de wanden en riepen: Van God willen wij weten! Waar is God? Is God dood?
God is niet dood, hij is zo levend als ooit. God is Creatuur, want hij is iets bepaalds en daarom van het Pleroma onderscheiden. God is eigenschap van het Pleroma, en alles, wat ik van de Creatuur zegde, geldt ook van hem.
Hij onderscheidt zich echter daardoor van de Creatuur, dat hij in veel sterker mate onduidelijk en onbepaalbaar is dan de Creatuur. Hij is minder onderscheiden dan de Creatuur, want de grond van zijn wezen is werkende Volheid, en slechts in de mate als hij bepaald is en onderscheiden, is hij Creatuur, en in zoverre is hij de verheldering van de werkende Volheid van het Pleroma.
Alles, wat wij niet onderscheiden, valt in het Pleroma en wordt met zijn tegenstelling opgeheven. Daarom, wanneer wij God niet onderscheiden, zo is de werkende Volheid voor ons opgeheven.
God is ook het Pleroma zelf, zoals ook ieder kleinste punt in het geschapene en in het ongeschapene het Pleroma zelf is.
De werkende Leegte is het wezen van den Duivel. God en Duivel zijn de eerste verhelderingen van het Niets, dat wij Pleroma noemen. Het is om 't even, of het Pleroma is of niet is, want in alles heft het zichzelf op. Niet aldus de Creatuur. In zoverre God en Duivel Creaturen zijn, heffen zij elkander niet op, maar bestaan jegens elkander als werkzame tegenstellingen. Wij behoeven geen bewijs voor hun zijn; het is genoeg, dat wij steeds weer van hen moeten spreken. Ook dan, als beiden niet waren, zou de Creatuur van haar wezen als onderscheidenheid uit, hen steeds weer van het Pleroma uit onderscheiden.
Alles wat de onderscheiding aan het Pleroma ontleent, is een paar tegenstellingen, weshalve bij God ook immer de Duivel behoort.
Deze samenhorigheid is zo innig, en zoals ge ervaren hebt, ook in uw Leven zo onontbindbaar, als het Pleroma zelf. Dat komt daarvan, dat deze beiden ten nauwste verbonden zijn aan het Pleroma, in hetwelk alle tegenstellingen opgeheven en verenigd zijn.
God en Duivel zijn onderscheiden door vol en leeg, voortbren-

ging en verwoesting. Het WERKENDE is hun gemeen. Het Werkende verbindt hen. Daarom staat het Werkende boven beiden en is een God boven God, want het verenigt de Volheid en de Leegte in hun werking.
Dit is een God, van wien gij niet wist, want de mensen vergaten hem. Wij noemen hem met zijn naam ABRAXAS. Hij is in nog sterker mate onbepaald dan God en Duivel.
Om God van hem te onderscheiden, noemen wij God HELIOS of Zon.
Abraxas is werking, niets vormt een tegenstelling tot hem dan wat niet-werkend is, derhalve ontplooit zijn werkende natuur zich vrij. Het onwerkelijke is niet en weerstaat niet. Abraxas staat boven de Zon en boven den Duivel. Hij is het onwaarschijnlijk waarschijnlijke, het onwerkelijk werkende. Had het Pleroma een wezen, zo ware Abraxas daarvan de verheldering.
Hij is weliswaar het werkende zelf, evenwel geen bepaalde werking, doch werking in eigenlijke zin.
Hij is onwerkelijk werkend, wijl hij geen bepaalde werking heeft.
Hij is ook Creatuur, daar hij van het Pleroma onderscheiden is.
De Zon heeft een bepaalde werking, evenzo de Duivel, weshalve zij zich aan ons veel werkzamer tonen dan de onbepaalbare Abraxas.
Hij is Kracht, Duur, Verandering.

Hier ontstond onder de doden groot tumult, want zij waren christenen.

Sermo III

De doden kwamen nabij als nevel uit moerassen en riepen: Spreek voort tot ons over den hoogsten God.

Abraxas is een God, dien ge moeilijk leert kennen. Zijn macht is de grootste, want de Mens ziet haar niet. Van de Zon ziet hij het *summum bonum*, aan den Duivel het *infimum malum*, van Abraxas echter het alleszins onbepaalde LEVEN, dat de moeder is van het goede en van het boze.

Het Leven schijnt immer geringer en zwakker te zijn dan het summum bonum; derhalve valt het zwaar, te denken dat Abraxas in macht zelfs de Zon overtreft, die toch de stralende bron aller levenskracht zelve is.

Abraxas is Zon en tegelijk de eeuwig zuigende afgrond van het Lege, van den verkleiner en verbrokkelaar, den Duivel.

Abraxas' macht is tweevoudig. Gij ziet haar echter niet, want in uw ogen heft het tegengesteld gerichte in deze macht zichzelf op.

Wat God Zon spreekt, is leven,
wat de Duivel spreekt, is dood.

Abraxas echter spreekt het eerbiedwaardige en vervloekte woord, dat leven en dood tegelijk is.

Abraxas verwekt waarheid en leugen, goed en kwaad, licht en duisternis in eenzelfde woord en in eenzelfde daad. Daarom is Abraxas vreselijk.

Hij is prachtig gelijk de leeuw op het ogenblik, dat hij zijn offer neervelt. Hij is schoon als een voorjaarsdag.

Ja, hij is de grote Pan zelf en de kleine. Hij is Priapos.

Hij is het monster der onderwereld, een poliep met duizend armen, kronkeling van gevleugelde slangen, razernij.

Hij is de Hermafrodiet van het onderste begin.

Hij is de Heer der padden en kikvorsen, die in het water wonen en op het land stijgen, die des middags en om middernacht zingen in koor.

Hij is het Volle, dat zich met het Lege verenigt.
Hij is de heilige paring,
Hij is de liefde en haar moord,
Hij is de heilige en zijn verrader.

Hij is het helderste licht van de dag en de diepste nacht van de waanzin,
Hem zien is blindheid,
Hem kennen is krankheid,
Hem aanbidden is dood.
Hem vrezen is wijsheid,
Hem niet weerstaan is verlossing
God woont achter de zon, de Duivel woont achter de nacht. Wat God uit het licht verwekt, trekt de Duivel weg in de nacht. Abraxas echter is de wereld, haar wording en vergaan zelve. Bij elke gave van God Zon voegt de Duivel zijn vloek.
Alles wat gij van God Zon begeert, verwekt een daad des Duivels.
Alles wat gij met God Zon schept, verleent den Duivel macht tot werken.
Dat is de vreeswekkende Abraxas.
Hij is de machtigste Creatuur en in hem schrikt de Creatuur van zichzelve.
Hij is de geopenbaarde tegenspraak van de Creatuur tegen het Pleroma en zijn niets.
Hij is de ontzetting van den zoon voor de moeder.
Hij is de liefde van de moeder tot den zoon.
Hij is de verrukking der aarde en de wreedheid der hemelen.
De Mens verstart voor zijn aangezicht.
Voor hem is er geen vraag en geen antwoord.
Hij is het leven der Creatuur.
Hij is het werken der Onderscheidenheid.
Hij is de liefde des mensen.
Hij is de spraak des mensen.
Hij is de glans en de schaduw des mensen.
Hij is de bedrieglijke werkelijkheid.

Toen jammerden en tierden de doden, want zij waren onvoleindigden.

Sermo IV

De doden vulden de ruimte, murmurerend en zeggend:
Spreek ons van Goden en Duivelen, gij vervloekte.
God Zon is het hoogste goed, de Duivel is het tegendeel. Aldus hebt gij twee goden.
Ge vindt echter menig verheven goed en menig drukkend kwaad, onder welke zijn twee duivel-goden; de ene is het BRANDENDE, de andere het GROEIENDE.
Het brandende is EROS in de gestalte van de vlam. Deze geeft licht, doordat zij verteert.
Het groeiende is de BOOM DES LEVENS; hij ontbot, doordat hij al groeiend levende stof ophoopt.
Eros vlamt op en sterft weg; de Boom des levens groeit langzaam en gestadig door onmetelijke tijden heen.
Goed en kwaad verenigt zich in de vlam.
Goed en kwaad verenigt zich in de wasdom van de boom.
Leven en liefde staan in hun goddelijkheid tegenover elkaar.
Onmetelijk als het sterrenheir is het getal der goden en duivelen.
Iedere ster is een god en iedere ruimte, door een ster gevuld, is een duivel. Doch de leegte-volheid van het geheel is het Pleroma.
De werking van het geheel is Abraxas; alleen het niet-werkende vormt een tegenstelling tot hem.
Vier is het getal der voornaamste goden, want vier is het getal van de afmetingen der wereld.
Eén is het begin, God Zon.
Twee is Eros, want hij bindt twee tezamen en breidt zich in lichtglans uit.
Drie is de Boom des levens, want hij vult de ruimte met lichamen.
Vier is de Duivel, want hij opent al wat gesloten is; hij ontbindt alles wat gevormd en lichamelijk is; hij is de verwoester, in wien alles tot niets vergaat.
Heil mij, dat mij gegeven is de veelvuldigheid en verscheidenheid der goden te kennen. Wee u, dat gij deze onverenigbare veelheid door den enen God vervangt. Dus doende schept gij de kwelling van het onbegrip en de verminking der Creatuur, welker wezen en streven onderscheidenheid is. Hoe kunt gij aan uw eigen wezen getrouw zijn, wanneer ge tracht het vele te maken tot

het ene? Wat gij aan de goden doet, geschiedt ook aan u. Gij wordt allen gelijk gemaakt en aldus is uw wezen verminkt.
Om 's Mensen wil heerse er gelijkheid, doch niet om godswille, want de goden zijn velen, de mensen echter weinigen. De goden zijn machtig en verdragen hun menigvuldigheid, want gelijk de sterren staan zij in eenzaamheid en ontzettende verwijdering van elkander. De mensen zijn zwak en verdragen hun menigvuldigheid niet, want zij wonen dicht bijeen en hebben aan gemeenschap behoefte om hun eigenheid te kunnen dragen. Terwille van de verlossing leer ik u het verwerpelijke, om welks wil ik verworpen werd.
De veelvuldigheid der goden beantwoordt aan de veelvuldigheid der mensen.
Ontelbare goden wachten op menswording. Ontelbare goden zijn mensen geweest. De Mens heeft deel aan het wezen der goden, hij komt van de goden en gaat tot den God.
Zomin als het baat over het Pleroma na te denken, evenmin baat het de veelheid der goden te vereren. Allerminst baat het den eersten God, de werkende Volheid en het summum bonum, te vereren. Wij kunnen door ons gebed niets daaraan toevoegen en niets ervan afnemen, want de werkende Leegte slokt alles in zich op. De lichte goden vormen de hemelwereld, welke veelvoudig is en oneindig zich uitbreidend en vergrotend. Haar opperste heer is God Zon.
De donkere goden vormen de aardewereld. Zij zijn eenvoudig en oneindig zich verkleinend en verminderend. Hun nederste heer is de Duivel, de maangeest, de trawant der aarde, kleiner en kouder en doder dan de aarde.
Er is geen onderscheid in de macht der hemelse en der aardse goden. De hemelse vergroten, de aardse verkleinen. In beiderlei richting gaat het onmetelijk voort.

De doden spotten en riepen: onderwijs ons, dwaas, over Kerk en heilige gemeenschap.
De wereld der goden laat zich verhelderen in het geestlijke en in het geslachtlijke. De hemelse verschijnen in het geestlijke, de aardse in het geslachtlijke.
Het geestlijke ontvangt en omvat. Dit is vrouwelijk en daarom noemen wij het MATER COELESTIS, hemelse moeder. Het gegeslachtlijke verwekt en schept. Het is mannelijk en daarom noemen wij het PHALLOS, aardse vader. Het geslachtlijke van den man is meer aards, het geslachtlijke van de vrouw meer geestelijk.
Het geestlijke van den man is meer hemels, het richt zich op het grotere.
Het geestlijke van de vrouw is meer aards, het richt zich op het kleinere.
Bedrieglijk en duivels is het geestlijke van den man, dat zich op het kleinere richt.
Bedrieglijk en duivels is het geestlijke van de vrouw, dat zich op het grotere richt.
Eenieder richte zich op zijn eigen plaats.
Man en vrouw worden in hun wederzijdse verhouding duivels, wanneer zij hun geesteswegen niet uiteenhouden, want het wezen der Creatuur is onderscheidenheid.
Het geslachtlijke van den man richt zich op het aardse, het geslachtlijke van de vrouw richt zich op het geestelijke. Man en vrouw worden in hun wederzijdse verhouding duivels, wanneer zij hun geslachtsleven niet uiteenhouden.
De man wete van het kleinere, de vrouw van het grotere.
De mens onderscheide zichzelf van het geestlijke en van het geslachtlijke. Het geestlijke noeme hij Moeder en zette haar tussen hemel en aarde. Het geslachtlijke noeme hij Phallos en zette hem tussen zichzelf en de aarde, want Moeder en Phallos zijn bovenmenselijke demonen en verhelderen de wereld der goden. Zij werken méér aan ons dan de goden, omdat zij met ons wezen na verwant zijn. Wanneer gij u van het geslachtlijke en van het geestlijke niet onderscheidt en ze niet beschouwt als wezens boven u en om u heen, dan vervalt gij aan hen als eigenschap-

pen van het Pleroma. Het geestlijke en het geslachtlijke zijn niet uw eigenschappen, niet dingen, die gij bezit en omvat, integendeel, zij bezitten en omvatten u, want zij zijn machtige demonen, verschijningsvormen van de goden, en daarom dingen die boven u uitreiken en op zichzelf bestaan. Iemand heeft niet een geestesleven voor zichzelf of een geslachtsleven voor zichzelf, maar hij staat onder de wet van het geestlijke en van het geslachtlijke. Derhalve ontkomt niemand aan deze demonen. Gij dient hen te beschouwen als demonen en als gemeenschappelijke zaak en gevaar, als gemeenschappelijke last, welke het leven u opgelegd heeft. Zo is ook het leven voor u een gemeenschappelijke zaak en gevaar, evenzo ook de goden en allereerst de vreeswekkende Abraxas.

De mens is zwak, daarom is aan gemeenschap niet te ontkomen; is het niet de gemeenschap in het teken der Moeder, dan is zij die in het teken van Phallos. Géén gemeenschap is lijden en krankheid. Gemeenschap in elk van beide is verscheurdheid en ontbinding.

De Onderscheidenheid leidt tot afzonderlijk-zijn. Afzonderlijkzijn is tegen gemeenschap. Doch om der wille van 's mensen zwakheid tegenover goden en demonen en hun onoverwinnelijke wet is gemeenschap nodig. Daarom zij er zo veel gemeenschap als nodig is, niet om der mensen wil, maar om der goden wille. De goden dwingen u tot gemeenschap. Voorzoveel zij u dwingen, zo veel gemeenschap behoeft gij; méér is uit den boze.

In de gemeenschap onderwerpe eenieder zich aan den ander, opdat de gemeenschap behouden blijve, want gij behoeft ze.

In het afzonderlijk-zijn stelle eenieder zich boven den ander, opdat eenieder tot zichzelve komen en slavernij vermijde.

In de gemeenschap is onthouding geboden.
In het afzonderlijk-zijn is overdaad geboden.
De gemeenschap is de diepte,
het afzonderlijk-zijn is hoogte.
De juiste maat in gemeenschap reinigt en houdt in stand.
De juiste maat in het afzonderlijk-zijn reinigt en voegt toe.
De gemeenschap geeft ons de warmte,
het afzonderlijk-zijn geeft ons het licht.

De demon van het geslachtlijke voegt zich bij onze ziel als een slang. Ten halve is zij mensenziel en heet gedachtewens.
De demon van het geestlijke laat zich in onze ziel neer als de witte vogel. Ten halve is hij mensenziel en heet wensgedachte.
De Slang is een aardgebonden ziel, half demonisch, een geest en aan de geesten der doden verwant. Evenals deze zwerft zij rond door de dingen der aarde en is de oorzaak, dat wij ze vrezen, of dat zij onze begeerte prikkelen. De slang is van vrouwelijke natuur en zoekt immer het gezelschap der doden die aan de aarde gekluisterd zijn, derzulken die de weg ter overzijde niet vonden, met name tot het afzonderlijk-zijn. De slang is een hoer en boelt met den duivel en met de boze geesten, een kwade tiran en kwelgeest, die immer tot de slechtste gemeenschap verleidt. De witte vogel is een halfhemelse mensenziel. Deze toeft bij de Moeder en daalt bijwijlen neer. De vogel is mannelijk en is werkende gedachte. Hij is kuis en eenzaam, een bode van de Moeder. Hij vliegt hoog boven de aarde. Hij gebiedt over het afzonderlijk-zijn. Hij brengt kondschap van hen die verre zijn, die voorgegaan en voleindigd zijn. Hij draagt ons woord omhoog tot de Moeder. Zij verricht voorbede, zij waarschuwt, doch tegen de goden bezit zij geen macht. Zij vangt het zonlicht in zich op. De slang gaat omlaag en verlamt met list den phallischen demon, of hitst hem aan. Zij brengt te voorschijn de al te sluwe gedachten van het aarde-verbondene, die door alle gaten kruipen en zich met begeerte overal aan vastzuigen. Weliswaar wil de slang niet, maar zij móet ons van nut zijn. Zij ontkomt aan onze greep en wijst ons zo de weg, die wij met mensenvernuft niet vonden.

De doden keken met verachting en zeiden: houd op met over goden, demonen en zielen te spreken. Dat wisten wij in de grond reeds lang.

Sermo VII

Des nachts evenwel kwamen de doden wederom, met jammerlijk misbaar, en zeiden: nog één ding, wij vergaten daarvan te spreken; onderwijs ons over de Mens.

De mens is een poort, waardoor gij uit de buitenwereld der goden, demonen en zielen intreedt in de binnenwereld, uit de grotere wereld in de kleinere wereld. Klein en nietig is de mens; reeds hebt gij hem achter u, en wederom zijt ge in de oneindige ruimte, in de kleinere of binnenste oneindigheid.

In onmetelijke verwijdering staat één enkele ster in het zenit.

Dit is de éne God van deze éne, dit is zijn wereld, zijn Pleroma, zijn goddelijkheid.

In deze wereld is de mens de Abraxas, die zijn wereld baart of verslindt.

Deze ster is de God en het doel des mensen.

Dit is zijn éne, leidende God,
in hem komt de mens tot rust,
tot hem gaat de lange reis der ziel na de dood, in hem verschijnt als licht alles, wat de mens uit de grotere wereld tot zich trekt.
Tot dezen Enen bidde de mens.
Het gebed vermeerdert het licht der ster,
het slaat een brug over de dood,
het bereidt het leven der kleinere wereld,
en vermindert het hopeloze wensen van de grotere wereld.
Wanneer de grotere wereld koud wordt, straalt de ster.
Niets is tussen de mens en zijn enen God, voor zover de mens zijn ogen van het vlammende schouwspel van Abraxas afwenden kan.
Mens hier, God daar.
Zwakheid en nietigheid hier, eeuwige schepperkracht ginds.
Hier alles donkerheid en vochtige koelte.
Daar gans Zon.

Daarop zwegen de doden en stegen opwaarts gelijk rook boven het vuur van den herder, die des nachts over zijn kudde waakte.

ANAGRAMMA

NAHTRIHECCUNDE
GAHINNEVERAHTUNIN
ZEHGESSURKLACH
ZUNNUS

Iets over de familie Jung

door Aniela Jaffé

De familie Jung was oorspronkelijk afkomstig uit Mainz. Bij de belegering door de Fransen in 1688 werden, zoals Jung in het hoofdstuk 'De toren' al opmerkte, de archieven verbrand, zodat de stamboom slechts tot het begin van de achttiende eeuw nagegaan kan worden. Jungs overgrootvader, de arts Franz Ignaz Jung (1759–1831) verhuisde van Mainz naar Mannheim. Tijdens de Napoleontische veldtochten had hij een lazaret onder zijn beheer. Zijn broer, Sigismund von Jung (1745–1824), die in de adelstand werd verheven, was kanselier van Beieren. Hij was getrouwd met de jongste zuster van Schleiermacher.

De bekendste persoonlijkheid onder Jungs voorouders van vaderszijde is zijn in Mannheim geboren grootvader Carl Gustav Jung (1794–1864), die door een merkwaardige speling van het lot op zijn achtentwintigste jaar in Zwitserland terechtkwam. Over de in dit boek al tweemaal eerder genoemde legende dat zijn grootvader een onwettige zoon van Goethe geweest zou zijn,* vertelde Jung het volgende:

'De toenmalige vrouw van mijn overgrootvader Franz Ignaz Jung, Sophie Ziegler, en haar zuster, hadden connecties met het theater in Mannheim en tot hun vriendenkring hoorden een groot aantal dichters. Er werd beweerd dat Sophie Ziegler het leven schonk aan een buitenechtelijke zoon van Goethe, en dit kind zou dan mijn grootvader Carl Gustav Jung geweest zijn. Dat was zogezegd een uitgemaakte zaak. In zijn dagboeken zegt mijn grootvader echter niets hierover. Hij vertelt alleen dat hij Goethe nog in Weimar heeft gezien en dan alleen nog van achteren! Sophie Jung-Ziegler was later bevriend met Lotte Kestner, een nicht van Goethes "Lottchen". Ze kwam vaak op bezoek – zoals overigens ook Frans Liszt – om mijn grootvader te ontmoeten. In latere jaren kwam Lotte Kestner – waarschijnlijk wegens de vriendschappelijke relaties met huize Jung – in Bazel wonen. Ook onderhield mijn grootvader betrekkingen met haar broer, de legatieraad Kestner, die in Rome woonde en in wiens huis Goethes zoon Karl August nog kort voor zijn dood verbleef.'

* Naast Jungs mondelinge mededelingen gebruikte ik het zogenaamde 'familieboek', een in perkament gebonden foliant, die oude brieven en documenten bevat, en die door Jung regelmatig aangevuld werd; verder het dagboek van zijn grootvader Carl Gustav Jung (uitgegeven door diens zoon Ernst Jung, o.J.), en twee artikelen van M. H. Koelbing *Wie Carl Gustav Jung Basler Professor wurde* (Basler Nachrichten, 26 september 1954) en *C. G. Jungs Basler Vorfahren* (Basler Nachrichten, 24 juli 1955). Bovendien stonden me de resultaten van een in 1928 en 1929 in opdracht uitgevoerd onderzoek naar de familie Jung ter beschikking.

* Zie ook Briefe III, 1973, p. 277 e.v. (vert.).

Uit de beschikbare bronnen, het archief in het 'Goethehaus' te Frankfort en het doopregister van de aartsbisschoppelijke administratie (Jezuïetenkerk) te Mannheim, valt niets op te maken. Goethe was niet in Mannheim in de desbetreffende tijd, en of Sophie Ziegler indertijd in Weimar of in Goethes nabijheid is geweest, valt niet vast te stellen.
Jung sprak niet zonder een zeker behagen over deze hardnekkige legende, want ze gaf een extra dimensie aan zijn gefascineerdheid door Goethes *Faust*; ze hoorde als het ware thuis in de wereld van 'nr. 2'. Anderzijds noemde hij dit gerucht 'ergerlijk'. Hij vond het getuigen van een 'slechte smaak' en er waren 'maar al te veel dwazen die dit soort verhaaltjes over "onbekende vaders" vertelden'. Maar vooral ook leek hem zijn legitieme afstamming zinvol, vooral die van de geleerde, katholieke dr. med. et jur. Carl Jung († 1654), de rector van de Universiteit van Mainz, over wie aan het eind van het hoofdstuk 'De toren' sprake is.
Carl Gustav Jung studeerde in Heidelberg natuurkunde en medicijnen en behaalde daar in 1816 de doctorstitel summa cum laude. Tot vermaak van heel Heidelberg, zo vertelt Jung, hield hij toen hij student was een varkentje als huisdier, dat hij bij wijze van hond in de stad mee uit wandelen nam. Al op zijn vierentwintigste werd hij chirurgisch assistent van de oogarts Rust aan de Charité te Berlijn en tegelijk scheikundeleraar aan de Koninklijke-Pruisisch militaire academie aldaar. Destijds lagen de verschillende disciplines wel wat dichter bij elkaar dan tegenwoordig!
Tijdens zijn Berlijnse jaren woonde hij (waarschijnlijk sinds eind 1817) in het huis van de boekhandelaar en uitgever Georg Andreas Reimer. Hij was daar kind aan huis en mevrouw Reimer behandelde hem voor de rest van haar leven als een zoon. Hier ontmoette hij een kring mensen van betekenis, zoals de gebroeders Schlegel, Ludwig Tieck en Friedrich Schleiermacher. Onder invloed van deze laatste stapte hij over – hij was katholiek – naar het protestantisme.
De literaire kringen van Berlijn stonden van het begin af aan open voor de jonge arts. Hij bezat zelf een zekere dichterlijke begaafdheid en één van zijn gedichten werd in het 'Teutsche Liederbuch' opgenomen.
Zijn jeugd viel in een politiek bewogen tijd. Als jonge man deed hij mee met de 'turners' van 'Turnvater' Jahn (1778–1852). Hij nam ook deel aan het grote Wartburgfeest.* Hier gaven Duitse studenten uit alle delen van Duitsland uiting aan hun wens van een vrij en verenigd Duitsland. Twee jaar later vermoordde de met Jung bevriende theologiestudent en 'Burschenschafter' Karl Ludwig Sand (geb. 1795) de Duitse dichter en Russische staatsraad August Kotzebue (1761–1819), die gehaat was wegens zijn reactionaire gezindheid en spionage. Daarna werden alle 'Burschenschafte' en

* Oktober 1817, revolutionair academisch gedenkfeest van de Reformatie (1517) en de slag bij Leipzig (1813), georganiseerd door de 'Burschenschaften' (studentenverenigingen).

De familie Jung

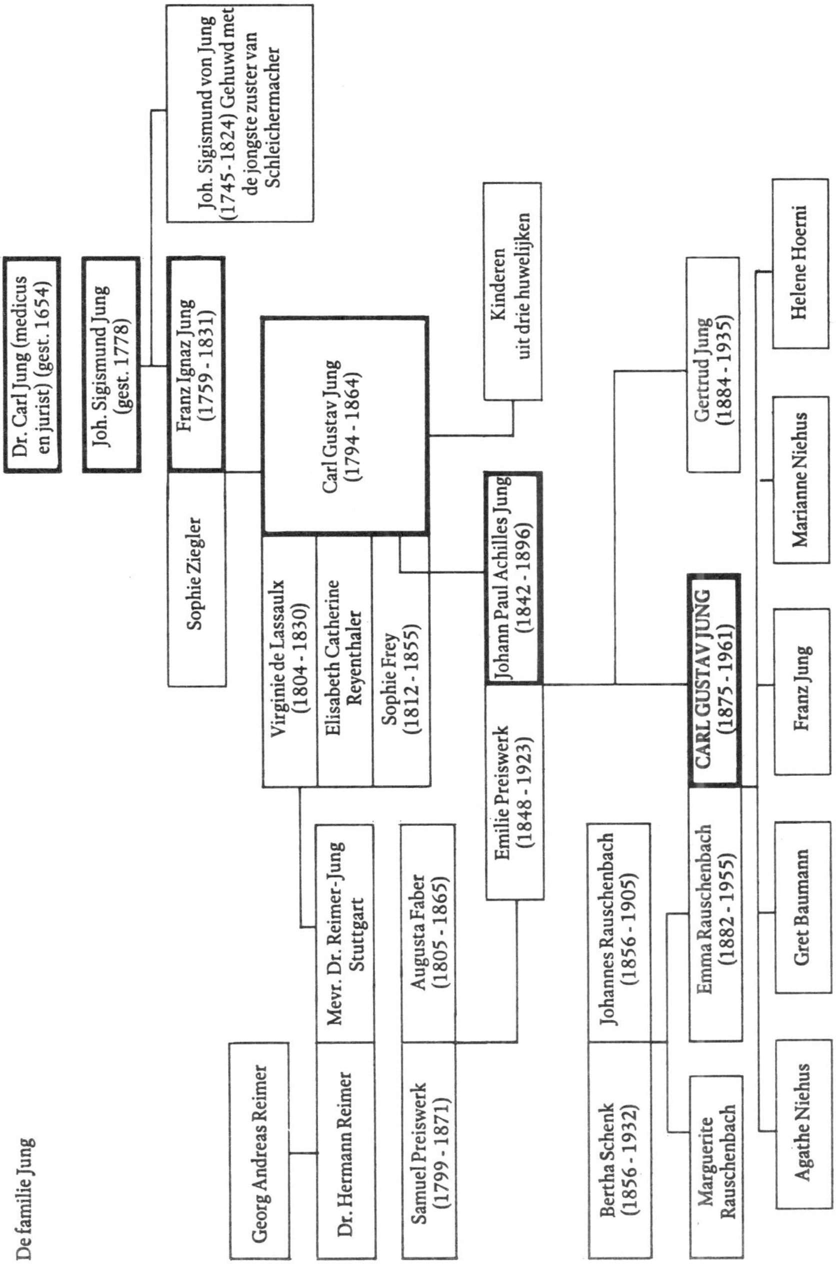

'Turnvereine' verboden. Talrijke vrijheidslievend gezinde academici werden als 'demagoog' gearresteerd. Onder hen bevond zich Carl Gustav Jung. De politie vond bij hem een geschenk van de moordenaar, namelijk een hamer voor mineralogisch onderzoek. (In de berichten hierover is karakteristiek genoeg altijd sprake van een bijl!) Hij werd in de Berlijnse 'Hausvogtei' in voorarrest geplaatst, na dertien maanden zonder enige vorm van proces ontslagen en uitgewezen uit Pruisen. Aangezien hij als voormalig 'demagoog' ook verder in Duitsland geen passend werk kon vinden, ging hij in 1821 naar Parijs, destijds het belangrijkste centrum van heel Europa voor geneeskundig onderzoek. Daar ontmoette hij de grote natuuronderzoeker Alexander von Humboldt (1796–1859), die hem in eerste instantie een aanbeveling gaf voor de chirurgische afdeling van het Hôtel Dieu te Parijs. Carl Gustav Jung kon hier als chirurg werken en zich verder specialiseren.
Over de eerste ontmoeting met von Humboldt bestaan verschillende overleveringen. Volgens het traditionele familieverhaal zag von Humboldt de hongerlijdende jongeman ergens buiten op een bank zitten en ontfermde zich over hem. Dat verhaal heb ik ook van Jung gehoord. In een door M. H. Koelbing als *Dichtung und Wahrheit* omschreven versie van de arts Hermann Reimer* wordt het volgende gezegd: (zijn schoonvader Carl Gustav Jung werd) 'bij een feestelijk diner, dat gegeven werd door de grote chirurg Dupuytren, aangesproken door een hem onbekende, waardige heer van middelbare leeftijd, die hem uitnodigde na afloop mee te gaan naar zijn huis omdat hij hem een voorstel wilde doen. Blindelings voldeed Jung aan dit verzoek en hij kwam pas weer tot bezinning toen zijn weldoener hem in zijn studeerkamer vertelde dat het om een professoraat in de anatomie en chirurgie aan de Universiteit van Bazel ging – als hij er voor voelde. Toen kon Jung zich niet meer inhouden en vroeg aan wie hij zoveel goedheid en geluk te danken had. Daarop kreeg hij ten antwoord: "De naam doet niets ter zake; ik heet Alexander von Humboldt".' – H. Reimer voegt hieraan toe: 'von Humboldt zou zijn kennis van Jungs lotgevallen verkregen kunnen hebben doordat hij literaire relaties onderhield met mijn vader; maar ook via zijn broer Wilhelm, die in 1819 teleurgesteld afstand deed van zijn ministerspost'.
Hoe het ook gesteld mag zijn met de waarheid van deze anekdotes, het is een feit dat Humboldt de jonge arts eerst een aanbeveling gaf voor de academie in Bern (1821) en toen dit plan mislukte, een jaar later voor de Universiteit van Bazel.

* Hermann Reimer was de zoon van de boekhandelaar en uitgever Reimer te Berlijn. Hij trouwde met de dochter van Carl Gustav Jung uit diens eerste huwelijk met Virginie de Lassaulx. Jung vertelt in het hoofdstuk 'Studententijd' over zijn bezoek aan mevrouw Reimer in Stuttgart, na zijn artsexamen in 1900. Het volgende citaat ontleen ik aan het al eerder genoemde artikel van Koelbing 'Wie Carl Gustav Jung Basler Professor wurde'.

De omstandigheden waarin de universiteit door politieke en beheerstechnische redenen verkeerde waren uitgesproken slecht. Van 1806 tot 1814 had er geen enkele promotie plaatsgevonden. De anatoom en botanicus Johann Jakob Burckhardt was gedurende een aantal jaren de enige docent aan de medische faculteit en hield zijn colleges voor een handjevol medische studenten en barbiersgezellen. In 1818 werden wetten uitgevaardigd voor een grootscheepse reorganisatie van de universiteit; en het aantal hoogleraren aan de medische faculteit werd op vier gesteld. Toen Jung solliciteerde naar de leerstoel voor anatomie, chirurgie en verloskunde, werd hij in 1822 tot docent benoemd, en een semester daarna als gewoon hoogleraar gekozen. Zo kwam de familie Jung in Zwitserland.
Jung zette zich tijdens zijn leven onvermoeibaar en met veel succes in voor de uitbreiding van de medische faculteit en de geneeskundige inrichtingen. Allereerst reorganiseerde hij het anatomie-onderwijs. De uitbreiding van het 'Bürgerspital' (1842) is voor een groot deel aan hem te danken. Later richtte hij de inrichting 'Anstalt zur Hoffnung' op voor zwakzinnige kinderen. Voor ons is zijn eis van een psychiatrische inrichting interessant. In een lezing, die naderhand anoniem gedrukt werd, zei hij: 'In onze tijd, waarin de psychische geneeskunde zozeer de belangstelling der artsen in beslag neemt dat afzonderlijke tijdschriften zich uitsluitend met deze tak van medische wetenschap bezighouden, zou een inrichting die de geneeskunstenthousiasten gelegenheid zou bieden tot het doen van observaties onder leiding van een docent, een bijzonder sieraad zijn voor de universiteit. Ik denk hierbij niet aan een gewoon krankzinnigengesticht, waar meestal ongeneeslijk zieken worden verpleegd, maar aan een inrichting waar zieken van allerlei aard opgenomen zouden kunnen worden, die men dan langs psychische weg zou moeten trachten te genezen.'

Jung zelf zei over zijn grootvader: 'Hij was een sterke en opvallende persoonlijkheid. Een groot organisator, enorm actief, briljant, geestig en welbespraakt. Ik zelf heb nog in zijn kielzog gevaren. Ja, ja, die professor Jung, dat was er een! werd in Bazel gezegd. Zijn kinderen zagen erg tegen hem op. Ze voelden niet alleen verering maar ook angst voor hem, want hij was een enigszins tirannieke vader. Na het middageten placht hij regelmatig een dutje te doen van ongeveer een kwartier. Dan moest zijn uitgebreid gezin altijd muisstil aan tafel blijven zitten.'

Carl Gustav Jung is drie keer getrouwd geweest. In Parijs trouwde hij met Virginie de Lassaulx (geb. 1804). Ze stierf heel jong, op zesentwintigjarige leeftijd. De enige dochter uit dit huwelijk trouwde, zoals gezegd, met de zoon van de uitgever Georg Andreas Reimer, bij wie Jung in Berlijn had gewoond. Zijn tweede vrouw was Elisabeth Catherine Reyenthaler. Jung vertelde hierover:

'Met Elisabeth is hij uit wraak getrouwd! Ze was dienster in een studentencafé in Bazel. Hij had namelijk de hand gevraagd van de dochter van burgemeester Frey, maar was afgewezen. Gekrenkt en vertwijfeld ging hij rechtstreeks naar het café en trouwde met de dienster. Ze overleed al spoedig aan tuberculose en haar kinderen eveneens.'
Uiteindelijk trouwde hij toch met Sophie Frey, de dochter van de burgemeester. Het graf van haar ouders bevindt zich in de kruisgang van de Dom van Bazel. Sophie Jung stierf in 1855 op de leeftijd van drieënveertig jaar. Twee oudere zonen stierven al jong. De jongste zoon, Johann Paul Achilles Jung (1842–1896) was de vader van C. G. Jung. In het eerste hoofdstuk van dit boek heeft Jung uitvoerig over hem geschreven. Ik herhaal hier slechts in het kort enkele gegevens: Paul Jung werd theoloog en was eerst dominee in Kesswil (Thurgau), waar C. G. Jung in 1875 geboren werd. Daarna was hij vier jaar lang dominee in Laufen, een dorp bij de waterval van Schaffhausen. In 1879 werd hij beroepen naar de kerkgemeente Klein-Hüningen bij Bazel.

Jungs moeder, Emilie Jung geb. Preiswerk, was afkomstig uit Bazel. Ze was de jongste dochter van de geleerde en dichterlijk begaafde antistes (eerste predikant) van Bazel, Samuel Preiswerk (1799–1871) en zijn tweede vrouw Augusta Faber uit Nürtingen in Württemberg (1805–1862). De Fabers waren Franse protestanten, die na de opheffing van het Edict van Nantes (1685) naar Duitsland waren gekomen. Oorspronkelijk was Samuel Preiswerk predikant te Muttenz, maar moest na de splitsing van het kanton in Bazel-stad en Bazel-land (1833) naar de stad Bazel verhuizen. Aangezien er hier geen predikantsplaats voor hem vrij was ging hij naar Genève en studeerde aan de Theologische academie van de Evangelische Gemeente aldaar Hebreeuws en oud-testamentische theologie. Hij schreef een Hebreeuwse grammatica, die een aantal herdrukken beleefde. Een paar jaar later werd hij naar Bazel teruggeroepen en kwam als predikant bij de St. Leonhardsgemeente. Bovendien werd hij privaatdocent voor Hebreeuwse taal- en letterkunde. Hij was ruimdenkend en tolerant, wat ook blijkt uit zijn artikelen in het door hem uitgegeven maandblad 'Das Morgenland', waarin hij zich ervoor uitspreekt dat de joden opnieuw Palestina zullen verkrijgen.
Ook nu nog worden er in Bazel anekdotes over hem verteld. 'In zijn studeerkamer had de antistes Samuel Preiswerk een speciale stoel gereserveerd voor de geest van zijn overleden vrouw Magdalena, geb. Hopf. Eens in de week, op een vast tijdstip, placht Preiswerk – tot groot verdriet van zijn vrouw Augusta – met de geest van Magdalena vertrouwelijke gesprekken te voeren'.*

* Uit: Hans Jenny 'Baslerisches-Allzubaslerisches', Bazel, 1961.

Jung vertelde over hem:
'Ik heb mijn grootvader van moederszijde niet meer persoonlijk gekend. Maar na alles wat ik over hem gehoord heb, moet zijn oud-testamentische naam Samuel goed bij hem gepast hebben. Hij geloofde nog dat er in de hemel Hebreeuws gesproken werd en daarom wijdde hij zich met grote ijver aan de studie van de Hebreeuwse taal. Hij was niet alleen erg geleerd, maar had ook een uitgesproken gevoel voor poëzie; toch was hij een enigszins eigenaardige man, die zich voortdurend door geesten omgeven waande. Mijn moeder heeft me vaak verteld hoe zij achter hem moest gaan zitten als hij zijn preken schreef. Hij kon het niet uitstaan als er, terwijl hij studeerde, geesten achter zijn rug heen en weer liepen en hem stoorden! Als er dan een levende achter hem zat, werden de geesten afgeschrikt!'
Over zijn vrouw, Augusta Preiswerk, Jungs grootmoeder van moederszijde, bestaan veel verhalen. Op achttienjarige leeftijd, toen ze een broer verpleegde die roodvonk had, werd ze zwaar ziek en was zesendertig uur schijndood. De timmerman had de kist al gebracht, toen haar moeder, die niet in haar dood geloven kon, haar weer tot leven terugriep door een strijkijzer tegen haar nek te houden. 'Gustele', zoals ze genoemd werd, had het tweede gezicht, wat haar familie in verband bracht met het feit dat ze schijndood was geweest. Ze overleed op zevenenvijftigjarige leeftijd.

C. G. Jungs vrouw Emma (1882–1955) was afkomstig uit de fabrikantenfamilie Rauschenbach te Schaffhausen. In het hoofdstuk over zijn kinderjaren vertelt Jung dat zijn vader gedurende zijn predikantswerkzaamheden te Laufen (1875–1879) bevriend was met de familie Schenk waartoe ook de latere mevrouw Berta Rauschenbach, Jungs toekomstige schoonmoeder, behoorde. Destijds – hij was toen vier jaar – nam Berta hem af en toe mee uit wandelen.
Over de eerste ontmoeting met zijn vrouw Emma vertelde Jung:
'Ik had een studievriend, wiens familie in Schaffhausen woonde. Toen ik hem eens vanuit Bazel wilde opzoeken – het was na de dood van mijn vader, in 1896 – zei mijn moeder: "Als je je vriend in Schaffhausen bezoekt, ga dan ook even naar mevrouw Rauschenbach, die wij nog als jong meisje hebben gekend." Dat deed ik, en toen ik hun huis binnenging, zag ik op de trap een meisje staan, ongeveer veertien jaar oud, met vlechten. Ik wist opeens: dat is mijn vrouw! Ik was hierover diep geschokt, want ik had haar immers slechts heel even gezien; toch had ik meteen, met absolute zekerheid, geweten dat zij mijn vrouw zou worden. Ik herinner me nog heel goed dat ik dat onmiddellijk daarna aan mijn vriend vertelde. Maar hij lachte me natuurlijk alleen maar uit. Ik zei tegen hem: "Ja, lach er maar om, je zult het toch nog meemaken". Toen ik zes jaar later om de hand van Emma Rauschenbach vroeg, werd ook ik, evenals mijn grootvader, in

eerste instantie afgewezen. Maar, anders dan mijn grootvader, had ik geen vertrouwd stamcafé en ook geen aantrekkelijke dienster; ook was ik geen professor met een duidelijk omschreven, veelbelovende taak vóór me, maar ik was slechts een artsassistent met een nevelige toekomst. Waarom zouden me teleurstellingen bespaard blijven in deze "meilleur des mondes possibles?" – zoals nr. 2 eraan toevoegde. Maar na een paar weken kwam er verandering in de zaak, het nee werd een ja en daarmee was nr. 1 bevestigd. Voor mij werd het ook een ja tegen de wereld, en nr. 2 verdween gedurende elf jaar uit mijn ogen.
Tot 1902 had ik een soort geheim dagboek bijgehouden, dat van toen af meer dan tien jaar ongeopend in de la bleef liggen. Pas in 1913, onder de druk van de grote vermoedens, dook het weer in mijn herinneringen op."

Jung trouwde in 1903. Hij heeft een groot aantal nakomelingen. Uit de huwelijken van zijn vijf kinderen, Agathe Niehus-Jung, Gret Baumann-Jung, Franz Jung (Merker), Marianne Niehus-Jung, Helene Hoerni-Jung werden negentien kleinkinderen geboren en het aantal achterkleinkinderen groeit nog voortdurend.

Zoals ik naderhand te weten kwam, bestaat er voor het door Jung in het hoofdstuk 'de Toren' genoemde oorspronkelijke wapen, dat een foenix uitbeeldde, en dat zijn grootvader C. G. Jung veranderde in de huidige vorm, nog een andere versie, namelijk een vlinder die uit een pop kruipt. - Volgens een familietraditie is de voornaam van de 'geleerde Dr. med. et Dr. jur. Jung' in Mainz († 1654) niet Carl maar Simon.

Verklarende woordenlijst*

ALCHEMIE. De vroegere chemie, waarin de experimentele chemie in de tegenwoordige zin vermengd was met algemene, beeldend-intuïtieve, deels religieuze speculaties over mens en natuur. In het onbekende van de materie werden veel symbolen geprojecteerd, die wij als inhouden van het onbewuste zien. De alchemist zocht het 'geheim van God' in de onbekende stof en kwam daardoor terecht bij methoden en op wegen, welke op die van de tegenwoordige psychologie van het onbewuste lijken. Ook deze ziet zich tegenover een onbekend objectief fenomeen – het onbewuste – geplaatst.
De filosofische alchemie van de middeleeuwen moet in de geestes-geschiedenis gezien worden als een van het onbewuste uitgaande compensatorische beweging tegenover het christendom. Immers, het object van alchemistische technieken en meditaties – het rijk van de natuur en van de materie – had in het christendom geen plaats en geen adequate waardering gevonden, integendeel, natuur en stof moesten overwonnen worden. Zo is de alchemie een soort donker, primitief spiegelbeeld van de christelijke voorstellings- en gedachtenwereld, zoals Jung in 'Psychologie und Religion' aan de hand van de analogie tussen de alchemistische centrale voorstelling van de 'steen' – de 'lapis' – en Christus kon aantonen. Typerend voor de taal der alchemisten is het symbolisch beeld en de paradox. Beide stemmen overeen met de ongrijpbare aard van het leven en de onbewuste psyche. Daarom wordt er bij voorbeeld gezegd dat de 'steen geen steen' is (bedoeld wordt dan dat hij tegelijk een geestelijk-religieus begrip is); of dat de alchemistische Mercurius, de geest in de stof, ontwijkend, vluchtig als een hert is, want hij is ongrijpbaar. 'Hij heeft duizend namen.' Geen enkele drukt zijn wezen volledig uit – zoals ook geen enkele definitie het wezen van een psychisch begrip ondubbelzinnig kan omschrijven.

AMPLIFICATIE. Uitbreiding en verdieping van een droombeeld door gerichte associaties en door parallellen uit de symbool- en geestesgeschiedenis (mythologie, folklore, mystiek, religie, etnologie, kunst enzovoort), waardoor de betekenis van zijn interpretatie naar voren komt.

* Met vriendelijke toestemming van de uitgever gebruikte ik een paar definities uit: Kurt von Sury: 'Wörterbuch der Psychologie und ihrer Grenzgebiete' (3e dr., Basel, 1967) A. J.
In deze lijst zijn enige woorden opgenomen die niet in het 'Glossar' van het oorspronkelijke werk voorkomen. Ze zijn gemerkt met een *. Vert.

ANIMA EN ANIMUS. Personificaties van vrouwelijke aard in het onbewuste van de man, respectievelijk van mannelijke aard in het onbewuste van de vrouw. Deze psychische tweeslachtigheid komt overeen met het biologisch feit dat het groter aantal mannelijke respectievelijk vrouwelijke genen doorslaggevend is bij de bepaling van het mannelijk, respectievelijk vrouwelijk geslacht. Het kleiner aantal genen van het andere geslacht schijnt een karakter van het andere geslacht te vormen, dat echter tengevolge van zijn zwakkere positie gewoonlijk onbewust blijft.

C. G. Jung: 'Iedere man draagt van het begin af aan het beeld van de vrouw in zich; niet het beeld van *deze* bepaalde vrouw, maar van *een* bepaalde vrouw. Dit beeld is in feite een onbewuste erfmassa, stammend uit de oertijden en opgesloten in het levende systeem. Het is een "typus" ("archetypus") van alle ervaringen die onze voorouders hebben opgedaan van het vrouwelijk wezen. Het is een neerslag van alle indrukken van de vrouw, een overgeërfd psychisch aanpassingssysteem . . . Hetzelfde geldt ook voor de vrouw, ook zij heeft een haar aangeboren beeld van de man. De ervaring leert dat men eigenlijk moet zeggen: een beeld "van *mannen*", terwijl het bij de man eerder om een beeld van *de vrouw* gaat. Aangezien dit beeld onbewust is, is het altijd onbewust geprojecteerd in de geliefde figuur; het is één van de meest wezenlijke oorzaken van hartstochtelijke aantrekking en haar tegendeel'. (*Seelenprobleme der Gegenwart,* 5e dr. 1950, p. 256 e.v.)

'De natuurlijke functie van de animus (en ook van de anima) is het tot stand brengen van een verbinding tussen het individuele bewustzijn en het collectieve onbewuste. Op overeenkomstige wijze vormt de persona een sfeer (overgangsgebied) tussen het ik-bewustzijn en de objecten van de buitenwereld. Animus en anima zouden als een brug of een poort tot de beelden van het collectieve onbewuste moeten functioneren, zoals ook de persona een soort brug tot de wereld voorstelt'. (uit een ongepubliceerd – Engels – verslag van een seminar, vol. 1, 1925).

Alle archetypische manifestaties, dus ook animus en anima, hebben een negatief en een positief, een primitief en een gedifferentieerd aspect.

C. G. Jung: 'De animus is in zijn eerste, onbewuste vorm een spontane, onopzettelijke opinievorming, die een overheersende invloed op het gevoelsleven uitoefent. De anima daarentegen is een spontane gevoelsvorming, die vervolgens het verstand beïnvloedt, respectievelijk ontwricht ("ze heeft zijn hoofd op hol gebracht"). De animus projecteert zich daarom bij voorkeur op "geestelijke" autoriteiten en andere "helden" (inclusief tenoren, "kunstenaars" en sporthelden). De anima maakt zich graag meester van het onbewuste, lege, frigide, hulpeloze, ongerelateerde, donkere en dubbelzinnige in de vrouw . . . De ziel, die (in het individuatieproces) tot het ik-bewustzijn toetreedt, heeft dus bij de man het vrouwelijk voorteken, bij de vrouw het mannelijk. Zijn anima wil verenigen, bij elkaar brengen, haar animus wil

onderscheiden en kennen. Dit is een strikte tegenstelling . . . In de bewustzijnswerkelijkheid betekent het een conflictsituatie, ook wanneer de bewuste relatie van de beide individuen harmonieus is'. (*Die Psychologie der Uebertragung,* 1946.) [Ges. Werke XVI, 1958, p. 323].
'De anima is het archetype van het leven . . . Want het leven komt via de anima tot de man, hoewel hij denkt dat het via het verstand (mind) komt. Hij beheerst het leven met het verstand, maar het leven leeft in hem via de anima. En het geheim van de vrouw is dat het leven tot haar komt via de geestelijke gestalte van de animus, hoewel ze aanneemt dat het eros is die haar het leven brengt. Ze beheerst het leven, ze leeft zogezegd gewoontegetrouw via de eros, maar het werkelijke leven, waarbij ze ook slachtoffer is, komt tot de vrouw via het verstand (mind), dat in haar door de animus belichaamd is'. (ongepubliceerd – Engels – verslag van een seminar over Nietzsches Zarathustra, 1937.)

ARCHETYPE. C. G. Jung: 'Het begrip van het archetype . . . wordt afgeleid uit de veelvuldig herhaalde waarneming dat bij voorbeeld de mythen en sprookjes uit de wereldliteratuur bepaalde, altijd en overal weer behandelde *motieven* bevatten. Dezelfde motieven komen we tegen in fantasieën, dromen, koortsvisioenen en waanideeën van mensen van deze tijd. Deze typische beelden en samenhangen worden archetypische voorstellingen genoemd. Ze hebben naarmate ze duidelijker zijn, de eigenschap begeleid te worden door bijzonder levendige gevoelens. . . Ze zijn indrukwekkend, invloedrijk en fascinerend. Ze komen voort uit het op zich niet-aanschouwbare archetype, een onbewuste, voorafgaande vorm, die tot de overgeërfde structuur van de psyche schijnt te behoren en die zich dientengevolge overal ook als een spontane verschijning kan manifesteren'. (Das Gewissen in psychologischer Sicht, in: *Das Gewissen,* Studien aus dem C. G. Jung-Institut, Zürich, 1958, p. 199 e.v.)
'Ik stuit steeds weer op het misverstand dat de archetypen inhoudelijk bepaald, dat wil zeggen een soort onbewuste 'voorstellingen' zouden zijn. Daarom moet ik nogmaals benadrukken dat de archetypen niet inhoudelijk, maar uitsluitend *formeel* bepaald zijn en dat laatste slechts onder strikte voorwaarden. Een inhoudelijk bepaald oerbeeld is slechts aantoonbaar als het bewust is; als het dus met het materiaal van de bewuste ervaring is opgevuld. Zijn vorm daarentegen is . . . ongeveer te vergelijken met het assenstelsel van een kristal, dat in zekere zin al van tevoren de vorm van de kristalvorming in de moederloog bepaalt, zonder zelf een materiële existentie te bezitten. Dat laatste komt pas te voorschijn in de manier waarop de ionen en daarna de moleculen zich formeren.
Het archetype is een op zich leeg, formeel element, dat niets anders dan een facultas praeformandi is, een a priori gegeven mogelijkheid van de vorm,

waarin de voorstelling verschijnt. Overgeërfd worden niet de voorstellingen, maar de vormen, die in dit opzicht exact overeenkomen met de eveneens formeel bepaalde instincten. En evenmin als de aanwezigheid van het archetype op zich bewezen kan worden, is dat met de instincten het geval, zolang deze zich niet concreet manifesteren.' (*Von dem Wurzeln des Bewusstseins,* 1954, p. 95, e.v.)
'Het lijkt me waarschijnlijk dat het eigenlijke wezen van het archetype niet in staat is tot bewustzijn, dat wil zeggen het is transcendent, vandaar dat ik het psychoïd noem.' (*Von den Wurzeln des Bewusstseins,* 1954, p. 576 e.v.)
'Men mag zich geen seconde aan de illusie overgeven dat een archetype uiteindelijk verklaard en daarmee terzijde geschoven zou kunnen worden. Ook de beste poging tot verklaren is niets anders dan een min of meer gelukte vertaling in een andere beeldspraak'. (Zur Psychologie des Kind-Archetypus, in Jung-Kerenyi: *Einführung in das Wesen der Mythologie,* 1951, p. 119).

ASSOCIATIE. Een verbinding van voorstellingen, waarnemingen enzovoort volgens gelijksoortigheid, raakpunten, tegenstellingen of opeenvolging. *Vrije associatie in de droombewerking van Sigmund Freud:* spontane associatieketen van de dromer, die niet noodzakelijk hoeft te verwijzen naar de droomsituatie. *Gerichte of gecontroleerde associatie in de droombewerking van C. G. Jung:* spontane invallen, die uitgaan van een bepaalde droomsituatie en die steeds weer daaraan gerelateerd worden.

ASSOCIATIE-EXPERIMENT. Psychologische testmethode om complexen vast te stellen met behulp van de meting van reactietijden en van de interpretatie van antwoorden op gegeven prikkelwoorden. Indicaties voor een complex: verlengde reactietijd, of een persoonlijke, eigenaardige kwaliteit van de antwoorden, wanneer door prikkelwoorden complexen geraakt worden die de proefpersoon wil verbergen, of waarvan hij zich niet bewust is.

BEWUSTZIJN. C. G. Jung: 'Wanneer je erover nadenkt wat het bewustzijn eigenlijk is, dan kom je diep onder de indruk van het hoogst wonderlijke feit dat van een gebeurtenis, die in de kosmos plaatsvindt, tegelijk innerlijk een beeld opgeroepen wordt; dat ze als het ware eveneens innerlijk plaatsvindt, dat wil zeggen: bewust wordt'. (Basler Seminar, 1934, ongepubliceerd verslag.)
'Ons bewustzijn schept immers niet zichzelf, maar het borrelt op uit een onbekende diepte. Het ontwaakt geleidelijkaan in het kind, en het ontwaakt iedere morgen uit de diepte van de slaap vanuit een onbewuste toestand. Het is als een kind, dat dagelijks uit de moederlijke oergrond van

het onbewuste wordt geboren'. (*Symbolik des Geistes,* 2e dr. 1953, p. 465) [Ges. Werke XI, 1963, p. 616].

*COMPLEX. C. G. Jung: 'Complexen zijn psychische fragmenten die afgesplitst worden tengevolge van bepaalde traumatische invloeden of van zekere neigingen die onverenigbaar zijn met de bewuste instelling. Zoals het associatie-experiment bewijst, hebben complexen een storende invloed op de bedoelingen van de wil en de prestaties van het bewustzijn. Ze veroorzaken geheugenstoornissen en stagneren de stroom van associaties; ze komen en gaan volgens hun eigen wetten en beïnvloeden ook op onbewuste wijze woorden en daden. Ze gedragen zich dus als zelfstandige wezens, wat vooral duidelijk wordt bij abnormale toestanden. In de stemmen van de geesteszieken nemen ze zelfs een persoonlijk ik-karakter aan; op dezelfde wijze als geesten, die via automatisch schrift en soortgelijke technieken blijk geven van hun aanwezigheid'. (Ges. Werke VIII, 1971, p. 140, vert.)

DROOM. C. G. Jung: 'De droom is de kleine verborgen deur in het diepste en intiemste gebied van de ziel, die toegang geeft tot de kosmische oernacht, die ziel was lang voordat er een ik-bewustzijn bestond, en die ziel zal zijn, ver verheven boven datgene wat een ik-bewustzijn ooit zal kunnen bereiken. Want alle ik-bewustzijn staat op zichzelf, ziet alles afzonderlijk, want het scheidt en onderscheidt, en gezien wordt slechts datgene wat op dit "ik" betrokken kan worden. Het ik-bewustzijn bestaat uit louter beperkingen, ook wanneer het tot de verste sterrenevels reikt. Alle bewustzijn scheidt; in de droom echter treden we de diepere, algemenere, eeuwiger en meer ware mens binnen, die nog in de schemer van de oorspronkelijke nacht verblijft. Daar was hij nog het geheel, en het geheel was in hem; in de natuur die niet onderscheidt, en die van elk ik-besef ontbloot is. Uit deze allesverbindende diepte is de droom afkomstig, al is hij nog zo kinderlijk of grotesk, nog zo amoreel'. (*Wirklichkeit der Seele,* 3e dr. 1947, p. 49)
'Dromen zijn geen opzettelijke en willekeurige verdichtsels, maar natuurlijke fenomenen, die niets anders zijn dan wat ze nu eenmaal voorstellen. Ze misleiden niet, liegen niet, ze verdraaien en verdoezelen niet, maar verkondigen naïef datgene wat ze zijn en bedoelen. Ze zijn slechts ergerlijk en misleidend omdat we ze niet begrijpen. Ze gebruiken geen kunstgrepen om iets te verbergen, maar vertellen op hun manier zo duidelijk mogelijk wat hun inhoud vormt. We kunnen ook wel inzien waarom ze zo eigenaardig en moeilijk zijn: de ervaring leert namelijk dat ze steeds iets trachten uit te drukken wat het 'ik' niet weet en niet begrijpt'. (*Psychologie und Erziehung,* 4e dr. 1950, p. 72 e.v.)

EXTRAVERSIE. Bepaald type gedragshouding dat gekenmerkt wordt door concentratie van de belangstelling op het uiterlijke object. Tegengestelde van introversie.

GODSBEELD. Het begrip is afkomstig van de kerkvaders, volgens wie de imago Dei (het godsbeeld) in de ziel der mensen is ingeprent. Als zo'n beeld spontaan in dromen, fantasieën, visioenen enzovoort opduikt, moet het in het kader van de psychologische beschouwingswijze als een symbool van het zelf opgevat worden.
C. G. Jung: 'Dat de godheid op ons inwerkt kunnen we slechts door middel van de psyche vaststellen, waarbij we echter niet kunnen onderscheiden of deze invloeden van God of van het onbewuste afkomstig zijn; dat wil zeggen we kunnen niet uitmaken of de godheid en het onbewuste twee verschillende grootheden zijn. Beide zijn grensbegrippen voor transcendentale inhouden. Er kan echter empirisch met voldoende zekerheid vastgesteld worden dat in het onbewuste een archetype van de totaliteit voorkomt, dat zich spontaan in dromen enzovoort manifesteert, en dat er een van de bewuste wil onafhankelijke tendens bestaat om andere archetypen te betrekken op dit centrum. Het lijkt daarom niet onwaarschijnlijk dat dit "archetype van de totaliteit" ook op zich een zekere centrale positie heeft, waardoor het in de nabijheid van het godsbeeld gebracht wordt. Deze gelijkenis wordt vooral ondersteund door het feit dat dit archetype een symboliek naar voren brengt, die al van oudsher de godheid karakteriseerde en verzinnebeeldde. . . Nauwkeuriger gezegd: het godsbeeld valt niet samen met het onbewuste zonder meer, maar met een bijzondere inhoud daarvan, namelijk met het archetype van het zelf. Van dit archetype kunnen we het godsbeeld niet meer empirisch onderscheiden'. (Antwort auf Hiob, 3e dr., 1961, p. 120) [Ges. Werke XI, 1963, p. 502]
'Men kan het godsbeeld als een spiegeling van het zelf verklaren, of omgekeerd: het zelf als imago Dei in homine' (het beeld van God in de mens). (Symbolik des Geistes, 2e dr. 1953, p. 431) [Ges. Werke XI, 1963, p. 207]

HIEROSGAMOS. Heilige of geestelijke bruiloft. Vereniging van archetypische figuren in de mythen over wedergeboorte, in antieke mysteriën en ook in de alchemie. Typische voorbeelden zijn de voorstelling van Christus en de kerk als bruidegom en bruid (sponsus et sponsa) en de alchemistische vereniging (coniunctio) van zon en maan.

INDIVIDUATIE. C. G. Jung: 'Ik gebruik de uitdrukking "individuatie" voor het proces dat een psychologisch "individu", dat wil zeggen een afzonderlijke, ondeelbare eenheid, een *totaliteit*, voortbrengt'. (Bewusstsein, Unbewusstes und Individuation; *Zentralblatt für Psychotherapie,* 1939, p. 257).

'Individuatie betekent: een afzonderlijk wezen worden, en voor zover we onder individualiteit onze meest innerlijke, laatste en onvergelijkbare uniekheid verstaan: *tot het eigen zelf worden*. Je zou daarom individuatie ook met "verzelviging" of met "zelfverwerkelijking" kunnen vertalen'. (*Die Beziehungen zwischen dem Ich und dem Unbewussten,* 3e dr., 1938, p. 91) [Ges. Werke VII, 1964, p. 191]
'Ik zie steeds weer dat het individuatieproces met de bewustwording van het "ik" verwisseld wordt en dat daarmee het ik met het zelf wordt geïdentificeerd, waardoor natuurlijk een heilloze begripsverwarring ontstaat. Want op die manier wordt de individuatie tot een zuiver egocentrisme en auto-erotisme. Het zelf echter omvat oneindig veel meer dan alleen maar een ik. Het is evenzeer de ander, of de anderen, als het ik. Individuatie sluit de wereld niet uit, maar in.' (*Von den Wurzeln des Bewusstseins,* 1954, p. 595) [Ges. Werke VIII, 1967, p. 258]

INFLATIE. Een uitbreiding van de persoonlijkheid die de individuele grenzen overschrijdt, veroorzaakt door de identificatie met een archetype, of, in pathologische gevallen, met een historische of religieuze figuur. In normale gevallen maakt het de indruk van een soort opgeblazenheid. Inflatie wordt gecompenseerd door overeenkomstige minderwaardigheidsgevoelens.

INTROVERSIE. Bepaald type gedragshouding, dat gekenmerkt wordt door de concentratie van de belangstelling op de innerlijke zielsprocessen. Tegengestelde: extraversie.

*KWAAD opgevat als privatio boni (het ontbreken van het goede). De katholieke leer van het kwaad als een privatio boni is terug te voeren tot Origenes (185–253), maar werd pas door Augustinus (354–430) bevestigd. – Jung zag in deze doctrine een streven om substantie en werkelijkheid aan het kwaad te ontnemen, terwijl volgens zijn opvatting het goede en het kwade een zelfde werkelijkheidskarakter hebben. Voor de kerkelijke leer heeft het kwaad op en voor zich geen positief bestaan, maar is het ontbreken (privatio) van het alleen *werkelijk* goede. Het is echter reëel, zoals duisternis reëel is, maar uit het ontbreken van licht bestaat. (Noot uit *Briefe II,* 1972, p. 171, vert.)
. . . De opvatting van God als Summum Bonum (het hoogste goed) was volgens Jung 'Rede en oorzaak van het begrip "privatio boni", een begrip dat de realiteit van het kwaad teniet deed' (Aion, 1931, p. 76) [noot uit *Briefe II,* 1972, p. 263, vert.].

*LIBIDO. C. G. Jung: 'Onder libido versta ik *psychische energie.* Psychische energie is de intensiteit van het psychisch proces, het is zijn *psychologische*

waarde. Hieronder moet geen gegeven waarde van morele, esthetische of intellectuele aard gezien worden, maar de psychologische waarde wordt eenvoudig bepaald volgens zijn *determinerende* kracht, die zich in bepaalde psychische werkingen ('prestaties') uit. Ik versta onder libido ook geen psychische *kracht*, zoals dat door mijn critici vaak verkeerd begrepen wordt. Ik hypostaseer het libidobegrip niet, maar gebruik het als een begrip voor intensiteiten of waarden. De vraag of er een specifieke psychische kracht bestaat of niet, heeft niets te maken met het begrip van de libido. Vaak gebruik ik de termen 'libido' en 'energie' door elkaar heen. (*Psychologische Typen,* Ges. Werke VI, 12e dr. 1976, p. 490 e.v., vert.)
'Ik heb voorgesteld, de hypothetisch aangenomen levensenergie met het oog op het door ons bedoelde psychologische gebruik *libido* te noemen en haar op deze manier te onderscheiden van een universeel energiebegrip . . .' (*Ueber die Energetik der Seele,* Ges. Werke VIII, 1971, p. 19, vert.)
'. . . en (ik) zeg, *dat de libido, waarmee wij werken, niet alleen niet concreet of bekend is, maar gewoonweg een X is, een zuivere hypothese, een beeld of rekeneenheid, evenmin concreet te vatten als de energie van de natuurkundige voorstellingswereld.*' (*Darstellung der psycho-analytischen Theorie,* Ges. Werke IV, 1971, p. 149, vert.)

MANA. Melanesisch begrip voor een buitengewoon indrukwekkende macht, die uitgaat van een mens, een voorwerp, van handelingen en gebeurtenissen, van bovennatuurlijke wezens en geesten. Betekent ook gezondheid, prestige, genees- en toverkracht. Primitief begrip voor psychische energie.

MANDALA. (Sanskriet) Magische cirkel. Bij Jung: symbool van het midden, van het doel van het zelf als psychische totaliteit. In de mandala drukt zich een proces uit dat gericht is op de vorming van een nieuw centrum van de persoonlijkheid. Symbolisch uitgedrukt door de cirkelvorm, door symmetrische rangschikking van het getal vier en veelvouden daarvan (zie quaterniteit). In het Lamaïsme en in tantra-yoga is de mandala het instrument voor contemplatie (yantra), de zetel en geboorteplaats van de goden. *Gestoorde mandala:* elke vorm die van een cirkel, een kwadraat en een symmetrisch kruis afwijkt, of wiens grondgetal geen vier of acht is.
C. G. Jung: 'Mandala betekent cirkel, in het bijzonder magische cirkel. De mandala's zijn niet alleen in het gehele Oosten verbreid, maar ook bij ons in de middeleeuwen vinden we talloze voorbeelden. De christelijke mandala's zijn vooral uit de vroege middeleeuwen afkomstig, meestal met Christus in het midden en de vier evangelisten of hun symbolen op de kardinaalspunten. Deze opvatting moet heel oud zijn, aangezien ook Horus met zijn vier zonen op dezelfde wijze door de Egyptenaren werd voorgesteld.' (*Das Geheimnis der Goldenen Blüte*, 7e dr. 1965, p. 19)

'De ervaring leert dat mandala's optreden in situaties die gekenmerkt worden door verwarring en radeloosheid. Het archetype dat hierdoor geconstelleerd wordt, stelt een ordeningsschema voor dat als een soort psychologisch draadkruis, respectievelijk als een in vieren gedeelde cirkel in zekere zin over de psychische chaos gelegd wordt, waardoor elke inhoud op zijn plaats terechtkomt en waardoor de totaliteit die in onbepaaldheid dreigt te vervloeien, door de beschermende en omvattende cirkel bijeengehouden wordt.' (*Ein moderner Mythus, Von Dingen, die am Himmel gesehen werden,* 1958, p. 115)

NEUROSE. Toestand van het oneens-zijn met zichzelf, veroorzaakt door de tegenstelling tussen de driftmatige behoeften en de eisen van de cultuur, tussen de infantiele onwilligheid en de wil tot aanpassing, tussen collectieve en individuele plichten. De neurose is een teken om te stoppen voor een verkeerde weg en een aansporing tot het persoonlijk genezingsproces.
C. G. Jung: 'De psychische storing in een neurose en de neurose als zodanig, kunnen als een *mislukte aanpassingsdaad* opgevat worden. Deze formulering (komt overeen) met Freuds opvatting dat een neurose in zekere zin een poging tot zelfgenezing voorstelt.' (*Psychoanalysis and Neurosis,* Londen 1916)
'De neurose is altijd een vervanging voor legitiem lijden.' (*Psychologie und Religion,* 4e dr. 1962, p. 90) (Ges. Werke XI, 1963, p. 82)

NUMINOSUM. Rudolf Otto's begrip ('Das Heilige') voor het onuitsprekelijke, het geheimzinnige, het schrikwekkende, 'volstrekt andere', de rechtstreeks te ervaren eigenschap die slechts aan het goddelijke toekomt.

OERBEELD. (Jakob Burckhardt) Oorspronkelijk door Jung voor het begrip 'archetype' gebruikt.

ONBEWUSTE. C. G. Jung: 'Theoretisch kunnen er geen grenzen gesteld worden aan het bewustzijnsveld, omdat het zich in een onbepaalde omvang kan uitbreiden. Empirisch echter vindt het steeds zijn grenzen aan het gebied van het *onbekende*. Dat laatste bestaat uit alles wat men niet weet, dat dus niet met het ik als centrum van een bewustzijnsveld in relatie staat. Het onbekende valt uiteen in twee groepen van objecten, namelijk de zintuigelijk ervaarbare, uiterlijke objecten en ten tweede de rechtstreeks ervaarbare, innerlijke feiten. De eerste groep vertegenwoordigt het onbekende van de omringende wereld en de tweede het onbekende van de direct ervaarbare innerlijke wereld. Het laatste gebied noemen we het onbewuste.' 1967, p. 214]
'Alles wat ik weet, maar waaraan ik op dit moment niet denk; alles wat me

eens bewust was, maar nu vergeten is; alles wat mijn zintuigen hebben waargenomen, maar waar mijn bewustzijn geen acht op sloeg; alles wat ik zonder opzet en zonder opmerkzaamheid, dat wil zeggen onbewust voel, denk, herinner, wil en doe; al het toekomstige dat zich in mij voorbereidt en pas later tot bewustzijn zal komen; dat alles is inhoud van het onbewuste.' (*Von den Wurzeln des Bewusstseins,* 1954, p. 536) [Ges. Werke VIII, 1967, p. 214]

'Bij deze inhouden komen ook alle meer of minder opzettelijk verdrongen pijnlijke voorstellingen en indrukken. De som van al deze inhouden noem ik het *persoonlijk onbewuste.* Daarnaast vinden we in het onbewuste ook de niet-individueel verworven, maar overgeërfde eigenschappen, dus de instincten als impulsen die tot activiteiten dwingen zonder bewuste motivering . . . (in deze 'diepere' laag van de psyche vinden we ook de archetypen). De instincten en de archetypen vormen het *collectieve onbewuste.* Ik noem dit onbewuste collectief, omdat het in tegenstelling tot het hierboven gedefinieerde onbewuste geen individuele, dat wil zeggen meer of minder unieke inhouden heeft, maar algemene inhouden die regelmatig voorkomen en wijdverbreid zijn.' (*Ueber psychische Energetik und das Wesen der Träume,* 1948, p. 268 e.v.) [Ges. Werke VIII, 1967, p. 153 e.v.]

'De eerste groep betreft inhouden, die integrerende bestanddelen van de individuele persoonlijkheid vormen en die daarom even goed bewust konden zijn; de laatste betekent zoveel als een algemeen aanwezige, onophoudelijk met zichzelf identieke *voorwaarde voor of fundering van de psyche* in het algemeen.' (*Aion,* 1951, p. 20 e.v.)

'De diepere lagen van de psyche verliezen naarmate diepte en duisternis toenemen de individuele uniekheid. Ze worden "naar beneden toe", dat wil zeggen naarmate ze de autonome functiesystemen naderen, steeds collectiever, om in de stoffelijkheid van het lichaam, namelijk in de chemische substanties universeel te worden en tegelijk uit te doven. De koolstof van het lichaam is nu eenmaal koolstof. In het "alleronderste" is psyche in feite "wereld".' (Zur Psychologie des Kind-Archetypus, in: Jung–Kerényi: *Einführung in das Wesen der Mythologie,* 1951, p. 136).

*PARTICIPATION MYSTIQUE. L. Lévy-Bruhl, Frans socioloog en psycholoog, gebruikte de uitdrukking 'participation mystique' voor de 'pre-logische' mentaliteit van de primitieve mens, maar liet deze term later weer vallen. Jung omschreef hiermee een directe, op projectie gebaseerde psychische identiteit van subject en object. (noot uit *Briefe II,* 1972, p. 503, vert.)

PERSONA. Oorspronkelijk het masker dat in het antieke theater door de acteurs werd gedragen.

C. G. Jung: 'De persona . . . is het aanpassingssysteem, ofwel de manier waarop wij met de wereld omgaan. Zo heeft bijna ieder beroep zijn karakteristieke persona . . . Het gevaar bestaat alleen dat men met de persona identiek wordt, zoals bij voorbeeld de leraar met zijn leerboek of de tenor met zijn stem. Je zou met enige overdrijving kunnen zeggen: de persona is datgene wat iemand eigenlijk niet is, maar wat hij zelf en de anderen menen dat hij is.' (*Gestaltungen des Unbewussten,* 1950, p. 55)

PSYCHOÏDE. 'ziels-gelijkend', 'ziel-vormig', 'quasi-psychisch'. Jung karakteriseert hiermee de niet aanschouwelijke diepe laag van het collectieve onbewuste en zijn inhouden, de archetypen.
C. G. Jung: 'Het collectieve onbewuste representeert een psyche die in tegenstelling tot het ons bekende psychische niet aanschouwelijk is. Daarom heb ik haar *psychoïde* genoemd.' (Synchronizität als ein Prinzip akausaler Zusammenhänge, in Jung–Pauli: *Naturerklärung und Psyche*, 1952, p. 20 e.v.) [Ges. Werke VIII, 1967, p. 495]

QUATERNITEIT. ('vierheid'). C. G. Jung: 'De quaterniteit is een archetype dat als het ware universeel voorkomt. Ze is de logische voorwaarde voor elk *totaaloordeel*. Wil men zo'n oordeel vellen, dan moet dat een viervoudig aspect hebben. Als men bij voorbeeld de totaliteit van de horizon wil beschrijven, noemt men de vier windstreken. Er zijn altijd vier elementen, vier primitieve kwaliteiten, vier kleuren, vier kasten in India, vier wegen van geestelijke ontwikkeling in het boeddhisme. Daarom zijn er ook vier psychologische aspecten van de psychische oriëntering en buiten deze om valt er niets fundamenteels meer te zeggen. We moeten ter oriëntering een functie hebben die constateert dat er iets is (empfinden = gewaarworden), een tweede, die vaststelt wàt het is (denken), een derde functie die zegt of het je bevalt of niet, of je het accepteren wilt of niet (voelen), en een vierde functie, die aangeeft waar het vandaan komt en waar het heengaat (intuïtie). Meer dan dit valt er niet te zeggen . . . De ideale volledigheid is het ronde, de cirkel (zie mandala), maar zijn natuurlijke minimale verdeling is een vierdeling'. (*Symbolik des Geistes,* 2e dr. 1953, p. 399) [Ges. Werke XI, 1963, p. 182]
Een quaterniteit of quaternio heeft vaak een 3 + 1 structuur, aangezien één van haar grootheden een uitzonderingspositie inneemt en van afwijkende aard is (bij voorbeeld: drie van de vier evangelistensymbolen zijn dieren en één een engel). Als deze vierde grootheid zich bij de drie andere voegt, ontstaat het 'ene', dat de totaliteit symboliseert. In de analytische psychologie is het vaak de 'minderwaardige' functie (dat wil zeggen die functie die de mens niet bewust ter beschikking staat), die het 'vierde' belichaamt. Haar integratie in het bewustzijn is één van de belangrijkste opgaven van het individuatieproces.

*Représentations collectives. C. G. Jung: 'Zonder problemen zou je de uitdrukking "représentations collectives", die Lévy-Bruhl gebruikt om de symbolische figuren uit de primitieve levensbeschouwing te omschrijven, ook op de onbewuste inhouden kunnen toepassen, want het gaat om vrijwel dezelfde dingen.' (*Ueber die Archetypen des kollektiven Unbewussten,* Ges. Werke IX, 1976, p. 14 e.v., vert.)

Schaduw. Het inferieure deel van de persoonlijkheid. De som van alle persoonlijke en collectieve psychische disposities die tengevolge van hun onverenigbaarheid met de bewust gekozen levensvorm niet 'geleefd' worden en die zich in het onbewuste aaneensluiten tot een relatief autonome deelpersoonlijkheid met tegengestelde neigingen. De schaduw gedraagt zich compensatorisch ten opzichte van het bewustzijn, zijn werking kan daarom evengoed positief als negatief zijn. Als droomfiguur heeft de schaduw hetzelfde geslacht als de dromer. Als deel van het persoonlijk onbewuste hoort de schaduw bij het 'ik', maar als archetype van de 'tegenstander' bij het collectief onbewuste. De analyse begint met het bewustmaken van de schaduw. Ziet men de schaduw over het hoofd of identificeert men zich ermee, dan kan dat tot gevaarlijke dissociaties leiden. Aangezien de schaduw dicht bij de wereld van de instincten staat, is het onontbeerlijk er voortdurend rekening mee te houden.
C. G. Jung: 'De figuur van de schaduw personifieert alles wat het subject verloochent en wat zich toch steeds weer – direct of indirect – aan hem opdringt, dus bij voorbeeld minderwaardige karaktertrekken en andere onverenigbare neigingen." (Bewusstsein, Unbewusstes und Individuation, *Zentralblatt für Psychotherapie,* 1939, p. 265 e.v.)
'De schaduw is . . . die verhulde, verdrongen, meestal minderwaardige en schuldbeladen persoonlijkheid, die met haar uitlopers tot in het rijk van onze dierlijke voorouders reikt, en zo het gehele historisch aspect van het onbewuste omvat. Wanneer men tot nu toe van mening was dat de menselijke schaduw de bron van alle kwaad is, dan kan men door nader onderzoek ontdekken dat de onbewuste mens, dus juist de schaduw, niet alleen uit moreel verwerpelijke neigingen bestaat, maar ook een serie goede eigenschappen vertoont, namelijk normale instincten, doelmatige reacties, werkelijkheidsgetrouwe waarnemingen, creatieve impulsen en dergelijke.' (*Aion,* 1951, p. 379 e.v.)

Synchroniciteit. Een van Jung afkomstig begrip om een zinvolle coïncidentie of overeenkomst uit te drukken bij: a) een psychische en een fysische gebeurtenis, die niet causaal met elkaar verbonden zijn. Dergelijke synchronistische fenomenen treden bij voorbeeld op wanneer innerlijke gebeurtenissen (dromen, visioenen, vermoedens) een tegenhanger in de uiterlijke realiteit hebben: het innerlijk beeld of het vermoeden is 'waar' gebleken. b) gelijksoortige of gelijke dromen, gedachten enzovoort, die tegelijkertijd op verschillende plaatsen optreden. Noch de eerste, noch de tweede soort manifestaties kan door causaliteit verklaard worden. Ze schijnen eerder met archetypische processen in het onbewuste samen te hangen.

C. G. Jung: 'Het bestuderen van de psychologie van onbewuste processen heeft er al jaren geleden toe geleid dat ik naar een ander verklaringsprincipe (naast de causaliteit) moest zoeken, omdat het causaliteitsbeginsel me ontoereikend leek om bepaalde merkwaardige verschijnselen in de onbewuste psychologie te verklaren. Ik ontdekte namelijk dat er psychologische parallelverschijnselen bestaan die causaal eenvoudigweg niet op elkaar betrokken kunnen worden, maar die op een andere wijze met elkaar moeten samenhangen. Deze samenhang leek me wezenlijk gegeven door het feit van de relatieve gelijktijdigheid, vandaar de uitdrukking: "synchronistisch". Het lijkt namelijk alsof de tijd zeker geen abstractum is, maar veeleer een concreet continuüm, dat eigenschappen of fundamentele voorwaarden bevat die zich betrekkelijk gelijktijdig op verschillende plaatsen in een causaal niet verklaarbaar parallellisme kunnen manifesteren, zoals bij voorbeeld in het gelijktijdig optreden van identieke gedachten, symbolen of psychische toestanden.' (Ter nagedachtenis aan Richard Wilhelm in *Das Geheimnis der Goldenen Blüte,* 7e dr., 1965, p. XIV)

'Ik heb de term "synchroniciteit' gekozen, omdat de gelijktijdigheid van twee gebeurtenissen, die niet causaal, maar wel naar hun betekenis verbonden zijn, me een wezenlijk criterium leek. Ik gebruik hier dus het algemene begrip van de synchroniciteit in de speciale betekenis van een coïncidentie in de tijd van twee of meer niet causaal op elkaar betrokken gebeurtenissen die een gelijk of gelijksoortig betekenisgehalte hebben. Dit in tegenstelling tot een synchronisme, dat een zuivere gelijktijdigheid van twee gebeurtenissen uitdrukt.' (Synchronizität als ein Prinzip akausaler Zusammenhänge, in Jung–Pauli: *Naturerklärung und Psyche,* 1952, p. 26 e.v.) [Ges. Werke VIII, 1967, p. 560 e.v.]

'Synchroniciteit is niet raadselachtiger of geheimzinniger dan de discontinuïteiten in de fysica. Het is slechts de vastgeroeste overtuiging van de almacht van de causaliteit die het verstand moeilijkheden bereidt en die het ondenkbaar doet schijnen dat er oorzaakloze gebeurtenissen zouden kunnen voorkomen of bestaan . . . Zinvolle coïncidenties zijn denkbaar als zuivere toevalligheden. Maar naar mate hun aantal toeneemt en de overeenkomst groter en nauwkeuriger is, wordt het steeds minder waarschijnlijk en meer ondenkbaar dat hier sprake van toeval is. Dat wil zeggen: ze kunnen niet meer voor zuiver toeval doorgaan, maar moeten bij gebrek aan causale verklaringen als ordeningen volgens een bepaald plan opgevat worden . . . Hun "gebrek aan verklaarbaarheid" bestaat niet alleen uit het feit dat de oorzaak onbekend is, maar ook uit het feit dat zo'n oorzaak met onze verstandelijke capaciteiten niet denkbaar is.' (*idem,* p. 105 e.v.) [Ges. Werke VIII, 1967, p. 576 e.v.]

TRAUMA, PSYCHISCH. Plotselinge, het levend wezen direct schadende gebeurtenis, zoals schrikt, angst, schaamte, afschuw, enzovoort.

ZELF. Het centrale archetype. Het archetype van de orde. De totaliteit van de mens. Symbolisch voorgesteld door cirkel, vierkant, quaterniteit, kind, mandala enzovoort.
C. G. Jung: 'Het zelf is een boven het bewuste ik geplaatste grootheid. Het omvat zowel de bewuste als de onbewuste psyche en is daarom als het ware een persoonlijkheid die we *ook* zijn... Er bestaat geen hoop dat we ooit ook maar bij benadering een bewustheid van het zelf bereiken, want, hoeveel we ook bewust mogen maken, altijd zal er nog een onbestemde en onbestembare hoeveelheid van het onbewuste aanwezig zijn, dat mede tot de totaliteit van het zelf behoort.' (*Die Beziehungen zwischen dem Ich und dem Unbewussten,* 3e dr. 1938, p. 98 e.v.) [Ges. Werke VII, 1964, p. 195].
'Het zelf is niet alleen het middelpunt, maar ook de omtrek die bewustzijn en onbewuste omvat; het is het centrum van deze totaliteit, zoals het ik het bewustzijnscentrum is.' (*Psychologie und Alchemie*, 2e dr. 1952, p. 69)
'Het zelf is ook het doel van het leven, want het is de meest volledige uitdrukking van de lotscombinatie die men individu noemt.' (*Die Beziehungen zwischen den Ich und dem Unbewussten,* 3e dr. 1938, p. 206) [Ges. Werke VII, 1964, p. 263]

ZIEL. C. G. Jung: 'Als de psyche van de mens *iets* is, dan is ze onafzienbaar gecompliceerd en zó onbegrensd veelzijdig, dat je er uitsluitend met driftpsychologie onmogelijk vat op kunt krijgen. Ik kan slechts in diepste bewondering en eerbied de afgronden en hoogten van de psychische natuur stil aanschouwen; deze psychische natuur, wier onruimtelijke wereld een onmetelijke overvloed van beelden in zich bergt. Beelden, die miljoenen jaren levende ontwikkeling verzameld en organisch gecomprimeerd hebben. Mijn bewustzijn is als een oog, dat de verste ruimten in zich opneemt; het psychische "niet-ik" is echter datgene wat deze ruimten onruimtelijk vult. En deze beelden zijn geen bleke schaduwen, maar psychische voorwaarden die een machtige werking hebben. Wel kunnen we ze verkeerd begrijpen, maar we kunnen hen nooit beroven van hun macht door ze te loochenen. Naast de aanschouwing van de psyche zou ik alleen nog de aanblik van de nachtelijke sterrenhemel kunnen stellen; want het equivalent van de wereld binnen is slechts de wereld buiten – en zoals ik deze wereld via het medium van het lichaam bereik, zo bereik ik die andere wereld via het medium van

de ziel.' (Inleiding bij: J. W. Kranefeld *Die Psychoanalyse,* Sammlung Göschen, 1930, p. 15)
'Het zou blasfemie zijn te beweren dat God zich overal zou kunnen openbaren, alleen juist niet in de menselijke ziel. Ja, de innigheid van de relatie tussen God en ziel sluit elke onderwaardering van de ziel al bij voorbaat uit. Het gaat wellicht te ver om van een verwantschapsrelatie te spreken, maar in ieder geval moet de ziel een mogelijkheid hebben om zich op het wezen van God te betrekken, dat wil zeggen ze moet een overeenstemming met het wezen van God in zich dragen, want anders zou er nooit een verbinding tot stand kunnen komen. Deze overeenstemming is, *psychologisch geformuleerd, het archetype van het godsbeeld.*' (*Psychologie und Alchemie,* 2e dr. 1952, p. 23)

Werken van Jung

De *Gesammelte Werke von C. G. Jung* in 17 delen, waaraan nog enkele zullen worden toegevoegd, verschijnen bij Walter Verlag, Olten en Freiburg i.B. Hetzelfde geldt voor de 3-delige uitgave van de *Briefe*.
Het engelstalige equivalent verschijnt als *The Collected Works of C. G. Jung* bij Routledge en Kegan Paul Ltd., Londen en The Bollingen Foundation (thans Princeton University Press) Amerika.

WERKEN VAN JUNG IN NEDERLANDSE VERTALING
(in volgorde van hun ontstaan):
Zeven preken tot de doden (Septem Sermones ad Mortuos). Vertaling Dr. J. K. van den Brink. Rotterdam 1975 (in één band met: Jaffé – Jung over alchemie en parapsychologie/Jungs laatste levensjaren) Rotterdam 1975
Psychologische typen. Vertaling Rob Limburg, Wassenaar 1975
Het ik en het onbewuste. Vertaling A. M. Meerlo, Wassenaar 1974
De scheppende mens. Vertaling H. M. Mooijman, Rotterdam 1978[2]
Over grondslagen van de analytische psychologie, De Tavistock Lectures 1935. Vertaald door Pety de Vries-Ek, Rotterdam 1978.
Archetypen. Vertaald door Dr. E. Camerling, Wassenaar 1975
Synchroniciteit – Een acausaal verbindend beginsel (Uit Jung/Pauli – Naturerklärung und Psyche). Vertaald door H. M. Mooijman, Rotterdam 1976
De mens en zijn symbolen met bijdragen van Joseph L. Henderson, M.-L. von Franz, Aniela Jaffé, Jolande Jacobi. Inleiding John Freeman. Vertaling Dr. E. Camerling en Mr. Drs. A. J. Blits, Rotterdam 1977[7]
Herinneringen Dromen Gedachten. Redactie Aniela Jaffé. Vertaald door Pety de Vries-Ek, Rotterdam 1978[2]

OVER C. G. JUNG EN ZIJN WERK

Dr. C. Aalders, Prof. Dr. J. H. Plokker, Prof. Dr. G. Quispel *Jung – een mens voor deze tijd,* Rotterdam 1975
A. Jaffé *Jung over de zin van het leven.* Vertaling H. A. Schreuder, Rotterdam 1972

Jung over alchemie en parapsychologie/Jungs laatste levensjaren. Vertaling G. A. M. Zorab, Rotterdam 1975 (in één band met: Jung Zeven preken tot de doden)
M. Serrano *De hermetische cirkel – Jung en Hesse.* Vertaling Dr. J. K. van den Brink, Rotterdam 1975

Register